LA LUFTWAFFE

Du même auteur

chez le même éditeur

Les Médecins Maudits, 1967.
Les Médecins de l'Impossible, 1968 (Prix Littré).
Les Sorciers du Ciel, 1969.
Le Train de la Mort, 1970 (Prix Malherbe).
Les Mannequins Nus, 1971.
Le Camp des Femmes, 1972.
Kommandos de Femmes, 1973.
Les 186 marches, 1974.
Le Neuvième Cercle, 1975.
Des jours sans fin, 1976.
L'Holocauste oublié, 1979.
Le Rouge-gorge, 1980.

Hors collection :

L'exécution de Budapest, 1966.
Le Passe-Montagne, 1975.
Dagore, les carnets secrets de la cagoule, 1977.
Le Mystère Otto Rahn, 1978.

Le Glaive et les Boureaux.

La Toile d'Araignée.
Les Trompettes de Berlin.
L'Ordre S.S.
La Gestapo.

À paraître :

Kriegsmarine

Chez d'autres éditeurs

Roman : Le Manchot-Empereur (J.-C. Lattès).
Essais : Macarel (Éditions Résonances).
La cuisine du comté de Foix (Denoël-Résonances).

Christian BERNADAC

LA LUFTWAFFE

Le Glaive et les Bourreaux V

ÉDITIONS FRANCE-EMPIRE
68, rue Jean-Jacques Rousseau, 75001 Paris

Vous intéresse-t-il d'être tenu au courant des livres publiés
par l'éditeur de cet ouvrage ?
Envoyez simplement votre carte de visite aux

ÉDITIONS FRANCE-EMPIRE

Service « Vient de paraître »
68, rue J.-J.-Rousseau, 75001 Paris,

et vous recevrez, régulièrement et sans engagement de votre part, nos bulletins d'information qui présentent nos différentes collections, que vous trouverez chez votre libraire.

IMPRIMÉ EN FRANCE

« J'ai une armée réactionnaire, une marine chrétienne et une aviation nationale-socialiste. »

Adolf HITLER

COMME UN CHŒUR DE VENGEANCE

— Que l'on ne me parle pas d'exploit ! Le Führer m'a convoqué. Je suis venu.

Dans la minuscule infirmerie du bunker de Berlin, le baron Ritter von Greim, général de la Luftwaffe et commandant de la VIe Luftflotte stationnée à Munich est étendu sur le sol. Depuis que les Soviétiques ont accentué leur pression sur l'ensemble de la capitale du Reich, de nombreux blessés ont cherché refuge dans les ruines de la Chancellerie... et il faut bien les soigner avant de les renvoyer vers les lignes de défense. La table à pansements, la banquette d'examen et les deux lits du poste de secours du bunker ont été tirés dans un fond de couloir, près du bureau des décodeurs. Le médecin découpe au bistouri la botte de vol du baron, déchire le pantalon jusqu'à la cuisse.

Gœbbels pousse la porte de fer. Derrière lui Bormann. Hanna Reitsch — l'illustre, l'irremplaçable Hanna Reitsch, l'aviatrice « aux douze records » qu'ont célébrée (malgré la guerre) les journaux du monde entier, Hanna Reitsch « notre exemple » (H. Himmler) « la femme en qui doivent se reconnaître toutes les femmes allemandes » (R. Hess) — Hanna Reitsch qui soutient la tête de von Greim ne peut que sourire. Gœbbels dit :

— Ne bougez pas. Ce n'est pas grave. Nous reviendrons tout à l'heure avec le Führer.

Et, en refermant la porte :

— Je vais préparer le communiqué pour la radio.

Ainsi, l'homme que Bormann et Gœbbels ont choisi et qui ne le sait pas encore — qu'ils ont imposé à Adolf Hitler pour succéder au « traître » Gœring — gît sur le ciment glacé, le pied et la jambe gauche déchirés par cinq éclats d'obus. Bormann décroche le téléphone intérieur et demande au standardiste le professeur Haasse.

— Alors ?

— Laissez-moi encore une trentaine de minutes.

— Il doit rentrer à Munich ce soir, demain matin au plus tard. Il pourra marcher ?

— Certainement pas.

— Dans combien de temps ?

— Une douzaine de jours.

— Où serons-nous dans douze jours !

Et Bormann raccroche.

Nous sommes dans l'après-midi du 26 avril. Le cercle de fer et de flammes s'est refermé sur la Chancellerie dont les accès immédiats ne sont plus défendus que par un millier de S.S., cinq cents enfants et vieillards de la Territoriale, trois cents Français de la Division Charlemagne. Des Français pour sauver le Führer ! Des Français qui recevront de ses mains les dernières croix de fer du Reich. Déjà, les premiers détachements soviétiques aménagent leurs abris aux abords de l'Alexanderplatz. La veille, le 25 avril, Hitler avait reçu un radio-télégramme signé Hermann Gœring :

Mon Führer,

A la suite de votre décision de rester à votre poste dans la forteresse de Berlin, accepterez-vous que je prenne sur moi immédiatement la direction complète du Reich, avec pleine liberté tant à l'intérieur qu'à l'extérieur, comme votre représentant, en accord avec votre décret du 29 juin 1941 ? Si je n'ai aucune réponse à 10 heures du soir, j'en concluerai que vous avez perdu votre liberté d'action, considérerai les conditions de votre décret comme réalisées, et agirai au mieux des intérêts du pays et de notre peuple. Vous savez ce que je ressens pour vous à l'heure la plus grave de ma vie. Les mots me manquent pour exprimer mes sentiments. Puisse Dieu vous protéger et vous envoyer bien vite ici [1] malgré tout.

Votre loyal
Hermann Gœring

Ce texte que le Maréchal et ses proches avaient rédigé… en sept heures, laissa tout d'abord Hitler indifférent malgré les protestations de « haute trahison » que ne manquèrent pas de proférer les deux hommes qui souhaitaient diriger le Reich après la disparition de leur Führer : Bormann et Gœbbels. Tous deux, et probablement seulement tous deux, ont été prévenus par Hitler de

1. Hermann Gœring est installé au Berghof.

son intention d'épouser Eva Braun avant de se suicider ; le professeur Haasse qui expérimentera les capsules de cyanure fournies par Himmler à tous les dignitaires du Reich, sur la chienne-berger Blondie, ne le saura que le 29 avril. Hitler pose le télégramme sur son bureau :

— Bon ! Il peut quand même négocier la capitulation. Si la guerre est perdue, le négociateur n'a pas d'importance.

La haine que portent Gœbbels et Bormann à Gœring est connue. Pour s'en persuader, il suffit de consulter le journal que tenait Gœbbels.

Mercredi 28 février 1945 [1].

— L'attitude empreinte de philosophie stoïcienne qu'adopte aujourd'hui le Führer envers les êtres et les événements rappelle de façon frappante Frédéric le Grand. Il m'a dit, par exemple, qu'il était nécessaire de travailler pour son peuple, mais que dans ce domaine aussi, l'œuvre humaine avait forcément des limites. Dieu sait quand se produira une nouvelle chute de la lune sur la terre, réduisant toute la planète en cendres. Mais, malgré tout, notre mission consiste à accomplir notre devoir jusqu'au bout. Dans ces choses-là, le Führer est aussi un stoïcien et le disciple authentique de Frédéric le Grand. Il est son émule, consciemment ou inconsciemment. Il doit être pour nous tous un modèle et un exemple. Avec quel enthousiasme n'avons-nous pas cherché à imiter ce modèle et cet exemple ! Si au moins Gœring n'était pas hors du rang ! Ce n'est pas un national-socialiste, mais un sybarite. Quant à être disciple de Frédéric le Grand, inutile d'en parler.

Puis Gœbbels parle du « personnage impressionnant » qu'est Dœnitz, de la « fidélité absolue » de Raeder :

— Dommage qu'un homme comme lui ne représente pas le parti mais qu'il soit représenté par Gœring qui a autant de points avec lui qu'une vache avec la recherche cosmique... Il n'y a pas de place au commandement militaire pour des fous à la poitrine constellée de médailles et pour des freluquets et vaniteux. De deux choses l'une. Ou bien ils changent ou bien il faut les éliminer ! Je ne prendrai ni repos ni sommeil tant que le Führer n'aura pas remis de l'ordre là-dedans. Il doit remodeler entièrement Gœring, extérieurement et intérieurement ou le flanquer à la porte. Par exemple, c'est une faute de style grossière pour le premier officier du Reich de se pavaner en uniforme gris argent dans la situation actuelle de la

1. Gœbbels, *Derniers carnets,* Flammarion, 1977.

guerre. Quelle femmelette face aux événements ! Pourvu que le Führer réussisse à refaire de Gœring un homme...

Lundi 5 mars 1945.

— ... Je suis arrivé à aborder encore le sujet de la Luftwaffe. Le Führer se répand en une critique effrénée contre Gœring et l'armée de l'air. Il considère Gœring comme le véritable responsable de la dégradation de la Luftwaffe. Je lui ai alors demandé pourquoi il ne procédait pas à un changement dans son commandement. Le Führer trouve qu'il n'a aucun successeur valable sous la main...

Gageons qu'à partir de cette date, Gœbbels va chercher ce « successeur valable » qui saura mettre fin à cet « immense gâchis ».

Mercredi 21 mars 1945.

— ... Le journal de Joachmsthal annonce que Gœring a tué un bison pour les réfugiés et l'a mis à leur disposition. Ce compte rendu du journal regorge de fautes psychologiques et illustre presque l'apogée du désarroi moral de Gœring et de son entourage. J'ai envoyé cet article au Führer, en ajoutant que cela me rappelait cette princesse de la famille des Bourbons [1] qui, au moment où la foule envahissait les Tuileries en hurlant : « Du pain ! du pain ! » posa naïvement cette question : « Mais pourquoi ces gens ne mangent-ils pas de la brioche ? » Le Führer reprend à son compte le commentaire et, au cours de l'analyse de la situation, il a des mots très durs à l'adresse de Gœring...

Un peu plus loin, Gœbbels note encore :

— ... Je vais faire parvenir au Führer un mémoire sur la réforme de la Luftwaffe. Celle-ci n'a plus maintenant qu'un rayon d'action limité et entretient un appareil d'une importance qui n'est plus du tout en rapport avec les missions qu'elle remplit. Les possibilités de la Luftwaffe sont extrêmement limitées ; aussi doit-on limiter dans les mêmes proportions son appareil. La Luftwaffe dispose aujourd'hui encore de 1,5 million d'hommes. Je crois qu'un contingent de 3 à 400 000 suffirait, d'autant plus qu'une grande partie de la D.C.A. a été envoyée au front et que ce qui en reste ne dispose plus que de très peu de stocks de munitions.

1. En réalité Marie-Antoinette de Habsbourg... épouse d'un Bourbon.

Dimanche 1er avril.

— ... Au cours de la conférence sur la situation à l'ouest, le Führer a eu une nouvelle algarade dramatique avec Gœring. Celui-ci s'est rendu une fois de plus coupable de toute une série d'irrégularités qui, peu à peu, deviennent de la provocation. Je ne peux pas comprendre que le Führer supporte cela aussi longtemps... etc.

Revenons au 25 avril. Gœbbels et Bormann sentent une nouvelle fois le pouvoir suprême leur échapper. Si Hitler ne réagit pas au « message » de Gœring, ce dernier, « investi » de tous les droits de succession par le décret du 29 juin 1941, mènera à sa guise la reddition de l'Allemagne et sera par conséquent confirmé dans ses fonctions de Chef d'État par les alliés vainqueurs d'ici peu. Bormann sort d'un classeur métallique un rapport sur les tentatives de « paix séparées » menées par Himmler et Gœring. Ce mémoire récapitulatif qui n'a jamais été retrouvé et qui, probablement, faisait état de contacts réels et d'autres qui ne l'étaient pas, produit sur Hitler l'effet recherché :

— Tous des traîtres. Je suis abandonné de tous. On ne pense qu'à me trahir. A sauver sa peau. Un drogué ! Un paresseux ! Un incompétent ! C'est lui qui a précipité l'Allemagne où elle est.

Bormann tient à la main une feuille de papier.

— Vous avez dit tout à l'heure que si la guerre est perdue, peu importe qui négocie... peu importe en vérité, mais pas le Maréchal. J'ai préparé...

Bormann tend un papier :

— Décret du 29-6-41 abrogé sur mes instructions spéciales. Ma liberté d'action incontestée. Je vous interdis toute action dans le sens indiqué.

Adolf HITLER

Hitler dit « Très bien ! très bien ! C'est cela ! Il est destitué. Qu'on l'arrête. Il est condamné à mort.

Un temps. Hitler se lève, fait quelque pas :

— C'est ça, destitué de tous ses titres, de toutes ses fonctions. Mais il ne sera pas exécuté à cause des services rendus. Qui proposez-vous pour le remplacer ?

La réponse que firent Bormann et Gœbbels n'est pas connue. Peut-être Dœnitz. Mais Hitler dans ce cas dut écarter ce nom car il avait pour le « Grossadmiral » d'autres projets. Peut-être avait-il déjà rédigé le passage de son « testament » qui faisait de Dœnitz le « Président du Reich et chef suprême des Forces Armées ». Ultime habileté politique qui ménageait les deux derniers fidèles pouvant prétendre au poste de Chancelier. Et le baron Ritter von Greim, ami de longue date de Gœbbels, fut choisi, convoqué de Munich à Berlin pour « un entretien avec le Führer ».

— Mais il ne pourra jamais atterrir !

— Le terrain aménagé sur l'axe est-ouest près de la porte de Brandebourg a été touché. La piste est inutilisable. Keitel n'a pu se poser ce matin et depuis d'autres obus...

Et Hitler :

— Keitel n'est pas un pilote. Von Greim se posera. Qu'on lui adresse un second message. Sa présence est indispensable. De lui dépend le sort de la guerre. Qu'on le lui dise. Il faut le lui dire. Il viendra.

Von Greim décolle de Munich à cinq heures du matin. Aux doubles commandes de son bi-plan, Focke Wulf, Hanna Reitsch qui a tenu « à venir saluer son Führer et l'enlever — s'il le faut de force — de ce piège à rats ».

— Vous verrez il acceptera. Je saurai trouver les mots pour le convaincre.

Une quinzaine de chasseurs protègent en vol von Greim et Hanna Reitsch qui ont décidé de changer d'appareil — leur Focke Wulf serait incapable d'atterrir sur une piste courte creusée d'entonnoirs, labourée par les mortiers — à Gaton, le dernier aérodrome de la banlieue berlinoise qui n'a pas encore été atteint par les Russes. Les chasseurs tournent dans le brouillard, attendant que von Greim pose le Focke Wulf et prenne les commandes, toujours en compagnie d'Hanna Reitsch, d'un « pou du ciel », le minuscule avion d'observation Fieseler Strorch.

Berlin brûle. Au moins deux chasseurs d'accompagnement sont abattus par la défense anti-aérienne soviétique. Le Fieseler Strorch semble flotter au ras des toits, comme un cerf-volant. Dans les rues, les soldats ont l'impression qu'ils pourraient l'atteindre avec leurs seules balles de fusil ou de pistolet mitrailleur. L'avion tangue, hésite, vole en crabe, évitant les espaces découverts. Une batterie parvient à le suivre quelques dizaines de secondes, des explosions l'entourent, deux nuages cotonneux crèvent au niveau des ailes, un dernier éclair : la fragile carlingue est hachée par un chapelet d'éclats. Von Greim, touché à la jambe, redresse l'appareil, abandonne les commandes à Hanna Reitsch qui parvient à le placer en approche de la piste de la porte de Brandebourg.

— Il roulait, dira un témoin, comme si le pilote était ivre : un coup à droite, un coup à gauche. Les pneus crissaient. Nous nous attendions à chaque instant à le voir capoter. La piste n'était qu'une succession de trous d'obus. Une voiture attendait au bout de la piste. J'ai cru que l'avion n'arriverait pas à freiner à temps. C'était un vrai miracle. Ils ont descendu un homme blessé, puis ils sont partis vers la Chancellerie. Il y avait des hommes en armes assis sur les ailes de la voiture. Je les ai vus disparaître et, à ce moment-là, un obus a touché leur avion qui a brûlé comme une torche.

Dans l'infirmerie du bunker, le professeur Haasse a terminé le dernier point de suture. Il téléphone à Bormann. Dix minutes plus tard, le Führer pénètre dans l'infirmerie.

— « Sa tête [1] tombait en avant, ses deux mains étaient agitées d'un perpétuel tremblement. Les yeux vitreux et mornes, il nous accueillit d'une voix sans expression. » Ce qu'il leur disait de cette voix sans expression les surprit tous les deux. D'abord il annonça que Ritter von Greim était promu au rang de Feldmarechal et prenait le commandement de la Luftwaffe en remplacement de Gœring. Puis, il se répandit en récriminations sur la déloyauté de celui-ci : « Rien ne m'aura été épargné ! Rien ! Il n'y a plus de loyauté, plus d'honneur ; il n'est aucune amertume, aucune trahison qui m'aient accablé. J'ai ordonné que Gœring soit immédiatement arrêté, déchu de toutes ses fonctions et de tous ses grades, exclu de tous les organismes du parti... »

Deux infirmiers installent von Greim sur une civière. Hitler se penche, pose une main sur son épaule :

— Vous nous sauverez, avec vos avions et l'armée du sud, celle du fidèle Wenck...

Hanna Reitsch avance de quelques pas :

— Mon Führer, vous ne pouvez rester ici. Je peux vous faire rejoindre Wenck. Je décollerai avec vous...

— C'est inutile. J'ai décidé de rester.

Et à la question :

— Mais pourquoi rester ?

Hitler répond ce qu'il a déjà dit à Gœbbels, à Eva Braun, à ses secrétaires :

— Je reste pour la raison que cela augmente, moralement,

1. Témoignage d'Hanna Reitsch, Robert Payne : *Hitler,* Buchet Chastel, 1974.

mon droit à agir contre la faiblesse. Sinon, je n'aurai pas moralement ce droit. Je ne peux pas continuellement menacer les autres si moi-même je m'enfuis de la capitale du Reich au moment du plus grand péril. Nous devons insuffler à la Wehrmacht un certain code d'honneur. Un principe essentiel, toujours suivi par la Marine, doit être repris par le parti et doit s'imposer à tous ses membres. Dans cette ville, j'ai eu le droit de donner des ordres ; maintenant, je dois me conformer à ceux du destin. Même si je pouvais me sauver, je ne le ferai pas. Le capitaine doit sombrer avec son navire.

Ritter von Greim et Hanna Reitsch quitteront Berlin par avion le 28 avril. Ce sera le dernier exploit de la Luftwaffe qui a tout tenté pour « récupérer » son nouveau Maréchal et commandant en chef. En apprenant cette « surprenante promotion », Munich a aussitôt envoyé huit Fieseler Strorch escortés par deux douzaines de Messerschmidt. Deux chasseurs, trois Fieseler ont été abattus, aucun des autres n'a réussi à se poser. Puis sont venus le soir même trois nouveaux Fieseler. Échec. Le lendemain matin, se présente une escadrille des vieux Junker 52. Un appareil abattu, un autre détruit alors que ses roues touchaient la piste. Enfin, le 28, un avion d'entraînement, un Arado 96, réussit un atterrissage parfait. Von Greim est hissé dans un blindé alors que Hanna Reitsch est déjà aux commandes de l'Arado. A 18 h 10, péniblement, Von Greim est extrait de la tourelle du char pour être installé dans l'étroit cockpit. Depuis une heure, le ciel de Berlin est traversé par les étoiles filantes des orgues de Staline. Des milliers d'étoiles qui crèvent les fumées de milliers d'incendies. Comme Hitler, trois millions de Berlinois sont terrés dans les caves de la ville. Ville noire, en feu. Ciel noir, en feu. Rouge. Ville noire et rouge.

L'Arado roule, se faufile. Très vite Hanna Reitsch l'arrache des crevasses. En survolant la porte de Brandebourg, l'avion salue en battant par deux fois des ailes. Le maréchal de l'Air, Ritter von Greim, successeur de Hermann Gœring, vole vers son destin qui ne peut être que tragique.

Les ailes du national-socialisme ont, en ce 28 avril 1945, à peine dix ans. Dix ans jour pour jour. Se souvient-il, von Greim — qui n'aura pas le temps de se faire un nom pour l'histoire — de ce soir d'avril 1935 où Gœring a annoncé à mille officiers-aviateurs :

— J'ai l'intention de créer une Luftwaffe qui, au moment voulu, fondra sur l'ennemi comme un chœur de vengeance. L'ennemi doit avoir l'impression qu'il est perdu avant même d'avoir combattu.

Il était là, von Greim, dans cette salle immense drapée d'aigles et de croix gammées. Rouge et noir. Comme le Berlin de l'agonie. Ils applaudissaient, ils hurlaient. Des premiers rangs — où il était — ont été lancées des casquettes. Gœring, mains aux hanches, riait. Il était blanc, peut être poudré, énorme, couvert de croix, de rubans, de médailles, de bijoux, de parfum, dans un uniforme de premier maître d'hôtel. Mais qui aurait osé esquisser une moue de mépris ? Il était Gœring, l'aviateur qui, non seulement avait reçu la « croix pour le mérite » des mains de Richthofen, mais lui avait succédé à la tête de la plus prestigieuse escadrille du monde dont le symbole de commandement était la fameuse canne de Holzappel.

— Sieg hiel ! Sieg Heil !

Le micro n'a pas été débranché. Les casquettes, toutes les casquettes de ces mille officiers, sont à nouveau lancées et relancées. La salle peut entendre :

— Dix avions pour chaque casquette. Cent avions. Mille...

Il rit. Ils rient. Ils applaudissent encore.

— Ein Volk, Ein Reich, Ein Führer !

Et une voix, tout de suite reprise :

— Ein Gœring !

— Ein Gœring !

MAI 1945

Par la force des circonstances, Gœring, de sybarite, devint spartiate. Soumis à une cure de désintoxication et à un régime alimentaire de subsistance, il redevint, après seulement six semaines d'incarcération, le Gœring qu'il était aux premiers temps du national-socialisme :

— Calme [1], déterminé, travailleur, voulant paraître aux yeux de ses co-accusés comme le chef, le seul chef...

Il est vrai que la nomination de Dœnitz à la tête du Reich — par un télégramme sans signature autographe et une copie de testament — n'ayant aucune valeur juridique et constitutionnelle, Hermann Gœring pouvait se considérer comme le seul héritier du Führer Adolf Hitler. Mais, suivant le mot de M. Justice Jackson, l'heure n'était plus « à de tels enfantillages ». « Vedette » incontestée du procès de Nuremberg, l'ex-maréchal fut de toutes les accusations.

ACCUSATION

LE RÉARMEMENT

— Au cours des années qui suivirent immédiatement la désignation de Hitler au poste de chancelier, le Gouvernement nazi s'efforça, avec une minutie extrême, de réorganiser toute la vie économique de l'Allemagne et, en particulier, l'industrie de guerre.

— Il était nécessaire de donner à la production de guerre des bases financières solides. En avril 1936, Gœring fut chargé de coordonner tous les problèmes ayant trait aux matières premières et aux devises étrangères et reçut le pouvoir de contrôler toute activité de l'État et du Parti se rattachant à ces questions. Il réunit le ministre de la Guerre, le ministre de l'Économie, le président de la Reichsbank et le ministre des Finances de Prusse, afin de discuter des problèmes touchant la mobilisation du pays et, le 27 mai 1936, s'adressant à eux, il s'opposa à toute limitation financière de la production de guerre, ajoutant que « toutes les mesures devaient être

1. Témoignage, 1975, Albert Speer.

considérées du point de vue d'une guerre à venir ». Au congrès du Parti, tenu à Nuremberg, en 1936, Hitler annonça l'institution du Plan de quatre ans et la nomination de Gœring comme plénipotentiaire pour ce plan. Ce dernier avait déjà commencé à créer une force aérienne considérable et, le 8 juillet 1938, lors d'une autre réunion, il annonça que Hitler lui avait ordonné de mettre sur pied un programme d'armement gigantesque, qui ferait considérer comme insignifiantes toutes les réalisations antérieures. Il déclara qu'il avait reçu l'ordre de créer aussi rapidement que possible une force aérienne cinq fois supérieure à celle originairement prévue, d'accélérer le réarmement terrestre et naval, et de porter tous ses efforts sur les armes offensives, surtout sur l'artillerie lourde et les chars lourds. Il proposa ensuite un programme établi pour parvenir à ces buts. Hitler fit connaître dans un mémorandum du 9 octobre 1939, le degré de développement atteint par le réarmement :

— « L'utilisation militaire de la force de notre peuple a été effectuée dans une si large mesure que, pendant un certain temps, elle ne pourra pas être améliorée d'une façon notable par quelque effort que ce soit...

— « L'équipement de guerre d'un grand nombre de divisions allemandes est actuellement plus considérable en quantité et meilleur en qualité, qu'il n'était en 1914. Une enquête approfondie démontre que les armes elles-mêmes sont plus modernes que celles que possède actuellement n'importe quel autre pays du monde. Elles viennent de prouver leur efficacité supérieure au cours d'une campagne victorieuse... Il n'y a pas de preuve qu'un autre pays dispose d'un meilleur stock total de munitions que le Reich... Notre artillerie antiaérienne n'a pas son égale ailleurs. »

— Dans cette réorganisation de la vie économique de l'Allemagne à des fins militaires, le Gouvernement nazi trouva l'industrie d'armement allemande toute prête à apporter sa coopération et à jouer son rôle dans le programme de réarmement. En avril 1933, Gustav Krupp von Bohlen soumit à Hitler, au nom de l'Association de l'industrie allemande, un plan pour la réorganisation de celle-ci ; ce plan, déclara-t-il, était caractérisé par le désir de coordonner les mesures économiques et les nécessités politiques. Dans ce plan, Krupp inséra ce qui suit : « La tournure des événements politiques concorde avec les désirs que moi-même et le Conseil d'administration avons nourris pendant longtemps. » Ce qu'il voulait dire par cette affirmation apparaît clairement dans le brouillon d'un discours qu'il projetait de faire à l'Université de Berlin en janvier 1944, mais qui en fait ne fut jamais prononcé. Se référant aux années 1919-1933, il écrivait : « C'est le grand mérite de l'économie de guerre allemande entière de n'être pas restée oisive pendant ces mauvaises années, même si pour des raisons évidentes son activité n'a pu être étalée au grand jour. Pendant ces années de travail secret, furent posées les bases scientifiques et essentielles permettant de travailler à nouveau pour les Forces armées allemandes, d'une seconde à l'autre et sans tâtonnements, à l'heure voulue. Ce ne fut que grâce à l'activité secrète entreprise par l'Allemagne, de même qu'à l'expérience acquise dans la production du temps de paix, que l'on put, après 1933, se mettre au niveau des nouvelles tâches qui s'imposaient et qui devaient refaire de l'Allemagne une puissance militaire. »

— En octobre 1933, l'Allemagne se retira de la Conférence internationale du Désarmement et de la Société des Nations. En 1935, le Gouvernement nazi décida de prendre ouvertement les premières mesures qui libéreraient le pays des obligations que lui imposait le Traité de Versailles. Le 10 mars 1935, Gœring annonça que l'Allemagne reconstituait une force aérienne militaire. Six jours après, le 16 mars 1935, fut promulguée une loi qui, signée notamment par les accusés Gœring, Hess, Frank, Frick, Schacht et von Neurath, instituait le service militaire obligatoire et mettait sur pied une armée dont l'effectif était de cinq cent mille hommes en temps de paix. Essayant toutefois de rassurer l'opinion publique des pays étrangers, le Gouvernement annonça, le 21 mai 1935, que l'Allemagne, malgré la dénonciation des clauses de désarmement, respecterait les limitations territoriales du Traité de Versailles et se soumettrait aux prescriptions des Pactes de Locarno. C'est le jour même de cette déclaration que la « Loi de défense du Reich » fut promulguée ; Hitler en interdit la publication. Les pouvoirs et obligations du Chancelier et des Ministres au cas d'une entrée en guerre éventuelle de l'Allemagne y étaient déterminés. Cette loi prouve qu'en mai 1935 Hitler et son Gouvernement en étaient arrivés, dans l'exécution de leurs plans, au point où il leur était nécessaire d'avoir à leur disposition l'instrument indispensable à l'administration et au gouvernement du pays, au cas où leur politique conduirait à la guerre.

— En même temps que l'économie allemande se préparait à la guerre, l'Armée s'organisait en vue de reconstruire la puissance militaire de l'Allemagne.

— La Marine fut particulièrement active à cet égard [1]. Ses historiens officiels, Assmann et Gladisch, admettent que le Traité de Versailles était en vigueur seulement depuis quelques mois lorsqu'il fut violé, notamment par la construction d'une nouvelle force sous-marine.

— Les publications du capitaine Schuessler et du colonel Scherff, toutes deux patronnées par Raeder, montrèrent au peuple allemand la nature de l'effort entrepris par la marine en vue de réarmer au mépris du Traité de Versailles.

— Les documents traitant des détails de ce réarmement ont été déposés à titre de preuves.

— Le 12 mai 1934, Raeder fit paraître un plan intitulé : « La troisième phase d'armement ». On peut y lire :

— « Tous les préparatifs théoriques et pratiques doivent être poursuivis de façon que l'on soit prêt à faire la guerre, *sans aucune période d'alerte.* »

1. Un volume particulier du « Glaive et les Bourreaux », sera consacré à la Kriegsmarine.

— Un mois plus tard, Raeder eut une conversation avec Hitler au cours de laquelle celui-ci lui ordonna de continuer à garder secrète la construction, alors en cours, de sous-marins et bâtiments de guerre, dépassant la limite fixée à dix mille tonnes.

— Le 2 novembre, Raeder eut un nouvel entretien avec Hitler et Gœring. Hitler déclara qu'il considérait comme vital que la flotte allemande « fût développée selon les plans établis, aucune guerre ne pouvant être menée si la Marine n'était pas capable de protéger l'importation de minerai de Scandinavie ».

— Raeder cherche à excuser les ordres massifs de mise en chantier passés en 1933 et 1934, en expliquant que l'Allemagne et la Grande-Bretagne poursuivaient avec succès les négociations en vue de conclure un accord qui permettrait à l'Allemagne de construire un plus grand nombre de navires que le Traité de Versailles ne le prévoyait. Cette convention, signée en 1935, limita la flotte allemande à un tonnage égal à 33 % de celui de la flotte britannique ; une exception était faite en faveur des sous-marins, pour lesquels 45 % furent admis ; l'Allemagne était même autorisée à dépasser cette dernière proportion, à condition d'en informer au préalable le Gouvernement britannique et de lui donner la possibilité d'en discuter.

— Un nouvel accord anglo-allemand fut conclu en 1937 aux termes duquel les deux puissances s'engageaient à se communiquer les détails complets de leur programme de construction navale, au moins quatre mois avant de passer à son exécution.

— Il a été démontré que ces clauses ne furent pas observées par l'Allemagne.

— En ce qui concerne les navires de ligne, par exemple, les chiffres du tonnage furent falsifiés et diminués de 20 % ; quant aux sous-marins, les historiographes de la marine allemande, Assmann et Gladisch, écrivirent à leur sujet :

— « Il est probable que c'est précisément dans le domaine de la construction de sous-marins que l'Allemagne observa le moins les restrictions du Traité anglo-allemand. »

— On aperçoit toute l'importance de ces violations de l'accord, lorsque l'on considère les motifs de ce réarmement. Au cours de l'année 1940, en effet, Raeder écrivait :

— « Jusqu'au dernier moment, le Führer espérait être à même de reculer jusqu'en 1944-1945 la date du conflit anglo-allemand qui menaçait. A cette époque, la Marine aurait disposé d'une puissante supériorité en sous-marins et d'un rapport de force beaucoup plus favorable en ce qui concerne tous les autres types de navires, en particulier ceux destinés à la guerre en haute mer. »

— Le 21 mai 1935, le Gouvernement nazi affirma son intention de respecter les clauses territoriales du Traité de Versailles. Le 6 mars 1936, en violation de ce traité, la zone démilitarisée de Rhénanie était envahie par les troupes allemandes. En annonçant cet événement au Reichstag,

Hitler s'efforça de justifier cette réoccupation en arguant des alliances récemment conclues par l'Union Soviétique, avec la Tchécoslovaquie d'une part, et la France d'autre part. Il essaya aussi de prévenir la réaction hostile qu'il attendait à la suite de cette violation, en déclarant :

— « Nous n'avons pas de revendications territoriales à faire valoir en Europe. »

Alors que l'Allemagne procède à son réarmement, partout où cela est possible, on se mobilise. Il faut pouvoir tourner le Diktat de Versailles et y contrevenir le plus fréquemment et le plus habilement possible. On établit ainsi des programmes d'entraînement à la guerre de façon déguisée.

ACCUSATION

— La nature secrète de ce programme d'entraînement et le caractère précoce de sa réalisation, sont illustrés par une allusion à l'entraînement secret, dès 1932, du personnel de l'Aviation, ainsi que pour les projets conçus depuis longtemps pour édifier une force militaire aérienne. Un rapport sur ce sujet fut envoyé à l'accusé Hess dans une lettre d'un certain Schickedantz à l'accusé Rosenberg, destinée à être remise à Hess.

— Je pense que Schickedantz tenait beaucoup à ce que, seul, Hess fût mis en possession de cette lettre et c'est pourquoi il l'envoya à Rosenberg pour qu'il la remît personnellement. Ce document indique que le corps des pilotes civils devait être organisé de façon à permettre leur transfert dans une formation aérienne militaire. Elle commence par les mots : « Cher Alfred » (il s'agit d'Alfred Rosenberg) et elle est signée : « Avec mes meilleures salutations, votre Amo. » (Je suppose que Amo est le prénom de Schickedantz.)

— « Cher Alfred, je vous envoie ci-inclus un rapport émanant du R.W.M. ; il m'a été transmis par notre homme de confiance (Vertrauensmann) et présente un grand intérêt. Je crois que nous aurons à prendre quelques mesures afin que le Stahlhelm ne soit pas informé secrètement de l'affaire. Ce rapport n'est connu de personne et, à dessein, je n'en ai même pas informé notre ami de haute taille. » — Je suppose que cela veut dire « notre grand ami ». Je voudrais ajouter que l'accusé Rosenberg, dans un interrogatoire du 5 octobre 1945, a reconnu « l'ami de haute taille » et « le grand ami » comme étant un certain von Alvensleben. — « Je joins une copie de plus pour Hess et je vous demande de la lui transmettre par messager, car je ne désire pas écrire de lettre à Hess, de crainte qu'elle ne soit lue quelque part. Avec mes meilleures salutations, votre Amo. »

— La pièce que j'ai jointe était : « L'organisation des Forces aériennes. »

— Objet : Préparation de matériel et formation du personnel en prévision de l'armement des Forces aériennes.

— « Toute la gestion en tant qu'organisation civile, sera transférée au colonel von Willberg, actuellement gouverneur militaire de Breslau, et qui, tout en gardant son poste dans la Reichswehr, va recevoir un congé d'absence.

— « *a)* Des mesures doivent être prises pour permettre le transfert des pilotes des lignes aériennes civiles à l'organisation de l'Armée de l'air.

— « *b)* Prévoir l'entraînement d'équipage pour des vols militaires. Cet entraînement doit être poursuivi dans le cadre de l'organisation aéronautique militaire du Stahlhelm » — ce qui signifie je crois « Casque d'acier » — « qui doit être dirigée par le colonel en retraite Hänel. »

— « Toutes les organisations de sport aérien déjà existantes doivent être utilisées pour des vols militaires. La direction du Stahlhelm fixera la nature et le but de ces vols. L'organisation de Stahlhelm paiera les pilotes militaires cinquante marks par heure de vol. Cette somme sera payée au propriétaire de l'avion, au cas où il effectuerait lui-même le vol. Au cas où ce ne serait pas le propriétaire de l'avion, cette somme sera partagée entre la société organisatrice, le propriétaire de l'avion et l'équipage, dans la proportion de dix, vingt, vingt... Les aviateurs militaires sont maintenant mieux payés que les aviateurs qui volent dans un but de publicité (quarante). Par conséquent, nous devons nous attendre à ce que la plupart des propriétaires d'avions ou la plupart des organisations aéronautiques passent à l'organisation de Stahlhelm. On doit obtenir que des conditions égales soient accordées par le R.W.M., ainsi que l'organisation de la N.S.D.A.P. »

Dr SAUTER. — Si Monsieur le Président m'y autorise, je voudrais encore poser quelques questions concernant l'accusé von Schirach. Savez-vous, témoin, si les formations aériennes de la Jeunesse hitlérienne, qui constituaient une section de cette organisation, ont été entraînées sur des avions à moteur ?

ACCUSÉ GŒRING. — Ces formations ne s'entraînaient que sur des planeurs. Lorsqu'ils les quittaient, ces jeunes gens étaient incorporés dans le corps des aviateurs nationaux-socialistes, qui s'appelait autrefois « Société de sport aérien », et poursuivaient alors leur entraînement sur des avions à moteur.

Dr SAUTER. — Encore une question : lorsque l'accusé Schirach était chef de la jeunesse du Reich, avez-vous eu avec lui des entretiens ayant trait à l'instruction aérienne militaire ou prémilitaire de la jeunesse ?

ACCUSÉ GŒRING. — Il est possible que nous en ayons parlé occasionnellement, je ne m'en souviens plus. En tout cas, il n'y a pas eu de conversations officielles car la situation était claire et cela n'était pas nécessaire. Aussitôt que les groupes de vol à voile de la Jeunesse hitlérienne eurent été équipés avec des avions à moteur et qu'ils eurent reçu une instruction prémilitaire dans l'Aviation, ils furent incorporés dans le corps des aviateurs nationaux-socialistes (NS-Fliegerkorps).

« LE PLUS FIDÈLE PALADIN DE NOTRE FÜHRER »

13 mars 1946.

Gœring parle. Et il sait parler ; d'une voix claire et basse dont il joue à merveille, acquiesçant, s'indignant, allant du ton suave de la confession à l'aigreur de la polémique. Pour Stefan Priacel, envoyé spécial du journal *Les Étoiles :*

— Le regard est éteint. Il parle lentement et voudrait, de sa voix basse, se poser en héros national. Aussi bien cherche-t-il à éluder les questions qui risquent de ternir l'auréole qu'il se prépare.

Un Gœring vu sans ses décorations et ses bijoux... flottant dans sa vareuse ivoire ; Gœring que les photos nous montrent hilare ou absorbé par l'écoute de la traduction simultanée des débats qui lui parvient par un casque à écouteurs. Dans le box des accusés, on ne voit que lui : masse toujours impressionnante (malgré une perte de poids de vingt-cinq kilos) qui s'étale sur sa part de banc entre un Hess hagard, l'œil noir, joues creuses et Ribbentrop inquiet, mordillant sans cesse sa lèvre inférieure en appuyant des deux mains sur les écouteurs de son casque. Gœring se lève toujours avec assurance, fixant son interlocuteur. Arrogant parfois, toujours sûr de soi. Aimant les formules sur mesure, toutes faites : « Quand on est un seigneur, cela se voit sans qu'on ait besoin d'en parler tout le temps » répondit-il à son interrogatoire sur la Herrenvolk (la race des seigneurs). Sa mémoire est prodigieuse et il sait oublier quand il le faut. « Qu'importe tout cela... je serai pendu. Je le sais. Mais le monde doit comprendre ce que nous avons voulu faire, ce que nous aurions pu faire encore... »

Ou encore :

— « Si je ne parviens pas à convaincre le tribunal, au moins je convaincrai le peuple allemand que tout ce que j'ai fait, je l'ai fait pour le plus grand Reich. Dans cinquante ou soixante ans, il y aura des statues d'Hermann Gœring dans toute l'Allemagne. »

ACCUSATION

— Pendant plus de deux décades, les activités de Gœring s'étendirent à presque toutes les phases du complot. Il fut l'un des conspirateurs associés à Hitler dès le tout premier début. Membre du Parti depuis 1922, il participa au Putsch de Munich en novembre 1923, à la tête des S.A., organisation nazie qui, comme on l'a montré, était spécialisée dans l'emploi de la violence. Gœring s'enfuit après le Putsch, afin d'échapper à l'arrestation. A son retour, il devint plus qu'un chef d'émeutiers. Il fut nommé premier conseiller politique de Hitler. On peut se faire une idée du personnage d'après une pièce déjà déposée, la biographie officielle de Gœring par Gritzbach, dans laquelle sont relatés ses rapports avec le gouvernement Brüning, ses tentatives pour rompre la barrière qui entourait le Président von Hindenburg, et le coup d'audace auquel il se livra en sa qualité de Président du Reichstag, en septembre 1932 pour obtenir un vote de défiance contre le gouvernement von Papen, juste avant la dissolution du Reichstag.

— Les écrits de Gœring le dépeignent comme n'étant pas le dernier à s'attribuer le mérite de ses efforts pour faire progresser la cause du Parti. Hitler lui a également rendu pleinement justice ; et Gœring s'est vanté qu'aucun titre ni aucune décoration ne pût le rendre plus fier que le surnom que lui donnait le peuple allemand, et je cite : « Le plus fidèle paladin de notre Führer. »

— Avec l'accession des nazis au pouvoir en janvier 1933, Gœring devint ministre de l'Intérieur en exercice et Premier ministre de Prusse. En ces qualités, il se mit rapidement à établir en Prusse un régime de terreur destiné à supprimer toute opposition au programme nazi. Son principal instrument fut, à cet effet, la Police prussienne [1] qui resta sous sa compétence jusqu'en 1936. Dès février 1933, il ordonna à toutes les forces de Police d'accorder un soutien sans réserves aux organisations paramilitaires appuyant le nouveau gouvernement, telles que les S.A. et les S.S., et d'écraser tous les opposants politiques en se servant d'armes à feu, s'il était nécessaire, probatoire aux directives des 10 et 17 février 1933, et qui font partie de cette collection de décrets connue sous le nom de *Ministerialblatt für die Preussische Innere Verwaltung* de 1933.

— Gœring a reconnu fréquemment et avec orgueil sa responsabilité personnelle dans les crimes commis en exécution d'ordres de ce genre ; je rappelle les mots qu'il prononça devant des milliers de ses compatriotes allemands :

— « ... chaque balle qui sort maintenant du canon d'un pistolet de police est ma balle. Si vous appelez cela un meurtre, c'est moi alors qui suis le meurtrier ; j'ai ordonné tout cela ; j'y apporte mon soutien. J'assume cette responsabilité et je n'en ai pas peur. »

1. Voir *La Gestapo,* tome IV du *Glaive et les Bourreaux.*

— Sans aucun doute, Gœring fut un conspirateur actif. Il était impatient d'affermir la puissance du Parti à l'intérieur. Déjà au printemps 1933, les camps de concentration furent établis en Prusse. Des hommes et des femmes, soi-disant marxistes ou autres opposants politiques, arrêtés par la Gestapo, furent jetés sans jugement dans des camps de concentration. Gœring disait : « Contre les ennemis de l'État, il faut agir sans pitié. »

— L'étendue du terrorisme politique sous sa direction fut presque illimitée. Un coup d'œil jeté sur quelques-unes des instructions de police qu'il donna dans les premiers temps montrera jusqu'à quel point et avec quelle application toutes les voix dissidentes furent réduites au silence. Je demande au Tribunal d'accorder une valeur probatoire à certains des décrets appartenant à la collection que j'ai mentionnée il y a peu de temps sous le titre : *Ministerialblatt für die Preussische Innere Verwaltung ;* nous avons cité des décrets. Ils comprennent une instruction du 22 juin 1933 qui enjoignait à tous les fonctionnaires de surveiller les déclarations des employés de l'État et de dénoncer à l'accusé Gœring ceux qui faisaient des critiques. Le fait de renoncer à faire de tels rapports devait être considéré comme la preuve d'une attitude hostile. Puis vient l'instruction du 23 juin 1933 qui supprimait toutes les activités du parti social-démocrate, y compris les réunions et la presse du parti, et ordonnait la confiscation de ses biens. Puis la directive du 30 juin 1933 qui ordonnait aux autorités de la Gestapo de rendre compte aux délégués du travail de l'attitude politique des travailleurs. Puis la directive du 15 janvier 1934 qui ordonnait à la Gestapo et à la Police des frontières de garder les traces des émigrés, et en particulier des émigrés politiques et des Juifs résidant dans les pays avoisinants, de les arrêter et de les mettre dans des camps de concentration s'ils revenaient en Allemagne.

— La cruauté inhérente à Gœring est illustrée d'autre part par un épisode sanglant bien connu. Après l'élimination des forces de l'opposition, les nazis jugèrent nécessaire de liquider les non-conformistes dans leurs propres rangs. Ils y parvinrent par ce que l'on appelle maintenant la purge Röhm, du 30 juin 1934. L'accusé Frick, l'un des principaux conspirateurs spontanés déclara à cet égard, dans une déposition sous serment que, parmi les gens qui furent assassinés, beaucoup n'avaient rien à voir avec la révolte intérieure des S.A. « mais n'étaient pas très aimés ».

— Le rôle joué par Gœring dans cette affaire sordide fut décrit moins de deux semaines après l'événement, par Hitler, dans un discours au Reichstag ; je voudrais déposer comme preuve le discours prononcé par Hitler le 13 juillet 1934 au Reichstag. Je cite :

— « Pendant ce temps, le Premier ministre Gœring avait déjà reçu mes instructions d'avoir à prendre immédiatement en cas d'épuration, des mesures analogues à Berlin et en Prusse. Avec une poigne de fer, il écrasa l'attaque dirigée contre le national-socialisme avant qu'elle ait pu se développer. »

— Avec l'accession des nazis au pouvoir, Goering assuma ainsi immédiatement un certain nombre des fonctions parmi les plus hautes et les plus influentes dans le Reich. Les preuves déjà fournies sur la composition et les pouvoirs du Cabinet du Reich et des services dirigés par Gœring montrent qu'il a été, en fait, l'agent exécutif le plus important de l'État nazi.

— Membre du Reichstag depuis 1928, il en fut nommé président en 1932 ; il fut membre du Cabinet depuis le début en qualité de ministre du Reich sans portefeuille. Peu de temps après il reçut le portefeuille de ministre de l'Air du Reich. Lorsque, au cours de l'une des premières réunions, le Cabinet discuta la question de la loi des pleins pouvoirs qui, comme son nom l'indique, donnait au Cabinet les pleins pouvoirs législatifs, il suggéra que la majorité des deux tiers exigée pourrait être obtenue simplement en refusant l'admission des députés sociaux-démocrates. Je dépose comme preuve le procès-verbal de cette réunion. Comme le Tribunal voudra bien le remarquer, cette réunion se tint le 15 mars 1933 ; y assistaient, outre l'accusé Gœring, les accusés von Papen, von Neurath, Frick et Funk. Je lis à la page 6 de ce document :

— « Le ministre du Reich Gœring exprima sa conviction que la loi des pleins pouvoirs serait votée à la majorité requise des deux tiers. Peut-être la majorité pourrait-elle être obtenue en bannissant de la salle quelques sociaux-démocrates. Peut-être même le Parti social-démocrate s'abstiendrait-il de voter sur la loi des pleins pouvoirs. »

— En 1935, lorsque la Luftwaffe secrète se démasqua, Gœring en devint le Commandant en chef. Il fit partie, comme membre et délégué du Führer, du Conseil de défense du Reich, établi par la loi secrète du 21 mai 1933. Le but de ce conseil était, comme l'accusé Frick l'a déclaré, dans un affidavit déjà déposé, et que je cite : « ... d'arrêter les dispositions et règlements en cas de guerre destinés à être plus tard publiés par le Conseil des ministres pour la Défense du Reich ».

— Son ascension vers ces responsabilités toujours plus grandes semblait illimitée. En 1936, Gœring fut nommé directeur du Plan de quatre ans, ce qui lui valut d'obtenir les pleins pouvoirs législatifs et administratifs sur toute la vie économique allemande. En 1938, il devint membre du Conseil de Cabinet secret établi pour agir comme « une commission consultative pour la direction de la politique étrangère ».

— Le Conseil des ministres pour la Défense du Reich, créé en 1939, prit en charge pratiquement toutes les attributions législatives du Cabinet qui n'avaient pas été entièrement réservées, et Gœring en devint le président.

— Ses services efficaces et impitoyables furent reconnus par Hitler, en 1939, lorsqu'il désigna Gœring comme son successeur, comme héritier présomptif de « l'Ordre nouveau ».

— En avril 1936, Gœring fut chargé de la coordination du marché des matières premières et du commerce extérieur et habilité à diriger toutes les activités de l'État et du Parti dans ce domaine. J'en fournis pour preuve un extrait de *Das Dritte Reich* de Rüthle qui est tiré d'un décret signé par Hitler et rédigé comme suit :

— « Le ministre Président, général Gœring, prendra les mesures nécessaires à l'accomplissement des tâches qui lui ont été confiées ; il a autorité pour promulguer des décrets et des règlements généraux d'administration. Dans ce but, il est autorisé à envoyer des questionnaires et des instructions à toutes les autorités, y compris les plus hautes autorités du Reich et tous les services du Parti, ses formations et organisations affiliées. »

— En cette qualité, Gœring réunissait le ministre de la Guerre, l'accusé Schacht en sa qualité de ministre de l'Économie et de président de la Reichsbank, et le ministre des Finances du Reich et de l'État de Prusse, pour discuter les problèmes interministériels ayant trait à la mobilisation militaire. A l'une des réunions de ce groupe, le 12 mai 1936, lorsqu'il fut question du prix excessif des produits synthétiques de remplacement des matières premières, Gœring décida :

— « Si nous avons la guerre demain, il faut que nous nous servions de produits de remplacement. L'argent ne jouera alors aucun rôle. S'il en est ainsi, nous devons être prêts à en créer les conditions préalables dès le temps de paix. »

— Quelques jours plus tard, le 27 mai 1936, au cours d'une réunion du même groupe, Goering s'opposa à toute limitation dictée par une politique financière orthodoxe. Il déclara : « Toutes les mesures doivent être considérées du point de vue de la certitude d'une guerre. »

— Le fameux Plan de quatre ans fut promulgué par Hitler au Congrès du Parti de 1936 à Nuremberg. Nanti des pleins pouvoirs, Gœring en fut chargé et devint responsable de ce programme qui était destiné à réaliser l'autarcie. En outre, Gœring déclara en 1936 que son premier devoir, en sa qualité de directeur du Plan, « était de mettre en quatre ans, toute l'économie sur un pied de guerre ». Je désirerais déposer comme preuve le document, daté du 30 décembre 1936, émanant de la division de Défense de la Wehrmacht et intitulé « Mémorandum sur le Plan de quatre ans et la préparation de l'économie de guerre. »

— « Le ministre Président, général Gœring, a été nommé en qualité de commissaire au Plan de quatre ans, par ordre du Führer, Chancelier du Reich, promulgué le 18 octobre 1936.

— « Le ministre Président, général Gœring, a pour mission dans le cadre de l'économie de guerre, de mettre en quatre ans toute l'économie sur le pied de guerre. »

— La pièce que je viens de lire est intéressante en raison d'un autre document sur lequel on vient d'attirer l'attention du Ministère Public. C'est une note de dossier, datée du 2 décembre 1936, écrite à la main, portant l'en-tête du « Premier ministre président, général Gœring » ; elle est de l'écriture du colonel Bodenschatz, chef d'État-Major de Gœring. J'attire l'attention du Tribunal sur le fait qu'elle est datée du 2 décembre 1936. Il s'agit là d'une conférence à laquelle furent apparemment conviés tous les principaux généraux et officiers de l'Aviation, de l'Aviation allemande bien entendu. Outre l'accusé Gœring, il y avait là le général Milch, le général Kesselring, Rüdel, Stumpf, Christiansen, et tous les grands chefs de l'Aviation. Je lis :

— « La presse mondiale, agitée à cause du débarquement de 5 000 volontaires allemands en Espagne. Plainte officielle de la Grande-Bretagne ; elle se met en rapport avec la France.

— « L'Italie propose que l'Allemagne et l'Italie envoient chacune une division d'infanterie en Espagne. Cependant, il est nécessaire que l'Italie, spécialement intéressée comme puissance méditerranéenne, fasse d'abord une déclaration politique. On ne peut s'attendre à une décision que dans quelques jours.

— « La situation générale est très sérieuse. La Russie veut la guerre. L'Angleterre réarme rapidement. Les ordres sont donc : à partir d'aujourd'hui " höchste Einsatzbereitschaft… " » — le traducteur n'a sans doute pas jugé convenable de traduire ces mots qui veulent dire le plus haut degré de préparation — « … sans faire aucun cas des difficultés financières ». Gœring en prend toute la responsabilité.

— « La paix, jusqu'en 1941, est désirable. Cependant, nous ne pouvons pas savoir s'il y aura auparavant des complications. Nous sommes déjà en état de guerre. La seule différence c'est qu'on n'a pas encore tiré de coups de feu. »

LE PRÉSIDENT. — Il serait peut-être temps de suspendre.

M. ALBRECHT. — Plaise au Tribunal. Deux conférences importantes auxquelles le Ministère Public a déjà fait allusion, montrent clairement comment l'accusé Gœring a inspiré et dirigé la préparation de l'économie allemande en vue de la guerre d'agression. Le 8 juillet 1938, il s'adressa à un certain nombre de grands constructeurs d'avions allemands et établit les bases d'une vaste augmentation de la production d'avions. Il déclara que la guerre contre la Tchécoslovaquie était imminente et ajouta avec satisfaction que l'aviation allemande était déjà supérieure en qualité et en quantité à l'aviation anglaise. « … Si l'Allemagne gagne la guerre, elle sera la plus grande puissance du monde ; elle dominera le marché mondial, et deviendra une nation riche. Pour atteindre ce but, il faut en accepter les risques… »

— Quelques semaines après l'accord de Munich, le 14 octobre 1938, au cours d'une autre conférence tenue dans le bureau de Gœring, celui-ci déclara que Hitler lui avait donné des instructions pour organiser un programme d'armement gigantesque, à côté duquel tout ce que l'on avait fait auparavant était insignifiant. Il indiqua qu'il avait reçu l'ordre de construire aussi vite que possible une aviation cinq fois plus forte, d'augmenter la cadence du réarmement de l'Armée et de la Marine et de faire porter le principal effort sur les armements offensifs, en particulier sur l'artillerie lourde et les chars lourds ; il proposa un programme précis d'exécution.

— En tant que ministre de l'Air du Reich et Commandant en chef de l'Aviation allemande, Gœring devait mettre la Luftwaffe à même de faire face aux exigences de la guerre. Dès le 10 mars 1935, dans une interview accordée au correspondant du *Daily Mail* de Londres, il laissa tomber le masque et déclara sans ambages qu'il était en train de mettre sur pied une véritable aviation militaire.

— Deux mois plus tard, dans un discours prononcé devant un millier d'officiers d'aviation, il s'exprima de façon encore plus audacieuse :

— « Je le répète : j'ai l'intention de créer une Luftwaffe qui, au moment voulu, fondra sur l'adversaire comme un chœur de vengeance. L'ennemi doit avoir l'impression qu'il est perdu avant même d'avoir combattu. »

UNE AVIATION DE SECOURS

Dr Stahmer. — Il y a quelques jours, on a fait allusion à une allocution que vous devez avoir faite à des officiers de l'Aviation et dans laquelle vous déclarez ce qui suit : « Je me propose d'avoir une aviation qui, l'heure venue, fondra sur l'ennemi comme un chœur de vengeance. L'adversaire doit avoir le sentiment d'être perdu avant d'avoir engagé le combat. » Je vais vous présenter ce discours et j'aimerais que vous nous disiez si vous le reconnaissez et quelle est sa signification ?

Accusé Gœring. — Cette phrase a déjà été citée deux fois par le Ministère Public. Il s'agit d'un discours reproduit dans mon livre *Discours et extraits* qui a été déposé comme preuve. Ce discours, qui porte le titre « Esprit de camaraderie, de devoir et de sacrifice », a été adressé à un millier de lieutenants d'aviation le jour où ils ont prêté serment, le 20 mai 1936, à Berlin. J'ai expliqué longuement à ces mille jeunes gens qui venaient d'être promus officiers, ce qu'était la camaraderie, l'accomplissement du devoir, le sens du sacrifice et le don de soi-même. Cette citation a été sortie de son contexte. Je prends donc la liberté de demander au Tribunal la permission de lire le court paragraphe qui précède et qui donnera à ces paroles leur véritable sens. Puis-je encore une fois retracer l'atmosphère dans laquelle ce discours fut prononcé ? Il y avait devant moi mille jeunes lieutenants pleins d'espérance auxquels je devais donner un esprit combatif. Cela n'a rien à voir avec la guerre d'agression, mais il fallait que ces jeunes gens, en cas de guerre, quelles que fussent les circonstances qui lui avaient donné naissance, se conduisent en garçons courageux et volontaires. Voici la citation dont j'ai parlé :

— « Je ne vous demande rien d'impossible. Je ne vous demande pas d'être des garçons modèles. Je suis volontiers indulgent et je comprends que les jeunes gens fassent des sottises, autrement ils ne seraient plus des jeunes gens. Faites des bêtises, cela n'a pas d'importance. L'important, c'est que vous fassiez preuve de raison et que vous vous conduisiez en hommes. Amusez-vous tant que vous voudrez, mais dès que vous êtes à bord de votre appareil, soyez des hommes décidés, prêts à tout endurer. Voilà ce que je vous demande, fougueux petits gars. »

— Puis vient le paragraphe que vous venez de lire : « Je rêve d'une aviation » etc, « qui fondra sur l'adversaire comme un chœur de vengeance. » Cela n'a rien à faire avec la vengeance, mais l'expression « chœur de vengeance » est en Allemagne une façon de parler très usuelle. J'aurais pu en employer une autre. L'adversaire doit en avoir une autre pour rendre la même idée. Je n'en lirai pas plus, la suite est très compréhensible si l'on n'oublie pas à qui je parle.

Dr STAHMER. — Dans quelle mesure l'Aviation participa-t-elle au réarmement ?

ACCUSÉ GŒRING. — On ne parlait pas encore de réarmement en 1933, lorsque j'ai créé le ministère de l'Air. J'en ai cependant jeté les premiers jalons. J'ai augmenté la production, intensifié la circulation aérienne au-delà des besoins de l'époque pour pouvoir former un plus grand nombre de pilotes. J'ai muté un certain nombre de jeunes gens, lieutenants, aspirants, qui durent quitter la Wehrmacht et entrer dans l'aviation commerciale pour y apprendre à piloter.

— Je voyais dès le début qu'une des conditions les plus importantes de la sécurité de mon peuple résidait dans la sécurité aérienne. J'avais cru d'abord qu'une aviation défensive, c'est-à-dire composée de chasseurs, serait suffisante ; mais en y réfléchissant, je reconnus, et je tiens à le souligner, c'est ce qu'a dit le Feldmarschall Kesselring dans sa déposition, que des chasseurs ne seraient pas suffisants pour assurer la défense, et qu'une force aérienne même purement défensive doit posséder des bombardiers qu'elle puisse utiliser dans une action offensive au sol contre les forces aériennes ennemies. J'ai donc fait transformer des avions commerciaux en bombardiers. Au début, le réarmement progressa lentement. Le matériel aérien étant inexistant, tout devait être créé. J'ai dit au Führer en 1935 que je croyais le moment venu, puisque nos propositions s'étaient heurtées à des fins de non-recevoir, de déclarer ouvertement au monde que nous étions en train de créer une force aérienne et que j'avais déjà pris mes dispositions à cet effet. Cette déclaration fut faite sous la forme d'une interview que j'avais accordée à un journaliste anglais.

— Je pouvais maintenant réarmer sur une plus grande échelle ; mais malgré cela, nous nous sommes contentés au début de ce que nous appelions une « aviation de secours », de telle sorte qu'un agresseur éventuel eût à compter sur le fait qu'en cas d'attaque de sa part, il se heurterait à une armée aérienne. Mais elle était loin d'être assez forte pour faire pencher la balance.

— C'est en 1936 que fut établi le fameux rapport présenté au témoin Bodenschatz ; j'y déclarais que nous devions maintenant travailler sous le régime de la mobilisation, que l'argent ne comptait pas. Bref, je pris la responsabilité des dépenses dépassant le budget.

— Comme nous partions à zéro, je ne pouvais atteindre rapidement le but fixé que si d'un côté la production des appareils marchait à plein rendement sous le régime de la mobilisation, et si d'autre part, l'instruction du personnel, l'édification des installations au sol et autres questions similaires étaient exécutées avec la plus grande rapidité.

— Dans ce rapport, j'ai décrit à mes collaborateurs la situation de 1936 comme sérieuse. Les autres États qui n'avaient pas désarmé avaient peut-être, pour quelques-uns, négligé leur Aviation, mais ils essayaient de combler ce retard ; de violents débats eurent lieu en Angleterre sur la modernisation et la construction de l'Aviation ; nous recevions des rapports dignes de confiance sur l'activité fiévreuse qui se déroulait en Russie. Je parlerai ultérieurement du réarmement russe.

— Lorsque la guerre civile éclata en Espagne, Franco appela l'Allemagne à son secours et lui demanda son appui, en particulier dans le domaine de la guerre aérienne. Il ne faut pas oublier que Franco se trouvait avec ses troupes en Afrique et ne pouvait traverser car la flotte était aux mains des communistes, ou, comme on disait à l'époque, du Gouvernement révolutionnaire espagnol, du Gouvernement légal. L'important, c'était d'abord de faire passer les troupes en Espagne.

— Le Führer hésitait et je me prononçai avec énergie pour qu'on vînt en aide à l'Espagne. D'abord pour éviter l'extension du communisme dans ce pays, et deuxièmement c'était une occasion de contrôler du point de vue technique le rendement de ma jeune aviation.

— J'ai donc envoyé, avec la permission du Führer, une grande partie de mon aviation de transport et un certain nombre d'unités de chasseurs, de bombardiers et de D.C.A. J'ai eu ainsi l'occasion de mettre ce matériel à sévère épreuve et de voir si sa valeur correspondait au but auquel il était destiné. D'autre part, pour aguerrir les hommes, je les fis relever le plus souvent possible.

— L'armement aérien demandait la création d'industries nouvelles ; c'en était une condition première. Il était en effet inutile de mettre sur pied une puissante Aviation si je ne pouvais lui fournir l'essence nécessaire. J'étais donc obligé de pousser les raffineries jusqu'à l'extrême limite. Il y avait d'autres industries complémentaires celle de l'aluminium surtout. Comme, à mon avis, dans l'état actuel de la technique, l'Aviation me semblait être l'arme la plus nécessaire à la sécurité du Reich, il était de mon devoir, en tant que Commandant en chef de tout faire pour la développer au maximum, et comme je partais de rien, il fallait travailler avec acharnement. C'est ce que j'ai fait.

— On a beaucoup parlé ici, au cours des interrogatoires, de bombardiers quadrimoteurs, bimoteurs, etc. Les témoins ont déposé de leur mieux et ont dit ce qu'ils savaient, mais ils n'avaient que des données fragmentaires et n'ont pu juger que d'après elles.

— J'étais et suis le seul responsable, car j'étais Commandant en chef et ministre. J'étais responsable de l'armement et de la création de l'Aviation, j'étais responsable de l'instruction des hommes et de l'esprit qui régnait dans l'Armée de l'air. Si je n'ai pas construit dès le début des bombardiers quadrimoteurs ce n'est pas du tout parce que je craignais qu'on me reprochât de créer une arme offensive. Ceci ne m'aurait pas gêné un seul instant. La seule raison en fut que les conditions techniques de sa production n'existaient pas. Mon industrie n'avait tout simplement pas encore mis au point un bombardier de ce genre, en tout cas pas suffisamment pour que je puisse m'en servir. Deuxièmement, je n'avais pas assez d'aluminium, et qui possède quelques notions dans ce domaine connaît la quantité d'aluminium nécessaire pour fabriquer un bombardier quadrimoteur, et combien de chasseurs, ou même de bombardiers bimoteurs rapides peuvent être produits avec la même quantité d'aluminium.

— Il fallait d'abord savoir qui serait l'adversaire probable de l'Allemagne dans une guerre éventuelle. Les conditions techniques présidant à la conduite d'une telle attaque contre l'Allemagne étaient suffisantes. J'estimais que, de tous les adversaires probables, la Russie était le principal, mais l'Angleterre, la France et l'Italie devaient être aussi prises en considération. Il était de mon devoir d'envisager toutes les possibilités.

— Pour le moment, sur le théâtre d'opérations européen, il me suffisait d'avoir des bombardiers capables d'atteindre les centres importants de l'industrie d'armement ; je n'avais pas besoin à l'époque d'avions plus puissants. Il était plus important de posséder une grande quantité d'appareils.

— Dans une allocution que j'ai adressée aux industriels de l'aviation, j'ai dit très clairement qu'il me fallait d'urgence un bombardier capable, avec son chargement de bombes, de faire le trajet Allemagne-Amérique et de revenir à sa base. Je leur ai demandé d'y travailler avec diligence car si, éventuellement, l'Amérique entrait en guerre contre l'Allemagne, je pourrais ainsi être en mesure d'atteindre les industries d'armement américaines. J'ai même, si je m'en souviens bien, institué un concours pour l'élaboration d'un projet de bombardiers pouvant voler à hautes altitudes et à grande vitesse sur un long parcours. Nous avions même avant la guerre mis au point des avions sans hélices.

— En conclusion, j'ai fait tout mon possible, compte tenu de l'évolution de la technique et des conditions de production qui existaient à cette époque, pour reconstruire et armer une aviation forte. L'expérience a toujours montré que cinq années de guerre ne sont pas sans progrès techniques. Je voulais être prêt à avoir une aviation qui, quel que fût le développement de la situation politique, fût assez forte pour protéger la nation et pour porter des coups aux ennemis de la patrie. M. Justice Jackson a tout à fait raison de demander si l'Aviation allemande, opérant d'après les principes modernes, a tellement contribué à l'écrasement rapide de la Pologne et de la France. C'en fut en fait la condition la plus déterminante.

— D'un autre côté, quoique cela ne me regarde pas, l'emploi de l'Aviation américaine fut aussi la condition de la victoire alliée.

Dr STAHMER. — Le fait de vous avoir donné le contrôle sur les matières premières dès avril 1936 a-t-il un rapport avec la reconstruction de l'Aviation ?

ACCUSÉ GŒRING. — Il n'est pas nécessaire que je répète ce qui a été dit sur mon rôle dans la direction des affaires économiques. Le point de départ fut la crise agricole de 1935. Au début de l'été 1936, M. Von Blomberg, ministre de la Guerre, Schacht, ministre de l'Économie et président de la Reichsbank, et le ministre Kerrl sont venus me demander de donner mon accord au projet qu'ils voulaient soumettre au Führer, aux termes duquel je devais être nommé commissaire aux matières premières et aux devises étrangères. Il ne s'agissait pas pour moi d'assumer les fonctions d'un expert économique, car je n'en étais pas un ; mais on avait besoin de quelqu'un pour s'occuper des difficiles problèmes posés par la pénurie de monnaie étrangère, malgré nos demandes incessantes, et pour se procurer des matières premières, quelqu'un possédant une autorité suffisante pour prendre des mesures qui ne seraient peut-être pas comprises. Il a été décidé que dans ce domaine, mais non comme expert, je serais la force dirigeante et ferais emploi de mon énergie.

— Le ministre Schacht qui était un spécialiste, était en difficulté avec le Parti ; il n'était pas membre du Parti. Il était à l'époque en excellents termes avec le Führer et avec moi, mais il n'en était pas de même avec certains membres du Parti. Il était à craindre que les mesures qu'il prendrait pourraient n'être pas comprises par ces milieux. On a pensé que j'étais l'homme le plus à même de les faire entériner par le peuple et le Parti.

— Ainsi fut fait. Mais, en ma qualité de ministre de l'Air, j'étais, comme je l'ai déjà expliqué, intéressé dans la question des matières premières et je jouais un rôle de plus en plus important. Les dissentiments entre les milieux agricoles et économiques dans la question des devises devinrent plus aigus, et je fus obligé de prendre des décisions plus sévères. C'est ainsi que j'en vins à diriger toute l'économie à laquelle je consacrais une grande partie de mon temps et en particulier aux achats des matières premières qui lui étaient nécessaires et au réarmement. C'est de là que naquit le Plan de quatre ans qui me conféra les pouvoirs les plus étendus.

CELUI QUI POSSÈDE UNE ÉPÉE AIGUISÉE POSSÈDE LA PAIX

M. JUSTICE JACKSON. — Le Plan de quatre ans avait pour but de placer toute l'économie en état de préparation pour la guerre, n'est-ce pas ?

ACCUSÉ GŒRING. — J'ai exposé qu'il avait deux tâches à remplir : premièrement, sauvegarder l'économie allemande contre les crises et la protéger des variations des exportations et, autant que possible des récoltes incertaines affectant les ressources alimentaires ; deuxièmement, la rendre capable de résister à tout blocus, en utilisant l'expérience que nous avait apportée la Première Guerre mondiale et de placer l'économie sur une base telle que, dans le cas d'une Seconde Guerre mondiale, les conséquences d'un pareil blocus ne seraient pas aussi désastreuses. Il va sans dire que le Plan de quatre ans était l'instrument principal du développement de l'industrie d'armement. Sans lui, le réarmement n'aurait jamais pu atteindre de telles proportions.

M. JUSTICE JACKSON. — Donnez-moi, si possible, une réponse précise : dans une lettre, en date du 18 décembre 1936, adressée à Schacht, n'avez-vous pas déclaré, que vous estimiez de votre devoir « de mettre en quatre ans toute l'économie du pays sur un pied de guerre » ?

ACCUSÉ GŒRING. — Je l'ai dit, bien entendu.

M. JUSTICE JACKSON. — Maintenant, vous souvenez-vous du rapport de Blomberg de 1937 qui commence ainsi : « La situation politique générale justifie la supposition que l'Allemagne n'a pas besoin d'entrevoir une attaque de quelque côté que ce soit ? »

ACCUSÉ GŒRING. — A cette époque, c'était bien possible. En 1937, je considérais la situation en Allemagne comme tout à fait rassurante. Après les Jeux Olympiques, la situation générale était extraordinairement calme ; mais cela n'empêchait pas que je me sentisse obligé, abstraction faite d'une atmosphère plus ou moins tranquille, de mettre l'économie allemande sur un pied de guerre et lui permettre de supporter les crises ou les blocus car, un an plus tard exactement, d'autres événements surgirent de nature bien différentes.

M. JUSTICE JACKSON. — Blomberg continue ainsi : « Les raisons en sont, en dehors de l'absence de désir d'agression de la part de presque toutes les nations, surtout des puissances occidentales, le manque de préparatifs pour la guerre de nombreux états, de la Russie en particulier. » Telle était la situation en 1937, n'est-ce pas ?

ACCUSÉ GŒRING. — C'est ainsi que M. von Blomberg considérait la situation. En ce qui concernait les préparatifs de guerre de la Russie, M. von Blomberg comme tous les autres représentants de l'opinion de la Reichswehr, s'est, en vérité, toujours trompé, à l'encontre des avis exprimés dans d'autres milieux sur l'armement de la Russie. Il ne s'agit ici que de l'opinion de M. von Blomberg et non pas de celle du Führer ou de la mienne, ni de l'opinion d'autres personnalités importantes.

M. JUSTICE JACKSON. — Tel était, néanmoins, le compte rendu du Commandant en chef de la Wehrmacht, le 24 juin 1937, n'est-ce pas ?

ACCUSÉ GŒRING. — Oui, c'est exact.

M. JUSTICE JACKSON. — Un mois plus tard, vous avez organisé les entreprises Hermann Gœring ?

ACCUSÉ GŒRING. — C'est exact.

M. JUSTICE JACKSON. — Et les entreprises Hermann Gœring contribuaient à rendre l'Allemagne prête pour la guerre, n'est-ce pas ?

ACCUSÉ GŒRING. — Non, ce n'est pas exact. Les entreprises Hermann Gœring s'occupèrent d'abord, exclusivement et uniquement de l'extraction du minerai de fer allemand des gisements de Salzgitter et du Haut Palatinat, et après l'Anschluss, des entreprises d'extraction du minerai de fer en Autriche.

— Les entreprises Hermann Gœring édifièrent ensuite et exclusivement des installations destinées à préparer et à purifier le minerai et construisirent des hauts fourneaux. Ce n'est que beaucoup plus tard qu'elles y ajoutèrent des aciéries et des usines de transformation ; c'est-à-dire, toute une industrie.

M. JUSTICE JACKSON. — Les entreprises Hermann Gœring faisaient partie du Plan de quatre ans, n'est-ce pas ?

ACCUSÉ GŒRING. — C'est exact.

M. JUSTICE JACKSON. — Et vous avez déjà dit que le Plan de quatre ans avait pour but de préparer l'économie allemande pour la guerre ; les entreprises Hermann Gœring étaient organisées pour l'exploitation des minerais de fer et la fabrication de l'acier, dans le but de produire des canons et des chars d'assaut, n'est-ce pas ?

ACCUSÉ GŒRING. — Non, ce n'est pas exact ; les entreprises Hermann Gœring, au début, ne possédaient pas leurs propres usines d'armements, mais produisaient simplement, je le répète, de l'acier, de l'acier brut.

M. JUSTICE JACKSON. — En tout cas, vous avez poursuivi vos efforts et, le 8 novembre 1943, vous avez décrit ces efforts aux Gauleiter dans un discours que vous avez prononcé à la Maison du Führer à Munich ?

ACCUSÉ GŒRING. — Je ne connais pas la date exacte, mais à ce moment-là j'ai fait aux Gauleiter un bref exposé — un parmi tant d'autres — sur la situation de l'Aviation et peut-être aussi, autant que je m'en souvienne, sur l'état de l'armement. J'ai, dans leur ensemble, oublié les termes de ce discours, car on ne m'a rien demandé sur ce point jusqu'à maintenant ; mais le fait existe.

M. JUSTICE JACKSON. — Laissez-moi vous rappeler, afin de vous rafraîchir la mémoire, que vous avez employé ces termes : « L'Allemagne, au début de la guerre, était le seul pays au monde à posséder une aviation suffisamment prête, à tous points de vue. Les autres pays avaient divisé leur flotte aérienne en aviation de la Marine et de l'Armée et considéraient uniquement l'armée aérienne comme un auxiliaire important et nécessaire des autres armes. En conséquence, il leur manquait les appareils seuls aptes à concentrer les efforts et porter des coups décisifs, c'est-à-dire une aviation d'opération. En Allemagne, nous avions poursuivi ces buts dès le début ; le gros de l'Aviation était disposé de telle sorte qu'elle était en mesure de frapper profondément dans le territoire ennemi et d'obtenir des résultats stratégiques, pendant qu'une partie moindre de l'Aviation comprenant des Stukas et, naturellement, des avions de combat, engageait la lutte dans les premières lignes des champs de bataille. Vous connaissez tous les résultats étonnants obtenus par cette tactique et la supériorité que nous avons eue au début de la guerre, grâce à une aviation moderne. »

ACCUSÉ GŒRING. — C'est parfaitement exact. Je l'ai certainement dit et, qui plus est, j'ai agi en conséquence. Mais afin que ce soit bien compris et interprété de même, je dois m'expliquer brièvement : dans ces exposés, je m'occupais de deux conceptions stratégiques différentes, qui sont encore discutées aujourd'hui, sans qu'une décision ait été prise à leur sujet : l'Aviation doit-elle former une arme auxiliaire de la Marine et de l'Armée et être divisée en vue de constituer une partie de l'Armée et de la Marine, ou doit-elle, au contraire, constituer une arme distincte et séparée des deux autres ?

— J'ai expliqué que pour les pays possédant une marine puissante il est peut-être compréhensible qu'une telle séparation soit faite. Mais, grâce à Dieu, nous avons toujours suivi dès le début la bonne voie, qui était de construire une aviation puissante, — j'insiste sur le mot puissante — et indépendante à côté de la Marine et de l'Armée ; et j'ai décrit comment nous sommes passés d'une aviation d'essai à une aviation d'opération.

— En qualité d'expert, je suis encore d'avis aujourd'hui que seule une aviation d'opération peut avoir des résultats décisifs. J'ai également exposé, à propos des bombardiers bimoteurs et quadrimoteurs, que les bimoteurs me suffisaient d'abord parce que : premièrement, je n'avais pas de bombardiers quadrimoteurs et, deuxièmement, le rayon d'action des bombardiers bimoteurs était suffisamment étendu pour atteindre l'ennemi avec lequel nous étions aux prises à ce moment-là. J'ai, de plus, souligné que la raison principale de la conclusion rapide de la campagne de Pologne et de l'Ouest était due à l'action de l'aviation. Donc, c'est parfaitement exact.

M. Justice Jackson. — Je vous rappelle que le témoin Milch [1], que vous avez cité, a déposé sous la foi du serment sur un sujet que je ne vous ai pas entendu traiter. Il a dit : « J'avais l'impression que, déjà au moment de l'occupation de la Rhénanie, lui, — c'est-à-dire Gœring — craignait que la politique de Hitler ne conduisît à la guerre. »

— Vous en souvenez-vous ?

Accusé Gœring. — Oui.

M. Justice Jackson. — Est-ce vrai ou faux ? Peut-être devrais-je dire vrai ou erroné ?

Accusé Gœring. — Non, je ne voulais pas la guerre ; mais je pensais que la meilleure façon de l'éviter était d'être fortement armé car, selon l'adage bien connu : « Celui qui possède une épée aiguisée possède la paix. »

M. Justice Jackson. — Êtes-vous toujours de cet avis ?

Accusé Gœring. — Je suis de cet avis aujourd'hui, et même plus que jamais, quand je vois la confusion qui règne.

12 mars 1946. Kesselring dépose sur l'état de l'aviation militaire allemande :

Le Président. — Voulez-vous indiquer votre nom ?

Témoin Albert Kesselring. — Albert Kesselring.

Le Président. — Voulez-vous répéter ce serment après moi : Je jure devant Dieu tout puissant et omniscient que je dirai toute la vérité, que je ne cèlerai ni n'ajouterai rien.

(Le témoin répète le serment.)

Le Président. — Vous pouvez vous asseoir si vous le désirez.

Dr Stahmer. — Témoin, depuis quand appartenez-vous à la Luftwaffe ?

Témoin Kesselring. — Depuis le 1er octobre 1933.

Dr Stahmer. — Quel grade aviez-vous lors de votre passage dans la Luftwaffe ?

Témoin Kesselring. — A cette époque j'étais colonel et commandant d'artillerie à Dresde. Par la suite, je pris ma retraite comme Kommodore de la Luftwaffe.

Dr Stahmer. — Vous avez participé à la construction de la Luftwaffe ?

Témoin Kesselring. — Durant les trois premières années, je fus chef de l'administration, puis chef de l'État-Major général et ensuite j'ai servi dans le Gruppenkommando.

Dr Stahmer. — La construction de la Luftwaffe était-elle défensive ou agressive ?

Témoin Kesselring. — L'Aviation allemande n'était qu'une arme défensive. Je dois ajouter cependant que l'avion en lui-même, aussi bien

1. La déposition de Milch est rapportée dans les pages suivantes.

que l'Aviation, est par essence une arme offensive. Déjà sur terre, se défendre sans prendre l'offensive peut être considéré comme plus ou moins avantageux. C'est particulièrement le cas pour l'Aviation. L'arme aérienne poursuit ses buts de façon très large, soit en se défendant à proprement parler, soit en attaquant. C'est ce qui a été compris par le Reichsmarschall et ses généraux.

— Il est évident que l'on commence à produire des avions légers lors de la réorganisation d'une aviation, ou que ce sont les premiers appareils à arriver aux terrains. C'est ainsi que, jusqu'en 1936-1937, nous n'eûmes que des avions légers, des avions de chasse, des Stukas, des avions de reconnaissance et quelques « vieux coucous » comme nous les appelions, tels que les Ju-52, Do-11 et Do-13, donc des avions impropres au bombardement.

— Il peut se trouver des gens pour avancer qu'une défense peut être assurée victorieusement avec ces sortes d'avions légers. Je ne citerai qu'un exemple pour réfuter cette allégation et rappellerai la fin de la guerre mondiale, où l'aviation défensive allemande a été battue par l'aviation offensive de l'ennemi.

LE PRÉSIDENT. — Docteur Stahmer, le Tribunal est d'avis que le témoin se perd par trop dans les détails.

TÉMOIN KESSELRING. — Je continue. Jusqu'en 1937 nous ne disposions pas d'aviation offensive, nous manquions d'avions de combat en particulier, et les avions qui furent plus tard introduits dans la Luftwaffe n'avaient ni un rayon d'action ni une capacité de charge suffisants pour pouvoir être considérés comme appareils offensifs. Les quadrimoteurs manquaient.

M. JUSTICE JACKSON. — Vous avez dit que la Luftwaffe était une arme purement défensive. Est-ce bien là le sens de votre déposition ?

TÉMOIN KESSELRING. — Oui.

M. JUSTICE JACKSON. — Quels étaient, au début de la campagne de Pologne, les effectifs allemands en différents types d'appareils ?

TÉMOIN KESSELRING. — Comme je ne faisais pas partie du Service central, je ne peux vous donner que des chiffres approximatifs, sans garantie d'exactitude historique. Dans l'ensemble, nous devions avoir environ 3 000 appareils. En tout, si je me souviens bien, il y avait environ 30 à 40 groupes de bombardiers, le même nombre de chasseurs et 10 groupes de Stukas, d'avions de chasse...

M. JUSTICE JACKSON. — Voulez-vous me donner le chiffre de chacun des groupes ?

TÉMOIN KESSELRING. — Environ 30 appareils qui, progressivement, se réduisaient jusqu'à 7, 6 et 5 avions dans la journée.

— Il y avait également environ 10 à 12 groupes de Stukas, y compris des avions de combat et de destruction. Étaient également compris dans ce nombre des avions de reconnaissance et un certain nombre d'avions de la Marine.

M. JUSTICE JACKSON. — Et la proportion des bombardiers était environ de deux contre un par rapport aux avions de combat ?

TÉMOIN KESSELRING. — La proportion des bombardiers par rapport aux chasseurs était de 1 pour 1 ; ou 1, 2, ou 1, 3 pour 1. J'ai dit de 30 40 groupes de bombardiers et environ 30 groupes de chasseurs ; si je comprends les avions de chasse bi-moteurs, je crois que la proportion de 1 à 1 est à peu près exacte.

M. JUSTICE JACKSON. — Et ainsi vous arrivez à un total d'environ 3 000 unités ?

TÉMOIN KESSELRING. — Sans prétendre à la précision historique, je peux indiquer ce chiffre, attendu que j'ai pu réfléchir en toute tranquillité pendant ces derniers mois et procéder à certaines estimations.

M. JUSTICE JACKSON. — Maintenant, considérez-vous le bombardier comme une arme défensive ou au contraire comme une arme offensive ?

TÉMOIN KESSELRING. — Je suis obligé de considérer le bombardier de la même façon que le chasseur et l'avion de combat en piqué comme des armes à la fois défensives et offensives. J'ai dit hier, qu'il s'agisse de défensive ou d'offensive, que les tâches de l'Aviation devaient être accomplies sur le plan offensif, en raison des objectifs très disséminés. J'ai expliqué aussi qu'une aviation qui n'avait que des unités légères était destinée à la défaite étant donné qu'il lui est impossible de frapper les divers centres de la production aéronautique ennemie, ses concentrations d'appareils, et de s'attaquer à ses mouvements dans les divers secteurs.

M. JUSTICE JACKSON. — En d'autres termes, la Luftwaffe était une arme défensive, si vous étiez sur la défensive, et une arme offensive si vous étiez en train d'attaquer ?

TÉMOIN KESSELRING. — Je n'ai pas compris la fin de la phrase.

M. JUSTICE JACKSON. — La Luftwaffe était utilisée comme armée défensive et comme arme offensive, selon que vous étiez en train de vous défendre ou d'attaquer, n'est-ce pas ?

TÉMOIN KESSELRING. — On peut l'exprimer ainsi. Je m'exprimerais moi-même autrement ; dans son essence, l'Aviation est une arme offensive, qu'elle soit employée dans l'attaque ou dans la défense.

M. JUSTICE JACKSON. — Vous avez amélioré ma formule. Et dans les Pays-Bas, en Pologne...

TÉMOIN KESSELRING. — Me permettez-vous d'ajouter quelque chose à ce sujet ?

M. JUSTICE JACKSON. — Oui, certainement.

TÉMOIN KESSELRING. — Comme je l'ai dit hier, à la fin de ma déposition, l'essentiel dans une aviation offensive est d'avoir des bombardiers quadrimoteurs à grand rayon d'action ; l'Allemagne n'en possédait aucun.

M. JUSTICE JACKSON. — Comment se fait-il que l'Allemagne ne possédait aucun avion de ce genre ?

TÉMOIN KESSELRING. — Premièrement, parce qu'en fait, dans le péril dans lequel nous nous trouvions, nous nous sommes limités aux armes défensives essentielles. Deuxièmement, parce que nous avions essayé de nous maintenir dans nos conceptions, qui étaient de produire le maximum de bombardiers de précision et d'avions de combat en piqué, avec le minimum de matières premières ; je citerais comme exemple le Junker-88.

M. JUSTICE JACKSON. — Vous avez bien été interrogé par le service de l'Inspection stratégique de bombardement américaine, le 28 juin 1945 ? Vous en souvenez-vous ?

TÉMOIN KESSELRING. — Oui, naturellement.

M. JUSTICE JACKSON. — Je vous demande si, le 28 juin 1945, vous n'avez pas déclaré à l'officier qui vous interrogeait, pour le compte du service de l'Inspection stratégique de bombardement américaine, que « tout avait été mis en œuvre pour faire de l'Aviation allemande, au point de vue personnel, appareils, défense antiaérienne, signalisation, etc., l'arme la plus forte qui fût au monde. Ces efforts aboutirent : au début de la guerre ou en 1940 au plus tard, au point de vue de la chasse et du bombardement en piqué, nous avions des appareils particulièrement efficaces, même si le type n'était pas entièrement uniforme ».

— N'avez-vous pas dit cela ?

TÉMOIN KESSELRING. — C'est encore ce que je pense aujourd'hui, en ce qui concerne le matériel : chasseurs, Stukas et avions de combat ; nous avions en effet une certaine avance sur les autres puissances.

M. JUSTICE JACKSON. — En ce qui concerne cette impossibilité d'obtenir le nombre de bombardiers quadrimoteurs, était-ce dû à vos intentions pacifiques ou était-ce une erreur de jugement sur ce que seraient les nécessités de la guerre ?

TÉMOIN KESSELRING. — Je dois dire à ce sujet la chose suivante : c'eût été une folie de la part de la direction de l'Aviation, de tenter d'obtenir, en l'espace de trois ou quatre ans, une arme aérienne complète. C'est en 1940, au plus tôt, que nous avons eu la possibilité de constituer une aviation d'opération vraiment efficace et répondant à toutes les nécessités de la guerre. Ce succès est dû, à mon avis, à l'organisation qui se révéla dans le domaine des limitations.

M. JUSTICE JACKSON. — Je crois que vous avez donné comme preuve de vos intentions pacifiques le fait que vous n'aviez pas un nombre suffisant de bombardiers quadrimoteurs au début de la guerre. Ai-je bien compris ?

TÉMOIN KESSELRING. — Il s'agit là simplement d'un détail qui ressort de l'ensemble du problème. La puissance de l'Aviation pouvait être considérée comme suffisante, particulièrement comparativement aux petits États, mais on ne pouvait absolument pas la considérer comme telle par rapport aux adversaires puissants, jouissant d'une Aviation fortement équipée. Je me souviens, par exemple, d'une chaude discussion entre le Reichsmarschall et moi-même avant la campagne de Russie. J'avais demandé des renforts en chasseurs et en Stukas. Pour certaines raisons, on me les avait refusés. La première raison résidait dans la pénurie de matériel et, d'autre part, comme j'ai pu m'en rendre compte au cours de cette conversation, le Reichsmarschall n'était pas d'accord avec cette campagne.

M. JUSTICE JACKSON. — N'avez-vous pas déposé devant la Commission américaine d'enquête sur les bombardements que vous aviez l'intention d'avoir des bombardiers à grand rayon d'action, mais que — et je cite vos paroles — « nous avions développé le He-111 et le Ju-88 que nous avons utilisés en fait. Le Ju-88 fut employé au cours de la campagne de France et contre l'Angleterre comme bombardier à long rayon d'action.

— « *Question*. — Le Ju-88 n'est pas réellement un bombardier à long rayon d'action ? »

— Voici votre réponse : « Il était considéré à l'époque comme ayant un rayon d'action suffisant, mais malheureusement nous avions une conception trop étroite des bombardiers quadrimoteurs, ce qui devait s'avérer une erreur au cours des années qui suivirent. »

— Est-ce exact ?

TÉMOIN KESSELRING. — C'était mon point de vue.

M. JUSTICE JACKSON. — Et la raison pour laquelle vous n'avez pas construit des bombardiers quadrimoteurs résidait dans la conception étroite que vous en aviez ?

TÉMOIN KESSELRING. — Je veux dire que c'était la conception du service intéressé ; les décisions pour toutes ces questions étaient prises par les plus hautes autorités du service compétent.

M. JUSTICE JACKSON. — Et les plus hautes autorités du service compétent firent une erreur de jugement sur l'utilité des bombardiers quadrimoteurs ?

TÉMOIN KESSELRING. — En considérant rétrospectivement la situation, je dois dire que le manque de bombardiers quadrimoteurs s'est fait sentir d'une façon extrêmement embarrassante.

M. JUSTICE JACKSON. — La plus haute autorité de la production aéronautique était Hermann Gœring ? Il était le chef de toute l'organisation de la production aéronautique, n'est-ce pas ?

TÉMOIN KESSELRING. — Oui, c'est exact ; ce qui n'exclut d'ailleurs pas le fait que des conceptions erronées, sur des mesures militaires ou d'organisation, aient pu exister, à certains moments.

DÉMISSIONNER ÉTAIT IMPOSSIBLE IL NE RESTAIT A ENVISAGER QUE LE SUICIDE

Témoin à Nuremberg au procès des grands criminels de guerre, Erhard Milch, ancien Feldmarshall de la Luftwaffe, ministre de l'Air en 1933, véritable administrateur du plan de quatre ans comparut en 1947, toujours à Nuremberg, devant un tribunal annexe. Milch — au sens de l'accusation — s'est rendu coupable de crimes de guerre et de crimes contre l'humanité. Il a participé au programme de conscription de la main-d'œuvre forcée pour l'économie de guerre. Il a poussé à l'utilisation des prisonniers de guerre dans l'industrie d'armement et a approuvé et couvert des exécutions sommaires de prisonniers de guerre évadés.

Le Procureur Denney lit l'acte d'accusation :

— L'accusation la plus lourde qui pèse sur l'accusé est d'avoir sciemment suscité et encouragé les expériences pseudo-médicales pratiquées sur des êtres humains dont la plupart moururent des suites de ces traitements, dans d'atroces souffrances ; par là Erhard Milch s'est définitivement rendu coupable d'assassinats prémédités...

Revenons en mars 1946, au premier procès de Nuremberg.

LE PRÉSIDENT. — Quel est votre nom ?

TÉMOIN ERHARD MILCH. — Erhard Milch.

LE PRÉSIDENT. — Voulez-vous répéter ce serment après moi : « Je jure devant Dieu tout puissant et omniscient... »

Dr STAHMER. — Témoin, avez-vous participé à la Première Guerre mondiale ?

TÉMOIN MILCH. — Oui.

Dr STAHMER. — En quelle qualité ?

TÉMOIN MILCH. — J'ai d'abord été officier d'artillerie ; à la fin de la guerre, j'étais capitaine d'aviation.

Dr STAHMER. — Quand avez-vous quitté l'Armée à la fin de la Première Guerre mondiale ?

TÉMOIN MILCH. — Au printemps 1920.

Dr STAHMER. — Quelles ont alors été vos occupations ?

TÉMOIN MILCH. — Je me suis occupé d'aviation civile.

Dr STAHMER. — Quand avez-vous repris vos fonctions dans la Wehrmacht ?

TÉMOIN MILCH. — En 1933.

Dr STAHMER. — Immédiatement dans l'Aviation ?

TÉMOIN MILCH. — Oui.

Dr STAHMER. — Quel poste occupiez-vous au début de la Seconde Guerre mondiale ?

TÉMOIN MILCH. — J'étais Generaloberst et inspecteur général de la Luftwaffe.

Dr STAHMER. — A quel moment commença le réarmement de la Luftwaffe ?

TÉMOIN MILCH. — En 1935.

Dr STAHMER. — Dans quelle mesure ?

TÉMOIN MILCH. — On mit sur pied une armée aérienne à caractère défensif.

Dr STAHMER. — Pouvez-vous donner des indications précises à ce sujet ?

TÉMOIN MILCH. — L'Allemagne avait, en 1933, quitté la Société des Nations et par le fait même la Conférence de Désarmement. Hitler avait essayé de continuer ses pourparlers de désarmement avec différents pays. Devant leur échec, l'Allemagne commença à réarmer et on se demanda si les autres pays approuveraient ou non cette attitude. L'Allemagne estima donc qu'il lui était absolument nécessaire également d'assurer sa force militaire dans les airs et qu'il lui fallait créer une armée aérienne suffisante pour la défense de son territoire. Cette idée de défense se traduisit par le fait que les premières fabrications portèrent sur des chasseurs et des pièces de D.C.A. De même, l'organisation de l'Aviation allemande était basée sur un système défensif qui consistait en quatre régions aériennes que l'on peut imaginer en traçant une croix sur la carte de l'Allemagne : les régions nord-est, sud-est, nord-ouest et sud-ouest. La Luftwaffe, ainsi organisée, n'avait en rien la puissance nécessaire pour mener une guerre d'agression ni une guerre de grande envergure. A côté des chasseurs, on construisit également des bombardiers, mais ces formations n'étaient désignées chez nous que sous le nom de « Risiko-Luftwaffe », ce qui signifiait que leur rôle était d'empêcher, dans la mesure du possible, qu'un voisin de l'Allemagne ne lui fît la guerre.

Dr STAHMER. — Quelles furent les relations de la Luftwaffe avec les Aviations étrangères, à partir de 1935 ?

TÉMOIN MILCH. — Dans les années qui suivirent immédiatement 1935, l'Allemagne n'avait pas d'Aviation à proprement parler ; seules les premières unités et les premières grandes écoles venaient d'être créées et c'est à cette époque que l'industrie de l'Aviation se développa. Avant le réarmement, cette industrie était insignifiante. J'ai appris par hasard que l'industrie aérienne, au moment de la prise du pouvoir, occupait de 3 000 à 3 300 personnes — constructeurs, commerçants, techniciens et ouvriers.

— Les premiers contacts avec les étrangers dans le domaine de l'Aviation ont eu lieu en 1937, lorsqu'au mois de janvier de cette année une commission britannique, dirigée par le vice-maréchal de l'Air Courtney, chef du service de renseignements de l'Aviation britannique, accompagné de trois officiers supérieurs, se rendit en Allemagne. J'ai moi-même reçu cette commission et lui ai servi de guide pendant tout son séjour. Nous nous sommes conformés à tous les désirs que ces messieurs ont pu formuler sur ce qu'ils voulaient voir. C'est ainsi que furent constituées les premières unités et particulièrement notre unité d'instruction, où les nouveaux modèles étaient essayés ; nous leur avons aussi montré notre industrie, nos écoles, et tout ce qu'ils désiraient voir. A l'issue de nos entrevues, le vice-maréchal anglais proposa l'organisation d'un échange de plans entre l'Angleterre et l'Allemagne. J'ai demandé l'approbation de mon Commandant en chef et je l'ai obtenue. Nous avons, à cette époque, communiqué à l'Angleterre les projets de l'Aviation allemande pour 1937, 1938 et, je crois, 1939 ; de leur côté, les Anglais nous ont aussi donné les données numériques correspondantes. Nous convînmes que tout changement dans l'organisation des plans et toute construction de nouveaux modèles feraient l'objet d'un nouvel échange de documents. Cette visite s'est déroulée sous le signe de la camaraderie et a servi de point de départ pour des contacts ultérieurs.

— Au mois de mai de cette même année 1937, j'ai été, en qualité de représentant de mon Commandant en chef, invité en Belgique avec plusieurs autres personnes, dans le but d'y rendre visite à l'Aviation belge. Puis en juillet...

Dr STAHMER. — Pouvez-vous me donner des renseignements plus détaillés au sujet de cette visite en Belgique ?

TÉMOIN MILCH. — On nous avait réservé un accueil très cordial. Je fis la connaissance du ministre de la Guerre, du ministre des Affaires étrangères et du président du conseil des ministres de Sa Majesté le roi, sans compter les officiers de l'Armée de l'air qui m'intéressaient au premier chef. Des deux côtés, le ton de la discussion fut très amical et les Belges affirmèrent leurs sentiments d'amitié envers l'Allemagne.

Dr STAHMER. — Y eut-il, là aussi, des échanges de documents ?

TÉMOIN MILCH. — Non : ici les échanges ne se sont pas faits de la même façon : ce n'est qu'ultérieurement que nous avons montré aux Belges notre Aviation, lorsque le général Duvier, chef de leur Armée de l'air, nous rendit notre visite.

— Il y eut ensuite, au mois de juillet 1937, une grande réunion internationale, au cours du meeting international d'Aviation de Zurich qui se tenait alors tous les cinq ans. Au cours de ce meeting, nous avons intentionnellement exposé nos derniers modèles de chasseurs, de bombardiers, de bombardiers en piqué, ainsi que les nouveaux moteurs que nous venions de sortir et tout ce qui pouvait avoir un intérêt d'ordre international. En dehors des Allemands, il y avait d'importantes délégations : française, italienne, tchèque, belge. Une commission d'officiers britanniques était également venue pour voir notre matériel, sans prendre part aux épreuves en tant que représentants de la Grande-Bretagne. Nous avons, dans le plus large esprit de camaraderie, montré notre matériel aux Français, aux Anglais et aux représentants des autres nations. Il y avait par exemple le chasseur Messerschmidt 109, celui dont on s'est servi jusqu'à la fin de la guerre avec quelques améliorations. Il y avait les derniers bombardiers Dornier, le dernier Stuka de chez Junkers ainsi que les moteurs Daimler-Benz 600 et 601 et les moteurs Junkers.

LE PRÉSIDENT. — Docteur Stahmer, je ne crois pas que tout ce luxe de détails nous intéresse vraiment.

Dr STAHMER. — Témoin, faites-nous grâce de détails, soyez bref.

TÉMOIN MILCH. — Puis en octobre 1937, nous fûmes invités en France, par le Gouvernement français, à rendre visite à l'Armée de l'air. On peut dire de cette visite qu'elle s'est déroulée dans une atmosphère de réelle camaraderie. Peu de temps après, environ une semaine plus tard, nous fûmes invités par l'Angleterre à lui rendre la visite du maréchal Courtney. Là encore, on nous montra des usines, diverses organisations, des écoles, et l'Académie de guerre. De même, en ce qui concerne l'industrie, on nous montra les « Shadow factories », c'est-à-dire des usines qui, en temps de paix, fabriquent des produits ordinaires pour passer, en temps de guerre, à la construction des avions et des moteurs d'avions. Il y eut aussi un échange de visites avec la Suède.

— Je crois que je peux m'en tenir là.

Dr LATERNSER. — Témoin, je voudrais revenir très rapidement sur la question de la préparation de l'Aviation allemande à la guerre en 1939 ; je voudrais vous demander si la collaboration de la Luftwaffe avec l'O.K.W., l'Armée de terre et la Marine était assurée en 1939.

TÉMOIN MILCH. — A mon avis, la Luftwaffe, en 1939, n'était pas préparée à une guerre d'envergure. Il n'y avait aucun accord avec les autres parties de l'Armée. Tout au moins, je n'étais pas au courant de telles relations.

Dr LATERNSER. — Si ces relations avec les autres parties de l'Armée avaient existé, les auriez-vous connues ?

TÉMOIN MILCH. — Je le crois, car à ce moment, j'en aurais certainement été avisé.

Dr LATERNSER. — Comment s'établissait la collaboration entre les services les plus importants, à l'intérieur de la Luftwaffe ?

TÉMOIN MILCH. — Depuis 1937, d'une façon assez lâche. L'État-Major général, le service technique et le service du personnel étaient séparés et travaillaient chacun de leur côté.

Dr LATERNSER. — Témoin, vous venez de mentionner l'État-Major général. Qu'entendez-vous par État-Major général de la Luftwaffe ?

TÉMOIN MILCH. — L'État-Major, en allemand, représente les assistants des chefs. Autrement dit, ce sont de jeunes officiers soumis à un entraînement spécial et placés auprès des officiers commandants, à partir des commandants de division.

Dr LATERNSER. — Qu'y avait-il dans cet État-Major général de la Luftwaffe ?

TÉMOIN MILCH. — D'abord les officiers des services de l'État-Major général de la Luftwaffe, depuis le chef de l'État-Major général de la Luftwaffe lui-même, puis les officiers d'État-Major détachés auprès des divisions, corps et flottes aériennes.

Dr LATERNSER. — Quel était le délai prévu pour la réorganisation de la Luftwaffe ?

TÉMOIN MILCH. — On n'avait pas encore ordonné de réformes importantes, bien qu'on en eût parlé assez longtemps avant le déclenchement des hostilités. On voulait former ultérieurement une aviation plus importante, mais autant que je m'en souvienne, les plans envisagés prévoyaient six à huit ans de travail.

Dr LATERNSER. — En quelle année les plans auraient-ils été réalisés ?

TÉMOIN MILCH. — Entre 1944 et 1946, je suppose.

Dr LATERNSER. — En 1939, y avait-il déjà une organisation de chasseurs de jour et de nuit ?

TÉMOIN MILCH. — Non, elle n'existait pas encore.

Dr LATERNSER. — Y avait-il une organisation pour les bombardements ?

TÉMOIN MILCH. — Non, du moins pas celle qui eût été nécessaire pour une guerre d'agression.

Dr LATERNSER. — Où en étaient les terrains à cette époque ?

TÉMOIN MILCH. — Il y avait beaucoup de terrains inférieurs à 1 000 mètres de diamètre. Les pistes étaient suffisantes pour des chasseurs, mais non pour des bombardiers lourdement chargés.

Dr LATERNSER. — Quel était l'état du réseau de transmission de la Luftwaffe ?

TÉMOIN MILCH. — Le réseau de transmissions de l'État-Major, c'est-à-dire le réseau de câbles, n'existait à peu près pas. Il a fallu l'improviser ultérieurement pendant la guerre.

Dr LATERNSER. — Quel était l'état du service d'information de l'aviation ?

TÉMOIN MILCH. — Celui-ci non plus n'était pas encore organisé. En ce qui concerne les bombardiers, je pourrais ajouter, pour donner un exemple marquant, que l'on construisit dans les premières années des prototypes de bombardiers quadrimoteurs utilisables pour les bombardements de nuit. Ils furent mis à l'essai mais, en 1937, je crois, on abandonna leur construction quoiqu'ils fussent parfaits du point de vue technique. On voulait éviter d'engager de grandes dépenses pour la construction de ces avions, car on ne s'attendait pas à une guerre à cette époque. Ceci se passait au moment où le Feldmarschall Kesselring était chef d'État-Major général ; la question fut portée devant le Reichsmarschall, qui souscrivit à l'abandon de ces types de bombardiers.

Dr LATERNSER. — A quelle époque était-ce ?

TÉMOIN MILCH. — Je vais regarder et je vous réponds tout de suite. C'est le 29 avril 1937 que le Reichsmarschall, sur l'avis du chef d'État-Major général, a stoppé la fabrication de ces bombardiers à grand rayon d'action. C'est ainsi qu'en 1939 il n'y avait pas de bombardiers de nuit comparables aux appareils anglais du type « Lancaster » ou autres.

Dr LATERNSER. — Où en était le personnel volant ?

TÉMOIN MILCH. — Pour cette aviation relativement faible nous avions un personnel de remplacement à peine suffisant. Le manque de personnel de remplacement était le principal handicap à la reconstruction. En particulier, la détermination des délais limites dépendait de la formation du personnel. La question du personnel était primordiale. Il était possible de construire plus rapidement des avions, mais il était impossible d'instruire plus rapidement les équipages et, comme je l'ai dit vendredi, c'était le premier point à considérer, pour déterminer une date quelconque. Les pilotes et le personnel technique ne sont d'aucune utilité s'ils ne sont pas suffisamment entraînés. Des hommes instruits à moitié sont plus nuisibles qu'utiles.

LE PRÉSIDENT. — Docteur Laternser, je ne veux pas interrompre votre interrogatoire, mais nous écoutons le témoin depuis près de vingt minutes et tout ce que j'en ai déduit est que la Luftwaffe n'était pas prête à faire la guerre en 1939. Il me semble que l'on consacre beaucoup trop de temps à des détails.

Dr LATERNSER. — Je n'ai plus qu'une question à poser sur ce sujet : y avait-il des réserves d'aluminium, de magnésium et de caoutchouc et des possibilités de production de ces matériaux ?

TÉMOIN MILCH. — Non, pas suffisamment.

M. JUSTICE JACKSON. — Occupiez-vous un poste très important dans les Forces aériennes allemandes ?

TÉMOIN MILCH. — J'étais inspecteur général.

M. JUSTICE JACKSON. — Avez-vous fréquemment représenté Gœring à des conférences ?

TÉMOIN MILCH. — En réalité, je ne l'ai représenté que très rarement.

M. JUSTICE JACKSON. — Vous niez donc avoir assisté fréquemment à des conférences en tant que représentant de Gœring ?

TÉMOIN MILCH. — Non, je ne le nie pas, j'ai dû assister à certaines de ces conférences en raison de mes fonctions. Mais ce n'est que très rarement que j'ai eu l'occasion de représenter Gœring, car le plus souvent il y était présent lui-même.

M. JUSTICE JACKSON. — Vous avez joué un rôle important dans la reconstitution de la Luftwaffe, n'est-ce pas ?

TÉMOIN MILCH. — Oui.

M. JUSTICE JACKSON. — Et, en 1941, pour cette raison, des honneurs vous ont été conférés par le régime hitlérien ?

TÉMOIN MILCH. — Non, pas en 1941. Je pense, Monsieur le Procureur Général, que vous voulez dire en 1940.

M. JUSTICE JACKSON. — En 1940. Je fais peut-être erreur.

TÉMOIN MILCH. — Vous pensez à ma promotion au rang de Feldmarschall, n'est-ce pas ?

M. JUSTICE JACKSON. — Quand avez-vous été promu Feldmarschall ?

TÉMOIN MILCH. — Le 19 juillet 1940.

M. JUSTICE JACKSON. — Et n'avez-vous pas reçu un présent du régime hitlérien en reconnaissance de vos services ?

TÉMOIN MILCH. — En 1942, à l'occasion de mon cinquantième anniversaire, on m'a remis un cadeau en gage de reconnaissance.

M. JUSTICE JACKSON. — Et cette reconnaissance se manifesta par un don en espèces, n'est-ce pas ?

TÉMOIN MILCH. — Oui, c'est exact. C'était une somme d'argent qui m'a permis de faire l'acquisition d'une ferme.

M. JUSTICE JACKSON. — Quelle était cette somme ?

TÉMOIN MILCH. — Elle se montait à 250 000 Marks.

M. JUSTICE JACKSON. — Et maintenant vous venez ici pour témoigner, si je comprends bien vos déclarations, que le régime dont vous faisiez partie a entraîné l'Allemagne dans une guerre pour laquelle elle n'était absolument pas préparée. Vous ai-je bien compris ?

TÉMOIN MILCH. — C'est juste, en ce sens qu'en 1939 l'Allemagne a été entraînée dans une guerre pour laquelle elle n'était pas préparée, du moins en ce qui concerne l'Aviation.

M. JUSTICE JACKSON. — Le chef de l'Aviation allemande en a-t-il jamais averti le peuple allemand ?

TÉMOIN MILCH. — Je ne saurais le dire, mais je ne crois pas qu'il en ait eu la possibilité.

M. JUSTICE JACKSON. — Vous ignorez s'il l'a jamais fait ?

TÉMOIN MILCH. — Je ne me souviens pas qu'il ait donné publiquement un avertissement de ce genre. Je pense que l'avertissement a été donné à son supérieur hiérarchique.

M. JUSTICE JACKSON. — Et qui détenait le poste supéreur au sien ?

TÉMOIN MILCH. — C'était le Führer, Adolf Hitler.

M. JUSTICE JACKSON. — Le Führer ?

TÉMOIN MILCH. — En tant que soldat, le Reichsmarschall ne pouvait pas s'adresser au public.

M. JUSTICE JACKSON. — Vous souvenez-vous si, à une conférence du Haut Commandement ou lors de toute autre conférence réunie par Hitler, le Reichsmarschall Gœring a soulevé la question de la non-préparation de l'Allemagne à la guerre ?

TÉMOIN MILCH. — Je ne peux pas me souvenir d'une conférence de ce genre, parce que de telles conférences n'avaient lieu qu'entre les deux personnes intéressées. Le Reichsmarschall n'a jamais, en public ou devant un cercle nombreux d'officiers, manifesté son opposition, parce que Hitler ne l'aurait pas toléré.

M. JUSTICE JACKSON. — Savez-vous si l'un des accusés qui se trouvent ici s'est jamais déclaré publiquement contre l'entrée en guerre de l'Allemagne ?

TÉMOIN MILCH. — Publiquement, non. Je ne me souviens pas d'un incident de ce genre. Mais je suis tenté de croire que, même pour les accusés ici présents, cette guerre fut une grande surprise.

M. JUSTICE JACKSON. — Vous aimeriez le croire ?

TÉMOIN MILCH. — Je le crois.

M. JUSTICE JACKSON. — Vous le croyez. Combien de temps a-t-il fallu aux Forces allemandes pour conquérir la Pologne ?

TÉMOIN MILCH. — Pour conquérir la Pologne ? Dix-huit jours, je crois.

M. JUSTICE JACKSON. — Dix-huit jours, bien. Et combien de temps a-t-il fallu pour chasser l'Angleterre du continent, jusqu'au désastre de Dunkerque ?

TÉMOIN MILCH. — Six semaines, je crois.

M. JUSTICE JACKSON. — Et combien de temps a-t-il fallu pour envahir la Belgique et la Hollande ?

TÉMOIN MILCH. — Quelques jours.

M. JUSTICE JACKSON. — Combien de temps a-t-il fallu pour envahir la France et prendre Paris ?

TÉMOIN MILCH. — En tout, deux mois.

M. JUSTICE JACKSON. — Et combien de temps a-t-il fallu pour envahir le Danemark et s'emparer de la Norvège ?

TÉMOIN MILCH. — Très peu de temps aussi. Pour le Danemark, ce fut très rapide parce qu'il céda immédiatement ; quant à la Norvège, quelques semaines.

M. JUSTICE JACKSON. — Vous témoignez et vous voulez que le Tribunal ait foi en votre parole d'officier, lorsque vous dites que les officiers ne savaient rien des préparatifs de ces mouvements. C'est votre témoignage, en tant qu'officier ?

TÉMOIN MILCH. — Pardon, je n'ai pas très bien compris.

M. JUSTICE JACKSON. — Vous affirmez que tous ces mouvements furent une surprise pour les officiers de la Luftwaffe. Vous dites avoir été surpris pour chacun d'eux ?

TÉMOIN MILCH. — J'ai dit surpris par le déclenchement de la guerre, alors qu'il n'était question que de la Pologne. Les autres opérations eurent lieu beaucoup plus tard, et il y avait eu plus de temps pour les préparer.

M. JUSTICE JACKSON. — Mais vous ne niez pas que l'Allemagne fût très bien préparée pour une guerre contre la Pologne ?

TÉMOIN MILCH. — La puissance de l'Allemagne par rapport à la

Pologne était suffisante. En témoignant tout à l'heure et en employant l'expression préparation à la guerre, dans mon témoignage, je voulais parler de préparation à une guerre mondiale. L'Allemagne n'y était pas préparée en 1939.

M. JUSTICE JACKSON. — Mais elle était prête pour la campagne qu'elle a entreprise ?

TÉMOIN MILCH. — Ce n'est pas ce que je voulais dire ; mais il est naturellement certain qu'elle avait un armement, comme tout autre pays disposant d'une Armée. Nos Forces armées furent mises en état d'alerte du côté de la Pologne et, à notre surprise, se révélèrent assez puissantes pour écraser la Pologne en un temps très court.

M. JUSTICE JACKSON. — Est-ce que vous contesteriez ou nieriez que par rapport aux autres puissances européennes, l'Allemagne était la mieux préparée à entrer en guerre, le 1er septembre 1939 ?

TÉMOIN MILCH. — Je crois qu'en soi l'Aviation anglaise était alors plus puissante que l'Aviation allemande.

M. JUSTICE JACKSON. — Je vous ai posé la question pour les puissances continentales ; est-ce que vous contestez que l'Allemagne fût beaucoup mieux préparée à la guerre qu'aucun autre de ses voisins immédiats ?

TÉMOIN MILCH. — Je suis convaincu que la France, aussi bien que la Pologne, compte tenu de leur puissance respective, étaient aussi bien préparées à la guerre que l'Allemagne. Ces deux pays avaient l'avantage d'avoir eu plus de temps pour s'armer, tandis que l'Allemagne ne put commencer à s'armer que cinq ans avant le déclenchement de la guerre.

M. JUSTICE JACKSON. — Quand avez-vous rencontré Goering pour la première fois ?

TÉMOIN MILCH. — Je crois que c'était en 1928.

M. JUSTICE JACKSON. — Qu'était-il alors ? Quel poste occupait-il ?

TÉMOIN MILCH. — Il était à cette époque membre du Reichstag.

M. JUSTICE JACKSON. — Et que faisiez-vous ? Quelle était votre situation ?

TÉMOIN MILCH. — A ce moment, je dirigeais la Lufthansa allemande, une entreprise privée de trafic aérien.

M. JUSTICE JACKSON. — Aviez-vous à cette époque parlé à Hermann Gœring de l'utilisation de l'Aviation si le parti nazi prenait le pouvoir ?

TÉMOIN MILCH. — Non, pas encore à cette époque.

M. JUSTICE JACKSON. — Quand en avez-vous discuté pour la première fois avec Gœring ?

TÉMOIN MILCH. — Je crois que Goering s'est entretenu de toutes ces questions avec moi en 1932, au moment où un plan prévoyait la prise du pouvoir pour cette même année. On croyait alors que les autres partis formeraient un Gouvernement avec les nationaux-socialistes. Et dans cette éventualité, je crois, Gœring a parlé de la possibilité — lorsqu'il y aurait à la tête du pays un Gouvernement auquel participerait le parti national-socialiste — de libérer l'Allemagne des restrictions sur les armements.

M. JUSTICE JACKSON. — A la suite de cela, vous êtes entré au parti nazi ?

TÉMOIN MILCH. — Ce n'est qu'après 1933 que j'ai adhéré au parti nazi ; quand je redevins officier, mes relations avec le Parti cessèrent.

M. JUSTICE JACKSON. — Vous avez attendu la prise du pouvoir ?

TÉMOIN MILCH. — Oui.

M. JUSTICE JACKSON. — Vous souvenez-vous de votre conversation avec Hermann Gœring le 28 janvier 1933 ?

TÉMOIN MILCH. — Oui.

M. JUSTICE JACKSON. — Où cette conversation a-t-elle eu lieu ?

TÉMOIN MILCH. — Chez moi, dans mon appartement.

M. JUSTICE JACKSON. — C'est lui qui vous a rendu visite ?

TÉMOIN MILCH. — Non, ce soir-là, j'avais des invités. Il arriva soudain parce qu'il voulait me parler de toute urgence.

M. JUSTICE JACKSON. — Et pourriez-vous raconter au Tribunal la conversation que vous eûtes alors avec Gœring ?

TÉMOIN MILCH. — Il me dit qu'on était arrivé à un accord avec les autres partis en vue de former un gouvernement de coalition comprenant les nationaux-socialistes. Le Président du Reich, von Hindenburg, venait de donner son accord à la nomination de Hitler comme Chancelier du Reich.

— Il me demanda si j'étais prêt à travailler au ministère de l'Air, qui allait être créé. Expliquant que je ne voulais pas abandonner ma Lufthansa, je lui proposais deux autres personnalités pour me remplacer. Gœring les refusa et insista en me demandant de me mettre à sa disposition.

M. JUSTICE JACKSON. — Avez-vous accepté ?

TÉMOIN MILCH. — Je lui ai demandé la permission de réfléchir et lui ai dit que j'accepterais si Hitler insistait encore.

M. JUSTICE JACKSON. — Que fit Hitler ?

TÉMOIN MILCH. — Le 30 j'ai accepté, après avoir entendu Hitler me dire une fois encore qu'il considérait que mes connaissances et capacités techniques dans le domaine de l'Aviation lui étaient indispensables.

M. JUSTICE JACKSON. — Ainsi, le jour où les nazis sont arrivés au pouvoir, vous avez accepté de construire une aviation militaire nazie ?

TÉMOIN MILCH. — Non, il ne s'agissait pas d'une aviation militaire ; le problème immédiat était alors la coordination des différentes branches de l'Aviation. Par exemple, il y avait une ou deux sociétés de transport aérien, des usines de construction aéronautique, des écoles de pilotes civils, le service météorologique, et peut-être encore différents instituts de recherches. Je crois avoir, par cette énumération, indiqué les éléments de l'aviation civile à cette époque, mais ce n'était pas une aviation militaire.

M. JUSTICE JACKSON. — En d'autres termes, vous avez été chargé d'assurer la prédominance allemande dans le domaine de l'Aviation ?

TÉMOIN MILCH. — Non, on ne peut pas non plus dire cela.

M. JUSTICE JACKSON. — Eh bien, dites-le vous-même. Expliquez-nous ce que vous avez fait, quel était alors votre but en assumant cette nouvelle tâche.

TÉMOIN MILCH. — Il s'agissait d'abord de développer les différentes branches de l'Aviation afin de construire un vaste réseau de transports aériens.

M. JUSTICE JACKSON. — Puis vous avez voyagé en France et en Angleterre et à votre retour vous avez fait un rapport personnel à Hitler, n'est-ce pas ?

TÉMOIN MILCH. — Oui.

M. JUSTICE JACKSON. — De retour d'Angleterre, avez-vous averti Hitler des activités de Ribbentrop ?

TÉMOIN MILCH. — Oui.

M. JUSTICE JACKSON. — Qu'avez-vous dit à Hitler au sujet des activités de Ribbentrop en Angleterre ?

TÉMOIN MILCH. — Je lui ai dit que j'avais eu en Angleterre, l'impression que M. Ribbentrop n'y était pas *persona grata*.

M. JUSTICE JACKSON. — Lorsque vous avez été interrogé après votre capture, n'avez-vous pas déclaré que vous aviez dit à Hitler que, s'il ne se débarrassait pas rapidement de Ribbentrop, l'Allemagne aurait des ennuis avec l'Angleterre ? N'est-ce pas en substance ce que vous avez dit à Hitler ?

TÉMOIN MILCH. — Je ne me souviens plus des termes de ma déclaration.

M. JUSTICE JACKSON. — Mais n'était-ce pas en substance l'esprit de vos déclarations ?

TÉMOIN MILCH. — J'étais d'avis qu'il fallait quelqu'un d'autre en Angleterre parce que, selon le désir si souvent exprimé par Hitler, il fallait aboutir à une collaboration avec l'Angleterre.

M. JUSTICE JACKSON. — Avant d'en parler à Hitler, vous en avez parlé à Gœring, n'est-ce pas ?

TÉMOIN MILCH. — Non, je n'ai pas discuté de cette question avec le Reichsmarschall.

M. JUSTICE JACKSON. — A une certaine époque, des ingénieurs allemands furent envoyés en Russie pour inspecter les constructions aériennes, les usines et les installations ?

TÉMOIN MILCH. — Oui, c'est exact.

M. JUSTICE JACKSON. — C'était un groupe d'ingénieurs et vous n'étiez pas étranger à leur envoi, n'est-ce pas ?

TÉMOIN MILCH. — Non, je n'avais rien à voir avec eux. Je ne dirigeais pas les services techniques à cette époque.

M. JUSTICE JACKSON. — Sous le commandement de qui étaient-ils placés ?

TÉMOIN MILCH. — Ils étaient sous les ordres du général Udet qui, lui-même, était sous les ordres du Reichsmarschall.

M. JUSTICE JACKSON. — A leur retour, vous avez appris qu'ils avaient rendu compte que la capacité de construction des moteurs d'avion de la Russie était supérieure à celle des six usines allemandes réunies, n'est-ce pas ?

TÉMOIN MILCH. — Oui, c'est exact.

M. JUSTICE JACKSON. — Quel fut l'ordre donné par Gœring au sujet de la transmission de cette information au Führer ?

TÉMOIN MILCH. — Gœring n'a pas cru à la véracité de ces nouvelles. Je le sais pour l'avoir entendu dire textuellement par le général Udet.

M. JUSTICE JACKSON. — N'avez-vous pas déclaré au cours de vos précédents interrogatoires que Gœring avait traité ces experts de défaitistes, qu'il leur avait interdit de répéter ces informations et qu'ils les avait menacés du camp de concentration s'ils parlaient. L'avez-vous dit, oui ou non ?

TÉMOIN MILCH. — Je n'ai jamais dit cela sous cette forme.

M. JUSTICE JACKSON. — Utilisez alors vos propres paroles et répétez-nous ce que Gœring a déclaré à ce sujet.

TÉMOIN MILCH. — Beaucoup plus tard, lorsque la question de l'armement américain fut à l'ordre du jour, Gœring me dit : « Alors, vous aussi vous devenez défaitiste et vous croyez à ces chiffres ? » Je lui ai alors répondu que je croyais effectivement à ces chiffres. Mais cela n'avait rien à voir avec l'affaire russe.

M. JUSTICE JACKSON. — Est-ce que ces chiffres russes ont été rapportés à Hitler ou au Reichstag, ou bien ont-ils été rendus publics d'une façon quelconque ?

TÉMOIN MILCH. — Pour les chiffres russes, je n'en sais rien, car je ne m'occupais pas de ces questions. Les chiffres américains ont certainement été présentés à Hitler, mais ce dernier ne les a pas crus.

M. JUSTICE JACKSON. — Vous avez déclaré que vous saviez que la guerre contre la Russie signifierait la destruction de l'Allemagne. C'est bien là ce que vous avez dit ?

TÉMOIN MILCH. — Pas la destruction, la défaite. Je crois avoir dit anéantissement ou défaite.

M. JUSTICE JACKSON. — Vous êtes allé voir le Reichsmarschall Gœring pour protester contre l'entrée en guerre contre la Russie, n'est-ce pas ?

TÉMOIN MILCH. — Oui.

M. JUSTICE JACKSON. — Est-ce que Gœring pensait comme vous, que cela signifiait la défaite de l'Allemagne ?

TÉMOIN MILCH. — Non, il n'a pas acquiescé. Étant donné ses rapports avec Hitler, il était tenu de s'exprimer avec beaucoup de prudence. Je lui ai indiqué les raisons des difficultés qui surgiraient pour l'Allemagne et il a fait un signe d'assentiment. Ce qu'il m'a dit me donna l'impression qu'il avait déjà essayé, mais en vain, de présenter ces mêmes arguments à Hitler.

M. JUSTICE JACKSON. — En d'autres termes, il était d'accord avec vous pour penser que cela finirait par la défaite de l'Allemagne mais il ne voulait pas qu'on le dît à Hitler. C'est bien cela ?

TÉMOIN MILCH. — Non, je ne peux pas aller jusque-là. En disant que ce serait la défaite de l'Allemagne, j'exposais ma conclusion personnelle. Il estimait simplement comme moi qu'il fallait éviter cette guerre à tout prix parce qu'elle serait un malheur pour l'Allemagne. Ce sont ses propres termes. Il n'a pas employé le terme « défaite ».

M. JUSTICE JACKSON. — Vous-même, avez-vous employé ce terme ?

TÉMOIN MILCH. — Oui, j'ai dit qu'ouvrir un second front contre un ennemi aussi puissant ne pourrait qu'aboutir à la défaite de l'Allemagne.

M. JUSTICE JACKSON. — Était-il d'un autre avis ? Êtes-vous arrivés à une conclusion ?

TÉMOIN MILCH. — Non, il n'a pas discuté cette question, mais il a simplement déclaré qu'il s'opposait à ce qu'on fit une autre démarche parce que c'était impossible et ne pouvait qu'éveiller chez Hitler l'impression que, dans l'Aviation, nous étions des défaitistes ; d'ailleurs, tout cela n'aurait absolument rien changé à la situation.

M. JUSTICE JACKSON. — Et vous n'avez pas essayé de faire savoir à Hitler ou à un officier de l'O.K.W. les raisons pour lesquelles vous trouviez que cette guerre contre la Russie entraînerait la défaite de l'Allemagne ?

TÉMOIN MILCH. — Cela m'était impossible. Je ne pouvais pas agir contre les ordres de mon supérieur.

M. JUSTICE JACKSON. — Le Reichsmarschall ?

TÉMOIN MILCH. — Oui, le Reichsmarschall.

M. JUSTICE JACKSON. — Et autant que vous le sachiez, il n'a jamais fait savoir à Hitler après votre conversation que vous estimiez que cette guerre serait un désastre pour l'Allemagne ?

TÉMOIN MILCH. — J'avais l'impression qu'il avait déjà discuté cette question avec Hitler, mais qu'il n'avait pas pu obtenir gain de cause parce que c'était impossible avec Hitler.

M. JUSTICE JACKSON. — Mais vous aviez été envoyé à l'étranger en mission par Hitler, vous lui aviez fait des rapports et il semblait avoir confiance en vous. Je vous demande si Hermann Gœring a jamais rapporté à Hitler que, d'après vos propres informations, vous considériez que cette guerre serait un désastre ?

TÉMOIN MILCH. — Mes voyages n'avaient pas été faits sur l'ordre de Hitler. J'ai entrepris ces voyages à la suite d'invitations adressées à l'Aviation allemande par les puissances étrangères, et sur l'ordre du Reichsmarschall. C'est seulement en raison de l'importance de ces voyages et parce que j'avais incidemment reçu des informations politiques — à mon corps défendant il est vrai, car ces informations ne me concernaient pas en tant que soldat — que je crus de mon devoir d'en référer personnellement à Hitler.

M. JUSTICE JACKSON. — Gœring vous a-t-il ordonné de le faire ?

TÉMOIN MILCH. — D'aller chez Hitler ? Gœring en avait fait part à Hitler et ce dernier m'a fait venir. Je n'ai pas décidé moi-même de voir Hitler ; j'ai reçu un ordre de Hitler de me rendre auprès de lui.

M. JUSTICE JACKSON. — Quand il vous a envoyé chez Hitler, savait-il ce que vous vouliez lui faire savoir ?

TÉMOIN MILCH. — Non, il n'avait lui-même...

M. JUSTICE JACKSON. — Ainsi il le savait ?

TÉMOIN MILCH. — Il n'en savait rien. Il n'avait pas eu le temps de me recevoir.

M. JUSTICE JACKSON. — Gœring n'avait pas eu le temps de vous recevoir ?

TÉMOIN MILCH. — Non, Gœring avait alors à s'occuper de beaucoup d'autres questions et il ne voulait pas entendre parler de tout cela.

M. JUSTICE JACKSON. — Ainsi il a laissé ce soin à Hitler qui, si je comprends bien, n'était pas aussi occupé. Est-ce exact ?

TÉMOIN MILCH. — Hitler s'y intéressait particulièrement.

M. JUSTICE JACKSON. — Je crois que vous nous avez dit, au cours d'un interrogatoire, que Gœring n'était pas très travailleur. N'est-ce pas ?

TÉMOIN MILCH. — Je ne tiens pas à répondre à cette question.

M. JUSTICE JACKSON. — Très bien. Je retire la question. En effet, ce n'était pas une question à poser.

— Lorsque vous avez découvert que l'Allemagne allait se précipiter dans une guerre que vous, officier bien informé, considériez comme un désastre, avez-vous démissionné ?

TÉMOIN MILCH. — Démissionné de quoi ?

M. JUSTICE JACKSON. — Est-ce que vous avez démissionné de votre poste d'officier ou fait quoi que ce soit en signe de protestation ?

TÉMOIN MILCH. — Non, c'était absolument impossible. La démission était exclue par le règlement.

M. JUSTICE JACKSON. — Et qui avait fait ce règlement ?

TÉMOIN MILCH. — Hitler en personne.

M. JUSTICE JACKSON. — Vous parlez par expérience personnelle ?

TÉMOIN MILCH. — Ce n'était pas spécial à mon cas. Ce règlement était d'une application générale.

M. JUSTICE JACKSON. — Vous avez dit vendredi que vous aviez expérimenté vous-même qu'il était impossible de démissionner.

TÉMOIN MILCH. — Non, on ne pouvait pas se retirer.

M. JUSTICE JACKSON. — Avez-vous essayé, à un moment quelconque ?

TÉMOIN MILCH. — J'ai plusieurs fois tenté de démissionner en temps de paix, mais cela ne m'a pas été accordé. On m'a dit alors que je n'avais pas le droit de le demander, que je serais prévenu quand je devrais partir. Pendant la guerre, je n'ai pas donné ma démission parce qu'en tant que soldat, je ne pouvais pas démissionner en temps de guerre.

M. JUSTICE JACKSON. — N'avez-vous pas eu un jour une conversation avec Gœring au sujet de votre démission, dans laquelle, non seulement il vous a défendu de partir, mais encore il vous aurait dit que ce n'était pas la peine d'invoquer des raisons de santé ?

TÉMOIN MILCH. — Oui, il était impossible de trouver une excuse dans ce domaine, si l'on n'était pas véritablement malade. Autrefois, il était d'usage, lorsqu'on se retirait d'un poste important, d'invoquer des raisons de santé, mais ce n'était plus possible.

M. JUSTICE JACKSON. — Au cours de cette conversation, il vous a proposé une échappatoire, n'est-ce pas ?

TÉMOIN MILCH. — Non, il ne m'a rien proposé ; c'est moi qui le lui ai proposé.

M. JUSTICE JACKSON. — Et qu'avez-vous proposé ? Vous avez eu une conversation au sujet du suicide ? Gœring ne vous a-t-il pas dit qu'il n'y avait qu'une issue : le suicide ?

TÉMOIN MILCH. — C'eût été certainement le seul moyen d'en sortir.

M. JUSTICE JACKSON. — C'est ce que vous a dit Gœring ?

TÉMOIN MILCH. — Non, c'est moi qui l'ai dit, et non lui.

M. JUSTICE JACKSON. — Je crois comprendre qu'il était de votre avis.

TÉMOIN MILCH. — Non, il n'attachait aucune importance à un geste de ce genre de ma part.

M. G. D. ROBERTS (Avocat Général britannique). — Témoin, j'ai quelques questions à vous poser au nom de la Délégation britannique. Le premier point est le suivant : vous avez dit, vendredi, qu'au début de 1935, une aviation militaire fut créée en Allemagne dans des buts défensifs ; vous souvenez-vous de cela ?

TÉMOIN MILCH. — Oui, en 1935.

M. ROBERTS. — Et vous dites qu'elle est restée défensive jusqu'en décembre 1939 ?

TÉMOIN MILCH. — Oui.

M. ROBERTS. — Vous l'affirmez. Je veux que vous écoutiez ces trois passages d'un discours de votre chef, l'accusé Gœring. Je cite un extrait du procès-verbal de l'audience du 8 janvier. En mai 1935, Gœring déclara :

— « J'ai l'intention de créer une Luftwaffe qui, au moment voulu, fondra sur l'adversaire comme un chœur de vengeance. L'ennemi doit avoir l'impression qu'il est perdu avant même d'avoir combattu. »

— S'agit-il là d'une aviation défensive ?

TÉMOIN MILCH. — Non, pas précisément. Mais il faut distinguer entre les paroles et les actes.

M. ROBERTS. — Je passerai aux actes dans un instant.

(Rires.)

LE PRÉSIDENT. — Je ferai évacuer la salle au premier rire.

M. ROBERTS. — Le 8 juillet 1938, Gœring, s'adressant à un groupe de constructeurs d'avions allemands, déclarait :

— « La guerre avec la Tchécoslovaquie est imminente. L'Aviation allemande est déjà supérieure à l'Aviation anglaise. Si l'Allemagne gagne la guerre, elle sera la plus grande puissance du monde, elle dominera les marchés mondiaux et sera une nation riche, mais il nous faut prendre des risques. »

— S'agit-il là encore d'une aviation défensive ?

TÉMOIN MILCH. — Non, certainement pas ; mais tout à l'heure, quand vous aurez terminé, je pourrai peut-être dire quelque chose.

M. ROBERTS. — Limitez-vous, s'il vous plaît, à répondre à mes questions qui sont brèves ; cela fera perdre moins de temps. Puis-je encore vous lire un discours prononcé par Gœring le 14 octobre 1938, moins d'un mois après l'accord de Munich. Il est dit dans ce document :

— « ... Hitler m'a donné des instructions pour organiser un programme d'armement gigantesque à côté duquel tout ce qu'on a vu jusqu'à ce jour paraîtra insignifiant... On m'a demandé de construire le plus rapidement possible une arme aérienne cinq fois plus puissante que celle actuellement existante. »

— Cela ressemble-t-il à une aviation construite dans des buts défensifs ?

TÉMOIN MILCH. — L'exécution de ce programme aurait encore demandé plusieurs années.

M. ROBERTS. — Je vous fais remarquer que votre témoignage sur ce point était totalement inexact.

*
**

LE JEU DES PEUPLES ET DU SANG

M. JUSTICE JACKSON. — Vous avez entendu les preuves apportées par le Ministère Public contre tous les accusés, n'est-ce pas ?

ACCUSÉ GŒRING. — Oui.

M. JUSTICE JACKSON. — Y a-t-il un acte quelconque de l'un de vos co-accusés, que vous prétendez n'avoir pas été raisonnablement nécessaire à l'exécution des plans du parti nazi ?

ACCUSÉ GŒRING. — Il ne s'agit là que des affirmations du Ministère Public ; ce ne sont pas encore des faits qui ont été prouvés. Parmi ces affirmations figurent un certain nombre d'actions inutiles.

M. JUSTICE JACKSON. — Pourriez-vous préciser les actes que vous prétendez être en dehors du domaine des plans du parti nazi et les accusés auxquels ils se rapportent.

ACCUSÉ GŒRING. — Voilà une question très difficile, à laquelle je ne puis répondre d'emblée sans avoir de données à ce sujet.

Dr STAHMER. — J'élève une protestation contre cette question. Je ne crois pas qu'il s'agisse ici de faits, mais plutôt d'un jugement de valeur, et il n'est pas possible de donner une réponse à une question d'un ordre si général.

LE PRÉSIDENT. — Monsieur Justice Jackson, le Tribunal pense que la question est un peu trop générale.

M. JUSTICE JACKSON. — Vous avez déclaré que le programme du parti nazi était de rectifier certaines injustices qui existaient, prétendez-vous, dans le Traité de Versailles. Je vous demande si votre programme ne dépassait pas de beaucoup en fait toutes les questions envisagées par ce Traité ?

ACCUSÉ GŒRING. — Évidemment, le programme contenait toute une série d'autres points qui n'avaient rien à voir avec le Traité de Versailles.

M. JUSTICE JACKSON. — J'attire votre attention sur la déclaration suivante qui figure dans *Mein Kampf* :

— « Les frontières de 1914 ne signifient rien pour l'avenir du peuple allemand. Elles n'ont pas représenté une défense dans le passé, pas plus qu'elles ne représentent une force pour l'avenir. Elles ne donneront pas au peuple allemand une sécurité intérieure et n'assureront pas sa nourriture. D'ailleurs ces frontières ne semblent, du point de vue militaire, ni favorables ni satisfaisantes. »

— Tout cela est bien vrai, n'est-ce pas ?

ACCUSÉ GŒRING. — Il faudrait que je relise les passages originaux de *Mein Kampf* afin de vérifier s'ils correspondent exactement à ce que vous venez de lire. Mais en admettant que ce soit exact, je peux répondre qu'il s'agit du texte d'un livre qui a été publié et non pas du programme du Parti.

M. JUSTICE JACKSON. — Le premier pays absorbé par l'Allemagne a été l'Autriche. Or, l'Autriche ne faisait pas partie de l'Allemagne avant la Première Guerre mondiale et elle n'avait pas été enlevée à l'Allemagne par le Traité de Versailles ; est-ce exact ?

ACCUSÉ GŒRING. — C'est bien pourquoi ce point avait été nettement écarté de Versailles dans le programme. L'Autriche n'est en relation directe avec Versailles qu'en ce qui regarde le droit des peuples à disposer d'eux-mêmes ; il y a été proclamé, et s'est trouvé gravement enfreint, étant donné que l'Anschluss réclamé depuis 1918, après la révolution, était refusé à l'Autriche et à la population purement allemande.

M. JUSTICE JACKSON. — Le deuxième territoire annexé par l'Allemagne fut la Bohême, puis la Moravie et la Slovaquie. Il n'avait pas été retiré à l'Allemagne par le Traité de Versailles et ne faisait pas partie du territoire allemand avant la Première Guerre mondiale.

ACCUSÉ GŒRING. — Pour autant qu'il s'agisse du pays des Sudètes, je ferai la même remarque que pour l'Autriche. Les représentants allemands du pays des Sudètes siégeaient également au Parlement autrichien et sous les ordres de leur chef Lottmann, votèrent la même déclaration. Quant au dernier acte — la déclaration du Protectorat — c'est différent. Ces parties du territoire tchèque, surtout la Bohême et la Moravie, n'étaient pas parties intégrantes du petit Reich allemand avant le Traité de Versailles, mais elles avaient autrefois été rattachées depuis des siècles à l'Allemagne. C'est un fait historique.

M. JUSTICE JACKSON. — Vous n'avez pas encore répondu à ma question, bien que vous ayez répondu à tout le reste. Ces territoires ne vous ont pas été retirés par le Traité de Versailles ?

ACCUSÉ GŒRING. — L'Autriche nous a évidemment été retirée par le Traité de Versailles, de même le pays des Sudètes. Ces deux pays, en effet, n'auraient jamais été séparés de l'Allemagne sans le Traité de Versailles et le Traité de Saint-Germain ; ils seraient devenus des territoires allemands en vertu du droit des peuples à disposer d'eux-mêmes. Sous ce rapport ces Traités en sont responsables.

M. JUSTICE JACKSON. — Vous avez déclaré, au cours de l'un de vos interrogatoires, que Hitler avait des renseignements selon lesquels les États-Unis n'entreraient jamais en guerre même s'ils étaient attaqués et qu'il comptait sur les isolationnistes pour empêcher ce pays de le faire ?

ACCUSÉ GŒRING. — Cet interrogatoire doit avoir été enregistré de façon tout à fait inexacte. C'est la raison même pour laquelle je me suis toujours refusé, dès le début, à prêter serment lors de ces interrogatoires avant que je puisse étudier avec attention le procès-verbal allemand et constater si l'on avait bien compris et bien traduit ma pensée. Une fois seulement, et ce fut par la Délégation soviétique — un procès-verbal rigoureusement exact m'a été remis et je l'ai signé page par page en persistant dans mes déclarations. Mais je voudrais rectifier cette opinion. J'ai dit que le Führer n'avait pas cru, au début, que l'Amérique interviendrait dans la guerre et qu'il avait été renforcé dans son opinion par l'attitude de la presse isolationniste ; tandis que moi, au contraire, malheureusement, je croyais, dès le début, que l'Amérique interviendrait de toute façon dans la guerre. Vous comprendrez facilement — j'espère que vous me pardonnerez le terme — que je n'ai jamais pu dire une telle sottise en déclarant que l'Amérique n'entrerait pas en guerre même si elle était attaquée, car si un pays est attaqué, il se défend.

M. JUSTICE JACKSON. — Connaissez-vous Axel Wennergren ?

ACCUSÉ GŒRING. — C'est un Suédois, que j'ai rencontré deux ou trois fois.

M. JUSTICE JACKSON. — Vous lui avez parlé à ce sujet, n'est-ce pas ?

ACCUSÉ GŒRING. — Au sujet de l'entrée éventuelle de l'Amérique en guerre ? J'ai très bien pu lui en parler ; c'est même probable.

M. JUSTICE JACKSON. — Vous lui avez dit qu'une démocratie ne pouvait pas mobiliser et ne voudrait pas se battre, n'est-ce pas ?

ACCUSÉ GŒRING. — Je n'ai certainement jamais prononcé une telle bêtise, car nous avions justement une démocratie, l'Angleterre, comme adversaire principal. Nous savions depuis la dernière guerre mondiale comment cette démocratie allait se battre et nous en avons fait l'expérience une fois de plus au cours de celle-ci. Quand j'ai parlé à Wennergren, nous étions en guerre avec l'Angleterre.

M. JUSTICE JACKSON. — Vous avez déclaré au cours d'un interrogatoire, si je vous comprends bien, que Hitler avait en tête deux idées fondamentales : ou bien s'allier avec la Russie et chercher à augmenter son espace vital par l'acquisition de colonies, ou bien s'allier avec l'Angleterre et chercher à prendre des territoires à l'Est. Mais compte tenu de ses penchants, il aurait préféré de beaucoup s'allier avec la Grande-Bretagne, est-ce vrai ?

ACCUSÉ GŒRING. — Oui, c'est vrai. Je n'ai besoin que de me référer à *Mein Kampf* où Hitler a exposé cette affaire en détail.

ACCUSATION

— Le 16 mars 1935, Gœring signa la loi sur la conscription qui instituait le service militaire obligatoire. C'était un véritable acte de défi de la part de l'Allemagne nazie et une violation du Traité de Versailles. Le Tribunal accordera une valeur probatoire à ce texte, je ne lirai pas d'extraits de cette loi portant organisation de l'Armée ; elle est citée au *Reichsgesetzblatt,* 1935.

— Ainsi que le démontre l'affidavit de l'ambassadeur Messersmith qui a déjà été déposé, les déclarations de Gœring pendant cette période, ne laissaient subsister aucun doute dans l'esprit des diplomates alliés sur le fait que l'Allemagne était engagée dans une mobilisation totale de sa force aérienne en vue d'une guerre imminente.

— Gœring fut en fait le pivot de la préparation de l'Allemagne en vue d'une agression militaire. Dans le développement économique de l'Allemagne également, il détint les positions-clés au cours de la période d'avant-guerre. Bien qu'il n'ait eu aucun poste officiel dans le domaine des Affaires étrangères, l'histoire rapporte qu'en qualité de nazi n° 2, il joua un rôle prépondérant dans chacune des principales étapes de l'agression nazie entre 1937 et 1941.

— Dans l'affaire d'Autriche, Gœring fut l'instigateur et le metteur en scène de la tragi-comédie diplomatique qui se déroula en face d'un monde atterré mais muet.

— Le Tribunal connaît la complicité de Gœring dans l'agression contre l'Autriche. Cependant des documents supplémentaires viennent de nous parvenir, qui démontrent non seulement que Gœring y participa activement, mais qu'il fut peut-être directement responsable de l'Anschluss. Je déposerai d'abord le premier de ces documents [1]. Je ne le lirai pas, messieurs, mais je voudrais attirer l'attention du Tribunal sur la lettre que Keppler, agent de Gœring, a adressée à ce dernier. Elle est datée du 6 janvier 1938. Le contexte laisse supposer que Gœring s'occupa de

1. Voir pour ces documents et l'ensemble de l'affaire autrichienne *Les Trompettes de Berlin.*

l'affaire d'Autriche dès 1937. Les preuves précédentes ne le faisaient entrer en scène que beaucoup plus tard. Le Ministère Public attache à ce dernier document une grande importance car il démontre que l'accusé Seyss-Inquart avait reçu mandat de Gœring pour exécuter les ordres des conspirateurs nazis à Vienne. Le document lui-même sera lu et discuté dans l'exposé des responsabilités personnelles de l'accusé Seyss-Inquart. Je ne discuterai pas plus longtemps sur ce point.

— Le second document, que je désire présenter, semblerait démontrer que les conspirateurs essayèrent de créer l'impression que l'Anschluss, lorsqu'il eut lieu, fut accompli par des moyens « légaux ». L'ordre fut apparemment donné aux membres de la N.S.D.A.P. en Autriche, de ne pas intervenir dans cette affaire afin de permettre à cette machination diabolique d'être menée à bien par les services officiels du Reich, c'est-à-dire par l'intermédiaire de l'accusé Gœring et sans doute, de l'accusé von Papen qui devaient entrer en rapport avec des personnages officiels autrichiens.

— Je cite un extrait de ce document :

— « Hier, on m'a appris que le Landesleiter Leopold » — j'ouvre une parenthèse pour préciser que le Landesleiter est le titre du chef de la communauté nazie en Autriche — « a commencé aussi de son côté des négociations avec le Chancelier Schuschnigg. Là-dessus, j'ai demandé au ministère des Affaires étrangères de rechercher l'exactitude de cette information et, au cas où elle serait vraie, de s'arranger pour que de telles négociations n'aient pas lieu, car elles ne feraient que gêner le déroulement des autres négociations.

— « Je viens juste d'être informé par le ministère des Affaires étrangères qu'il a reçu de l'ambassade à Vienne un rapport confirmant ces faits. J'aimerais donc savoir s'il ne serait pas plus indiqué d'interdire au Landesleiter Leopold et aux autres membres de la direction du pays de négocier avec le Chancelier Schuschnigg ainsi qu'avec n'importe quelle autre autorité gouvernementale autrichienne, au sujet de l'exécution du Traité du 11 juillet 1936, avant d'avoir préalablement pris contact avec les autorités responsables du Reich et en accord avec elles. »

— Je voudrais maintenant attirer l'attention du Tribunal sur la note qui figure dans cette lettre. Elle est écrite au crayon bleu et, bien que le traducteur n'ait pas indiqué l'initiale qui se trouve au-dessous de cette note, c'est un grand « G » ; et je ne doute pas que cette note ait été écrite par l'accusé Gœring. La voici :

— « Entendu, le ministre Hess ou Bormann sont les mieux placés pour donner cet ordre ; donc Keppler devra leur téléphoner ! »

— Puis-je attirer votre attention sur le côté droit du haut de la page, il s'y trouve une note au crayon, « transmis à Keppler le 11 février 1938, par mademoiselle Ernst » et c'est signé « G » ? Mais il s'agit là comme nous en sommes certains, de l'initiale de Gœring.

— Je dépose un troisième document. La première lettre qu'il contient est écrite par le même Keppler au même Bodenschatz dont on a parlé il y a peu de temps et qui est maintenant général. Si le Tribunal m'y autorise, je ne lirai pas ce document, mais je le résumerai brièvement. Cette lettre et les pièces qui l'accompagnent montrent que Leopold, le Landesleiter nazi en Autriche, ne semble pas avoir été d'une complète docilité aux ordres donnés par Berlin et a préparé l'Anschluss de la manière qu'il entendait. La deuxième pièce jointe à cette lettre, adressée à Keppler qui, semble-t-il, était Obergruppenführer dans les S.S., montre que même des nazis haut placés voulaient remplacer Leopold par un certain commandant Klaussner ; et je voudrais attirer l'attention du Tribunal sur la caractéristique suivante : dans la marge gauche de la lettre proprement dite, il y a quelques annotations écrites avec ce crayon d'un rouge particulier employé en plusieurs occasions par Gœring ; ce qui semble montrer que celui-ci avait personnellement vu ces documents et que le général Bodenschatz lui en avait parlé. En tout cas, ces lettres démontrent une fois de plus que Gœring fut l'un des principaux conspirateurs dans l'affaire autrichienne.

— Lorsque le 11 mars 1938, sonna enfin l'heure de l'Anschluss, Gœring détenait tous les leviers de commande. Au cours de l'après-midi et de la soirée de ce même jour, il dirigea par téléphone l'action de l'accusé Seyss-Inquart et des autres conspirateurs nazis à Vienne. Les extraits intéressants de cette conversation téléphonique ont été, on s'en souviendra, lus au cours de l'exposé.

— On se rappellera que, tôt dans la même soirée du 11 mars, il dicta à l'accusé Seyss-Inquart le télégramme que ce dernier devait envoyer à Berlin pour demander au Gouvernement nazi l'envoi de troupes allemandes destinées à « prévenir l'effusion de sang ». Deux jours plus tard, il pouvait appeler au téléphone l'accusé Ribbentrop à Londres, lui raconter allégrement son succès et lui dire que « cette histoire selon laquelle nous aurions donné un ultimatum n'est qu'un sot commérage. »

— Je signale que le passage auquel je viens de faire allusion figure dans le procès-verbal. Dans l'attaque contre la Tchécoslovaquie, Gœring joua un rôle important. En mars 1938, au moment de l'Anschluss, il avait assuré solennellement le ministre tchécoslovaque à Berlin, que l'évolution de la situation en Autriche n'aurait en aucune façon d'influence défavorable sur les relations entre l'Allemagne et la Tchécoslovaquie et il avait mis l'accent sur les efforts constants et sincères déployés par l'Allemagne pour améliorer ces relations. A cette occasion, Gœring avait employé l'expression : « Ich gebe Ihnen mein Ehrenwort » (je vous donne ma parole d'honneur), expression qui a déjà été citée au procès-verbal.

— D'un autre côté, dans un discours déjà mentionné qu'il adressa le 8 juillet 1938 aux constructeurs allemands d'avions, il précisa ses vues personnelles sur ce sujet ; elles pouvaient difficilement s'accorder avec les déclarations publiques et solennelles qu'il avait faites auparavant.

— Le 14 octobre 1938, peu de temps après l'accord de Munich, au cours d'une conférence tenue au ministère de l'Air, Gœring déclara que les pays des Sudètes devaient être exploités par tous les moyens et qu'il comptait sur une assimilation industrielle complète de la Tchécoslovaquie. Pendant ce temps, comme le montrent les preuves déjà déposées, il trompait dans le même dessein les représentants du Gouvernement fantoche de Slovaquie.

— L'année suivante, lorsque le rapt de la Tchécoslovaquie fut achevé, Gœring explique franchement quelles avaient été dans cette affaire les véritables intentions de l'Allemagne. Il déclara que si la Bohême et la Moravie avaient été incorporées dans l'Économie allemande, c'était entre autres raisons, pour que l'industrie de ces pays vînt augmenter le potentiel de guerre de l'Allemagne.

— Gœring participa également de façon prépondérante aux crimes contre la Paix qui furent commis plus tard. En tant que successeur désigné de Hitler, chef des Forces aériennes et tsar de l'Économie de la Grande Allemagne, il participa à tous les préparatifs des opérations militaires des Forces nazies à l'Est et à l'Ouest.

— Dans l'affaire polonaise, par exemple, ce fut Gœring qui, le 31 janvier 1935, assura le Gouvernement polonais, par l'intermédiaire du Comte Czembek — comme le révèle le Livre Blanc polonais pour lequel je demande au Tribunal d'accorder une valeur probatoire — « que la Pologne ne devrait pas avoir la moindre crainte de voir l'alliance germano-polonaise cesser du fait de l'Allemagne ». Cependant quatre ans plus tard, Gœring participait à l'élaboration du plan d'invasion du territoire polonais.

— Au sujet de l'attaque contre l'Union Soviétique, les documents déjà déposés prouvent que les plans d'exploitation sans merci du territoire soviétique furent faits plusieurs mois avant l'ouverture des hostilités. La responsabilité des méfaits de cette armée de spoliateurs dont la mission était « de saisir les matières premières et de mettre la main sur tous les groupes industriels importants », incomba à Gœring.

— Mais ces exemples précis ne sont que l'illustration de l'action de Gœring dans le domaine de la guerre d'agression. Aux pages 20, 21 et 22 de notre dossier d'audience, figure une liste en aucune façon limitative de documents déjà déposés par le Ministère Public et qui démontrent que Gœring connaissait le programme de guerre nazi et participa sans interruption à son exécution.

LA LUFTWAFFE ET LA RHÉNANIE

PROFESSEUR Dr JAHRREISS. — Vous souvenez-vous du conflit qui s'éleva à l'occasion de la réoccupation de la Rhénanie ?

TÉMOIN MILCH. — Oui.

PROFESSEUR Dr JAHRREISS. — Vous savez l'émotion qu'elle causa ?

TÉMOIN MILCH. — Oui.

PROFESSEUR Dr JAHRREISS. — La Luftwaffe a-t-elle participé à la réoccupation de la Rhénanie, pour préciser de la rive gauche du Rhin ?

TÉMOIN MILCH. — Je ne puis répondre pour l'instant. La réoccupation de la Rhénanie fut si soudaine qu'elle me surprit pendant une permission. A mon retour, l'occupation était en bonne voie. Je sais que Dusseldorf a été occupée par la Luftwaffe. J'y allai moi-même quelques jours après.

PROFESSEUR Dr JAHRREISS. — Mais c'est sur la rive droite du Rhin ?

TÉMOIN MILCH. — Oui, sur la rive droite.

PROFESSEUR Dr JAHRREISS. — Sur la rive gauche du Rhin vous ne savez rien ?

TÉMOIN MILCH. — Non, je ne puis rien en dire pour l'instant. Je ne crois pas qu'il y ait eu de terrain d'aviation sur la rive gauche ; de toute façon je ne m'en souviens pas exactement.

PROFESSEUR Dr JAHRREISS. — Vous dites que la réoccupation de la Rhénanie s'est produite subitement, mais la Luftwaffe n'avait-elle rien préparé en prévision d'un événement de ce genre ?

TÉMOIN MILCH. — La décision fut prise pendant ma permission : toutes les unités dont nous disposions ont été naturellement utilisées, mais c'était très peu.

PROFESSEUR Dr JAHRREISS. — D'accord, mais éclaircissons complètement ce point : la Luftwaffe fut-elle mise en état d'alerte pour la première fois pendant votre permission ?

TÉMOIN MILCH. — Oui, sinon je ne serais pas parti en permission.

PROFESSEUR Dr JAHRREISS. — A quelle époque se situe la première alerte de la Luftwaffe avant la réoccupation ?

TÉMOIN MILCH. — Peut-être 14, 15 ou 16 jours avant, au maximum.

PROFESSEUR Dr JAHRREISS. — Témoin, vous avez déjà parlé vendredi d'une participation de la Luftwaffe aux opérations militaires de l'Anschluss en mars 1938. A quelle date ont commencé les préparatifs de la Luftwaffe dans ce but ?

TÉMOIN MILCH. — Les préparatifs commencèrent moins de 48 heures auparavant. J'en suis absolument sûr.

PROFESSEUR Dr JAHRREISS. — Quand avez-vous entendu parler pour la première fois de préparatifs militaires pour cette affaire ?

TÉMOIN MILCH. — Environ 36 heures avant l'entrée des troupes en Autriche.

PROFESSEUR Dr JAHRREISS. — Je vous remercie.

⁂

L'AUTRICHE

Dr STAHMER. — En mars 1938 eut lieu l'Anschluss de l'Autriche au Reich. Quelles étaient les raisons qui amenèrent Hitler à prendre cette décision, et en quoi y avez-vous participé ?

ACCUSÉ GŒRING. — Hier, en donnant mon *curriculum vitae,* j'ai exposé au Tribunal que, personnellement, je me sentais étroitement uni à l'Autriche. J'ai passé la plus grande partie de ma jeunesse dans un château autrichien. Mon père, du temps du vieil Empire, parlait souvent d'une réunion future des provinces allemandes d'Autriche au Reich, car il était convaincu que l'Empire autrichien ne tiendrait plus longtemps. En 1918, j'ai vu la révolution en Autriche, où j'étais venu en avion pour deux jours, et l'effondrement de l'Empire des Habsbourg. Les représentants des provinces héréditaires allemandes, y compris le pays allemand des Sudètes, se réunirent alors à Vienne au Parlement et se déclarèrent libérés de l'État des Habsbourg par sa dissolution et déclarèrent tous, y compris les représentants des Sudètes allemands, que l'Autriche faisait partie du Reich ; si mes souvenirs sont exacts ceci se passait sous le Gouvernement du chancelier fédéral social-démocrate, Renner. Cette déclaration des représentants du peuple autrichien allemand par laquelle ils exprimaient leur volonté de faire partie de l'Allemagne, fut altérée au moment de la paix de Saint-Germain et prohibée par le Diktat des États vainqueurs. Cela m'importait peu, pas plus qu'à tout autre Allemand. Il était évident, qu'il fallait provoquer le moment et les conditions pour réunir ces deux nations sœurs, d'origine et de sang allemands. Lorsque nous vînmes au pouvoir, ce programme fit naturellement comme je l'ai dit, partie intégrante de la politique allemande.

— Les assurances que Hitler donna à ce moment-là sur la souveraineté de l'Autriche n'étaient pas des mensonges ; il parlait sérieusement. Au début il ne voyait probablement pas d'autre issue. J'étais moi-même beaucoup plus radical dans ce sens et je le priais, à différentes reprises de ne pas prendre de position ferme sur la question autrichienne. Mais Hitler croyait qu'il fallait montrer des égards vis-à-vis de l'Italie.

— Il était clair, surtout après la prise du pouvoir par le parti national-socialiste en Allemagne, que le parti national-socialiste autrichien allait s'accroître à son tour. Ce parti existait en Autriche avant la prise du pouvoir, de même que les origines du parti ouvrier national-socialiste remontent à l'Allemagne des Sudètes. Le Parti n'était donc nullement en Autriche une Cinquième colonne, préparant l'Anschluss, car le peuple autrichien lui-même voulait depuis toujours cet Anschluss.

M. JUSTICE JACKSON. — Est-il vrai, comme Milch l'a dit, que vous craigniez que la politique de Hitler ne menât à la guerre, au moment de l'occupation de la Rhénanie ?

ACCUSÉ GŒRING. — Je vous demande pardon. Je viens de comprendre que vous me demandiez si j'étais encore d'avis que seule une nation fortement armée pût maintenir la paix ; c'est à cette question que je désirais répondre tout à l'heure. Si vous rapprochez cette question de la déclaration de Milch, selon laquelle je craignais que la politique du Führer ne menât à la guerre, j'aimerais dire que je craignais de voir arriver la guerre et que je désirais, si possible, l'éviter ; mais non pas dans le sens que la politique du Führer y conduisait, car le Führer désirait également réaliser son programme par des accords et des négociations diplomatiques. En ce qui concerne l'occupation de la Rhénanie, j'étais quelque peu inquiet à cette époque sur les réactions qui pouvaient se produire, mais en dépit de cela, cette occupation était nécessaire.

M. JUSTICE JACKSON. — Et lorsque rien ne se manifesta, la seconde mesure à prendre fut pour l'Autriche ?

ACCUSÉ GŒRING. — Ces deux faits n'ont aucun rapport. L'Autriche ne m'a jamais autant donné la crainte d'une guerre que l'occupation de la Rhénanie car, dans le cas de l'occupation de la Rhénanie, je m'imaginais fort bien certaines réactions. Mais je ne voyais pas comment une réaction venant de l'étranger pouvait se produire du fait de l'union de deux peuples frères, de pur sang germanique. Surtout de la part de l'Italie qui avait toujours prétendu avoir un intérêt vital dans la séparation de ces deux pays et qui, depuis, avait quelque peu modifié son point de vue. Pour la France et l'Angleterre, cela n'avait pas la moindre importance, car ces pays ne pouvaient absolument pas s'intéresser à cette annexion. Par conséquent, je ne voyais aucun danger de guerre.

M. JUSTICE JACKSON. — Je vais seulement vous poser quelques questions sur l'Autriche. Vous avez dit que Hitler et vous-même aviez profondément regretté la mort de Dollfuss. Mais je vous demande s'il ne fit pas apposer une plaque commémorative, à Vienne, en l'honneur des hommes qui assassinèrent Dollfuss et ne déposa pas une couronne sur leur tombe lorsqu'il s'y rendit ? N'est-ce pas un fait ? Pouvez-vous me répondre par oui ou par non ?

ACCUSÉ GŒRING. — Non, je ne puis répondre à cela par oui ou par non, si je dois présenter la vérité sous la foi du serment. Je ne peux pas dire : « Oui, il l'a fait », parce que je ne le sais pas. Je ne peux pas dire : « Non, il ne l'a pas fait », parce que je ne le sais pas non plus. Je voudrais simplement déclarer que j'ai entendu parler de ce fait ici pour la première fois.

M. JUSTICE JACKSON. — En juin 1937, Seyss-Inquart et le secrétaire d'État Keppler se sont présentés à vous et vous avez eu quelques entretiens ?

ACCUSÉ GŒRING. — Oui.

M. JUSTICE JACKSON. — Seyss-Inquart désirait une Autriche indépendante, n'est-ce pas ?

ACCUSÉ GŒRING. — Autant que je m'en souvienne, oui.

M. JUSTICE JACKSON. — Et Keppler était l'homme qui fut envoyé à Vienne par Hitler au moment de l'Anschluss et qui lui envoya un télégramme pour l'avertir de ne pas envahir l'Autriche. Vous en souvenez-vous ?

ACCUSÉ GŒRING. — Oui.

M. JUSTICE JACKSON. — C'est le télégramme que vous avez qualifié d'insolent et d'absurde, de la part d'un homme qui était sur place et qui avait négocié auparavant avec Seyss-Inquart ; vous le rappelez-vous ?

ACCUSÉ GŒRING. — Je n'ai pas utilisé, pour qualifier ce télégramme, cet adjectif que l'on vient de me traduire en allemand par le mot insolent. J'ai dit que ce télégramme n'avait plus d'utilité et était superflu, étant donné que les troupes étaient en route et avaient reçu leurs ordres. L'action était déjà en train.

M. JUSTICE JACKSON. — Vous aviez demandé que Seyss-Inquart fût nommé Chancelier. Est-ce exact ?

ACCUSÉ GŒRING. — Pas moi personnellement ; ce sont les circonstances qui l'ont voulu, car à ce moment il était le seul à pouvoir prendre la chancellerie, puisqu'il était déjà au Gouvernement.

M. JUSTICE JACKSON. — Seyss-Inquart est-il devenu Chancelier d'Autriche en sachant qu'il devait abandonner son pays à l'Allemagne, ou lui avez-vous fait croire qu'il resterait indépendant ainsi que son pays ?

ACCUSÉ GŒRING. — J'ai déjà expliqué l'autre jour que, même lorsque le Führer partit en avion le lendemain matin, il subsistait encore des doutes dans son esprit quant à la meilleure façon de réaliser l'union avec l'Autriche, en nommant simplement un chef d'État commun avec le Reich. J'ai également fait remarquer que je considérais alors cette solution comme insuffisante et que j'étais en faveur d'un Anschluss absolu, direct et total.

— Je ne connaissais pas exactement l'attitude de Seyss-Inquart à ce moment-là ; néanmoins, je craignais que ses idées ne fussent plutôt dirigées vers une séparation tout en maintenant une certaine coopération et qu'il n'allât pas aussi loin que moi dans le sens d'une annexion complète. Aussi je fus particulièrement heureux lorsqu'au cours de la journée l'Anschluss total se réalisa.

M. JUSTICE JACKSON. — Je me permets de remarquer que ces réponses ne concordent pas. Je vais donc répéter ma question : Seyss-Inquart est-il devenu Chancelier d'Autriche avec le sentiment qu'il devait faire appel aux troupes allemandes et abandonner l'Autriche à l'Allemagne ou lui avez-vous fait croire qu'il pouvait continuer à garder une Autriche indépendante ?

ACCUSÉ GŒRING. — Je vous demande pardon, vous me posez une série de questions auxquelles je ne peux pas répondre simplement par oui ou par non. Si vous me demandez : « Seyss-Inquart est-il devenu Chancelier selon le désir de Hitler et le vôtre ? », je réponds « oui ». Si vous me demandez en outre : « Devint-il Chancelier à la condition qu'il envoyât un télégramme demandant l'intervention des troupes ? », je répondrai par « non », car à ce moment-là il n'était pas du tout question de nous faire parvenir ce télégramme.

— Si, en troisième lieu, vous me demandez : « Devint-il Chancelier avec l'assurance qu'il pourrait maintenir une Autriche indépendante ? », je dois déclarer encore une fois que le Führer, ce soir-là ne se rendait pas encore compte de la tournure définitive que devaient prendre les événements.

— Voilà ce que j'ai essayé d'expliquer.

M. JUSTICE JACKSON. — N'est-il pas exact que vous soupçonniez les intentions de Seyss-Inquart de demeurer aussi indépendant que possible et que c'est là l'une des raisons pour lesquelles les troupes ont franchi la frontière ?

ACCUSÉ GŒRING. — Non. Je vous demande pardon. Là encore il s'agit de deux questions : je soupçonnais fortement que Seyss-Inquart désirait demeurer le plus indépendant possible. L'envoi des troupes n'avait rien à voir avec cette méfiance ; point n'eût été besoin d'un seul soldat pour cela. J'ai donné les raisons de cet envoi de troupes.

M. JUSTICE JACKSON. — Mais on n'a jamais laissé entendre à Seyss-Inquart que l'Autriche ne resterait pas indépendante, jusqu'au moment où — comme vous le dites — le Führer et vous-même avez eu le sort de l'Autriche entre vos mains. Est-ce exact ?

ACCUSÉ GŒRING. — Le Führer ne le lui a certainement pas dit auparavant. Quant à moi, on savait bien que je le désirais et je suppose qu'il devait connaître mon attitude.

M. JUSTICE JACKSON. — Vous avez déclaré que, lors d'une conversation avec Ribbentrop à Londres, vous avez souligné qu'aucun ultimatum n'avait été présenté à Seyss-Inquart et vous avez dit que c'était un fait légal.

ACCUSÉ GŒRING. — Je n'ai pas dit légal, mais diplomatique.

LE PRÉSIDENT. — Il me semble qu'il serait indiqué de suspendre l'audience maintenant.

M. JUSTICE JACKSON. — Oui, Monsieur le Président.

***

A la reprise des débats, le mardi 19 mars 1946, le tribunal entendra le témoin Birger Dahlerus. Je ne veux pas m'étendre plus longuement sur la période concernant l'Anschluss qui a déjà été traitée dans « Les Trompettes de Berlin ». Je voudrais seulement citer deux journalistes, présents à Nuremberg durant cet hiver 1945-46 où les débats portèrent sur l'Autriche. Il s'agit d'Henriette Chandet, envoyée spéciale de *Paris-Matin* et de Joseph Kessel de *France-Soir*.

— « A la narration de la sinistre farce d'Autriche, le rire de Gœring avait déclenché un fou rire général, même chez les magistrats. » Tel était le chapeau de l'article d'Henriette Chandet. « Nous avons vu Gœring — véritable personnage de Shakespeare — entraîner dans son rire les rires de ses vingt acolytes et, la cour me pardonne, celui même des magistrats dignes et maîtres d'eux. Seul le président Lawrence promena sur la salle son regard impassible où naissait peut-être une nuance d'étonnement. » Joseph Kessel écrit : « Ils étaient là, le feldmaréchal Gœring, le ministre des Affaires étrangères Ribbentrop, le traître Seyss-Inquart, confondus parmi les vingt accusés, n'ayant d'autre truchement avec le monde extérieur que les policiers américains aux casques blancs. Ils écoutaient en quelque sorte l'écho de leur voix et des spectres se levaient devant eux (...) C'est un crève-cœur que de ne pouvoir, faute de place, reproduire le texte intégral de ces conversations. La rudesse, l'impatience, l'insolence de Gœring, l'obéissance, la servilité de Seyss-Inquart y éclatent d'un bout à l'autre (...) Gœring a posé son menton sur son poing fermé et, le regard droit et dur, il écoute. La position qu'il a prise lui fait un visage carré, lui rend un peu cette force massive qu'on lui connut jadis. Il semble suivre des yeux les événements que sa volonté dirigea. Parfois, sa bouche cruelle sourit. Il approuve d'un léger mouvement de la mâchoire. Et une sorte d'évasion ailée passe sur son visage lorsqu'il entend dire, par la voix de l'accusateur : « J'ai fait atterrir mille avions en Autriche. » Kessel entend, comme tout le monde dans la salle, les textes ahurissants des communications téléphoniques entre Gœring et Ribbentrop après le coup de force de Vienne. Textes [1] extraordinaires par leur désinvolture, leur ironie et qui font écrire à Kessel : « A ce moment, il se passa une chose incroyable. Sur son banc d'accusé, Gœring releva la tête et se mit par-dessus l'épaule de Hess, il regarda Ribbentrop. Et celui-ci, dont les lèvres ravinées et serrées étaient nouées comme par un cordon, regarda Gœring, détendit sa bouche et se mit à rire, à son tour, franchement, largement. Six années avaient passé et quelles années ! Plus rien ne restait à ces hommes que leur vie menacée. Mais les deux compères tragiques riaient encore de la façon dont ils avaient berné le monde et triché au jeu des peuples et du sang. »

***

1. Cf. *Les Trompettes de Berlin.*

MUNICH

Dr Stahmer. — Quelle fut votre participation à l'accord de Munich, en septembre 1938 ?

Accusé Gœring. — Pour ma part, j'avais toujours considéré l'Anschluss des Allemands des Sudètes, ou mieux la solution de la question des Allemands des Sudètes comme absolument nécessaire. J'ai encore déclaré au Führer, après l'Anschluss, que je regrettais beaucoup que ses actions fussent mal comprises et que l'on pût considérer que cette question avait été réglée par l'annexion de l'Autriche. En novembre 1937, j'ai déclaré à Lord Halifax que l'Anschluss de l'Autriche, la solution de la question des Allemands des Sudètes, dans le sens du retour des Allemands des Sudètes, et la solution du problème du corridor de Dantzig étaient des parties intégrantes de la politique allemande ; peu importait si cette politique devait être conduite aujourd'hui par Hitler, demain par moi-même ou par quelqu'un d'autre ; ces problèmes resteraient toujours des buts politiques qui devaient coûte que coûte être atteints un jour ; néanmoins, nous étions tous deux d'accord pour tout mettre en œuvre afin de les atteindre sans guerre.

— De plus, dans mes conversations avec M. Bullitt, j'ai toujours gardé exactement la même position. Et j'ai dit à tout le monde, publiquement et personnellement, que ces trois points devaient être résolus et que la solution de l'un ne changerait pas l'importance des autres.

— Je veux aussi souligner que lorsque, dans ce cas comme dans d'autres, l'Acte d'accusation nous reproche de ne pas avoir tenu telle ou telle promesse faite par l'Allemagne en son temps, même par l'Allemagne d'avant la prise du pouvoir, je voudrais me référer aux multiples discours, tant du Führer que de moi-même — je ne m'en souviens plus exactement — et dans lesquels je me rappelle parfaitement avoir déclaré que j'avertissais, ou que nous avertissions les pays étrangers de ne pas faire de plans d'avenir en se basant sur des promesses du Gouvernement d'alors car nous ne les reconnaîtrions pas quand nous aurions pris le pouvoir. Ainsi c'était parfaitement clair.

— Lorsque la question des Sudètes devint critique et que le Führer manifesta l'intention d'y apporter une solution, j'ai, en tant que soldat et Commandant en chef de la Luftwaffe, pris, comme il était de mon devoir et comme j'en avais reçu l'ordre, les dispositions préliminaires, en vue de toute éventualité. En tant qu'homme politique, je saluai avec joie les efforts déployés pour trouver une solution pacifique. Je reconnais que je fus alors très heureux de voir le Premier ministre britannique faire de tels efforts. Cependant, à la veille de l'accord de Munich, la situation était redevenue très critique.

— Il pouvait être 6 heures et demie ou 7 heures du matin quand l'ambassadeur d'Italie, Attolico, me téléphona pour me dire qu'il devait m'entretenir immédiatement au nom de Mussolini. Il s'agissait de la solution du problème des Sudètes. Je lui dis d'aller trouver le ministre des Affaires étrangères, mais il répondit qu'il avait un ordre spécial de Mussolini de me parler d'abord et seul. Je l'ai rencontré, je crois bien, à 9 heures du matin ; il me dit alors que Mussolini était prêt à intervenir et qu'il fallait provoquer le plus vite possible une réunion entre l'Allemagne (Adolf Hitler), l'Angleterre (le Premier ministre Chamberlain), la France (le président du Conseil Daladier), et l'Italie (Mussolini), afin de donner à cette question une solution pacifique.

— Mussolini voyait une solution possible et prendrait immédiatement toutes les mesures nécessaires ; il me priait personnellement de faire valoir toute mon influence dans ce sens. J'emmenai l'ambassadeur à la Chancellerie du Reich, ainsi que M. von Neurath qui à ce moment-là, n'était cependant pas ministre des Affaires étrangères. J'exposai tout au Führer et j'usai de mon influence pour lui démontrer les avantages possibles de cet accord qui apporterait un soulagement à la tension générale. On ne pouvait pas savoir si les autres tentatives faites sur le terrain politique ou diplomatique atteindraient leur but, mais si les quatre chefs de gouvernement des quatre grandes puissances de l'Europe occidentale se rencontraient, ce serait déjà un point acquis, M. von Neurath soutint ma thèse et le Führer l'accepta, en disant qu'on pouvait téléphoner au Duce. Attolico, qui attendait dehors, le fit immédiatement. Mussolini téléphona officiellement au Führer, et c'est ainsi qu'on décida du lieu de rencontre : Munich. Tard dans l'après-midi, l'ambassade d'Italie me prévint que le Premier ministre anglais et le président du Conseil français acceptaient de se rendre le lendemain à Munich. J'ai demandé ensuite au Führer, ou mieux, je lui ai dit que j'irais à Munich avec lui ; il fut d'accord. Puis je proposai d'emmener dans mon train M. von Neurath. Sur ce point encore, il acquiesça. J'ai participé à plusieurs entretiens, et lorsque cela s'avérait nécessaire, j'ai équilibré les débats. Je me suis efforcé surtout de créer une atmosphère cordiale. J'eus des entretiens personnels avec M. Daladier et avec M. Chamberlain et je fus très content de la tournure qu'avaient pris les événements.

M. JUSTICE JACKSON. — Si je vous comprends bien, Gœring voyait dans les négociations de Munich une solution pacifique du conflit ?

TÉMOIN BODENSCHATZ [1]. — C'est ce qu'il m'a dit plusieurs fois.

M. JUSTICE JACKSON. — Et se montra-t-il très satisfait des résultats obtenus ?

TÉMOIN BODENSCHATZ. — Il en était très satisfait. J'ai insisté là-dessus tout à l'heure en rapportant que lorsqu'il revint de la salle où avait eu lieu cette réunion, il dit spontanément : « C'est la paix. »

M. JUSTICE JACKSON. — Et lorsque vous dites que Gœring voulait la paix avec la Pologne, il voulait ce même genre de paix, n'est-ce pas ?

TÉMOIN BODENSCHATZ. — En ce qui concerne la paix avec la Pologne, je n'ai pas eu de conversation avec lui.

M. JUSTICE JACKSON. — A-t-il envoyé quelqu'un, ou a-t-il fait en sorte que Hitler envoyât quelqu'un à Munich pour éprouver Ribbentrop ?

TÉMOIN BODENSCHATZ. — Tout ce que je puis dire là-dessus c'est qu'ici, au cours de ma captivité, le capitaine Wiedemann m'a rapporté que Hermann Gœring avait exprimé le désir d'emmener von Neurath et, toujours selon Wiedemann, Adolf Hitler aurait accédé à ce désir.

M. JUSTICE JACKSON. — Vous avez été interrogé par un représentant américain avant que Wiedemann n'arrive ici, n'est-ce pas ?

TÉMOIN BODENSCHATZ. — Pas sur la question de l'accord de Munich et de M. von Neurath.

M. JUSTICE JACKSON. — N'avez-vous pas été interrogé le 6 novembre 1945, et n'avez-vous pas dit à ce moment-là que Gœring avait eu des paroles très dures pour Ribbentrop et qu'il avait demandé à Hitler d'emmener Neurath à Munich avec lui afin d'avoir un représentant ? N'avez-vous pas dit cela lorsque vous avez été interrogé par le représentant américain ?

TÉMOIN BODENSCHATZ. — Je ne peux pas m'en souvenir actuellement mais si cela figure au procès-verbal, ce doit être vrai.

M. JUSTICE JACKSON. — Cette réunion... Au fait, vous savez qu'après Munich, Gœring avait donné sa parole d'honneur aux Tchèques qu'ils ne subiraient aucune agression. Vous le saviez, n'est-ce pas ?

TÉMOIN BODENSCHATZ. — Non, je l'ignorais.

M. JUSTICE JACKSON. — Cette réunion qui eut lieu à Londres, je veux dire cette réunion à laquelle assistaient des Anglais...

TÉMOIN BODENSCHATZ. — A Husum ? Oui.

M. JUSTICE JACKSON. — Quel était le représentant de la Suède.

TÉMOIN BODENSCHATZ. — C'était M. Dahlerus.

M. JUSTICE JACKSON. — Quelles étaient les personnalités anglaises présentes ?

1. Général Karl Heinrich Bodenschatz, aide de camp de Gœring.

TÉMOIN BODENSCHATZ. — Il y avait six ou huit experts économistes britanniques, mais leurs noms me sont inconnus.

M. JUSTICE JACKSON. — A cette époque... au fait, quelle est la date exacte de cette réunion ?

TÉMOIN BODENSCHATZ. — Je ne peux pas le dire exactement. C'était au début du mois d'août.

M. JUSTICE JACKSON. — N'était-ce pas le 7 août ?

TÉMOIN BODENSCHATZ. — Je ne peux pas le dire.

M. JUSTICE JACKSON. — M. Dahlerus était-il là ?

TÉMOIN BODENSCHATZ. — Je n'en suis pas absolument sûr ; j'ai appris par mon avocat qu'il était présent, mais je ne pourrais pas le jurer. J'ai supposé qu'il était là parce que le Dr Stahmer me l'a dit. C'est pourquoi j'ai dit tout à l'heure que Hermann Gœring et Dahlerus assistaient à cette réunion.

M. JUSTICE JACKSON. — Et on a parlé des relations entre la Pologne et le Reich allemand ?

TÉMOIN BODENSCHATZ. — Il ne fut pas question de la Pologne, mais des relations entre la Grande-Bretagne et l'Allemagne. Il ne fut pas question des relations avec la Pologne.

M. JUSTICE JACKSON. — Et Gœring désirait voir les Anglais s'employer à éviter une attaque de l'Angleterre contre l'Allemagne ?

TÉMOIN BODENSCHATZ. — Je n'ai pas tout à fait dit cela : il a déclaré aux délégués anglais qu'ils devaient faire, lorsqu'ils seraient rentrés chez eux, les mêmes efforts que lui en faveur de la paix, et y employer leur influence auprès des milieux compétents.

M. JUSTICE JACKSON. — N'est-ce pas à l'occasion des négociations avec la Pologne qu'il a prononcé ces paroles ?

TÉMOIN BODENSCHATZ. — Je ne me souviens pas qu'il ait été question de négociations avec la Pologne.

M. JUSTICE JACKSON. — Étiez-vous en rapport avec Hermann Gœring lorsque la guerre avec la Pologne éclata ?

TÉMOIN BODENSCHATZ. — J'étais à Berlin à cette époque.

M. JUSTICE JACKSON. — Vos services dépendaient-ils de Hermann Gœring ?

TÉMOIN BODENSCHATZ. — J'étais alors sous les ordres de Hermann Gœring.

M. JUSTICE JACKSON. — Quand avez-vous pris les premières mesures de préparation à l'entrée de vos troupes en Pologne ?

TÉMOIN BODENSCHATZ. — Je ne suis pas compétent pour donner des renseignements sur cette question. C'était l'affaire de l'État-Major. Tout ce que je sais, c'est qu'au cours de la période qui précéda la déclaration de guerre, le chef de l'État-Major avait plusieurs fois rendu visite à Gœring, chef de l'Aviation, avec lequel il s'était entretenu de ces problèmes. Je ne sais pas moi-même quelle était l'importance des forces engagées dans la campagne de Pologne.

M. JUSTICE JACKSON. — Étiez-vous présent à la conférence au cours de laquelle, peu après Munich, Hermann Gœring a déclaré qu'il avait l'ordre d'augmenter de cinq fois l'importance des forces aériennes ?

TÉMOIN BODENSCHATZ. — Je ne me souviens pas d'avoir assisté à une conférence de ce genre.

M. JUSTICE JACKSON. — Mais vous savez que les forces aériennes ont été considérablement accrues après Munich ?

TÉMOIN BODENSCHATZ. — Non, je ne le sais pas. Il y avait un plan, et l'Aviation a été développée conformément à ce plan. Je puis d'ailleurs dire avec certitude à ce sujet que l'Aviation allemande, au début de la campagne de Pologne, n'était pas à la hauteur des circonstances, tant en ce qui concerne sa direction et ses plans que son matériel.

M. JUSTICE JACKSON. — Vous avez participé à la campagne de Pologne, avez-vous dit ?

TÉMOIN KESSELRING. — Oui.

M. JUSTICE JACKSON. — N'est-ce pas un fait que l'Aviation allemande a apporté un élément décisif de rapidité dans la campagne de Pologne ?

TÉMOIN KESSELRING. — Du point de vue de l'officier d'aviation, je dois absolument confirmer cette conception. L'armée ne partageait pas complètement cette opinion.

M. JUSTICE JACKSON. — C'est votre opinion que vous exprimez maintenant. Au cours de cette campagne, vous avez développé la technique des attaques à basse altitude par des chasseurs et des bombardiers légers, contre des colonnes en marche. Le bombardier en piqué, le bombardier léger et les chasseurs contribuèrent tous au succès de cette campagne ?

TÉMOIN KESSELRING. — Je dois l'admettre. La technique du combat rapproché fut élaborée pendant la campagne de Pologne.

M. JUSTICE JACKSON. — J'en viens maintenant à la campagne de France. Vous avez combattu dans l'Aviation, au cours de la campagne de France, n'est-ce pas ?

TÉMOIN KESSELRING. — Oui.

M. JUSTICE JACKSON. — Et l'Aviation contribua de façon décisive au succès de cette campagne, n'est-ce pas ?

TÉMOIN KESSELRING. — Du point de vue de l'officier d'aviation, je dois considérer que cette conception est exacte.

M. JUSTICE JACKSON. — Et vous avez déclaré, n'est-ce pas, que Dunkerque n'aurait pas été une telle catastrophe si la Luftwaffe n'avait pas été là ?

TÉMOIN KESSELRING. — A mon avis, c'est certain, et la réalisation eût encore été meilleure si le mauvais temps n'avait considérablement gêné nos opérations.

M. JUSTICE JACKSON. — C'est-à-dire que la catastrophe aurait été pire pour les Anglais, s'il n'y avait eu le mauvais temps ? Votre Aviation aurait pu faire encore un meilleur travail à Dunkerque ; c'est votre point de vue, n'est-ce pas ?

TÉMOIN KESSELRING. — Pendant deux jours environ, nous n'avons pas pu opérer.

M. JUSTICE JACKSON. — Vous étiez l'un des principaux partisans du plan d'invasion de l'Angleterre, n'est-ce pas ?

TÉMOIN KESSELRING. — Personnellement, je défendais ce point de vue : pour gagner la guerre contre l'Angleterre, le seul moyen d'y parvenir était l'invasion.

M. JUSTICE JACKSON. — Et vous aviez une Aviation suffisamment forte, après avoir vaincu la Pologne, les Pays-Bas, la Belgique et la France, pour conseiller que l'on entreprît l'invasion de l'Angleterre, n'est-ce pas ?

TÉMOIN KESSELRING. — A ce sujet, je dois donner une explication.

M. JUSTICE JACKSON. — Dites-moi d'abord si c'est exact ?

LE PRÉSIDENT. — Témoin, veuillez remarquer que vous devez répondre à la question d'abord et fournir vos explications ensuite. Chaque question, ou presque chaque question, demande ou une réponse affirmative ou une réponse négative. Répondez d'abord et fournissez ensuite vos explications.

M. JUSTICE JACKSON. — N'avez-vous pas conseillé que l'on envahît l'Angleterre et l'Aviation n'était-elle pas prête à procéder à cette invasion ?

TÉMOIN KESSELRING. — Compte tenu de la situation particulière de l'Aviation à l'époque et sous certains rapports, elle était prête à accomplir cette tâche.

M. JUSTICE JACKSON. — Et vous avez fermement recommandé au Reichsmarschall que l'invasion eût lieu immédiatement après Dunkerque, n'est-ce pas ?

TÉMOIN KESSELRING. — Oui, et j'ai encore défendu cette opinion par la suite.

M. JUSTICE JACKSON. — Les préparatifs de la Luftwaffe pour cette invasion étaient achevés, et l'opération ne fut remise que parce que les moyens de transports maritimes n'étaient pas suffisants, n'est-ce pas exact ?

TÉMOIN KESSELRING. — Oui, je dois compléter ce que j'ai dit tout à l'heure de la manière suivante : il aurait été nécessaire évidemment de laisser s'écouler un certain temps entre l'invasion de la France et l'invasion de l'Angleterre pour permettre de compléter le matériel de l'Aviation.

M. JUSTICE JACKSON. — Vous avez dit également à la Commission américaine d'enquête sur les bombardements que Hitler avait ordonné, non seulement le bombardement des objectifs militaires y compris les usines de production, mais aussi le bombardement d'objectifs politiques. Est-ce exact ?

TÉMOIN KESSELRING. — A partir d'une certaine date, oui.

M. JUSTICE JACKSON. — C'est-à-dire pour paralyser le gouvernement ennemi, c'est bien ce que vous entendez par le terme objectif politique ?

TÉMOIN KESSELRING. — Ce n'est pas ce que j'entends par objectif politique. J'ai répondu différemment à la question ; je l'ai comprise d'une autre manière ; je voulais dire que cet ordre ne fut mis en vigueur que plus tard.

M. JUSTICE JACKSON. — Vous étiez présent lors du discours prononcé par Hitler en août 1939 ?

TÉMOIN KESSELRING. — Oui.

M. JUSTICE JACKSON. — A l'époque, vous saviez que l'attaque contre la Pologne commencerait immédiatement ou en tout cas dans un très proche avenir ?

TÉMOIN KESSELRING. — Lors de cette conférence, on n'avait pas encore pris de décision définitive sur la campagne de Pologne. Il restait encore la possibilité de discuter et nous espérions tous que ces négociations aboutiraient à un résultat favorable.

M. JUSTICE JACKSON. — Ne vous avait-on pas ordonné, le 15 août, de tenir la Luftwaffe prête pour une attaque contre la Pologne ?

TÉMOIN KESSELRING. — Cet ordre en soi ne m'est pas connu dans ses détails, mais je dois avouer que, plusieurs mois avant le début de la campagne de Pologne, nous avions fait des préparatifs et créé des bases dans un but défensif en envisageant une situation défensive.

M. JUSTICE JACKSON. — Vous vous attendiez à ce que la Pologne attaquât l'Allemagne par les airs ? Est-ce là votre idée ?

TÉMOIN KESSELRING. — En tout cas, nous envisagions cette possibilité. La situation politique, dans son ensemble, nous était trop inconnue pour nous permettre d'en tirer un jugement clair et sûr.

M. JUSTICE JACKSON. — Vous avez déclaré que vous n'avez jamais eu d'entretiens avec des chefs du Parti, que vous n'avez jamais eu de discussions politiques ni de contacts avec des chefs politiques, d'une façon générale, n'est-ce pas ?

TÉMOIN KESSELRING. — En substance, c'est exact.

M. JUSTICE JACKSON. — Votre supérieur immédiat n'était-il pas l'homme politique n° 2 d'Allemagne ? Ne le saviez-vous pas ?

TÉMOIN KESSELRING. — Si, mais j'insiste sur le fait que 99 % des conversations que j'ai eues avec le Reichsmarschall étaient de nature militaire ou concernaient des problèmes d'organisation.

M. JUSTICE JACKSON. — Mais vous saviez qu'il était, depuis le début, un des principaux chefs politiques nazis ?

TÉMOIN KESSELRING. — Oui.

LA NORVÈGE

Dr Stahmer. — Quel était votre avis sur la campagne de Norvège ?

Accusé Gœring. — Les opérations de Norvège me surprirent dans une certaine mesure, car il y avait un certain temps que je n'en avais plus entendu parler. Le Führer alla très loin dans l'application de son décret fondamental dont j'ai déjà parlé au début, et il n'a fait appel à la participation de l'Aviation que très tard. Mais comme dans cette opération une mission des plus importantes revenait à l'Aviation, je me suis élevé sans la moindre équivoque contre ce projet. Du point de vue militaire, j'étais tout à fait d'accord sur ce projet en soi car, en tant que Commandant en chef de l'Aviation, je devais envisager d'abord, indépendamment des considérations politiques, des considérations d'intérêt stratégique. Il était évident pour tout expert militaire que la position des Forces aériennes serait considérablement améliorée si mes escadrilles pouvaient opérer contre l'Angleterre en partant de bases norvégiennes. C'est pourquoi, du point de vue stratégique, en tant que Commandant en chef de la Luftwaffe, je ne pouvais que souscrire à ce projet. Mes seules objections étaient premièrement que j'avais été prévenu trop tard, deuxièmement que les plans ne me paraissaient pas parfaits, mais parfaitement constructifs.

Dr Stahmer. — Hitler craignait-il que cette occupation provoquât des difficultés avec la Suède ?

Accusé Gœring. — Oui. Pas tellement l'occupation allemande en soi, mais quand nous, ou plutôt quand le Führer prit la décision d'occuper la Norvège, nous avions déjà des informations précises et détaillées sur un projet d'occupation par les troupes britanniques et françaises, ce qui s'est trouvé confirmé ultérieurement par des documents anglais et des documents saisis à l'État-Major français. Nous savions également qu'ils n'avaient pas l'intention de se limiter à l'occupation de la Norvège, mais d'abord d'atteindre par Narvik le minerai suédois, de couper les exportations de minerai suédois à destination de l'Allemagne, puis d'intervenir en faveur de la Finlande dans le conflit russo-finlandais. Le Führer craignait que la Suède ne cédât à la pression de l'Angleterre, c'est-à-dire, sous prétexte d'aide à la Finlande, n'autorisât le passage des troupes, ce qui eût nécessairement provoqué l'isolement du bassin suédois et la suppression des livraisons à l'Allemagne. J'ai alors assumé une lourde responsabilité en assurant au Führer que je connaissais assez la Suède, son peuple et son roi, pour pouvoir affirmer que, quelle que soit la puissance qui voudrait exercer une pression sur la Suède, que ce soit nous ou les autres, elle défendrait par les armes sa neutralité contre celui qui voudrait y porter atteinte pour quelque raison que ce soit ; je m'en portais garant personnellement et je pris consciemment la responsabilité de lui affirmer qu'il pouvait être tranquille de ce côté. Ainsi la question fut réglée.

***

LA HOLLANDE, LA BELGIQUE, LA FRANCE

Dr STAHMER. — Quelles sont les raisons décisives qui ont poussé à l'invasion de la Hollande et de la Belgique ?

ACCUSÉ GŒRING. — Cette question avait d'abord été examinée d'un point de vue purement militaire et stratégique. Pour commencer, il fallait nous assurer que la neutralité de la Hollande et de la Belgique serait respectée en toutes circonstances en cas de conflit armé. Au début, il semblait qu'elle le serait. Mais nous apprîmes que des négociations avaient eu lieu, non seulement entre la Belgique et la France, mais également entre la Hollande et l'Angleterre.

— Un incident à Venlo, au cours duquel un officier d'État-Major hollandais fut arrêté en territoire allemand et un autre abattu, je crois, par des gardes-frontières, donnait clairement à entendre que cette neutralité sous condition ne pourrait être maintenue sous la pression accrue de l'ennemi.

— Si donc cette neutralité ne pouvait être garantie en toutes circonstances, il en résultait un terrible danger du fait que notre flanc droit était exposé aux menaces. Les autorités purement militaires, qui ne considéraient que le point de vue stratégique, n'avaient, quand on les consultait, qu'à donner leur opinion en ne considérant que la situation militaire. Elles ont donc insisté sur le fait que cette situation militaire apparaissait, par le fait de l'occupation des deux pays, totalement différente de ce qu'elle serait si on négligeait de procéder à une telle occupation et si on laissait à l'ennemi le temps d'en prendre l'initiative.

— Le fait que presque toutes les escadrilles qui se rendaient de Grande-Bretagne en Allemagne passaient alors au-dessus des territoires hollandais et belge était un facteur qui s'ajoutait aux doutes que nous nourrissions sur la complète neutralité de ces pays.

— Des renseignements nous parvinrent de source bien informée selon lesquels l'Armée belge qui, au commencement de la guerre, avait reçu la tâche de renforcer les frontières du sud-ouest, avait été regroupée et concentrée avec toute sa puissance combative le long de la frontière allemande. D'autres renseignements nous apprirent que des échanges de vue avaient eu lieu entre les États-Majors français et belge et que, sous la pression de l'État-Major général français, la Belgique avait promis d'intensifier les travaux de la ligne de fortification construite sur la Meuse, face à l'Allemagne.

— D'autres renseignements indiquaient que le chef d'État-Major général français, Gamelin, aussi bien que l'amiral Darlan, et que le chef de l'Aviation Vuilemin, insistaient pour que la Belgique fût occupée, quoi qu'il arrivât, dans l'intérêt de la sécurité de la France ; nous sûmes ainsi que des négociations étaient en cours à cet égard entre les Gouvernements français et britannique. Nous tenions alors ces renseignements de source sûre. Leur exactitude nous fut confirmée plus tard, lorsque après la campagne de France nous trouvâmes les documents secrets de l'État-Major français, ainsi que les procès-verbaux des entretiens qui s'étaient déroulés entre les Gouvernements français et britannique au sein du soi-disant Conseil supérieur de la guerre.

— Le Führer estimait que l'incapacité dans laquelle ces pays se trouvaient de maintenir leur neutralité en face de la pression franco-britannique grandissante ferait courir un grand danger à la région de la Ruhr, dont l'importance était vitale pour nous. On peut voir combien cette opinion était justifiée lorsque l'on consulte les rapports dans lesquels le chef du Gouvernement britannique suggérait, sur la base des explications détaillées fournies par les experts du Conseil de la Guerre, que la meilleure façon d'attaquer la vallée de la Ruhr par des avions anglais volant à basse altitude serait d'avancer en Belgique et de profiter de la courte distance qui séparerait alors les bases aériennes de la vallée de la Ruhr pour détruire les industries les plus importantes qui s'y trouvaient.

— Le fait que ce plan n'ait pas été réalisé immédiatement est dû au souci que causait au président du Conseil français le sort de l'industrie française ; il désirait laisser au côté adverse le soin de procéder aux premières attaques contre les centres industriels. L'Angleterre insista cependant sur le fait qu'elle serait à tout moment à même d'attaquer la vallée de la Ruhr par la Belgique. Si l'on prend en considération la courte distance qui sépare à vol d'oiseau la frontière belge et les industries les plus importantes de la vallée de la Ruhr, distance qui peut être couverte en quelques minutes seulement, on comprend alors parfaitement le danger qui serait survenu si la neutralité de la Belgique n'avait pas été respectée par nos ennemis. Si d'autre part elle avait été respectée, une attaque des Forces aériennes britanniques contre la Ruhr aurait amené la nécessité d'un raid relativement long au-dessus de la baie d'Heligoland, et il nous était alors très possible de repousser une telle attaque. Mais si cette attaque était effectuée par la Belgique, toute défense était rendue impossible.

— Dans cette âpre lutte, il importait avant tout de songer à nos propres intérêts militaires ainsi qu'à notre existence et de ne pas laisser l'avantage à l'adversaire. Nous étions alors sincèrement convaincus de la réalité du danger qui menaçait notre peuple, et surtout notre Armée ; nous savions qu'il fallait s'y prendre à l'avance pour l'écarter et qu'il fallait nous assurer la possession des avantages que l'ennemi comptait s'attribuer.

Dr Stahmer. — Pour quelles raisons des officiers ont-ils été internés en France après la cessation des hostilités ?

Accusé Gœring. — Je voudrais tout d'abord rectifier une expression souvent employée à cet égard. En France, la guerre n'était pas à proprement parler terminée, un armistice avait été conclu. Les termes en étaient empreints d'une grande générosité. Son préambule même manifestait une tendance favorable à une réconciliation future contrastant avec l'armistice qui avait été signé en 1918 au même endroit.

— Lorsque, à cette époque, le maréchal Pétain demanda l'armistice, on lui répondit d'abord que la capitulation devait être sans conditions. Puis, cependant, nous lui fîmes comprendre qu'un certain nombre de ses désirs concernant la flotte, la zone non occupée et les colonies seraient pris en considération. La situation était alors telle que l'Allemagne aurait pu exiger une capitulation totalement inconditionnelle, puisque aucune armée française d'importance ni aucune aide venant d'Angleterre n'auraient été à même d'éviter à la France une catastrophe militaire définitive. Aucune formation française n'aurait pu empêcher la percée des troupes allemandes jusqu'à la Méditerranée. L'Angleterre n'avait aucune réserve. Toutes les réserves disponibles étaient concentrées dans le corps expéditionnaire qui avait été envoyé en Belgique et dans le nord de la France et dont l'odyssée se termina à Dunkerque.

— On respecta dans cet armistice, les conditions qui avaient fait l'objet d'un vœu. En outre, le Führer lui-même avait laissé prévaloir une solution particulièrement généreuse, surtout à propos de la question des officiers prisonniers. Lorsque, contrairement aux espoirs immenses que nous avions nourris et qui, au début, se réalisèrent partiellement, le mouvement de résistance commença à se développer graduellement en France grâce à la propagande d'outre-Manche et qu'un nouveau centre de résistance eût été établi en France sous l'autorité du général de Gaulle, il était à mon avis parfaitement compréhensible que les officiers français voulussent offrir leurs services comme patriotes. Mais il était tout aussi naturel pour l'Allemagne de prendre conscience de ce danger et d'essayer d'y parer en considérant à nouveau comme prisonniers de guerre ceux qui auraient été les dirigeants techniques de ces mouvements militaires de résistance, c'est-à-dire tous ces officiers qui circulaient encore librement en France. La réalisation de cette condition fondamentale était nécessaire pour éviter le danger d'une guerre dans notre dos et la reprise des armes en France.

— Je pense que c'est un fait unique d'avoir vu, pendant que la guerre faisait encore rage sur tous les fronts, les officiers d'un pays avec lequel un armistice avait été conclu, avoir la permission de se déplacer librement. Autant que je sache, c'est un fait sans précédent dans l'histoire de la guerre.

Dr Stahmer. — Pouvez-vous nous citer certains faits démontrant pourquoi la lutte en France qui, en 1940, avait été menée apparemment d'une façon aussi chevaleresque d'un côté que de l'autre, a pris ensuite un caractère si âpre ?

Accusé Gœring. — Dans la lutte avec la France, il faut soigneusement distinguer deux phases.

— La première phase correspond au grand conflit militaire, c'est-à-dire à l'attaque des Forces allemandes contre l'Armée française. Cette lutte fut rapidement menée. On ne peut pas dire que ce fut un combat particulièrement chevaleresque, car dès cette époque, nous fûmes mis au courant de certains actes commis par les Français contre nos prisonniers, actes qui furent relatés dans le Livre Blanc et présentés ultérieurement à la Croix-Rouge internationale de Genève. Mais, en général, cette lutte resta dans les limites d'une opération militaire ordinaire, avec les quelques excès qui se produisent toujours de temps à autres au cours de tels événements.

— La liquidation de cette opération amena une période de calme et d'apaisement. Puis la guerre continua et s'étendit davantage, au moment de l'entrée en guerre avec la Russie et, comme je l'ai déjà dit, l'adversaire créa un centre français de direction de ces opérations. Une sérieuse intensification du mouvement de résistance apparut dans les pays de l'Ouest qui s'étaient jusqu'alors tenus tranquilles et où aucun incident sérieux n'avait eu lieu. Des attaques se produisirent contre des officiers et des soldats allemands ; des bombes et des grenades furent lancées dans des locaux où se trouvaient des officiers et des soldats allemands ; des bombes furent même jetées dans des locaux où se trouvaient des femmes auxiliaires des services de transmission et infirmières de la Croix-Rouge allemande ; des voitures furent attaquées, des communications coupées, des trains sautèrent, le tout de façon croissante.

— Lorsqu'on mène une guerre sur terre, on éprouve déjà suffisamment de difficultés sur ses arrières ; mais lorsque la guerre aérienne s'y ajouta, des possibilités entièrement nouvelles furent exploitées et des méthodes nouvelles instaurées. Toutes les nuits, de nombreux avions venaient jeter d'énormes quantités de munitions, d'armes et faisaient parvenir des renseignements sur la façon de renforcer ce mouvement de résistance et de l'étendre. Les services de contre-espionnage allemand réussirent, grâce aux brouillages d'ondes et aux codes chiffrés lancés par les avions ennemis, à saisir une grande partie de ce matériel ; mais une quantité suffisante parvint à tomber entre les mains des mouvements de résistance. Des atrocités furent également commises sur une vaste échelle. Des documents peuvent être présentés à l'appui de ces faits. Naturellement...

M. Justice Jackson. — Plaise au Tribunal. Je regrette d'interrompre cet interrogatoire mais j'aimerais demander au Tribunal s'il compte se prévaloir des dispositions du Statut pour exiger de la Défense une déclaration sur le point de savoir si ces faits sont pertinents par rapport aux incriminations que nous poursuivons au cours de ce Procès.

— Il en résulte un problème d'une assez vaste portée dont la solution nécessite beaucoup de temps si l'on considère que le temps prend une place importante dans ces débats.

— En vue de cette déclaration, je suis prêt à reconnaître que les groupes de partisans se livrèrent, dans les territoires occupés, à des actes regrettables, répréhensibles et préjudiciables aux conquérants en puissance. Si l'on a ici l'intention, en s'appuyant sur la théorie des représailles, d'apporter des preuves sur le traitement infligé par les partisans aux troupes allemandes d'occupation, je désirerais attirer respectueusement votre attention sur le fait que la Défense procède en sens inverse. Lorsque la Défense dit « oui, nous avons commis certaines atrocités, nous avons violé le Droit international », on pourrait alors admettre que le motif — je démontrerai qu'il n'en est rien — est en rapport avec la Convention de la Haye. Mais il faut tout au moins que la gestion soit présentée.

— Mais, à moins qu'on puisse prouver que ces représailles étaient justifiées, je pense que de telles préoccupations sont étrangères à ces débats. Si ces moyens de preuve reposent sur la théorie des représailles, notre première question sera : à quoi servaient les représailles ? En d'autres termes, la théorie des représailles ne peut être invoquée qu'après avoir d'abord admis que certains actes ont été commis en violation du Droit international. Vous pouvez alors poser la question de savoir si vous étiez justifié. J'estime que ces débats seraient abrégés et rendus plus clairs si l'avocat définissait les actes commis par les troupes allemandes d'occupation, qui font l'objet du présent témoignage, et dont il essaie, d'après moi, de justifier l'existence. Je pense qu'à moins qu'il n'existe une théorie des représailles présentée avec assez de clarté pour que nous puissions identifier les violations pour lesquelles l'Allemagne cherche à s'excuser en l'invoquant, ce témoignage n'aide en rien à trouver la solution finale.

— Il ne s'agit pas de savoir si les territoires occupés ont résisté. Il est évident qu'ils l'ont fait. La question est de savoir si des actes du type que nous avons défini sont excusables du fait qu'ils ont été commis en guise de représailles. Dans ce cas, ces actes doivent ête pris en considération, et la théorie des représailles doit être exposée d'une façon plus détaillée.

M. ROBERTS. — Étiez-vous présent à la conférence des chefs à la Chancellerie, le 23 mai 1939 ? Je vais vous rappeler qui était présent. Il y avait le Führer, Gœring, Raeder, von Brauchitsch, Keitel, vous-même, Halder, le général Bodenschatz, Warlimont ; Warlimont était-il le représent de Jodl ?

TÉMOIN MILCH. — Je ne sais pas qui il représentait.

M. ROBERTS. — Très bien... et d'autres que je ne nommerai pas. Témoin, c'étaient bien là les chefs des Forces armées allemandes ?

TÉMOIN MILCH. — Je crois me rappeler que le maréchal Gœring n'était pas présent.

M. ROBERTS. — Sa présence est indiquée. Vous croyez qu'il n'était pas là ?

TÉMOIN MILCH. — Si mes souvenirs sont exacts, j'ai été appelé pour le remplacer au dernier moment.

M. ROBERTS. — Donc, à part Gœring, dans la mesure où il était absent, il y avait la plus grande partie des chefs des Forces armées allemandes. C'est exact, n'est-ce pas ?

TÉMOIN MILCH. — Oui, il y avait le Commandant en chef de l'Armée de terre, le Commandant en chef de la Marine et l'O.K.W. ; oui.

M. ROBERTS. — D'après ce que vous savez d'eux, pouvez-vous les considérer comme des hommes d'honneur et de parole ?

TÉMOIN MILCH. — Oui.

M. ROBERTS. — Est-ce le propre d'un homme d'honneur de tenir sa parole ?

TÉMOIN MILCH. — Oui.

M. ROBERTS. — Vous saviez naturellement que l'Allemagne s'était engagée à respecter la neutralité de la Belgique, des Pays-Bas et du Luxembourg ?

TÉMOIN MILCH. — Je ne connaissais pas ces accords, mais je le suppose.

M. ROBERTS. — Ne saviez-vous pas que moins d'un mois avant cette réunion, c'est-à-dire le 28 avril, Hitler, au Reichstag, avait donné l'assurance qu'il respecterait la neutralité de nombreux pays d'Europe y compris celle des trois pays que je viens de nommer. Ne connaissiez-vous pas ces faits ?

TÉMOIN MILCH. — Si, bien entendu.

M. ROBERTS. — Nous avons vu ici, sur ces événements, un film montrant l'accusé Gœring au moment où il présidait le Reichstag, lorsque cette assurance a été donnée.

TÉMOIN MILCH. — Je n'ai pas vu ce film. Je ne le connais pas.

M. ROBERTS. — C'est un documentaire allemand. Vous souvenez-vous qu'à la conférence du 23 mai, Hitler avait prononcé les paroles bien connues du Tribunal : « Les bases aériennes hollandaises et belges devront être occupées militairement. Il ne faudra faire aucun cas des déclarations de neutralité... Efforçons-nous de donner à l'ennemi un coup brutal et décisif dès le début... Les considérations de morale et les traités n'ont rien à voir avec cela... »

— Vous souvenez-vous d'avoir entendu prononcer ces paroles ?

TÉMOIN MILCH. — Je ne me souviens pas très bien du texte exact ; je sais qu'il s'agissait de la question du corridor polonais, de Dantzig, et qu'ensuite Hitler a exposé les complications qui pourraient surgir à l'Ouest et comment il comptait y faire face. Mais je ne me souviens plus des détails de sa déclaration.

M. ROBERTS. — Un seul de ces hommes d'honneur a-t-il protesté lorsque l'Allemagne a failli à sa parole ?

TÉMOIN MILCH. — Au cours de ces conférences, il était impossible à quiconque était présent de parler. Hitler s'adressait à nous derrière son pupitre et, après le discours, il partait. Toute discussion était impossible, il ne l'aurait pas permise.

M. ROBERTS. — Vous dites, témoin, qu'il était impossible à un homme d'honneur de protéger son honneur ?

TÉMOIN MILCH. — Je ne me souviens pas exactement des paroles de Hitler que vous avez citées ici.

M. ROBERTS. — Pouvez-vous donner votre opinion à ce sujet au Tribunal ?

TÉMOIN MILCH. — Je n'avais pas l'impression que Hitler eût dit quelque chose allant à l'encontre des accords en vigueur. Je n'en ai pas le souvenir.

M. ROBERTS. — Estimez-vous que ce procès-verbal soit faux ?

TÉMOIN MILCH. — Cela non plus, je ne peux l'affirmer. Je peux seulement dire que je ne me souviens pas des termes employés. Je ne sais pas non plus si le procès-verbal est absolument exact. Si mes souvenirs sont exacts, il a été rédigé ultérieurement par l'un des aides de camp présents.

M. ROBERTS. — Mais, nous savons que c'est exactement ce que l'Allemagne a fait douze mois plus tard. Elle a failli à sa parole envers la Belgique, les Pays-Bas et le Luxembourg et elle a semé la misère et la mort parmi des millions de personnes. Vous le savez parfaitement aujourd'hui, n'est-ce pas ?

TÉMOIN MILCH. — Évidemment, je le sais mais, en tant que soldat, nous n'avions pas à faire de politique, on ne nous demandait pas notre avis...

M. ROBERTS. — Appelez-vous honneur...

DR RUDOLF DIX (avocat de l'accusé Schacht). — Je ne parle pas pour Schacht, mais au nom de toute la Défense. Je prie le Tribunal d'interroger le témoin sur des faits et non sur des jugements de valeur.

LE PRÉSIDENT. — Il est interrogé sur des faits.

M. ROBERTS. — Vous venez de dire que vous savez aujourd'hui que douze mois plus tard l'Allemagne violait la neutralité de la Belgique, des Pays-Bas et du Luxembourg.

TÉMOIN MILCH. — Mais nous n'en connaissions pas les motifs ; nous ignorions également les autres obligations que ces pays pouvaient avoir assumées. Les soldats n'avaient pas à prendre parti dans de telles questions.

M. ROBERTS. — N'était-ce pas le devoir d'un soldat de faire des objections lorsqu'on lui demandait de contribuer à violer les engagements pris par son pays ?

TÉMOIN MILCH. — Je suis de votre avis, si le manquement à la parole donnée s'effectue dans un domaine qui est le sien. Mais pour ce qui est en marge de sa compétence on ne peut le tenir pour responsable ni lui demander des comptes.

M. ROBERTS. — Ne parlez que de ce qui vous regarde. Prétendez-vous ignorer que votre pays s'était engagé à respecter la neutralité de ces trois petits pays ?

TÉMOIN MILCH. — Je l'ai lu dans le discours du Reichstag, mais je ne savais pas quelle était la contre-partie de cet engagement. Je ne savais pas, ce qui aurait très bien pu être le cas, que ces petits pays n'avaient aucune envie de notre protection ou de cette garantie. Un soldat ne pouvait pas s'en rendre compte ; seuls les chefs politiques pouvaient le savoir.

M. ROBERTS. — Bien. Nous le demanderons aux soldats du Haut Commandement qui sont au banc des accusés lorsqu'ils témoigneront. Mais je vous demande de me dire que tout le monde en Allemagne devait connaître les garanties données par Hitler à ces petits pays.

TÉMOIN MILCH. — Hitler a fait beaucoup de propositions et d'offres. C'est ainsi qu'il a proposé une limitation générale des armements ; il a offert de renoncer aux bombardements aériens, mais ses propositions n'ont pas été acceptées. C'est pourquoi seuls les chefs politiques pouvaient savoir ce qu'ils pouvaient et ce qu'ils devaient exiger des soldats. Le soldat n'avait qu'un seul devoir : obéir.

M. ROBERTS. — Voulez-vous, s'il vous plaît, répondre à mes questions. Ce n'est pas du tout ce que vous faites. Nous connaissons les faits, témoin d'après les documents allemands. Je vous demande ce que vous savez et les idées qui sont les vôtres sur l'honneur. Ne croyez-vous pas qu'il soit déshonorant de donner sa parole le 28 avril et de prendre la résolution secrète de rompre ses engagements le 23 mai ?

TÉMOIN MILCH. — Si les données sont toujours les mêmes, vous avez raison, mais c'est justement ce que je ne sais pas.

M. ROBERTS. — Vous devez avoir un code d'honneur à vous bien que vous soyez dans l'Armée. Vous savez naturellement que la neutralité de la Norvège a été violée.

TÉMOIN MILCH. — Oui. A notre point de vue, elle a d'ailleurs été doublement violée.

M. ROBERTS. — Savez-vous que les 12 et 13 mars 1940 Jodl écrivait dans son journal : « Le Führer cherche encore une excuse à présenter au monde pour l'invasion de la Norvège » ? Vous le savez, n'est-ce pas ?

TÉMOIN MILCH. — Je ne connais ni ce journal ni cette remarque.

M. ROBERTS. — Vous avez pris activement part à l'invasion de la Norvège, n'est-ce pas ?

TÉMOIN MILCH. — Quelques jours après le début de l'invasion, j'ai commandé l'Aviation sur ce front, pendant un temps très court.

M. ROBERTS. — Vous avez eu un commandement en chef en Norvège ?

TÉMOIN MILCH. — Oui.

PROFESSEUR Dr JAHRREISS. — Je crois qu'il est nécessaire d'apporter une précision au sujet d'une erreur de traduction. Je viens d'entendre qu'on a cité une annotation de l'accusé Jodl en traduisant de la façon suivante : « Le Führer cherche encore une excuse... ». Or, dans le texte allemand, il est dit « justification ». Dans ce cas-là, il n'est pas permis de traduire par « prétexte » ou par « excuse » ; c'est là une signification toute différente.

M. ROBERTS. — Quelle que soit la traduction, cette annotation prouve que le Führer cherchait toujours soit une raison, soit une excuse.

SIR DAVID MAXWELL-FYFE. — Bien. Je voudrais maintenant que vous m'éclairiez sur un ou deux autres points.

— Vous souvenez-vous qu'à deux reprises, en janvier et en octobre 1937, le Gouvernement allemand donna des assurances formelles relatives à la neutralité et à l'inviolabilité de la Belgique et de la Hollande. Vous en souvenez-vous ?

ACCUSÉ GŒRING. — Je ne m'en souviens pas en détail ; mais je sais qu'on en a parlé ici.

SIR DAVID MAXWELL-FYFE. — Vous souvenez-vous que le 25 août 1938 l'État-Major de l'Aviation prépara un mémorandum pour le cas où la France et la Grande-Bretagne — pardon, la France seule — entrerait en guerre à l'occasion du « Cas Vert » et où la Grande-Bretagne se joindrait à la France ? Vous en souvenez-vous ? Je voudrais que vous ayez présentes à la mémoire les grandes lignes de ce document dont je vais vous lire un passage.

ACCUSÉ GŒRING. — Puis-je vous demander s'il est bien signé Wolter ?

SIR DAVID MAXWELL-FYFE. — Je vais vous le dire. Oui, c'est exact.

ACCUSÉ GŒRING. — Dans ce cas, je me souviens très bien de ce document. Il m'a été présenté ici.

SIR DAVID MAXWELL-FYFE. — Je voudrais simplement que vous vous rappeliez la phrase suivante :

— « La Belgique et les Pays-Bas entre les mains des Allemands représentent un atout de premier ordre dans la conduite de la guerre aérienne contre la Grande-Bretagne et contre la France. Il semble donc indispensable que l'Armée fasse connaître ses vues sur les conditions dans lesquelles l'occupation de ces territoires serait réalisable, et en combien de temps. »

— Vous en souvenez-vous ? En l'occurrence, il s'agit de toute évidence de stratégie aérienne. Vous souvenez-vous de ce document ?

ACCUSÉ GŒRING. — Oui, c'est parfaitement exact. Il s'agit du travail d'un capitaine du cinquième bureau de l'État-Major qui, dans son rapport, devait, bien entendu, présenter les arguments les plus probants.

SIR DAVID MAXWELL-FYFE. — Plus tard, le 28 avril 1939, vous souvenez-vous que Hitler ait déclaré avoir donné des assurances formelles à de nombreux pays, dont les Pays-Bas et la Belgique ? C'est, je crois, dans un discours au Reichstag où il a nommé toute une série de petits pays, parmi lesquels les Pays-Bas et la Belgique.

ACCUSÉ GŒRING. — Oui, on l'a déjà mentionné à plusieurs reprises.

SIR DAVID MAXWELL-FYFE. — Maintenant, vous souvenez-vous que le 23 mai, toujours d'après le document que je vous ai déjà présenté, Hitler, au cours d'une réunion à la Chancellerie du Reich, a déclaré :

— « Les bases aériennes hollandaises et belges doivent être occupées par les forces allemandes. Aucune déclaration de neutralité ne pourra être prise en considération. »

— Vous souvenez-vous de cette déclaration ?

ACCUSÉ GŒRING. — C'est en effet dans le texte.

SIR DAVID MAXWELL-FYFE. — Et, le 22 août 1939, dans un discours aux commandants en chef, il déclara :

— « Il reste la possibilité de violer les neutralités hollandaise, belge et suisse. Sans aucun doute, tous ces pays ainsi que les pays scandinaves défendront leur neutralité par tous les moyens. L'Angleterre et la France, elles, ne violeront pas la neutralité de ces pays. »

— Vous en souvenez-vous ?

ACCUSÉ GŒRING. — Vous pouvez constater par là combien le Führer était versatile ; aussi bien, le plan du mois de mai n'était nullement définitif.

SIR DAVID MAXWELL-FYFE. — Tout cela est, à mon avis, parfaitement logique. Il dit qu'on occupera ces pays sans tenir compte des déclarations de neutralité et il souligne ce point de vue en déclarant que l'Angleterre et la France, elles, ne violeront pas la neutralité de ces pays, ce qui rendra d'autant plus facile la tâche de l'Allemagne.

ACCUSÉ GŒRING. — Non. Il veut dire que, pour nous non plus, il n'est pas nécessaire de le faire. Je vous ferais simplement remarquer qu'une situation politique évolue perpétuellement et que c'est la première fois, au cours de ce Procès, que nous pouvons considérer l'arrière-plan historique des questions politiques sur le plan mondial.

SIR DAVID MAXWELL-FYFE. — Cela se passait le 22. Vous étiez d'accord sur ce qui a été dit. Peu après, le 26, c'est-à-dire quatre jours plus tard, Hitler prodigua de nouvelles assurances. Pouvez-vous vous en souvenir ? Peu avant la déclaration de guerre.

ACCUSÉ GŒRING. — Oui.

SIR DAVID MAXWELL-FYFE. — Et, le 6 octobre 1939, il prodigua d'autres assurances. Le 7 octobre, le jour suivant, il faisait publier l'ordre ci-après :

— « Le groupe d'armées B devra, en même temps, procéder, selon ses instructions particulières, aux préparatifs d'invasion des territoires hollandais et belges au cas où la situation politique l'exigerait. »

— Il y a aussi une directive de Hitler du 9 octobre :

— « Des préparatifs devront être entrepris pour une action offensive contre la partie nord du front de l'Ouest, à travers les frontières du Luxembourg, de Belgique et de Hollande. Cette attaque doit être faite aussitôt que possible. »

— N'en ressort-il pas très clairement que vous avez toujours su que la France et l'Angleterre ne violeraient pas la neutralité de ces pays, comme Hitler lui-même l'a déclaré le 22 août, et que vous n'hésiteriez pas à le faire dans l'intérêt de vos objectifs tactiques et stratégiques. N'est-ce pas clair ?

ACCUSÉ GŒRING. — Pas autant que vous le pensez. Seulement si la situation politique l'exigeait. Et, entre-temps, l'Angleterre avait exercé son influence sur l'attitude de neutralité des Pays-Bas et de la Belgique, cela jusqu'en octobre.

SIR DAVID MAXWELL-FYFE. — En somme, lorsque vous dites : pas autant, vous n'êtes pas loin d'approuver ma dernière affirmation ?

*
**

LA YOUGOSLAVIE

Dr STAHMER. — Pour quelles raisons la Yougoslavie a-t-elle été attaquée ?

ACCUSÉ GŒRING. — L'Allemagne, pendant toutes les années qui précédèrent la guerre, eut d'excellentes relations avec le peuple yougoslave et le Gouvernement yougoslave. Ce fut une de mes tâches en politique extérieure que d'entretenir tout particulièrement ces relations. Le Régent, le Prince Paul et le président du Conseil Stoyadinovitch étaient de mes amis personnels : je me rendis fréquemment dans ce pays et j'y passai de longues vacances.

— Il était dans nos intentions non seulement d'avoir d'excellentes relations commerciales en pratiquant des échanges, mais aussi d'établir une compréhension et une amitié étroites sur le plan politique. Ce but fut pleinement atteint et fut consacré par la visite en Allemagne que fit à son tour le Prince Paul, régent de Yougoslavie.

— Comme j'avais en même temps des relations également amicales avec le roi Boris de Bulgarie, je fus à même de tenir un rôle de conciliateur, ainsi qu'avec l'Italie. Mon intervention en faveur de la Yougoslavie provoqua même momentanément une certaine méfiance à mon égard.

— Après le déclenchement de la guerre, on évita tout ce qui aurait pu troubler les excellentes relations que nous conservions avec la Yougoslavie. Malheureusement, le président du Conseil Stoyadinovitch se retira ; néanmoins, son successeur poursuivit la même politique.

— L'adhésion au Pacte Tripartite eut pour but de maintenir la neutralité de la Yougoslavie en toutes circonstances et de l'empêcher d'entrer en guerre. Déjà, au moment de la signature du Pacte, on reconnut la nécessité d'envoyer des troupes en Roumanie à titre préventif ainsi qu'en Grèce, en raison d'un débarquement anglais dans ce pays ou d'un débarquement éventuel en Yougoslavie. Malgré cet accord, il était expressément décidé qu'aucun passage de troupes n'aurait lieu à travers la Yougoslavie, afin que la neutralité de ce pays, après son adhésion au Pacte Tripartite, fût confirmée à tous les points de vue.

— Lorsque le président du Conseil Tsvetkovitch revint au pouvoir, il se produisit, peu après, le putsch du général Simovitch contre le Gouvernement du Prince Régent et l'accession au trône du roi, qui était encore mineur. Nous fûmes mis très rapidement au courant, à cause de nos étroites relations avec la Yougoslavie, des dessous du putsch du général Simovitch. Peu après, on nous confirma l'exactitude de l'information, de source yougoslave, d'après laquelle cette entreprise jouissait de l'appui politique de la Russie et de l'aide financière de l'Angleterre, ce dont nous trouvâmes les preuves par la suite. Il était clair que cette entreprise était dirigée contre la politique d'amitié du précédent Gouvernement yougoslave à l'égard de l'Allemagne. On doit noter ici que, plus tard, dans des déclarations de presse, on exposa du côté russe combien cette pression avait été forte et à quelles fins elle avait été exercée. Le nouveau Gouvernement yougoslave était, sans aucun doute et ouvertement, en rapports très étroits avec les ennemis que nous avions à cette époque, c'est-à-dire l'Angleterre, ainsi qu'avec notre ennemi à venir, la Russie. L'affaire Simovitch fut en fait le facteur final et décisif qui dissipa les derniers doutes du Führer sur la position de la Russie et l'incita à prendre à son égard des mesures préventives en vue de toutes les éventualités. Avant l'incident Simovitch, il est probable que bien que des préparatifs eussent été entrepris, on aurait conservé des doutes sur l'impérieuse nécessité d'une attaque contre la Russie soviétique. L'évidence de ces relations entre Moscou et Belgrade dissipa donc les derniers doutes du Führer. Il apparut également manifeste que la Yougoslavie, sous ce nouveau Gouvernement, cherchait uniquement à gagner du temps pour masser des troupes, car dans la nuit même du putsch, furent lancés des ordres secrets, qui devinrent officiels peu après, pour la mobilisation de l'Armée yougoslave.

— Malgré les assurances que Simovitch donna à Berlin, déclarant plus ou moins qu'il se considérait lié par le traité, la manœuvre put être facilement déjouée. La situation était maintenant la suivante : l'Italie, notre alliée, avait à ce moment-là attaqué la Grèce en passant par l'Albanie, en octobre ou novembre 1940, si mes souvenirs sont exacts. L'Allemagne n'avait pas été prévenue de cette entreprise. Le Führer en fut informé par mes soins : j'avais été mis au courant par hasard et par le ministère des Affaires étrangères ; il fit immédiatement changer la direction de son train qui, de France se dirigeait vers Berlin, afin d'aller à Florence pour parler au Duce. Le Gouvernement italien ou Mussolini lui-même, comprit très clairement alors, pourquoi le Führer voulait s'entretenir avec Mussolini ; aussi, si je me souviens bien, l'ordre à l'Armée italienne de pénétrer d'Albanie en Grèce fut avancé de 24 ou 48 heures. Le fait est que le Führer, dans son souci d'éviter à tout prix une extension du conflit dans les Balkans et dans la Méditerranée orientale, voulut presser le Duce de renoncer à de tels projets qui n'étaient nullement nécessaires et n'avaient été envisagés que pour des raisons de prestige.

— Lorsque l'entrevue eut lieu à 10 heures du matin et que le Führer eut exprimé son opinion, Mussolini déclara que, depuis 6 heures du matin, les troupes italiennes avançaient en territoire grec et qu'à son avis elles seraient bientôt à Athènes. Le Führer lui fit une fois de plus remarquer que cela pourrait signifier qu'éventuellement les relations avec la Turquie pourraient être aussi sérieusement compromises et qu'un nouveau théâtre de guerre pourrait être ainsi créé ; néanmoins il ne dit pas alors ce dont il se doutait bien, à savoir qu'un théâtre d'opérations italien, cela signifiait tôt ou tard un appel à l'aide de l'allié allemand.

— Telle était la situation au moment du déclenchement de l'attaque contre la Yougoslavie. L'Italie, arrêtée et repoussée, se trouvait en mauvaise posture tant au point de vue stratégique que tactique devant son adversaire grec. Il aurait suffit qu'une partie de l'Armée yougoslave prît de flanc ou à revers la position italienne de Scutari, non seulement pour que l'Italie fût expulsée de cette position, mais aussi pour qu'une partie considérable des forces italiennes fût détruite. Il était clair que la situation de ces forces italiennes était appelée à devenir prochainement désespérée car, à la suite du débarquement en Grèce des troupes anglaises de renfort, on pouvait s'attendre à ce que, dès l'arrivée de ces troupes au secours des Grecs, l'Armée italienne fût non seulement chassée de Grèce dont elle n'occupait que la frontière, mais aussi d'Albanie ; les troupes anglaises risquaient de menacer directement l'Italie et les Balkans qui étaient, du point de vue économique, d'une importance décisive pour nous.

— Grâce au putsch de Simovitch et à la mobilisation de la Yougoslavie, l'élimination de l'Armée italienne des Balkans aurait été promptement accomplie. Seule une action extrêmement rapide pouvait prévenir ce double danger : en premier lieu, une catastrophe pour nos alliés italiens et, en deuxième lieu, que les Anglais prissent pied dans les Balkans, ce qui aurait été un désavantage pour notre future base de départ dans un conflit avec la Russie.

— Les troupes allemandes, qui progressaient en Grèce selon le plan « Marita » et qui devaient avancer en Grèce pour rejeter en Méditerranée les divisions anglaises qui avaient débarqué et soulager les arrières de l'allié italien, durent obliquer sur la droite, et après une préparation à l'attaque, très courte, accélérée et immédiate, elles furent lancées sur le flanc de l'Armée yougoslave qui était en train d'opérer sa mobilisation. La Luftwaffe fut rappelée dans un très court délai de ses aérodromes d'Allemagne et rassemblée, ce qui était facile à réaliser, sur les aérodromes de la zone sud-est, afin d'appuyer l'attaque. Ce ne fut que grâce à la rapidité de cette opération et au fait que les conditions de base avaient été prévues dans le plan « Marita », que l'Allemagne put écarter la menace terrible qui compromettait à ce moment-là sa situation dans les Balkans et le Sud-Ouest. Du point de vue politique comme du point de vue militaire, c'eût été un crime contre l'État, alors que l'intérêt vital de l'Allemagne était en jeu, de ne pas agir comme le Führer l'a fait.

Dr STAHMER. — Quels furent les objectifs que la Luftwaffe attaqua tout d'abord en Yougoslavie ?

ACCUSÉ GŒRING. — Je viens d'expliquer la situation très particulière de la Wehrmacht lors du déclenchement de cette guerre, les problèmes qu'il lui fallut résoudre avec une rapidité extraordinaire et, de plus, les résultats importants qu'il lui fallut obtenir afin de mener à bonne fin sa tâche initiale qui consistait dans la percée de... — je ne me rappelle plus le nom — ... de la ligne Metaxas dans le nord de la Grèce, avant que les troupes britanniques, qui avaient déjà débarqué près d'Athènes, pussent parvenir à cette ligne Metaxas pour soutenir les troupes grecques ; une partie sensiblement plus faible des forces allemandes devait percer cette ligne, tandis que l'autre partie devait, comme prévu, se jeter le plus rapidement possible sur l'Armée yougoslave, avec des effectifs ici encore insuffisants, mais c'était la condition de tout le succès, et disloquer cette Armée.

— S'il n'en avait pas été ainsi, non seulement l'Armée italienne aurait été sûrement anéantie, mais l'Armée allemande, ainsi partagée, avec une partie de ses troupes avançant en Yougoslavie — l'appui bulgare ne vint que beaucoup plus tard — l'autre partie forçant la puissante ligne Metaxas à temps pour prévenir l'arrivée des Anglais sur cette ligne, se serait trouvée dans une situation militaire très désavantageuse et critique, peut-être même désastreuse. Aussi la Luftwaffe dut, dans cette éventualité, être employée à fond afin d'empêcher le plus rapidement possible la mise en place par la Yougoslavie de son dispositif contre l'Allemagne et son alliée. On ordonna tout d'abord une attaque concentrée sur le ministère de la Guerre yougoslave à Belgrade ; en second lieu, sur la gare qui, à Belgrade, avait une importance toute particulière au point de vue stratégique, en raison du petit nombre des lignes ferroviaires yougoslaves dont elle était le centre. Cet ordre mentionnait également un certain nombre de bâtiments assez importants, le bâtiment de l'État-Major, etc., étant donné qu'à ce moment-là l'ensemble du bâtiment du Quartier Général, tant au point de vue politique qu'au point de vue militaire, se trouvait encore à Belgrade. Tout était encore concentré là et le bombardement initial de ce centre nerveux aurait un extraordinaire effet paralysant sur les opérations de résistance.

— Un avertissement à la Yougoslavie n'était pas nécessaire pour les raisons suivantes : du point de vue formel, on peut nous reprocher de n'avoir pas adressé de déclaration de guerre ni d'avertissement. Mais en fait, aucune des personnalités dirigeantes de Yougoslavie n'eut le moindre doute sur l'imminence d'une attaque allemande. Ce fait est prouvé car les Yougoslaves avaient non seulement pris des mesures de mobilisation, mais s'étaient fiévreusement occupés de mettre en place leur dispositif de combat. De plus, les attaques des troupes allemandes avaient déjà commencé au moment du bombardement de Belgrade. Mais même en supposant que la Luftwaffe ait attaqué en premier et l'Armée après elle, c'est-à-dire sans avertissement, l'attitude de la Yougoslavie et le gros péril qu'elle présentait pour la situation militaire nous auraient incités à agir ainsi. Nous nous trouvions engagés dans une lutte terrible. Il s'agissait d'assurer des deux côtés notre sécurité dans les Balkans et de les tenir fermement.

— Les objectifs, j'insiste une fois de plus, étaient, si je me souviens bien, le ministère de la Guerre, la gare, le bâtiment de l'État-Major et un ou deux autres ministères. Étant donné que ces bâtiments étaient disséminés dans la ville, celle-ci fut naturellement touchée par le bombardement.

SIR DAVID MAXWELL-FYFE. — Je veux vous poser maintenant quelques brèves questions sur la Yougoslavie. Vous souvenez-vous avoir affirmé, au cours de votre déposition, que jusqu'à la guerre, l'Allemagne entretenait les meilleures relations avec le peuple yougoslave et que vous y aviez vous-même largement contribué ? Je résume un peu la chose, mais en gros est-ce exact ?

ACCUSÉ GŒRING. — C'est exact.

SIR DAVID MAXWELL-FYFE. — Vous vous souvenez aussi que cet état de choses a été souligné par Hitler lui-même le 1er juin 1939, dans un discours prononcé au cours d'un banquet en présence du Prince Paul.

ACCUSÉ GŒRING. — Oui.

SIR DAVID MAXWELL-FYFE. — Quatre-vingts jours plus tard, le 12 août 1939, l'accusé Ribbentrop, Hitler et Ciano se rencontraient. Permettez-moi de rappeler ce que Hitler déclara au comte Ciano au cours de cette entrevue.

— « D'une façon générale, il serait préférable de liquider un à un les faux neutres. Ce serait relativement facile si dans chaque cas l'un des membres de l'Axe pouvait compter sur l'appui de son partenaire et inversement. L'Italie peut, à juste titre, considérer la Yougoslavie comme un de ces pays neutres auxquels il ne faut pas se fier. »

— Ce n'est en accord ni avec vos déclarations antérieures sur les bonnes intentions de l'Allemagne vis-à-vis de la Yougoslavie ni avec les assurances données par le Führer au Prince Paul ?

ACCUSÉ GŒRING. — Je voudrais revoir de près le texte pour examiner dans quelles circonstances cette déclaration a été formulée. Telle qu'elle est présentée ici, elle se trouve évidemment en contradiction avec la précédente.

SIR DAVID MAXWELL-FYFE. — Je ne voudrais pas vous interrompre inutilement, mais ce document a déjà été lu deux fois au cours du Procès. J'espère que vous en tiendrez compte par la suite. Vous reconnaîtrez cependant, à moins que je n'aie pas tenu assez compte du contexte, ce que je ne pense pas, que l'on ne peut pas précisément parler d'intentions amicales.

ACCUSÉ GŒRING. — Je disais, en effet, que cela n'a aucun rapport.

SIR DAVID MAXWELL-FYFE. — Cinquante-six jours plus tard, le 6 octobre, Hitler donnait des assurances à la Yougoslavie et déclarait :

— « Immédiatement après l'Anschluss, j'ai fait savoir à la Yougoslavie que nos frontières communes ne pourraient subir de rectifications et que l'Allemagne désirait vivre en paix et entretenir des relations amicales avec ce pays. »

— Plus tard, en mars 1941, au moment de la signature du Pacte Tripartite, le Gouvernement allemand réitérait sa détermination de respecter la souveraineté et l'intégrité territoriale de la Yougoslavie. Ensuite, il y eut le putsch de Simovitch en Yougoslavie. Je crois me souvenir de vous avoir entendu déclarer ouvertement ici que ni Hitler ni vous n'aviez jamais songé à vous donner la peine de chercher à savoir si le Gouvernement Simovitch défendrait ou non la neutralité de la Yougoslavie. Est-ce exact ?

ACCUSÉ GŒRING. — Je n'ai pas dit cela ; nous avons toujours été convaincus que toutes les déclarations de ce Gouvernement n'avaient pour but que de brouiller les cartes. Nous savions en effet que le putsch était orchestré par Moscou et, comme nous l'avons également appris plus tard, que l'Angleterre avait soutenu ce mouvement, financièrement, avec une exceptionnelle générosité. Il nous était facile après cela de deviner des intentions hostiles. Nous n'eûmes plus de doutes une fois que la Yougoslavie eut mobilisé. Malgré tout, nous n'avions pas l'intention de nous laisser duper par les déclarations de Simovitch.

SIR DAVID MAXWELL-FYFE. — Plus tard, nous reviendrons rapidement sur cette question de la mobilisation yougoslave. Cependant, le 27 mars, c'est-à-dire deux jours après la signature du pacte, se tint à Berlin une conférence réunissant Hitler et le Haut Commandement allemand, à laquelle vous étiez présent. Vous rappelez-vous ces paroles du Führer :

— « Le Führer, sans attendre d'hypothétiques déclarations de loyauté du nouveau Gouvernement, est décidé à prendre toutes les mesures nécessaires à la destruction de la Yougoslavie, aussi bien militairement que politiquement. Aucune note diplomatique ne sera transmise, aucun ultimatum présenté. On prendra connaissance des assurances du Gouvernement yougoslave, bien qu'il ne soit pas possible de se fier à ses déclarations. L'attaque commencera dès que moyens matériels et troupes seront à pied d'œuvre.

— « Au point de vue politique, il est particulièrement important que cette opération contre la Yougoslavie soit conduite de façon implacable et que l'effondrement militaire de ce pays ait lieu très rapidement. C'est pourquoi il convient d'activer nos préparatifs et d'engager des forces assez considérables pour que l'effondrement de la Yougoslavie se produise dans les plus brefs délais. »

— Peut-on, d'après vous, considérer que ce soit faire preuve de bons sentiments envers un pays que de rendre impossible toute négociation diplomatique avec lui, ou de ne pas permettre à ses gouvernants de donner des assurances ou d'arriver à un accord avec vous, de frapper, enfin, de façon aussi implacable ?

ACCUSÉ GŒRING. — Je viens de déclarer à l'instant qu'après le putsch de Simovitch, nous étions parfaitement fixés sur ce qu'il fallait penser de la situation. Nous avions compris que la Yougoslavie profitait de sa déclaration de neutralité pour gagner du temps. Après le putsch, la Yougoslavie entra ouvertement dans le camp ennemi et nous nous sommes autorisés nous aussi à ruser : en attaquant le plus rapidement possible avec des forces qui, à cette époque, étaient relativement faibles.

SIR DAVID MAXWELL-FYFE. — Vous venez de déclarer que le général Simovitch suivait les directives de Moscou ? C'est un point dont je ne discuterai pas avec vous. Je voudrais simplement vous faire remarquer que l'événement eut lieu trois mois avant votre entrée en guerre contre l'Union Soviétique. Vous me comprenez ?

ACCUSÉ GŒRING. — Oui. C'est précisément ce putsch qui ôta au Führer les dernières illusions qui pouvaient lui laisser croire que la Russie n'attaquerait pas l'Allemagne. C'est ce putsch qui l'amena à prendre, de toute urgence, les décisions capables de prévenir le danger. En second lieu...

SIR DAVID MAXWELL-FYFE. — Un moment ! Vous savez, et ceci ressort très nettement du document, que l'attaque contre l'U.R.S.S. fut retardée de six semaines, à cause de ces événements dans les Balkans. N'est-ce pas en contradiction avec ce que vous venez d'affirmer ?

ACCUSÉ GŒRING. — Non. Relisez encore une fois les déclarations à ce sujet. Vous constaterez que j'ai affirmé que de nombreuses raisons incitaient le Führer à donner l'ordre d'attaquer la Russie, que néanmoins il s'était réservé la décision finale jusqu'au moment du putsch Simovitch. Le Führer ordonna alors l'attaque. Qu'une décision d'ordre politique ait retardé les préparatifs militaires à cause de la campagne en Yougoslavie, c'est bien évident et c'était le fait de la situation stratégique.

SIR DAVID MAXWELL-FYFE. — Je voudrais vous poser une autre question sur la Yougoslavie. Vous souvenez-vous avoir affirmé que l'attaque contre Belgrade était à imputer au fait que Belgrade abritait le ministère de la Guerre et toute une série d'organismes militaires. Je ne fais en ce moment que résumer, mais c'était là l'essentiel de votre déposition.

ACCUSÉ GŒRING. — Oui.

SIR DAVID MAXWELL-FYFE. — Vous souvenez-vous de l'ordre de Hitler que je viens de vous lire :

— « Le principal objectif de l'Aviation consiste à détruire le plus tôt possible les installations terrestres de l'Aviation yougoslave. » Et vous remarquerez la phrase suivante : « ... et d'attaquer par vagues Belgrade, la capitale, jusqu'à complète destruction. De plus, l'Aviation doit soutenir l'avance de l'Armée de terre. »

— Je déclare qu'il ressort clairement de cet ordre que l'attaque contre Belgrade n'avait d'autre but que de mettre à genoux par la terreur une population qui pouvait à peine opposer de résistance.

ACCUSÉ GŒRING. — Ce n'est pas exact : la population de Belgrade s'est défendue et Belgrade était, beaucoup plus que n'importe quelle autre capitale, un important centre militaire. C'est ce que je vous prie de considérer.

M. ROBERTS. — Vous savez que Belgrade a été bombardé. Je crois que c'était au mois d'avril 1941.

TÉMOIN MILCH. — Je l'ai su à l'époque par les communiqués de l'Armée.

M. ROBERTS. — Sans qu'il y eût de déclaration de guerre et sans que la population civile fût prévenue ? Le savez-vous ?

TÉMOIN MILCH. — Non, je l'ignore.

M. ROBERTS. — N'en avez-vous pas parlé avec Gœring ?

TÉMOIN MILCH. — De l'attaque de Belgrade ?... Non, je ne m'en souviens pas.

M. ROBERTS. — A-t-il jamais exprimé disons, des regrets, d'avoir bombardé une grande capitale sans même prévenir la population civile, même pas une heure avant ?

TÉMOIN MILCH. — Je n'en ai pas eu connaissance, je ne me souviens pas d'une telle conversation.

M. ROBERTS. — C'est de l'assassinat, n'est-ce pas ?

(Le témoin ne répond pas.)

— Peut-être préférez-vous ne pas répondre à cette question ?

TÉMOIN MILCH. — Je ne peux pas répondre par oui ou par non, car j'ignore les circonstances de cette attaque. Je ne sais pas si la guerre avait été déclarée, je ne sais pas si un avertissement préalable avait été donné, je ne sais pas si Belgrade était une forteresse, ni quel but on poursuivait. Je connais bien d'autres bombardements au sujet desquels on pourrait poser la même question, sous la même forme.

M. ROBERTS. — Je ne poserais pas cette question, témoin, si je n'avais devant moi un document relatant l'ordre donné par Hitler de détruire Belgrade par des vagues de bombardiers, sans ultimatum et sans interventions diplomatiques préalables. Vous aurais-je posé la question si je n'avais pas ce document entre les mains ?

LA RUSSIE

Dr STAHMER. — En 1941, eurent lieu des négociations sur une collaboration avec le Japon. Avez-vous participé à ces négociations ?

ACCUSÉ GŒRING. — Je n'y ai pas participé personnellement. Je ne puis dire que très peu de choses au sujet des négociations avec le Japon car, du point de vue militaire, j'ai eu très peu affaire avec le Japon et les Japonais. Pendant toute la guerre, je n'ai reçu qu'une délégation d'officiers japonais qui étaient des attachés et pour très peu de temps. Je ne peux pas en dire plus. Nous devions nous faire part réciproquement des résultats de certaines expériences, mais cela eut lieu entre services. Personnellement, je n'ai rien eu à faire avec les Japonais.

Dr STAHMER. — Quand avez-vous appris pour la première fois que Hitler croyait à la nécessité d'une guerre contre la Russie ?

ACCUSÉ GŒRING. — C'est à la fin de l'automne 1940, à Berchtesgaden, que je fus informé des intentions du Führer d'entrer en conflit avec la Russie lorsque l'occasion se présenterait.

Dr STAHMER. — Étiez-vous présent à la conférence qui eut lieu en novembre 1940 à Berlin avec le ministre des Affaires étrangères soviétique, M. Molotov ?

ACCUSÉ GŒRING. — Personnellement, je n'ai pas assisté à l'entretien entre Hitler et Molotov. M. Molotov, cependant, m'a rendu visite et nous avons discuté de la situation générale. Je connais naturellement cet entretien avec Molotov car le Führer m'en informa en détail. C'est justement cette conversation qui a fait croire au Führer que la Russie était prête à une attaque contre l'Allemagne et ce sont les questions et les remarques de M. Molotov qui en sont la cause.

— Il s'agissait, d'une part, d'une garantie à la Bulgarie et d'un pacte d'assistance avec la Bulgarie tel que celui qui liait autrefois la Russie et les trois pays baltes. En second lieu, il s'agissait de l'abandon total de la Finlande par l'Allemagne car la Russie, qui avait signé une paix avec la Finlande peu de temps avant, justifiait son attaque contre ce pays en disant qu'elle n'était pas satisfaite des résultats obtenus, de Hangö, etc. Troisièmement, il s'agissait de discussions sur les Dardanelles et le Bosphore, et le quatrième point envisageait la possibilité de pénétrer en Roumanie par la Bessarabie. Voilà les points qui furent discutés avec le Führer. On parla également au ministre des Affaires étrangères d'une occupation ou de mesures de sécurité exécutées dans les détroits de la Baltique.

— Le Führer considéra différemment ces exigences. Il interpréta les demandes russes à l'Allemagne à propos de la Finlande, à la lumière d'autres informations sur des déploiements de troupes et des préparatifs russes, et crut que la Russie voulait renforcer ses positions du côté de la Finlande pour surprendre l'Allemagne par le Nord et pour être à proximité des gisements de fer suédois qui étaient d'une importance décisive pour l'Allemagne dans cette guerre. En second lieu, lorsque la Russie demandait à pénétrer en territoires roumain et bulgare, le Führer n'était pas sûr que ce mouvement serait exécuté en direction Sud, c'est-à-dire vers les Dardanelles et l'Est ; mais, là aussi, la Russie menacerait le flanc sud de l'Allemagne et, en contrôlant les champs pétrolifères roumains, rendrait l'Allemagne dépendante d'elle pour le pétrole. Il vit dans ces exigences, des créations dissimulées de positions de départ contre l'Allemagne. Il n'était pas question pour l'Allemagne de discuter l'allusion aux mesures de sécurité dans les détroits de la baltique. Dans l'ensemble, cette conversation donna au Führer l'impression que les divergences de vues germano-russes devenaient plus dangereuses. Déjà, dans la conversation que j'avais eue avec lui, le Führer m'avait dit pourquoi il songeait à prévenir une attaque lorsque le moment serait venu. Les informations concernant de fiévreux préparatifs de déploiement de forces dans les territoires nouvellement acquis par la Russie en Pologne, en Lettonie, en Lituanie, en Estonie et en Bessarabie, le rendaient particulièrement méfiant.

— Jusqu'à cette époque, nous avions eu seulement huit et, plus tard, vingt à vingt-cinq divisions le long de la frontière de l'Est. Des informations nous firent croire que la Russie pourrait attendre pour nous attaquer dans le dos que l'Allemagne fût engagée à l'Ouest, soit à la suite d'une invasion par les Anglais, soit que l'Allemagne, de son côté, eût décidé l'invasion de l'Angleterre. Ces arguments furent renforcés par le fait que, peu de temps auparavant, contrairement à l'habitude, des ingénieurs allemands et, je crois aussi, des officiers, avaient été subitement invités à visiter des usines d'armement d'aviation et de chars.

— Les informations qu'ils avaient envoyées sur la capacité de production très élevée de ces usines renforcèrent la conviction du Führer. Il en était tellement persuadé qu'il disait —et c'était là sa pensée politique — que si l'Angleterre, après comme avant, ne pensait pas à en venir à un accord avec nous, bien qu'elle fût seule à s'opposer à nous, c'est qu'il y avait quelque chose qui se jouait dans la coulisse. Il avait été informé que le Premier ministre Churchill avait fait remarquer en Angleterre à certains esprits inquiets les deux choses suivantes : d'abord, qu'il fallait compter sur un appui accru des États-Unis, tout au moins dans le domaine technique et dans celui de l'armement, et ensuite, ce qu'il considérait encore comme plus vraisemblable, que Churchill avait déjà engagé des négociations dans ce sens avec la Russie et attiré l'attention sur le fait qu'à plus ou moins bref délai on en arriverait à un conflit. Le Führer faisait le calcul suivant : avant que l'Amérique en ait fini avec ses armements et la mobilisation de son Armée, il aurait brisé l'avance russe par une attaque subite et aurait écrasé les troupes russes à tel point qu'elles ne représenteraient plus qu'un danger insignifiant en cas de lutte contre les Anglo-Américains sur le continent.

— Telles furent les explications du Führer. Puis survint la visite de Molotov à laquelle je viens de faire allusion et qui ne fit que confirmer ce point de vue.

Dr STAHMER. — Que pensiez-vous à cette époque d'une attaque contre la Russie ?

ACCUSÉ GŒRING. — Je fus d'abord très surpris et j'ai demandé au Führer de me donner quelques heures de réflexion avant de donner mon avis. Je fus pris au dépourvu. Le soir, je dis au Führer, après ces entretiens de l'après-midi, que je le priais instamment de ne pas déclencher une guerre contre la Russie, actuellement ou même dans un proche avenir ; non pas que je fusse guidé par des considérations de Droit international ou par des raisons semblables ; mon attitude n'était due qu'à des raisons politiques et militaires.

— D'abord, de tout temps et depuis la prise du pouvoir, je fus peut-être l'une des seules personnalités allemandes à avoir considéré un conflit avec la Russie comme très dangereux pour l'Allemagne. Je savais, et beaucoup d'autres avec moi, que depuis dix ans, la Russie avait considérablement réarmé et avait instruit des troupes et que le standard de vie avait été sacrifié en faveur de la production d'armement. Les livraisons de l'industrie allemande et des industries américaine, britannique et autres ont toujours montré clairement qu'il s'agissait exclusivement de machines qui, directement ou indirectement, étaient nécessaires à un formidable programme de réarmement. Il était facile d'en déduire l'ampleur et la rapidité du réarmement russe. Si l'Allemagne avait évolué vers le communisme, le réarmement russe aurait été à mon avis dirigé contre d'autres dangers. Mais comme nous avions pris le pouvoir, naturellement la politique intérieure et la différence d'idéologie constituait une grave menace.

— Je me suis rendu compte que de tels contrastes ne mènent pas nécessairement à des conflits entre les États, parce que les intérêts politiques et nationaux des États sont toujours plus forts et plus puissants que tous les contrastes idéologiques ou que tous les accords. Mais là aussi je voyais une menace, car que signifiait ce réarmement important à un moment où, avant la prise du pouvoir, l'Allemagne était impuissante ? J'ai alors dit au Führer que, malgré cette attitude de la Russie, j'avais toujours vu un danger et que je l'avais toujours redouté, mais que je lui demandais d'attendre encore un peu et, si la chose était possible, de diriger les intérêts des Russes contre l'Angleterre. Et je lui dis :

— « Nous luttons actuellement contre une des plus fortes puissances mondiales, l'Empire britannique et si vous, mon Führer, n'êtes pas exactement de mon avis, je dois vous contredire, mais tôt ou tard, la seconde grande puissance mondiale, les États-Unis, se joindra à notre adversaire. Cela ne dépendra pas de l'élection du Président Roosevelt ; l'autre candidat ne pourra pas l'éviter non plus. Nous serons en lutte contre deux grandes puissances mondiales. Ce fut votre coup de maître, au début des hostilités, de faire la guerre sur un seul front ; vous avez toujours insisté sur ce point. En cas de rupture avec la Russie, la troisième grande puissance mondiale entrerait en lutte contre l'Allemagne. Nous serions seuls, contre le monde entier, et nous aurions à nouveau deux fronts. Les autres États ne comptent pas. Il me répondit : « J'apprécie pleinement vos arguments et je connais la menace russe plus que quiconque. Mais si nous mettons à exécution nos plans de lutte contre l'Empire britannique et si ceux-ci n'aboutissent qu'à un demi-succès, la Russie n'entreprendra pas son attaque. C'est uniquement si nous sommes arrêtés à l'Ouest par une lutte sérieuse que je serai de votre avis ; le danger russe s'accroîtra alors énormément. C'est ma conviction. »

— J'étais même persuadé que l'assentiment rapide des Russes à un accord dans la crise polonaise n'avait pour but, en laissant l'Allemagne libre de ce côté, que de l'amener plus certainement à ce conflit car la guerre germano-anglo-française ayant eu lieu, les intérêts russes exigeaient évidemment l'intervention de ce nouveau conflit et sa solution favorable.

— Je dis en outre au Führer que, selon mes informations, le réarmement russe serait terminé en 1942, 1943, peut-être même seulement en 1944. Il nous fallait, avant, en finir avec l'Angleterre, sinon par une victoire totale, du moins par un accord. Cela n'était possible que si nous remportions des succès décisifs dans notre lutte contre l'Angleterre. A cette époque, toute l'aviation allemande était engagée contre l'Angleterre ; si vous constituez maintenant un nouveau front, vous devrez alors envoyer plus de la moitié, les deux tiers de vos troupes à l'Est contre la Russie, ce qui interdirait pratiquement toute attaque aérienne énergique contre l'Angleterre. Tous les sacrifices consentis jusqu'ici auront été inutiles et une chance sera donnée à l'Angleterre de réorganiser et de reconstruire tranquillement son industrie aéronautique.

— Plus décisif encore que ces arguments était le fait qu'une telle attaque contre la Russie rendait inexécutable le plan que j'avais soumis au Führer d'une attaque de l'Angleterre à Gibraltar et à Suez. L'attaque contre Gibraltar par l'aviation était si méthodiquement préparée que, selon toutes probabilités, elle ne pouvait pas échouer. L'aviation britannique stationnée sur le petit aérodrome au nord du rocher de Gibraltar ne comptait pas. L'attaque de mes parachutistes aurait été une réussite. L'occupation simultanée de l'autre côte africaine, et une percée sur Casablanca et Dakar nous auraient protégés contre une intervention américaine qui se produisit effectivement plus tard en Afrique du Nord. Dans quelle mesure les îles du Cap Vert pouvaient être utilisées, on ne le précisa pas. Il sautait aux yeux qu'il y avait une grande importance à baser des avions sur le point d'appui de l'Afrique du Nord et à y créer des bases de sous-marins pour attaquer de ces positions éminemment favorables tout le trafic des convois en provenance du Cap ou de l'Amérique du Sud. La Méditerranée fermée à l'Ouest, il aurait alors été très simple, en empruntant la route de Tripoli, de réaliser l'entreprise projetée contre Suez. On pouvait calculer d'avance le temps que cela aurait demandé. Éliminer le théâtre méditerranéen d'opérations, occuper les positions-clefs de Gibraltar, de l'Afrique du Nord jusqu'à Dakar, Suez et plus loin vers le Sud, n'auraient demandé que très peu de forces, un petit nombre de divisions de chaque côté et la côte italienne était à jamais assurée contre toute attaque.

— Je le priai de mettre ces considérations au premier plan et, seulement après la conclusion d'une telle entreprise, d'examiner la situation politique et militaire vis-à-vis de la Russie. Si ces conditions étaient réalisées, nous avions en outre une position favorable de flanc en cas d'une intervention des États-Unis.

— Je lui expliquai toutes ces raisons en détail et lui fis remarquer à nouveau qu'ici nous renoncions à une quasi-certitude pour une chose bien plus aléatoire, qu'après nous être assuré une telle position, il y aurait beaucoup plus de chances d'arriver à un arrangement avec l'Angleterre à un moment où les deux armées se feraient face de chaque côté de la Manche. Voilà les raisons que j'avançai pour faire reculer la date, d'autant plus qu'en cas de succès dans ce domaine, nous pourrions peut-être orienter les préparatifs russes contre nos ennemis du moment, sur le terrain politique peut-être.

— J'insiste cependant sur le fait que le Führer s'est borné d'abord à des préparatifs généraux, tout en donnant de bonnes paroles, voulant, comme il me l'a dit, faire attendre encore l'attaque proprement dite. La décision finale n'intervint qu'après le putsch de Simovitch en Yougoslavie.

LE PRÉSIDENT. — Nous allons maintenant suspendre l'audience.

(L'audience est suspendue.)

DR STAHMER. — Le Ministère Public a déposé un document ; c'est une lettre du 29 octobre 1940, dont voici le paragraphe 5 :

— « Le Führer étudie actuellement, en vue d'une guerre avec l'Amérique, l'occupation des îles de l'Atlantique. »

— Que pouvez-vous dire à ce sujet ?

ACCUSÉ GŒRING. — Je connais très bien ce document, étant donné qu'on me l'a présenté ici. Il s'agit d'une lettre que le représentant de la Luftwaffe à l'O.K.W., le lieutenant-colonel von Falkenstein, adressa au chef d'État-Major de ma Luftwaffe. Il s'agissait d'une étude sur les questions dont je viens de parler, c'est-à-dire l'occupation de Gibraltar, de l'Afrique du Nord et peut-être aussi des îles de l'Atlantique, en premier lieu comme base de combat contre l'Angleterre, notre ennemie du moment, et en second lieu dans le cas où l'Amérique entrerait en guerre, afin d'avoir une position nous permettant de prendre ses convois de flanc. Mais ce n'était qu'une étude d'état-major. A cette époque, j'avais de moi-même, sans en avoir parlé auparavant au Führer, étudié, sur le plan militaire, les possibilités de mener à bonne fin une telle entreprise. Cela n'a donc aucun intérêt.

Dr STAHMER. — Encore une question à ce sujet. Nous avons ici un plan d'organisation pour l'année 1950, établi par un commandant Kammhüber.

ACCUSÉ GŒRING. — Je puis aussi y répondre en peu de mots. Je connais ce document, car il a été mentionné deux ou trois fois par l'Accusation. Un examen par un officier spécialiste d'état-major de l'une des puissances représentées prouverait immédiatement que ce document n'est que d'une importance secondaire. C'est simplement une étude d'état-major, faite par la section d'organisation dans le but de trouver la meilleure organisation du commandement. Il s'agissait de savoir si on mettrait l'accent sur l'Aviation ou sur les fortifications terrestres. Il s'agissait de savoir si l'on pouvait employer des escadrilles composées de chasseurs et de bombardiers réunis ou bien seulement des uns ou des autres et autres questions semblables qui sont toujours examinées par les bureaux d'état-major aussi bien en temps de guerre qu'en temps de paix. Que de telles études soient basées sur des éventualités stratégiques, c'est évident. Dans le cas qui nous occupe, le commandant s'inspira d'une situation éventuelle aux environs de 1950, une guerre sur deux fronts, qui n'était pas entièrement en dehors de toute probabilité : une guerre à l'Ouest avec la France et l'Angleterre, d'un côté, et de l'autre côté à l'Est avec la Russie. Il supposait que la Pologne et l'Autriche étaient entre nos mains.

— Cette étude ne m'est jamais parvenue. Je viens juste d'en prendre connaissance, mais cela n'a aucune importance, car elle fut faite dans mon ministère par mon État-Major et sur mes ordres. Cela faisait partie des travaux prenant place dans le cadre général de l'organisation, d'examiner constamment, à la lumière de l'expérience, la valeur du commandement et de l'organisation. C'est une question qui n'a rien à voir ici avec ce Procès.

Dr STAHMER. — Que pensait le maréchal Gœring de la guerre ?

TÉMOIN MILCH. — J'avais toujours eu l'impression et ceci est devenu patent lors de l'occupation de la Rhénanie, qu'il craignait que la politique de Hitler ne conduisît à la guerre. A mon avis, il était opposé à la guerre.

Dr STAHMER. — Quand avez-vous découvert pour la première fois que Hitler avait projeté une expédition contre la Russie ?

TÉMOIN MILCH. — C'était, autant que je m'en souvienne, au printemps 1941. Puis-je me reprendre encore une fois ? Il faut que je vérifie. Le 13 janvier, le Reichsmarschall me dit que Hitler s'attendait à une attaque russe contre l'Allemagne. Je n'en ai plus entendu parler pendant un certain temps et le Reichsmarschall ne m'a pas fait part de son opinion ; en tout cas, dans les semaines et les mois qui suivirent, je n'ai rien appris de plus. Il faut dire d'ailleurs qu'à cette époque j'étais très peu à Berlin et ne suis pas allé du tout au Quartier Général car j'étais alors en tournée d'inspection. Quand je revins, je ne sais plus si c'est en mars ou en avril, un de mes subordonnés me fit à l'occasion d'une question vestimentaire, un rapport dans lequel il me demandait s'il fallait prévoir des équipements d'hiver au cas d'une guerre contre la Russie. Cette question me surprit beaucoup. On ne m'avait prévenu de rien. Je me suis contenté de lui répondre que si une guerre avec la Russie éclatait, nous aurions besoin de vêtements pour plusieurs hivers et je lui ai précisé le genre d'équipement qu'il fallait, à mon avis, adopter.

Dr STAHMER. — Avez-vous eu un grand entretien avec le maréchal Gœring au sujet de cette guerre ?

TÉMOIN MILCH. — Oui.

Dr STAHMER. — Quand ?

TÉMOIN MILCH. — Le 22 mai, revenant d'une de mes randonnées, j'entrai à nouveau en contact avec le Commandant en chef. C'était à Veldenstein où Gœring vivait à cette époque. Là, je lui parlai de cette question et je lui dis, qu'à mon avis, c'était pour lui un devoir historique que d'éviter cette guerre, car elle ne pourrait se terminer que par l'anéantissement de l'Allemagne. Je lui rappelai que nous ne pouvions pas délibérément nous engager dans une guerre sur deux fronts. Le Reichsmarschall me répondit qu'il avait déjà utilisé tous ces arguments mais qu'il était tout à fait impossible de dissuader Hitler. Il considéra comme sans espoir mon offre d'essayer de parler encore une fois à Hitler. Il n'y avait, disait-il, rien à faire. Il ressortait clairement de ces paroles qu'il était contre cette guerre et qu'il ne la désirait nullement, mais qu'il lui était impossible, dans sa situation, de dissuader Hitler de son projet.

Dr STAHMER. — Ressortait-il de ses paroles qu'il avait exposé ses objections à Hitler ?

TÉMOIN MILCH. — Oui, il me parut évident qu'il avait également soulevé devant Hitler la question d'une guerre sur deux fronts et lui avait exposé les arguments que j'avais moi-même fait valoir. Mais il me dit qu'il n'y avait pas d'espoir. Je voudrais encore ajouter quelques mots au sujet de ce 23 mai. Après cette entrevue, considérant que l'Aviation allemande n'avait que très peu de réserves de bombes disponibles, j'ai fait une demande pour que l'on en fabriquât. Auparavant, Hitler avait considéré que cette suggestion était inutile et superflue. Le problème de la pénurie de fer se posait. Donc, après cette entrevue, et sous l'impression que des difficultés pouvaient survenir, j'ai attiré l'attention du Führer sur le fait que l'Aviation ne serait pas en mesure de faire intervenir ses bombardiers. Hitler refusa de nouveau ma demande après le 23 mai, en disant qu'il me ferait savoir en temps utile si nous avions besoin de bombes. Lorsque nous avons attiré son attention sur le fait que la fabrication des bombes demanderait plusieurs semaines, plusieurs mois, il déclara que nous disposerions pour cela de tout le temps voulu. J'en ai déduit, car je n'avais le droit d'en parler à personne, que les paroles prononcées par Hitler le 23 mai n'étaient pas aussi sérieuses qu'elles m'étaient apparues tout d'abord.

Dr STAHMER. — Quand avez-vous eu ce dernier entretien au cours duquel Hitler refusa de faire fabriquer des bombes ?

TÉMOIN MILCH. — Ces faits se passaient à peu près... j'en ai parlé au mois de mai, au moment où nous avons pris conscience de la situation. Ultérieurement, à la fin de l'été, j'ai de nouveau attiré son attention là-dessus, là encore sans succès. L'ordre de fabriquer des bombes n'a été donné par Hitler, malgré nos efforts pour signaler cette lacune, que le 12 octobre 1939. Hitler a dit, autant que je m'en souvienne : « Mes tentatives en vue de maintenir la paix avec l'Ouest après la campagne de Pologne ont échoué. La guerre continue. Maintenant, nous pouvons et nous devons fabriquer des bombes. »

GÉNÉRAL RUDENKO. — Pouvez-vous me dire quand vous avez été mis au courant de la guerre que Hitler projetait contre l'Union Soviétique ? En janvier 1941 ?

TÉMOIN MILCH. — En janvier, j'ai appris, comme je l'ai dit vendredi, par le Reichsmarschall Gœring, que Hitler lui avait dit qu'il s'attendait à une attaque de la part de la Russie. Puis, pendant plusieurs mois, je n'en ai plus entendu parler, lorsque, par hasard, un subordonné m'a dit qu'une guerre avec la Russie était imminente et que les préparatifs nécessaires étaient faits pour l'habillement des hommes.

GÉNÉRAL RUDENKO. — Connaissez-vous le « Cas Barbarossa » ?

TÉMOIN MILCH. — J'ai entendu ce nom et j'ai entendu exposer ce plan lors d'une conférence chez le Führer avec les Commandants en chef et les chefs des différents groupes d'armées, un ou deux jours avant l'attaque.

GÉNÉRAL RUDENKO. — Et quand cela se passait-il ? Un ou deux jours avant l'invasion ?

TÉMOIN MILCH. — Je puis vous dire exactement la date. Une seconde, s'il vous plaît.

GÉNÉRAL RUDENKO. — Je vous en prie.

TÉMOIN MILCH. — Le 14 juin. C'était environ huit jours avant l'attaque qui eut lieu le 22.

GÉNÉRAL RUDENKO. — Et, avant cela, vous n'aviez jamais entendu parler du « Cas Barbarossa » et vous ne l'aviez jamais vu ?

TÉMOIN MILCH. — Je vous ai déjà dit que j'ai dû entendre ce nom auparavant.

GÉNÉRAL RUDENKO. — Combien de temps avant ?

TÉMOIN MILCH. — Je ne puis le dire, car j'ai passé les mois de janvier, février, mars et avril à l'étranger, et je ne suis revenu qu'au mois de mai. Je suis allé en Afrique, en Grèce, en Yougoslavie et à l'Ouest.

GÉNÉRAL RUDENKO. — A quel moment étiez-vous au Haut Commandement de la Luftwaffe. En décembre et janvier, étiez-vous en Allemagne ?

TÉMOIN MILCH. — En décembre 1940 ?

GÉNÉRAL RUDENKO. — Oui.

TÉMOIN MILCH. — En partie seulement, car pendant ce mois je me suis également trouvé en France et en Italie.

GÉNÉRAL RUDENKO. — Et en janvier 1941 vous vous trouviez être en Allemagne ?

TÉMOIN MILCH. — Je suis resté à l'Ouest en permanence et, si je me souviens bien, je ne suis pas allé un seul jour en Allemagne.

GÉNÉRAL RUDENKO. — Mais vous venez de déclarer qu'au mois de janvier 1941 vous avez eu un entretien avec Gœring au sujet du plan d'agression contre l'U.R.S.S. En janvier, n'est-ce pas ?

TÉMOIN MILCH. — Oui, je...

GÉNÉRAL RUDENKO. — En janvier 1941 ?

TÉMOIN MILCH. — Oui, le 13 janvier, et je ne sais plus très bien si j'ai parlé à Gœring en France, ou si c'était par téléphone, ou si je suis allé un ou deux jours en Allemagne. Je ne m'en souviens plus. Je n'ai aucune note là-dessus.

GÉNÉRAL RUDENKO. — Je vous demande pardon, vous dites que vous avez pu avoir une conversation téléphonique sur une attaque contre la Russie ?

TÉMOIN MILCH. — Non, pas d'une attaque contre la Russie, mais d'une attaque de la Russie contre l'Allemagne. C'est de cela qu'on a parlé à l'époque et nous avions...

GÉNÉRAL RUDENKO. — Vous voulez dire que vous avez discuté au téléphone de la question d'une attaque de la Russie contre l'Allemagne ?

TÉMOIN MILCH. — Je n'ai rien déclaré de ce genre. Je dis seulement que je ne sais pas si l'on m'a donné l'indication par câble spécial, qui ne pouvait être écouté, ou si le Reichsmarschall me l'a dit en France, ou encore si ce jour-là je me trouvais en Allemagne.

GÉNÉRAL RUDENKO. — Mais quand vous avez discuté cette question avec Gœring et que Gœring vous a déclaré qu'il ne voulait pas la guerre avec la Russie, à quelle époque était-ce ?

TÉMOIN MILCH. — C'était le 22 mai.

GÉNÉRAL RUDENKO. — Le 22 mai 1941 ?

TÉMOIN MILCH. — 1941, oui.

GÉNÉRAL RUDENKO. — Où cette question a-t-elle été discutée ?

TÉMOIN MILCH. — Ici, près de Nuremberg, à Veldenstein.

GÉNÉRAL RUDENKO. — Avez-vous discuté cette question seulement avec Gœring, ou quelqu'un d'autre prenait-il part à la conversation ?

TÉMOIN MILCH. — A ce moment-là, seulement avec Gœring. Nous étions seuls tous les deux.

GÉNÉRAL RUDENKO. — Et vous affirmez que Gœring ne voulait pas la guerre contre l'U.R.S.S. ?

TÉMOIN MILCH. — C'était mon impression.

GÉNÉRAL RUDENKO. — Pourquoi donc Gœring ne voulait-il pas faire la guerre à un pays qui avait l'intention d'attaquer l'Allemagne ? C'était une guerre défensive dans ce cas ?

TÉMOIN MILCH. — Gœring était ennemi d'une telle guerre, parce qu'il savait...

GÉNÉRAL RUDENKO. — Il était aussi ennemi d'une guerre défensive ?

TÉMOIN MILCH. — Personnellement, il était opposé à toute guerre.

GÉNÉRAL RUDENKO. — Bizarre. Peut-être pourriez-vous me donner les raisons précises de cette hostilité de Gœring à une guerre contre l'U.R.S.S. ?

TÉMOIN MILCH. — Parce qu'une guerre sur deux fronts, et en plus de cela une guerre contre la Russie, était impossible à gagner. Et je crois que beaucoup de soldats et autres étaient de mon avis.

GÉNÉRAL RUDENKO. — Ainsi, vous étiez également opposé à la guerre contre l'U.R.S.S. ?

TÉMOIN MILCH. — J'étais un ennemi déterminé d'une guerre avec la Russie.

GÉNÉRAL RUDENKO. — Bizarre ; vos déclarations ne sont pas logiques. D'une part vous dites que l'U.R.S.S. allait attaquer l'Allemagne et d'autre part vous dites que Gœring et d'autres officiers allemands de haut rang ne voulaient pas la guerre contre l'U.R.S.S.

TÉMOIN MILCH. — Puis-je encore une fois m'expliquer à ce sujet : le 13 janvier, Gœring me dit que Hitler avait l'impression que la Russie voulait faire la guerre à l'Allemagne. Ce n'était ni l'opinion de Gœring, ni la mienne, mais c'était celle que Hitler avait exprimée.

GÉNÉRAL RUDENKO. — Je vous demande pardon. Dois-je comprendre que ni Gœring ni vous n'aviez la même certitude que Hitler.

TÉMOIN MILCH. — Je ne puis parler qu'en mon nom. J'ai souvent dit que je ne croyais pas à une attaque venant de Russie. Ce que Gœring en pensait, je ne puis le dire, car il ne m'en a pas parlé. Vous devriez le lui demander.

GÉNÉRAL RUDENKO. — Pour le moment, c'est à vous que je pose la question. Vous voulez dire que, personnellement, vous ne partagiez pas l'opinion de Hitler et que Gœring également ne voulait pas la guerre contre la Russie ?

TÉMOIN MILCH. — Le 22 mai, lorsque j'en parlai à Gœring, et que je le priai instamment d'éviter une guerre contre la Russie, Gœring me dit que lui-même avait tenu le même langage à Hitler mais qu'il avait été impossible de le faire changer d'avis, que sa décision était prise et qu'aucune force au monde ne pourrait y changer quelque chose.

GÉNÉRAL RUDENKO. — Je comprends. Gœring était opposé à une guerre contre la Russie parce qu'il la considérait comme impossible à mener conjointement avec la guerre contre l'Angleterre. C'était sans doute pour éviter la guerre sur deux fronts ?

TÉMOIN MILCH. — Du point de vue purement militaire, oui, mais je crois que si, à cette époque, on n'en était pas venu aux mains, par la suite le conflit aurait été définitivement évité.

GÉNÉRAL RUDENKO. — Et vous pensez sérieusement qu'on peut parler de guerre préventive si longtemps à l'avance et élaborer en même temps le « Cas Barbarossa » et les préparatifs de son exécution. Croyez-vous vraiment que cette guerre était une guerre préventive ?

TÉMOIN MILCH. — Je n'ai pas compris le sens de la question.

GÉNÉRAL RUDENKO. — Comment expliquer que d'une part la Russie voulût attaquer l'Allemagne et que, d'autre part, d'après les dates des documents officiels, on eût préparé l'agression contre l'U.R.S.S. dès décembre 1940 ?

TÉMOIN MILCH. — A mon avis Hitler, attendant une attaque de la Russie, en admettant que ce fut le cas, prétendait la prévenir par une guerre préventive, mais cela n'a rien à voir avec ce que l'on m'a demandé ici. Personnellement, je ne croyais pas que la Russie allait nous attaquer. Sans pouvoir juger la situation dans son ensemble, je croyais que la Russie ne le ferait pas, et ceci dans son intérêt, comme j'ai cru le comprendre.

Dr STAHMER. — Dans quelle proportion avez-vous pris part aux préparatifs militaires et économiques du « Cas Barbarossa ? »

ACCUSÉ GŒRING. — Militaires, bien entendu. En tant que Commandant en chef de l'Aviation, j'ai pris naturellement toutes les mesures nécessaires, dans le domaine purement militaire, à la préparation d'une telle campagne. Il ne s'agissait pas d'être d'accord ou non... Je fis les préparatifs qui sont toujours nécessaires à un déploiement stratégique nouveau et que tout officier avait le devoir de mener à bonne fin et pour lesquels j'avais donné leurs instructions aux officiers de la Luftwaffe. Je ne pense pas que le Tribunal soit intéressé par des détails sur la façon dont je me suis servi de mon aviation. La chose décisive au moment des premières attaques était, comme avant, d'éliminer l'aviation ennemie. Indépendamment de ces préparatifs purement militaires, des préparatifs économiques semblèrent nécessaires, comme l'ont montré nos expériences dans la guerre de Pologne et à l'Ouest, doublement nécessaires dans le cas de la Russie, car ici nous touchons une forme de la vie économique absolument différente de celle des autres pays du continent. Il s'agissait ici d'une économie dirigée et de propriété d'État. Il n'y avait aucune économie privée ou propriétés privées dignes d'attention.

— Si c'est moi qui en fus chargé, ce fut évidemment à la suite de mes fonctions de délégué au Plan de quatre ans où je dirigeais l'économie et donnais les instructions nécessaires. J'avais instruit le personnel de l'Économie de guerre pour préparer un plan économique général pour l'invasion en attirant les experts des questions économiques russes, d'autant plus que nous pouvions croire que notre entrée en Russie la déterminerait, conformément à une expérience qui n'avait cessé de se vérifier, à détruire une grande partie de son économie. Le résultat de ces études militaires et économiques fut ce qu'on a appelé le « dossier Vert ». Je crois que dans l'avenir toute guerre demandera, comme celle-ci d'ailleurs, une mobilisation économique, à côté de la mobilisation militaire et politique, sinon on pourra se trouver en de très désagréables situations.

— Le « dossier Vert » a été cité plusieurs fois et, là aussi, on a séparé des extraits de leur contexte. Le temps m'empêche de lire des passages de ce « dossier Vert ». On pourra peut-être le faire au cours de l'exposé des preuves. Mais si j'avais à lire le « dossier Vert », de A à Z, du début jusqu'à la fin, le Tribunal verrait que c'est un travail très utile à une armée entrant en pays ennemi où l'économie a des bases complètement différentes. Le Tribunal verrait aussi qu'on ne pouvait procéder autrement. Ce « dossier Vert » contient beaucoup de bonnes choses et si l'on en cite quelques phrases au hasard, on peut en avoir une idée fausse. Il prévoit même des indemnités et tout y est envisagé. Il est évident que du moment où un État entre en guerre contre un autre, il fera son possible, si cela sert ses propres intérêts, pour assurer le fonctionnement de l'économie de l'adversaire.

— Pour gagner du temps, je renonce cependant à la lecture de ces pages qui me seraient d'une grande utilité, car je suis en train d'expliquer en ce moment que l'accaparement de l'économie russe après la conquête des territoires en question était aussi nécessaire et obligatoire pour nous, qu'il est indispensable à la Russie d'aujourd'hui d'avoir la même attitude en territoire allemand, avec la différence cependant que nous n'avons pas démonté et emmené les usines jusqu'à la dernière vis, comme cela se produit aujourd'hui. Ce sont là des mesures normales en temps de guerre ; j'en assume évidemment toute la responsabilité.

Dr Stahmer. — Un mémorandum a été déposé sous le titre : « Mémorandum sur le résultat de l'entretien d'aujourd'hui avec les secrétaires d'État sur « Barbarossa ». Il s'exprime ainsi :

— « 1. La guerre n'est à poursuivre que si toute l'Armée peut être ravitaillée en Russie dans la troisième année de guerre.

— « 2. Il n'y a aucun doute qu'une dizaine de millions de gens mourront de faim si nous prenons ce qui est nécessaire sur le pays. »

— Avez-vous été informé du contenu de cet entretien des secrétaires d'État ?

Accusé Gœring. — Je connais ce document seulement depuis qu'il m'a été présenté ici. C'est un document assez peu clair. On ne peut pas dire qui était présent, où ces faits se sont passés et qui est responsable de cette stupidité. Il est évident qu'au cours des conversations d'experts on a raconté beaucoup de stupidités. D'abord, l'Armée allemande aurait de toute façon été nourrie, même en ce cas de guerre avec la Russie. On ne peut tout de même pas dire que nous avions besoin d'attaquer la Russie pour nourrir les Forces armées allemandes. Avant l'attaque contre la Russie, l'Armée allemandc était nourrie. Elle aurait continué à l'être.

— Mais en avançant en Russie, il est tout à fait logique que l'Armée se soit ravitaillée sur place. Le ravitaillement de quelques millions d'êtres humains, c'est-à-dire deux ou trois, plus les services, si je prends les troupes engagées en Russie, ne peut pas entraîner la mort par la famine de dizaines et de dizaines de millions d'habitants des territoires occupés ; car, avec la meilleure volonté, le soldat ne peut manger une quantité de nourriture susceptible, par ailleurs, de satisfaire trois personnes. En fait, la population n'a pas connu la famine. Si celle-ci était devenue possible, ce n'est pas parce que l'Armée allemande se nourrissait en Russie, mais parce que les russes avaient détruit ou emmené tous les stocks de céréales. Il était d'abord impossible de rentrer les récoltes qui avaient été partiellement détruites par la retraite des troupes russes, car le matériel faisait défaut et, deuxièmement, le matériel et les semences se faisant rares, les labourages d'automne et du printemps risquaient de ne pas être faits. Si cette crise fut surmontée, ce n'est pas uniquement parce que les troupes russes avaient tout détruit, mais parce que l'Allemagne a prélevé de grandes quantités sur ses propres réserves. C'est ainsi que des tracteurs, des machines agricoles, des faux et autres outils semblables, même les semences, furent envoyés en Russie. Au début, les troupes ne purent se nourrir sur le pays et le ravitaillement était amené d'Allemagne ainsi que la paille et le foin. C'est seulement après de grands efforts de l'organisation et de l'administration et en collaboration avec la population locale que nous pûmes rétablir l'équilibre dans le secteur de l'agriculture et obtenir aussi des surplus pour les territoires allemands.

— D'après ce queje sais, il n'y a eu de famine qu'à Leningrad, comme on l'a déjà mentionné ici. Or, Leningrad était une forteresse en état de siège. Je n'ai jamais vu dans l'histoire de la guerre que l'assiégeant ait ravitaillé généreusement l'assiégé, pour qu'il pût résister plus longtemps, mais j'ai vu dans l'histoire de la guerre que le siège et le blocus d'une ville sont un moyen de faire tomber la forteresse en lui coupant les vivres. Ni du point de vue du Droit international ni du point de vue militaire, nous n'étions obligés de ravitailler les forteresses et les villes assiégées.

Dr Stahmer. — Quelle part prit l'aviation aux attaques sur Leningrad ?

Accusé Gœring. — L'aviation n'avait que des effectifs très faibles aux environs de Leningrad. Le secteur nord de notre front avancé était le moins pourvu en aviation, de sorte que l'aviation avait à remplir simultanément de très nombreuses missions. Jamais l'aviation ne fit d'attaque concentrée vraiment notable sur Leningrad, telle que celles que nous avons effectuées sur d'autres villes ou que celles encore plus importantes qu'ont subies les villes allemandes.

— Ce n'est pas une fois, mais à plusieurs reprises, qu'en présence d'autres personnes le Führer m'a reproché de n'avoir pas engagé la Luftwaffe au-dessus de Leningrad. Je répliquai :

— « Tant que mon aviation sera prête à aller dans l'enfer de Londres, elle sera prête à attaquer Leningrad qui est beaucoup moins défendue. Mais je n'ai pas les forces nécessaires ; de plus, il faudrait que vous ne donniez pas autant de missions à mon aviation sur le front nord, telles que celles consistant à empêcher l'arrivée de l'approvisionnement par le lac Ladoga et autres. »

— C'est pourquoi il n'y eut d'attaques aériennes que sur Kronstadt, sur la flotte mouillée dans l'avant-port de Leningrad et sur d'autres objectifs comme des batteries lourdes. Cela m'a intéressé d'apprendre par le témoignage sous la foi du serment du conservateur russe des musées, que l'aviation devait en premier lieu détruire les musées et par les déclarations, qu'il n'a pas fait précéder d'un serment, de ce métropolite russe, dont j'ignore le titre exact, qui a eu l'impression que mon aviation avait choisi ses cathédrales comme objectifs. J'appelle votre attention sur cette contradiction, peut-être compréhensible de la part de profanes. Mais, en fait, Saint-Pétersbourg étant sur la ligne de combat, il n'était pas nécessaire de la bombarder par avions, étant donné que notre artillerie moyenne et lourde suffisait pour atteindre le centre de la ville.

GÉNÉRAL RUDENKO. — Passons maintenant au groupe de questions suivant. A quelle époque exactement avez-vous commencé à élaborer le plan d'action de l'Aviation allemande contre l'Union Soviétique, en accord avec le « Cas Barbarossa » ?

ACCUSÉ GŒRING. — Le plan d'opérations pour la Luftwaffe, en accord avec le « Cas Barbarossa », fut préparé par mon État-Major, après la première directive de Hitler, celle du mois de novembre.

GÉNÉRAL RUDENKO. — En 1940, n'est-ce pas ?

ACCUSÉ GŒRING. — Oui, en 1940. Mais, pour ma part, j'avais déjà envisagé des préparatifs non seulement en vue d'une menace possible de la Russie, mais de tous les pays qui n'étaient pas encore en guerre et qui pourraient, le cas échéant, y être entraînés.

GÉNÉRAL RUDENKO. — Bien. C'était au mois de novembre 1940 que l'Allemagne se préparait à attaquer la Russie ? Des plans étaient déjà élaborés à cet effet, y compris votre participation ?

ACCUSÉ GŒRING. — J'ai exposé en détail l'autre jour qu'un plan avait été élaboré, à ce moment, en vue de la situation politique et d'une menace éventuelle de la Russie.

GÉNÉRAL RUDENKO. — Je vous demande de répondre brièvement à cette question par oui ou par non. Il me semble que c'est possible. Je répète donc : en novembre 1940, plus de six mois avant l'agression contre l'U.R.S.S., des plans avaient été élaborés, avec votre concours, pour attaquer l'U.R.S.S. ? Répondez brièvement.

ACCUSÉ GŒRING. — Oui, mais pas dans le sens où vous l'exposez.

GÉNÉRAL RUDENKO. — Il me semble que je vous ai posé la question très clairement et il ne peut pas y avoir d'ambiguïté. Combien de temps a duré l'élaboration du « Cas Barbarossa » ?

ACCUSÉ GŒRING. — Dans quel domaine : Aviation, Armée de terre ou Marine ?

GÉNÉRAL RUDENKO. — Si vous êtes au courant de tous les aspects du plan, c'est-à-dire l'Aviation, l'Armée et la Marine, j'aimerais que vous me répondiez sur toutes ces questions.

ACCUSÉ GŒRING. — Dans l'ensemble, je ne puis donner des précisions que pour l'Aviation où cela s'est fait assez rapidement.

GÉNÉRAL RUDENKO. — Oui. Combien de temps a duré l'élaboration du « Cas Barbarossa » ?

ACCUSÉ GŒRING. — Après toutes ces années et sans documents, je ne puis vous préciser la durée exacte, mais je vous ai répondu en vous disant que, pour l'Aviation, cela se fit assez rapidement. Quant à l'Armée de terre, cela dura sans doute plus longtemps.

GÉNÉRAL RUDENKO. — Ainsi, vous admettez que l'agression contre l'U.R.S.S. avait été décidée plusieurs mois avant son exécution et que vous, en tant que commandant de l'Aviation allemande et maréchal du Reich, avez pris une part directe à la préparation de cette agression ?

ACCUSÉ GŒRING. — Puis-je séparer vos nombreuses questions ? D'abord, ce n'était pas plusieurs mois...

GÉNÉRAL RUDENKO. — Il n'y a pas de nombreuses questions ; il n'y en a qu'une. Vous avez avoué qu'au mois de novembre 1940, fut élaboré le « Cas Barbarossa » qui intéressait l'Aviation. Je vous le demande, en votre qualité de Commandant en chef de la Luftwaffe ?

ACCUSÉ GŒRING. — C'est exact.

GÉNÉRAL RUDENKO. — Vous avez répondu à la première partie de ma question. Voici la deuxième : vous reconnaissez avoir participé aux préparatifs d'une attaque contre l'Union Soviétique en tant que chef de l'Aviation allemande et maréchal du Reich ?

ACCUSÉ GŒRING. — Je répète que j'avais fait des préparatifs en vue d'une attaque russe éventuelle, et ce, principalement, à cause de l'attitude de l'Union Soviétique qui, selon Hitler, devenait menaçante. Au début, il n'était pas absolument question d'une attaque : c'est ce qui ressort clairement de la directive de novembre 1940.

— D'autre part, je désirerais souligner que le fait que j'étais maréchal du Reich n'a rien à voir avec ce sujet. C'était uniquement un titre et un rang.

GÉNÉRAL RUDENKO. — Mais vous ne niez pas, au contraire vous l'admettez, que le plan était déjà élaboré en novembre 1940 ?

ACCUSÉ GŒRING. — Oui.

GÉNÉRAL RUDENKO. — Il me semble que cette question parfaitement claire a déjà été exposée de façon tellement complète devant le Tribunal qu'il n'est pas besoin de s'arrêter plus longuement au « Cas Barbarossa ».

LES CHARS DU CIEL

Arado, Dornier, Junkers, Messerschmitt, ce sont les chars du ciel de l'armée nationale-socialiste. Gœring a tenu parole : la Luftwaffe en quelques années a dépassé toutes les aviations européennes en nombre, en qualité et en efficacité. Son premier champ de bataille, mais surtout d'entraînement, a été la guerre d'Espagne ; son premier crime : la destruction totale d'une petite ville de Biscaye, Guernica, symbole des libertés basques depuis que Ferdinand et Isabelle de Castille y avaient signé la charte assurant le respect de ses libertés. Dès 1937 est mise en chantier une seconde génération d'appareils parmi lesquels le fameux Junkers 87. Performances et armement ont été modifiés au vue des résultats de la campagne d'Espagne. Ces avions formeront l'élément décisif, deux ans plus tard, de la « guerre éclair ». En 1941, alors qu'il lui faudrait trouver un nouveau souffle, une troisième génération d'avions plus lourds, plus puissants, la Luftwaffe maintient ses conceptions d'avant 1940 et perd la « bataille d'Angleterre ». L'avion le plus fameux de la Luftwaffe reste le Junkers 87, plus connu sous le nom de « Stuka », abréviation de Sturzkampfflugzeug, bombardier en piqué. Conçu par Hermann Polhmann, le Stuka vola pour la première fois en 1935. Sa production se poursuivra jusqu'aux derniers jours de la Seconde Guerre mondiale. Cinq mille sept cent cinquante exemplaires en seront fabriqués. « Fer de lance » de la Luftwaffe — surtout quand il était piloté par des hommes tel Hans Ulrich Rudel — le Stuka fut le véritable vainqueur de la « guerre éclair » lors des engagements contre l'infanterie, en l'absence de D.C.A. Il pouvait emporter quatre bombes de cinquante kilos ou une seule d'une demi-tonne, accrochée par une béquille sous le fuselage. Le chasseur allemand le plus célèbre fut le Messerschmitt 109. En 1934, Erhard Milch adressa le « cahier des charges » de ce que devrait être le futur « super-chasseur » allemand à tous les constructeurs. Comme il était fâché avec Willy Messerschmitt, il l'oublia dans l'appel d'offres ; mais, devant l'échec des ingénieurs des autres firmes, il fut bien obligé de lui confier la réalisation du chasseur sur lequel comptait Gœring. Le prototype du Messerschmitt 109 décolla pour la première fois le 6 août

1935. On sait la robustesse extraordinaire de cet avion, sa capacité à peu près unique à « encaisser les blessures », son adaptation à différents armements. Ce furent aussi les techniciens de Messerschmitt qui mirent au point, en 1942, le premier avion de combat du monde propulsé par des turbines à réaction : le Messerschmitt 262. Dès l'automne 1938, les bureaux d'étude de B.M.W. avaient esquissé les plans du moteur mais il faudra plus de trois ans pour le mettre au point : difficultés techniques bien sûr mais surtout obstination d'Adolf Hitler qui veut que ces moteurs révolutionnaires équipent un bombardier. Le Messerschmitt 262, qui aurait pu changer le destin des armes et de l'histoire, n'entra en service qu'en juillet 1944 alors que le sort de la guerre était inscrit. Malgré des « victoires fulgurantes » la seule véritable que remporta le 262 fut de prouver au monde la supériorité technologique des chercheurs allemands. Il en sera de même avec les V1, V2 et l'Arado 234, premier avion de reconnaissance et de bombardement à réaction qui prendra l'air en septembre 1944. « Armes de l'Apocalypse » (Hitler) qui virent le jour trop tard et, au moins pour les avions, ne furent utilisées qu'épisodiquement car le Reich était privé de carburant ; armes qui, en tous cas, n'auraient guère pesé face aux explosions atomiques...

LES BOMBARDEMENTS DE VARSOVIE, ROTTERDAM, COVENTRY

Dr STAHMER. — Avez-vous participé à l'attaque sur Varsovie ?

TÉMOIN KESSELRING. — Comme chef de la première flotte aérienne, j'ai dirigé cette attaque.

Dr STAHMER. — La situation militaire du moment justifiait-elle cette attaque ? De quelle façon a-t-elle été conduite ?

TÉMOIN KESSELRING. — Nous avons effectué plusieurs attaques sur Varsovie. D'après les conceptions allemandes, Varsovie était une forteresse et très fortement défendue contre les attaques aériennes et répondait ainsi à toutes les conditions de la Convention de la Haye sur la guerre terrestre qui peuvent s'appliquer par analogie à la guerre aérienne.

— La première opération contre Varsovie, selon les principes gouvernant l'emploi de la Luftwaffe en période d'opérations, consista en une attaque de l'Aviation ennemie en vue de sa destruction, et des usines d'armement se trouvant à proximité des champs d'aviation. J'estime que ces attaques étaient parfaitement justifiées et en accord avec les règles de la Convention de la Haye.

— La deuxième phase consista à combattre les déplacements de troupes polonaises. J'ajouterai que Varsovie est la plaque tournante de la Pologne septentrionale et centrale. Lorsque notre reconnaissance lointaine annonça, ce qui fut confirmé par la suite des opérations, que les gares étaient encombrées de matériel qui était de plus en plus dirigé vers Varsovie, on ordonna d'attaquer ces transports par avion, ce qui fut exécuté. L'attaque fut surtout dirigée contre les gares, les quais de déchargement et les ponts de la Vistule. Je dois ajouter que, personnellement, j'ai désigné pour ces attaques des Stukas et des chasseurs-bombardiers parce que la précision de ces engins garantissait, selon toute probabilité, la destruction des objectifs militaires.

— La troisième phase englobe la période du bombardement de Varsovie. Je considère que ce bombardement fut l'affaire de l'Armée car n'y participèrent que de petites unités de la Luftwaffe contre des objectifs militaires et sur l'ordre de l'Armée de terre. J'ai personnellement survolé Varsovie et, après presque chaque attaque aérienne, j'ai conféré avec les commandants des incidences de l'opération. Je peux vous assurer, d'après ce dont j'ai pu me rendre compte ou ce dont je fus informé, que l'on a fait tout ce qui était humainement possible pour ne toucher que les objectifs militaires et épargner les objectifs civils.

Dr STAHMER. — En conclusion, pouvez-vous assurer que ces attaques étaient nécessaires au point de vue militaire ?

TÉMOIN KESSELRING. — Parfaitement.

Dr STAHMER. — Avez-vous aussi participé à l'attaque contre Rotterdam ?

TÉMOIN KESSELRING. — En tant que chef en second de la Luftwaffe, grade qui m'avait été conféré entre-temps, j'ai commandé des attaques contre la Hollande, la Belgique et la France, et sous mon commandement combattit aussi le corps des parachutistes. Le corps des parachutistes était commandé par le général Student qui demanda de soutenir ses parachutistes par un bombardement. Le général Student est le seul qui connaissait le terrain avec assez de précision pour être rendu responsable de la préparation et de l'exécution de l'attaque. Le soutien aérien fut donné par le 4e corps d'aviation et, dans ce but, un groupe extrêmement réduit fut engagé. Les éléments engagés dans cette attaque et qui la réalisèrent furent uniquement déterminés par les exigences tactiques, compte tenu de possibilités techniques données. Les ordres du général Student m'arrivèrent très tôt et les préparatifs purent donc se faire tranquillement, suivant les plans prévus. Les troupes, sur l'initiative du Reichsmarschall en particulier, furent informées de la situation à Rotterdam et de son évolution, ainsi que de l'approche des divisions blindées. Les objectifs du général Student étaient très précis : dispersion, points névralgiques et positions-clés, occupation du terrain, etc. Des unités habituées au combat ne pouvaient rencontrer de difficultés de transmissions. Il existait une liaison radiophonique entre l'État-Major du général Student, le mien et les autres officiers d'État-Major, y compris le Commandant en chef de l'Aviation. Une interruption des communications n'aurait pu être que très brève, étant donné que les ordres radio étaient transmis par moi-même ou par le Reichsmarschall. Cette installation radiophonique offrait la possibilité, et ceci existait en fait, d'établir la liaison entre les différentes unités tactiques au sol et la formation aérienne, par l'intermédiaire du poste au sol. Les moyens ordinaires de communication au sol de cette époque tels que : fanions, fusées, signalisation de premières lignes, étaient réglementaires. Leur utilisation n'offrait pas de difficulté. Conformément à l'habitude et aux instructions reçues, la formation aérienne était précédée d'un avion de reconnaissance qui la tenait au courant de la situation et de l'objectif. De plus, par ordre du Reichsmarschall, un officier d'État-Major général était affecté à ma flotte aérienne avec la même mission.

Dr STAHMER. — C'est-à-dire que si l'ordre avait été donné que la situation et l'objectif...

TÉMOIN KESSELRING. — Je n'ai jamais personnellement douté que cette attaque dût être effectuée ; je me demandais simplement s'il fallait la renouveler et les appels télégraphiques avaient pour objet d'éclaircir cette question.

— Connaissant parfaitement le général Student et — je dois le souligner particulièrement — sa technique du commandement aérien et ses indications précises, je devais m'attendre à ce que l'attaque fût effectuée. L'attaque fut menée conformément aux plans établis et à l'horaire fixé. L'annonce que des bombes avaient atteint leur but nous parvint avec une rapidité exceptionnelle, ainsi que le message que des attaques ultérieures n'étaient plus nécessaires. Le Commandant en chef de la Luftwaffe fut constamment tenu au courant de la situation pendant les trois jours que durèrent les combats en Hollande. Particulièrement le troisième jour, celui dont je parle, le Reichsmarschall, agissant avec la hardiesse qui est dans sa manière, est intervenu dans la conduite de la flotte faisant, à mon avis, tout ce qui était possible d'une position aussi élevée. Je ne me souviens pas que l'on eût fait savoir au commandement que l'attaque aérienne ne correspondait plus au développement de la situation tactique.

Dr STAHMER. — Un bombardement eut-il lieu après que les pourparlers de capitulation eurent déjà été engagés ?

TÉMOIN KESSELRING. — Comme je vous l'ai dit, le commandement n'a jamais reçu d'informations à ce sujet, du poste au sol, non plus que la formation opérant au-dessus de Rotterdam. Il se pourrait d'ailleurs qu'une certaine confusion se soit produite au poste de commandement de Rotterdam dont je n'ai pas eu connaissance. J'ignore également les accords passés entre le général Student et le chef des troupes hollandaises à Rotterdam. L'entretien que j'avais demandé à la suite de ces conversations n'a pu avoir lieu en raison des sérieuses blessures à la tête que le général Student avait reçues. Si réellement, contrairement à ma conviction profonde, cette attaque avait été dépassée par les événements, ce serait regrettable. En tant que soldat depuis 42 ans, artilleur, aviateur, chef d'État-Major général, pour avoir exercé un commandement pendant des années, je tiens à souligner très clairement que le cas est à imputer à ces coïncidences inévitables de la guerre qui, malheureusement, arrivent à toutes les armées du monde plus fréquemment qu'on ne le pense. Elles restent seulement ignorées.

Dr STAHMER. — A quoi doit-on attribuer les graves incendies qui survinrent à Rotterdam ?

TÉMOIN KESSELRING. — Je fus agréablement surpris en recevant le rapport suivant lequel les effets du bombardement étaient limités à la zone des objectifs. Mais l'expérience a montré que, pendant cette guerre, les destructions les plus étendues n'avaient pas été causées par les bombes elles-mêmes, mais par les incendies qui se propageaient très rapidement. Une bombe avait malheureusement là-bas, à Rotterdam, touché une fabrique de margarine ou d'un autre produit, si bien que l'huile se répandit et que l'incendie se propagea plus loin. Comme, après l'attaque, l'armistice était sans aucun doute déjà entré en vigueur, on aurait pu à la rigueur, en engageant les piquets d'incendie et en amenant la troupe, réussir à empêcher l'extension de l'incendie.

Dr STAHMER. — Quelles furent les conséquences militaires de cette attaque ?

TÉMOIN KESSELRING. — La conséquence immédiate fut la capitulation des troupes de Rotterdam. Comme le général Wenninger, alors attaché de l'Air et qui plus tard fut affecté à ma flotte aérienne, me l'annonça, l'Armée hollandaise entière capitula à la suite de cette attaque.

Dr STAHMER. — Avez-vous, au mois de novembre 1940, dirigé l'attaque contre Coventry ?

TÉMOIN KESSELRING. — J'ai évidemment participé à cette attaque en tant que chef de la flotte aérienne n° 2. Je ne saurais présentement dire si la flotte aérienne n° 3 y participa également, mais j'y pris part.

Dr STAHMER. — Quel était le but de l'attaque ?

TÉMOIN KESSELRING. — Coventry, d'après la carte-index des objectifs militaires qui était constituée au département d'archives du Commandement en chef de la Luftwaffe, était un centre d'armement anglais. Il était désigné sous l'appellation militaire de « Petit Essen ». Ces archives avaient été constituées avec la plus grande minutie par des experts, ingénieurs et officiers, et contenaient des cartes, des plans, des photographies, des descriptions d'objectifs, de positions-clés, etc. Toute cette documentation était connue dans le détail par moi-même et par mes hommes.

— En outre, à plusieurs reprises, j'ai fait prononcer des conférences par le général Wenninger dont j'ai parlé précédemment et par plusieurs ingénieurs du Commandement en chef de la Luftwaffe afin que la troupe soit au courant de la nature des objectifs, de leur vulnérabilité et des conséquences de l'attaque aérienne. Les préparatifs d'attaque étaient menés très consciencieusement. J'ai souvent pris part en personne à ces préparatifs. Le Reichsmarschall les a même quelquefois surveillés. Dans le cas de Coventry, les données étaient particulièrement simples car les nuits à cette époque présentaient des conditions atmosphériques favorables. L'approche de Coventry pouvait donc se faire sans l'aide de la radio. La répartition des objectifs était de même très simple, de telle sorte que les bombes pouvaient presque être lancées à vue. A proprement parler, il était presque impossible de manquer l'objectif. Mais les bombes restent soumises aux mêmes lois balistiques que les autres projectiles. En d'autres termes, le combat, et en particulier le combat aérien, occasionne des dispersions considérables. L'Aviation a, en outre, ceci de particulier que, lors d'engagements massifs, chaque objectif particulier ne peut plus être visé directement, si bien que c'est l'ensemble des objectifs visés qui sert de cible. Ce fait entraîne naturellement un élargissement de l'objectif proprement dit.

— Par ordre du Commandement en chef de la Luftwaffe et sur l'initiative du pilote de reconnaissance lui-même, le résultat de tous les lancements de bombes et des attaques fut vérifié photographiquement le jour suivant. La visibilité au sol était bonne, mais comme je l'ai dit tout à l'heure pour Rotterdam, l'objectif ne fut pas seulement détruit par les bombes mais de plus amples destructions furent opérées par la propagation de l'incendie.

— Je ne sais si je dois encore m'étendre sur la question. La Convention de la Haye, relative à la guerre sur terre, n'a pas tenu compte des exigences de la guerre aérienne. Afin d'éviter que le choix des objectifs ne fût laissé au hasard, le Commandement suprême dut naturellement étudier la question et publier des directives générales qui découlaient naturellement du préambule de la Convention de la Haye, des ouvrages publiés entre-temps et, enfin, des données particulières des possibilités de l'Aviation. Seuls, les objectifs considérés comme autorisés par le Droit international étaient assignés à la flotte ou aux formations aériennes, ce qui n'exclut pas que nous ayons dans des cas particuliers, après discussion avec le Commandement en chef de la Luftwaffe, reconsidéré et changé de catégorie certains objectifs, ce dont nous prîmes la responsabilité...

LE PRÉSIDENT. — Vous parlez trop rapidement.

TÉMOIN KESSELRING. — A la suite de visites personnelles et par d'autres moyens, nous avons amené nos formations à préparer à fond l'attaque : lancement des bombes, délimitation des objectifs, conditions météorologiques, avec suffisamment de soin pour que la plus grande précision puisse être atteinte et que soient évitées les déviations regrettables, dans les parages des objectifs. Dans le cas de Coventry, on pouvait particulièrement se réjouir du choix car on avait affaire à un important objectif militaire, et il ne pouvait être question d'attaque terroriste.

DR STAHMER. — Je n'ai plus aucune question à poser.

M. JUSTICE JACKSON. — Messieurs, je crois qu'il y aura peut-être moins de répétitions et de temps perdu si je cède la parole à Sir David Maxwell-Fyfe qui a quelques questions à poser au témoin sur des sujets dont je voulais parler. Je pense qu'il sera plus compétent que moi en la matière pour continuer l'interrogatoire.

LE PRÉSIDENT. — Comme vous voudrez, Monsieur Justice Jackson.

SIR DAVID MAXWELL-FYFE (Procureur général adjoint britannique).

— Témoin, vous a-t-on dit pourquoi le Dr Stahmer désirait que vous déposiez ? Le Dr Stahmer vous a-t-il indiqué ce qu'il fallait répondre ?

TÉMOIN KESSELRING. — Les différents points m'ont été communiqués, sans que toutes les questions aient été nettement définies.

SIR DAVID MAXWELL-FYFE. — Je vais relire une phrase de la déclaration du Dr Stahmer afin que vous puissiez vous la rappeler : « Lorsque Rotterdam est devenue zone de combat, au mois de mai 1940, il devint militairement nécessaire de se servir de bombardiers, car les troupes parachutées encerclées, qui n'avaient aucun soutien d'artillerie, avaient demandé de façon pressante l'aide de bombardiers. » Vous rappelez-vous l'événement ? Je voudrais qu'il soit présent à votre mémoire.

TÉMOIN KESSELRING. — Oui, je me souviens.

SIR DAVID MAXWELL-FYFE. — Vous souvenez-vous avoir été interrogé au sujet de cet événement, le 28 janvier, par la Commission américaine d'enquête sur les bombardements ? Vous en souvenez-vous ?

TÉMOIN KESSELRING. — Oui, certainement.

SIR DAVID MAXWELL-FYFE. — A la question : « Et à propos de Rotterdam ? » avez-vous répondu de la manière suivante : « Rotterdam a d'abord été défendue, dans les quartiers qui ont été attaqués par la suite. En second lieu, dans ce cas, on pouvait remarquer qu'une attitude ferme devait être adoptée. Cette seule attaque a amené la paix immédiate en Hollande. Elle a été demandée par Model et approuvée par l'O.K.W. Il s'agissait seulement d'une partie très limitée du centre de Rotterdam. » Vous rappelez-vous avoir dit cela ?

TÉMOIN KESSELRING. — Oui, je l'ai dit à peu près et j'ai répété ces paroles hier.

SIR DAVID MAXWELL-FYFE. — Je voudrais parler d'abord de l'aspect stratégique. J'en viendrai à l'aspect tactique plus tard. Votre dessein stratégique et votre but réel étaient d'adopter une attitude ferme pour obtenir une paix immédiate, est-ce exact ?

TÉMOIN KESSELRING. — Cette vaste tâche ne m'avait pas été dévolue, mais comme je l'ai dit hier, le général Wenninger m'annonça les résultats de l'attaque de telle façon que la reddition totale de la Hollande suivit l'attaque des bombardiers.

SIR DAVID MAXWELL-FYFE. — Je voudrais que vous pensiez à vos propres paroles. L'O.K.W. avait approuvé l'adoption d'une attitude ferme. Votre but, dans cette attaque, n'était-il pas d'obtenir un avantage stratégique, en terrorisant les habitants de Rotterdam ?

TÉMOIN KESSELRING. — Je dois le nier en toute conscience. D'ailleurs, à Mondorf, je n'ai pas dit non plus qu'il fallait prendre une attitude ferme ; j'ai simplement dit que le soutien que Student avait demandé devait être fourni. Nous n'avions qu'une seule tâche à remplir : soutenir par l'artillerie les troupes du général Student.

SIR DAVID MAXWELL-FYFE. — Que vouliez-vous dire, en prétendant qu'il fallait adopter une attitude ferme, si vous n'entendiez pas par là qu'il fallait terroriser la population hollandaise pour obtenir la paix ?

TÉMOIN KESSELRING. — Puis-je répéter encore une fois que la notion d'attitude ferme n'est pas un de mes termes usuels ? Je ne puis reconnaître que cette expression ait figuré au procès-verbal de l'interrogatoire et je ne l'ai pas entendue lorsqu'on me l'a relu.

SIR DAVID MAXWELL-FYFE. — Si vous n'avez pas prononcé les mots attitude ferme, ainsi que vous le prétendez, qu'avez-vous donc dit ?

TÉMOIN KESSELRING. — J'ai fait remarquer que des mesures sévères entraîneraient les résultats les plus rapides.

SIR DAVID MAXWELL-FYFE. — C'est exactement ce que je soutiens, témoin, des mesures sévères...

TÉMOIN KESSELRING. — Mais uniquement en vue de résultats tactiques. Puis-je affirmer encore une fois que je suis un soldat et non un politicien et que je n'ai pas agi en tant que politicien ? J'ai agi alors simplement et uniquement pour satisfaire aux exigences du général Student.

SIR DAVID MAXWELL-FYFE. — Avant d'en arriver à la situation tactique — ce que je ferai bien volontiers — avez-vous eu l'occasion de travailler en coopération avec l'accusé Raeder ? Avez-vous eu à collaborer d'une façon quelconque avec l'accusé Raeder ?

TÉMOIN KESSELRING. — L'amiral Raeder ? Seulement d'une façon générale, dans la mesure où il pouvait s'agir de questions navales.

SIR DAVID MAXWELL-FYFE. — Je voudrais que vous écoutiez le point de vue que l'accusé Raeder a exprimé et que vous disiez au Tribunal si vous êtes d'accord avec lui. Écoutez avec attention, je vous prie :

— « Il est souhaitable de baser toutes les mesures militaires éventuelles sur les lois internationales existantes. Néanmoins, certaines mesures, qui seraient considérées comme nécessaires d'un point de vue militaire, dans la mesure où elles peuvent apporter un succès décisif, devront être poursuivies, même si elles ne sont pas en accord avec les lois internationales en vigueur. »

— Êtes-vous d'accord sur ce point ?

TÉMOIN KESSELRING. — Je ne peux pas me déclarer tout à fait d'accord avec cette opinion. Pour Rotterdam, le cas était absolument contraire.

SIR DAVID MAXWELL-FYFE. — Pour l'instant, nous nous occupons des paroles de l'accusé Raeder. Êtes-vous d'accord avec ces paroles ?

TÉMOIN KESSELRING. — Non.

Dr LATERNSER. — Je fais objection à la question qui vient d'être posée à l'instant au témoin, ainsi qu'à la question précédente, parce qu'elles sont hors de propos et parce qu'elles ne visent que des opinions et non pas des faits. Le témoin est ici pour témoigner sur des faits.

SIR DAVID MAXWELL-FYFE. — Monsieur le Président, le témoin est ici, comme je l'ai fait remarquer précédemment, pour parler des nécessités militaires.

LE PRÉSIDENT. — Sir David Maxwell-Fyfe, le Tribunal pense que la question, telle que vous l'avez posée, peut soulever une objection, attendu qu'elle fait ressortir le point de vue de l'accusé Raeder.

SIR DAVID MAXWELL-FYFE. — Je m'incline naturellement devant la décision du Tribunal ; mais ce témoin comparaît pour témoigner sur ce fait que cette attitude a été conditionnée par ces nécessités militaires. Je lui ai demandé s'il était d'accord ou non avec le point de vue de l'un de ses collègues, touchant à la définition de la nécessité militaire. Si le Tribunal a le moindre doute, je passerai à un autre sujet. Pourtant la question de la nécessité militaire est un concept que le Tribunal aura à prendre en considération à maintes reprises. Avec votre autorisation, je n'abandonnerai pas ce sujet, qui reviendra dans les questions que j'aurai à poser ultérieurement dans d'autres domaines.

— J'en viens maintenant à la situation tactique à Rotterdam. Voulez-vous indiquer au Tribunal les officiers qui se trouvaient participer à cette affaire. Il y avait un Generalleutnant Schmidt et avec lui le Generalmajor Student, qui étaient à la tête des troupes qui attaquaient Rotterdam. Vous souvenez-vous de cela ?

TÉMOIN KESSELRING. — Le général Student seulement, le général Schmidt m'est inconnu.

SIR DAVID MAXWELL-FYFE. — Comme l'indiquent les preuves recueillies dans cette affaire, les négociations ont été menées par le Generalleutnant Schmidt, dans une crèmerie, près de Rotterdam. Et c'est là que furent également rédigées les conditions de la capitulation. Je suppose qu'il s'agissait là du supérieur hiérarchique du général Student, n'est-ce pas ?

TÉMOIN KESSELRING. — Le général Student était l'officier Commandant en chef responsable du secteur Rotterdam. J'ignore qui était le général Schmidt.

SIR DAVID MAXWELL-FYFE. — Le général Schmidt était donc le subordonné du général Student ?

TÉMOIN KESSELRING. — On l'a peut-être fait venir dans ce but particulier, mais je ne le connais pas.

SIR DAVID MAXWELL-FYFE. — Je voudrais que vous vous remémoriez cette période. Savez-vous à quel moment de la journée a commencé le bombardement de Rotterdam ?

TÉMOIN KESSELRING. — Autant que je sache, dans les premières heures de l'après-midi, vers 14 heures, je crois.

SIR DAVID MAXWELL-FYFE. — J'allais vous dire 13 h 30.

TÉMOIN KESSELRING. — C'est très possible.

SIR DAVID MAXWELL-FYFE. — Savez-vous que des négociations en vue d'une capitulation étaient en cours depuis 10 h 30 du matin ?

TÉMOIN KESSELRING. — Non ; ainsi que je l'ai déjà dit hier, je n'ai pas connaissance de ces faits.

SIR DAVID MAXWELL-FYFE. — Et saviez-vous qu'à 12 h 15 un officier hollandais, le capitaine Backer, s'est rendu dans les lignes allemandes pour y rencontrer le général Schmidt et le général Student et que le général Schmidt rédigea les termes de la capitulation proposée, à 12 h 35 ?

TÉMOIN KESSELRING. — Non, je l'ignorais.

SIR DAVID MAXWELL-FYFE. — On ne vous l'a jamais dit.

TÉMOIN KESSELRING. — Cela ne m'a pas été communiqué, ou du moins je ne m'en souviens pas.

SIR DAVID MAXWELL-FYFE. — Vous voyez, témoin, que 55 minutes avant le bombardement...

TÉMOIN KESSELRING. — Le facteur important eût été que le général Student rapportât l'ordre d'attaque, mais il ne se produisit pas. Le contre-ordre ne me parvint pas, ni à moi, ni à mon unité.

SIR DAVID MAXWELL-FYFE. — Je voudrais simplement que vous vous rappeliez les faits et ensuite je vous poserai quelques questions. Les conditions discutées à 12 h 35 devaient se prolonger : une réponse était exigée pour 16 h 20. Après le départ, à 13 h 22, du capitaine Backer, nanti des propositions, deux fusées rouges furent lancées à 13 h 25 par les troupes allemandes au sol sous les ordres du général Student. En avez-vous jamais entendu parler ?

TÉMOIN KESSELRING. — Je ne suis pas au courant de ce fait non plus. Deux fusées rouges n'auraient d'ailleurs pas suffi à cet effet.

SIR DAVID MAXWELL-FYFE. — Non, mais en outre, vos troupes au sol étaient en très bonne communication radiophonique avec vos avions, n'est-ce pas ? Voulez-vous répondre à ma question ?

TÉMOIN KESSELRING. — J'ai déjà dit hier...

SIR DAVID MAXWELL-FYFE. — Veuillez, s'il vous plaît, répondre à ma question ?

TÉMOIN KESSELRING. — Oui et non. Pour autant que je sache, il n'y avait pas une communication directe entre la station au sol et les appareils ; mais, ainsi que je l'ai dit hier, cette communication existait seulement de la formation tactique au groupement aérien en passant par la base.

SIR DAVID MAXWELL-FYFE. — Si l'on avait désiré donner l'ordre aux appareils de ne pas effectuer le bombardement, cette opération aurait pu se faire très facilement par radio en mettant à part les deux fusées rouges.

TÉMOIN KESSELRING. — A mon avis, oui.

SIR DAVID MAXWELL-FYFE. — Et je prétends maintenant que tout le monde a vu passer ces bombardiers ; vous le savez, Student, lui-même, les a vu passer. Vous le savez, n'est-ce pas ?

TÉMOIN KESSELRING. — Oui.

SIR DAVID MAXWELL-FYFE. — Si le but de cette attaque n'avait été que tactique, afin de soutenir l'attaque générale sur Rotterdam, on aurait facilement pu la prévenir par un message radiophonique du général Student aux avions, n'est-ce pas ?

TÉMOIN KESSELRING. — Oui ; si la situation tactique m'avait été communiquée, ou si la situation avait été communiquée directement aux formations de bombardiers, l'attaque aurait pu, sans aucun doute, être prévenue.

SIR DAVID MAXWELL-FYFE. — Mais si, témoin, au cours de pourparlers honnêtes, on accorde des conditions de reddition qui doivent expirer trois heures plus tard, on ne peut qu'attendre d'un soldat qu'il prévienne l'attaque, n'est-ce pas ?

TÉMOIN KESSELRING. — Si aucune autre condition n'a été exigée, oui.

SIR DAVID MAXWELL-FYFE. — Mais s'il pouvait arrêter cette attaque, c'était la chose du monde la plus facile à faire. Je voudrais que vous compreniez à fond mon point de vue. Cette question tactique n'avait rien à voir avec l'attaque de Rotterdam. Certes l'attaque contre Rotterdam, d'après vos propres paroles, n'avait d'autre but que de montrer une attitude ferme et d'amener les Hollandais à la capitulation, en faisant régner la terreur.

TÉMOIN KESSELRING. — Puis-je répéter encore une fois ce que j'ai expressément déclaré : cette attaque servait uniquement des buts tactiques et je me désolidarise complètement de toutes considérations politiques.

SIR DAVID MAXWELL-FYFE. — Vous savez que le général Student s'est excusé, par la suite, de cette attaque ; vous le savez ? Il s'est excusé auprès du Commandant en chef hollandais d'avoir déclenché cette attaque ?

TÉMOIN KESSELRING. — Je ne le savais pas et, comme je vous l'ai déjà exposé hier, j'ai vu le général Student sous le coup d'une commotion cérébrale très grave et je n'ai même pas pu lui parler.

SIR DAVID MAXWELL-FYFE. — Je ne vais pas prendre plus de temps. J'espère avoir exprimé clairement ce que je voulais dire. Je veux maintenant vous poser une autre question, à propos de ce que vous avez dit hier sur les bombardements. Vous avez dit que l'attaque contre Varsovie, le 1er septembre 1939, avait été déclenchée parce que vous considériez Varsovie comme une forteresse défendue pourvue d'une défense aérienne. Est-ce exact ?

TÉMOIN KESSELRING. — Oui, certainement.

SIR DAVID MAXWELL-FYFE. — Vous savez qu'au même moment, à 5 heures du matin, le vendredi 1er septembre, l'Aviation allemande a attaqué Augustow, Nowy, Dwor, Ostrow, Mazowiecki, Tczew, Puck, Zambrow, Radomsko, Thorn, Kutno, Cracovie, Grodno, Trzebinia et Gdynia, qui étaient dans une situation sensiblement différente. Répondez à ma question. L'Aviation allemande a attaqué ces villes ?

TÉMOIN KESSELRING. — Mes camarades... oui. Mais pas les villes, je répète, pas les villes.

SIR DAVID MAXWELL-FYFE. — Toutes ces attaques commencèrent à 5 heures du matin, le vendredi 1er septembre, n'est-ce pas ?

TÉMOIN KESSELRING. — L'attaque fut exécutée le matin, mais non pas sur les villes comme vous l'avez dit ; elle fut exécutée sur les objectifs militaires tels que les terrains d'aviation, les quartiers généraux, les nœuds de communications. Comme je l'ai déjà expliqué hier l'O.K.W. nous avait donné des instruction détaillées selon lesquelles il ne fallait bombarder que ces objectifs militaires.

SIR DAVID MAXWELL-FYFE. — Vous prétendez que toutes ces villes que j'ai nommées étaient des objectifs militaires ?

TÉMOIN KESSELRING. — Pour celles se trouvant dans mon secteur, oui.

SIR DAVID MAXWELL-FYFE. — Il n'y eut pas un seul avion de reconnaissance qui eût le temps de survoler la Pologne avant ces attaques, n'est-ce pas ?

TÉMOIN KESSELRING. — C'est exact. Des agents nous ont, d'un autre côté, communiqué des renseignements suffisants sur la situation et, de plus, tout ce plan d'opérations avait été élaboré par l'État-Major d'opérations de l'Armée de l'air.

SIR DAVID MAXWELL-FYFE. — Tout le plan avait été établi au mois d'avril 1939, n'est-ce pas, sous le nom de « Cas Blanc » »

TÉMOIN KESSELRING. — A ce moment-là, je ne savais même pas que j'en ferais partie ou que la guerre serait déclarée.

SIR DAVID MAXWELL-FYFE. — N'avez-vous pas su, témoin, après votre promotion, que le « Cas Blanc » avait été discuté au mois d'avril 1939 ? Ne vous l'a-t-on jamais dit ?

TÉMOIN KESSELRING. — Je ne l'ai pas su ; mais, d'un autre côté, je puis dire, en tant que soldat, qu'un plan général élaboré au mois d'avril devait être sujet à bien des changements avant le mois de septembre ; à la dernière minute, on faisait encore des changements importants.

SIR DAVID MAXWELL-FYFE. — Je voudrais vous rappeler un autre point : vous souvenez-vous que la radio allemande a diffusé le dernier ultimatum envoyé à la Pologne à 21 heures, la veille au soir, le 31 août ? Vous en souvenez-vous ?

TÉMOIN KESSELRING. — Je crois que oui.

SIR DAVID MAXWELL-FYFE. — C'était huit heures avant votre attaque et vous savez, n'est-ce pas que l'accusé Gœring s'était retiré à son Quartier Général secret une semaine auparavant pour étudier toutes ces questions ?

TÉMOIN KESSELRING. — Cela, je puis me l'imaginer, car...

SIR DAVID MAXWELL-FYFE. — Ce que je veux faire ressortir, c'est que cette attaque générale, sur les villes polonaises, était encore un coup monté pour essayer de détruire la résistance de la nation polonaise à votre attaque. C'est bien cela ?

TÉMOIN KESSELRING. — Je tiens à déclarer que si mes déclarations en tant que maréchal et en tant que témoin sous la foi du serment, rencontrent aussi peu de crédit auprès de vous, Monsieur le Procureur, il semble inutile que je poursuive mon témoignage. J'ai souligné fermement qu'il ne s'agissait pas d'une attaque contre des villes, mais contre des objectifs militaires, et vous devez réellement me croire, en tant que soldat.

SIR DAVID MAXWELL-FYFE. — Le Tribunal décidera de la valeur de votre déposition. Je ne veux pas en discuter.

Dr STAHMER. — Au cours de ces derniers jours, nous avons plusieurs fois entendu parler des attaques sur Varsovie, Coventry et Rotterdam. Est-ce que ces attaques étaient entreprises dans un intérêt militaire ?

ACCUSÉ GŒRING. — Les témoins, et tout particulièrement le maréchal Kesselring, ont donné des indications à ce sujet. Mais ces déclarations m'ont fait comprendre une fois de plus, ce qui est tout à fait naturel, que la vue d'un commandant d'armée, de groupe d'armées ou de flotte aérienne, n'embrasse en fin de compte qu'un seul secteur de l'activité militaire. En ma qualité de Commandant en chef de la Luftwaffe, j'étais en mesure de voir la situation dans son ensemble puisque, après tout, j'étais l'homme qui donnait des ordres et que les chefs des flottes aériennes n'agissaient que d'après les instructions et les directives qu'ils recevaient conformément à mes ordres et à mon point de vue.

— Varsovie : en premier lieu je tiens à préciser que le matin de l'attaque contre la Pologne, un certain nombre de villes polonaises — je crois que M. le Procureur britannique a cité leurs noms — ont été attaquées. Je ne me souviens plus de ces noms. Dans mes instructions pour le premier jour de l'attaque contre la Pologne, il était expressément prévu comme premier objectif : destruction et anéantissement de l'Aviation ennemie. Ce but atteint, les autres objectifs pouvaient être attaqués sans délai. J'ai donc donné l'ordre d'attaquer les aérodromes en question. Je suis certain, sans avoir les noms présents à l'esprit, que 80 % des noms qui ont été cités étaient ceux de villes qui possédaient des bases aériennes. La seconde mission principale consistait à attaquer le premier jour, soit sur une petite échelle, soit d'un coup au but, uniquement les nœuds ferroviaires d'importance décisive pour l'acheminement des grosses unités. Je voudrais signaler que, peu de temps avant la dernière et décisive attaque contre Varsovie dont je vais parler dans un instant, l'attaché militaire français en Pologne envoya un rapport à son Gouvernement ; nous sommes en mesure de le présenter ici, puisque nous l'avons trouvé plus tard à Paris. Dans ce rapport, on peut voir que cet adversaire reconnaît lui-même que l'aviation allemande avait attaqué en Pologne des objectifs exclusivement militaires. Le mot exclusivement doit être souligné. Au début, Varsovie ne présentait qu'un ou deux objectifs, longtemps avant — longtemps avant est une expression inexacte, car tout marcha très vite ! — avant, dirai-je donc, son encerclement. C'étaient l'aérodrome d'Okecie, où se trouvait le gros de l'aviation polonaise ennemie, et la gare de Varsovie, une des gares de Pologne d'un intérêt stratégique primordial. Cependant, les attaques en question ne furent pas décisives. Varsovie encerclée, on lui demanda de se rendre. On refusa de rendre la ville. Je me rappelle au contraire les appels qui ont encouragé toute la population civile de Pologne ainsi que les habitants de Varsovie à offrir une résistance, qu'il s'agisse des militaires, mais aussi des civils, ce qu'on sait être en contradiction avec le Droit international. Nous avons encore adressé un autre avertissement. Nous avons commencé par envoyer non des bombes mais des tracts dans lesquels nous demandions à la population de cesser le combat. Puis, comme le commandant demeurait sur ses positions, nous avons demandé l'évacuation de la population civile, avant le bombardement. Nous avons reçu un message par radio selon lequel le commandant désirait envoyer un parlementaire ; nous avons consenti mais nous l'avons attendu en vain. Nous avons alors demandé et obtenu que le corps diplomatique et tous les neutres quittent Varsovie par une route que nous avions indiquée. Ce qui fut fait. Puis, après avoir déclaré dans un dernier appel que nous allions être dans l'obligation d'attaquer sérieusement la ville si aucune reddition ne survenait, nous avons commencé à attaquer d'abord les forts, puis les batteries disposées dans la ville et enfin les troupes. Telle fut l'attaque de Varsovie.

M. JUSTICE JACKSON. — Je vais maintenant vous poser une ou deux questions sur le bombardement de Varsovie. Savez-vous que le 3 septembre, la résidence de l'ambassadeur américain, qui se trouve à environ 17 kilomètres de Varsovie, a été bombardée par l'aviation allemande ?

ACCUSÉ GŒRING. — Non, je l'ignorais.

M. JUSTICE JACKSON. — Votre aviation a pris de nombreuses vues de villages polonais et de Varsovie et les a distribuées dans la population allemande. Est-ce exact ?

ACCUSÉ GŒRING. — C'est possible. Je ne me suis pas préoccupé de cette question. Mon aviation n'a pas distribué de photographies à la population allemande. Mais il est possible que des photographies prises par l'aviation soient parvenues à la presse allemande par le canal des services de propagande ; c'est possible. Mais il n'est jamais arrivé que l'aviation ait distribué des photographies à la population allemande comme elle l'aurait fait pour des tracts.

M. JUSTICE JACKSON. — L'aviation a pris ces clichés pour déterminer l'efficacité de son tir. C'est bien cela ?

ACCUSÉ GŒRING. — L'aviation prend des photos avant le bombardement de l'objectif et après ce bombardement pour déterminer s'il a été atteint.

M. JUSTICE JACKSON. — Je vais vous faire montrer cinq photos. Je vous demande s'il s'agit là de clichés pris par l'aviation après l'attaque contre la Pologne ?

(Des documents photographiques sont remis à l'accusé.)

ACCUSÉ GŒRING. — A la première question de savoir si ces clichés ont été faits par l'aviation allemande, je ne puis malheureusement donner aucune réponse positive car ils ne portent aucune indication qu'ils aient pu être faits par l'aviation allemande. Quatre de ces photos sur cinq, si vous les regardez attentivement, sont des vues obliques telles qu'il est possible d'en prendre d'une hauteur ou d'un clocher d'église, plutôt que d'un avion qui ne prend que des vues verticales en raison de l'installation des appareils. Le cliché qui représente la destruction de quartiers de Varsovie peut être considéré, du point de vue technique, comme une véritable photo aérienne à la verticale. Elle ne porte pas de date. Mais aucune de ces photographies ne prouve en quoi que ce soit qu'elle émane de l'aviation.

— En second lieu, nous supposerons qu'elles émanent de l'aviation afin de faciliter vos questions ultérieures.

M. JUSTICE JACKSON. — Vous admettez qu'elles émanent de l'aviation ?

ACCUSÉ GŒRING. — Oui, bien que j'en doute.

M. JUSTICE JACKSON. — Je ne veux pas que vous concédiez ici quoi que ce soit. Si vous estimez que ces photographies n'ont pas été prises par l'aviation, je ne souhaite pas que vous les reconnaissiez.

ACCUSÉ GŒRING. — Je disais qu'aucune preuve ne m'était rapportée. Je ne les ai pas faites, je ne les connais pas, elles ne m'ont pas été présentées comme des clichés émanant de l'aviation, et vues d'un point de vue technique, elles peuvent très bien avoir été faites en avion avec un appareil privé et sous un angle oblique extraordinaire. Elles ne sont en rien de véritables photographies aériennes telles que celles qui sont prises à la verticale par l'aviation.

— A Rotterdam, la situation fut totalement différente. Afin d'achever aussi rapidement que possible la campagne des Pays-Bas et d'éviter ainsi que coulât plus longtemps le sang d'un peuple avec lequel nous n'avions aucun différend profond mais contre lequel nous avions à mener cette campagne pour les raisons précédemment énumérées, j'ai suggéré l'emploi de notre division de parachutistes sur l'arrière des forces hollandaises qui faisaient front contre l'Allemagne, particulièrement en vue de nous emparer des trois ponts les plus importants ; le pont sur le Rhin près de Mordyck, celui près de Dortrecht et celui de Rotterdam. Ainsi, dès le début, la route serait ouverte en arrière du front des troupes et l'Armée hollandaise, malgré sa valeur, ne pourrait tenir que quelques jours. Cette opération, c'est-à-dire le parachutage de ma division sur les trois ponts, réussit parfaitement.

— Tandis qu'à Mordyck et à Dortrecht on vint à bout de la résistance très rapidement, les éléments de Rotterdam se trouvèrent en difficulté. Ils furent d'abord encerclés par les troupes hollandaises. Tout le succès de l'opération dépendait du sort du pont du chemin de fer et du pont routier situés l'un près de l'autre qui devaient à tout prix tomber entre nos mains sans être détruits, car ce n'était qu'à ce prix que la seule voie de pénétration dans la forteresse Hollande resterait ouverte.

— Tandis que le gros de la division se trouvait dans la partie sud de Rotterdam, quelques groupes de choc composés de parachutistes audacieux avaient franchi ces deux ponts ; ils se trouvaient exactement au nord de ces derniers, une partie dans la gare, à droite derrière les ponts du chemin de fer, au nord du fleuve et la deuxième dans un pâté de maisons qui se trouvait directement sur la face nord du pont routier, du côté opposé à la gare et près de la fabrique bien connue de beurre ou de margarine qui devait par la suite jouer un rôle important. Ces troupes de choc consolidèrent leur position en dépit de dures attaques menées par des forces supérieures. Pendant ce temps, une division cuirassée allemande se rapprochait de Rotterdam après avoir passé les ponts de Mordyck et de Dortrecht.

— Je voudrais ici corriger une erreur qui s'est glissée dans le contre-interrogatoire du maréchal Kesselring effectué par Sir David Maxwell-Fyfe [1], au sujet des personnes qui participèrent à ces opérations. Le général Schmidt appartenait à ce groupe qui venait de l'extérieur ; il commandait les forces blindées. Le général Student commandait la division parachutée qui se trouvait à Rotterdam, c'est-à-dire à l'intérieur. C'est ce qui explique le fait que des négociations en vue de la capitulation furent entreprises, d'une part, avec le commandant des troupes venant de l'extérieur et, d'autre part, avec le général commandant les troupes parachutées à l'intérieur de la ville. Les doubles négociations furent ensuite coordonnées. Je ne désire pas entrer ici dans les détails afin de dire si des accords avaient été clairement conclus — prenant les faits dans l'ordre chronologique, on pourrait les donner minute par minute — et s'il y eut capitulation ou non, du moins en ce qui concerne Rotterdam. A ce moment-là, le groupe au nord des deux ponts se trouvait dans une situation très précaire et très pénible. Il était très difficile de lui envoyer des renforts par les deux ponts qui étaient sous un feu nourri de mitrailleuses et d'artillerie. Je pourrais aujourd'hui encore décrire avec beaucoup de précision la situation. Il n'était donc possible qu'à quelques individus, je m'en souviens fort bien, de fuir la ligne de feu en avançant sous le pont, suspendus par les mains. L'ordre avait été donné d'attaquer à la bombe les batteries qui se trouvaient au nord de la gare ainsi que les troupes hollandaises stationnées sur la route qui menait vers le Nord entre la gare et la fabrique de beurre et qui gênaient considérablement nos groupes de choc. A ce moment, en effet, les bombes représentaient la seule artillerie à la disposition des parachutistes et j'avais assuré ceux-ci, avant l'entreprise, que je les protégerais en toutes circonstances par des avions de bombardement.

— Trois groupes aériens avaient été prévus. Les parachutistes de Rotterdam envoyèrent un appel au secours par radio ; celle-ci ne fonctionnait pas aussi bien qu'on l'a dit. D'autre part, les avions de reconnaissance virent des signaux facilement reconnaissables. Il s'agissait de flèches et de lettres signifiant : « Nous sommes menacés par l'artillerie, au Nord, à l'Est, au Sud, etc. » J'ordonnai à l'aviation d'envoyer un groupe qui partit en trois vagues de 25 à 30 avions. Lorsque le premier groupe arriva, les

1. Le contre-interrogatoire de Kesselring a déjà été présenté, en partie, dans les pages précédentes.

négociations sur la capitulation avaient déjà commencé, mais rien n'était encore fait. Malgré cela, on envoya des fusées rouges. Le premier groupe ne saisit pas la signification de ces signaux et envoya des bombes, exactement à l'endroit convenu. Si je me souviens bien, il y eut au plus 36 avions bimoteurs qui jetèrent en majeure partie des bombes de 50 kilos. Le second et le troisième groupe virent les fusées rouges, firent demi-tour et ne jetèrent pas leurs bombes.

— Il n'y avait aucune liaison par radio entre Rotterdam et les avions. Il y en avait une entre Rotterdam et la division, par mon Quartier Général à la 2e flotte aérienne et, de là, on assurait la liaison radio avec les avions. C'était en mai 1940, époque à laquelle la liaison radio entre la terre ferme et les avions, quoique bonne, ne pouvait être comparée aux liaisons excellentes qui ont été mises au point au cours de la guerre. Mais le point principal était que Rotterdam, qui n'avait pas de liaison directe avec les avions, a envoyé les signaux convenus, les fusées rouges, qui furent aperçues par les groupes deux et trois, mais pas par le groupe un.

— L'importance des destructions n'est pas due aux bombes, mais, comme je l'ai déjà dit, à l'incendie. On s'en rend compte aisément en voyant que les bâtiments qui étaient construits en pierre sont restés debout alors que les vieilles habitations ont été détruites. L'étendue de cet incendie fut causée par la combustion d'importants dépôts de graisses et d'huiles. En second lieu, j'insiste particulièrement sur ce point, une intervention énergique des pompiers aurait certainement, en dépit de la tempête, circonscrit cet incendie de Rotterdam. Les négociations finales au sujet de la capitulation, si je me souviens bien, n'ont abouti que le soir, à six heures ; je le sais, car pendant ces négociations on continua à tirer et le général des parachutistes, Student, qui s'était montré à sa fenêtre fut blessé grièvement à la tête. Voilà ce qui concerne Rotterdam et les négociations menées par les deux généraux, de l'intérieur et de l'extérieur.

— Coventry : du 6, 7 septembre jusqu'en novembre, après avoir adressé au Gouvernement anglais de nombreux avertissements, et après que le Führer eut exprimé le désir de donner, lui-même, l'ordre des attaques de représailles sur Londres, après de longues hésitations alors que de nombreuses villes allemandes qui n'étaient pas des objectifs militaires avaient été bombardées, Londres fut alors choisi comme objectif d'attaques. Les 6 et 7 septembre, la première attaque eut lieu. Dans l'après-midi du 6 septembre, Londres fut sous le feu de l'aviation allemande. Quoique ces faits puissent se justifier par des raisons de représailles et de politique, je ne considère pas cet acte comme très intelligent. Je ne voudrais pas que l'on interprétât mal mes paroles, mais je savais par l'expérience de la Première Guerre mondiale que la population londonienne pouvait supporter beaucoup et que l'on ne pouvait, par ce moyen, faire céder sa résistance. Ce qui était important pour moi, c'était d'abord d'empêcher l'accroissement des forces aériennes britanniques. Comme soldat ou plutôt comme Commandant en chef de l'Aviation, l'élimination des forces aériennes ennemies était un fait d'une importance décisive. Malgré le désir du Führer d'attaquer Londres, j'ai élaboré un plan d'attaque de Coventry sous ma propre responsabilité car, selon mes renseignements, il y avait à Coventry une grande partie des industries aéronautiques et des fabriques d'avions. Birmingham et Coventry étaient les points les plus importants. Je me décidai pour Coventry parce que là les objectifs les plus nombreux pouvaient être atteints sur une superficie réduite. J'ai ordonné moi-même cette attaque avec les deux flottes aériennes qui avaient examiné ces points à bombarder. Par un temps favorable et une nuit où la lune brillait, j'ordonnai l'attaque et donnai l'ordre de bombarder de telle manière que les résultats les plus durables soient obtenus contre les industries aéronautiques de cette ville. Les coups suivants devaient atteindre Birmingham et une grande fabrique de moteurs au sud de Weston, après les industries aéronautiques de Bristol et du sud de Londres.

— Voilà l'attaque de Coventry. La ville elle-même fut endommagée, car l'industrie était dispersée dans la ville, à l'exception de deux installations nouvelles qui se trouvaient en dehors ; les dégâts furent causés par l'extension de l'incendie. L'aspect des villes allemandes, aujourd'hui, montre le rôle important que l'incendie a joué dans ces destructions. Telle fut l'attaque de Coventry.

M. JUSTICE JACKSON. — Quelle était, au début de 1944, la situation consécutive au bombardement des villes allemandes ?

TÉMOIN VON BRAUCHITSCH. — La situation était la suivante : les raids aériens avaient augmenté d'intensité et, au début de 1944, ils étaient devenus particulièrement massifs.

M. JUSTICE JACKSON. — Cela devenait très embarrassant pour le Reichsmarschall, n'est-ce pas ?

TÉMOIN VON BRAUCHITSCH. — C'était évidemment très désagréable pour la Luftwaffe dont la puissance défensive était trop faible pour combattre ces attaques d'une manière efficace.

M. JUSTICE JACKSON. — La Luftwaffe, ainsi que le Reichsmarschall, ont subi quelques reproches de ce fait, n'est-ce pas ?

TÉMOIN VON BRAUCHITSCH. — Cela va sans dire.

M. JUSTICE JACKSON. — Et le Reichsmarschall se trouvait dans la position embarrassante d'un homme qui, en 1939 avait certifié au peuple allemand que les villes seraient protégées contre le danger aérien. Le saviez-vous ?

TÉMOIN VON BRAUCHITSCH. — Je le sais, mais je sais aussi que les conditions qui existaient en 1939 et qui permettaient cette déclaration étaient totalement différentes de celles de l'année 1944, époque à laquelle nous avions le monde entier contre nous.

M. JUSTICE JACKSON. — Mais il n'en subsistait pas moins que les villes allemandes étaient bombardées et que la population allemande avait eu confiance en la protection du Reichsmarschall, n'est-ce pas vrai ?

TÉMOIN VON BRAUCHITSCH. — Il est vrai que le peuple allemand avait attendu de la Luftwaffe qu'elle utilisât tous les moyens qui étaient à sa disposition pour stopper ces attaques.

M. JUSTICE JACKSON. — Quels étaient alors les rapports entre Gœring et Hitler ? Y eut-il une modification quelconque dans leurs relations au fur et à mesure que le bombardement des villes allemandes se développait ?

TÉMOIN VON BRAUCHITSCH. — Les relations entre le Reichsmarschall et le Führer étaient sans aucun doute plus mauvaises que jamais. J'ignore si c'était dû aux conditions créées par la guerre aérienne.

M. JUSTICE JACKSON. — Au cours de la guerre, vous êtes resté en relations très étroites avec le Reichsmarschall ?

TÉMOIN VON BRAUCHITSCH. — J'ignore ce que vous entendez par relations étroites qui peuvent exister entre un Commandant en chef et son aide de camp.

M. JUSTICE JACKSON. — Vos relations étaient particulièrement amicales. Il avait une grande confiance en vous et vous lui témoigniez un grand respect ?

TÉMOIN VON BRAUCHITSCH. — Je puis répondre affirmativement ; mais malheureusement, ce n'est que très rarement que le Reichsmarschall faisait part des véritables mobiles de ses actes.

M. JUSTICE JACKSON. — Au printemps de 1943, vous est-il apparu, ainsi qu'à Gœring que la guerre était perdue pour l'Allemagne. ?

TÉMOIN BODENSCHATZ. — Je ne puis l'affirmer ; le Reichsmarschall ne m'a pas déclaré, en 1943, que la guerre était perdue, mais seulement qu'il y avait de grandes difficultés, que la situation pourrait devenir dangereuse. Je ne me souviens pas que le Reichsmarschall m'ait dit, au printemps de 1943, que la guerre était définitivement perdue ou qu'il m'ait fait une déclaration du même genre.

M. JUSTICE JACKSON. — Le Reichsmarschall n'a-t-il pas donné aux Allemands l'assurance qu'il n'était pas possible que leurs villes fussent bombardées comme Varsovie, Rotterdam et d'autres villes l'avaient été ?

TÉMOIN BODENSCHATZ. — A ma connaissance, il n'a pas donné d'assurance en ces termes. Avant la guerre, au moment où notre force aérienne était en plein développement, je veux dire au début de la guerre, c'est-à-dire au moment où les grands succès en Pologne et en France étaient manifestes, il a dit au peuple allemand que la Luftwaffe ferait tout son possible pour éviter à notre pays de grandes attaques aériennes. A cette époque, il pensait que c'était parfaitement justifié ; on ne pouvait pas clairement prévoir que les événements prendraient plus tard une autre tournure.

M. JUSTICE JACKSON. — Il avait donc assuré le peuple allemand que la Luftwaffe serait à même d'écarter de l'Allemagne les bombardiers ennemis ?

TÉMOIN BODENSCHATZ. — Je ne me souviens pas qu'il ait donné au peuple allemand une assurance officielle, sous la forme d'un décret ou d'un grand discours. On a dit de la Luftwaffe qu'elle était nettement supérieure après ses succès de Pologne et de France. Je n'ai pas eu connaissance qu'une annonce officielle ait été faite au peuple allemand.

M. JUSTICE JACKSON. — En tout cas, il devint évident, au printemps de 1943, que si une garantie de ce genre avait été donnée, elle était trompeuse ?

TÉMOIN BODENSCHATZ. — En 1943, la situation était toute différente, car c'est avec un nombre écrasant d'unités que les Aviations anglaise et américaine entrèrent en scène.

M. JUSTICE JACKSON. — Il est également exact que les défenses anti-aériennes de l'Allemagne se révélèrent parfaitement incapables de faire face à la situation ? N'est-ce pas là un fait ?

TÉMOIN BODENSCHATZ. — L'organisation de la défense anti-aérienne de l'Allemagne était devenue très difficile, car elle ne se basait pas uniquement sur les équipages d'avions ; c'était aussi une guerre de radio, de technique, dans laquelle il faut admettre que l'ennemi nous était bien supérieur. Ce n'était donc pas uniquement une lutte dans les airs, mais également une guerre de radio.

M. JUSTICE JACKSON. — N'est-il pas devenu évident, en 1943, que l'Allemagne ne pouvait pas faire face à la situation ?

TÉMOIN BODENSCHATZ. — En 1943 cela n'était pas absolument évident : il y eut des variations, des hauts et des bas. On fit des efforts pour développer la production des chasseurs, au détriment de celle des bombardiers. On ne pouvait pas parfaitement se rendre compte qu'il était impossible de s'opposer avec succès à l'Aviation ennemie. Cela ne devint évident qu'à partir du milieu de 1944.

M. JUSTICE JACKSON. — Le Führer n'a-t-il pas perdu sa confiance en Gœring au fur et à mesure que les raids sur l'Allemagne prenaient plus d'importance ?

TÉMOIN BODENSCHATZ. — Oui, en effet, à partir du moment où l'Aviation britannique commença ses attaques massives sur les villes allemandes, et en particulier lorsque se produisit la première grande attaque des Anglais contre Cologne. A partir de ce moment, il devint visible que des divergences de vues, d'abord assez légères, s'élevaient entre ces deux hommes.

M. JUSTICE JACKSON. — Hitler n'a-t-il pas reproché à Gœring de l'avoir trompé sur la force de la défense aérienne de l'Allemagne ?

TÉMOIN BODENSCHATZ. — J'ignore si le Führer a blâmé le Reichsmarschall d'avoir commis une faute sous ce rapport. Les entretiens entre Adolf Hitler et le Reichsmarschall se faisaient toujours en dépit de leurs rapports tendus, sur un ton très modéré. Les critiques seraient devenues plus violentes en 1944 ou 1945, mais je n'y assistais plus, car depuis le 20 juillet 1944 j'avais quitté mon service.

M. JUSTICE JACKSON. — Je vous ai posé une question. Je ne voulais pas dire par là que Hitler avait accusé Gœring de lui avoir fait des déclarations volontairement fausses, mais seulement que ce dernier l'avait trompé et s'était mépris sur la force de la défense aérienne allemande. N'était-ce pas l'opinion générale dans votre milieu ?

TÉMOIN BODENSCHATZ. — Non, il ne peut pas être question de tromperie. Les rapports que l'Aviation envoyait au Führer étaient toujours exacts. Les faiblesses de la Luftwaffe lui ont également été signalées.

M. JUSTICE JACKSON. — Quelle était la nature des efforts déployés par l'accusé Gœring, efforts dont vous venez de dire qu'ils étaient prodigieux, pour reprendre son influence sur le Führer ?

TÉMOIN BODENSCHATZ. — Chaque fois qu'il y avait des conférences, le Reichsmarschall, par mon intermédiaire, faisait demander de pouvoir y assister. Le Reichsmarschall venait plus souvent que de coutume au Quartier Général du Führer. Il me déclara aussi : « Je tenterai tout pour retrouver les bons rapports que j'entretenais avec le Führer. »

M. JUSTICE JACKSON. — N'eut-il pas particulièrement soin, après le printemps de 1944, de ne rien faire qui pût blesser le Führer ?

TÉMOIN BODENSCHATZ. — Je ne peux rien dire de plus sur l'année 1945, car je n'étais plus en service, je n'avais plus de rapports avec eux.

M. JUSTICE JACKSON. — Le bombardement des villes allemandes était-il devenu réellement gênant en 1944, en raison des critiques sévères que le peuple faisait au Gouvernement ?

TÉMOIN BODENSCHATZ. — Le peuple allemand a terriblement souffert de ces bombardements, et je ne puis dire qu'une seule chose : c'est Adolf Hitler qui en a souffert le plus. Quand on lui rapportait qu'une ville avait été bombardée, il en était profondément ému, de même que le Reichsmarschall, car les horreurs d'un tel bombardement étaient indescriptibles. J'ai vécu moi-même quelques-uns de ces bombardements à Berlin, et celui qui les a subis ne les oubliera jamais de sa vie.

M. JUSTICE JACKSON. — Ne devenait-il pas de plus en plus embarrassant pour Hitler et pour le Reichsmarschall d'en expliquer les raisons au peuple allemand ?

TÉMOIN BODENSCHATZ. — On n'avait pas à l'expliquer, car le peuple allemand le ressentait lui-même. Aucune explication ne fut donnée ; on fit seulement savoir que toutes les mesures possibles seraient prises pour parer à ce danger.

M. JUSTICE JACKSON. — Et à cette époque vous saviez, aussi bien que le Reichsmarschall, qu'aucune mesure ne permettrait d'empêcher ces attaques ?

TÉMOIN BODENSCHATZ. — Non, non, non, j'ai déjà dit tout à l'heure, qu'il s'agissait d'une guerre de radio et il y eut un moment où nous avons pu trouver de nouveaux moyens pour contrecarrer les tentatives de l'ennemi dans ce domaine.

M. JUSTICE JACKSON. — Au moment où vous avez déclaré au peuple allemand que toutes les mesures seraient prises, aviez-vous alors à votre disposition des moyens efficaces pour empêcher le bombardement des villes allemandes ?

TÉMOIN BODENSCHATZ. — Ah, oui !

M. JUSTICE JACKSON. — Quels étaient donc ces moyens et pourquoi n'ont-ils pas été mis en action ?

TÉMOIN BODENSCHATZ. — Nous avions par exemple les moyens suivants : les centres les plus importants étaient protégés par une puissante artillerie anti-aérienne ; puis il y avait les moyens radio-techniques, les émetteurs de brouillage qui devaient permettre, et ont permis en partie, de troubler la radio des avions ennemis.

M. JUSTICE JACKSON. — Les efforts destinés à satisfaire le peuple allemand qui souffrait des bombardements aériens n'étaient-ils pas l'objet de grandes préoccupations de la part du Reichsmarschall ?

TÉMOIN BODENSCHATZ. — Le Reichsmarschall désirait vivement que la population fut informée.

M. JUSTICE JACKSON. — Et il voulait également savoir si la population était satisfaite ?

TÉMOIN BODENSCHATZ. — Satisfaite est bien vite dit. Il ne pouvait qu'assurer le peuple allemand qu'il ferait tout ce qui serait en son pouvoir pour empêcher ces attaques.

M. JUSTICE JACKSON. — Avez-vous vu le Reichsmarschall et Hitler au moment où sont parvenus les rapports sur les bombardements de Varsovie, de Rotterdam et de Coventry ?

TÉMOIN BODENSCHATZ. — Je ne me souviens pas si j'étais présent au moment de l'arrivée de ces rapports.

M. JUSTICE JACKSON. — Vous ne les avez jamais vus réagir d'une manière quelconque devant ces bombardements, je suppose ?

TÉMOIN BODENSCHATZ. — Je sais seulement que Varsovie était une forteresse très fortement occupée par l'Armée polonaise et disposant d'une bonne artillerie. Je sais également que les forts étaient garnis et qu'à deux ou trois reprises Adolf Hitler déclara qu'il fallait faire évacuer la population civile. Cette proposition fut rejetée : on n'évacua que les ambassades étrangères, tandis qu'un parlementaire entrait dans la ville. L'Armée polonaise défendait la ville avec acharnement derrière une succession de forts. Les forts extérieurs avaient également d'importantes garnisons, et de l'intérieur de la ville, l'artillerie lourde était mise en action. C'est à ce moment-là seulement, lorsque l'ultimatum, c'est-à-dire la demande d'Adolf Hitler, fut repoussé, que commença l'attaque.

M. JUSTICE JACKSON. — Coventry était-elle une ville fortifiée ?

TÉMOIN BODENSCHATZ. — Coventry n'était pas une forteresse, mais c'était une ville où se trouvait l'industrie clé de l'Aviation ennemie, une ville dans laquelle on construisait des moteurs d'avions, une ville dans laquelle se trouvaient, à ma connaissance, beaucoup d'usines de pièces détachées d'avions. En tout cas, l'Aviation avait reçu l'ordre de ne bombarder que les centres industriels. Si la ville a été touchée, c'est bien compréhensible, avec les moyens de navigation de l'époque.

M. Roberts présente à Jodl le document relatif à l'attaque allemande contre la Yougoslavie.

M. ROBERTS. — Je lis à la page 5 : « La tâche principale de l'Aviation consiste d'une part à commencer aussitôt que possible la destruction des installations de l'Aviation yougoslave et, d'autre part, à détruire la capitale, Belgrade, par vagues successives. »

— Le Führer ne voulait même pas avertir la population civile une demi-heure à l'avance ?

ACCUSÉ JODL. — Je ne sais pas si nous avions été avertis par le Gouvernement yougoslave, mais au moment du putsch, il procéda immédiatement à des préparatifs militaires et déploya ses forces le long de notre frontière.

M. ROBERTS. — Puis-je vous demander ceci : l'honorable soldat que vous êtes approuve-t-il l'attaque d'une ville surpeuplée de civils, sans aucune déclaration de guerre, ou même sans un avertissement préalable d'une demi-heure ?

ACCUSÉ JODL. — Je ne suis pas de cet avis ; j'ai déjà expliqué que moi-même et, une heure plus tard, le ministre des Affaires étrangères du Reich, avions proposé l'envoi d'un ultimatum.

M. ROBERTS. — Lorsque vous avez perdu la supériorité aérienne et que l'on a pu vous frapper à votre tour, vous vous êtes récrié contre les « attaques terroristes » ?

ACCUSÉ JODL. — Cette ville était en même temps le centre d'un gouvernement révolutionnaire, qui avait annulé un traité passé avec l'Allemagne et qui, à partir de ce moment, avait commencé sur tout le front des préparatifs de guerre contre l'Allemagne.

M. ROBERTS. — Bien, je vais passer rapidement sur cet incident. Vous rappelez-vous comment vous l'avez qualifié dans les notes de votre conférence ? Vous en parlez comme d'un « intermède ». Vous en souvenez-vous ? C'est le mot allemand « Zwischenspiel ». Est-ce ainsi que vous concevez un intermède ?

ACCUSÉ JODL. — Pour être juridiquement exact, vous voulez parler de mon premier projet de conférence et non pas de ma conférence elle-même, que vous ne connaissez pas. Cependant, même dans ce premier projet, je ne me rappelle pas avoir parlé d'intermède.

M. ROBERTS. — Combien de millions de civils ont-ils été, d'après vous, tués dès le premier mouvement de cet « intermède », à savoir le bombardement par surprise de Belgrade ?

ACCUSÉ JODL. — Je ne puis vous le dire, mais certainement le dixième du nombre de tués qu'il y eut à Dresde, alors que vous aviez déjà gagné la guerre.

GALONS DE SANG

Autour de Gœring, dans le box des accusés, les autres vassaux militaires : Keitel, Jodl, Dœnitz, Rader. Nous allons les entendre longuement et en particulier Keitel évoquer « la roue du destin » qui fit d'eux « de tragiques instruments ». Mais, avant d'aborder le fonctionnement du grand État-Major et des différents groupes de direction — parenthèse indispensable dans ce dossier sur la Luftwaffe [1] pour mieux comprendre « l'incompréhensible complexité des décisions » et l'autonomie d'un chef historique tel que Gœring — arrêtons-nous quelques instants sur deux brefs extraits des débats portant sur les relations du Führer et de ses généraux.

Dr LATERNSER. — On sait que Hitler ne permettait pas aux chefs militaires d'avoir une influence quelconque sur ses décisions politiques. Connaissez-vous des déclarations de Hitler selon lesquelles il ait refusé aux généraux le droit de manifester leur jugement sur le plan politique ?

TÉMOIN LAMMERS. — Du point de vue militaire, le Führer faisait de grands éloges de tout le groupe des généraux, aussi bien collectivement qu'individuellement. Quant au domaine politique, il était toujours d'avis que les généraux n'entendaient rien à la politique et qu'il fallait, autant que possible, éviter qu'ils eussent des décisions à prendre dans ce domaine.

Dr LATERNSER. — On sait, en outre, que Hitler ne tolérait aucune contradiction. N'est-ce pas là la raison du congédiement de Blomberg, de Fritsch et de Beck, parce qu'ils se permettaient souvent de le contredire ?

TÉMOIN LAMMERS. — Oui, je pense que ces différends très personnels ont pu, finalement, amener le renvoi de Schacht, de Blomberg, de von Neurath et de Fritsch. Mais je ne fus jamais présent à ces entretiens et je ne puis donc pas donner de précisions. Mais je crois qu'en effet ces personnages ont contredit très souvent le Führer.

1. Et avant le prochain tome du *Glaive et des Bourreaux* consacré à la Kriegsmarine.

Dr LATERNSER. — Hitler était-il très méfiant à l'égard des généraux, ceux de l'Armée de terre en particulier ?

TÉMOIN LAMMERS. — On ne peut pas répondre à cela d'une manière générale. Le Führer manifestait une certaine réserve à l'égard de la plupart des gens et il ne disait à chacun que ce qui le concernait spécialement. Si l'on veut y voir une méfiance, alors cette méfiance existait à l'égard de presque tous les généraux et des ministres, car aucun d'eux n'apprenait du Führer plus qu'il ne désirait qu'il sache.

Dr LATERNSER. — Parmi ceux qui jouissaient de la confiance illimitée de Hitler, y avait-il un chef militaire ?

TÉMOIN LAMMERS. — Non, je ne le crois pas ; je n'en connais aucun.

COLONEL POKROVSKY. — Dans la déposition du général von Vormann qui déclare, sous la foi du serment, que le général von Hammerstein et vous, employiez fréquemment pour parler de Hitler des expressions telles que « criminel » et « charlatan ». Confirmez-vous la véracité de cette déposition ou bien Vormann a-t-il fait une erreur ?

ACCUSÉ JODL. — Je crois vraiment en mon âme et conscience que Vormann a confondu deux choses. En parlant du Führer j'ai très souvent dit que je le considérais comme un charlatan, mais je n'avais aucune raison de le traiter de criminel. J'employais souvent l'expression « criminel », mais pas à l'égard de Hitler, que je ne connaissais même pas à cette époque. Je l'employais à l'égard de Röhm ; j'ai dit plusieurs fois qu'il était, à mon avis, un « criminel » et il est possible que Vormann ait fait ici une légère confusion. Quant à l'expression « charlatan », je l'ai souvent employée. Elle correspondait à mon opinion à cette époque.

COLONEL POKROVSKY. — C'est-à-dire que vous considériez Röhm comme un « criminel » et le Führer comme un « charlatan ». C'est bien cela ?

ACCUSÉ JODL. — Oui, c'est exact. C'était à cette époque-là mon opinion, car je connaissais Röhm, mais Adolf Hitler, je ne le connaissais pas.

COLONEL POKROVSKY. — Bon. Alors comment expliquez-vous que vous ayez accepté des postes de premier plan dans la machine militaire du Reich, après l'arrivée au pouvoir d'un homme que vous appeliez vous-même un « charlatan » ?

ACCUSÉ JODL. — Parce que j'arrivai, dans les années qui suivirent, tout au moins entre 1933 et 1938, à la conviction que Hitler n'était pas un charlatan mais une personnalité considérable qui atteignit cependant à la fin une grandeur infernale. Mais à cette époque, c'était vraiment une personnalité éminente.

COLONEL POKROVSKY. — Bon. Avez-vous reçu l'insigne d'or du Parti hitlérien ?

ACCUSÉ JODL. — Oui, je l'ai déjà reconnu et confirmé.

COLONEL POKROVSKY. — En quelle année l'avez-vous reçu ?

ACCUSÉ JODL. — Le 30 janvier 1943.

COLONEL POKROVSKY. — C'est donc après être arrivé à la conclusion que Hitler n'était pas un « charlatan » ? Avez-vous entendu ma question ?

ACCUSÉ JODL. — Oui. A cette époque-là je fus convaincu qu'il s'agissait, comme je l'ai dit tout à l'heure, d'une personnalité éminente, malgré les réserves qui s'imposaient.

COLONEL POKROVSKY. — Et après en être arrivé à cette conclusion, vous avez reçu l'insigne d'or du Parti ? Je vous remercie. Je n'ai pas d'autre question à poser au témoin, Monsieur le Président.

Interrogé sur la politique hitlérienne qui, dès 1933, ne pouvait mener qu'à la guerre, Milch nous présente une photographie de l'État-Major de l'armée allemande face à cette éventualité. Avant d'atteindre la « grandeur infernale » dont à parlé Jodl, le « charlatan » a balayé ceux qui lui tenaient tête et imposé ses vues sur le commandement et la tactique. Et il faut le reconnaître, et les meilleurs élèves de l'École de Guerre le reconnaissent : avec souvent un certain génie militaire.

M. JUSTICE JACKSON. — Je voudrais savoir si l'on vous a posé les questions suivantes, et si vous y avez répondu ainsi qu'il suit :

— « *Question.* — D'après ce que vous savez des discussions dans les cercles militaires de la Wehrmacht, de l'Aviation et de l'État-Major que vous connaissez, pourriez-vous vous faire une opinion sur ce qu'ils pensaient au début de la guerre ; partageaient-ils vos vues ? »

— Ce à quoi, d'après le procès-verbal, vous avez répondu : « Tous unanimement étaient de mon avis. Tous les officiers supérieurs étaient d'accord avec moi. Bien avant, en 1937, j'avais parlé au Feldmarschall von Blomberg du danger d'une guerre, du fait de la politique imprudente de nos politiciens et nous pensions qu'à ce moment l'Angleterre et la France, à la longue, ne toléreraient plus cette politique. Le 1er novembre 1937, j'ai eu une longue discussion avec von Blomberg à ce sujet, et il était de mon avis. »

TÉMOIN MILCH. — Oui, je m'en souviens.

M. JUSTICE JACKSON. — Ainsi c'est exact ? On vous a encore posé la question suivante :

— « Est-il vrai qu'après le départ des généraux Fritsch et Beck les postes dans l'Armée étaient sous l'influence de personnalités politiques ? »

TÉMOIN MILCH. — Non, il en avait toujours été ainsi. L'Armée a toujours été subordonnée au Führer ou, autrefois, au Président du Reich et, en ce sens, rien n'a été changé. Le chef de l'État était en même temps chef de l'Armée.

M. JUSTICE JACKSON. — Lors de votre interrogatoire, vous avez donné la réponse suivante :

— « Oui, car Hitler a assuré personnellement le commandement de l'Armée de terre, de la Marine et de l'Armée de l'air. C'était le poste qu'occupait Blomberg auparavant. Blomberg était capable de résister à Hitler et il l'a fait souvent. Hitler le respectait et écoutait ses conseils. Blomberg était le seul soldat d'un certain âge qui eût assez d'intelligence pour concilier les questions militaires et politiques. Cette résistance... »

TÉMOIN MILCH. — Oui. C'était une conviction.

M. JUSTICE JACKSON. — « Cette résistance ne pouvait être poursuivie par les hommes qui composèrent par la suite l'entourage de Hitler. Ils étaient trop faibles pour cela, et c'est probablement pour cette raison qu'il les a choisis. »

— Est-ce exact ?

TÉMOIN MILCH. — C'est bien ma conception.

M. JUSTICE JACKSON. — « *Question.* — Les généraux avec lesquels vous travailliez ne pressentaient-ils pas, avant 1939, que la politique de Hitler pourrait provoquer une guerre ? »

— « *Réponse.* — Ceux qui avaient un certain sens de la politique étrangère, oui ; mais ils devaient être très prudents parce qu'ils ne pouvaient exprimer aucune opinion ; ils n'osaient exprimer aucune opinion. » Est-ce exact ?

TÉMOIN MILCH. — C'est exact.

M. JUSTICE JACKSON. — Que craignaient les commandants d'armées pour ne pas donner leur avis ?

TÉMOIN MILCH. — Ils n'avaient pas la possibilité de représenter quoi que ce soit à Hitler.

M. JUSTICE JACKSON. — Qui aurait pris des mesures à leur égard ? Il y avait plusieurs généraux et un seul Hitler. Qui aurait exécuté des ordres contre ces généraux ?

TÉMOIN MILCH. — Ce n'est pas possible. Hitler était si puissant que les arguments contraires présentés par les autres étaient simplement repoussés par lui, ou il n'en prenait même pas connaissance.

M. JUSTICE JACKSON. — Hitler avait les S.S., n'est-ce pas, et Himmler et Kaltenbrunner ?

TÉMOIN MILCH. — Oui, il avait aussi cela et, de plus, il avait toute l'Armée qui lui avait prêté serment de fidélité.

M. JUSTICE JACKSON. — Je crois que vous avez dit qu'après le 5 mars 1943, Hitler n'était plus normal. C'est bien ce que vous avez dit ?

TÉMOIN MILCH. — J'ai dit que je pensais que Hitler, ces dernières années, n'était plus l'homme que nous avions connu de 1933 jusqu'au début de la guerre. Après la campagne de France s'est opéré en lui un certain changement. C'était une opinion purement personnelle. En effet, ses actes ultérieurs différaient du tout au tout de ce qu'il avait enseigné lui-même autrefois, et cela je ne pouvais pas le considérer comme normal.

M. JUSTICE JACKSON. — Et vous voudriez nous faire croire que Gœring a continué à être le second chef du Reich et à recevoir des ordres d'un homme anormal ? C'est bien votre point de vue ?

TÉMOIN MILCH. — Le caractère anormal ne pouvait être reconnu d'une manière si évidente que l'on pût dire à ce moment-là : « Cet homme est aliéné » ou : « Il a des troubles mentaux. » Il arrive souvent que les caractères anormaux sont tels qu'ils échappent à la fois à la foule et aux collaborateurs les plus proches. Je crois qu'un médecin pourrait donner là-dessus des indications plus intéressantes que les miennes. J'en ai parlé d'ailleurs à plusieurs médecins.

M. JUSTICE JACKSON. — Et ils estimaient que Hitler était anormal ?

TÉMOIN MILCH. — Un médecin que je connaissais bien personnellement a admis qu'il était possible qu'il y eût là un dérangement mental.

M. JUSTICE JACKSON. — Un médecin réputé en Allemagne ?

TÉMOIN MILCH. — Non. Il n'est pas très connu. D'ailleurs, il n'a dit cela à personne d'autre. Ce n'était pas à recommander.

M. JUSTICE JACKSON. — Je pense qu'il aurait été mis dans un camp de concentration ?

TÉMOIN MILCH. — Ou davantage.

M. JUSTICE JACKSON. — Si vous aviez exprimé l'opinion qu'il était anormal, vous y auriez probablement été aussi, n'est-ce pas ?

TÉMOIN MILCH. — J'aurais été fusillé immédiatement.

M. JUSTICE JACKSON. — Alors, vous n'avez jamais osé dire à Gœring, votre supérieur hiérarchique, votre opinion à ce sujet ?

TÉMOIN MILCH. — Je n'ai eu qu'une fois, pendant la guerre, la possibilité d'exprimer mon opinion à Hitler, mais plus jamais ensuite.

M. JUSTICE JACKSON. — Vous avez fait part à Gœring de votre opinion ?

TÉMOIN MILCH. — J'ai parlé à Gœring, mais ce à quoi je viens de faire allusion, c'est à une conversation que j'ai eue avec Hitler.

M. JUSTICE JACKSON. — Je crois que vous avez mal compris ; vous ne voulez pas dire que vous avez fait part à Hitler que vous le trouviez anormal ? Je suis convaincu que vous ne le pensiez pas.

TÉMOIN MILCH. — Non, d'ailleurs je ne l'ai même pas dit à Gœring.

COLONEL STOREY. — Plaise au Tribunal. Le dernier exposé concernant les organisations criminelles porte sur l'État-Major général et le Haut Commandement. Il sera présenté par le colonel Taylor.

COLONEL TAYLOR. — Plaise au Tribunal. L'Acte d'accusation demande que six groupes et organisations soient déclarés criminels, aux termes des articles 9, 10 et 11 du Statut, et le dernier de l'énumération est un groupe formé de l'État-Major général et du Haut Commandement des Forces armées allemandes.

— Au premier abord, les six groupes et organisations semblent assez différents les uns des autres, tant par leur composition que par leurs fonctions. Mais ils sont tous apparentés et nous voyons qu'il est logique qu'ils soient accusés ensemble devant ce Tribunal, car ce sont les organismes essentiels et les instruments principaux qui ont été utilisés par les nazis pour atteindre leurs buts. Tous les six furent établis ou contrôlés par les nazis ou s'allièrent au nazisme et devinrent une condition du succès nazi. Ils furent dès l'origine les instruments principaux et indispensables : le Parti, le Gouvernement, la Police et l'Armée. Je suis chargé de cet exposé sur l'État-Major général et le Haut Commandement.

— A un certain point de vue, ce groupement doit être distingué essentiellement des autres groupes et organisations contre lesquels nous avons dressé cette accusation. Par exemple, le Corps des dirigeants du parti nazi, N.S.D.A.P., constitue le groupe directeur du Parti qui était en lui-même l'incarnation du nazisme et l'instrument par lequel l'hitlérisme établit son pouvoir et sa domination en Allemagne. Les S.A. et S.S. étaient des ramifications certainement très importantes du parti nazi. La Police allemande, de fait, avait des racines et des éléments antérieurs à l'hitlérisme ; mais cette Police devint dans la proportion de 99 % un instrument du Parti et des S.S. De par sa structure, le Cabinet du Reich était essentiellement un comité ou une série de comités de ministres du Reich ; quand les nazis parvinrent au pouvoir, les postes ministériels furent naturellement occupés pour la plupart par des nazis. Tous les autres groupes ou organisations doivent, par conséquent, leur origine et leur développement au nazisme ou bien ils se « nazifièrent » automatiquement quand Hitler prit le pouvoir.

— Ce n'est pas exact pour le groupe qui nous intéresse en ce moment. Il n'est pas nécessaire de rappeler au Tribunal que l'Armée allemande et la tradition militaire allemande précédèrent l'hitlérisme de nombreuses décades. Il n'est pas indispensable d'être un vieillard pour avoir des souvenirs personnels très vifs sur la guerre de 1914-1918, du Kaiser et du « chiffon de papier ». Pour cette raison, avant de présenter les preuves, je désire esquisser très rapidement la nature de notre accusation contre ce groupe qui est seul doté des particularités que je viens de mentionner.

— A la suite de la défaite allemande de 1918 et du Traité de Versailles, la force et les effectifs autorisés pour les Forces armées allemandes furent très restreints. Les dernières années ont prouvé que ces restrictions ne détruisirent ni même ne sapèrent sérieusement le militarisme allemand. Le plein épanouissement de la force militaire allemande fut le résultat d'une collaboration entre les nazis d'une part et les cadres de carrière des Forces armées allemandes d'autre part : les soldats, les marins et les aviateurs de carrière.

— Quand Hitler prit le pouvoir, il ne trouva pas le vide total dans le domaine des affaires militaires, mais une petite Reichswehr et un corps d'officiers de carrière, animés d'un esprit et d'une tradition, imbus de l'histoire militaire allemande. Les chefs de ces officiers de carrière constituent le groupe désigné dans l'Acte d'accusation, l'État-Major général et le Haut Commandement des Forces armées allemandes. Nous allons étudier plus spécialement ce groupe dans cette partie de l'accusation.

— Le Ministère Public, inutile de le dire, ne considère pas comme un crime d'être soldat ou marin et de servir son pays en tant que soldat ou marin en cas de guerre. La carrière des armes est une carrière honorable qui peut-être exercée honorablement. Mais il est évidemment indiscutable qu'un homme qui commet des crimes puisse arguer pour sa défense qu'il les a commis en uniforme.

— Il n'est pas dans la nature des choses, et ce n'est d'ailleurs pas l'opinion du Ministère Public, que tous les membres de ce groupe aient été des hommes dangereux et qu'ils soient tous également coupables, mais nous montrerons que ce groupe a non seulement collaboré avec Hitler et soutenu les buts essentiels des nazis, mais encore fourni un élément essentiel, primordial pour le succès du Parti en Allemagne, c'est-à-dire la connaissance et l'expérience du développement et de l'utilisation de la puissance armée.

— Pourquoi ce groupe a-t-il donné son aide à Hitler et aux nazis ? Je pense que le Tribunal verra, au fur et à mesure de la présentation des preuves, que la réponse est très simple. C'est qu'ils étaient d'accord sur les objectifs principaux de l'hitlérisme et du nazisme et que Hitler donna aux généraux la possibilité de jouer un rôle primordial dans la poursuite de ces objectifs. Les généraux voulaient, comme Hitler, agrandir l'Allemagne aux dépens des pays voisins et ils étaient prêts à le faire, si c'était nécessaire, par la force ou la menace. La violence et la force armée étaient la clé de voûte de cette arche, le moyen sans lequel rien n'eût été possible.

— Une fois qu'ils eurent atteint le pouvoir et qu'ils l'eurent bien en main, les nazis eurent deux possibilités : ou bien collaborer avec l'armée allemande connue sous le nom de Reichswehr et la développer, ou bien ignorer cette Reichswehr et constituer une armée distincte et bien à eux. Les généraux craignaient que le nazisme ne choisît la deuxième possibilité et ils étaient par conséquent d'autant plus prêts à collaborer. En outre, les nazis offrirent aux généraux la possibilité d'atteindre nombre des buts qu'ils désiraient voir se réaliser, en développant l'armée et en élargissant les frontières allemandes. C'est ainsi, comme nous le démontrerons, que les généraux montèrent sur le char des nazis. Ils voyaient qu'il marchait alors dans leur voie. Sans aucun doute, ils pensaient pouvoir en prendre plus tard la direction eux-mêmes. En fait, nous le montrerons, ce furent en définitive les généraux qui se trouvèrent entraînés par les nazis.

— En un mot, Hitler attira les généraux par des espoirs de conquête et réussit à les évincer politiquement ; au cours de la guerre, ils devinrent ses instruments. Mais si ces chefs militaires devinrent les instruments du nazisme, on ne peut pas croire qu'ils étaient inconscients ou qu'ils n'ont pas participé sans réserve à beaucoup des crimes signalés au Tribunal. La bonne volonté — et même l'ardeur — des officiers de carrière allemands à devenir des associés du nazisme seront amplement démontrées.

— Monsieur le Président, cet exposé comprendra trois parties essentielles : tout d'abord une description de la composition et du fonctionnement de l'organisation de l'État-Major et du Haut Commandement telle qu'elle est définie dans l'Acte d'accusation ; puis les preuves des charges prévues par les chefs d'accusation I et II, enfin, les charges stipulées aux chefs d'accusation III et IV...

— Je m'occuperai tout d'abord de la description du groupe tel qu'il a été défini dans l'Acte d'accusation.

— Pendant la Première Guerre mondiale, il y avait dans l'Armée allemande une organisation connue sous le nom de Grand État-Major général. Ce nom d'État-Major général allemand ou Grand État-Major général est resté dans l'esprit des gens, mais en fait le Grosse Generalstab n'existait plus. Il n'y avait plus d'organisation unifiée, d'État-Major général allemand, depuis 1918 ; il y avait naturellement un groupe d'hommes responsables de la ligne de conduite et des activités de l'Armée allemande et le fait que ces hommes n'aient pas eu de nom collectif unique ne nous empêchera pas de les réunir. Ils ne sauraient échapper aux conséquences de leurs actes collectifs du fait qu'ils étaient unis officieusement et non officiellement. L'essence d'un État-Major ou d'un Haut Commandement ne réside pas dans le nom qu'on lui donne mais dans les fonctions qu'il remplit ; et les hommes compris dans ce groupe, tel que nous l'avons défini dans l'Acte d'accusation, constituent certainement un groupe lié par une responsabilité commune, groupe d'officiers ayant de Hitler l'autorité principale et la responsabilité des plans et des opérations des Forces armées allemandes.

— Examinons tout d'abord la structure et l'organisation générales des Forces armées allemandes et considérons ensuite la composition du groupe désigné dans l'Acte d'accusation. Comme je viens de le dire, nous avons préparé un bref exposé écrit, déjà remis au Tribunal, de l'organisation des Forces armées allemandes. Cet exposé contient une courte esquisse du développement du Commandement suprême des Forces armées allemandes depuis 1933 et de sa structure telle qu'elle se dessina après sa réorganisation en 1938. Il contient également un schéma assez simple qui sera exposé d'ici quelques instants sur le mur de la salle d'audience. Il contient aussi un glossaire succinct des expressions militaires allemandes et une table comparative des grades de l'Armée allemande et des S.S., qui indique les grades équivalents de l'Armée américaine et la correspondance des grades des Marines anglaise et allemande. Les grades de l'Armée de terre et de la Marine diffèrent légèrement entre les principales nations, mais dans l'ensemble on retrouve la même terminologie et la même organisation.

— Quand les nazis prirent le pouvoir, en 1933, les Forces armées allemandes étaient sous la direction du ministre de la Défense du Reich qui était, à l'époque, le Feldmarschall Werner von Blomberg. Sous les ordres de von Blomberg se trouvaient les chefs de l'État-Major de l'Armée de terre, à l'époque von Fritsch, et de l'État-Major de la Marine l'accusé Raeder. Étant donné les restrictions imposées à l'Allemagne par le Traité de Versailles, l'Aviation allemande n'avait pas d'existence officielle à l'époque. Les états-majors de l'Armée de terre et de la Marine reçurent le nom de Haut Commandement — Oberkommando des Heeres et Oberkommando der Kriegsmarine — d'où viennent les initiales sous lesquelles on les désigne généralement, O.K.H. et O.K.M.

— En mai 1935, à l'époque où le service militaire obligatoire fut introduit en Allemagne, il y eut un changement dans les titres de ces services, mais la structure resta essentiellement la même. Le Feldmarschall von Blomberg garda le commandement suprême des Forces armées avec le titre de ministre de la Guerre du Reich et Commandant en chef des Forces armées. Von Fritsch prit le titre de Commandant en chef de l'Armée de terre et Raeder celui de Commandant en chef de la Marine.

— L'Aviation allemande prit une existence officielle et publique vers la même époque, mais elle ne dépendait pas de von Blomberg ; c'était un organisme indépendant sous le commandement personnel de l'accusé Gœring, qui portait le double titre de ministre de l'Air et de Commandant en chef de l'Aviation.

— Je demanderai maintenant que l'on déroule le schéma. Ce schéma, Messieurs, a été certifié conforme sous la foi du serment par trois généraux allemands et je produirai dans quelques instants leurs affidavits. Il montre toute l'organisation des Forces armées telle qu'elle ressortait en 1938 après la réorganisation dont je vais vous parler.

— En février 1938, von Blomberg et von Fritsch se virent tous deux privés de leur poste et le ministère de Blomberg, le ministère de la Guerre, fut réorganisé. Il y avait au ministère de la Guerre une section, ou département, appelée Wehrmachtsamt, ou direction des Forces armées, dont la fonction consistait à coordonner les plans et opérations de l'Armée et de la Marine. A partir de cette direction des Forces armées, on constitua une nouvelle autorité générale coiffant toutes les Forces armées sous le nom de Haut Commandement des Forces armées allemandes — c'est la case au centre du schéma, juste au-dessous de Hitler — en allemand Oberkommando der Wehrmacht, plus généralement connu par ses initiales O.K.W.

— Comme l'Aviation, au même titre que l'Armée, était subordonnée à l'O.K.W., la coordination de toutes les questions militaires était remise aux soins de l'O.K.W. qui était en fait l'État-Major personnel de Hitler en cette matière. L'accusé Keitel fut nommé chef de l'O.K.W. La division la plus importante de l'O.K.W. était l'État-Major d'opérations, dont l'accusé Jodl devint le chef.

— Cette réorganisation et la création de l'O.K.W. sont exposées dans un décret de Hitler du 4 février 1938. Ce décret a paru dans le

Reichsgesetzblatt et j'invite le Tribunal à en prendre acte. J'aimerais lire ce décret, qui est très court, pour qu'il figure au procès verbal de ces débats. Je cite :

— « Dorénavant, j'assumerai directement et personnellement le commandement de l'ensemble des Forces armées. »

— Je continue la lecture du deuxième paragraphe :

— « La Direction des Forces armées du ministère de la Guerre du Reich conserve ses attributions et devient le Haut Commandement des Forces armées et passe directement sous mon commandement comme mon état-major militaire.

— « Le chef de la Direction des Forces armées (Wehrmachtsamt) prend le commandement de l'État-Major du Haut Commandement des Forces armées avec le titre de chef du Haut Commandement de l'Armée. Il a rang de ministre du Reich.

— « Le Haut Commandement des Forces armées assume également les fonctions du ministère de la Guerre du Reich ; le chef du Haut Commandement des Forces armées, en tant que mon représentant, assume les fonctions qui jusqu'à ce jour ont été exercées par le ministre de la Guerre du Reich.

— « Le Haut Commandement des Forces armées est responsable en temps de paix de l'unification de la préparation de la défense du Reich dans tous les domaines, d'après mes directives. Berlin, le 4 février 1938. Signé : Hitler, Lammers, Keitel. »

— Au-dessous de l'O.K.W., viennent les trois Commandements suprêmes des trois parties de la Wehrmacht : O.K.W., O.K.M. et Aviation. L'Aviation ne reçut la désignation officielle de O.K.L. qu'en 1944. L'accusé Raeder resta, après 1938, Commandant en chef de la Marine, mais von Fritsch, tout comme Blomberg, disparut de la scène. Il fut remplacé par von Brauchitsch au poste de Commandant en chef de l'Armée de terre. Gœring resta Commandant en chef de l'Aviation. En 1941, von Brauchitsch fut remplacé comme Commandant en chef de l'Armée de terre par Hitler lui-même. Et, en 1943, Raeder fut remplacé au poste de Commandant en chef de la Marine par l'accusé Dœnitz. L'accusé Gœring resta Commandant en chef de l'Aviation jusqu'au dernier mois de guerre.

— L'O.K.W., l'O.K.H., l'O.K.M. et l'O.K.L. avaient chacun son propre état-major. Ces quatre états-majors n'avaient pas de désignation uniforme.

— En ce qui concerne l'O.K.H., c'est-à-dire l'Armée de terre, l'état-major est connu sous le nom de Generalstab ou État-Major général. Pour l'O.K.W., il était connu sous le nom de Führungsstab ou État-Major d'opérations, mais dans tous les cas, ses fonctions étaient celles d'un État-Major général, dans le vocabulaire militaire.

— On verra par conséquent que, dans cette guerre, il n'y eut pas un état-major général allemand unique, mais qu'il y en eut quatre, un pour chacune des parties de l'Armée et un pour l'O.K.W., en tant que Commandement suprême et organe de liaison entre les services.

— Jusque-là, nous nous sommes occupés des organismes centraux de direction. Passons maintenant à la troupe elle-même. Au-dessous de l'O.K.H., de l'O.K.M. et de l'O.K.L. se trouvent les diverses formations de combat de l'Armée, de l'aviation et de la marine.

— Dans l'Armée, la plus importante formation de combat connue par les Allemands, et de façon générale par les autres pays, est le groupe d'armées, en allemand « Heeresgruppe ». Un groupe d'armées ou Heeresgruppe comprend deux armées ou plus, en allemand Armeen. Au-dessous des armées viennent des formations de combat plus petites, telles que les corps d'armée, les divisions et les régiments.

— Pour l'Aviation allemande, la formation principale était connue sous le nom de flotte aérienne ou Luftflotte et les unités inférieures de la flotte aérienne étaient appelées corps, Fliegerkorps, ou Jagdkorps, ou divisions, Fliegerdivisionen et Jagddivisionen.

— Sous les ordres de l'O.K.M. se trouvaient les différents commandements de groupes de la Marine qui contrôlaient toutes les opérations navales dans une zone déterminée, à l'exception de la flotte de haute mer et des sous-marins. Les commandants de la flotte et des sous-marins dépendaient directement de l'Amirauté allemande.

— Nous pouvons maintenant examiner le groupe tel qu'il est défini dans l'Acte d'accusation et que le Ministère Public demande de reconnaître coupable. Vous en trouvez la définition à l'appendice B de l'Acte d'accusation ; ce groupe comprend tout d'abord les officiers allemands qui occupaient les hauts postes dans les quatre commandements suprêmes que je viens de décrire, et deuxièmement les officiers qui avaient un commandement suprême en campagne.

— Occupons-nous tout d'abord des officiers titulaires des postes principaux dans les commandements suprêmes ; nous trouvons que les détenteurs de neuf de ces postes sont inclus dans le groupe. Quatre ont des fonctions conférant l'autorité suprême ; le chef de l'O.K.W., Keitel ; le Commandant en chef de l'Armée de terre, von Brauchitsch, puis Hitler ; le Commandant en chef de la Marine, Raeder, puis Dœnitz ; le Commandant en chef de l'Armée de l'air, Gœring, puis von Greim.

— Quatre autres postes sont ceux des chefs d'État-Major de ces quatre Commandants en chef : le chef d'État-Major de l'O.K.W., Jodl, le chef d'État-Major général de l'Armée de terre, Halder, puis d'autres ; le chef d'État-Major général de l'Aviation, Jeschonnek, et d'autres après lui ; le chef d'État-Major de la Marine.

— Le neuvième poste est celui de chef adjoint de l'État-Major d'opérations de l'O.K.W. Pendant presque toute la guerre, ce fut le général Warlimont ; la responsabilité particulière de l'adjoint de Jodl était d'élaborer les plans, les plans stratégiques, et pour cette raison son poste a été inclus dans le groupe défini dans l'Acte d'accusation.

— Le groupe désigné dans l'Acte d'accusation comprend toutes les personnes qui ont occupé n'importe lequel de ces neuf postes d'état-major entre février 1938 et la fin de la guerre, en mai 1945. Février 1938 a été choisi comme date de départ parce que c'est au cours de ce mois que l'organisation suprême des Forces armées allemandes fut mise au point et prit pour l'essentiel la forme qu'elle devait conserver jusqu'à la fin de la guerre.

— Vingt-deux individus différents occupèrent ces neuf postes pendant cette période et, sur ces vingt-deux, dix-huit sont encore vivants.

— Si nous nous occupons maintenant des officiers de troupes qui détinrent les principaux commandements, l'Acte d'accusation comprend comme membres du groupe tous les Commandants en chef qui avaient le titre d'Oberbefehlshaber dans l'Armée, la Marine ou l'Aviation. Le terme d'Oberbefehlshaber est assez difficile à traduire ; littéralement, le mot veut dire détenteur du Commandement suprême, et le mieux que nous puissions faire est de le traduire par les mots Commandant en chef.

— En ce qui concerne l'Armée de terre, les commandants des groupes d'armées et les commandants d'armée avaient toujours le rang et le titre d'Oberbefehlshaber. Dans l'Aviation, les Commandants en chef de flottes aériennes avaient rang d'Oberbefehlshaber, bien qu'ils n'aient pas été officiellement désignés par ce terme avant 1944. Dans la Marine, les officiers ayant le commandement supérieur dans une zone déterminée, et qui contrôlaient par conséquent toutes les opérations navales dans un secteur donné, avaient rang d'Oberbefehlshaber.

— En gros, 110 officiers environ ont eu rang d'Oberbefehlshaber dans l'Armée, la Marine ou l'Aviation pendant la période en question, et tous, à l'exception d'une douzaine, vivent encore. Tout le groupe de l'État-Major général et du Haut Commandement, tel qu'il est défini à l'Acte d'accusation, comprend environ 130 officiers dont 114, croyons-nous, vivent encore ; ces chiffres représentent naturellement l'ensemble de tous les officiers qui, à un moment quelconque, appartinrent au groupe pendant les sept ans et trois mois qui se sont écoulés de février 1938 jusqu'à mai 1945.

— Le nombre des membres actifs du groupe à un moment donné est naturellement beaucoup plus réduit. Il était de 20 environ au début de la guerre et monta jusqu'à 50 en 1944 et 1945. C'est-à-dire qu'à un moment donné, en 1944, le groupe — le groupe actif — se composa de neuf individus occupant les neuf postes d'état-major définis plus haut, et d'environ 41 Commandants en chef de l'Armée, de l'Aviation et de la Marine.

— La structure et le fonctionnement de l'État-Major allemand et du Haut Commandement ont été décrits dans une série de dépositions sous serment de quelques-uns des principaux Feldmarschälle et généraux allemands. Je veux exposer brièvement comment furent obtenus ces témoignages.

— Tout d'abord, deux officiers américains, choisis pour leurs capacités et leur expérience dans les interrogatoires de prisonniers de guerre allemands de grade élevé ont été instruits par un officier du Service de renseignements et par un avocat des problèmes particuliers posés par cette partie des débats, à savoir l'organisation des Forces armées allemandes. Ces officiers instructeurs étaient déjà compétents dans les questions militaires et parlaient couramment allemand. Il fut bien précisé que la fonction des officiers chargés de ces interrogatoires était simplement de faire une enquête et d'établir les faits se rapportant à l'organisation des Forces armées, et sur lesquels le Ministère Public avait besoin d'être informé avec précision.

— Les généraux allemands interrogés furent choisis pour les connaissances spéciales qu'ils étaient présumés posséder, en raison des commandements qu'ils avaient exercés dans le passé. Après chaque interrogatoire, l'officier instructeur préparait un rapport d'où l'on extrayait les faits qui pouvaient concerner les questions soulevées devant ce Tribunal, et une déclaration qui les contenait. Cette déclaration était alors présentée à l'officier allemand au cours d'une entrevue ultérieure, sous forme de projet, et on lui demandait si cette déposition reproduisait fidèlement ce qu'il avait dit. Il était invité à la modifier de la façon qui lui paraissait appropriée. Le but était d'obtenir des témoignages aussi précis que possible sur ces questions d'organisation.

— Je prendrai ces témoignages l'un après l'autre et je pense que les membres du Tribunal verront qu'ils confirment absolument la description du groupe faite par le Ministère Public. Ils établissent de façon concluante que ce groupe d'officiers constituait en fait le groupe qui avait la responsabilité essentielle des plans et de la direction des opérations des Forces armées allemandes.

— La première de ces dépositions est celle de Franz Halder qui avait le grade de Generaloberst ou colonel-général — l'équivalent d'un général à quatre étoiles dans l'armée américaine. Halder était le chef de l'État-Major général de l'O.K.H. Il a été chef de l'État-Major général de l'O.K.H., de septembre 1938 à septembre 1942. Il fait donc partie du groupe et il est bien qualifié, étant donné la fonction qu'il occupait, pour déposer sur son organisation. Sa déposition est brève, je la lirai intégralement :

— « L'autorité suprême et la responsabilité des affaires militaires en Allemagne étaient confiées au chef de l'État : avant le 2 août 1934, le maréchal von Hindenburg, et depuis cette date jusqu'en 1945, Adolf Hitler.

— « Les questions militaires spéciales étaient placées sous la responsabilité des trois parties des Forces armées, autrement dit l'Armée de terre, la Marine et l'Aviation, subordonnées au Commandant en chef des Forces armées, qui était en même temps chef de l'État. En fait, le contrôle dans ce domaine était exercé par un groupe relativement restreint d'officiers de haut rang. Ces officiers pouvaient exercer cette activité de direction en raison de leurs connaissances militaires, étant donné leur formation, leur position et leurs rapports réciproques. Les plans des opérations militaires des Forces armées allemandes étaient préparés en accord avec les instructions de l'O.K.W. par ce groupe de techniciens, au nom de leur chef respectif, puis ils étaient soumis au Commandant en chef des Forces armées, en même temps chef de l'État.

— « Les membres de ce groupe avaient pour mission de préparer les opérations militaires dans le cadre de leur compétence et ils préparaient en fait toutes les opérations qui devaient être entreprises par les troupes.

— « Avant une opération, les membres du groupe spécialement intéressés pouvaient être appelés par le chef de l'État qui leur donnait les directives appropriées. On voit des exemples de telles réunions dans le discours de Hitler aux Commandants en chef, le 22 août 1939, avant la campagne de Pologne, et dans la conférence tenue à la Chancellerie du Reich, le 14 juin 1941, avant la première campagne de Russie.

— « C'était en fait l'État-Major général et le Commandement suprême des Forces armées allemandes.

« Signé : Halder. »

— Je présente ensuite une déposition de von Brauchitsch. Von Brauchitsch avait le grade de Feldmarshall et fut Commandant en chef de l'Armée de 1938 à 1941 ; il était aussi, par conséquent, membre du groupe.

— « L'autorité suprême et la responsabilité des affaires militaires en Allemagne étaient confiées au chef de l'État : avant le 2 août 1934, au maréchal von Hindenburg, et depuis cette date jusqu'en 1945 Adolf Hitler.

— « Les questions militaires spéciales étaient placées sous la responsabilité des trois parties des Forces armées, autrement dit l'Armée de terre, la Marine et l'Aviation, subordonnées au Commandant en chef des Forces armées, qui était en même temps chef de l'État. En fait, le contrôle dans ce domaine était exercé par un groupe relativement restreint d'officiers de haut rang. Ces officiers pouvaient exercer cette activité de direction en raison de leurs connaissances militaires, étant donné leur formation, leur position et leurs rapports réciproques. Les plans des opérations militaires des Forces armées allemandes étaient préparés en accord avec les instructions de l'O.K.W. par ce groupe de techniciens, au nom de leurs chefs respectifs, puis ils étaient soumis au Commandant en chef des Forces armées, en même temps chef de l'État.

— « Les membres de ce groupe avaient pour mission de préparer les opérations militaires dans le cadre de leur compétence et ils préparaient en fait toutes les opérations qui devaient être entreprises par les troupes.

— « Avant une opération, les membres du groupe spécialement intéressés pouvaient être appelés par le chef de l'État qui leur donnait les directives appropriées. On voit des exemples de telles réunions dans le discours de Hitler aux Commandants en chef, le 22 août 1939, avant la campagne de Pologne, et dans la conférence tenue à la Chancellerie du Reich, le 14 juin 1941, avant la première campagne de Russie.

— « C'est entre les mains de ceux qui détenaient ces postes que se trouvait la direction effective des Forces armées.

« Signé : von Brauchitsch. »

— Je désirerais maintenant présenter un autre témoignage sous serment de Halder qui porte sur quelques questions de détail que j'ai indiquées dans ma description de ce groupe ; il est très bref. Je lirai intégralement, afin qu'il figure au procès-verbal, cet affidavit :

— « Le service le plus important de l'O.K.W. était l'État-Major d'opérations comme l'État-Major général dans l'Armée de terre et dans l'Aviation et la Direction de la guerre navale dans la Marine. Une série de chefs de service de même rang que Jodl étaient subordonnés à Keitel. Mais eux-mêmes et leurs services étaient moins importants et moins influents dans la préparation et l'exécution des affaires militaires que ne l'étaient Jodl et son État-Major.

— « L'État-Major d'opérations de l'O.K.W. était divisé en sections dont la plus importante était celle que dirigeait Warlimont. Elle était appelée « Section de Défense nationale » et était essentiellement chargée de traiter les questions stratégiques. A partir de 1941, Warlimont, bien que conservant les mêmes fonctions, fut nommé chef adjoint de l'État-Major d'opérations de l'O.K.W.

— « Il n'y eut pendant la Deuxième Guerre mondiale aucun État-Major général unifié, tel que le grand État-Major général pendant la Première Guerre mondiale.

— « Les questions d'opérations de l'Armée de terre et de l'Aviation étaient étudiées par le groupe d'officiers supérieurs que j'ai décrit dans ma déposition du 7 novembre. (Dans l'Armée de terre : État-Major général de l'Armée ; dans l'Aviation : État-Major général de l'Aviation.)

— « Les questions relatives aux opérations menées par la Marine n'ont jamais, même pendant la Première Guerre mondiale, été étudiées par le « grand État-Major général », mais par la Direction de la Marine.

« Signé : Halder. »

— Le tribunal remarquera que cette déposition sous serment concerne avant tout les fonctions des états-majors des quatre commandements, O.K.W., O.K.L., O.K.H. et O.K.M., et justifie pleinement le rattachement au groupe des chefs d'état-major des quatre parties de l'Armée, de même que celle de Warlimont, en tant que chef adjoint de l'État-Major d'opérations de l'O.K.W., en raison de sa responsabilité dans l'élaboration des plans stratégiques.

— Je vais encore présenter une autre déposition très brève concernant une question de détail. Le Tribunal se souvient que la plus grande formation de combat de l'Aviation allemande était connue sous le nom de flotte aérienne ou Luftflotte et que tous les Commandants en chef de flottes aériennes sont compris dans ce groupe. Les Commandants de flottes aériennes avaient toujours rang d'Oberbefehlshaber, mais ils ne portaient pas officiellement cette désignation avant 1944. Ces faits sont mis en lumière dans la déposition sous serment du fils de maréchal von Brauchitsch. Son fils avait le grade d'Oberst, ou colonel, dans l'Aviation allemande et était aide de camp de l'accusé Gœring en sa qualité de Commandant en chef de l'Aviation. Il s'exprime ainsi :

— « Les chef de la Luftflotte doivent être assimilés aux Oberbefehlshaber dans l'Armée. Pendant la guerre, ces officiers n'avaient pas d'autorité territoriale et en conséquence n'exerçaient aucun pouvoir exécutif territorial.

— « Ils étaient Commandants suprêmes des unités de l'Aviation qui leur étaient subordonnées et étaient directement sous les ordres du Commandant en chef de l'Aviation.

— « Jusqu'à l'été de 1944, ils étaient désignés sous le nom de Befehlshaber. A partir de ce moment, ils reçurent le titre de Oberbefehlshaber. Ce changement de désignation n'entraîna aucun changement dans les fonctions et responsabilités qu'ils assumaient auparavant. »

— Monsieur le Président, voilà qui termine la description de la composition du groupe et de ses éléments. Le Tribunal m'a remis deux requêtes qui lui ont été adressées par l'avocat de ce groupe et il me semble qu'il serait peut-être bon de répondre à ces demandes puisqu'elles portent sur la composition du groupe. Ces lettres m'ont été transmises il y a deux jours.

— La première, du Hofrat Düllmann, me demande si le groupe, tel qu'il est défini dans l'Acte d'accusation, comprend des officiers d'un grade déterminé, tels que Feldmarschall ou Generaloberst.

— La réponse est nettement négative. Comme il a été indiqué, le critère pour déterminer l'appartenance au groupe est le fait que quelqu'un ait détenu l'un des postes désignés dans le schéma ; toute personne qui a détenu un de ces postes fait partie du groupe, quel que soit son rang. Le grade n'est pas un critère. En fait, je crois que tous les membres du groupe avaient au moins le grade de général de l'Armée allemande, ce qui équivaut au grade de lieutenant-général de l'Armée américaine.

— Il m'a aussi demandé si le groupe comprenait des officiers de ce qu'on appelait « le corps de l'État-Major général » ; ma réponse est non. Il y avait dans l'Armée allemande une académie militaire, et les diplômés de cette académie se trouvaient dans la section connue sous le nom de corps d'État-Major. Ils signaient par exemple « colonel à l'État-Major général ». Ils servaient généralement d'adjoints et d'aides de camp aux officiers d'État-Major. Je pense qu'il y en avait quelques milliers — deux ou trois mille — mais ils ne sont pas compris dans le groupe. C'étaient, pour la plupart, des officiers subalternes et il n'y a aucune raison pour les inclure dans le groupe tel qu'il est défini.

— L'autre requête provient du Dr Exner, qui signale que le sens du mot « Oberbefehlshaber » prête à confusion et que ce mot, à son avis, désigne à la fois les Commandants en chef sur le théâtre des opérations, les Commandants en chef de groupes d'armées et les Commandants en chef d'armées. C'est tout à fait exact et ce sont là les postes indiqués dans le schéma.

— Nous allons maintenant consacrer quelques minutes à examiner la façon dont fonctionnait ce groupe. A bien des égards, les chefs militaires allemands travaillaient à peu près de la même façon que dans les organisations militaires des autres grandes nations. Les plans généraux étaient élaborés par les officiers d'État-Major supérieurs et leurs adjoints, en collaboration avec les généraux et amiraux chargés de l'exécution des plans. C'était à l'échelon suprême, inutile de le dire, qu'on décidait des campagnes à entreprendre, et le fait de prendre une telle décision peut poser des problèmes politiques et diplomatiques, aussi bien que des problèmes purement militaires. Quand, par exemple, on prit la décision d'attaquer la Pologne, les officiers du grand État-Major de Berlin et leurs adjoints élaborèrent des plans militaires pour la campagne. Ces plans généraux furent transmis aux commandants de groupes d'armées et aux commandants d'armées, qui avaient la responsabilité de ladite campagne. Enfin, des consultations eurent lieu entre le Haut Commandement en campagne et les officiers d'État-Major de l'O.K.W. et de l'O.K.H., afin de revoir et de perfectionner les plans dans le détail.

— La façon dont ce groupe fonctionnait, car il entretenait des échanges d'idées entre les plus hauts officiers d'État-Major de l'O.K.W. et de l'O.K.H. d'une part, et les principaux commandants en campagne d'autre part, est décrite dans deux dépositions écrites du maréchal von Brauchitsch. J'attire l'attention du Tribunal sur cette déposition que je lis, afin qu'elle figure au procès-verbal des débats ; cette déclaration du 7 novembre 1945 est la suivante :

— « En avril 1939, je reçus des instructions de Hitler pour commencer les préparatifs militaires en vue d'une campagne possible contre la Pologne. Ce travail fut immédiatement entrepris afin d'élaborer un plan d'opérations et de mouvements de troupes. Ce plan fut alors présenté à Hitler, approuvé par lui, et légèrement amélioré par une modification qu'il indiqua. Après que les ordres d'opérations et de mouvements de troupes eurent été transmis aux deux commandants de groupes d'armées, et aux cinq commandants d'armées, des conférences eurent lieu avec eux pour fixer les détails, afin de connaître leurs désirs et leurs suggestions.

— « Après le déclenchement de la guerre, j'adoptai comme ligne de conduite de rester en contacts étroits et constants avec les Commandants en chef de groupes d'armées et les commandants d'armées, en me rendant personnellement à leur Quartier Général, ou en communiquant avec eux par téléphone, télétype ou T.S.F. De cette façon, il m'était possible de connaître leur avis sur la conduite des opérations militaires. En fait, c'était la ligne de conduite traditionnelle et la politique habituelle du Commandant en chef de l'Armée de consulter ses subordonnés et de maintenir un échange constant d'idées avec eux.

— « Le Commandant en chef de l'Armée de terre et son chef d'État-Major communiquaient avec les groupes d'armées et avec les armées directement ou par l'intermédiaire des groupes d'armées ; ils communiquaient par l'intermédiaire des groupes d'armées en ce qui concernait les questions de stratégies et de tactique ; et de façon directe pour les questions concernant les fournitures et l'administration des territoires conquis et occupés par ces armées. Un groupe d'armées n'avait pas de juridiction territoriale et avait un état-major relativement restreint, qui s'occupait uniquement des opérations militaires. Dans toutes les questions territoriales, c'était le Commandant en chef d'armées et non pas un groupe d'armées qui exerçait la pleine juridiction.

« Signé : von Brauchitsch. »

— Suit un « Supplément à ma déclaration du 7 novembre 1945 » :

— « Quand Hitler avait pris la décision d'appuyer la réalisation de ses objectifs politiques par une pression militaire ou par l'utilisation de forces militaires, le Commandant en chef de l'Armée de terre, s'il participait à l'opération, recevait généralement tout d'abord un message oral d'information ou un ordre approprié. Les plans d'opérations et de mouvements de troupes étaient ensuite élaborés à l'O.K.H. Lorsque ces plans avaient été présentés à Hitler, généralement de façon verbale, et avaient reçu son approbation, un ordre écrit de l'O.K.W. parvenait aux différentes armes des Forces armées. Entre temps, l'O.K.H. commençait à transmettre les plans d'opérations et de mouvements de troupes aux groupes d'armées et armées intéressés.

— « Le détail des plans d'opérations et de mouvements de troupes était discuté par l'O.K.H., avec les Commandants en chef des groupes d'armées et les commandants d'armées, et avec leurs chefs d'états-majors. Pendant ces opérations, l'O.K.H. maintenait un échange de vues constant avec les groupes d'armées, au moyen du téléphone, de la radio et de courriers. Le Commandant en chef de l'Armée de terre saisissait chaque occasion de maintenir un échange personnel d'idées avec les commandants de groupes d'armées et avec des officiers de groupe, au moyen de visites personnelles.

— « Dans la guerre contre la Russie, les commandants des groupes d'armées et les commandants d'armées furent individuellement et de façon réitérée, appelés en consultation par Hitler.

— « Les ordres concernant toutes les questions d'opérations militaires allaient de l'O.K.H. aux groupes d'armées, et ceux portant sur toutes les questions relatives aux fournitures et au pouvoir juridictionnel, directement de l'O.K.H. aux armées.

« Signé : von Brauchitsch. »

— Les Oberbefehlshaber en campagne — et dans les cas de l'Armée de terre cela signifie les Commandants en chef des groupes d'armées et les commandants d'armées — participaient donc à l'élaboration des plans et en dirigeaient l'exécution, ainsi que le montrent ces dépositions. Les Oberbefehlshaber étaient aussi les dépositaires du pouvoir exécutif dans les zones d'opérations des groupes d'armées et des armées. A cet égard, j'attire l'attention du Tribunal sur la directive du 13 mars 1941, signée par Keitel et provenant du Haut Commandement des Forces armées. Elle contient diverses dépositions en vue des opérations imminentes contre l'Union Soviétique qui commencèrent en fait quelques mois plus tard, le 22 juin.

— « On n'envisage pas de déclarer la Prusse Orientale ni le Gouvernement Général, zones d'occupation. Cependant, en accord avec les ordres du Führer, des 19 et 21 octobre 1939, qui n'ont pas été diffusés, le Commandant en chef de l'Armée de terre sera autorisé à prendre toutes mesures nécessaires pour l'exécution de ses tâches militaires et pour la sauvegarde de ses troupes. Il peut transférer son autorité aux Commandants en chef » — dans le texte original allemand : Oberbefehlshaber — « des groupes d'armées et des armées. Des ordres de cette nature auront priorité sur tous les ordres et obligations provenant d'organismes civils. »

— Le Tribunal se rendra ainsi compte que ce pouvoir exécutif primait toute autorité civile et qu'il était entre les mains du Commandant en chef de l'Armée, qui pouvait le transférer aux Commandants en chef de groupes d'armées et d'armées, tous membres du groupe tel qu'il est défini dans l'Acte d'accusation.

— Plus loin :

— « La zone d'opérations créée par l'avance de l'Armée au-delà des frontières du Reich et dans les pays voisins, doit être limitée en profondeur autant que possible. Le Commandant en chef de l'Armée de terre a le droit d'exercer le pouvoir exécutif dans cette zone et la faculté de transférer cette autorité aux Commandants en chef — Oberbefehlshaber — des groupes d'armées et des armées. »

LE PRÉSIDENT. — Il est temps de lever l'audience.

COLONEL TAYLOR. — Votre Honneur, j'ai encore à présenter un document concernant la structure du Groupe, avant de passer aux charges essentielles. Ce document est l'ordre officiel de participation à la délibération à la Chancellerie du Reich, le 14 juin 1941, huit jours avant l'attaque contre l'Union Soviétique. C'est l'une des réunions qui ont été mentionnées dans le dernier paragraphe des affidavits de Halder et de von Brauchitsch, et que nous avons déjà lus ce matin. Ce document est signé par le colonel Schmundt, officier d'état-major, aide de camp de Hitler et daté de Berchtesgaden le 9 juin 1941. Il commence ainsi :

— « Objet : Conférence " Barberousse ". (C'est le nom conventionnel désignant l'attaque contre l'Union Soviétique.) Le Führer et Commandant suprême des Forces armées a ordonné que des exposés sur " Barberousse " soient faits par les commandants des groupes d'armées et par les Commandants en chef de rang égal de la Marine et de l'Aviation.

— Ce document comprend également une liste des participants à cette conférence et j'aimerais, pour en finir avec ce sujet, lire cette liste pour montrer quelles étaient les personnalités présentes et combien elles correspondent étroitement à la structure du groupe telle qu'elle est définie dans l'Acte d'accusation.

— Le Generalfeldmarschall von Brauchitsch qui était Commandant en chef de l'Armée et membre du groupe ; le Général Halder qui était chef d'État-Major et membre du groupe ; puis trois subordonnés qui n'étaient pas membres du groupe : Paulus, Heusinger et Gyldenfeldt.

— Pour la Marine, le capitaine Wagner, qui était chef de l'État-Major d'opérations de la Marine de guerre, mais qui n'était pas membre du groupe. Pour l'Aviation : le général Milch, secrétaire d'État et Inspecteur général de l'Aviation, qui ne faisait pas partie du groupe, le général Jeschonnek, chef de l'État-Major général de l'Air et membre du groupe, et deux de ses assistants.

— Passant à la page suivante qui traite de l'O.K.W., Haut Commandement des Forces armées, nous trouvons Keitel, Jodl, Warlimont ; tous ces membres du groupe étaient présents, avec un envoyé de l'État-Major général. Puis quatre officiers du service du délégué qui n'étaient pas membres du groupe. Ensuite nous passons aux officiers du Commandement des troupes en campagne : Le général von Falkenhorst, Haut Commandement de l'Armée en Norvège, membre du groupe. Le général Stumpff, 5e armée de l'Air, membre du groupe. Rundstedt, Reichenau, Stülpnagel, Schober, Kleist, tous membres du groupe.

— Aviation : général Löhr, 4e armée aérienne, membre du groupe. Le général Fromm et le général Udet n'étaient pas membres du groupe. Fromm était chef des Forces armées de l'Intérieur et Udet, Directeur général de l'équipement et du ravitaillement.

— Pour la Marine : Raeder, membre du groupe ; Fricke, chef de l'État-Major général de guerre, et membre du groupe, et un adjoint qui n'était pas membre du groupe.

— Pour l'Armée : Leeb, Busch, Küchler, tous membres du groupe comme Oberbefehlshaber ; Keller, membre du groupe. Bock, Kluge, Strauss, Guderian, Hoth, Kesselring, tous membres du groupe.

— Et on verra, par conséquent, qu'excepté quelques officiers assistants de rang peu élevé, tous les participants à ces consultations étaient membres du groupe, tel qu'il est défini dans l'Acte d'accusation et, qu'en fait, les participants à ces consultations comprenaient les membres du groupe chargés des plans sur les opérations futures contre l'Union Soviétique.

— J'ai maintenant terminé avec la première partie, c'est-à-dire avec la description de l'État-Major général et du groupe du Haut Commandement, avec sa composition et sa structure, de même que son fonctionnement général. Je passe aux charges portées contre ces groupes dans l'Acte d'accusation :

— L'appendice B, accuse ce groupe d'une grande responsabilité dans la préparation, la mise au point, le déclenchement et le développement de guerres illégales comme il est exposé aux chefs d'accusation 1 et 2 ; de crimes de guerre et de crimes contre l'Humanité prévus aux chefs d'accusation 3 et 4.

— En fournissant la preuve de ces charges, nous devons garder présent à l'esprit que, aux termes de l'Acte d'accusation, ce groupe porte la responsabilité de tout crime dont l'un quelconque des accusés membres du groupe, peut être convaincu.

— L'État-Major général et le Haut Commandement sont bien représentés parmi les accusés. Cinq des accusés, c'est-à-dirc un quart des présents sont membres du groupe.

— Pour les citer dans l'ordre où ils sont inscrits, le premier est l'accusé Gœring. Gœring est un accusé qui avait de nombreuses responsabilités. Il était membre de l'État-Major général et du groupe du Haut Commandement, car il fut Commandant en chef des Forces aériennes, à partir du moment où l'Aviation allemande prit une existence officielle jusqu'à un mois environ avant la fin de la guerre. Durant le dernier mois de la guerre, il fut remplacé dans ses fonctions par von Greim qui se suicida peu après sa capture à la fin de la guerre. Gœring est accusé de tous les crimes mentionnés aux différents chefs de l'Acte d'accusation.

— L'accusé suivant est Keitel. Lui-même et les trois autres accusés sont membres du groupe et font tous quatre l'objet de charges particulièrement graves en raison de leurs seules responsabilités militaires. Tous sont soldats ou marins de carrière. Keitel était le chef du Haut Commandement des Forces armées allemandes ou O.K.W. lorsque ce dernier fut organisé en 1938 ; il resta à son poste pendant toute la période en question. Il occupait le rang de Feldmarschall. Pendant la plus grande partie de cette période, outre ses fonctions de chef de l'O.K.W., il fut membre du Conseil de Cabinet secret et du Conseil des ministres pour la défense du Reich. Keitel est accusé de tous les crimes énumérés dans les quatre chefs d'accusation.

— L'accusé Jodl était militaire de carrière ; il était lieutenant-colonel quand les nazis prirent le pouvoir. Il atteignit finalement le grade de Generaloberst, devint chef de l'État-Major d'opérations de la Wehrmacht et garda ce poste pendant toute la guerre. Il est également accusé de tous les crimes énumérés dans les quatre chefs d'accusation.

— Les deux autres accusés [1] membres du groupe, appartiennent à la Marine. L'accusé Raeder est, en un certain sens, le membre le plus ancien de tout le groupe, car il est Commandant en chef de la Marine allemande

1. Le prochain volume du *Glaive et les Bourreaux* sera consacré à la Kriegsmarine, deuxième volet de ce dossier de Nuremberg sur l'armée nazie.

depuis 1928. Il obtint le rang de Grossadmiral, le plus haut de la Marine allemande, et fut en outre, membre du Conseil de Cabinet secret. Il démissionna du Commandement suprême de la Marine en janvier 1943 et fut remplacé par Dœnitz. Il est accusé des crimes mentionnés aux chefs n° 1, 2 et 3 de l'Acte d'accusation.

— Le dernier des cinq accusés, Dœnitz, était un officier de grade relativement peu élevé lorsque les nazis prirent le pouvoir. Durant les premières années du régime nazi, il se spécialisa dans les activités sous-marines et fut commandant de l'armée sous-marine. Lorsque la guerre éclata, il monta rapidement en grade dans la Marine et fut choisi pour succéder à Raeder lorsque ce dernier se retira en 1943. Dœnitz devint alors Commandant en chef de la Marine et Grossadmiral. Lorsque les Forces armées allemandes s'effondrèrent, Dœnitz succéda à Hitler comme chef du Gouvernement allemand. Il est accusé des crimes énumérés dans les trois premiers chefs de l'Acte d'accusation.

— Quatre des cinq accusés peuvent être considérés comme des représentants types du groupe. Nous devons faire une exception pour l'Accusé Gœring, qui fut avant tout un politicien du parti nazi, mais avait une passion pour l'aviation depuis sa carrière de 1914-1918. Les autres firent de leur métier de soldat ou de marin l'œuvre de leur vie. Ils collaborèrent aux entreprises les plus importantes des nazis, mais ne furent pas membres du Parti dès le début. Ils ne diffèrent pas essentiellement des autres 125 membres du groupe. Ils sont parvenus aux situations les plus élevées dans les Forces armées allemandes et tous sauf Jodl, atteignirent le plus haut rang. Ils seront un exemple excellent pour une étude sur les représentants du groupe, et nous pouvons examiner leurs idées et leurs actions avec la certitude que ces idées et ces actions sont caractéristiques des autres membres du groupe.

LA ROUE DU DESTIN

Le 11 janvier 1946, le journal « Le Monde » rend compte de la présentation, au sein des débats de Nuremberg, de l'accusation portée contre Keitel et Jodl sous le titre : « Exécutants prêts à tout ». C'est cet article que j'ai choisi pour remplacer le texte de l'acte lui-même :

— A la fin de l'audience de mercredi après-midi, au procès de Nuremberg, M. Roberts, du ministère public anglais, avait démontré la responsabilité de Keitel et de Jodl dans la préparation de l'exécution des guerres d'agression du Reich hitlérien en leur qualité, le premier de chef de l'Oberkommando Wehrmacht, le second de chef de l'état-major des opérations.

— M. Roberts examina ensuite d'autres actes criminels reprochés à Keitel et à Jodl. Le premier signa, en mai 1943, un ordre spécialement consacré aux aviateurs français de l'escadrille « Normandie-Niémen » qui tombaient entre les mains de la Wehrmacht. Ils devaient être remis au gouvernement de Vichy et, aux termes d'un accord intervenu entre Berlin et Vichy, ils devaient être par la suite exécutés. Keitel donna en outre des instructions pour que des mesures sévères fussent prises à l'égard des parents ou amis des aviateurs français qui les aidaient à s'évader de France.

— D'autre part, à l'instigation de Jodl, des procès « pour la galerie » furent faits à des commandos britanniques capturés et déjà exécutés. Ils étaient supposés être encore en vie, et leur condamnation devait justifier leur exécution. Parmi les suppliciés figuraient un matelot tombé aux mains des Allemands à la suite d'une attaque contre le cuirassé *Tirpitz* dans le fjord de Trondhjem par un sous-marin de poche ; sept Anglais, dont deux capitaines, appartenant au groupe qui fit sauter en septembre 1942 l'importante centrale électrique de Glompjord, en Norvège, et six commandos qui, à l'aide de canoës, causèrent de graves avaries à des navires allemands ancrés dans la Gironde.

— En ouvrant le dossier des deux chefs militaires, le substitut britannique avait donné lecture d'un document de caractère si confidentiel qu'il ne fut établi qu'à trois exemplaires. Il s'agit d'une sorte de principe fondamental adopté par le haut commandement allemand le 19 avril 1938.

— « La déclaration de guerre, dit ce document, n'est plus nécessaire pour déclencher un conflit armé. Les lois normales de la guerre à l'égard des États neutres ne seront observées que dans le cas où leur application présente un immense avantage ou un immense préjudice aux nations belligérantes de l'un ou l'autre camp. »

Le 3 avril 1946, l'accusé Keitel est appelé à la barre des témoins.

LE PRÉSIDENT. — Voulez-vous donner votre nom ?

ACCUSÉ WILHELM KEITEL. — Wilhelm Keitel.

LE PRÉSIDENT. — Répétez ce serment après moi :

« Je Jure devant Dieu tout puissant et omniscient que je dirai la pure vérité et que je ne cèlerai ni n'ajouterai rien. »

(Le témoin répète le serment.)

LE PRÉSIDENT. — Vous pouvez vous asseoir.

Dr NELTE. — Je vous prie de nous faire une brève description de votre carrière militaire.

ACCUSÉ KEITEL. — Au début du mois de mars 1901, je suis entré dans un régiment d'artillerie prussien en qualité d'aspirant. Au début de la Première Guerre mondiale, en 1914, j'étais aide de camp à l'État-Major de mon régiment. Après avoir été blessé en septembre 1914, je suis devenu commandant de batterie dans mon régiment au début de novembre de cette même année. A partir du printemps de l'année 1915, j'ai occupé diverses fonctions à l'État-Major général, tout d'abord à des postes de commandement supérieur en campagne et, plus tard, comme officier d'État-Major général d'une division. A la fin, j'étais officier d'État-Major général du corps de fusiliers marins en Flandre. Puis, je suis entré comme volontaire dans la Reichswehr. A partir de 1929, j'ai été chef du service de l'organisation de l'Armée au ministère de la Défense nationale du Reich. Après une interruption de 1933 à 1935, je devins, le 1er octobre 1935, chef de la direction des Forces armées au ministère de la Guerre du Reich, c'est-à-dire chef d'État-Major auprès du ministre de la Guerre. Pendant la guerre, j'avais été nommé Generalmajor. Je commandais alors une brigade d'infanterie. Le 4 février 1938, je fus appelé, à ma grande surprise, aux fonctions de chef de l'État-Major du Führer, ou chef de l'O.K.W. Le 1er octobre 1939, je fus nommé général d'infanterie, et plus tard, après la campagne de France, en 1940, Feldmarschall.

Dr NELTE. — Étiez-vous membre du parti national-socialiste ?

ACCUSÉ KEITEL. — Non, je n'étais pas membre du Parti. D'ailleurs, d'après la loi sur la défense, je ne pouvais pas l'être, ni le devenir.

Dr NELTE. — Mais vous avez été décoré de l'insigne en or du Parti. A quelle occasion ?

ACCUSÉ KEITEL. — C'est exact. En avril 1939, Hitler me remit l'insigne en or du Parti, en même temps qu'au Commandant en chef de l'Armée de terre, le général von Brauchitsch. Le Führer nous dit que c'était en commémoration de l'entrée en Tchécoslovaquie. L'insigne en or portait, gravées, les dates des 16 et 17 mars.

Dr NELTE. — La loi sur la défense a été modifiée en 1944, de sorte que des soldats de métier ont pu devenir membres du Parti. Qu'avez-vous fait alors ?

ACCUSÉ KEITEL. — Il est exact qu'à la fin de l'été 1944, ou en automne 1944, la loi sur la défense a été modifiée de façon à permettre aux militaires de devenir membres du Parti. On m'a demandé alors de donner mon *curriculum vitae* pour le fichier, en vue de mon inscription au Parti. On m'a demandé en même temps d'envoyer au Parti un don en espèces. J'ai alors envoyé à la direction du Parti mon *curriculum vitae,* avec un mandat. Mais je ne suis pas devenu membre du Parti pour autant. Je n'ai jamais reçu de carte de membre.

Dr NELTE. — Dans quelle mesure avez-vous participé à des manifestations du Parti ?

ACCUSÉ KEITEL. — La situation que j'occupais, étant donné que j'accompagnais toujours le Führer, m'a amené à participer, à plusieurs reprises, à des manifestations publiques organisées par le Parti. C'est ainsi, par exemple, que j'ai participé aux congrès du Parti à Nuremberg ainsi que, chaque année, à l'inauguration de l'œuvre du Secours d'Hiver. Enfin je devais, par ordre, me rendre chaque année, le 9 novembre, avec un représentant du Parti, à une cérémonie en l'honneur des victimes du 9 novembre 1923. C'était là un acte symbolique en mémoire des combats du 9 novembre entre la Wehrmacht et le Parti. Je n'ai jamais assisté à des séances de comités ou aux réunions des dirigeants du Parti. Le Führer m'avait d'ailleurs fait comprendre qu'il ne le désirait pas. C'est ainsi, par exemple, que je me trouvais tous les ans à Munich, le 9 novembre ; mais je n'ai jamais assisté aux réunions de ceux que l'on appelait les Hoheitsträger du Parti.

Dr NELTE. — Quelles sont les décorations que vous avez obtenues au cours de la guerre ?

ACCUSÉ KEITEL. — Pendant la guerre — au cours de l'hiver 1939-1940, je crois — j'ai été nommé Chevalier de la Croix de Fer. Je n'ai reçu aucune distinction pendant la guerre.

Dr NELTE. — Avez-vous des fils ?

ACCUSÉ KEITEL. — J'avais trois fils. Tous trois ont été au front comme officiers pendant cette guerre. Le plus jeune est tombé en 1941, en Russie ; le second a disparu en Russie, il était commandant ; et l'aîné de mes fils est prisonnier de guerre. Il est également commandant.

Dr NELTE. — Feldmarschall Keitel, je voudrais, au début de cet interrogatoire, vous poser une question de principe : quelle était votre attitude de principe, en tant que soldat, officier et général, à l'égard des problèmes que vous aviez à traiter de par vos fonctions ?

ACCUSÉ KEITEL. — J'étais soldat, je peux le dire, par inclination et par conviction. Pendant plus de quarante-quatre ans, sans interruption, j'ai servi ma patrie et mon peuple comme soldat et je me suis efforcé de toujours donner le meilleur de moi-même dans l'exercice de mon métier. J'ai cru qu'il était de mon devoir de m'acquitter par un travail ininterrompu et avec une fidélité constante, de toutes les tâches qui m'incombaient dans les diverses situations que j'ai occupées. Je l'ai fait avec le même dévouement, que ce soit sous les ordres du Kaiser, du Président Ebert, du Feldmarschall von Hindenburg ou du Führer, Adolf Hitler.

Dr NELTE. — Quelle est votre attitude actuelle ?

ACCUSÉ KEITEL. — En tant qu'officier allemand, je considère qu'il est de mon devoir le plus clair de prendre la responsabilité de tous mes actes, même de ceux qui ont pu être mauvais. Je suis reconnaissant qu'on m'ait donné la possibilité de rendre compte ici, et devant le peuple allemand, de ce que j'ai été et de ma participation aux événements. Il n'est pas toujours possible de discerner si l'on a consciemment commis une faute ou si l'on s'est laissé prendre dans la roue du destin. Du moins, il me paraît impossible d'imputer une faute au soldat de première ligne, aux sous-officiers et aux officiers subalternes qui étaient sur le front, tandis que les chefs importants déclineraient toute responsabilité. A mon avis, c'est faux, et j'estime que c'est également indigne. Je suis convaincu que la grande masse de nos braves soldats était au fond honnête, et que partout où on a dépassé les limites, nos soldats ont agi de bonne foi, conformément aux nécessités des opérations militaires et aux ordres reçus.

Dr NELTE. — Dans l'exposé des violations des lois de la guerre et dans la présentation des crimes contre l'Humanité, le Ministère Public s'est référé constamment à des documents et à des ordres qui portent votre nom. Beaucoup d'ordres dits « ordres Keitel » ou « décrets Keitel » ont été présentés ici. Il conviendrait d'examiner dans quelle mesure vous êtes, par votre activité, responsable formellement et réellement des conséquences de ces ordres. Que répondez-vous à cette accusation d'ordre général ?

ACCUSÉ KEITEL. — Il est exact qu'il y a un grand nombre d'ordres, d'instructions et de directives qui sont liés à mon nom, et il faut reconnaître également que de tels ordres s'écartent souvent des stipulations du Droit international en vigueur. Par ailleurs, il existe également un certain nombre d'ordres et d'instructions qui ne sont pas fondés sur des motifs d'ordre purement militaire, mais sur des conceptions idéologiques. Je pense en particulier à l'ensemble des instructions qui ont été données avant la campagne de Russie et qui ont encore été publiées plus tard.

Dr NELTE. — Que pouvez-vous dire pour votre décharge sur ces documents ?

ACCUSÉ KEITEL. — Je ne puis que reconnaître que je porte, en raison de mes fonctions, la responsabilité de tous les actes qui ont été commis en application de ces ordres et que j'ai couverts de mon nom et de ma signature. Je supporte en outre la responsabilité des actes commis par les services et subdivisions de l'O.K.W. qui m'étaient subordonnés, dans la mesure où cette responsabilité est fondée, juridiquement et moralement.

Dr NELTE. — Comment doit-on apprécier la portée de votre responsabilité juridique et de vos fonctions ?

ACCUSÉ KEITEL. — Elle résulte du décret du Führer du 4 février 1938, qui a été souvent mentionné ici.

Dr NELTE. — Je vous fais remettre ce décret pour que vous en ayez le texte sous les yeux. Dans ce décret du Führer, au paragraphe I, nous trouvons :

— « Dorénavant, j'exercerai directement et personnellement le commandement suprême sur l'ensemble des Forces armées. »

— Quelle modification ce décret apporte-t-il à la situation qui existait jusqu'alors ?

ACCUSÉ KEITEL. — Jusqu'alors, nous avions un Commandant en chef de la Wehrmacht qui était le Feldmarschall von Blomberg et, en outre, le Chef suprême de la Wehrmacht qui, constitutionnellement, devait être le chef de l'État, dans ce cas : Hitler. Après la disparition du Commandant en chef de la Wehrmacht, von Blomberg, il n'y eut plus qu'un chef suprême, Hitler lui-même ; et, à partir de ce moment-là, il a exercé à lui seul le commandement effectif des trois armes : l'Armée de terre, l'Armée de l'air et la Marine. Il est dit expressément : « Dorénavant j'exercerai directement », ce qui devait établir sans équivoque qu'il ne devait plus exister aucun service intermédiaire ayant pouvoir de donner des ordres, mais que les ordres seraient donnés par Hitler en tant que Chef suprême de la Wehrmacht, et transmis directement aux trois armes et à leurs chefs. Il est dit de plus : « directement », « personnellement ». Cela a également sa signification, car ce terme « personnellement » voulait dire qu'il n'y avait pas ou qu'il n'y aurait pas délégation de ces pouvoirs.

Dr NELTE. — J'en conclus que lorsque vous signiez, vous ne mentionniez jamais : « i.v. », « par délégation ».

ACCUSÉ KEITEL. — Non, je ne me souviens pas avoir signé un seul document par délégation. Suivant nos principes militaires, s'il avait été question de nommer un représentant, seul le doyen d'âge eût pu être Commandant en chef de la Wehrmacht.

Dr NELTE. — Il est dit, au paragraphe 2 du décret du 4 février 1938 :

— « ... l'ancienne direction des Forces armées du ministère de la Guerre passe sous mes ordres directs sous le nom d'O.K.W., et constituera mon État-Major militaire. »

— Quelle est la signification de cette décision en ce qui concerne l'État-Major ainsi créé ?

ACCUSÉ KEITEL. — Le Commandant en chef de la Wehrmacht avait pour État-Major militaire la direction de la Wehrmacht au ministère de la Guerre. C'est de cette direction de la Wehrmacht que Hitler, en tant que Commandant suprême de la Wehrmacht, fit son État-Major militaire ; ainsi, cet État-Major devint son bureau d'études personnel. On avait supprimé, en même temps que le poste de chef de la Wehrmacht, celui de ministre de la Guerre du Reich. Il n'y avait donc plus de ministère de la

Guerre, ni de ministre de la Guerre, et cela exprimait clairement ce que voulait Hitler, à savoir qu'il ne devait plus y avoir entre moi et les différentes armes de la Wehrmacht — pas plus par la voie hiérarchique qu'administrative — de fonctionnaires investis de pouvoirs quelconques.

Dr NELTE. — D'après ce décret, vous avez été investi d'une nouvelle fonction désignée sous le titre de « chef de l'O.K.W. ». Je voudrais établir clairement si cette désignation de « chef de l'O.K.W. » est exacte, c'est-à-dire si elle correspondait réellement à son sens apparent.

ACCUSÉ KEITEL. — Je dois dire qu'en fait, je ne me suis rendu compte que maintenant que cette désignation, dans sa forme abrégée, n'était pas tout à fait exacte. Pour être exact, il aurait fallu dire « chef de l'État-Major de l'O.K.W. » et non pas, en abrégé, « chef de l'O.K.W. », parce qu'il ressort des exposés du Ministère Public qu'on a interprété le terme « chef » comme s'il s'agissait d'un commandant ayant autorité pour émettre des ordres, et c'est là naturellement une conclusion erronée. Il ne s'agissait ni d'une fonction de chef dans le sens d'un officier exerçant un pouvoir de commandement, ni — ce qu'on a supposé ou aurait pu supposer — d'une fonction de chef d'État-Major général ; voilà qui n'est pas exact non plus. Je n'ai jamais été chef d'État-Major de la Wehrmacht. C'était la volonté formelle de Hitler de concentrer en sa personne toute l'autorité et tous les pouvoirs, et ce n'est pas seulement une constatation a posteriori, car il a nettement exprimé cette volonté devant moi à plusieurs reprises en disant : « Je n'ai jamais pu obtenir cela avec Blomberg. »

Dr NELTE. — J'ai devant moi une déclaration du Feldmarschall Brauchitsch présentée par le Ministère Public.

ACCUSÉ KEITEL. — Permettez-moi d'ajouter encore quelque chose. Je disais que mes fonctions n'étaient pas celles d'un chef d'État-Major général, car selon la conception fondamentale de Hitler, les commandants en chef des différentes armes composant la Wehrmacht avaient chacun leur propre État-Major général ou d'opérations et il ne voulait pas que le Haut Commandement de la Wehrmacht, qui englobait l'État-Major d'opérations, assumât les fonctions d'un État-Major général. Ainsi, pratiquement, le travail était fait par les États-Majors généraux des trois armes de la Wehrmacht, tandis que l'État-Major d'opérations de l'O.K.W., à l'effectif volontairement très réduit, n'était qu'un bureau d'études auquel Hitler confiait l'examen des questions stratégiques ou d'autres missions spéciales.

Dr NELTE. — Considérez-vous donc comme exactes les déclarations du Feldmarschall von Brauchitsch dans l'affidavit dont j'ai déjà parlé : « Lorsque Hitler avait décidé d'exercer une pression militaire pour atteindre ses buts ou de mettre en œuvre ses moyens militaires, le Commandant en chef de l'Armée de terre, s'il devait participer à cette opération, recevait au préalable des instructions généralement orales ou un ordre adéquat. L'O.K.W. étudiait les plans d'opérations et d'attaque. Après les avoir soumis à Hitler et avoir reçu son approbation, l'O.K.W. adressait un ordre écrit aux différentes armes de la Wehrmacht. »

— Est-ce exact ?

ACCUSÉ KEITEL. — Oui, en principe c'est exact dans la mesure où la rédaction définitive de l'ordre est adressé au chef de l'Armée de terre sous la forme de ce que nous appelions une instruction, et sur la base de plans déjà présentés et approuvés dans leurs grandes lignes. Ce travail était accompli par l'État-Major d'opérations de la Wehrmacht, mais cet État-Major n'était pas un service autonome ; il ne pouvait, pour donner des ordres, agir d'une manière autonome. L'État-Major d'opérations coopérait avec moi pour élaborer ou examiner les projets que nous rédigions ensuite pour les présenter à Hitler qui, en tant que Chef suprême, leur donnait leur forme définitive. Pour employer le terme technique, nous transmettions les ordres.

Dr NELTE. — Dans le document qui est devant vous, le Ministère Public déclare qu'il y avait, après 1938, quatre divisions, à savoir l'O.K.W. ou Haut Commandement de la Wehrmacht, l'O.K.H. ou Haut Commandement de l'Armée de terre, l'O.K.L. ou Haut Commandement de l'Armée de l'air, l'O.K.M. ou Haut Commandement de la Marine, et que chacune possédait son propre État-Major. Que pouvez-vous dire à ce sujet ?

ACCUSÉ KEITEL. — Tout ce que je puis dire c'est que ce n'est pas exact et ne correspond pas aux explications que j'ai données au sujet des fonctions des Hauts Commandements des différentes armes et de leurs rapports avec l'O.K.W. Il n'y avait pas quatre divisions ; il n'y en avait que trois, à savoir : un Haut Commandement de l'Armée de terre, un Haut Commandement de la Marine et un Haut Commandement de l'Armée de l'air. Le Haut Commandement de la Wehrmacht était un État-Major personnel et non un service autonome investi de pouvoirs, comme je l'ai expliqué tout à l'heure. Les chefs des trois armes étaient des commandants en chef ; ils avaient des pouvoirs de commandement et exerçaient ces pouvoirs sur les troupes placées sous leurs ordres. L'O.K.W. n'avait pas de pouvoirs de commandement ni de troupes sous ses ordres. Il n'est donc pas exact de dire, comme je me souviens de l'avoir entendu dans l'exposé du Ministère Public : « Keitel, Commandant en chef de la Wehrmacht ». Je tiens à le mentionner. De plus, en ce qui concerne le document qui m'a été présenté, je voudrais attirer brièvement l'attention sur la dernière page où se trouve un schéma.

Dr NELTE. — Monsieur le Président, ce schéma représente le diagramme intitulé : « Wehrmacht ». C'est la représentation schématique de l'ensemble de la Wehrmacht et de ses différentes parties.

ACCUSÉ KEITEL. — Je crois qu'il serait bon que je parle brièvement de ce schéma qui semble être à l'origine de cette conception erronée, car l'O.K.W. y est représenté comme un service autonome investi de pouvoirs, ce qui est inexact.

Dr NELTE. — Quelle était votre tâche dans le domaine militaire en tant que chef de l'O.K.W. ?

ACCUSÉ KEITEL. — Tout d'abord il y avait un travail essentiel qui consistait à apporter au Führer tous les éléments de son travail, donc à recueillir toutes les informations et tous les renseignements qu'il désirait. Ce travail était fait en collaboration avec l'État-Major d'opérations de la Wehrmacht. On peut décrire les fonctions de l'État-Major d'opérations de la Wehrmacht en disant qu'il était chargé d'établir des relations étroites et directes avec les différentes armes de la Wehrmacht.

— Je n'avais pas seulement à rassembler tous les documents qui étaient demandés tous les jours ; j'avais une seconde fonction qui, en principe, exigeait ma présence à toutes les conférences auxquelles participaient les commandants en chef des différentes armes de la Wehrmacht et leurs chefs d'État-Major, ainsi que le chef de l'État-Major d'opérations de la Wehrmacht. J'étais tenu d'assister à ces réunions parce que quantité d'ordres y étaient donnés verbalement et que ces ordres, selon les principes militaires, devaient évidemment être confirmés ultérieurement par écrit. C'était le seul moyen d'éviter les erreurs ou malentendus, en confirmant à l'intéressé par écrit les ordres qu'il avait déjà reçus verbalement. Tel était le sens et le but de cet ordre.

Dr NELTE. — Comment avez-vous signé alors ces ordres que vous transmettiez ?

ACCUSÉ KEITEL. — Il est exact que les ordres et instructions étaient presque tous signés par moi. En fait, il s'agissait d'ordres déjà donnés et transmis depuis longtemps par la voie hiérarchique. C'est pourquoi — ce qui peut d'ailleurs être vérifié dans tous les documents qui sont ici — j'ai toujours employé en guise d'introduction la formule suivante : « Le Führer a ordonné... »

— Dans la grande majorité des cas, ces ordres n'étaient plus une surprise pour les services qui les recevaient ; ce n'était que la confirmation d'ordres antérieurs. De même, j'ai naturellement fait élaborer sous ma direction des ordres relatifs à des questions administratives ou autres, en dehors du domaine strictement tactique, et je les ai transmis. Sur ce point, je voudrais faire remarquer tout particulièrement que je n'ai jamais envoyé d'ordres sans les avoir soumis à mon Chef suprême au rapport quotidien pour m'assurer que je n'avais pas interprété à faux ses indications et que je n'avais rien écrit — je peux le déclarer — qui ne pût recevoir son approbation, tant pour la forme que pour le fond.

Dr NELTE. — Il y avait encore une autre catégorie d'ordres et d'instructions...

ACCUSÉ KEITEL. — Me permettez-vous d'ajouter encore quelque chose ?

Dr NELTE. — Je vous en prie.

ACCUSÉ KEITEL. — Pour que tout ceci soit bien clair : parmi les documents déposés se trouvent des documents signés personnellement par Hitler et qui portent l'en-tête : « Le Führer et Commandant suprême de la Wehrmacht. » Il y a quelques exceptions, parmi lesquelles des instructions signées par moi et « par ordre ». Je voudrais donner une explication à ce sujet.

— Dans ce cas, ces instructions, qui pour la plupart avaient été corrigées plusieurs fois par Hitler lui-même, devaient être envoyées d'urgence alors que, par suite d'empêchement, le Führer ne pouvait les signer de sa main. C'est alors moi qui devais les signer mais dans ce cas je ne signais jamais « par délégation », mais toujours « par ordre ». Par ailleurs, tout se passait comme je l'ai déjà dit tout à l'heure, c'est-à-dire que je signais les instructions.

— Je voudrais indiquer en même temps que si on a présenté ici quantité de documents portant l'en-tête « Chef de l'O.K.W. », ou parfois « Haut Commandement de la Wehrmacht », avec la signature « par ordre, A. Jodl », je dois dire qu'automatiquement ces ordres étaient signés ainsi parce que j'étais absent ; sinon je les aurais signés, car c'était moi qui étais chef de l'État-Major et qu'en vertu des principes militaires, c'était moi qui devais signer de tels documents.

Dr Nelte. — Le texte que vous avez devant vous contient la phrase suivante :

— « L'O.K.W. réunissait l'activité d'un état-major et celle d'un ministère. Il s'agissait là des affaires traitées autrefois par le ministère de la Guerre du Reich, et qui sont devenues de la compétence de l'O.K.W. »

— Voulez-vous nous exposer les fonctions ministérielles de l'O.K.W. ?

Accusé Keitel. — La formule employée n'est pas tout à fait inexacte, mais le moins qu'on en puisse dire est qu'elle prête à confusion ; en effet, on ne peut pas dire que l'O.K.W. ait assumé toutes les tâches qui relevaient autrefois du ministre de la Guerre. Il y avait un nombre considérable de fonctions et de privilèges grâce auxquels le ministre de la Guerre, en sa qualité de ministre responsable, pouvait prendre des décisions même vis-à-vis des Hauts Commandements des armes de la Wehrmacht et de leurs chefs, ce qu'il a fait effectivement. Mais ces pouvoirs n'ont jamais été transmis au chef de l'O.K.W., c'est-à-dire à moi-même. Voici donc ce qui se produisit : toutes les questions qui réclamaient des pouvoirs de commandement et dont le Führer ne voulait pas se charger personnellement étaient transmises aux chefs des armes composant la Wehrmacht, qui pouvaient exercer leur pouvoir de décision. A titre d'exemples, je voudrais citer un certain nombre de faits qui sont présents à ma mémoire ; par exemple : les dossiers personnels des officiers, les décisions au sujet de plaintes formulées, la documentation devant servir à l'établissement du budget, les questions de juridiction, attribués autrefois au ministère de la Guerre, furent ensuite transmis aux chefs des armes de la Wehrmacht ; toutes les questions concernant la fonction publique et le statut des fonctionnaires ; je pourrais en citer encore d'autres, mais je m'arrête, pour faire ressortir que dans tous les cas où une décision devait être prise, comme par exemple le déplacement d'un fonctionnaire ou le renvoi d'un employé, ce n'était pas le chef de l'O.K.W. qui pouvait décider, mais les chefs des armes de la Wehrmacht à qui étaient délégués ces pouvoirs, en plus de ceux qu'ils détenaient déjà, pouvoirs qui relevaient de l'autorité du ministre de la Guerre ; il restait encore un certain nombre de questions sur lesquelles Hitler se réservait de statuer.

— Dans un autre domaine, l'O.K.W. dut encore subir une diminution de ses activités au cours des années suivantes, par suite de la scission du ministère de l'Économie et de l'Armement — on créa un ministère de l'Armement — et de la dissolution de l'Amt Auslandsabwehr, service de renseignements, dont l'Armée ne garda qu'une des fonctions, la sécurité militaire, les autres fonctions lui étant retirées.

— Voici maintenant quels étaient mes pouvoirs : pour toutes les questions fondamentales relevant du secteur ministériel, j'étais obligé de prendre l'avis de Hitler dans tous les cas. Je ne pouvais décider moi-même que pour les affaires courantes et lorsqu'il s'agissait de mesures intéressant les différentes armes de la Wehrmacht ; je ne pouvais décider que lorsqu'il y avait accord complet entre tous les membres du bureau d'études. Dans ces cas, il n'était pas nécessaire que la décision vînt du Führer.

— En résumé, je ferai constater une fois de plus que l'O.K.W. ne détenait pas de compétence propre. Il faut donc dire que Hitler réunissait en sa personne, avec les fonctions de Chef suprême de la Wehrmacht, celles de ministre de la Guerre et, je le répète, il tenait à éliminer tout intermédiaire entre lui et les chefs des trois armes de la Wehrmacht.

LE PRÉSIDENT. — Nous allons suspendre l'audience jusqu'à 14 heures.

DR NELTE. — *(Au témoin.)* Vous nous avez expliqué comment, le 4 février 1938, une partie des attributions réservées jusqu'à cette date au ministère de la Guerre avait été transférée aux différentes armes, et une autre partie à l'O.K.W. Voici ce que contient, à ce sujet, le décret dont il a été fait mention :

— « L'O.K.W. assume les fonctions du ministère de la Guerre. Le Chef de l'O.K.W. exerce en mon nom les compétences qu'avait jusqu'à présent le ministre de la Guerre. »

— Dites-moi brièvement quelles étaient ces compétences. Je transmettrai moi-même au Tribunal un diagramme qui a été remis à la section de traduction mais je ne sais pas si le Tribunal en possède déjà une traduction.

ACCUSÉ KEITEL. — Ces fonctions qui sont celles d'un ministère, ont été, en fait, transférées à l'O.K.W. et ont été exercées par une série de services dont je vais nommer ici les plus importants avec leurs attributions.

— Je dirai d'abord un mot de l'État-Major d'opérations (Wehrmachtführungsstab), service de l'O.K.W. qui fut placé sur le même pied que les autres services mais qui, étant donné l'ordre hiérarchique, acquit à l'égard de ceux-ci une position privilégiée. Comme l'expression l'indique, le Wehrmachtführungsstab, État-Major d'opérations, était un organe du

Haut Commandement avec lequel le Führer collaborait beaucoup et, je dois le dire, de façon prépondérante. Il n'était pas question ici d'attribution ministérielle.

— Puis l'« Allgemeine-Wehrmachtsamt » dont dépendait surtout la partie administrative des attributions ministérielles. Il ne serait pas faux de l'appeler un petit ministère de la Guerre.

— Il y avait ensuite l'« Amt Ausland Abwehr » s'occupant de plusieurs questions à l'échelon ministériel et parfois des questions de commandement.

— Puis le « Rüstungs und Wirtschaftsamt » (Service de l'armement et de l'économie) dont je dois signaler la dissolution en 1940. Il subsista un petit service d'administration militaire chargé surtout de l'approvisionnement de l'Armée dans tous les domaines : combustibles, charbon, carburant, etc. Vient ensuite un domaine plus important : les réserves, pratiquement les questions de recrutement. Un bureau central s'occupait plus particulièrement des questions qui se posaient au sein de l'O.K.W. Je signale encore la Justice, le Budget et toute une série d'autres attributions dont l'énumération n'est pas nécessaire.

— Voilà toute l'activité ministérielle de l'O.K.W. Je voudrais...

LE PRÉSIDENT. — Docteur Nelte, je crois que le Tribunal a compris la différence qui existait entre le Generalstab des Oberkommandos et l'O.K.W. à laquelle fait allusion l'accusé. Mais est-il nécessaire d'entrer dans tous ces détails ?

Dr NELTE. — J'en avais fini avec ce paragraphe.

LE PRÉSIDENT. — Très bien.

Dr NELTE. — Le Ministère Public, dans son exposé, a fréquemment fait mention de l'accusé Keitel à propos d'ordres, d'instructions, etc. On les citait toujours comme les ordres de Keitel, les décrets de Keitel et, en outre, le Ministère Public a basé en grande partie son accusation sur Keitel. Je désire vivement éclaircir, en vous questionnant, la situation du Feldmarschall Keitel. Quels étaient ses pouvoirs et sa responsabilité comme chef de l'O.K.W. ou dans ses autres fonctions officielles ? Connaissez-vous le décret du 4 février 1938 créant le Haut Commandement de la Wehrmacht, l'O.K.W., et nommant le Feldmarschall Keitel son chef ?

ACCUSÉ GŒRING. — Je connais évidemment ce décret car j'ai aidé le Führer à l'établir, il discuta avec moi la refonte complète du 8 février et les conséquences en résultant, c'est-à-dire les changements organiques de son État-Major tout entier.

— A cette époque, le Führer réorganisait tout son État-Major. En tant que chef de l'État (Staatsoberhaupt) il possédait une chancellerie d'État. Il nomma Meissner, qui était alors secrétaire d'État, ministre d'État et fit de la chancellerie d'État son bureau administratif. Puis, en collaboration avec les services de protocole des Affaires étrangères, il se chargea de toutes les affaires qui regardaient uniquement le chef de l'État. Il décida comme Chancelier du Reich et chef du Gouvernement que cette organisation serait la Chancellerie du Reich et le secrétaire d'État de la Chancellerie du Reich devint le même jour ministre du Reich et chef de la Chancellerie du Reich. Il entrait dans ses attributions d'assurer la liaison avec les ministères et la machine administrative entière du Gouvernement du Reich. Les fonctions de ce ministre, comme instrument du Führer, ne consistaient pas à donner des ordres et à faire des décrets qui, eux, émanaient du Führer, mais à en assurer l'exécution. En troisième lieu, le Führer, comme chef du Parti, avait la chancellerie du Parti et s'en déchargeait sur Rudolf Hess (Stellvertreter des Führers), qui occupait une haute situation au sein de cette organisation. Après son départ, Bormann ne prit pas sa suite (Stellvertreter des Parteiführers) mais devint chef de la chancellerie du Parti. Quatrièmement, il y avait la chancellerie privée du Führer (Privatkanzlei des Führers), avec pour chef un Reichsleiter.

— Pour les questions militaires, c'est-à-dire le cabinet militaire ou l'État-Major militaire — ou encore comme on l'appela plus tard « la Maison militaire » — fut formé le Haut Commandement de la Wehrmacht (Oberkommando der Wehrmacht, O.K.W.).

— Cette réorganisation était nécessaire, car après la démission de Blomberg comme ministre de la Guerre il n'y avait pas eu de nouvelle nomination et le Führer qui, en sa qualité de chef de l'État, était en quelque sorte Commandant en chef des Forces armées, était désormais décidé à remplir les fonctions attachées à ce poste. C'est pourquoi il avait besoin d'un état-major organisé. Celui-ci devait devenir le Haut Commandement des Forces armées et Keitel en devint le chef.

— En Allemagne, le mot chef, dans son acception militaire, a un sens différent de Commandant en chef. La responsabilité et le droit de donner des ordres incombent au commandant ou Commandant en chef. Le délégué dans l'organisation intérieure de l'État-Major pour l'exécution, la répartition et la transmission des ordres et pour assurer les liaisons, est le chef en fonctions de l'état-major correspondant. C'est ainsi que l'ex-général Keitel était chef de l'État-Major militaire du Commandant en chef, appelé Haut Commandement des Forces armées (O.K.W.). Tout d'abord, il était responsable de tout le mécanisme de l'État-Major du Commandant en chef en ce qui concernait l'organisation technique et militaire et la direction militaire, c'est-à-dire la partie stratégique dans la mesure où le Führer désirait voir ses ordres stratégiques exécutés à partir d'un point central. En conséquence, on avait établi au Haut Commandement un service purement stratégique, l'État-Major d'opérations de l'Armée (Wehrmachtsführungsstab).

Dr NELTE. — Si je vous comprends bien, l'O.K.W. se traduit par Haut Commandement des Forces armées, mais manifestement il y a plusieurs sens. D'abord État-Major du Haut Commandement des Forces armées lorsque, par exemple, Keitel était appelé chef de l'O.K.W., puis en d'autres cas, l'O.K.W. bureau du Commandant en chef des Forces armées, c'est-à-dire de Hitler. Est-ce exact ?

ACCUSÉ GŒRING. — C'est exact en gros, mais ce n'est pas si net. Le Haut Commandement des Forces armées est l'État-Major du Commandement suprême des Forces armées de la même façon que moi, Commandant en chef de l'Aviation (Oberbefehlshaber der Luftwaffe), j'avais, d'un côté mon État-Major général (Generalstab der Luftwaffe) et, de l'autre, l'ensemble de mes aides de camp — ceux-ci formant l'État-Major avec lequel je travaillais. C'est ainsi que le Haut Commandement constituait pour le Führer, Commandant suprême, une organisation similaire. De même, le chef de mon État-Major général ne pouvait pas donner d'ordres directs aux commandants d'aviation commandant les généraux d'escadres ou divisions aériennes. Les ordres ne pouvaient être donnés que « d'ordre du Commandant en chef » signés « I.A. », c'est-à-dire « Im Auftrag » (par ordre).

— Donc, le chef d'un État-Major, même le chef du Haut Commandement des Forces armées, n'avait pas le droit de commander si ce n'est aux membres de son propre bureau et aux quelques organisations administratives en dépendant. Ainsi un ordre, un commandement, une instruction du Haut Commandement des Forces armées à moi, Commandant en chef de la Luftwaffe, ne pouvait m'atteindre que lorsque cet ordre ou cette instruction commençait par les mots : « Le Führer a ordonné... » ou « Par ordre du Führer je vous informe que... ».

— Puis-je m'exprimer plus catégoriquement encore ? J'ai dit un jour au général Keitel : « Je ne suis tenu que par les ordres du Führer. Seul l'original des ordres, signé par Adolf Hitler, m'est personnellement présenté. Les instructions directives ou ordres qui commencent ainsi : « Par ordre du Führer » ou « Par délégation du Führer », vont à mon chef d'État-Major qui m'en fait un rapport oral signalant les points les plus importants. Qu'alors — pour le dire sans ambages — ils soient signés : « Par ordre du Führer, Keitel, général » ou « Meier, caporal d'État-Major », peu m'importe. Mais s'ils constituent un ordre direct émanant de vous, que vous désirez me donner, alors épargnez votre temps et votre papier car ces ordres sont dépourvus de tout sens pour moi. Je suis Commandant en chef de la Luftwaffe et directement et exclusivement subordonné au Führer. »

Dr NELTE. — Savez-vous si Hitler, d'une part, et les Commandants en chef des différentes armes, d'autre part, observaient l'attitude que vous venez de décrire ou si dans d'autres secteurs de l'Armée la manière de faire pouvait être différente ?

ACCUSÉ GŒRING. — Je ne peux dire si mes deux collègues furent aussi nets que moi-même vis-à-vis du chef du Haut Commandement. Toutefois, il est incontestable que les deux autres Commandants en chef n'admettaient aucune ingérence dans leurs droits et prérogatives.

Dr NELTE. — En était-il de même pour Himmler en tant que chef des S.S. ?

ACCUSÉ GŒRING. — Les S.S. n'ont jamais dépendu du Haut Commandement des Forces armées (O.K.W.). Dès le début de la guerre, on trouvait à l'intérieur des Forces armées les Waffen S.S. séparées en divisions et en corps. C'étaient uniquement des formations de combat. Du point de vue tactique et stratégique, elles étaient soumises aux unités de l'Armée à qui elles avaient été affectées. Pour les questions de personnel et d'équipement, elles dépendaient de Himmler qui, lui, n'avait rien à voir avec l'O.K.W. Là aussi, il pouvait arriver que le chef du Haut Commandement des Forces armées, pour des questions d'équipement et d'organisation, transmît des ordres ou des décrets du Führer.

— A ce propos, je voudrais corriger une erreur commise pendant l'interrogatoire du Feldmarschall Kesselring par M. Jackson. Kesselring parlait des Waffen S.S. comme de « Garde Truppe » et on lui demanda : « Qui gardaient-ils ? » Le mot « Garde » n'a pas pour nous le sens avec lequel il a été traduit signifiant gardes du corps, mais le sens de « Troupe d'élite » comme l'entendait Kesselring. De même qu'en langue militaire russe il y a des « corps de gardes » ainsi que dans la vieille Armée impériale et plus tard dans d'autres armées. Il ne fallait pas considérer les Waffen S.S. pendant les premières années de la guerre comme une unité de gardes mais comme une « unité d'élite » en ce qui concerne le personnel, etc.

Dr NELTE. — Je voudrais que vous me parliez des relations officielles d'Adolf Hitler et du Feldmarschall Keitel, c'est-à-dire que vous me disiez quelles relations officielles Adolf Hitler avait l'intention d'établir en créant le bureau de l'O.K.W. En somme, je voudrais savoir ce que devait être Keitel et, en conséquence, quelles fonctions officielles il remplit après 1938.

ACCUSÉ GŒRING. — Je crois que c'est ce que je viens d'expliquer.

Dr NELTE. — Je voulais vous demander, par exemple, s'il était conseiller de Hitler ?

ACCUSÉ GŒRING. — Conseiller est une expression discutable. Je peux laisser quelqu'un m'avertir si oui ou non il pense qu'il pleuvra dans les trois heures qui suivront, lorsque je suis à cheval ; mais je peux avoir également quelqu'un qui m'avertisse dans des circonstances importantes et même décisives. Cela dépend du tempérament et du comportement de la personne qui désire être conseillée et du conseiller lui-même.

— Avec la personnalité dynamique du Führer, il n'était pas coutume de donner des avis non sollicités et il fallait être en excellents termes avec lui, c'est-à-dire qu'il est hors de doute qu'il fallait avoir une grande influence — et je vous prie de me croire — comme celle que j'ai eue pendant des années et des années, pour se permettre de venir à lui sans y être convié, que ce soit avec des conseils ou des suggestions ou pour lui apporter une contradiction active. D'un autre côté, si l'on n'avait pas cette intimité avec le Führer, suggestions et avis étaient rapidement écartés, soit qu'il ait pris ses décisions, soit qu'il ne veuille pas permettre à celui qui donne son avis de prendre une position influente. Je veux indiquer ici que le chef du Haut Commandement de la Wehrmacht n'était certainement pas pris comme conseiller dans les questions importantes et décisives. A l'ordinaire, dans les affaires courantes, Keitel était conseiller dans la mesure où il pouvait suggérer au Führer que ceci ou cela devait être communiqué aux commandants ou que, eu égard aux mouvements de troupes, ceci ou cela devait être signalé.

— En fin de compte, l'avis du chef d'un État-Major général est toujours plus important que l'avis du chef d'une organisation ou d'un bureau du Gouvernement. Cela se passait ainsi : pour tout ce qui touchait aux décisions d'importance stratégique et tactique, la responsabilité principale incombait au conseiller de l'État-Major général, aux Commandants en chef, au chef d'État-Major et au Führer. En matière de stratégie ou de tactique pures, les décisions appartenaient au chef d'État-Major d'opérations.

— L'organisation ou les questions courantes revenaient au chef du Haut Commandement. Étant donné que le Führer lui-même était, comme je l'ai déjà dit, à la tête de plusieurs hauts commandements, il lui fallait limiter l'octroi de sa signature. Il se passait souvent des semaines avant que l'on pût obtenir du Führer la signature nécessaire, surtout pendant la guerre où il était débordé de travail au point d'autoriser les autorités gouvernementales des différents services à signer en son nom « Im Auftrag ». Ceci explique comment il se faisait que presque aucun décret ou ordre du Führer marqué « Im Auftrag » ou « Par ordre du Führer », ne sortait sans porter la signature de Keitel qui était un travailleur prodigieux.

Dr Nelte. — Le Feldmarschall Keitel n'assumait-il pas une tâche bien ingrate en ce sens qu'il devait fréquemment avoir à s'entremettre entre les nombreux bureaux qui dépendaient du chef suprême, c'est-à-dire de Hitler, pour soumettre leurs griefs et, pour faire tous ses efforts des deux côtés, aidant l'un, réprimant l'autre ?

Accusé Gœring. — Encore une fois, cela dépendait beaucoup des personnalités en cause. Il va sans dire que si un conflit survenait entre le Führer et moi-même ou d'autres Commandants en chef résolus, le chef du Haut Commandement de la Wehrmacht se trouvait broyé entre les deux. Il était pris entre les meules de fortes personnalités. L'un prétendait qu'en parlant au Führer il n'avait pas été assez pressant ; le Führer, quand Keitel lui faisait des représentations, faisait la sourde oreille et disait qu'il traiterait l'affaire lui-même.

— La tâche était certes ingrate et difficile. Je me souviens qu'une fois Keitel s'approcha et me demanda si je ne pouvais lui faire avoir un commandement au front ; qu'il se contenterait, quoique Feldmarschall, d'une division pour sortir de là, car il y attrapait plus de coups de pied que d'argent. Que la tâche fût ingrate ou estimée, peu importait, lui répondis-je, il lui fallait remplir son devoir là où le Führer l'avait placé.

Dr Nelte. — Saviez-vous qu'à cette occasion on reprocha au Feldmarschall Keitel de ne pas avoir su s'imposer au Führer ?

Accusé Gœring. — Ce reproche lui fut fait par force Commandants en chef d'armées et de groupes d'armées. Il leur était facile de lui faire ce reproche puisqu'ils étaient hors de portée d'Adolf Hitler et n'avaient pas à lui soumettre de propositions. Je sais que, en particulier après l'effondrement, nombre de généraux déclarèrent que Keitel avait été le type même du consentant. Je puis dire seulement que moi, personnellement, je serais heureux de voir ceux qui aujourd'hui se considèrent comme inébranlables.

Dr NELTE. — Y eut-il jamais, du côté de Hitler, une possibilité quelconque pour le Feldmarschall Keitel de démissionner ?

LE PRÉSIDENT. — Docteur Nelte, le Tribunal ne pense pas... Du moins, nous aimerions vous demander quel rapport peuvent avoir les potins de l'État-Major ou n'importe quel blâme qu'on peut lui avoir adressé, avec les charges relevées contre lui ? Qu'est-ce que cela a à voir avec l'accusation contre Keitel ?

Dr NELTE. — Si l'on veut rendre justice à l'accusé Keitel, c'est-à-dire si l'on désire établir le rôle qu'il a joué dans cette terrible tragédie, ce n'est possible que si l'on établit clairement ses fonctions et ses responsabilités et si l'on prend en considération les conditions tactiques...

LE PRÉSIDENT. — Nous savons tout cela et nous avons passé trois quarts d'heure à écouter l'accusé Gœring nous décrire sa situation et les fonctions de l'accusé Keitel. Ce que je vous demande, c'est en quoi les critiques ou commérages de l'État-Major général regardent la cause de Keitel ? Nous avons passé trois quarts d'heure à écouter ce que l'accusé Gœring a dit sur ses fonctions et ses relations avec le Führer et rien d'autre.

Dr NELTE. — J'ai commencé à parler de l'organisation de l'O.K.W. Je désirais montrer la relation du commandement entre l'O.K.W. et le chef de l'O.K.W., d'une part, et les différentes parties de la Wehrmacht, de l'autre. Puis, j'ai essayé d'éclaircir les responsabilités qu'il avait à prendre comme chef de l'O.K.W., selon les vœux de Hitler, et la manière dont il les exerçait.

— Les commérages, Monsieur le Président, ne prirent que quelques minutes de l'interrogatoire du témoin.

LE PRÉSIDENT. — Je vous ai interrompu parce que vous posiez une question à l'accusé sur le point de savoir si quelqu'un se serait vu reprocher ceci ou cela par des membres de l'État-Major général et cela me semblait absolument non pertinent.

Dr NELTE. — La dernière question que j'ai posée était : y avait-il une possibilité quelconque pour le Feldmarschall Keitel d'obtenir sa démission ? Dois-je comprendre, Monsieur le Président, que cette question est pertinente ?

LE PRÉSIDENT. — Vous pouvez certainement poser cette question pour savoir s'il avait demandé à être relevé de son commandement. En fait, Docteur Nelte, cette question fut posée avant celle au sujet de laquelle je vous ai interrompu. J'ai devant moi la réponse où Keitel demandait un commandement, celui-ci ne serait-il que d'une division.

Dr Nelte. — C'était la question qu'il posa au Reichsmarschall Gœring. Il vint à lui, Gœring, et lui posa cette question. Maintenant je désire demander s'il existait une possibilité pour Keitel d'obtenir sa démission de Hitler ?

Accusé Gœring. — La question de savoir si un général pouvait demander et obtenir du Führer sa démission a joué un rôle important dans ces débats. En réalité, il faut distinguer deux périodes, la période de paix et celle de guerre. En temps de paix, un général pouvait demander à se retirer. A moins qu'il ne fût très connu du Führer et à une place en vue, nettement importante, une telle requête était, sans aucun doute, accordée. S'il avait une situation particulièrement importante et s'il était bien connu du Führer, alors celui-ci, usant de tout son pouvoir de persuasion et avec tous les moyens à sa disposition, en appelait à lui pour le faire rester à son poste. Si, toutefois un général demandait au Führer qu'il accordât sa démission en lui donnant comme raison que, en principe, il était d'une opinion politique différente, que ce fût en politique intérieure ou en politique étrangère, alors il n'était pas douteux qu'il était mis à la retraite tôt ou tard, mais en même temps, il avait attiré sur sa personne une extraordinaire suspicion de la part du Führer.

— Pendant la guerre il en allait autrement. Le général, comme n'importe quel soldat, devait faire son devoir, obéir aux ordres. Le Führer avait déclaré qu'il ne voulait d'offres de démission ni des généraux ni d'aucun autre important personnage de l'État ; il déciderait lui-même ce qu'il fallait faire. Lui-même ne pouvait pas se retirer si les choses allaient mal, il aurait considéré cet acte comme une désertion. Si, en dépit de cela, un général soumettait une requête en vue de sa démission et que celle-ci lui fût refusée, il ne pouvait insister. Si néanmoins il démissionnait, il enfreignait la loi et à partir de ce moment était coupable de désertion. Le Feldmarschall Keitel aurait pu demander au Führer : « Permettez-moi de solliciter un autre commandement. » Mais le Führer avait une profonde aversion pour tout changement dans son cercle immédiat. Pendant la guerre — je le tiens de sa bouche — il n'aurait pas autorisé un changement, surtout lorsqu'il s'agissait du Feldmarschall Keitel avec qui il avait l'habitude de travailler, à moins que Keitel ne fût tombé malade et ne fût devenu ainsi incapable de poursuivre sa tâche.

Dr Nelte. — Les considérations dont vous venez de faire état furent-elles la cause déterminante du départ du Feldmarschall von Brauchitsch ?

Accusé Gœring. — Je connais à merveille le cas du Feldmarschall von Brauchitsch, car le Führer en avait discuté longuement avec moi à l'avance. Dès l'abord, il ne savait pas si lui ou quelqu'un d'autre prendrait le commandement de l'Armée et nous avons discuté à ce sujet. A ce moment, le Führer n'était pas satisfait du Commandant en chef sur le front de l'Est. Le Commandant en chef était Brauchitsch ; le chef de l'État-Major général, Halder. Je suggérai au Führer qu'il change le chef de l'État-Major général de l'Armée, parce que je pensais qu'il était, de loin, le moins capable. Le Führer voulait le faire. Puis, le lendemain matin, il avait pris sa décision et me dit que lui, le Führer, assumerait lui-même ce commandement pour remettre de l'ordre sur le front de l'Est et que par conséquent il lui fallait avant tout faire partir le Commandant en chef, bien qu'il fût d'accord avec moi pour convenir que c'était le chef de l'État-Major qui était le plus faible des deux. Alors, je suggérai qu'il les révoquât l'un et l'autre. Le Führer fit appeler Brauchitsch, parla avec lui pendant deux heures et lui demanda clairement, sans méprise possible, de démissionner. Dans ce cas, le Führer avait pris la décision nette de révoquer le Commandant en chef de l'Armée afin d'assumer personnellement le commandement. A partir de ce moment, le Führer ne fut pas seulement le Commandant suprême de la Wehrmacht, mais encore, *de facto,* Commandant en chef de l'Armée de terre.

Dr NELTE. — Le Ministère Public a avancé et administré la preuve que le Feldmarschall Keitel était membre du Conseil de défense du Reich. Vous en avez parlé hier. Je peux maintenant déclarer que vous avez dit que le Feldmarschall Keitel était membre du Conseil de défense du Reich, d'après la loi sur la défense du Reich, mais que ce conseil n'a jamais fonctionné. Vous devez le savoir puisque vous étiez, toujours d'après cette loi, président du Conseil de défense du Reich. Est-ce exact ?

ACCUSÉ GŒRING. — J'ai déjà dit clairement que je n'ai jamais suivi une réunion, ni convoqué une réunion.

LE PRÉSIDENT. — Vous savez, n'est-ce pas, que le Tribunal est prié de mener ce Procès rapidement, et pour cette raison nous ne saurions entendre de dépositions cumulatives. L'accusé nous a déjà donné une réponse à la question que vous venez de lui poser. Le Tribunal se refuse à écouter à nouveau la même réponse.

Dr NELTE. — Je n'ai pas vu le texte du procès-verbal de l'audience d'hier et c'est d'une importance capitale pour l'accusé Keitel...

LE PRÉSIDENT. — Vous étiez à l'audience et vous pouvez me croire quand je vous dis que la réponse a été donnée.

Dr NELTE. — Les questions et les réponses ne sont pas toujours aussi claires qu'elles le paraissent lorsqu'on lit le procès-verbal. *(Se tournant vers le témoin.)* Pouvez-vous me dire si le Feldmarschall Keitel n'a jamais été ministre ?

ACCUSÉ GŒRING. — Il n'était pas ministre. Il avait seulement rang de ministre.

Dr NELTE. — Avait-il le droit de participer au Conseil des ministres ?

ACCUSÉ GŒRING. — Non, en vertu de sa situation, mais il pouvait être invité par le Führer à assister aux réunions à cause de questions intéressant ses fonctions.

Dr NELTE. — Keitel était membre du Conseil des ministres pour la défense du Reich. Cela faisait-il de lui un ministre ?

ACCUSÉ GŒRING. — Non, cela ne changeait rien. Il avait seulement rang de ministre. Le Feldmarschall Keitel ne pouvait assister aux conseils des ministres du Reich parce qu'il était devenu chef du Haut Commandement en 1938 et qu'à partir de cette date il n'y eut plus de conseils des ministres.

Dr NELTE. — Le Ministère Public a également affirmé qu'il y avait un triumvirat composé du plénipotentiaire général à l'Économie, du plénipotentiaire général à l'Administration et du chef de l'O.K.W. Pouvez-vous nous en parler ?

ACCUSÉ GŒRING. — Je ne sais rien là-dessus.

Dr NELTE. — Le Ministère Public a accusé le Feldmarschall Keitel d'avoir été un général politicien. Savez-vous quelque chose à ce sujet ?

ACCUSÉ GŒRING. — Les généraux du Troisième Reich n'avaient en aucune façon le droit d'avoir une activité politique quelconque. La seule exception, en l'occurrence, était moi-même, du fait de la nature particulière de ma position, puisque j'étais en même temps un soldat, un général et en politique un homme d'État. Les autres généraux, ainsi que le Führer l'a toujours clairement fait remarquer, n'avaient rien à voir avec la politique. Le seul général qui se soit toujours beaucoup intéressé à la politique était feu le Feldmarschall von Reichenau. C'est la raison pour laquelle le Führer, en dépit de sa sympathie personnelle à son endroit et de l'attitude nettement favorable de Reichenau envers le parti nazi, refusa de le nommer Commandant en chef de l'Armée après la démission de Fritsch. Le Führer ne voulait pas de généraux politiciens.

Dr NELTE. — Mais on ne peut nier que dans les décrets en question on faisait souvent connaître les desseins politiques et que ces décrets et ces ordres étaient signés par Keitel.

ACCUSÉ GŒRING. — Ces décrets étaient principalement des décrets du Führer parce qu'ils contenaient des directives générales. Le préambule d'un décret important était communément un avant-propos politique qui expliquait pourquoi le Führer avait pris telle ou telle mesure militaire ; mais cela ne signifiait pas qu'un général fit de la politique.

Dr NELTE. — Le Ministère Public a fréquemment indiqué que l'accusé Keitel assistait aux réceptions officielles, par exemple à celle de Hacha et à d'autres réceptions de ministres. De là, il a voulu conclure que c'était un général politicien.

ACCUSÉ GŒRING. — Quand le Führer, en tant que chef de l'État recevait des missions étrangères, des chefs d'État ou chefs de Gouvernement, il était d'usage que les hauts personnages fussent présents ; le chef de la chancellerie d'État, souvent le chef de la Chancellerie du Reich, suivant les personnalités attendues, et le chef du Haut Commandement parce que, au cours des conférences, pouvaient intervenir des questions dans lesquelles le Führer aurait eu besoin d'informations militaires quelconques. Une certaine représentation était aussi nécessaire. Lorsque j'avais des visiteurs importants, mon État-Major militaire, ou un représentant de mon État-Major était avec moi.

Dr NELTE. — Puis-je dire alors que le Feldmarschall Keitel était présent mais ne participait pas aux conférences ?

ACCUSÉ GŒRING. — Qu'il y participât ou non, en tout cas cela n'avait aucune importance.

Dr NELTE. — Le Ministère Public a déclaré qu'à l'occasion de la visite du président Hacha, l'accusé Keitel avait exercé sur lui une pression en le menaçant de bombarder Prague.

ACCUSÉ GŒRING. — J'ai dit hier que c'est moi qui avais fait cette déclaration.

Dr NELTE. — C'est précisément ce que je voulais établir. Passons maintenant aux aviateurs terroristes. Vous souvenez-vous que vers le milieu de juin 1944, quand des conversations étaient poursuivies à ce sujet dans les divers services, vous attendiez Hitler au Platterhof avec le Feldmarschall Keitel et y aviez discuté cette question ?

ACCUSÉ GŒRING. — Je ne sais si c'était au Platterhof. En tout cas, j'en ai parlé maintes fois avec le Feldmarschall.

Dr NELTE. — Il est important en cette conjoncture d'établir si l'accusé Keitel vous pressentit sur cette question et vous déclara qu'il était opposé à l'application de la loi de lynch qui était recommandée par le Parti.

ACCUSÉ GŒRING. — Il me l'a dit à plusieurs reprises. Nous étions d'accord à ce sujet.

Dr NELTE. — L'accusé Keitel vous a-t-il aussi déclaré, à ce moment, qu'il était partisan d'un avertissement officiel ou d'une note aux Gouvernements alliés — à propos du cas bien connu de Dieppe — plutôt que d'une procédure devant les tribunaux militaires, alors qu'il était impossible d'apporter des preuves légales ?

ACCUSÉ GŒRING. — Nous avons eu de fréquentes discussions à ce sujet. Je soutenais que dans le cas de véritables aviateurs terroristes — c'est-à-dire qui violaient les ordres de leurs propres supérieurs — il devait y avoir jugement. Keitel pensait qu'il serait difficile de faire la distinction et de mener à bien cette procédure, qu'il serait plus pratique d'adresser une note aux Alliés les sommant d'arrêter ces raids de terreur sous peine de mesures de représailles. Ce point de vue était également soutenu de différents côtés.

Dr NELTE. — Monsieur le Président, quand j'ai présenté mes demandes de documents, j'ai proposé, entre autres, une description de la personnalité du Feldmarschall Keitel, faite par Gœring. A l'audience du 25 février 1946, un accord fut conclu avec le Ministère Public selon lequel cette description qui est en forme d'affidavit serait soumise en présence du témoin Gœring. Puis-je vous lire ce document qui vous a déjà été présenté, ou dois-je m'y reporter et simplement le déposer ? Je pose la question parce qu'une partie de la description que contient l'affidavit a déjà été faite par le témoin au cours de son interrogatoire.

LE PRÉSIDENT. — De quel document parlez-vous ? D'où vient-il ? Est-ce un document rédigé par l'accusé Gœring ?

Dr NELTE. — C'est un affidavit signé Gœring, intitulé « Portrait du Generalfeldmarschall Wilhelm Keitel ». Il est mentionné dans mes requêtes comme un affidavit. La plupart des faits qu'il contient ont déjà été relatés par le Reichsmarschall Gœring.

LE PRÉSIDENT. — L'accusé Gœring témoigne sous la foi du serment. Donc il n'y a pas de raison de présenter ici un affidavit. Si vous avez des questions à lui poser auxquelles il n'aurait pas encore répondu sur l'accusé Keitel, vous pouvez le faire maintenant. Il ne convient pas de présenter une déclaration écrite sous serment quand vous avez un accusé qui dépose sous la foi du serment.

Dr NELTE. — A l'audience du 25 février 1946 il fut décidé, dans la pensée d'abréger les débats, qu'on lirait l'affidavit et que le témoin n'aurait qu'à approuver. J'ai ici un exemplaire du procès-verbal de cette audience si le Tribunal ne s'en souvient pas.

M. JUSTICE JACKSON. — Plaise au Tribunal. Je ne m'oppose pas à la lecture de cet affidavit parce qu'il est écrit car je pense qu'il y a des cas où la déposition écrite d'un témoin peut être plus expéditive que son interrogatoire. Je m'y oppose parce que cet affidavit ne nous avance en rien. Il commence ainsi : « Keitel donne l'impression d'un militaire, d'un officier de la vieille école. » C'est un témoignage qui ne nous apprend rien. J'admets cette déclaration ; il m'a toujours produit cette impression. La philosophie est hautement dominée par les idées et les concepts militaires. Que Keitel se décrive lui-même, s'il y a lieu. Je crois qu'un examen de cet affidavit ne nous montrera que des faits déjà dévoilés ou des faits sur lesquels un autre témoin n'était pas qualifié pour être interrogé. Je m'oppose à sa production parce que j'estime qu'il n'a aucune valeur probatoire.

LE PRÉSIDENT. — Vous savez, Docteur Nelte, que toute décision rendue par le Tribunal au sujet des documents est expressément faite à titre provisoire et à la condition que la pertinence du document soit reconnue au moment de la production de celui-ci. Si le document avait été déposé antérieurement devant le Tribunal, celui-ci aurait pu l'examiner mais il ne l'a pas vu. D'après les dires de M. Justice Jackson, le document semble ne pas avoir de valeur probatoire et puisque l'accusé dépose actuellement sous la foi du serment, le Tribunal n'examinera pas ce document.

Dr NELTE. — Monsieur le Président, si le Tribunal avait examiné ce document et l'avait trouvé non pertinent, j'aurais accepté sa décision. Mais il me semble que le Tribunal...

LE PRÉSIDENT. — Nous ne vous empêchons pas de poser au témoin toutes les questions utiles, mais nous ne voulons pas lire ce document qui émane de la personne qui témoigne.

Dr NELTE. — Est-il exact que tous les ordres et décrets que le Ministère Public vous attribue ont été donnés ou signés sur l'ordre du Führer et en son nom ?

ACCUSÉ KEITEL. — Oui, c'est là en effet une définition exacte de cette question. Cependant, je voudrais dire encore une fois, comme je l'ai déjà dit au début, que j'ai été et suis toujours entièrement responsable de ces ordres lorsque mon nom y apparaît. En effet, les circonstances étaient les suivantes : je connaissais évidemment la teneur de ces ordres et je reconnais ma signature sur les documents qui m'ont été présentés. Ils sont authentiques. je dois ajouter que lorsque des scrupules de soldat ou d'autres raisons m'ont fait considérer ces ordres comme discutables, j'en ai évidemment fait part et je me suis efforcé d'en empêcher la parution. Cependant, il est de mon devoir de déclarer que lorsque Hitler avait pris à leur égard une décision définitive, je les ai transmis, je dois dire, pratiquement sans les contrôler.

Témoignage du chef d'État-Major des opérations :

PROFESSEUR Dr EXNER. — Quelles ont été votre situation et vos tâches pendant la guerre ?

ACCUSÉ JODL. — J'avais à m'occuper de l'ensemble du travail de l'État-Major général, pour la conduite stratégique de la guerre et des opérations. A côté de cela, je dirigeais le service de la propagande politique sur le plan militaire, qui devait collaborer avec la presse ; et, en troisième lieu, j'étais le chef d'un service qui, en gros, était chargé de diriger les renseignements dans les diverses parties de la Wehrmacht.

— Cet ensemble de tâches m'occupait à un tel point, qu'en règle générale je travaillais toutes les nuits jusqu'à trois heures du matin. Il ne me restait pas un instant pour m'occuper d'autre chose. Je fus même obligé de charger mon officier d'État-Major personnel du travail de collaboration avec la presse, qui devait être informée quotidiennement.

PROFESSEUR Dr EXNER. — Les tâches dont vous venez de parler dépendaient donc de vos services, c'est-à-dire de l'État-Major d'opérations, dont vous étiez le chef, n'est-ce pas ?

ACCUSÉ JODL. — Oui, dont j'étais le chef.

PROFESSEUR Dr EXNER. — Et un des services les plus importants de l'État-Major, le principal même, était le service des opérations ?

ACCUSÉ JODL. — Oui, le service des opérations.

PROFESSEUR Dr EXNER. — Et c'était là le domaine principal de vos activités. Le Ministère Public affirme que vous étiez chef d'État-Major du maréchal Keitel. Êtes-vous d'accord ?

ACCUSÉ JODL. — Ce n'est pas exact. Il y a là une grande différence. Comme chef d'État-Major, j'aurais été simplement l'adjoint du maréchal Keitel, pour l'ensemble de toutes ses tâches, tandis que j'étais seulement chef de l'un des nombreux services subordonnés au maréchal Keitel.

— Dès 1941, je pris l'habitude, ainsi que mon service, de présenter mes rapports directement au Führer sur tout ce qui touchait aux questions d'ordre stratégique, tandis que le maréchal Keitel, tout en utilisant le personnel de mon service qui représentait une sorte d'État-Major particulier, se consacrait à toutes les autres tâches.

PROFESSEUR Dr EXNER. — En tant que chef de l'État-Major d'opérations, aviez-vous un pouvoir de commandement ?

ACCUSÉ JODL. — Non, ou plus exactement je n'avais pouvoir qu'en ce qui concernait les états-majors qui travaillaient sous mes ordres. Je dépendais du maréchal Keitel, et Keitel lui-même n'avait pas un pouvoir de commandement et n'était qu'un chef d'État-Major. Mais il est évident qu'au cours de cette guerre, j'ai pris personnellement des décisions relatives aux opérations et signé les ordres moi-même. Il n'y a jamais eu à ce sujet le moindre conflit avec les commandants des groupes d'armées car ils avaient confiance en moi, et je travaillais avec eux dans les meilleurs termes.

PROFESSEUR Dr EXNER. — Pour un non-initié, il n'est pas très facile de comprendre comment il se fait que, bien que vous n'ayez eu aucune autorité pour émettre des ordres, on présente ici en si grand nombre des ordres portant effectivement votre signature, et cela de diverses façons, tantôt votre nom en entier, tantôt votre initiale « J ». Veuillez, je vous prie, nous expliquer ce que signifient ces différences.

ACCUSÉ JODL. — Il convient d'établir une distinction de la façon suivante : les ordres signés par le Führer, en personne, lorsqu'ils touchaient à des questions d'opérations militaires, portaient mon initiale dans le bas, à droite ; cela signifie que j'ai tout au moins collaboré à la rédaction de ces ordres. Puis, il y avait également des ordres qui provenaient aussi du Führer, mais que celui-ci ne signait pas personnellement ; ils étaient signés : « Par ordre : Jodl » ; mais alors, la phrase d'introduction était toujours la suivante : « Le Führer a ordonné », ou du moins cette phrase se trouvait dans le texte même de l'ordre. Un préambule précédait l'ordre, généralement en guise d'explication ou de justification, puis venait la formule : « Par conséquent, le Führer a ordonné. »

PROFESSEUR Dr EXNER. — Et quelle différence y avait-il entre ces deux groupes d'ordres ? Pourquoi l'un d'eux portait-il la signature du Führer, tandis que l'autre n'était signé que par vous-même ?

ACCUSÉ JODL. — La différence réside tout simplement dans le fait que les ordres signés par moi étaient de moindre importance.

PROFESSEUR Dr EXNER. — Or, il y a des ordres qui ne commencent pas par la formule : « Le Führer a ordonné » et qui portent néanmoins votre signature ; qu'en est-il de ceux-là ?

ACCUSÉ JODL. — Ces ordres-là, en général, portaient au-dessus de la signature les mots suivants : « Le chef du Haut Commandement de la Wehrmacht. Par ordre : Jodl. » C'étaient des ordres qui émanaient de moi, c'est-à-dire des ordres rédigés par mes soins ou par mon État-Major. Le Führer et le maréchal Keitel en étaient peut-être informés, mais pas toujours. Il y a encore les ordres qui portent mon paraphe à la première page en haut, à droite ; il s'agit là d'ordres qui viennent d'autres services, et la lettre « J » à la première page est simplement une indication de service qui signifie que l'ordre m'a été soumis. Mais cela ne voulait pas dire que je l'avais lu, car, lorsqu'en parcourant rapidement la première page je voyais qu'il s'agissait d'une affaire qui ne concernait pas mon travail, je paraphais simplement l'ordre et je le mettais de côté, car mon temps était précieux.

Dr NELTE. — Monsieur le Président, avant d'aborder la suite de mon interrogatoire, je voudrais faire une remarque.

— L'Accusation a fondé la participation de Keitel aux nombreux crimes qui font la matière de ce Procès sur différents faits qui ne concordent pas toujours et qu'il faut concilier. Elle lui reproche par exemple, en toutes lettres, d'avoir été un officier d'État-Major important et influent et l'accuse, ensuite, de n'avoir été qu'un instrument sans volonté et d'avoir entretenu des relations intimes avec Hitler. Vous comprendrez que si l'accusé veut donner des explications ou réfuter ces allégations, il doit faire abstraction de ses rapports avec Hitler.

LE PRÉSIDENT. — L'accusé lui-même a déjà fourni les explications sur ses rapports avec Hitler, Docteur Nelte. Si vous désirez des précisions, posez-lui d'autres questions.

Dr NELTE. — Jusqu'à présent, il ne nous a parlé que de ses rapports de service avec Hitler. Mais je voudrais, pour compléter ce tableau, qu'il nous parle de ses relations personnelles avec lui. *(Au témoin.)* Voulez-vous nous parler de votre collaboration avec Hitler. Je vous prie d'être le plus bref possible et de ne dire que le strict nécessaire, mais sans déformer la réalité.

ACCUSÉ KEITEL. — C'était la collaboration d'un chef militaire avec son subordonné ; en d'autres termes, j'ai entretenu avec lui les rapports que j'ai toujours eus au cours de ma carrière de soldat avec les commandants en chef de l'État-Major dont je faisais partie. Mon attitude à l'égard de Hitler a toujours été dictée par de pures considérations de service. Évidemment, je donnais mon opinion ; c'était mon droit et mon devoir. On en comprendra la difficulté si l'on sait que Hitler, après quelques échanges de paroles, dominait toujours la discussion et épuisait lui-même la question, ce qui rendait très difficile toute tentative de revenir sur le sujet. Je dois dire qu'ayant occupé de nombreux postes dans d'importants états-majors, j'étais habitué à discuter avec mes supérieurs, si j'ose m'exprimer ainsi. Je me trouvai là dans une situation à laquelle je n'étais pas habitué ; je fus pris au dépourvu et ai souvent perdu la pleine possession de mes moyens. Ceci n'a rien d'étonnant, car Hitler, pour employer un langage modéré, apportait dans les questions militaires et stratégiques, des idées audacieuses qui heurtaient souvent le soldat de la vieille école que j'étais, après trente-sept années de service.

Dr NELTE. — S'agit-il du temps de guerre ou de la période qui a précédé la guerre ?

ACCUSÉ KEITEL. — Pendant la guerre, ces contrastes se sont atténués par la force des événements. Les nécessités du moment ont pris le dessus et ces choses prirent une forme différente. D'autre part, au cours de « l'examen de la situation », Hitler était assisté d'une vingtaine de personnes et, au sens militaire du mot, était impitoyable dans ses critiques à l'égard des absents. En principe, j'ai toujours défendu les absents qui ne pouvaient se justifier eux-mêmes, ce qui eut pour conséquence d'attirer sur ma personne les reproches et les accusations qu'il leur destinait. Dans ces conditions, mon éducation de soldat m'obligeait à une certaine retenue car, en face des jeunes gens qui assistaient à ces conférences, je ne pouvais adopter à l'égard d'un supérieur une attitude de protestation ou de résistance. Le Führer ne tolérait absolument pas que l'on contredît un supérieur, quel que soit son grade ; la discussion n'était donc possible qu'ultérieurement et seul à seul.

Dr NELTE. — Aviez-vous l'impression d'avoir la confiance de Hitler ?

ACCUSÉ KEITEL. — Je ne puis l'affirmer, pour être exact ; je dois même dire que l'attitude de Hitler à mon égard n'était pas sans réserve et je sais aujourd'hui que, sur beaucoup de points, il a eu, vis-à-vis de moi, beaucoup de retenue et ne m'a jamais fait confiance. Hitler s'est toujours méfié des généraux d'un certain âge ; ils étaient, à ses yeux, les représentants d'une école surannée et dépassée et, pour nous, vieux soldats, il était lui-même un homme qui voulait insuffler à la Wehrmacht des idées nouvelles et révolutionnaires.

— Cette méfiance s'exprimait malheureusement dans une forme désagréable ; il croyait en effet qu'avec les autres généraux de l'Armée de terre je complotais dans son dos et que je les montais contre lui. La raison en était peut-être que j'avais pris parti pour eux alors qu'ils étaient dans l'impossibilité de se défendre. Tout ceci a causé quelques incidents particulièrement graves, dans certaines circonstances.

Dr NELTE. — Une autre question se pose maintenant : quelle fut la nature de votre collaboration avec Hitler, en particulier peut-on vous considérer comme son adjoint, son conseiller, ou quelque chose d'approchant ? Voulez-vous me dire si Hitler a élaboré ses plans en vous consultant comme on consulte quelqu'un avec lequel on travaille en liaison étroite ?

ACCUSÉ KEITEL. — Je dois répondre en gros par la négative. Il n'était d'ailleurs pas du tout dans la mentalité de Hitler d'avoir des conseillers au sens étymologique du mot. J'étais peut-être conseiller en ce sens que je lui apportais des éléments puisés dans une longue expérience militaire, mais je n'intervenais absolument pas dans les décisions qu'il prenait, et c'est ce qu'on semble vouloir dire ici. Les décisions étaient en général précédées de semaines et parfois de mois de réflexion, durant lesquels nous pouvions rassembler des documents, mais il ne tolérait aucune intervention lorsqu'il s'agissait de la décision elle-même.

— En dernière analyse, ses dernières paroles, si dur que cela puisse paraître, étaient celles-ci : « C'est ma décision et je n'y reviendrai pas. » Voilà comment il annonçait ses décisions.

Dr NELTE. — Quand de telles décisions impliquaient plusieurs domaines de compétences, n'y avait-il pas de consultations préalables ?

ACCUSÉ KEITEL. — Non, je ne me souviens pas que depuis 1938 une seule décision importante ait été prise après consultation, disons des personnalités civiles et militaires, car Hitler avait l'habitude de s'entretenir seul à seul avec chaque responsable des différents ressorts et glanait auprès d'eux des éléments nouveaux qu'il intégrait à ses plans. L'impression que l'on retire de la lecture de documents, de comptes rendus de réunions de généraux ou de listes de participants à des conférences, est trompeuse. De telles réunions n'ont jamais eu un caractère consultatif, il n'en était même pas question. Le Führer avait en effet l'impression, pour diverses raisons, que nous étions hostiles à ses projets, ce qui l'incitait à exposer ses idées devant un large auditoire, sans pour cela permettre la discussion. Ces groupements, que les documents appellent réunions, n'ont jamais été des aréopages.

— Je dois ajouter que la façon même de tenir ces réunions interdisait toute discussion. L'officier le plus ancien réunissait un certain nombre de généraux, le Führer faisait son apparition, parlait et partait. Personne n'aurait eu le temps de dire un mot. En résumé — et je n'exagère pas — le Führer donnait des instructions mais il ne s'agissait pas de consultations.

Durant son contre-interrogatoire, le maréchal Kesselring répond aux questions sur l'État-Major général et sur celui de la Luftwaffe :

Dr LATERNSER. — Témoin, à quelle époque avez-vous été nommé Commandant en chef d'un groupe d'armées ?

TÉMOIN KESSELRING. — Je fus Commandant en chef d'un groupe d'armées à partir de septembre 1943, après avoir, dans le cadre du Commando suprême et en tant que Commandant en chef dans l'Armée allemande, exercé un certain droit de regard sur toutes les questions d'un intérêt stratégique général et d'ordre tactique.

Dr LATERNSER. — Le groupe d'armées que vous aviez sous votre commandement était engagé en Italie ?

TÉMOIN KESSELRING. — Ce groupe d'armées se trouvait engagé en Méditerranée.

Dr LATERNSER. — La composition du groupe d'État-Major général et de l'O.K.W., telle qu'elle a été présentée par le Ministère Public, vous était-elle connue ?

TÉMOIN KESSELRING. — Parfaitement.

Dr LATERNSER. — Je vous poserai d'abord une question préliminaire. Qu'entend-on à proprement parler par le mot « État-Major général allemand » à propos des différentes armes de la Wehrmacht ?

TÉMOIN KESSELRING. — L'État-Major général des différentes armes de la Wehrmacht rassemble tous les officiers qui, à l'intérieur d'une même arme, secondent le commandement ou sont chargés de missions spéciales d'une certaine importance.

Dr LATERNSER. — Voudriez-vous nous indiquer comment, par exemple, ce groupe était composé dans la Luftwaffe, quels services il englobait ?

TÉMOIN KESSELRING. — L'État-Major général de la Luftwaffe était une organisation similaire à l'État-Major général de l'Armée, absolument identique. L'État-Major général se composait du Service central appelé à la Luftwaffe « Führungsstab » ou « Führungsamt » à la tête duquel étaient placés le chef d'État-Major général et des services d'opérations, des groupes d'organisation, des chefs de service de la Luftwaffe, de « L'Oberquartiermeisteramt », etc.

— Les différentes autorités de commandement de la flotte aérienne jusqu'à la division, le personnel à terre, les régions aériennes, disposaient d'officiers d'État-Major général pour seconder le commandement. La co-responsabilité des chefs d'État-Major général, jadis couramment admise, tomba en désuétude comme incompatible avec le Führerprinzip. Ces chefs d'états-majors généraux et jusqu'au chef du Service central de l'État-Major général, exerçaient leur influence pour ce qui est de la formation et de l'entraînement militaire sur tous les officiers d'État-Major général des forces armées, sans engager en quoi que ce soit la responsabilité des militaires, chefs de département, immédiatement placés au-dessus d'eux.

Dr LATERNSER. — Si je résume votre réponse en disant que, par État-Major général de la Luftwaffe, on comprend le chef d'État-Major général de la Luftwaffe ?

TÉMOIN KESSELRING. — Parfaitement.

Dr LATERNSER. — Pouvez-vous dire que vous considérez cette désignation d'« État-Major général » qui vous est bien connue, telle qu'elle a été employée au cours de ce Procès, comme conforme à l'usage militaire ?

TÉMOIN KESSELRING. — J'ai déjà dit que l'État-Major général était composé d'officiers secondant le commandement. Pour ce qui est de l'Armée allemande, les commandants et commandants en chef étaient exclus de ces cadres. Ils n'appartenaient pas à cette organisation car nombre de ces commandants et commandants en chef n'avaient pas suivi la même école que les officiers d'états-majors généraux. Les commandants en chef avaient une situation à part. Ils n'étaient traités comme un corps qu'en considération de leur rang de généraux et pour les questions de solde et de budget.

Dr LATERNSER. — Serait-il inexact d'employer le terme d'État-Major général vis-à-vis des chefs militaires supérieurs ?

TÉMOIN KESSELRING. — Selon les conceptions allemandes, c'est une désignation impropre.

Dr LATERNSER. — Une semblable centralisation des services militaires supérieurs, telle celle que ce groupe réalisait, a-t-elle jamais existé auparavant dans la Wehrmacht ?

TÉMOIN KESSELRING. — En Allemagne, une telle centralisation ne se rencontrait pas, elle n'était même pas possible pour des raisons très diverses. Les commandants en chef ne se groupaient pas davantage en conseils de guerre ou en groupements similaires. Ils n'appartenaient pas non plus individuellement ou collectivement au Conseil de Défense du Reich. Ils étaient uniquement désignés comme commandants d'un théâtre d'opérations ou d'une circonscription administrative.

— La centralisation des commandants en chef, quel que fût le but recherché, n'était, à mon avis, pas possible pour la simple raison qu'ils étaient eux-mêmes sous l'autorité des commandants en chef de l'Armée de la Luftwaffe ou de la Marine ou du Haut Commandement des Forces armées. De plus, quelques-uns d'entre eux étaient entièrement sous les ordres du Commandement suprême allemand et d'autres dépendaient entièrement du commandement unifié. Quelques-uns dépendaient aussi de deux commandements différents ou bien étaient des commandants en chef indépendants et d'autres encore commandants d'armée subordonnés au Commandant en chef d'un groupe d'armée.

Dr LATERNSER. — Témoin, vous parlez trop vite.

— Les commandants en chef n'étaient-ils chargés que de l'étude de questions de technique militaire qu'ils traitaient sur ordre ou prenaient-ils d'eux-mêmes l'initiative d'étudier de telles questions en vue de les soumettre à Hitler pour approbation ?

TÉMOIN KESSELRING. — Ces commandants n'étaient que des chefs militaires uniquement responsables des tâches qui leur étaient confiées. A ce titre, ils pouvaient évidemment présenter des suggestions ou des projets d'amélioration à l'O.K.W. ou à l'O.K.H. Là se bornaient leurs activités dans le sens de la collaboration.

Dr LATERNSER. — Vous venez de mentionner certaines améliorations et certains changements. Ne s'agissait-il là que de rectifications de technique militaire ou de telles suggestions pouvaient-elles aussi mettre en cause la réalisation d'un projet ?

TÉMOIN KESSELRING. — En général, ces projets d'améliorations ne portaient que sur des questions de technique militaire. Dans les questions de moindre importance, les commandants en chef pouvaient naturellement émettre aussi des objections. Si cependant les autorités supérieures avaient pris une décision, les autres n'avaient plus qu'à se taire.

Dr LATERNSER. — Nous reparlerons de cela tout à l'heure. L'État-Major général, dont on parle ici, s'est-il jamais réuni en entier ?

TÉMOIN KESSELRING. — Non.

Dr LATERNSER. — Y avait-il des règles prévues pour une organisation de ce groupe ?

TÉMOIN KESSELRING. — Non.

Dr LATERNSER. — Des membres de ce groupe ont-ils jamais suggéré des violations au Droit international ?

TÉMOIN KESSELRING. — Je ne crois pas. C'est plutôt le contraire.

Dr LATERNSER. — Les postes détenus par ce groupe ont-ils été fréquemment redistribués ou les titulaires les ont-ils gardés longtemps ?

TÉMOIN KESSELRING. — Dans les dernières années, les commandants en chef et les commandants ont été assez souvent mutés.

Dr LATERNSER. — Que saviez-vous des conférences qui eurent lieu chez Hitler entre les grands chefs militaires ?

TÉMOIN KESSELRING. — Il faut à ce sujet distinguer deux sortes de conférences : les premières prenaient la forme d'un important discours tenu avant une campagne aux officiers de haut rang qui y participaient. Ce discours avait généralement pour but de renseigner les chefs sur la situation et de leur préciser leurs attributions. En raison de la persuasion rhétorique du Führer, il nous était presque impossible de prendre position, d'autant plus que nous n'étions pas tenus au courant de tous les détails. A de telles conférences, aucune discussion n'avait lieu. Elles n'étaient pas admises. Ensuite se déroulaient parfois des entretiens purement militaires ou tactiques où chaque chef exposait avec force ses opinions et ses requêtes. Comme je l'ai déjà mentionné, nous n'étions pas écoutés sur les questions politiques. Nous étions placés, comme il est bien connu, devant un fait accompli et, en tant que soldats, nous devions nous en accommoder.

CONTRE-INTERROGATOIRE VON BRAUCHITSCH

Dr LATERNSER. — Je n'ai que quelques questions à poser au témoin. Quelles étaient vos fonctions au début de la guerre ?

TÉMOIN VON BRAUCHITSCH. — A la déclaration de guerre, j'étais à l'École de Guerre et je venais de quitter mon escadrille.

Dr LATERNSER. — Peut-on dire que la déclaration de guerre ait provoqué de l'enthousiasme chez les soldats de métier ? Quel était l'état d'esprit qui régnait alors ?

TÉMOIN VON BRAUCHITSCH. — On ne peut pas dire que la déclaration de guerre ait été saluée par un grand enthousiasme. Cet événement nous a paru extrêmement grave. En tant que jeunes soldats nous considérions comme de notre devoir de former les hommes qui nous étaient confiés pour la défense de notre pays.

Dr LATERNSER. — Quels postes avez-vous occupés pendant la guerre ? N'avez-vous jamais été membre de l'État-Major d'une flotte aérienne ?

TÉMOIN VON BRAUCHITSCH. — Non, je n'ai jamais appartenu à un tel organisme, mais à part une activité de courte durée dans un groupe de combat, je suis toujours resté aide de camp du Commandant en chef de la Luftwaffe.

Dr LATERNSER. — En qualité d'aide de camp principal du Commandant en chef de la Luftwaffe, vous deviez posséder une foule de renseignements sur ce qui se passait dans la Luftwaffe ?

TÉMOIN VON BRAUCHITSCH. — Oui, dans la mesure où je pouvais disposer des documents.

Dr LATERNSER. — D'après les renseignements que vous pouviez avoir, les chefs des flottes aériennes avaient-ils une influence quelconque sur les décisions de caractère politique ou sur la conduite de la guerre ?

TÉMOIN VON BRAUCHITSCH. — A mon avis, les chefs des flottes aériennes n'avaient aucune influence en matière politique. Leur tâche se réduisait à l'exécution technique des ordres reçus, ordres qui émanaient de plus en plus fréquemment de Hitler.

Dr LATERNSER. — Les chefs des flottes aériennes ont-ils proposé qu'on employât des méthodes plus sévères dans la conduite de la guerre ?

TÉMOIN VON BRAUCHITSCH. — Je ne pense pas que des suggestions de ce genre aient été faites par les chefs des flottes aériennes. Ces derniers étaient des soldats de métier qui ne faisaient que se conformer aux ordres qu'ils recevaient.

ACCUSÉ GŒRING. — L'influence exercée sur le Führer a varié suivant les époques. Jusqu'à la fin 1941 ou au début 1942 tout au moins, c'est moi qui ai exercé la plus grande influence sur le Führer, dans la mesure où l'on peut parler d'influence. Puis, à partir de ce moment, mon influence diminua progressivement jusqu'en 1943, après quoi elle s'évanouit rapidement. Mais je crois que personne d'autre n'a joui de la confiance du Führer comme moi-même. Après moi ou à part moi, Gœbbels a pu avoir une certaine influence, dès le début, parce que le Führer l'avait souvent près de lui. Cette influence, qui était très faible, a subi des oscillations de temps à autre, mais elle a beaucoup augmenté pendant les dernières années de la guerre, car il était aisé de gagner de l'influence par certains moyens. Avant la prise du pouvoir et au cours des années qui l'ont suivie, Hess a eu une certaine influence sur le Führer, mais uniquement dans son domaine spécial. Himmler eut ensuite une influence, qui devint plus forte avec le temps, mais diminua beaucoup à la fin de l'année 1944. C'est M. Bormann qui exerça l'influence la plus décisive sur le Führer, pendant la guerre et spécialement vers 1942, après le départ de Hess en 1941. Elle se révéla, vers la fin, avoir une puissance désastreuse. Elle ne fut possible que parce que le Führer était, après le 20 juillet 1944, devenu plein de méfiance, et que Bormann, toutjours à ses côtés, lui faisait des rapports continuels sur ce qui se passait. Telles sont, dans les grandes lignes, les personnes qui ont pu, à un moment quelconque, exercer une influence sur le Führer.

M. JUSTICE JACKSON. — Si je vous comprends bien, Hermann Gœring avait, avant le printemps de 1943, une grosse influence sur les milieux dirigeants du Reich ?

TÉMOIN BODENSCHATZ. — Avant 1943, c'est-à-dire jusqu'à cette date, Hermann Gœring avait toujours accès auprès du Führer et son influence était très grande.

M. JUSTICE JACKSON. — En fait, c'était le personnage le plus important en Allemagne en dehors du Führer lui-même, n'est-ce pas ?

TÉMOIN BODENSCHATZ. — Il avait dans le Reich une très grande influence.

M. JUSTICE JACKSON. — Le commandement de l'Armée de l'air lui était spécialement dévolu et il en tirait une fierté particulière, n'est-ce pas ?

TÉMOIN BODENSCHATZ. — En sa qualité d'ancien aviateur, il était très fier d'avoir organisé la Luftwaffe et de pouvoir la diriger.

M. JUSTICE JACKSON. — Il croyait plus qu'aucun homme de son temps à l'efficacité de l'Aviation comme arme de guerre, n'est-ce pas ?

TÉMOIN BODENSCHATZ. — En tout cas, il était convaincu que sa Luftwaffe était très puissante ; je ne peux que répéter ce que j'ai dit tout à l'heure : au début de la guerre, en 1939, la Luftwaffe n'avait pas encore atteint ce degré de puissance. Je répète qu'à ce moment elle n'était pas prête pour la guerre, tant sous le rapport de ses cadres, de son matériel que de l'instruction de son personnel.

M. JUSTICE JACKSON. — Mais à partir du moment où vous avez collaboré avec Hermann Gœring, vous avez rapidement organisé la Luftwaffe ?

TÉMOIN BODENSCHATZ. — L'organisation de la Luftwaffe se fit relativement vite.

M. JUSTICE JACKSON. — Vous m'avez dit l'époque à laquelle vous aviez rejoint Gœring, mais je l'ai oubliée : quand était-ce ?

TÉMOIN BODENSCHATZ. — Je rejoignis Hermann Gœring en avril 1933. A ce moment-là, il n'y avait pas encore de Commandant en chef de la Luftwaffe, mais un Commissariat du Reich à l'Aviation. Cependant, dès ce moment, on commença à organiser la Luftwaffe. Mais ce ne fut qu'après 1935, à partir du moment où fut proclamée la liberté des armements, que le rythme s'accéléra.

M. JUSTICE JACKSON. — Et la production du matériel aéronautique portait essentiellement sur les bombardiers, n'est-ce pas ?

TÉMOIN BODENSCHATZ. — Il y avait des bombardiers mais il y avait aussi des chasseurs.

M. JUSTICE JACKSON. — Gœring était également chargé de l'exécution du Plan de quatre ans ?

TÉMOIN BODENSCHATZ. — Il avait reçu du Führer l'ordre de faire exécuter le Plan de quatre ans.

M. JUSTICE JACKSON. — Il occupait également divers autres postes ?

TÉMOIN BODENSCHATZ. — Hermann Gœring était, en dehors de ses fonctions de Commandant en chef de la Luftwaffe, responsable de l'exécution du Plan de quatre ans. Auparavant, au moment de la prise du pouvoir, il était ministre de l'Intérieur de Prusse, président du conseil de Prusse, président du Reichstag et Grand Maître des Forêts.

M. JUSTICE JACKSON. — Je remarque que vous utilisez ici, comme vous l'avez fait au moment où vous avez été interrogé par le Ministère Public américain, le terme de prise du pouvoir. Était-ce une expression courante dans votre groupe pour désigner l'accès au pouvoir d'Adolf Hitler ?

TÉMOIN BODENSCHATZ. — On ne peut l'affirmer car, à ce moment, c'était tout à fait légal ; en effet, c'était le parti national-socialiste qui était le plus fort ; le parti le plus fort a désigné le Chancelier du Reich et avait par conséquent la plus forte influence. Il ne faut pas dire que le pouvoir a été usurpé, mais que le parti national-socialiste avait simplement acquis parmi les partis, la situation la plus influente, grâce au moyen tout à fait légal des élections.

M. JUSTICE JACKSON. — Il faudrait alors changer ce terme de prise du pouvoir ?

TÉMOIN BODENSCHATZ. — Oui, il faut le changer ; c'était une expression couramment employée par la presse à cette époque.

M. JUSTICE JACKSON. — Gœring poursuivit ses relations avec Hitler sans rupture officielle jusqu'en 1945, n'est-ce pas ?

TÉMOIN BODENSCHATZ. — Jusqu'en 1945, il n'y eut pas de rupture ouverte. Ce n'est que tout à fait à la fin, comme je l'ai dit tout à l'heure, qu'eut lieu l'arrestation.

M. JUSTICE JACKSON. — L'arrestation constitua donc la première rupture ouverte entre Hitler et Gœring ?

TÉMOIN BODENSCHATZ. — Oui, ce fut la première grande rupture apparente entre les deux hommes. Mais depuis 1943, comme je l'ai dit tout à l'heure, il y avait dans leurs rapports des divergences qui allaient s'aggravant.

M. JUSTICE JACKSON. — Mais ces divergences restèrent cachées au peuple allemand ?

TÉMOIN BODENSCHATZ. — Le peuple allemand ne pouvait pas s'en rendre compte, ce n'était pas très apparent. Cet état de choses commença au printemps 1943 et évolua jusqu'en 1945 : les relations entre les deux hommes devenaient de plus en plus tendues.

M. JUSTICE JACKSON. — Sont-ce les S.S. qui ont procédé à son arrestation ?

TÉMOIN BODENSCHATZ. — Je l'ai seulement entendu dire ; on raconte qu'une section de S.S. se serait rendue à l'Obersalzberg pour arrêter Hermann Gœring dans sa petite maison, et qu'il y aurait été détenu. Peut-être le témoin qui sera entendu tout à l'heure, le colonel von Brauchitsch, qui assistait à cette arrestation et qui a été arrêté lui-même, pourra-t-il donner plus de détails.

M. JUSTICE JACKSON. — Vous n'avez pas été arrêté par les S.S. ?

TÉMOIN BODENSCHATZ. — A cette époque, depuis le 20 juillet 1944, date à laquelle je fus grièvement blessé, j'étais en convalescence à l'hôpital près de Berchtesgaden, à Bad-Reichenhall.

M. JUSTICE JACKSON. — Au cours des conférences auxquelles vous assistiez, n'était-il pas d'usage qu'à l'issue d'un discours adressé par Hitler à votre groupe, Gœring, en sa qualité de personnalité la plus marquante, assurât le Führer, en son nom des autres officiers, de son appui pour tous ses projets ?

TÉMOIN BODENSCHATZ. — Je n'ai pas assisté à toutes les conférences ; je n'y jouais que le rôle d'auditeur : à l'issue des discussions, disons plutôt des conférences, auxquelles j'ai participé, il arrivait de temps en temps que le Reichsmarschall fit une déclaration assurant le Führer que ses ordres seraient exécutés, mais pour l'instant je ne me souviens pas, en particulier, d'une telle conférence.

M. JUSTICE JACKSON. — Vous ne pouvez vous souvenir d'aucune conférence au cours de laquelle cela ne se serait pas produit ?

TÉMOIN BODENSCHATZ. — Cela ne se faisait pas toujours au contraire ; ce n'était pas un principe. Au Reichstag, Hermann Gœring faisait toujours une déclaration à l'issue des séances ; à la fin des séances du Reichstag, il exprimait sa confiance à Adolf Hitler.

M. JUSTICE JACKSON. — Ne le faisait-il pas à chacune des réunions d'officiers auxquelles assistait le Führer ?

TÉMOIN BODENSCHATZ. — Je vous prie de répéter cette question, je ne l'ai pas très bien comprise, je m'excuse mille fois... Je voudrais vous informer qu'à la suite de ma blessure mon acuité auditive a baissé de 60 %, c'est pourquoi je demande, je m'en excuse, que la question soit répétée,

M. JUSTICE JACKSON. — Très bien. Vous souvenez-vous d'une conférence quelconque qui ait eu lieu entre Hitler et son État-Major et au cours de laquelle Gœring n'aurait pas, en tant qu'officier le plus ancien, donné à Hitler l'assurance de son appui pour l'exécution de ses plans ?

TÉMOIN BODENSCHATZ. — Quelques-unes des conférences auxquelles j'ai participé comportèrent une conclusion de cette sorte ; la plupart de ces conférences n'étaient pas suivies d'un discours de clôture. Quand le Führer avait fini de parler, la réunion était terminée.

M. JUSTICE JACKSON. — En 1943, quand Gœring commença à perdre de son influence sur Hitler, ne fut-ce pas pour lui une très mauvaise période ?

TÉMOIN BODENSCHATZ. — Hermann Gœring en souffrait ; il m'a dit, à plusieurs reprises, que cela lui était extrêmement pénible.

M. JUSTICE JACKSON. — Il souffrait du fait que le Führer avait perdu confiance en lui ?

TÉMOIN BODENSCHATZ. — Comment ?

M. JUSTICE JACKSON. — Souffrait-il de ce que le Führer perdait confiance en lui ? Était-ce là la cause de ses préoccupations ?

TÉMOIN BODENSCHATZ. — Cela a pu y contribuer, mais il y eut des divergences de vue au sujet de la Luftwaffe.

Le 21 mars 1946, Gœring dépose sur les relations existant entre Hitler et ses proches conseillers :

GÉNÉRAL RUDENKO. — Si je vous ai bien compris, accusé Gœring, vous avez déclaré que toutes les décisions fondamentales de politique extérieure, de stratégie militaire, etc., étaient prises par Hitler lui-même ?

ACCUSÉ GŒRING. — Parfaitement. C'est pour cela qu'il était le Führer.

GÉNÉRAL RUDENKO. — Faut-il donc comprendre que Hitler prenait des décisions sans prendre l'avis de spécialistes qui avaient étudié la question, sans consulter les rapports confidentiels qui lui étaient soumis ?

ACCUSÉ GŒRING. — Cela dépendait. Dans certains cas, il se faisait soumettre des renseignements sans que les experts en connussent la raison. En d'autres cas, il expliquait aux techniciens ce qu'il avait l'intention de faire et obtenait d'eux les renseignements nécessaires et leur opinion sur la question. La décision finale n'était prise que par lui, en sa qualité de Commandant suprême.

GÉNÉRAL RUDENKO. — Alors, si je vous comprends bien, lorsque Hitler avait une décision importante à prendre, il prenait en considération les rapports et les renseignements fournis par ses proches collaborateurs, qui le conseillaient suivant leur spécialité. Est-ce exact ?

ACCUSÉ GŒRING. — Fournis en partie par ses collaborateurs, en partie par d'autres membres des services compétents lorsqu'il s'agissait, par exemple, de rapports confidentiels et de contre-espionnage.

GÉNÉRAL RUDENKO. — Me direz-vous alors qui était le collaborateur le plus proche de Hitler dans le domaine de l'Aviation ?

ACCUSÉ GŒRING. — Moi, naturellement.

GÉNÉRAL RUDENKO. — Et pour les questions économiques ?

ACCUSÉ GŒRING. — Dans les questions économiques, c'était moi également.

GÉNÉRAL RUDENKO. — Et pour les questions de politique intérieure ?

ACCUSÉ GŒRING. — Cela dépendait du sujet à traiter et des limites dans lesquelles le Führer désirait prendre ou non l'avis de quelqu'un.

GÉNÉRAL RUDENKO. — Pouvez-vous m'indiquer les noms de quelques-uns de ces collaborateurs ?

ACCUSÉ GŒRING. — J'ai été moi-même l'un des plus intimes collaborateurs du Führer, ainsi que je l'ai déjà dit. Un autre collaborateur intime — ce n'est peut-être pas la bonne expression — avec lequel il discutait ou s'entretenait plus qu'avec les autres était le Dr Gœbbels. Il faut également prendre en considération les différentes époques. Elles ont varié au cours de vingt années ; vers la fin, ce fut Bormann avant tout. De 1943-1944 jusqu'à peu de temps avant la fin, ce fut également Himmler, pour certaines questions, et lorsque le Führer abordait des questions spécifiquement techniques, comme de bien entendu et comme c'est d'usage dans tous les gouvernements, il convoquait celui qui était le plus compétent et qui lui fournissait les renseignements nécessaires.

GÉNÉRAL RUDENKO. — Pouvez-vous me dire quels étaient les collaborateurs de Hitler en matière de politique extérieure ?

ACCUSÉ GŒRING. — En matière de politique extérieure. Hitler consultait ses collègues presque uniquement sur des points techniques, si je puis dire. Les décisions les plus importantes de politique extérieure étaient prises par lui-même et il en faisait part ensuite à ses collègues et collaborateurs. Rares étaient ceux qui pouvaient se permettre de discuter — moi, par exemple. L'exécution technique de ces décisions de politique extérieure dans le domaine de la rédaction de notes diplomatiques, était assurée par le ministère des Affaires étrangères et son ministre.

GÉNÉRAL RUDENKO. — L'accusé Ribbentrop ?

ACCUSÉ GŒRING. — Oui, naturellement. Il était ministre des Affaires étrangères, mais il ne faisait pas la politique étrangère.

GÉNÉRAL RUDENKO. — Et pour les questions stratégiques, quel était le conseiller de Hitler ?

ACCUSÉ GŒRING. — Ils étaient plusieurs. Pour ce qui était des problèmes courants d'importance stratégique, c'étaient les trois commandants en chef et leurs chefs d'état-major et aussi, parfois, l'État-Major d'opérations qui était rattaché directement au Führer.

GÉNÉRAL RUDENKO. — Quels sont les accusés qui ont ainsi joué le rôle de conseillers ?

ACCUSÉ GŒRING. — Lorsqu'il était consulté par le Führer, le conseiller pour les questions stratégiques était le chef de l'État-Major d'opérations, le général Jodl ; quant aux questions d'administration militaire, c'étaient les trois commandants en chef, dont moi-même, l'amiral Raeder et, plus tard, l'amiral Dœnitz pour la Marine. Les autres représentants de l'Armée n'assistaient pas à ces réunions.

GÉNÉRAL RUDENKO. — Je voudrais maintenant vous poser la question suivante : si l'on aborde cette question, non pas seulement du point de vue extérieur, mais si l'on cherche plus profondément, peut-on en conclure que toute suggestion faite par un de ses principaux collaborateurs influençait fortement Hitler au moment de prendre ses décisions finales ?

ACCUSÉ GŒRING. — En examinant la question du point de vue formel, comme vous le désirez — je pense que vous parlez du domaine militaire, n'est-ce pas ? — il arrivait que...

GÉNÉRAL RUDENKO. — Non, je ne fais pas seulement allusion au domaine militaire, mais à tous les domaines, à toutes les questions, que ce soit de l'économie, de la politique intérieure, de la politique extérieure ou les questions militaires. Si l'on aborde la question non pas théoriquement mais pratiquement, est-ce que leurs avis avaient un poids considérable lorsque Hitler prenait ses décisions finales ? Voilà ce que je veux dire.

ACCUSÉ GŒRING. — Jusqu'à un certain point, oui. Si l'avis ne semblait pas bon au Führer, il le rejetait.

GÉNÉRAL RUDENKO. — Vous avez dit : jusqu'à un certain point, n'est-ce pas ?

ACCUSÉ GŒRING. — Oui, naturellement, si la proposition faite était raisonnable et s'il la considérait comme telle, il l'adoptait certainement.

GÉNÉRAL RUDENKO. — Je voudrais souligner que tous ces conseillers devaient collaborer étroitement avec Hitler. Donc, ils avaient une certaine influence sur ses décisions finales. Ils ne se tenaient pas à l'écart, n'est-ce pas ?

ACCUSÉ GŒRING. — Ils ne se tenaient pas à l'écart ; mais leur influence n'avait d'effet que dans la mesure où leur conviction était conforme à celle du Führer.

Hitler et ses généraux. Point de vue de Kesselring. Nous entendrons Jodl pour conclure :

Dr LATERNSER. — Avez-vous été informé par avance, en tant que Feldmarschall, de l'entrée en guerre de l'Italie ?

TÉMOIN KESSELRING. — Non, je n'en ai pas été informé. Autant que je m'en souvienne, l'entrée en guerre de l'Italie fut si soudaine que les chefs politiques eux-mêmes en furent très surpris.

Dr LATERNSER. — Avez-vous été informé par avance qu'une déclaration de guerre devait être faite à l'Amérique ?

TÉMOIN KESSELRING. — Non. Je n'ai rien à dire à ce sujet.

Dr LATERNSER. — Une dernière question : quelles étaient les possibilités de démission des chefs militaires en temps de guerre ?

TÉMOIN KESSELRING. — Démissionner de la Wehrmacht de sa propre initiative ou demander sa démission de la Wehrmacht étaient interdits. En 1944, un ordre fut publié qui l'interdisait, sous peine des châtiments les plus sévères. Le Chef suprême de la Wehrmacht s'était réservé pour lui seul le droit exclusif de muter le personnel des services dirigeants.

Dr LATERNSER. — Existait-il un ordre écrit à ce sujet ?

TÉMOIN KESSELRING. — Je suppose que oui.

Dr LATERNSER. — Merci beaucoup. Je n'ai pas d'autres questions à poser.

PROFESSEUR Dr JAHRREISS. — Témoin, vous avez dit tout à l'heure que les commandants en chef avaient, pour les questions militaires, le droit et la possibilité de faire valoir leurs demandes et leurs points de vue à Hitler, Chef suprême de la Wehrmacht, Ai-je bien compris ?

TÉMOIN KESSELRING. — Parfaitement.

PROFESSEUR Dr JAHRREISS. — Avez-vous personnellement été en désaccord avec Hitler à propos d'ordres ?

TÉMOIN KESSELRING. — Parfaitement, pour des questions tactiques et stratégiques.

PROFESSEUR Dr JAHRREISS. — Y a-t-il eu réellement conflit à ce sujet ?

TÉMOIN KESSELRING. — Conflit est peut-être trop dire. Il s'agit plutôt de divergences de vue.

PROFESSEUR Dr JAHRREISS. — Nous dirons donc divergences de vue. Étaient-elles fréquentes ?

TÉMOIN KESSELRING. — Oui.

PROFESSEUR Dr JAHRREISS. — D'après tout ce que nous avons entendu dire ici, Adolf Hitler devait être un caractère quelque peu difficile ?

TÉMOIN KESSELRING. — Il faut le reconnaître. D'un autre côté j'avais, je ne sais pourquoi, le bonheur de rencontrer le plus souvent chez lui de la compréhension pour les question que je lui soumettais.

PROFESSEUR Dr JAHRREISS. — Avez-vous personnellement résolu des divergences de vue avec Hitler ?

TÉMOIN KESSELRING. — Dans les cas critiques, lorsque le Generaloberst Jodl ne pouvait faire valoir son point de vue, il me faisait appeler.

PROFESSEUR Dr JAHRREISS. — Si vous ne pouviez faire valoir votre point de vue ?

TÉMOIN KESSELRING. — Non, si Jodl ne pouvait y parvenir.

PROFESSEUR Dr JAHRREISS. — Si Jodl ne pouvait faire valoir son point de vue, vous étiez appelé ?

TÉMOIN KESSELRING. — Oui.

PROFESSEUR Dr JAHRREISS. — Mais Jodl était-il souvent, lui aussi, en désaccord avec Hitler ?

TÉMOIN KESSELRING. — A différentes occasions, lors des conférences, j'ai remarqué des divergences de vue très profondes entre les deux hommes et constaté que le Generaloberst Jodl, qui était notre porte-parole auprès de l'O.K.W., défendit ses idées avec une énergie des plus remarquables, qu'il les soutint jusqu'au bout.

PROFESSEUR Dr JAHRREISS. — Que voulez-vous dire par porte-parole ? Il a été votre représentant, représentant de qui ?

TÉMOIN KESSELRING. — Les théâtres d'opérations qui m'étaient assignés en tant que général de la Wehrmacht étaient dénommés théâtres d'opérations de l'O.K.W., et l'Est était théâtre d'opérations de l'Armée de terre, contrairement aux autres qui étaient théâtres d'opérations de l'O.K.W.

PROFESSEUR Dr JAHRREISS. — L'O.K.W. n'avait-il rien à voir avec les théâtres d'opérations à l'Est ?

TÉMOIN KESSELRING. — Non.

PROFESSEUR Dr JAHRREISS. — Et l'Armée de terre n'avait rien à voir avec les théâtres d'opérations de l'O.K.W. ?

TÉMOIN KESSELRING. — Non.

PROFESSEUR Dr JAHRREISS. — Je ne crois pas que tout le monde comprenne la différence.

TÉMOIN KESSELRING. — Ce serait trop demander, car moi-même je ne la comprends pas très bien.

PROFESSEUR Dr JAHRREISS. — Ainsi vous vous êtes trouvé sur un théâtre d'opérations de l'O.K.W. ?

TÉMOIN KESSELRING. — Oui.

PROFESSEUR Dr JAHRREISS. — Que veut donc dire O.K.W. sous ce rapport ?

TÉMOIN KESSELRING. — Oberkommando der Wehrmacht, Haut Commandement des Forces armées.

PROFESSEUR Dr JAHRREISS. — Oui, je sais.

TÉMOIN KESSELRING. — Cela signifiait que le commandant en chef était directement responsable devant Adolf Hitler et que le Quartier Général l'était devant l'État-Major de Jodl.

PROFESSEUR Dr JAHRREISS. — Au cours d'un interrogatoire précédent, n'avez-vous pas parlé d'ordres de l'O.K.W. ?

TÉMOIN KESSELRING. — Oui.

PROFESSEUR Dr JAHRREISS. — De quel O.K.W. provenaient ces ordres ?

TÉMOIN KESSELRING. — Les ordres d'importance décisive n'émanaient que d'une seule personne, Adolf Hitler. Les autres personnalités n'étaient que des organes d'exécution. Ce qui n'excluait pas qu'elles eussent, en tant qu'organes d'exécution, leur point de vue ou celui des groupes d'armées qui leur étaient subordonnés et qu'elles devaient défendre ce point de vue devant Adolf Hitler dans l'esprit des demandes ou des avis émis par ces groupes d'armées.

PROFESSEUR Dr JAHRREISS. — Ce que vous dites là me surprend un peu car on répète que Jodl qui, dites-vous, était une sorte de porte-parole du commandement en chef, était la créature d'Adolf Hitler.

TÉMOIN KESSELRING. — Je crois que l'un n'exclut pas l'autre. Je ne peux pas me représenter un mariage de six années sans qu'il y ait eu, des deux côtés, un essai de compréhension. Mais je réalise très bien que, comme dans les plus heureuses unions, de sérieuses querelles aient parfois éclaté.

PROFESSEUR Dr JAHRREISS. — Mais dans un ménage normal l'époux ne doit pas nécessairement être tout dévoué à la femme ?

TÉMOIN KESSELRING. — Ici la situation est un peu différente. Comme toutes les comparaisons, celle-ci est boîteuse. Car il y a, dans l'Armée, le principe de l'indiscutable subordination.

PROFESSEUR Dr JAHRREISS. — Oui, mais d'après ce que vous nous avez dit des fonctions de Jodl, porte-parole du commandement en chef, il semble qu'il ait agi pour aplanir les choses, n'est-ce pas ?

TÉMOIN KESSELRING. — Jodl a représenté nos intérêts d'une façon tout à fait supérieure ; il agissait ainsi en qualité d'intermédiaire de la communauté.

PROFESSEUR Dr JAHRREISS. — A-t-il également exprimé des opinions contraires à celle d'Adolf Hitler lorsque ce dernier donnait un de ces ordres particulièrement redoutés ?

TÉMOIN KESSELRING. — Je déclarerai seulement qu'à l'occasion des quelques visites que je fis au Quartier Général, je vis le Generaloberst Jodl — si je puis m'exprimer ainsi — devenir rouge d'emportement et exprimer ses opinions sous une forme que je considérais à la limite de ce qui était militairement possible.

PROFESSEUR Dr JAHRREISS. — Je vous remercie.

LE PRÉSIDENT. — L'audience est levée.

ALFRED JODL

Dr Exner. — Je voudrais donc, avec la permission du Tribunal, appeler l'accusé Jodl à la barre des témoins.

(L'accusé Jodl vient à la barre.)

Le Président. — Veuillez préciser votre nom.

Accusé Jodl. — Alfred Jodl.

Le Président. — Voulez-vous répéter après moi ce serment : « Je jure devant Dieu tout puissant et omniscient...

Dr Exner. — Generaloberst Jodl, dans l'exposé anglo-américain, il est dit que vous avez 60 ans ; c'est une erreur ; vous venez d'en avoir 56 ? Quand êtes-vous né ?

Accusé Jodl. — Je suis né le 10 mai 1890.

Dr Exner. — Vous êtes né en Bavière, et vos parents descendaient de vieilles familles bavaroises. Vous avez choisi la carrière militaire. Quelles sont les raisons qui ont guidé votre choix ?

Accusé Jodl. — Mon arrière-grand-père était officier ; mon père l'était également, ainsi qu'un de mes oncles, mon frère et mon beau-père. Je puis dire que j'avais cela dans le sang.

Dr Exner. — J'aimerais que vous me parliez maintenant de votre passé politique. Quel est celui des partis politiques existant avant 1933 en Allemagne vers lequel allait votre sympathie ?

Accusé Jodl. — En tant qu'officier, je ne m'intéressais que de très loin aux partis politiques ; j'ai eu une attitude particulièrement réservée à l'égard des excès de l'après-guerre. Si je considère le milieu dont je suis issu et l'attitude de mes parents, je dois dire que le parti politique qui aurait été le plus susceptible d'attirer mes faveurs était le parti national-libéral. En tout cas, mes parents n'ont jamais voté autrement que national-libéral.

Dr Exner. — Définissez en quelques mots votre attitude à l'égard de la République de Weimar.

Accusé Jodl. — Fidèle à mon serment, j'ai servi honnêtement et sans réserve la République de Weimar. Autrement, j'aurais démissionné. D'ailleurs, pour nous, Allemands du midi, un système et une constitution démocratiques n'étaient pas choses étrangères. Car notre monarchie était également démocratique.

Dr EXNER. — Quelles étaient vos relations avec von Hindenburg ?

ACCUSÉ JODL. — Je le connaissais bien. Je lui avais été affecté après sa première élection à la présidence du Reich, au moment de son premier congé à Dietramszell. Puis je passai un jour avec sa famille, dans sa propriété de Neudeck, avec le maréchal von Manstein.

— J'avais vraiment de l'admiration pour lui. Et lorsqu'il fut élu pour la première fois à la présidence du Reich, j'ai considéré cet événement comme le premier symptôme d'un revirement dans l'esprit du peuple allemand.

Dr EXNER. — Quelle était votre attitude vis-à-vis du parti national-socialiste ?

ACCUSÉ JODL. — Je le connaissais à peine et l'avais à peine remarqué avant le putsch de Munich. C'est ce putsch qui mêla la Reichswehr à son développement politique interne. Elle subit alors, à peu d'exceptions près, cette épreuve d'obéissance. Mais au lendemain de ce putsch, il y eut une certaine scission au sein du corps des officiers. Les avis différaient sur Hitler. J'étais personnellement encore très sceptique. Je ne me suis senti rassuré qu'au moment où Hitler, au procès de Leipzig, donna l'assurance qu'il était hostile à toute dissolution de la Reichswehr.

Dr EXNER. — Avez-vous assisté à des réunions où Hitler prit la parole ?

ACCUSÉ JODL. — Non, jamais.

Dr EXNER. — Quels sont les chefs du parti que vous connaissiez avant 1933 ?

ACCUSÉ JODL. — Je ne connaissais que les anciens officiers tels que Epp, Hühnlein et Röhm. Mais je n'ai plus eu aucun rapport avec eux après qu'ils eurent quitté la Wehrmacht.

Dr EXNER. — Avant la prise du pouvoir, aviez-vous lu *Mein Kampf ?*

ACCUSÉ JODL. — Non.

Dr EXNER. — Et plus tard ?

ACCUSÉ JODL. — J'en ai lu des passages.

Dr EXNER. — Que pensiez-vous de la question juive ?

ACCUSÉ JODL. — Je n'étais pas antisémite. J'estime qu'aucun parti, aucun État, aucun peuple, aucune race — même pas les cannibales — ne peut être considéré comme bon ou mauvais en soi. Tout est une question d'individus. Je savais naturellement que la juiverie, après la première guerre, avait profité de la lassitude morale qui en avait résulté pour s'installer en Allemagne d'une façon extrêmement provocante. Ce n'était pas là de la propagande antisémite, c'étaient des faits, qui ont d'ailleurs été fort regrettés par les Juifs eux-mêmes. Néanmoins, j'étais très opposé à toute mise hors la loi, à toute généralisation et à tout excès.

Dr EXNER. — Le Ministère Public prétend que tous les accusés présents ont crié : « Allemagne réveille-toi. Mort aux Juifs. »

ACCUSÉ JODL. — En ce qui me concerne, cette affirmation est fausse. A toutes les époques de ma vie, j'ai fréquenté des Juifs. J'ai invité des Juifs et ai souvent été invité par eux. Mais c'étaient des Juifs qui reconnaissaient une patrie et dont la valeur humaine était incontestable.

Dr EXNER. — Avez-vous eu l'occasion d'intervenir en faveur de Juifs ?

ACCUSÉ JODL. — Oui, également.

Dr EXNER. — Saviez-vous qu'en 1932 le Gouvernement du Reich craignait d'être renversé et prenait des mesures en conséquence ?

ACCUSÉ JODL. — Je le savais bien, car lorsque je vins alors à Berlin, on n'avait procédé à aucun préparatif de guerre, à l'État-Major qui devait devenir plus tard celui des opérations, mais on avait entraîné la Reichswehr en vue d'opérations éventuelles à l'intérieur, et cela aussi bien contre l'extrême-gauche que contre l'extrême-droite. On établit alors des plans et l'on fit des manœuvres auxquelles j'ai moi-même participé.

Dr EXNER. — Quelle fut votre réaction lorsque Hitler fut nommé Chancelier du Reich en 1933 ?

ACCUSÉ JODL. — Cette nomination m'étonna beaucoup. Ce soir-là, je rentrai chez moi avec un ami, et devant l'agitation populaire, je lui dis : « C'est bien plus qu'un changement de Gouvernement, c'est une révolution. J'ignore où cela nous mènera. » Mais le nom de Hindenburg, qui avait rendu la révolution légale, et ceux d'hommes tels que von Papen, von Neurath, Schwerin-Krosigk, m'impressionnaient favorablement et m'assuraient qu'il n'y aurait pas d'excès révolutionnaires.

Dr EXNER. — A ce propos, je voudrais donner lecture d'une partie d'un questionnaire adressé au général Vormann :

— « Jodl, qui était alors commandant à l'État-Major de l'Armée, était en 1933 mon chef de groupe. Il partageait entièrement les vues du chef d'État-Major de l'Armée de terre, le général von Hammerstein, et était tout à fait opposé à Hitler et au Parti. »

— Je saute quelques lignes, d'importance secondaire, et je reprends :

— « Lorsque le 30 janvier 1933, Hitler fut nommé Chancelier du Reich, Jodl en fut bouleversé autant qu'étonné. Je me souviens parfaitement d'avoir convoqué le 30 janvier, sur son ordre, les officiers de son groupe à une conférence. Il y expliqua que Hitler avait été appelé à la tête du Reich, conformément à la constitution et aux lois en vigueur. Ce n'était pas à nous d'élever des critiques, surtout après la conduite du Président du Reich, le maréchal von Hindenburg. Nous n'avions qu'à obéir et faire notre devoir de soldats. Les critiques élevées jusqu'alors contre les mesures prises par le nouveau chancelier devaient être abandonnées, comme incompatibles avec notre état de militaires. »

— Tout son discours fit ressortir ses soucis et ses craintes de l'avenir.

LE PRÉSIDENT. — Je crois qu'il serait temps de lever l'audience.

PROFESSEUR Dr EXNER. — Avant la suspension d'audience, vous nous avez rapporté les propos que vous avez tenus à vos officiers lorsque Adolf Hitler a pris le pouvoir. Je voudrais bien maintenant savoir quelle fut votre réaction lorsque Hitler fut nommé chef de l'État, en 1934 ?

ACCUSÉ JODL. — La réunion de ces deux fonctions sur la tête d'une même personne m'a causé de grands soucis. Nous avons perdu en la personne de Hindenburg le Feldmarschall tant aimé de la Wehrmacht et de tout le peuple allemand. Nous ne savions pas ce que Hitler nous apporterait. Il est vrai que le plébiscite lui donna une majorité si écrasante qu'on pouvait penser qu'il ne pouvait pas y avoir de loi supérieure à ce désir du peuple allemand. Nous, militaires, étions donc pleinement justifiés à prêter serment à Adolf Hitler.

PROFESSEUR Dr EXNER. — Le Ministère Public parle de vos étroites relations avec Hitler. Quand avez-vous fait sa connaissance ?

ACCUSÉ JODL. — J'ai été présenté au Führer par le Feldmarschall Keitel dans le train spécial qui nous menait, le 3 septembre 1939, sur le front polonais. C'est ce jour-là que je lui ai parlé pour la première fois.

PROFESSEUR Dr EXNER. — Deux jours après la déclaration de guerre ?

ACCUSÉ JODL. — Oui.

PROFESSEUR Dr EXNER. — Est-ce que le Führer avait confiance en vous ?

ACCUSÉ JODL. — Cela se fit progressivement. Le Führer avait une certaine méfiance à l'égard de tous les officiers de l'État-Major de l'Armée, ainsi que vis-à-vis de toute la Wehrmacht. Je puis citer une phrase que je lui ai souvent entendu dire : « J'ai une armée réactionnaire, une marine chrétienne et — disait-il aussi parfois — impériale, et une aviation nationale-socialiste. »

— La nature de nos rapports a été très variable. Au début, jusqu'à la fin de la campagne de l'Ouest, il fit montre d'une grande réserve. Puis sa confiance en moi augmenta jusqu'au mois d'août 1942. Alors, la grande crise éclata et son attitude à mon égard devint extrêmement caustique et inamicale. Cela dura jusqu'au 30 janvier 1943, puis nos relations s'améliorèrent et devinrent particulièrement empreintes d'une bonne et sincère amitié après que la trahison italienne de 1943 eut été évitée. La dernière année fut marquée par de nombreuses et sérieuses altercations.

PROFESSEUR Dr EXNER. — Dans quelle mesure le Führer vous confiait-il ses intentions politiques ?

ACCUSÉ JODL. — Dans la mesure où il était nécessaire que nous les connaissions pour mener à bien nos tâches militaires. Il est évident que pour un chef d'État-Major d'opérations, la connaissance des plans politiques est somme toute plus importante que pour un chef de bataillon, car la politique commande la stratégie.

PROFESSEUR Dr EXNER. — Autorisait-il les discussions politiques entre vous et lui ?

ACCUSÉ JODL. — Les discussions d'intérêt politique n'étaient, en général, pas admises entre militaires. L'exemple suivant est particulièrement caractéristique à cet égard : lorsqu'en septembre 1943 j'annonçai au Führer que le fascisme était mort en Italie et que les rues de Rome étaient jonchées d'emblèmes du Parti, il me dit textuellement : « Une telle insipidité ne pouvait être dite que par un officier. Là encore, on voit bien que les généraux ne comprennent rien à la politique. » De telles réflexions vous font passer l'envie de participer à des discussions politiques.

PROFESSEUR Dr EXNER. — Les questions politiques et les questions militaires étaient donc nettement séparées ?

ACCUSÉ JODL. — Oui, nettement.

PROFESSEUR Dr EXNER. — Vous était-il possible de le consulter sur les questions militaires ?

ACCUSÉ JODL. — Cela dépendait entièrement des circonstances du moment. Lorsque des doutes lui venaient, il discutait pendant des semaines et des mois sur les problèmes militaires. Mais lorsque la situation était claire, ou s'il venait à prendre une décision, toute discussion était terminée.

PROFESSEUR Dr EXNER. — On a souvent parlé ici du système qui consistait à garder certaines choses secrètes. Celles-ci vous étaient-elles confiées, ou étiez-vous tenu en dehors du secret ?

ACCUSÉ JODL. — J'étais en dehors du secret, et dans une mesure dont je ne me suis pleinement rendu compte qu'au cours de ce Procès. Le Führer nous tint au courant des événements qui ont marqué le début de la guerre, tels que les efforts déployés par certains pays pour la prévenir ou même pour l'arrêter après qu'elle eût été déclarée, car lesdits événements étaient reproduits par la presse. Il s'adressait aux politiciens et au Parti d'une tout autre façon qu'à la Wehrmacht. Il en était de même pour les S.S. Le secret gardé autour de la liquidation des Juifs et de ce qui se passait dans les camps de concentration, était le chef-d'œuvre du genre. C'était également un chef-d'œuvre de la tromperie exercée par Himmler, qui nous montrait des photos prises par des soldats devenus photographes pour la circonstance et qui nous racontait des histoires sur les jardins de Dachau et les ghettos de Varsovie et de Theresienstadt, en nous donnant l'impression qu'il s'agissait là d'établissements d'intérêt hautement humanitaire.

PROFESSEUR Dr EXNER. — Le Quartier Général du Führer ne recevait-il pas des renseignements de l'extérieur ?

ACCUSÉ JODL. — Le Quartier Général du Führer tenait à la fois du cloître et du camp de concentration. Il était entouré de fils de fer barbelés et les routes qui y conduisaient étaient gardées. Au milieu, se trouvait la « zone interdite n° 1 ». Les laissez-passer permanents nécessaires pour y accéder étaient même refusés à mon État-Major. Seul, le général Warlimont y avait droit. Les papiers de tout officier inconnu devaient être vérifiés. En dehors des rapports sur la situation générale, très peu de renseignements parvenaient du monde extérieur dans ce lieu sacro-saint.

PROFESSEUR Dr EXNER. — Et les journaux étrangers et les communiqués de la radio ?

ACCUSÉ JODL. — Nous étudions très soigneusement les journaux étrangers, et surtout les illustrés américains et anglais qui nous donnaient de précieux renseignements sur les armes nouvelles. Les nouvelles de l'étranger elles-mêmes étaient censurées dès leur arrivée par le service de la presse civile du Quartier Général. Je ne recevais que ce qui concernait les questions militaires. Tous les rapports de politique intérieure, de police et d'actualité étaient interdits.

PROFESSEUR Dr EXNER. — Parlez-moi de votre collaboration avec le Führer.

ACCUSÉ JODL. — Voici comment elle se faisait : chaque jour, j'établissais au moins deux rapports sur la situation. On a affirmé, il y a quelque temps, avec une certaine âpreté, que j'avais participé à 119 conférences ; j'ai pris part, en réalité, à plus de 5 000 de ces conférences. Les rapports et les discussions sur la situation militaire donnaient également lieu à la promulgation des ordres, car c'était sur le vu de ces rapports que le Führer décidait du sens à donner aux ordres applicables dans les jours à venir. Voici comment je procédais : mon rapport une fois terminé, je passais dans la pièce voisine ; j'y rédigeais immédiatement les messages télétypés et les ordres pour les jours suivants, et les présentais à l'approbation du Führer. Le général Warlimont les envoyait ensuite à mon État-Major.

PROFESSEUR Dr EXNER. — Assistiez-vous à des entretiens politiques ?

ACCUSÉ JODL. — Puis-je ajouter, pour être complet, que je n'entendais pas grand-chose de ce qui se disait au cours de ces rapports sur la situation. Il en est de même du Feldmarschall Keitel dont l'activité était analogue à la mienne.

PROFESSEUR Dr EXNER. — Au cours de ces entrevues, abordait-on les sujets politiques, et dans quelle mesure participiez-vous à de telles discussions ?

ACCUSÉ JODL. — Comme je l'ai déjà dit au début, on n'abordait les problèmes politiques que dans la mesure où cela était nécessaire à nos fonctions militaires. De même, lorsque des chefs politiques et militaires venaient ensemble ou lorsque le ministre des Affaires étrangères du Reich était présent, on discutait des problèmes qui touchaient à la fois à la politique et à la conduite de la guerre.

— Je ne participais pas aux entretiens purement politiques avec les politiciens étrangers, neutres ou alliés, ni avec le ministre des Affaires étrangères du Reich. Je ne participais même pas aux conversations sur l'organisation, l'armement et l'administration des territoires occupés, car les discussions d'intérêt purement militaire auxquelles je devais prendre part duraient souvent de six à huit heures par jour. Le temps qui me restait alors pour mon travail personnel m'était extrêmement précieux.

PROFESSEUR Dr EXNER. — On a souvent affirmé ici qu'il était impossible de contredire le Führer. N'y auriez-vous jamais réussi ?

ACCUSÉ JODL. — On ne peut pas dire qu'il était absolument impossible de le contredire. Je l'ai fait plusieurs fois avec vigueur, mais il y avait des moments où l'on ne pouvait vraiment pas placer un mot. En tout cas, j'ai parfois, par mes objections, amené le Führer à renoncer à certains projets.

PROFESSEUR Dr EXNER. — Pouvez-vous citer un exemple ?

ACCUSÉ JODL. — Il y a un grand nombre de questions pratiques qui n'intéressent pas le Tribunal. Mais d'autres présentent un certain intérêt ; ce fut, par exemple, l'intention de Hitler de renoncer à la Convention de Genève. Grâce à mes objections, il est revenu sur cette intention.

PROFESSEUR Dr EXNER. — Y avait-il d'autres moyens d'influencer Hitler ?

ACCUSÉ JODL. — S'il était impossible de le contredire ouvertement pour éviter certaines choses auxquelles, de par mes convictions profondes, je sentais que je devais m'opposer, il y avait un autre moyen auquel j'ai fréquemment eu recours et qui consistait à employer une tactique de temporisation et à opposer une sorte de résistance passive. Je faisais traîner l'affaire, et j'attendais le moment psychologique pour la lui soumettre à nouveau. Ce procédé avait parfois du succès. Par exemple, lorsqu'il eut l'intention de livrer à la loi de lynch certains aviateurs volant à basse altitude. Mais, dans le cas de l'ordre sur les commandos, il ne réussit pas.

PROFESSEUR Dr EXNER. — Nous en reparlerons plus tard. Il s'agit d'un ordre donné par le Führer lui-même. Le témoin Gisevius, interrogé par le Ministère Public, a répondu que « Jodl occupait une position-clé auprès de Hitler. » Connaissiez-vous ce témoin de vue, ou par ouï-dire, ou autrement ?

ACCUSÉ JODL. — Je n'avais pas cet honneur. C'est ici pour la première fois que j'ai entendu prononcer le nom de ce témoin. De plus, je ne l'avais jamais vu avant ce Procès.

PROFESSEUR Dr EXNER. — En quoi auriez-vous pu influencer Hitler ?

ACCUSÉ JODL. — Il est évident que je ne pouvais brosser au Führer qu'un tableau fort incomplet des événements. En raison de sa tendance à prendre des décisions sous l'influence d'une impulsion quelconque, je prenais de grandes précautions lorsque je lui transmettais des renseignements de source douteuse. Si c'est ainsi que le témoin a entendu le terme « position clé », il ne s'est pas trompé. Mais s'il a voulu exprimer par là que je cachais au Führer les atrocités commises par la Wehrmacht ou par les S.S., c'est complètement faux. D'ailleurs, comment ce témoin pouvait-il le savoir ? Au contraire, je transmettais immédiatement tous ces renseignements au Führer et personne n'aurait pu m'en empêcher. Je cite des exemples : on a lu ici un affidavit du capitaine Scheidt ; celui-ci y déclare que l'Obergruppenführer Fegelein a averti le chef d'État-Major général, le

Generaloberst Guderian, et le Generaloberst Jodl, des atrocités commises par la brigade S.S. Keminski à Varsovie. C'est exact ; dix minutes plus tard, j'appris cet événement au Führer qui ordonna immédiatement la dissolution de cette brigade. Lorsque j'appris par la radio américaine et par mon service de presse l'exécution de 120 prisonniers de guerre américains à Malmédy, je fis procéder immédiatement et de ma propre initiative à une enquête, pour en communiquer le résultat à Hitler. Lorsque j'appris les atrocités inimaginables qui furent commises par une compagnie d'Oustachis en Croatie, j'en avertis Hitler immédiatement.

PROFESSEUR Dr EXNER. — Permettez-moi de vous interrompre un instant. Dans votre journal, vous écrivez, à la date du 12 juin 1942 :

— « La prévôté militaire allemande a désarmé et arrêté une compagnie d'Oustachis en raison des atrocités qu'elle avait commises sur la population civile de Bosnie orientale. »

— C'est important, parce que cette compagnie d'Oustachis était quelque chose d'analogue à un groupe de S.S. de Croatie, qui combattait du côté allemand. En raison de ces atrocités, la prévôté militaire allemande a arrêté ses membres :

— « Le Führer a désapprouvé cette mesure, qui fut exécutée sur l'ordre du commandant de la 708e division, car elle portait atteinte à l'autorité des Oustachis, autorité sur laquelle reposait l'État croate tout entier. Cette mesure était susceptible de nuire à la paix et à l'ordre en Croatie, beaucoup plus que l'agitation que les atrocités avaient provoquée parmi la population. » Était-ce là l'événement auquel vous faisiez allusion ?

ACCUSÉ JODL. — Oui.

PROFESSEUR Dr EXNER. — Avez-vous encore un exemple ?

ACCUSÉ JODL. — Après la promulgation de l'ordre sur les commandos, je ne faisais part au Führer des violations du Droit international commises par nos adversaires, que lorsque je pouvais avoir la certitude qu'il les aurait apprises autrement. Je ne lui parlais des entreprises des commandos que lorsque j'étais sûr qu'il devait les apprendre d'une façon ou d'une autre. J'essayais ainsi de l'empêcher de prendre des décisions dictées par la seule impulsion.

PROFESSEUR Dr EXNER. — Était-il possible de le retenir ?

ACCUSÉ JODL. — Malheureusement pas.

PROFESSEUR Dr EXNER. — Je ne comprends pas.

ACCUSÉ JODL. — Malheureusement pas, Hitler était tenu au courant des événements militaires de mille et une façons. Chaque agent et chaque service pouvait transmettre des rapports à ses aides de camp. Le photographe envoyé par Hitler sur le front en profitait pour tenir le Führer au courant de la situation militaire. Lorsque j'ai prostesté auprès du Führer, celui-ci me répondit : « Peu importe de qui je tiens la vérité, l'essentiel est que je la connaisse. »

— Mais ces renseignements ne concernaient pas les atrocités, au contraire. Malheureusement, des organismes hostiles à la Wehrmacht envoyaient au Führer des rapports dénigrant l'attitude correcte et chevaleresque de la Wehrmacht, et ce sont de tels rapports qui provoquaient ses décisions brutales. Beaucoup de malheurs auraient pu être évités si nous autres soldats avions été à même de refréner l'ardeur du Führer.

PROFESSEUR Dr EXNER. — Quel était le rôle de Canaris ?

ACCUSÉ JODL. — Canaris a vu le Führer des douzaines de fois. Il pouvait lui annoncer tout ce qu'il savait et tout ce qu'il voulait ; et je crois qu'il en savait bien plus que moi qui n'étais chargé que des opérations militaires. Mais il ne soufflait jamais mot. Jamais il ne m'a adressé la parole et la raison en est bien simple. Ce témoin... cet homme qui est mort, était au mieux avec Himmler et Heydrich, et il était nécessaire que son attitude n'éveillât pas les soupçons de ces deux personnages sur ce nid de conspirateurs.

PROFESSEUR Dr EXNER. — Le témoin Gisevius a longuement parlé de la préméditation de putsch. En aviez-vous entendu parler ?

ACCUSÉ JODL. — Je n'ai jamais entendu parler de préparatifs de putsch.

PROFESSEUR Dr EXNER. — N'avez-vous jamais, avant ou pendant la guerre, considéré qu'un putsch était possible ou opportun ?

ACCUSÉ JODL. — Le témoin a parlé de révolte comme s'il parlait de se laver les mains. Ce fait suffit à me convaincre qu'il n'y a jamais pensé sérieusement. Les résultats du putsch de Kapp en 1921 et de celui de Hitler en 1923 sont bien connus. S'il était besoin d'autres preuves, il y a le 20 juillet 1944. A cette époque, plus personne ne croyait à la victoire au sens propre du mot. Cependant, à l'occasion de cet attentat, pas un soldat, par une arme, pas un ouvrier ne s'est levé. Les membres du complot étaient seuls. Pour renverser ce système, une révolution aurait été nécessaire, dont la force aurait dû dépasser celle de la révolution nationale-socialiste. Et elle aurait dû être appuyée par la masse des ouvriers, toute la Wehrmacht, et non pas seulement par le commandant de la garnison de Potsdam, dont ce témoin a parlé. Mais comment pouvait-on se battre avec d'autres pays pour sa propre existence et déclencher en même temps une révolution, en espérant que le peuple allemand en tirerait profit ? Je l'ignore. Seuls, les génies qui vivaient en Suisse pouvaient le savoir. La Wehrmacht allemande et l'officier allemand n'avaient pas été élevés dans des idées révolutionnaires. Un jour, les officiers prussiens ont frappé le sol de leur sabre : ce fut le seul fait révolutionnaire de la Wehrmacht allemande que je connaisse ; c'était en 1848. Si aujourd'hui des gens qui ont collaboré activement à la prise du pouvoir par Hitler, qui ont participé à la rédaction des lois que nous, soldats, liés par notre serment à Hitler, étions obligés de subir, revendiquent d'avoir préconisé la révolution et la mutinerie de la Wehrmacht au moment où le Führer ne leur plaisait plus et où des revers se succédaient, j'appelle cela de la perfidie.

PROFESSEUR Dr EXNER. — Des crises ne sont-elles jamais intervenues dans vos relations avec Hitler ? Vous avez déjà fait une allusion à ce propos.

ACCUSÉ JODL. — Il serait plus facile d'écrire un livre à ce sujet que de répondre brièvement. Je puis simplement affirmer qu'abstraction faite de certains bons moments, la vie au Quartier Général du Führer était pour nous, militaires, un véritable martyre, car ce n'était pas un quartier général militaire, mais un quartier général civil, dans lequel nous ne faisions que figure d'invités. Il n'est pas facile de rester en quelque endroit en qualité d'invité pendant cinq ans et demi. Je voudrais ajouter ceci : j'appartenais au groupe des rares officiers qui n'avaient pas peur de regarder le Führer en face et de lui parler sur un ton tel que les personnes présentes retenaient leurs souffle dans la crainte d'une catastrophe.

PROFESSEUR Dr EXNER. — Parlez-vous d'une des crises qui affectèrent vos relations avec Hitler ?

ACCUSÉ JODL. — La crise la plus grave eut lieu en août 1942 à Vinnitza, lorsque je protestai contre les reproches injustifiés adressés au général Halder. Il était question d'un problème militaire dont les données n'intéressent pas le Tribunal. Jamais de ma vie je n'ai vu un être humain dans une telle colère. A partir de ce jour-là, il ne vint plus jamais dîner.

PROFESSEUR Dr EXNER. — A votre mess ?

ACCUSÉ JODL. — Oui, et ceci jusqu'à la fin de la guerre. Le rapport sur la situation n'eut plus lieu dans mon bureau, mais chez le Führer. Un officier S.S. devait désormais y participer ; huit sténographes devaient être présents, avec mission d'enregistrer chaque parole prononcée. Le Führer ne me tendait plus la main ; il ne me saluait plus ou très peu. Cet état de choses dura jusqu'au 30 janvier 1943. Il me fit savoir par le Feldmarschall Keitel qu'il ne pouvait plus travailler en collaboration avec moi et que je serais remplacé par le général Paulus, dès que celui-ci aurait pris Stalingrad.

PROFESSEUR Dr EXNER. — N'avez-vous pas alors essayé de quitter l'O.K.W. ?

ACCUSÉ JODL. — Pendant toute cette période, je demandais tous les jours au général Schmundt de veiller à ce que je sois envoyé au front, avec les troupes de montagne, en Finlande. C'est là que je désirais aller, mais cela ne se fit jamais.

PROFESSEUR Dr EXNER. — Le Ministère Public a affirmé que vous étiez dans les bonnes grâces de Hitler, qui vous les prodiguait avec abondance. Dans quelle mesure est-ce vrai ?

ACCUSÉ JODL. — Je n'ai pas beaucoup de choses à dire à ce sujet. Ce que j'ai dit est l'expression de la vérité. Je crains que les affirmations du Ministère Public ne soient fantaisistes.

PROFESSEUR Dr EXNER. — On a également affirmé que vous étiez un soldat de carrière ambitieux.

ACCUSÉ JODL. — Si le Ministère Public prétend qu'en qualité de « soldat politique » j'ai reçu un avancement particulièrement rapide il se trompe. C'est à 50 ans que je suis devenu général ; il n'y a là rien que de très normal. Il est vrai qu'en juillet 1940, lors de ma promotion au grade de général d'artillerie, j'ai sauté le grade de Generalleutnant, mais ce n'était que l'effet du hasard. Un général d'aviation beaucoup plus jeune que moi, Jeschonnek, chef de l'État-Major de l'aviation, devait devenir général de l'Air. Schmundt dit alors au Führer que je pourrais en être vexé ; c'est pourquoi, peu avant la réunion du Reichstag, Hitler me nomma général d'artillerie. Ce Jeschonnek, qui est beaucoup plus jeune que moi, devint Generaloberst bien avant moi. Zeitzler, qui était auparavant mon subordonné, devint Generaloberst en même temps que moi.

LE PRÉSIDENT. — Nous pourrions suspendre l'audience maintenant.

(L'audience est suspendue.)

PROFESSEUR Dr EXNER. — Nous parlions tout à l'heure de la mesure dans laquelle vous avez joui des faveurs du Führer. Hitler ne vous a-t-il pas conféré de titres honorifiques ?

ACCUSÉ JODL. — A ma grande surprise, le Führer m'envoya après la crise de Vinnitza, le 30 janvier 1943, l'insigne en or du Parti. C'est la seule distinction que j'ai reçue de lui.

PROFESSEUR Dr EXNER. — Pendant ces cinq années et demie de guerre ?

ACCUSÉ JODL. — Oui.

PROFESSEUR Dr EXNER. — N'avez-vous jamais reçu des cadeaux ou des donations de Hitler ou du Parti ?

ACCUSÉ JODL. — Pas un pfennig, pas un bouton de culotte. Et pour ne rien laisser dans l'ombre, je dois mentionner qu'au Quartier Général, nous recevions chaque année, à l'occasion de Noël, un paquet de café du Führer.

PROFESSEUR Dr EXNER. — N'avez-vous jamais acquis de biens dans les territoires que nous occupions, soit à titre de cadeau, soit à titre de souvenir ?

ACCUSÉ JODL. — Pas le moindre. Lorsque je lis dans l'Acte d'accusation que les accusés se sont enrichis dans les pays occupés, je dois dire, pour être franc, que c'est là un affront aux officiers allemands.

PROFESSEUR Dr EXNER. — Pendant la guerre, vous pouviez économiser l'argent de votre solde. Comment en disposiez-vous ?

ACCUSÉ JODL. — Je l'investissais dans des fonds d'État...

LE PRÉSIDENT. — Il nous dit qu'il n'avait pas économisé un sou. Nous n'en sommes pas encore au contre-interrogatoire.

PROFESSEUR Dr EXNER. — Pendant toute la durée de la guerre, vous avez été en contact avec Hitler et vous devez, par conséquent, fort bien le connaître. Voilà pourquoi j'aurais voulu vous interroger en détail sur la personnalité du Führer, mais le Tribunal n'aime pas beaucoup les répétitions. Dites-nous donc rapidement en quoi la conduite de Hitler vous influençait-elle. Qu'est-ce qui vous a le plus frappé ? Qu'est-ce qui vous déplaisait en lui ?

ACCUSÉ JODL. — Hitler était un grand chef, comme on en trouve peu. Ses connaissances, son intelligence, sa rhétorique et sa volonté, le faisaient finalement triompher dans toutes les discussions. Il alliait d'une façon peu commune la logique et la clarté d'esprit, le scepticisme et l'imagination débordante qui lui permettait souvent de prévoir les événements, mais l'égarait également souvent. Je l'ai véritablement admiré lorsque, au cours de l'hiver 1941-1942, avec toute sa foi et toute son énergie, il réussit à fixer le front de l'Est. Car, à cette époque, comme en 1812, une catastrophe était imminente.

— Sa vie au Quartier Général n'était faite que de devoir et de travail. La modestie de son genre de vie faisait l'admiration. Il ne se passait pas de jour où...

LE PRÉSIDENT. — Un instant. Comme vous l'avez dit, Docteur Exner, le Tribunal a déjà entendu maintes fois ce genre de récits. Ils ne nous intéressent pas.

PROFESSEUR Dr EXNER. — Peut-être pouvez-vous évoquer devant le Tribunal une chose dont on a moins parlé, à savoir ce qui vous déplaisait dans la personnalité de Hitler ?

LE PRÉSIDENT. — Je ne crois pas que cette question d'intérêt si général puisse intéresser le Tribunal. Ne pourrait-il pas déposer sur des faits qui le touchent ?

PROFESSEUR Dr EXNER. — Aviez-vous l'impression d'avoir des relations personnelles étroites avec le Führer ?

ACCUSÉ JODL. — Non, en aucune façon.

PROFESSEUR Dr EXNER. — Vos relations étaient donc toutes purement officielles ?

ACCUSÉ JODL. — Oui. Je ne faisais pas partie de son cercle privé et il ne connaissait de moi que mon nom, et peut-être mon origine bavaroise.

PROFESSEUR Dr EXNER. — Qui faisait partie de son cercle privé ?

ACCUSÉ JODL. — Généralement tous les vieux combattants de l'époque où le Parti était en pleine évolution : Bormann, ses anciennes secrétaires, son médecin particulier, ses auxiliaires politiques ou ses aides de camp S.S.

PROFESSEUR Dr EXNER. — Le discours que vous avez fait aux Gauleiter a été cité par le Ministère Public pour prouver que vous étiez un partisan fanatique du Führer. Comment avez-vous été amené à faire ce discours ?

ACCUSÉ JODL. — Sur la proposition de Bormann, j'en ai reçu l'ordre du Führer, bien que par manque de temps je fusse très peu enclin à faire ce discours. Mais il y avait à cette époque...

PROFESSEUR Dr EXNER. — Quelle est la date de ce discours ?

ACCUSÉ JODL. — Il date de novembre 1943, peu après la défection de l'Italie. C'était l'époque des attaques aériennes massives. Il était alors indispensable de donner aux chefs politiques de notre pays une image fidèle de la situation militaire générale, mais il fallait également lui donner une certaine confiance dans le Commandement suprême. Ce discours, qui était intitulé « La situation stratégique de l'Allemagne au début de la cinquième année de guerre », ne pouvait évidemment pas être fait par un Blockleiter. Il ne pouvait l'être quc par un officier de l'État-Major général de la Wehrmacht, et c'est ainsi que je fus amené à le prononcer.

PROFESSEUR Dr EXNER. — Et quel en était le contenu ?

ACCUSÉ JODL. — C'était, comme je l'ai déjà dit, un tableau d'ensemble de la situation stratégique. Ici, devant ce Tribunal, on n'en a évidemment lu que l'introduction. Cette introduction donnait une vue rétrospective des événements, non du point de vue politique, mais plutôt du point de vue stratégique. Je décrivais les nécessités militaires de ce que l'on a appelé les guerres d'agression. Je ne me suis nullement identifié avec le parti national-socialiste mais bien — ce qui est tout à fait normal pour un officier d'État-Major — avec mon chef suprême. Car à cette époque il n'était plus question de national-socialisme ou de démocratie ; il s'agissait de l'« être ou ne pas être » du peuple allemand. Et il y avait aussi des patriotes en Allemagne, et pas seulement dans les pays voisins ; et jusqu'à mon dernier souffle, je me classerai parmi eux.

— De plus, ce n'est pas l'auditoire qui compte, mais le sujet dont on parle. D'ailleurs, je puis préciser que j'ai tenu le même discours devant les commandants des régions militaires et devant les officiers supérieurs de l'Armée de réserve.

PROFESSEUR Dr EXNER. — Il est incontestable que le début et la fin de votre discours contiennent un éloge du Führer. Comment avez-vous cru devoir introduire cet éloge dans un discours d'intérêt purement militaire ?

ACCUSÉ JODL. — Il ne m'était pas possible de commencer un tel discours par une controverse sur le Parti ou sur mon chef suprême. Il était nécessaire de faire régner la confiance entre l'officier et le chef de parti ; car cette confiance n'était pas seulement nécessaire pour que mon discours atteignît son but : elle était la condition essentielle de la victoire.

— De plus je voudrais parler d'un point important. Le document que le Ministère Public présente n'est pas le discours aux Gauleiter ; ce n'est que le brouillon de ce discours que j'ai complètement modifié car il contenait beaucoup de détails d'importance secondaire. Toute la matière de ce discours, à savoir le passage sur la situation actuelle et celui qui concerne l'ennemi, ses moyens d'action et ses inventions, n'y est pas contenu. Ce document se compose de centaines de notes que mon État-Major m'a fait parvenir et qui m'ont servi à construire ce discours. Je les ai, par la suite, retransmises à mon État-Major.

PROFESSEUR Dr EXNER. — Par conséquent, il ne s'agit pas du manuscrit de votre discours ?

ACCUSÉ JODL. — En aucune façon ; ce n'est pas le manuscrit ; celui-ci est tout à fait différent.

HERMANN GŒRING

— Le 5 octobre 1946, la Croix-Rouge mexicaine fait savoir par voie de presse qu'elle a adressé une requête à l'organe central de la Ligue de la Croix-Rouge à Washington. Elle réclame la grâce de Gœring et des autres condamnés de Nuremberg. Selon le communiqué, la Croix-Rouge mexicaine « espère introduire par son geste une nouvelle ère où l'amour du prochain réglementerait les rapports des hommes entre eux ». Dix jours plus tard, Hermann Gœring se suicide en écrasant une capsule de cyanure de potassium dans sa bouche. Le 16 octobre, l'A.F.P. publie la dépêche suivante :

— On annonce officiellement à Nuremberg que trois officiers de la Sûreté américaine ont été désignés pour commencer immédiatement une enquête sur les conditions dans lesquelles a été possible le suicide d'Hermann Gœring. Le résultat en sera transmis à la Commission de contrôle alliée à Berlin. Aucune arrestation n'a été opérée jusqu'ici. Les investigations se poursuivent à la fois de l'extérieur et parmi le personnel de la prison.

Plusieurs quotidiens notent que le Colonel Burton C. Andrus, responsable des criminels de guerre, dans un premier temps à Mondorf puis à Nuremberg, « a parfaitement maîtrisé ses sentiments à la nouvelle du suicide de Gœring. Très affecté déjà par celui de Robert Ley, l'automne dernier, il était personnellement l'auteur des mesures de sécurité ». Le Colonel Andrus a attendu vingt-cinq ans pour publier ses mémoires. Les révélations qu'il apporte sur les derniers instants de celui qui, non content de dominer les hommes et les événements, a voulu dominer sa propre mort, ont place dans ce dossier. Nous reviendrons bien évidemment dans la suite de la série « Le Glaive et les Bourreaux », le moment venu, sur les différents verdicts du procès de Nuremberg.

— Gœring [1] rédigea une demande spéciale pour être fusillé et non pendu. La Commission de contrôle étudia cette demande et la rejeta.

1. Colonel Burton C. Andrus, *Les Prisonniers de Nuremberg,* Éditions France-Empire, 1969.

Gilbert communiqua la décision. Ce fut sans doute alors que le Reichsmarechal vaincu prit son ultime décision : il se suiciderait.

— Depuis son arrestation, dix-huit mois auparavant, il en possédait le moyen : une dernière ampoule de cyanure de potassium, qu'aucune fouille dans sa cellule, dans ses vêtements et sur sa personne n'avait réussi à découvrir. Il la dissimula à certains moments dans le bord étroit de la cuvette de sa toilette, à d'autres (comme il me l'avoua dans son ultime note) dans son anus ou son nombril. Avant d'aller au tribunal, il la plaçait entre sa botte et sa jambe. Durant tous ces mois, il parvint adroitement à la soustraire à toutes les recherches. Le moment de l'utiliser était venu.

— Il restait étendu sur sa couchette quand un bruit circula d'une cellule à l'autre : « c'est pour le 14 octobre ».

— En fait, ce devait être le 15 mais le jour et l'heure furent tenus strictement secrets. Les aumôniers les ignorèrent eux-mêmes jusqu'au moment où je les leur appris. Il leur était pénible de ne pas savoir quand leurs consolations seraient les plus nécessaires, mais il leur aurait été encore plus pénible de le savoir et de devoir le taire.

— « Gœring m'a véritablement mis au supplice avec ses questions », me dit Gerecke, très bas.

— Quand le terme approcha, Gœring avoua au pasteur qu'il croyait en un Être suprême qu'il appelait Dieu, mais qu'il refusait de croire à la validité des Écritures et à la divinité de Jésus-Christ. Il parla de communier mais Gerecke refusa de donner ce sacrement à quelqu'un qui rejetait le Christ par lequel ce sacrement avait été institué.

La nuit du châtiment.

— Gœring après avoir salué l'aumônier s'installa à la petite table de bois blanc pour écrire. Par le judas, un garde le fixait en permanence, inclinant la tête pour suivre ses mouvements.

— Finalement [1], il plia la feuille puis se dirigea vers la toilette dans le coin. Quelques minutes plus tard, il revint lourdement vers sa couchette, se glissa sous les draps mais garda les yeux grands ouverts, les mains hors des couvertures comme le prescrivait le règlement. Il resta là, regardant le plafond tandis que le garde ne cessait de l'observer.

— Gœring avait déjà accompli le dernier acte de défi de sa vie. Assis sur le siège, les jambes et les pieds demeurants seuls visibles du judas, il prit quelque chose soit sous le bord de la cuvette, soit dans son anus et le glissa dans sa bouche : une petite ampoule de verre. Du moment où il l'écraserait entre ses dents pour laisser le cyanure en couler, il serait mort.

— Il était 22 h 45. La bouche restait close, faisant une fente étroite entre ses joues toujours flasques. Il regarda vers le judas, rencontra les yeux du garde. Alors, d'un brusque mouvement des mâchoires, il écrasa l'ampoule. Il eut une brève convulsion et émit un gloussement.

— Le garde vit cette convulsion et entendit ce gargouillement. Il

1. Colonel Burton C. Andrus (déjà cité).

appela aussitôt les autres geôliers du couloir et ouvrit la porte en grand. Le corps de Gœring eut encore un tressaillement et la bouche béa. Quand les autres gardiens et un officier arrivèrent, les yeux vitreux regardaient au plafond. Le Reichsmarechal était mort.

Conclusions de la commission quadripartite.

« 1. Gœring possédait le poison lors de son arrestation et le conserva jusqu'au moment où il s'en servit dans la nuit du 15 octobre.

« 2. Il y a des raisons de penser qu'il put le porter secrètement dans la cavité ombilicale pendant un temps.

« 3. Il est catégoriquement prouvé qu'il ne l'avait pas là pendant son emprisonnement et que, pendant une période, il l'eut dans son appareil alimentairc.

« 4. Une cachette obscure à l'intérieur de la toilette, au-dessous du bord saillant, peut avoir contenu l'ampoule et n'aurait pu être découverte que par une recherche extraordinaire.

« 5. Les mesures de précaution convenaient très bien aux conditions particulières du procès et furent observées de façon satisfaisante.

« 6. En particulier : *a*) aucune négligence de ses devoirs ne peut être imputé au garde de service lors du suicide ; *b*) aucun blâme ne peut être adressé aux autres gardes appartenant à l'armée américaine ; *c*) rien ne permet de soupçonner une complicité de la part des travailleurs allemands servant à la prison spéciale. »

— La commission d'officiers a disposé du témoignage des experts médicaux et autres ainsi que du résultat des recherches effectuées au laboratoire.

— Un [1] des commissaires me dit plus tard que Gœring avait écrit trois notes sur la feuille de papier : une pour moi, une pour sa femme, une pour le peuple allemand. Pendant vingt ans, je me suis demandé quelles avaient pu être ses dernières pensées sur la terre.

— Cinq jours avant le vingtième anniversaire de sa mort, je reçus une lettre de la " General Service·Administration National Archives and Records Service ", installée à Washington. Elle contenait une photocopie de la " Pièce A.M. " tirée du " Rapport de la commission d'enquête au sujet du suicide d'Hermann Gœring. Octobre 1946 ".

— C'était la note qu'il m'adressait. Il l'avait datée du 14 octobre — cinq heures avant sa mort. Elle disait : " Pour le Commandant : J'ai toujours eu la capsule de poison depuis le jour où j'ai été arrêté. A mon arrivée à Mondorf, j'en avais trois. J'en laissai une dans mes vêtements pour qu'elle fût trouvée à la fouille. Je plaçai la deuxième sous le porte-manteau, lors du déshabillage et l'y repris après. A Mondorf et ici, dans la cellule, je la cachai si bien qu'on ne put la découvrir en dépit des fouilles fréquentes et minutieuses. Pendant les audiences du tribunal, je la

1. Colonel Burton C. Andrus (déjà cité).

portai sur ma personne ou dans mes bottes de cheval. La troisième se trouve toujours dans ma petite valise, à l'intérieur de la crème pour la peau contenue dans une boîte ronde. J'aurais pu la prendre deux fois à Mondorf si j'en avais eu besoin. Aucun des fouilleurs ne doit être blâmé car il était pratiquement impossible de trouver la capsule, sauf par pur accident.

— " Le docteur Gilbert m'a prévenu que la commission avait refusé ma demande au sujet du remplacement de la pendaison par un peloton d'exécution ".

Hermann GŒRING

RESPONSABILITÉS INDIVIDUELLES

— L'article 26 du Statut prévoit qu'en ce qui concerne la culpabilité ou l'innocence de chaque accusé, le jugement du Tribunal devra être motivé.

— Le Tribunal en conséquence va maintenant énoncer les motifs sur lesquels se fondent ses déclarations d'innocence ou de culpabilité.

Gœring

— Gœring est inculpé des crimes visés par les quatre chefs de l'Acte d'accusation. Les preuves versées au débat montrent qu'il était la seconde personnalité du régime nazi, placé immédiatement au-dessous du chancelier du Reich. Commandant en chef de la Luftwaffe, plénipotentiaire pour le Plan de quatre ans, il a joui d'une influence considérable auprès de Hitler jusqu'en 1943, date à laquelle leurs relations se sont tendues au point d'aboutir en 1945 à son arrestation. Il a déclaré, dans sa déposition, que Hitler le tenait au courant de toutes les questions d'ordre militaire et politique importantes.

Crimes contre la Paix

— Depuis le moment où il devint membre du Parti en 1922, et où il prit la tête des S.A., organisation destinée à la guerre des rues, Gœring fut le conseiller, l'agent actif de Hitler et l'un des principaux chefs du mouvement nazi. Comme représentant politique de Hitler, il contribua, pour une large part, à amener les nationaux-socialistes au pouvoir en 1933 et fut chargé de consolider leur puissance, en même temps que d'accroître la force militaire de l'Allemagne. Il développa la Gestapo et créa les premiers camps de concentration, dont il devait, en 1934, transférer la direction à Himmler. Il procéda, la même année, à l'« épuration Rœhm » et porte la responsabilité des mesures odieuses qui contraignirent von Blomberg et von Fritsch à quitter l'Armée. En 1936, il devint plénipotentiaire pour le Plan de quatre ans, c'est-à-dire théoriquement et pratiquement le directeur économique du Reich. Peu après la signature de l'Accord de Munich, il annonça qu'il allait rendre la Luftwaffe cinq fois plus importante qu'elle n'était et accélérer l'armement, en développant particulièrement les armes offensives.

— Gœring fut l'une des cinq personnalités qui prirent part à la conférence du 5 novembre 1937, dite « Conférence Hossbach », et il assista également aux conférences essentielles dont ce jugement a déjà fait état.

— Il joua dans l'Anschluss de l'Autriche le rôle principal, celui d'un chef de bande, il a déclaré à l'audience : « J'accepte de prendre sur moi cent pour cent de la responsabilité... J'ai même vaincu les objections du Führer et conduit les choses jusqu'au bout. » Lors de l'annexion des Sudètes, il prépara, en tant que chef de la Luftwaffe, une offensive aérienne qui s'avéra d'ailleurs inutile, et, comme homme politique, il tranquillisa les Tchèques par de mensongères protestations d'amitié. Il a reconnu devant le Tribunal qu'au cours d'une conférence tenue avec Hitler et Hacha il avait, la nuit précédant l'invasion de la Tchécoslovaquie et l'annexion de la Bohême-Moravie, menacé de bombarder Prague, si le président Hacha ne se soumettait pas.

— Gœring assista, le 23 mai 1939, à la réunion de la Chancellerie du Reich au cours de laquelle Hitler déclara à ses chefs militaires : « Il ne peut, par conséquent, être question d'épargner la Pologne. » Il assista aussi à la réunion du 22 août 1939 à Obersalzberg où Hitler distribua ses ordres. Il est prouvé qu'il a joué un rôle actif dans les manœuvres diplomatiques qui suivirent. De connivence avec le Chancelier du Reich et par l'intermédiaire de l'homme d'affaires suédois Dahlerus, il essaya, comme ce dernier en a témoigné devant le Tribunal, d'empêcher le Gouvernement britannique de tenir la promesse de garantie faite aux Polonais par ce gouvernement.

— Il commanda la Luftwaffe lors de l'attaque de la Pologne et au cours des guerres d'agression ultérieures.

— Même s'il est vrai, comme il l'a prétendu, qu'il s'est opposé aux plans de Hitler dirigés contre la Norvège et l'Union Soviétique, il n'est pas douteux qu'il le fit uniquement pour des raisons stratégiques. Lorsque Hitler eut pris sa décision, il le suivit sans hésiter. Il a explicitement déclaré, dans sa déposition, que ses différends avec Hitler n'ont jamais été d'ordre idéologique ou juridique. L'invasion de la Norvège le « mit en fureur », mais uniquement parce qu'on ne lui avait pas donné la possibilité de préparer l'offensive de la Luftwaffe. Il a reconnu qu'il avait approuvé le principe de cette agression : « Mon attitude était absolument favorable. » Il participa efficacement à la préparation et à l'exécution des campagnes de Yougoslavie et de Grèce, et il a déclaré que le plan d'attaque de la Grèce (dit « Plan Marita ») avait été préparé longtemps à l'avance. Il considérait l'Union Soviétique comme « la plus grande menace pour l'Allemagne », tout en estimant que, du point de vue militaire, une attaque immédiate ne s'imposait pas. En fait, sa seule objection à une guerre d'agression contre l'U.R.S.S. portait sur le choix du moment ; pour des raisons d'ordre stratégique, il aurait voulu attendre que l'Angleterre fût conquise : « Mon point de vue, a-t-il déclaré dans sa déposition, n'a été déterminé que par des considérations militaires et politiques. »

— Après les aveux qu'il a faits devant ce Tribunal et en raison des postes qu'il a occupés, des conférences auxquelles il a assisté et des paroles qu'il a prononcées en public, il n'est pas permis de douter que, immédiatement après Hitler, Gœring a été le véritable promoteur des guerres d'agression. Il est à l'origine de tous les plans de la guerre poursuivie par l'Allemagne et il en réalisa tous les préparatifs militaires et diplomatiques.

Crimes de guerre et crimes contre l'Humanité

— Les dossiers sont remplis des aveux de Gœring sur le rôle qu'il a joué dans l'emploi des travailleurs forcés. « Nous avons, dit-il, utilisé ces travailleurs pour des raisons de sécurité, afin qu'ils ne fussent pas employés dans leur propre pays et ne pussent pas travailler contre nous. D'autre part, ils ont contribué à la poursuite de la guerre économique. » Il a déclaré en outre : « On contraignait les travailleurs à venir dans le Reich. C'est un fait que je n'ai pas nié. » Il faut se rappeler que c'est lui qui était plénipotentiaire pour le Plan de quatre ans et chargé du recrutement et de la répartition de la main-d'œuvre. En sa qualité de Commandant en chef de la Luftwaffe, il demanda à Himmler de lui fournir un plus grand nombre de travailleurs forcés pour ses usines souterraines d'aviation. « Il est exact, dit-il, que j'ai demandé des internés des camps de concentration pour travailler à l'armement de la Luftwaffe et il faut considérer cela comme une chose naturelle. »

— En sa qualité de plénipotentiaire, Gœring signa un ordre concernant le traitement des travailleurs polonais en Allemagne et le fit appliquer par les instructions qu'il donna au S.D., notamment à propos du « traitement spécial ». Il ordonna d'employer les prisonniers de guerre français et soviétiques dans l'industrie d'armement. Il parlait aussi d'appréhender des Polonais et des Hollandais, de les considérer, au besoin, comme des prisonniers de guerre et de les utiliser pour le travail. Il a reconnu, à l'audience, que l'on utilisait des prisonniers de guerre soviétiques pour servir les batteries de D.C.A.

— Toujours en sa qualité de plénipotentiaire, Gœring joua un rôle actif dans le pillage des territoires conquis. Pour parvenir à ce but, il établit des plans, bien avant que fût déclenchée la guerre avec l'Union Soviétique. Deux mois avant celle-ci, Hitler donna à Gœring la direction suprême de l'administration économique des territoires qui seraient envahis. A cet effet, Gœring mit sur pied un État-Major économique. Parce qu'il était Reichsmarschall du « Reich Grand Allemand », ses ordres s'étendaient à tous les domaines économiques, y compris le ravitaillement et l'agriculture. Aux termes de ce que l'on appelle son « Dossier Vert », imprimé par les soins de la Wehrmacht, un État-Major exécutif économique de l'Est fut créé. Les directives contenues dans ce dossier tendaient au pillage et à l'abandon de toutes les industries qui se trouvaient dans les régions déficitaires au point de vue du ravitaillement ; quant aux denrées des régions excédentaires, elles devaient être envoyées en Allemagne pour servir aux besoins de la population. Gœring prétend que ses intentions ont été mal comprises, mais il reconnaît qu'il était « naturel et obligatoire pour nous d'utiliser la Russie au mieux de nos intérêts ».

— Il participa à la conférence du 16 juillet 1941, au cours de laquelle Hitler déclara que les nationaux-socialistes n'avaient pas l'intention de jamais quitter les pays occupés et qu'ils prendraient les mesures appropriées telles que celles consistant à fusiller ou transplanter les habitants, etc.

— A la suite des manifestations de novembre 1938, Gœring imposa aux Juifs une amende d'un milliard de Reichsmark. Il les persécuta non seulement en Allemagne, mais aussi dans les territoires conquis. Les déclarations qu'il a faites à cette époque, autant que sa déposition à la barre, montrent qu'il s'intéressait surtout à la question de savoir comme évincer les Juifs de la vie économique de l'Europe et s'emparer de leurs biens. Il étendit aux pays occupés les lois antisémites du Reich, au fur et à mesure de l'avance de l'armée allemande dans ces territoires. Le *Reichsgesetzblatt* des années 1939, 1940 et 1941, contient plusieurs décrets antisémites signés par Gœring. Bien que Himmler fût chargé de l'extermination des Juifs, Gœring, malgré ses protestations à l'audience, était loin, en cette manière, d'être indifférent ou inactif. Par décret du 31 juillet 1941, il ordonna à Himmler et à Heydrich d'aboutir à une « solution totale de la question juive dans la sphère d'influence allemande en Europe ».

— Aucune circonstance atténuante ne peut être invoquée en faveur de Gœring. Il fut souvent — et l'on pourrait dire presque toujours — l'élément dynamique du Parti, placé immédiatement après Hitler. Il fut le promoteur des guerres d'agression, aussi bien comme chef politique que comme chef militaire. Il dirigea le programme du travail forcé et fut l'instigateur des mesures de persécution contre les Juifs et d'autres races, tant en Allemagne qu'à l'étranger. Tous ces crimes, il les a reconnus sans détour.

— Les témoignages peuvent différer sur certains points particuliers mais, en général, les propres aveux de Gœring sont plus que suffisants pour permettre de conclure à sa culpabilité. Cette culpabilité est unique dans son étendue. Rien, dans son dossier, ne peut servir d'excuse à cet homme.

Conclusion

— Le Tribunal déclare :

— Que l'accusé Gœring est coupable des crimes visés par les quatre chefs de l'Acte d'accusation.

Hermann Wilhelm Gœring nait le 12 janvier 1893 au sanatorium de Marienbad, à Rosenheim en Bavière. Son père, Heinrich Gœring, est un ancien officier de cavalerie reconverti dans le service consulaire allemand. Sa mère, Franziska, que ses intimes appellent Fanny, a déjà donné le jour à trois enfants : Karl, Olga et Paula. Les Gœring sont en poste à Haïti lors de la conception du futur Reichsmarschal mais « Fanny » ne veut pas accoucher « dans ce pays de sauvages ». Elle s'embarque donc pour Rosenheim où l'attend « son vieil ami de toujours », le docteur Hermann von Epenstein. En son honneur, elle donnera son prénom au nouveau né. A trois mois, Hermann Gœring « bébé rond et poupin » est confié à une nourrice bavaroise de Fürth. Sa mère ne viendra le revoir que trois ans plus tard. Trois années « de parfait bonheur » qu'elle consacrera à von Epenstein qui a écrit — fort respectueusement — à Monsieur le Consul d'Allemagne en Haïti pour lui demander d'être le parrain d'Hermann Gœring. Lorsqu'il sera devenu le second personnage du Reich, Hermann Gœring s'opposera à la création de crèches et au recrutement des mères de famille pour le travail en usine. Il écrit dans un mémorandum à Hitler :

— Rien n'est plus cruel que la séparation d'un jeune enfant de sa mère. Il en restera marqué toute sa vie...

Le rappel d'Heinrich Gœring à Berlin ne trouble ni « Fanny » ni von Epenstein qui poursuivent, ouvertement, leur liaison. D'ailleurs Heinrich Gœring « qui a pris l'habitude de boire pour adoucir sa solitude » a d'autres préoccupations : jugé libéral et trop âgé (56 ans), il ne reçoit aucune affectation : « Vous n'avez qu'à attendre la retraite. » Lorsqu'elle vint, von Epenstein offre aux Gœring son château de Mauterndorf, chef-d'œuvre de mauvais goût, mêlant les reconstitutions baroques et médiévales. C'est dans ce décor de théâtre qu'Hermann Gœring passera sa jeunesse près de son frère et de ses sœurs. Le rez-de-chaussée est réservé à Heinrich Gœring, mari complaisant s'il en fut, tandis que Fanny et son amant se réservent les deux étages supérieurs. Fasciné par son « parrain », Hermann Gœring lui consacre une dissertation à l'internat d'Ansbach.

Troublé par ce manque de discernement évident, le proviseur le convoque :

— Ne sais-tu pas qu'il est interdit de faire l'éloge des Juifs ?

— Mais mon parrain est catholique, nous allons à la messe tous les dimanches. Mes parents aussi. Nous avons même des bancs réservés.

Et le proviseur lit la notice biographique de la famille von Epenstein qui figure dans un annuaire du gotha.

— Tous juifs. Son père, qui était médecin à la cour du roi Frédéric Guillaume IV de Prusse, et le grand-père et l'arrière-grand-père. Juifs. Tous juifs. Il a épousé la fille d'un banquier catholique et s'est converti. Mais ça ne change rien. Il est juif.

A seize ans, Hermann Gœring entre au Collège Militaire de Lichterfelde près de Berlin. Bien noté « travailleur et courageux », il est affecté à 19 ans au 112e régiment d'infanterie du Prince Guillaume cantonné à Mulhouse : « C'est là ma vraie famille », écrit-il à son frère. Au cours d'une permission, le drame éclate : le « parrain », amoureux d'une toute jeune modiste, vient de rompre avec « Fanny » Gœring. Il est de passage pour boucler deux grosses malles. Heinrich Gœring, comme s'il venait seulement de comprendre, se précipite sur lui, le bouscule en hurlant :

— Vous n'êtes qu'un traître. Un ignoble traître. Vous avez bafoué mon honneur. Comment ai-je accepté de vivre sous ce toit, d'accepter cette situation ignoble...

Muet, glacé, Hermann Gœring assiste à la scène. Heinrich poursuit :

— Ce n'est pas vous qui partez, c'est nous. Nous n'accepterons plus rien de vous...

Pour la première fois sans doute Hermann Gœring regarde son père avec amitié, tendresse, avant de regagner Mulhouse. Il ne le reverra jamais. Deux mois plus tard, Heinrich Gœring mourait dans l'appartement berlinois qu'il terminait d'aménager pour sa famille.

La Première Guerre mondiale vient d'éclater. Hermann Gœring, jeune lieutenant, se lie d'amitié avec l'un de ses pairs Bruno Loerzer. Ils sont tous deux affectés au 25e détachement aérien de la 5e Armée placée sous le commandement du Kronprinz Frédéric Guillaume et forment l'une des toutes premières équipes « d'observateurs aériens ». Loerzer pilote et Gœring photographie. Ayant réussi deux survols des forts de Verdun et trente-deux clichés exploitables, ils reçoivent tous deux la Croix de Fer de 1re classe des mains du Kronprinz. Peu à peu, ils inventent une nouvelle technique de prises de vues aériennes qui vaudra à Gœring le surnom de « trapèze volant ». Le poste d'observateur est équipé de harnais et de sortes d'étriers rivés à l'intérieur de la carlingue, ce qui permet à Gœring de se tenir debout pendant le vol et de prendre ses photos lorsque l'avion glisse sur l'aile ou vole sur le dos. Mais être observateur ne le satisfait qu'à moitié. Son rêve « c'est le combat des chevaliers, l'affrontement, en plein ciel, à armes égales ». Il obtient l'autorisation de préparer sa licence de pilotage et — en attendant — d'installer à son poste d'observation une mitrailleuse qu'il pourra utiliser lorsque sa mission quotidienne de photographie sera accomplie. Reçu en 1915 « pilote de chasse » il est affecté à l'escadrille « Jagdstaffel 5 » où il retrouve son fidèle Loerzer. Mais le premier engagement aérien de Gœring tourne vite à la catastrophe. Le bombardier géant Handleypage qu'il attaque perce le réservoir de son chasseur à la première rafale échangée. A la seconde, Gœring reçoit une balle à la hanche et perd le contrôle de son appareil. Il ne retrouvera la maîtrise des commandes qu'à une cinquantaine de mètres du sol. Dans un dernier sursaut, le pilote arrive à poser le chasseur dans un champ et l'aventure se termine contre le mur d'un cimetière. Par chance, la chapelle voisine a été transformée en hôpital de campagne et les brancardiers n'ont que trente mètres à faire pour déposer Gœring sur la table d'opération. Six mois de convalescence... le temps de réapprendre à marcher, de tomber amoureux de Marianne Mauser et d'envier les exploits quotidiens du « héros national » Manfred von Richthofen, le baron rouge. Nous sommes en novembre 1916. Loerzer a pris le commandement de la 26ᵉ escadrille de chasse de Mulhouse. Le 3 novembre, Hermann Gœring rejoint son ami. Huit mois plus tard, il aura abattu 17 avions ennemis, reçu la médaille « pour le mérite » et pris le commandement de la « 27ᵉ escadrille de chasse ». Le 23 avril 1918, un chasseur britannique survole le camp de l'escadrille von Richthofen. Le baron est porté « manquant » depuis plus de 48 heures. De l'appareil se détache une sorte de boîte métallique à laquelle est accrochée une banderole d'une quinzaine de mètres. Dans la boîte, un message et deux photographies :

— Au corps des aviateurs allemands. — Le Rittmeister von Richthofen est mort le 21 avril 1918 dans un combat aérien. Il a été enterré avec les Honneurs Militaires dus à son rang. De la part de la Royal Air Force.

Le capitaine Wilhelm Reinhardt succède à Richthofen... pour seulement quatre mois. Il se tue en essayant un nouveau prototype. Gœring est choisi :

— « Par ordre du commandant en chef des Forces Armées Allemandes le lieutenant Hermann Gœring " Pour le Mérite ", Croix de Fer Première Classe, le Lion de Zähring avec glaives, l'ordre de Carl Friedrich avec glaives, la Médaille Hohenzollern avec glaives troisième classe, présentement commandant de l'escadrille de chasse nº 27, par cet ordre, est nommé commandant de l'escadre de chasse du baron von Richthofen nº 1. »

C'est Bodenschatz qui remet à son ami le Geschwaderstock, la canne en bois de prunier de Richthofen. Gœring fit une courte allocution sur une estrade de fortune :

— « Messieurs, permettez-moi de vous dire à quel point je suis conscient du très grand honneur que Sa Majesté Impériale daigne me faire en me nommant commandant de cette illustre escadre. De mémorables batailles ont eu lieu et des hommes valeureux sont morts pour en faire ce qu'elle est aujourd'hui. Je sais que je me trouve en face des plus grands aviateurs que le monde ait jamais connus. Je souhaite de me prouver digne de ceux de vos camarades qui ont donné leur vie pour vous, pour l'armée de l'air et pour l'Allemagne. Nous devrons tous donner ce que nous avons de meilleur car l'avenir se révèle inquiétant.

Les applaudissements sont rares et peu enthousiastes. Le nouveau commandant a été nommé pour « préparer la fin ». Cinq mois plus tard, ce sera le 11 novembre. Dans un livre qu'il publiera en 1935 sous le titre « Jagg in Flanders Himmel », Karl Bodenschatz raconte le Gœring de la « démobilisation » :

— « L'humeur de Gœring allait du cynisme à la fureur. Tantôt, il voulait refaire sa vie en Amérique du sud, tantôt organiser unc croisade pour remettre la patrie sur son piédestal. Le jour de la dissolution de l'escadre, nous étions tous au restaurant, en train de pleurer la fin de celle-ci. Tout le monde buvait et chahutait. Son verre à la main, Hermann grimpa sur l'estrade au fond de la salle. Sa façon de faire imposa le silence. Il parlait doucement mais avec une intensité qui nous alla droit au cœur. Il évoqua le « cirque volant » de Richthofen, vanta ses prouesses et nous parla de ses pilotes dont le courage et la valeur l'avaient rendue célèbre dans le monde entier. Aujourd'hui, ce n'était qu'en Allemagne qu'elle était traînée dans la boue, ses exploits oubliés et ses officiers conspués. Il s'insurgea contre les révolutionnaires qui couvraient de honte l'Allemagne et sa glorieuse armée. Il dit : « Les forces de l'ordre, de la justice et de la moralité vaincront les esprits maléfiques qui veulent nous réduire en esclavage. Nous serons victorieux car les qualités qui firent de l'escadre Richthofen ce qu'elle était pendant la guerre prévaudront tout autant en temps de paix. » Il leva son verre et porta un toast à la patrie et à l'escadre Richthofen. Il brisa son verre après avoir bu et nous fîmes comme lui. Nous avions tous les larmes aux yeux. Ce fut la dernière fois que je vis Gœring avant de longues années. »

***

LE PRÉSIDENT. — Quel est votre nom ?

TÉMOIN KARL BODENSCHATZ. — Karl Bodenschatz.

LE PRÉSIDENT. — Voulez-vous répéter ce serment après moi : « Je jure devant Dieu tout puissant et omniscient... »

Dr STAHMER. — Général Bodenschatz, depuis quand connaissez-vous le Reichsmarschall Gœring ?

TÉMOIN BODENSCHATZ. — Je connais le Reichsmarschall Gœring depuis le mois de juin 1918.

Dr STAHMER. — Quelle était sa qualité à l'époque ?

TÉMOIN BODENSCHATZ. — Il commandait l'escadrille de chasse

Richthofen ; j'étais alors officier d'ordonnance du capitaine baron von Richthofen qui venait d'être tué en combat aérien.

Dr STAHMER. — Êtes-vous entré dans la Reichswehr après la Première Guerre mondiale ?

TÉMOIN BODENSCHATZ. — Je suis entré en tant qu'officier de carrière dans la Reichswehr après la Première Guerre mondiale et j'y suis resté de l'année 1919 jusqu'en avril 1933.

Dr STAHMER. — Quand avez-vous repris vos relations avec Gœring après la fin de la guerre mondiale ?

TÉMOIN BODENSCHATZ. — Je me trouvai avec Hermann Gœring à Aschaffenburg, en novembre 1918, à la dissolution de l'escadrille Richthofen au printemps 1919, à Berlin, pendant plusieurs semaines. Nos routes ont alors divergé ; je l'ai rencontré à nouveau à son premier mariage en 1919 ou en 1920, je ne m'en souviens plus très bien ; jusqu'en 1929, nous sommes restés sans nous voir. Je le rencontrai plusieurs fois ici à Nuremberg, entre 1929 et 1933 ; j'étais alors commandant de compagnie au 21e régiment d'infanterie. Nos rencontres n'avaient d'autre but que d'entretenir une vieille camaraderie.

Dr STAHMER. — En 1933 vous êtes entré dans la Luftwaffe ?

TÉMOIN BODENSCHATZ. — En 1933, j'allai trouver Hermann Gœring à Berlin : il était alors Commissaire du Reich à l'Aviation et je devins son aide de camp.

Dr STAHMER. — Combien de temps êtes-vous resté son aide de camp ?

TÉMOIN BODENSCHATZ. — Jusqu'en 1938 ; après quoi je devins chef d'un service ministériel.

Dr STAHMER. — Quelles étaient vos fonctions pendant la guerre ?

TÉMOIN BODENSCHATZ. — Pendant la guerre, je fus officier de liaison entre le Commandant en chef de la Luftwaffe et le Quartier Général du Führer.

Dr STAHMER. — Aviez-vous votre point d'attache au Quartier Général du Führer ou non ?

TÉMOIN BODENSCHATZ. — Je me trouvais tantôt au Quartier Général du Führer, tantôt à l'État-Major de l'Armée de l'air.

Dr STAHMER. — Quand avez-vous quitté ce poste ?

TÉMOIN BODENSCHATZ. — J'ai quitté ce poste le 20 juillet 1944, date à laquelle j'ai été grièvement blessé.

Dr STAHMER. — A quelle occasion avez-vous été blessé ?

TÉMOIN BODENSCHATZ. — Au cours de l'attentat contre Hitler.

Dr STAHMER. — Vous étiez présent ?

TÉMOIN BODENSCHATZ. — Oui.

Dr STAHMER. — Quelles fonctions remplissiez-vous au Quartier Général du Führer ?

TÉMOIN BODENSCHATZ. — Je devais faire des rapports sur les événements extraordinaires et j'avais à transmettre les demandes et les désirs du maréchal Gœring en son absence. Je devais également transmettre à Hermann Gœring toutes les demandes émanant du Quartier Général du Führer ; je devais l'informer, sans passer par la voie officielle, de tout ce qui s'y passait, dans la mesure où cela concernait ses fonctions de Reichsmarschall.

Dr STAHMER. — Assistiez-vous régulièrement aux conférences ?

TÉMOIN BODENSCHATZ. — Oui, en tant qu'auditeur.

Dr STAHMER. — A partir de quel moment le Reichsmarschall a-t-il perdu son influence sur Hitler ?

TÉMOIN BODENSCHATZ. — A mon avis Hermann Gœring commença à perdre son influence au printemps 1943.

Dr STAHMER. — Quelles en furent les raisons ?

TÉMOIN BODENSCHATZ. — C'est à cette époque que se produisirent les premières grandes attaques nocturnes de la R.A.F. sur les villes allemandes. Il s'ensuivit entre Adolf Hitler et Hermann Gœring des divergences de vue qui s'aggravèrent par la suite. Malgré tous ses efforts, le Reichsmarschall ne put recouvrer le crédit qu'il avait auprès du Führer ; la perte de cet ascendant s'est manifestée de la façon suivante :

— 1° Le Führer critique de plus en plus Gœring.

— 2° Les longues conversations qui avaient lieu entre Hitler et Gœring s'écourtent, se raréfient et finissent par cesser complètement.

— 3° Le Reichsmarschall n'est plus invité à participer à des entretiens importants.

— Et, enfin, au cours des derniers mois et des dernières semaines de la guerre, la tension entre Adolf Hitler et Hermann Gœring prend une telle ampleur que ce dernier finit par être arrêté.

Dr STAHMER. — Savez-vous quelque chose au sujet de cette arrestation ? Pourquoi a-t-il été arrêté ?

TÉMOIN BODENSCHATZ. — Je ne le sais pas exactement ; je ne puis que vous répéter des on-dit. J'étais alors à Bad-Reichenhall, à l'hôpital militaire. J'ai simplement entendu dire que le Reichsmarschall avait envoyé un télégramme à Hitler lui disant que puiqu'il avait perdu sa liberté d'action, lui, Gœring pourrait agir à sa place. Après la réponse qui fut câblée de Berlin, Gœring a été arrêté. Je voudrais souligner que ce sont là de simples bruits et que je ne possède aucune preuve pour appuyer les déclarations que je viens de faire.

Dr STAHMER. — Qui effectua l'arrestation ?

TÉMOIN BODENSCHATZ. — Je ne puis rien affirmer car je n'en sais rien ; mais j'ai entendu dire que l'opération fut exécutée par un commando S.S. à l'Obersalzberg.

Dr STAHMER. — Le Feldmarschall Gœring avait-il été préalablement, mis au courant des manifestations anti-juives de la nuit de 9 au 10 novembre 1938 ?

TÉMOIN BODENSCHATZ. — Non. C'est l'attitude qu'il adopta en ma présence lorsqu'il en fut informé, qui m'en a convaincu ; il fut consterné et condamna expressément ces événements. Quelques jours après, muni de documents, il se rendit auprès du Führer et protesta contre les auteurs de ces manifestations. Le capitaine Wiedemann, aide de camp du Führer, peut fournir sur ce sujet plus de détails.

— Quelques semaines après, Hermann Gœring convoqua les Gauleiter à Berlin pour leur expliquer son point de vue sur les événements du 9 au 10 novembre. Il déclara qu'il était violemment opposé à ces excès isolés, qu'ils étaient injustes et de nature à troubler la vie économique, tout en portant un grave préjudice au prestige allemand à l'étranger. L'ancien Gauleiter, le Dr Ulberreither, qui prit part à cette réunion, a déjà donné de plus nombreux détails sous la foi du serment.

Dr STAHMER. — Avez-vous assisté à un entretien qui s'est déroulé au début d'août 1939 à Soenke-Nissen-Koog près de Husum ?

TÉMOIN BODENSCHATZ. — J'ai participé moi-même à cet entretien.

Dr STAHMER. — Qui y assistait ?

TÉMOIN BODENSCHATZ. — Autant que je puisse m'en souvenir, étaient présents : Hermann Gœring, Dahlerus de Stockholm, six ou huit hommes d'affaires anglais, dont je ne me rappelle pas les noms, moi-même, et, comme interprète, le Dr Böcker, Ministerialrat.

Dr STAHMER. — Pouvez-vous nous dire quel était l'objet de cette entrevue ?

TÉMOIN BODENSCHATZ. — Je ne me souviens pas exactement des paroles qui y furent prononcées, mais en substance Hermann Gœring déclara ce qui suit :

LE PRÉSIDENT. — Le témoin a-t-il précisé le lieu où cette conférence s'est déroulée ?

Dr STAHMER. — Parfaitement.

LE PRÉSIDENT. — Voulez-vous nous le dire ?

Dr STAHMER *(au témoin)*. — Voulez-vous répéter et nous dire le lieu de cette conférence ?

TÉMOIN BODENSCHATZ. — A Soenke-Nissen-Koog, près de Husum, dans le Schleswig-Holstein.

Dr STAHMER. — Voulez-vous continuer. Vous allez justement exposer le contenu de cet entretien.

TÉMOIN BODENSCHATZ. — Je répète : Hermann Gœring a déclaré en substance : « Les relations politiques entre l'Angleterre et l'Allemagne sont actuellement très tendues et cette tension ne doit s'aggraver sous aucun prétexte, sinon la paix en serait compromise. La vie économique de nos deux pays ne peut prospérer et, par conséquent, le bien-être ne peut être maintenu qu'en période de paix. L'Allemagne et l'Europe ont le plus grand intérêt au maintien de l'Empire britannique. De plus, Hermann Gœring a déclaré avec vigueur qu'il ferait tout son possible pour maintenir la paix. Il a prié les Anglais d'utiliser leur influence à leur retour, auprès des milieux dirigeants, pour concourir au même but.

Dr STAHMER. — Le Reichsmarschall Gœring vous a-t-il exposé ses idées sur la politique extérieure du Reich ? Quand et à quelle occasion ?

TÉMOIN BODENSCHATZ. — Hermann Gœring a souvent abordé ces

sujets avec moi, en 1938 et 1939, surtout au cours de la période qui a suivi les accords de Munich. Nos entretiens se déroulaient à l'issue de ses conférences ou dans son train spécial. Hermann Gœring a toujours été de l'avis que la meilleure politique à suivre par le Reich était celle qui était la plus propre à éviter la guerre. Il a exprimé cette idée de façon particulièrement nette lors d'une entrevue avec les Gauleiter à Karinhall, au cours de l'été 1938. Le Dr Ulberreither que j'ai cité tout à l'heure a déjà donné sous la foi du serment, de nombreux détails à ce sujet.

Dr STAHMER. — Avant son départ pour Munich, en septembre 1938, le Reichsmarschall Gœring s'est-il entretenu avec vous ?

TÉMOIN BODENSCHATZ. — Avant de partir pour Munich, il m'a dit qu'il ferait l'impossible pour trouver une solution pacifique : « La guerre ne peut avoir lieu » a-t-il dit. Il a employé dans ce sens toute l'influence qu'il avait sur le Führer et, pendant les conférences à Munich, il a contribué de façon décisive au maintien de la paix. Lorsqu'il sortit de la salle de conférence, à Munich, après la réunion, il nous dit spontanément : « C'est la paix. »

Dr STAHMER. — Vous a-t-il dit souvent pourquoi il était hostile à la guerre et à quelle occasion vous l'a-t-il dit ?

TÉMOIN BODENSCHATZ. — Avant son départ pour Munich, il me répéta souvent : « pendant la Première Guerre mondiale, j'ai toujours été au front, comme officier d'infanterie et d'aviation. Je connais les horreurs d'une guerre, c'est pourquoi je m'efforcerai, autant que je le pourrai, d'en préserver le peuple allemand. Mon ambition est de résoudre les conflits de façon pacifique. » D'une façon générale, son opinion pouvait se traduire de la façon suivante : « Une guerre est toujours une chose incertaine et risquée ; même quand on la gagne, les avantages obtenus ne sont pas en rapport avec les sacrifices consentis. Dans les circonstances actuelles, si vous perdez la guerre, vous perdez tout. Notre génération a déjà connu les horreurs d'une grande guerre mondiale et ses amères conséquences. Cette même génération ne pourrait en supporter une seconde. »

— Je dois ajouter que le caractère et le comportement de Hermann Gœring le poussaient à rejeter la guerre. Rien ne lui était plus étranger que l'idée de la guerre.

Dr STAHMER. — Le maréchal Gœring vous a-t-il dit à quels buts visait l'Allemagne en poursuivant son réarmement ? Quand et à quelle occasion ?

TÉMOIN BODENSCHATZ. — Hermann Gœring m'en a parlé en 1935, après que fut proclamée la liberté des armements. Il considérait le réarmement de l'Allemagne, après les vains efforts déployés pour arriver à un désarmement général, comme une tentative pour mettre les armements allemands à la hauteur de ceux des autres pays, afin de pouvoir participer à la politique mondiale sur un pied d'égalité.

Dr STAHMER. — De tels entretiens eurent-ils lieu également après 1935 ?

TÉMOIN BODENSCHATZ. — Oui. De temps à autre, nous sommes revenus sur ce sujet et il a toujours exprimé la même opinion.

Dr STAHMER. — Le Reichsmarschall vous a-t-il mis au courant des buts du Plan de quatre ans ?

TÉMOIN BODENSCHATZ. — J'ai eu l'occasion d'en parler avec Hermann Gœring, en 1936, après la publication du Plan de quatre ans. Il m'a déclaré qu'il voyait dans ce plan un moyen de procurer à l'Allemagne les matières premières qu'elle ne pouvait pas importer en temps de paix faute de devises, ou dont on pouvait éventuellement lui couper l'importation.

Dr STAHMER. — Quand et à quelle occasion Gœring vous a-t-il exposé ses opinions sur la campagne de Russie ?

TÉMOIN BODENSCHATZ. — A la fin de 1941. Après les premiers échecs subis dans la campagne de Russie, Hermann Gœring m'a parlé des combats à l'Est : « Adolf Hitler » m'a-t-il dit, « avait bien prévu des opérations difficiles mais il n'avait pas compté sur de tels revers. Avant cette campagne, j'ai essayé en vain de faire renoncer Hitler à son projet d'attaquer la Russie ; je lui ai rappelé que lui-même dans son livre *Mein Kampf* avait repoussé l'idée d'une guerre sur deux fronts. De plus, je lui ai montré que le gros de la Luftwaffe serait engagé à l'Est et que l'Angleterre, dont l'industrie aérienne avait été sévèrement endommagée pourrait respirer à nouveau et reprendre des forces. »

LE PRÉSIDENT. — Peut-être est-il opportun de suspendre l'audience pendant 10 minutes.

(L'audience est suspendue)

LE PRÉSIDENT. — Le Tribunal a remarqué que le témoin emploie des notes au cours de sa déposition. La décision que j'ai prise ce matin ne concernait que les accusés et non les témoins ; néanmoins, le Tribunal consentira à étendre le bénéfice de cette règle à ces derniers, mais la déposition ne doit pas être lue. Ces notes ne doivent être que des aide-mémoire. Continuez, Docteur Stahmer.

Dr STAHMER. — Savez-vous si certaines personnes se sont adressées au Reichsmarschall pour lui demander de libérer des membres de leur famille internés dans des camps de concentration ou de les aider dans leurs démêlés avec la Gestapo ?

TÉMOIN BODENSCHATZ. — C'est le chef du bureau de l'État-Major qui est compétent pour répondre à cette question. Pour ma part, je ne connais l'existence de telles requêtes que par ouï-dire.

Dr STAHMER. — N'avez-vous pas eu à examiner de telles demandes dans le domaine militaire ?

TÉMOIN BODENSCHATZ. — Dans le domaine militaire, je n'ai examiné que les demandes qui concernaient l'Aviation ; mais ce n'étaient là que des requêtes concernant des arrestations de citoyens allemands qui se plaignaient de ne pas connaître la raison de leur arrestation. C'étaient aussi des rapports sur des arrestations de Juifs, ou sur des violences commises à cette occasion, mais ces requêtes ne m'étaient adressées que par les milieux de l'Aviation ou par certaines de mes relations.

Dr STAHMER. — Quel était le sort de telles requêtes ?

TÉMOIN BODENSCHATZ. — Il en advenait toujours ce qui suit : la plupart des demandes, qui provenaient de la population civile, étaient présentées au Reichsmarschall par l'intermédiaire du bureau de l'État-Major. Les demandes qui provenaient de l'Aviation étaient de ma compétence ; quant à celles présentées par des amis ou connaissances du Reichsmarschall, celui-ci s'en occupait lui-même. Le Reichsmarschall n'a jamais refusé son appui. Dans certains cas individuels, il a demandé personnellement au Führer de prendre une décision. Dans tous les cas qui m'ont été soumis, il fut possible d'intervenir.

Dr STAHMER. — De nombreux Juifs ne sc sont-ils pas adressés à Gœring pour lui demander d'intervenir en leur faveur ?

TÉMOIN BODENSCHATZ. — Il y a eu aussi des Juifs et surtout des demi-Juifs qui se sont adressés au Reichsmarschall Gœring.

Dr STAHMER. — Quel fut le sort de ces requêtes ?

TÉMOIN BODENSCHATZ. — Le Reichsmarschall n'a pas refusé son appui et donnait des instructions en faveur des réclamants toutes les fois que cela lui était possible.

Dr STAHMER. — Quelles étaient, du point de vue social, les idées de Gœring ?

TÉMOIN BODENSCHATZ. — Ses conceptions sociales étaient les suivantes : par ses pensées, ses sentiments et ses actions, il fut le bienfaiteur de tous les nécessiteux. Il était toujours prêt à porter secours à ceux qui étaient dans la misère, aux malades, aux blessés, aux parents de disparus et de prisonniers de guerre ; l'aide à la classe ouvrière lui tenait particulièrement à cœur. Je voudrais en donner un exemple : la création de la caisse de secours pour les mineurs. Chaque mineur, après 25 ans de travail assidu, recevait une prime de plus de 20 000 Marks. C'est là une de ses réalisations les plus importantes dans le domaine social.

Dr STAHMER. — Connaissiez-vous les conditions de vie dans les camps de concentration ?

TÉMOIN BODENSCHATZ. — Non, je n'en ai jamais eu connaissance.

Dr STAHMER. — Au Quartier Général, lors des conférences du Führer ou à d'autres occasions a-t-on parlé des camps de concentration ?

TÉMOIN BODENSCHATZ. — Je n'ai jamais entendu le Führer en parler à son Quartier Général. Il n'en a jamais dit un mot en notre présence.

Dr STAHMER. — Y a-t-on parlé de l'extermination des Juifs ?

TÉMOIN BODENSCHATZ. — Non. Il n'a pas parlé de l'extermination des Juifs, pas avec moi en tout cas.

Dr STAHMER. — Même dans les discussions sur la situation militaire ?

TÉMOIN BODENSCHATZ. — Non, je ne me souviens pas qu'on ait abordé la question de l'extermination des Juifs en ma présence.

Dr Stahmer. — D'autres personnes en ont-elles parlé ?

Témoin Bodenschatz. — Non.

Dr Stahmer. — Himmler ?

Témoin Bodenschatz. — Gœring n'en a pas non plus parlé avec Himmler ; j'ai seulement entendu dire, au cours de ma captivité, que certaines personnes ont posé la question à Himmler. Il aurait alors répondu : « Ce n'est pas exact, ce que vous entendez dire est faux » Moi-même, je n'ai pas parlé de ces questions avec Himmler.

Dr Stahmer. — Saviez-vous combien il y avait de camps de concentration ?

Témoin Bodenschatz. — Chacun savait qu'il y avait des camps de concentration, mais j'ignorais qu'il y en eût tant. Les noms de Mauthausen, de Buchenwald, n'ont été portés à ma connaissance qu'après la guerre, par ce que j'ai lu dans les journaux. Je ne connaissais que le nom de Dachau et par hasard puisque je suis né en Bavière.

Dr Stahmer. — N'avez-vous rien appris sur ces atrocités ?

Témoin Bodenschatz. — Non, je n'en ai jamais entendu parler. Je l'ai appris pour la première fois l'année dernière au milieu de mars 1945, lorsque j'ai rendu visite au Reichsmarschall avant de partir en permission de convalescence. Le Reichsmarschall me dit alors à midi, au cours du déjeuner, que de nombreux Juifs avaient été mis à mort et que cela nous coûterait cher. Ce fut la première fois que j'entendis parler de ces crimes.

Dr Stahmer. — Je n'ai pas d'autres questions à poser. Le témoin est à la disposition des représentants de la Défense et du Ministère Public.

Le Président. — Un avocat a-t-il des questions à poser à ce témoin ?

Dr Hans Laternser (avocat de l'État-Major Général et de l'O.K.W.). — Je n'ai que quelques questions à poser.

— Témoin, en votre qualité d'officier de liaison du chef de l'Aviation auprès de l'État-Major du Führer, vous avez participé aux discussions sur la situation militaire ; étiez-vous présent lorsque les chefs de l'Armée faisaient leurs rapports à Hitler ?

Témoin Bodenschatz. — Non, je ne participais pas à ces discussions ; j'ai cependant assisté à deux conversations qui eurent lieu dans une pièce attenante. Une fois, il s'agissait d'une conférence avec le Feldmarschall von Kleist, et la deuxième fois, ce fut lorsque le Commandant en chef de l'armée de Crimée fut convoqué au Quartier Général pour faire un rapport après l'évacuation de la Crimée. Comme je l'ai dit, je n'ai pas assisté à ces discussions, mais le ton élevé des voix m'a fait supposer qu'il y avait entre Hitler et son interlocuteur des divergences d'opinion. Je ne peux pas en dire davantage.

Dr Laternser. — En avez-vous entendu suffisamment pour suivre le cours de la discussion ?

Témoin Bodenschatz. — Non, je n'ai pas pu suivre le cours de la discussion et je ne peux pas donner de détails sur son contenu.

Dr Laternser. — Dans ce cas, je n'ai pas d'autres questions à poser.

Le Président. — Un autre avocat a-t-il des questions à poser ? Le Ministère Public ?

M. Justice Jackson. — Plaise au Tribunal. Vous êtes actuellement prisonnier de guerre des États-Unis ?

Témoin Bodenschatz. — Oui, je suis actuellement prisonnier de guerre des États-Unis.

M. Justice Jackson. — Vous avez été interrogé à plusieurs reprises par des représentants américains ?

Témoin Bodenschatz. — Oui. J'ai été interrogé à maintes reprises par des représentants américains.

M. Justice Jackson. — Vous avez eu également bon nombre d'entretiens avec le Dr Stahmer, qui vient de vous interroger ?

Témoin Bodenschatz. — Oui, j'ai eu plusieurs conversations avec le Dr Stahmer qui vient de me poser des questions.

M. Justice Jackson. — Ces questions vous avaient été adressées il y a quelque temps, et vous avez préparé les réponses par écrit ?

Témoin Bodenschatz. — Ces questions m'ont été posées antérieurement et j'ai préparé les réponses.

M. Justice Jackson. — Nous en arrivons à la question des camps de concentration et du rôle qu'a joué votre service dans l'élargissement des internés. Si j'ai bien compris, beaucoup de demandes d'élargissement sont parvenues dans les bureaux de Gœring ?

Témoin Bodenschatz. — J'ai dit tout à l'heure que les demandes d'élargissement des camps de concentration n'étaient pas adressées à mon service, mais aux services de l'État-Major. Je ne recevais que les demandes d'assistance venant de personnes qui avaient été arrêtées et de Juifs en instance d'arrestation.

M. Justice Jackson. — Les demandes qui vous parvenaient étaient-elles nombreuses ?

Témoin Bodenschatz. — Ma compétence ne s'étendait qu'à l'Aviation. Il y avait à peu près dix à vingt demandes par jour.

M. Justice Jackson. — Ces demandes émanaient-elles de personnes menacées d'internement, de personnes internées, ou des deux ?

Témoin Bodenschatz. — En partie, de personnes menacées d'arrestation et, en partie de personnes déjà arrêtées.

M. Justice Jackson. — Si je comprends bien, vous avez donné suite à toutes ces requêtes ?

Témoin Bodenschatz. — Suivant les instructions du Reichsmarschall, je suis venu en aide chaque fois que l'on s'est adressé à moi.

M. Justice Jackson. — Connaissez-vous d'autres demandes parvenues à l'État-Major concernant des personnes emprisonnées auxquelles aucune suite n'a été donnée ?

Témoin Bodenschatz. — Je ne sais rien là-dessus. J'ai seulement entendu dire par le Dr Gritzbach, chef du bureau d'État-Major, que les demandes qu'il recevait étaient examinées dans un esprit d'humanité.

M. JUSTICE JACKSON. — Êtes-vous intervenu en faveur d'innocents ou de gens qui avaient des crimes à se reprocher ?

TÉMOIN BODENSCHATZ. — Les personnes auxquelles je suis venu en aide étaient innocentes.

M. JUSTICE JACKSON. — Vous saviez donc que des personnes innocentes étaient internées dans les camps de concentration ?

TÉMOIN BODENSCHATZ. — Elles n'étaient pas internées, mais devaient y être envoyées.

M. JUSTICE JACKSON. — Il me semblait que vous aviez dit avoir aidé des personnes déjà arrêtées.

TÉMOIN BODENSCHATZ. — Oui, mais ces personnes n'avaient pas été envoyées dans un camp de concentration. En voici un exemple pratique. Un de mes camarades de l'escadrille « Richthofen », un israélite répondant au nom de Luther, fut arrêté par la Gestapo. Il s'agissait d'une simple arrestation et non d'une mise en camp de concentration. Son avocat me le fit savoir. J'en ai fait part au Reichsmarschall qui m'a ordonné de faire libérer cet homme de la prison de Hambourg où il se trouvait. Il n'était donc pas encore dans un camp de concentration. Ce fait s'est passé en 1943.

M. JUSTICE JACKSON. — De quoi était-il accusé quand il a été arrêté ?

TÉMOIN BODENSCHATZ. — Il a été arrêté parce qu'il était Juif et on l'avait accusé d'attentat aux mœurs, car il avait été surpris dans un hôtel avec une aryenne.

M. JUSTICE JACKSON. — Avez-vous fait une enquête pour savoir si cette accusation était vraie ?

TÉMOIN BODENSCHATZ. — Il ne m'a pas été nécessaire de prendre des renseignements puisque j'ai obtenu son élargissement sans difficulté. Il a été relâché sur mon coup de téléphone et, depuis lors, bénéficia de la protection de Hermann Gœring.

M. JUSTICE JACKSON. — Qui avez-vous appelé au téléphone pour le faire relâcher ?

TÉMOIN BODENSCHATZ. — On a téléphoné au chef de la Gestapo de Hambourg dont j'ignore le nom. Je ne l'ai pas fait personnellement, mais j'en ai chargé un de mes collaborateurs, le Ministerialrat Dr Boettger.

M. JUSTICE JACKSON. — Ainsi, la Gestapo relâchait des personnes à la demande des services de Hermann Gœring ?

TÉMOIN BODENSCHATZ. — Non, pas des services de Hermann Gœring, mais le Reichsmarschall donnait des instructions dans ce sens et elles étaient exécutées.

M. JUSTICE JACKSON. — Vous avez pourtant dit que c'est votre collaborateur qui avait téléphoné. Gœring appelait-il aussi personnellement la Gestapo ?

TÉMOIN BODENSCHATZ. — En l'occurrence, il ne l'a pas fait lui-même.

M. JUSTICE JACKSON. — En d'autres termes, même si cet homme avait été coupable, du moment qu'il appartenait à la Luftwaffe, les instructions du Reichsmarschall suffisaient à le faire relâcher ?

TÉMOIN BODENSCHATZ. — Cet homme ne faisait pas partie de la Luftwaffe. Il était civil. Il avait été autrefois un de nos camarades de l'escadrille Richthofen, mais pendant la guerre il ne faisait plus partie de l'Armée.

M. JUSTICE JACKSON. — Mais vous aviez l'ordre de relâcher toutes les personnes qui étaient juives ou qui faisaient partie de la Luftwaffe. C'étaient bien là les instructions de Gœring ?

TÉMOIN BODENSCHATZ. — Le Reichsmarschall m'a toujours dit que lorsqu'un cas de ce genre se présentait, je devais agir humainement ; c'est ce que j'ai fait dans tous les cas.

M. JUSTICE JACKSON. — Avez-vous eu connaissance de cas où des Juifs ont été arrêtés sans qu'on puisse leur reprocher quoi que ce soit ?

TÉMOIN BODENSCHATZ. — Dans un cas, celui des deux familles Ballin, de Munich. Il s'agissait de deux couples âgés de plus de 70 ans et qui devaient être arrêtés. On m'en a informé et j'en ai fait part au Reichsmarschall qui m'ordonna de les faire passer à l'étranger.

— Il s'agissait des deux familles Ballin qui, en 1923, lorsque Hermann Gœring avait été grièvement blessé à la Feldherrnhalle, l'avaient reçu dans leur propre maison et l'avaient soigné. Ces deux familles devaient être arrêtées...

M. JUSTICE JACKSON. — Pour quelle raison devaient-elles être arrêtées ?

TÉMOIN BODENSCHATZ. — Parce qu'on avait donné l'ordre général d'arrêter tous les Juifs et de les rassembler dans des camps.

M. JUSTICE JACKSON. — Et vous connaissiez cet ordre ?

TÉMOIN BODENSCHATZ. — Non. Je ne connaissais pas cet ordre. Ce n'est que par ces exemples que j'ai appris l'existence d'une telle mesure. Je n'ai jamais lu l'ordre lui-même et je n'en ai jamais entendu parler, car cette affaire ne me concernait pas.

M. JUSTICE JACKSON. — Avez-vous su que les Juifs devaient être internés dans des camps de concentration uniquement parce qu'ils étaient Juifs ?

TÉMOIN BODENSCHATZ. — Je ne parle pas ici des camps de concentration, mais des camps de rassemblement où ces gens devaient être envoyés.

M. JUSTICE JACKSON. — Et où devaient-ils aller ensuite ?

TÉMOIN BODENSCHATZ. — Je ne sais pas.

M. JUSTICE JACKSON. — Et où se trouvait ce camp spécial dont vous venez de parler ?

TÉMOIN BODENSCHATZ. — Je ne le sais pas non plus. Je ne sais pas où ils devaient être emmenés ; on m'a dit simplement qu'ils devaient être emmenés.

M. JUSTICE JACKSON. — Ni vous, ni Gœring ne soupçonniez que s'ils étaient emmenés dans des camps de concentration, il leur arriverait malheur ?

TÉMOIN BODENSCHATZ. — Je ne savais rien sur ce qui se passait dans les camps de concentration.

M. JUSTICE JACKSON. — Vous n'aviez pas entendu parler des camps de concentration, et votre but en épargnant à ces gens d'y aller était de les soustraire aux mauvais traitements ?

TÉMOIN BODENSCHATZ. — Je dois encore répéter que j'ai libéré ces gens immédiatement après leur première arrestation par la Gestapo. Ils n'étaient pas encore dans des camps de concentration.

M. JUSTICE JACKSON. — Pourquoi la Gestapo les arrêtait-elle si ce n'était pour les mettre dans des camps de concentration ?

TÉMOIN BODENSCHATZ. — Le but poursuivi par la Gestapo, dans ces arrestations, m'est inconnu.

M. JUSTICE JACKSON. — Vous êtes cependant intervenu pour les arracher à la Gestapo, sans même savoir si la Gestapo avait des raisons pour les arrêter ?

TÉMOIN BODENSCHATZ. — Lorsque la Gestapo arrêtait quelqu'un, c'était sans doute qu'elle avait une raison de le faire.

M. JUSTICE JACKSON. — Mais vous n'avez pas fait d'enquête ?

TÉMOIN BODENSCHATZ. — J'ai déjà dit qu'il était de notoriété publique que ces gens devaient être envoyés dans des camps de rassemblement, non dans des camps de concentration. Beaucoup d'Allemands savaient que ces gens devaient être envoyés dans des camps de travail où ils devaient être employés.

M. JUSTICE JACKSON. — De travail forcé ?

TÉMOIN BODENSCHATZ. — Comment ?

M. JUSTICE JACKSON. — De travail forcé ?

TÉMOIN BODENSCHATZ. — Il s'agissait de travaux normaux. Je sais par exemple qu'à Lodz, ces gens travaillaient dans l'industrie textile.

M. JUSTICE JACKSON. — Et où étaient-ils hébergés pendant qu'ils faisaient ce travail ?

TÉMOIN BODENSCHATZ. — Cela je ne peux pas le dire, je ne le sais pas.

M. JUSTICE JACKSON. — N'étaient-ils pas logés dans des camps ?

TÉMOIN BODENSCHATZ. — Tout cela, je ne peux pas le dire, parce que je ne le sais pas.

M. JUSTICE JACKSON. — Vous n'en savez rien ?

TÉMOIN BODENSCHATZ. — Je n'en ai aucune idée.

M. JUSTICE JACKSON. — Quelle est la différence entre un camp de travail et un camp de concentration, puisque vous en faites une ?

TÉMOIN BODENSCHATZ. — Un camp de travail est un camp dans

lequel les gens sont hébergés sans qu'ils soient en aucune façon maltraités.

M. JUSTICE JACKSON. — Et les camps de concentration sont des camps où ils sont maltraités ? Est-ce là votre déclaration ?

TÉMOIN BODENSCHATZ. — Oui, je puis répondre maintenant affirmativement, car je l'ai appris entre temps par la presse au cours de ma captivité. A l'époque, je ne le savais pas encore. Je l'ai su par les journaux. J'ai été en captivité en Angleterre pendant un certain temps, c'est là que je l'ai lu.

M. JUSTICE JACKSON. — Vous avez parlé des camps de rassemblement. Beaucoup de gens, dites-vous, savaient qu'ils étaient emmenés dans les camps, déportés. Savez-vous où on les emmenait après ?

TÉMOIN BODENSCHATZ. — Je ne le sais pas.

M. JUSTICE JACKSON. — Ne vous en êtes-vous jamais inquiété ?

TÉMOIN BODENSCHATZ. — Non, je n'ai pas entrepris de recherches à ce sujet.

M. JUSTICE JACKSON. — Vous étiez l'adjoint du deuxième personnage d'Allemagne, n'est-ce pas ?

TÉMOIN BODENSCHATZ. — Oui.

M. JUSTICE JACKSON. — Et vous n'avez jamais osé lui demander de détails sur les camps de concentration ?

TÉMOIN BODENSCHATZ. — Non, je ne me suis pas entretenu avec lui sur cette question.

M. JUSTICE JACKSON. — Les seules instructions que vous aviez étaient de faire sortir tous les gens que vous pouviez faire sortir ?

TÉMOIN BODENSCHATZ. — Chaque fois qu'une demande ou une plainte m'était présentée, je m'en suis occupé et j'ai porté secours.

M. JUSTICE JACKSON. — Vous saviez bien que Hermann Gœring était un proche collaborateur de Himmler, n'est-ce pas ?

TÉMOIN BODENSCHATZ. — Je ne savais pas qu'il était collaborateur de Himmler, car il ne travaillait jamais directement avec lui. Himmler venait souvent conférer avec Hermann Gœring et ces entretiens se déroulaient sans témoins.

M. JUSTICE JACKSON. — Et vous saviez qu'il était non seulement un ami de Kaltenbrunner, mais qu'il avait aidé celui-ci à obtenir la place qu'il occupait ?

TÉMOIN BODENSCHATZ. — Non, cela, je l'ignore. Je ne sais pas si le Reichsmarschall a recommandé Kaltenbrunner pour qu'il obtienne son poste. Je ne m'occupais que des questions militaires. J'étais adjoint militaire du Reichsmarschall. Je n'avais rien à voir dans ces affaires-là.

M. JUSTICE JACKSON. — Vous êtes-vous occupé de l'aryanisation des demi-Juifs ?

TÉMOIN BODENSCHATZ. — En ce qui concerne les demi-Juifs, je recevais les demandes provenant des milieux de l'Armée de l'air. Il s'agissait d'officiers qui, conformément aux dispositions en vigueur, devaient être mis à pied en tant que demi-Juifs. Dans de nombreux cas, le Reichsmarschall a donné l'ordre de ne pas prendre une telle mesure.

M. JUSTICE JACKSON. — Que se passait-il alors ?

TÉMOIN BODENSCHATZ. — Le chef du personnel de l'air recevait l'ordre de ne pas les mettre à pied.

M. JUSTICE JACKSON. — Dans certains cas, a-t-on pris des dispositions leur conférant tous les droits des aryens cent pour cent, sans tenir compte de leur sang juif ?

TÉMOIN BODENSCHATZ. — Pour le moment, je ne peux me souvenir d'aucun cas de ce genre.

M. JUSTICE JACKSON. — Vous avez parlé des demandes d'assistance émanant de nombreuses personnes et adressées à Gœring. Ces demandes passaient par son État-Major, n'est-ce pas ?

TÉMOIN BODENSCHATZ. — Oui.

M. JUSTICE JACKSON. — Qui était le chef de cet État-Major ?

TÉMOIN BODENSCHATZ. — C'était le chef du Bureau de l'État-Major, le Dr Gritzbach.

M. JUSTICE JACKSON. — Combien d'adjoints avait-il ?

TÉMOIN BODENSCHATZ. — Il y avait trois sections : les deux autres étaient la section de presse, dirigée par le Dr Gerner, et le Secrétariat privé.

M. JUSTICE JACKSON. — Laquelle de ces sections s'occupait des demandes d'élargissement ?

TÉMOIN BODENSCHATZ. — Ces questions étaient réglées par le Dr Gritzbach et le Dr Gerner.

M. JUSTICE JACKSON. — A qui parlaient-ils de ces questions ? Le savez-vous ?

TÉMOIN BODENSCHATZ. — Ces messieurs, tout comme moi, en référaient au Reichsmarschall.

M. JUSTICE JACKSON. — Celui-ci savait donc parfaitement ce que vous faisiez et ce qu'ils faisaient ?

TÉMOIN BODENSCHATZ. — En ce qui me concerne, il était parfaitement renseigné.

M. JUSTICE JACKSON. — Et, si je comprends bien, il n'a jamais manqué de donner satisfaction aux demandes qui lui étaient faites, d'après ce que vous dites ?

TÉMOIN BODENSCHATZ. — Dans la mesure où ces demandes ont été adressées à mes services ou à moi personnellement, il n'a jamais refusé de porter secours, et il le faisait effectivement.

M. JUSTICE JACKSON. — Il n'a jamais cherché à savoir si les personnes qu'il aidait étaient coupables ou innocentes ?

TÉMOIN BODENSCHATZ. — Elles étaient innocentes, il n'y avait pas de doute là-dessus.

ACCUSATION

— Je passe à la participation de Gœring à l'élimination de tous les membres de la race juive de la vie économique de l'Allemagne et à l'extermination de tous les Juifs sur le continent européen.

— En 1935, l'accusé Gœring, en qualité de Président du Reichstag, fit un discours exhortant cette assemblée à voter les infâmes lois raciales de Nuremberg :

— « Dieu a créé les races. Il n'a pas voulu l'égalité et, par conséquent, nous repoussons énergiquement toute tentative faite pour falsifier le concept de la pureté de la race en le remplaçant par celui de l'égalité raciale. Nous savons par expérience ce que signifie la vie d'un peuple en conformité avec les lois d'une égalité qui est étrangère à son espèce et contraire à la nature. Car cette égalité n'existe pas. Nous n'avons jamais reconnu une telle idée et, par conséquent, nous devons la rejeter aussi de nos lois, c'est une question de principe et nous devons reconnaître cette pureté de la race que la nature et la Providence nous ont accordée. »

— Pour montrer encore cette attitude officielle, je dépose un extrait du discours prononcé le 26 mars 1938 à Vienne :

— « Je vais m'adresser à la cité de Vienne en des termes très graves. On ne peut plus dire que cette ville soit une cité allemande car il y a tant de Juifs qui y vivent, et là où vivent 300 000 Juifs on ne peut plus parler de ville allemande.

— « Vienne doit redevenir allemande car elle a un grand rôle à jouer au service de l'Allemagne dans la marche de l'Est — et cela, dans le domaine culturel comme dans le domaine économique. Ni dans l'un, ni dans l'autre nous ne pouvons tolérer de Juifs.

— « Il ne faut pas, cependant, entreprendre cette tâche par des interventions inopportunes et des mesures stupides ; c'est avec soin et systématiquement qu'il faut la mener à bien. En tant que commissaire au Plan de quatre ans, je charge le Reichsstatthalter en Autriche, conjointement avec le plénipotentiaire du Reich, de considérer la question et de prendre toutes mesures utiles pour la réorientation de l'économie juive, c'est-à-dire pour l'aryanisation de la vie économique et commerciale ; je les charge d'exécuter cette mission en conformité avec nos lois, légalement mais inexorablement. »

— Dans le cadre de la préparation économique à la guerre d'agression, les conspirateurs nazis commencèrent alors l'élimination complète des Juifs de la vie économique ; c'était le préambule de leur anéantissement. L'accusé Gœring chef du Plan de quatre ans, s'occupa activement de cette phase de la persécution.

— La première étape de sa campagne fut le décret du 26 avril 1938, imposant l'enregistrement de tous les biens juifs. Gœring et l'accusé Frick signèrent tous les deux ce texte. Puis, armés des renseignements ainsi obtenus, les conspirateurs nazis se trouvèrent tout à fait préparés à franchir la nouvelle étape. Le meurtre de von Rath, secrétaire de la Légation allemande à Paris, le 9 novembre 1938, fut le prétexte à de nombreuses émeutes « spontanées », qui comprirent le pillage et l'incendie de nombreuses synagogues, maisons et boutiques juives ; l'ensemble fut organisé et surveillé avec soin par les conspirateurs nazis. L'accusé Gœring fut pleinement informé des mesures prises. Les ordres télétypés du 10 novembre 1938, donnés par Heydrich sont déjà déposés et ont été lus au procès-verbal. Une lettre que Heydrich écrivit à Gœring le lendemain, a également été lue. Dans cette lettre, Heydrich raconte brièvement les émeutes soi-disant spontanées qui se sont produites. Il rapporte, le lendemain de l'émeute, que d'après les rapports officiels de la Police du district, il pouvait établir que 815 boutiques avaient été détruites, 171 maisons d'habitations incendiées ou démolies et que tout cela n'indiquait qu'une fraction des dommages réellement causés, tout au moins par le feu. Il disait aussi que :

— « A cause de la nécessité pressante de rendre compte, les rapports reçus jusqu'à maintenant sont entièrement limités à des déclarations générales, telles que “ plusieurs ” ou “ presque toutes les boutiques détruites ”. Par conséquent, déclare Heydrich, les chiffres donnés doivent avoir été considérablement dépassés.

— « 191 synagogues furent incendiées et 76 autres complètement détruites. En outre, 11 salles paroissiales, chapelles de cimetières et constructions similaires furent incendiées et 3 autres complètement détruites...

— « 20 000 Juifs furent arrêtés... On compte 36 morts et 36 personnes sérieusement blessées ».

— Immédiatement après ces émeutes soi-disant spontanées du 9 novembre, Gœring présida une réunion au ministère de l'Air du Reich, consacrée à la question juive, et à laquelle assistèrent aussi l'accusé Funk et d'autres conspirateurs. Le compte rendu sténographique de cette réunion est un document extraordinaire, dont la lecture n'est pas agréable. Je voudrais en lire certains passages qui n'ont pas encore été lus à l'audience. C'est Gœring qui parle :

— « Messieurs, la réunion d'aujourd'hui est d'une nature décisive. J'ai reçu une lettre, écrite sur l'ordre du Führer, par Bormann, chef d'État-Major de l'adjoint du Führer, exigeant que la question juive soit maintenant, une fois pour toutes, traitée avec coordination et résolue d'une façon ou d'une autre. Et, hier encore, le Führer m'a ordonné, par téléphone, de coordonner les mesures d'ensemble en la matière.

— « Puisque le problème est principalement un problème économique, c'est sous l'angle économique qu'il faut l'attaquer. Naturellement, un certain nombre de mesures législatives devront être prises, qui sont du domaine du ministre de la Justice et du ministre de l'Intérieur, et certaines mesures de propagande seront remises aux soins des services du ministère de la Propagande. Le ministre des Finances et le ministre de l'Économie s'occuperont des problèmes qui relèvent de leurs départements respectifs. »

— Des mesures précises furent alors discutées dans le but d'effectuer l'aryanisation du commerce juif. Un représentant des compagnies allemandes d'assurances fut appelé pour faciliter la solution des difficultés nées du fait que la plupart des magasins et biens juifs détruits dans les émeutes étaient parfois en réalité, réassurés par des compagnies étrangères. Tous les membres présents furent d'accord qu'il serait maladroit d'élaborer une loi qui aurait pour effet de permettre aux compagnies d'assurances étrangères d'échapper à leurs obligations. L'accusé Gœring suggéra alors une solution caractéristique.

— « Non, l'idée ne me vient même pas de rembourser l'argent aux compagnies d'assurances. Les compagnies sont responsables. Non, l'argent appartient à l'État. C'est très clair. Ce serait vraiment faire un cadeau aux compagnies d'assurances. En voilà une belle réclamation. Elles rempliront leurs obligations ; vous pouvez en être sûr. »

— Il est superflu de citer d'autres extraits de la discussion étendue au cours de laquelle furent débattues toutes les phases de la persécution des Juifs. Il suffit de souligner, que, le même jour, l'accusé Gœring, sous sa propre signature, promulgua trois décrets mettant en vigueur les décisions les plus importantes de cette réunion. Aux termes du premier de ces décrets, une amende collective d'un milliard de Reichsmarks fut imposée à tous les Juifs allemands. Je demande au Tribunal d'accorder une valeur probatoire à ce décret, qui figure au *Reichsgesetzblatt* 1938.

— Le deuxième décret, intitulé « Décret d'élimination des Juifs de la vie économique allemande », excluait les Juifs du commerce et de l'artisanat. Je demande au Tribunal d'accorder une valeur probatoire à ce décret, mentionné au *Reichsgesetzblatt* 1938.

— Le troisième décret, intitulé « Décret sur les mesures d'urbanisme à appliquer aux magasins juifs » concernait la question d'assurance soulevée dans la réunion du matin et stipulait que l'indemnité aux Juifs pour les pertes diverses qu'ils avaient subies devait être versée à l'État. Je demande également au Tribunal d'accorder une valeur probatoire à ce décret.

LE PRÉSIDENT. — Peut-être pourrions-nous suspendre l'audience pendant 10 minutes.

(L'audience est suspendue.)

LE PRÉSIDENT. — Monsieur Albrecht, le Tribunal pense que ces méthodes, qui, en fait, nous ont déjà été soumises, pourraient être présentées d'une façon plus sommaire que celle que vous avez utilisée. S'il vous était possible d'abréger vos développements en résumant plus que vous ne le faites, vous épargneriez utilement le temps du Tribunal.

M. ALBRECHT. — Monsieur le Président, j'en ai pratiquement

terminé avec la question que je traitais et je pense qu'elle ne prendra pas plus de cinq à dix minutes.

LE PRÉSIDENT. — Très bien, mais je dois dire que la même observation s'applique aux questions à venir.

M. ALBRECHT. — Plaise au Tribunal. Les documents auxquels je faisais allusion avant la suspension d'audience ne constituent, à notre avis, que des exemples du rôle énergique que Gœring joua à ce moment dans l'expulsion des Juifs de la vie économique. Deux autres documents me semblent présenter un intérêt sur ce point.

— Je voudrais déposer comme preuve, une lettre circulaire datée du 17 janvier 1939 et signée par l'accusé Bormann. Elle diffuse des instructions de l'accusé Gœring au sujet de certaines discriminations qui doivent être observées dans le logement des Juifs. Je me contenterai de la résumer, Monsieur le Président, car je n'ai pas l'intention de lire quoi que ce soit de ce document.

— Le deuxième est un ordre donné par l'accusé Gœring en qualité de commissaire au Plan de quatre ans, daté du 10 décembre 1938, prescrivant la manière selon laquelle doit être entreprise l'exploitation des biens juifs et avertissant que tous les profits résultant de l'élimination des Juifs de la vie économique devaient aller au Reich.

— Il n'est pas besoin, je crois, d'en lire des extraits ; je souhaite cependant attirer l'attention du Tribunal sur le fait que la lettre de Gœring est adressée à tous les principaux organismes du Reich, à tous les chefs politiques et dirigeants des organisations affiliées au Parti, à tous les Gauleiter, à tous les Reichsstatthalter (gouverneurs), et aux différentes autorités locales des pays allemands et de leurs services. Au fur et à mesure que les armées allemandes pénétraient dans d'autres pays, les lois anti-juives étaient étendues, souvent dans une forme plus sévère, aux territoires occupés. Beaucoup de décrets ne furent pas signés par l'accusé Gœring lui-même, mais furent pris sur la base de décrets signés par lui.

— Néanmoins, en sa qualité de commissaire au Plan de quatre ans ou de Président du Conseil des Ministres pour la Défense du Reich, l'accusé Gœring signa un certain nombre de décrets contre les Juifs pour les territoires occupés y compris les décrets énumérés aux pages 47 et 48 de notre dossier d'audience, dont je demande au Tribunal de bien vouloir prendre acte.

— Pendant les dernières années de la guerre, le programme établi par les conspirateurs nazis pour l'anéantissement complet de tous les Juifs en Europe atteignit le summum de la violence. Bien que l'exécution de ce programme anti-juif ait été conduite par les S.S. et la Police de sûreté, l'accusé Gœring est resté mêlé jusqu'à la fin aux efforts déployés pour obtenir une « solution » nazie du problème juif.

— Le 31 juillet 1941, il écrivit une lettre au conspirateur Heydrich ; c'est le dernier document sur lequel je désire attirer l'attention du Tribunal. Il constitue un couronnement adéquat de notre exposé sur cet accusé. Il n'est pas besoin de faire un effort d'imagination pour comprendre la raison pour laquelle elle fut adressée au fameux Heydrich, prédécesseur de l'accusé Kaltenbrunner. Bien qu'elle ait déjà été lue à l'audience, j'aimerais, avec la permission du Tribunal, conclure mon exposé par la lecture de cette lettre. Gœring écrit à Heydrich :

— « Pour compléter la mission qui vous a été assignée le 24 janvier 1939, et qui était d'obtenir, par un accroissement de l'émigration ou des expulsions, une solution du problème juif aussi avantageuse que possible, je vous charge par la présente de faire tous les préparatifs nécessaires d'organisation pratique, pour parvenir à une solution complète de la question juive dans la sphère d'influence allemande en Europe. Là où d'autres organismes gouvernementaux sont intéressés ils doivent coopérer avec vous.

— Je vous charge en outre de m'envoyer sous peu un plan complet des mesures positives d'organisation matérielle nécessaire à la réalisation de la solution désirée de la question juive. »

M. JUSTICE JACKSON. — Vous saviez, n'est-ce pas, que Gœring, votre supérieur immédiat, promulguait les décrets anti-juifs du Gouvernement du Reich ?

TÉMOIN MILCH. — Non, je n'en savais rien. Autant que je sache, ces décrets ont été publiés par un autre département, par...

M. JUSTICE JACKSON. — Vous ne saviez pas que ces décrets qui chassaient les Juifs et les demi-Juifs étaient promulgués par Gœring ?

TÉMOIN MILCH. — Non, je ne le savais pas. Si je suis bien informé, ces décrets auraient dû être publiés par le ministère de l'Intérieur qui devait être compétent il me semble.

M. JUSTICE JACKSON. — Est-ce que vous n'avez pas eu vous-même à prendre quelques mesures pour éviter les effets de ces décrets ?

TÉMOIN MILCH. — Non ; je vois ce que vous voulez dire. Cette question avait été réglée longtemps auparavant.

M. JUSTICE JACKSON. — Combien de temps avant ?

TÉMOIN MILCH. — Autant que je m'en souvienne, en 1933.

M. JUSTICE JACKSON. — 1933, juste après la prise du pouvoir par les nazis ?

TÉMOIN MILCH. — Oui.

M. JUSTICE JACKSON. — A ce moment, et nous ne voulons pas de méprise sur ce point, Gœring a fait de vous ce que vous appelez un aryen intégral ; c'est bien cela ?

TÉMOIN MILCH. — Je ne pense pas qu'il me fit aryen, car je l'étais déjà.

M. JUSTICE JACKSON. — Oui, mais il l'a établi ?

TÉMOIN MILCH. — Il m'a aidé à éclaircir cette question qui n'était pas très claire.

M. JUSTICE JACKSON. — C'est-à-dire que le mari de votre mère était Juif, n'est-ce pas ?

TÉMOIN MILCH. — Ce n'est pas tout à fait cela.

M. JUSTICE JACKSON. — Vous avez dû prouver que vous n'aviez pas d'antécédents d'origine juive, est-ce bien cela ?

TÉMOIN MILCH. — Oui, chacun devait le faire.

M. JUSTICE JACKSON. — Mais, dans votre cas, cela concernait votre père, votre père présumé ?

TÉMOIN MILCH. — Oui.

M. JUSTICE JACKSON. — Et vous connaissiez certainement, dès le début, l'attitude du parti nazi envers les Juifs, n'est-ce pas ?

TÉMOIN MILCH. — Non, je ne la connaissais pas. Chacun devait présenter ses papiers et il m'était impossible de trouver une pièce relative à l'un de mes grands-parents.

M. JUSTICE JACKSON. — Et on ne vous l'avait jamais demandée sous la République de Weimar ?

TÉMOIN MILCH. — Non, puisque ces questions ne se posaient pas à ce moment-là.

M. JUSTICE JACKSON. — Et vous saviez que toute la question était soulevée par le parti nazi dont vous êtes devenu membre en 1933, époque à laquelle ces faits se sont produits ? Est-ce bien cela ?

TÉMOIN MILCH. — J'étais devenu membre avant que cette question ne fût soulevée.

M. JUSTICE JACKSON. — A quelle époque êtes-vous devenu membre du Parti ?

TÉMOIN MILCH. — Je ne peux pas le dire exactement. Je pense que c'était en mars ou en avril.

M. JUSTICE JACKSON. — Et vous avez dû éclaircir cette question avant de devenir membre du Parti. N'était-ce pas la condition de l'acceptation ?

TÉMOIN MILCH. — Oui, cette question a été éclaircie entre-temps. Je ne peux pas indiquer exactement quand.

M. JUSTICE JACKSON. — En 1933, vous avez pour la première fois entendu parler d'un camp de concentration ?

TÉMOIN MILCH. — Je crois que c'est en 1933 qu'un avis fut publié à ce sujet.

M. JUSTICE JACKSON. — Et plus tard, si je comprends bien, vous avez entendu tant de rumeurs sur les camps de concentration que vous avez pensé qu'il fallait faire une enquête ; c'est alors que vous êtes allé les voir ?

TÉMOIN MILCH. — Oui.

M. JUSTICE JACKSON. — Quand ces rumeurs sont-elles devenues si persistantes que vous vous êtes décidé à faire une enquête ?

TÉMOIN MILCH. — Cela doit être à la fin de 1934 et au printemps 1935. Si je me souviens bien, je suis allé à Dachau au printemps 1935.

M. JUSTICE JACKSON. — Et ces rumeurs ont persisté jusqu'à l'effondrement de l'Allemagne ?

TÉMOIN MILCH. — Les rumeurs qui m'ont incité à visiter Dachau n'avaient cours que dans le milieu des grands chefs militaires, et ce sont eux qui m'en ont parlé. J'avais peu de contact avec d'autres milieux. Je ne peux pas vous dire jusqu'où elles étaient répandues.

M. JUSTICE JACKSON. — Ainsi, dès 1935, parmi les officiers de haut rang dont vous étiez, on disait que ces camps de concentration étaient le théâtre d'atrocités. C'est ce que vous vouliez dire ?

TÉMOIN MILCH. — Non, pas exactement, j'ai dit....

M. JUSTICE JACKSON. — Alors dites-nous sur quoi portait votre enquête ?

TÉMOIN MILCH. — Il m'était impossible de mener une enquête ; tout ce que je pouvais faire, c'était de voir par moi-même, afin de couper court à ces rumeurs qui voulaient que s'y trouvaient détenus des gens qui n'auraient pas dû l'être ou des innocents arrêtés pour des raisons d'ordre politique. On disait aussi, à cette époque, que les membres de la soi-disant réaction y étaient envoyés et cela intéressait de près beaucoup d'officiers ; c'est pourquoi j'ai dit que j'irais voir moi-même, pour essayer de me faire une idée personnelle.

M. JUSTICE JACKSON. — Vous n'aviez pas besoin d'aller à Dachau pour le savoir, vous pouviez demander à Gœring. Vous le saviez bien ?

TÉMOIN MILCH. — Pour aller où ?

M. JUSTICE JACKSON. — Est-ce que vous n'avez jamais demandé à Gœring qui étaient les gens envoyés dans ces camps ?

TÉMOIN MILCH. — Je ne me suis jamais entretenu avec Gœring à ce sujet.

M. JUSTICE JACKSON. — Saviez-vous que Gœring avait dit ouvertement que les ennemis politiques du régime y seraient envoyés, que ces camps avaient été faits dans ce but ? Le saviez-vous ?

TÉMOIN MILCH. — Je ne peux pas dire que j'aie entendu cela dans ces termes. Mais c'est ce que je soupçonnais à cette époque, et c'est pourquoi je désirais voir moi-même.

M. JUSTICE JACKSON. — Et vous n'avez trouvé là-bas que des criminels ?

TÉMOIN MILCH. — Ceux que l'on m'a montrés étaient des gens qui avaient commis des crimes ou des délits assez graves. Les seuls prisonniers politiques que j'ai vus étaient les gens qui avaient participé au putsch de Röhm. Je ne peux dire s'il y en avait d'autres, car je ne peux affirmer avoir vu tout le camp. Nous avons vu tout ce que nous avons demandé à voir. Nous disions : « Je voudrais maintenant voir telle et telle chose », et le guide nous y conduisait.

M. JUSTICE JACKSON. — De qui avez-vous reçu l'autorisation de visiter le camp de concentration ?

TÉMOIN MILCH. — De Himmler.

M. JUSTICE JACKSON. — Qui a demandé à Himmler si vous pouviez y aller ?

TÉMOIN MILCH. — Je ne comprends pas.

M. JUSTICE JACKSON. — Gœring savait-il que vous entrepreniez cette visite ?

TÉMOIN MILCH. — Je ne crois pas. Je n'avais pas entrepris spécialement ce voyage. J'avais une mission militaire en Allemagne du Sud et je m'étais réservé une matinée dans ce but.

M. JUSTICE JACKSON. — Y avait-il dans le camp de concentration des gens qui s'y trouvaient pour avoir participé au putsch de Röhm ?

TÉMOIN MILCH. — Oui.

M. JUSTICE JACKSON. — Combien environ ?

TÉMOIN MILCH. — Je ne peux pas le dire avec précision. Je crois pouvoir estimer le nombre de ceux que j'ai vus à environ 400 ou 500 personnes.

M. JUSTICE JACKSON. — 400 ou 500 personnes, et combien furent tuées ?

TÉMOIN MILCH. — Je ne peux plus garantir le nombre, peut-être 700. C'est du moins mon estimation.

M. JUSTICE JACKSON. — Combien de personnes furent tuées lors du putsch de Röhm ?

TÉMOIN MILCH. — Je ne connais pas le chiffre publié par Hitler au Reichstag. Si je me souviens bien, c'était 100 ou 200.

M. JUSTICE JACKSON. — Pourquoi vous intéressiez-vous autant à ces camps de concentration ? Aviez-vous une quelconque responsabilité à leur sujet ?

TÉMOIN MILCH. — Non, je n'avais aucune responsabilité de ce genre, mais comme on en parlait souvent, j'ai essayé alors de me faire une opinion précise. Tant de gens me posaient des questions à ce sujet que j'ai décidé d'aller voir sur place.

M. JUSTICE JACKSON. — Mais l'Allemagne n'avait-elle pas des prisons ordinaires pour les prisonniers de droit commun ?

TÉMOIN MILCH. — Évidemment.

M. JUSTICE JACKSON. — Ces prisons avaient suffi pendant longtemps à abriter les criminels ?

TÉMOIN MILCH. — Je ne peux pas dire quelles en sont les raisons.

M. JUSTICE JACKSON. — Et le camp de concentration était quelque chose de nouveau, créé après 1933 ?

TÉMOIN MILCH. — Oui, il est exact que je n'en ai pas entendu parler en Allemagne avant cette époque.

M. JUSTICE JACKSON. — Avez-vous vu des Juifs dans le camp de concentration, quand vous l'avez inspecté ?

TÉMOIN MILCH. — Oui, il y avait une baraque occupée par des Juifs, mais ils étaient punis pour des délits de droit commun, falsification de documents, etc... Nous avons traversé cette baraque et chacun indiquait les raisons de sa détention, sans même qu'on le lui demandât. Aucun d'eux n'a dit être détenu pour des raisons d'ordre politique. Les seuls internés politiques étaient des S.A.

M. JUSTICE JACKSON. — Vous n'avez pas trouvé un seul prisonnier qui se déclarât innocent ?

TÉMOIN MILCH. — Non, tous ceux auxquels nous nous sommes adressés nous ont dit pourquoi ils se trouvaient là.

M. JUSTICE JACKSON. — Qui vous accompagnait lors de ce voyage ?

TÉMOIN MILCH. — Si je me souviens bien, il y avait le général Webar, chef de l'État-Major général et, je crois, le général Udet, ainsi qu'un certain nombre d'autres personnes que je ne saurais plus nommer exactement.

M. JUSTICE JACKSON. — Et qui vous a montré ce camp de concentration ? Qui vous a conduit ?

TÉMOIN MILCH. — Je ne peux me rappeler son nom. C'était un fonctionnaire du S.D., je suppose que c'était le commandant du camp en personne, mais j'ignore son nom.

M. JUSTICE JACKSON. — Et qui dirigeait ce camp de concentration ? Quelle organisation en était chargée ?

TÉMOIN MILCH. — Je ne saurais le dire, mais je suppose que c'était l'un des services de Himmler.

Dr STAHMER. — Quels étaient les rapports du maréchal Gœring et de Himmler ?

TÉMOIN MILCH. — Cela n'a pas toujours été très clair pour moi. J'avais l'impression qu'il y avait chez Himmler un sentiment de rivalité. Cependant leurs rapports étaient très corrects et très courtois en apparence. Ce qu'ils étaient en réalité, je ne puis le dire.

Dr STAHMER. — Au mois de mai 1942, un échange de lettres eut lieu entre vous-même et le S.S.-Obergruppenführer Wolff.

TÉMOIN MILCH. — Oui.

Dr STAHMER. — A propos d'expériences médicales sur les internés du camp de Dachau. Pouvez-vous nous donner des renseignements à ce sujet ?

TÉMOIN MILCH. — On m'a déjà interrogé ici, à Nuremberg, au sujet de ces questions et les détails dont je ne me souvenais pas m'ont été remis en mémoire par deux lettres, une lettre de Wolff qui était aide de camp de Himmler, et une seconde lettre de Himmler qui m'a été adressée ainsi que la réponse que j'y ai faite. Il s'agit d'expériences de refroidissement et de chambres à basse pression. Ces lettres m'ont été adressées pour la seule raison que Himmler ignorait la filière administrative de la Luftwaffe. Elles furent transmises à l'inspection sanitaire, qui ne dépendait pas de moi, et qui rédigea une réponse et la soumit également à mon examen. Je l'ai modifiée quelque peu et l'ai expédiée. Je n'ai pas lu le rapport envoyé à ce sujet par Himmler. Il avait également offert un film ; je ne l'ai pas vu. L'inspecteur du service de santé auquel j'ai demandé de quoi il s'agissait m'a déclaré que la Luftwaffe connaissait parfaitement les deux problèmes et que les expériences dans les chambres d'altitude avaient été pratiquées par de jeunes médecins qui s'étaient déclarés volontaires. De même, les expériences sur le refroidissement ne présentaient aucun intérêt pour la Luftwaffe. Nous nous sommes tous deux mis d'accord pour déclarer que nous ne voulions pas nous occuper de cette affaire. Je lui ai demandé de quoi il s'agissait. Il me répondit que c'étaient des criminels qui étaient soumis à ces expériences. Je lui ai demandé de quelle façon. Il m'a répondu : « De la même manière que les jeunes médecins qui s'y étaient soumis d'eux-mêmes. » Nous avons alors écrit une lettre sur un ton très poli, comme il se devait, lorsqu'on s'adressait à ces services, mais qui était un refus total. Nous ne voulions pas être mêlés à cette affaire. Dans la lettre de Himmler, j'avais été prié d'exposer l'affaire au Reichsmarschall. J'avais l'impression que, par ces expériences, les S.S. voulaient faire du zèle devant Hitler. Ce sont aussi les termes dans lesquels le chef du service de santé s'est exprimé.

— Au cours d'un entretien plus important avec le Reichsmarschall sur des questions tout à fait différentes, j'ai brièvement fait allusion à cette affaire, car je pouvais m'attendre à ce que Hitler lui en parlât lui-même un jour et qu'il ne fût au courant de rien. Le Reichsmarschall m'a demandé, lorsque je lui ai parlé de ces expériences : « Qu'est-ce que cela veut dire ? », et je lui ai donné la réponse que l'inspecteur du service de santé m'avait faite. Je lui ai dit que nous ne voulions pas nous en mêler et que nous les désapprouvions. Il m'a déclaré qu'il était du même avis, mais m'a conseillé d'être très prudent, de ne pas provoquer ni de malmener le S.D. Je ne sais pas ce dont il s'est agi lors de ces expériences. Je ne sais pas ce qu'on a fait de ces hommes. Je ne me l'explique pas encore.

Dr STAHMER. — Le Reichsmarschall le savait-il ?

TÉMOIN MILCH. — Non, certainement pas.

Dr STAHMER. — Le Dr Rascher [1] a-t-il quitté votre service peu de temps après pour se rendre aux S.S. ?

TÉMOIN MILCH. — Je ne peux pas le dire ; je ne connais pas le Dr Rascher et je n'avais rien à voir avec cette question de mutation. Rascher n'était pas sous mes ordres, pas plus que le chef du service de santé ou le service du personnel.

M. ROBERTS. — Maintenant, je voudrais parler brièvement d'une question qui a été effleurée par M. Justice Jackson. Ce dernier n'a pas lu la lettre à l'audience. C'est la question des expériences qui devaient servir à l'Aviation. Je vais me référer au plus petit nombre possible de documents pour vous poser des questions, mais je pourrai donner la référence.

— Savez-vous que, le 15 mai 1941, le Dr Rascher a envoyé une lettre à Himmler ?

1. Le médecin militaire chargé des expériences de Dachau (Voir *les Médecins Maudits*).

TÉMOIN MILCH. — Je ne connais pas cette lettre. Je crois que je l'ai dit au cours des interrogatoires.

M. ROBERTS. — On voulait réaliser de très dangereuses expériences pour lesquelles aucun volontaire ne se présentait et elles ne pouvaient être réalisées sur des singes. Aussi demandait-il qu'on lui procurât des êtres humains, ce que Himmler a accepté très volontiers. Ceci se passait en 1941. Étiez-vous au courant ?

TÉMOIN MILCH. — Non, je n'en sais rien.

M. ROBERTS. — Rascher était...

TÉMOIN MILCH. — Je ne l'ai pas connu personnellement.

M. ROBERTS. — Il était médecin à l'État-Major de la Luftwaffe...

LE PRÉSIDENT. — Monsieur Roberts, si je me souviens bien, quand ces lettres lui ont été présentées, le témoin a dit qu'il les avait signées sans les avoir lues.

M. ROBERTS. — Très bien, Monsieur le Président ; je vais alors abandonner cette question puisque vous estimez qu'elle a déjà été épuisée. *(Au témoin.)* Vous voulez faire croire au Tribunal que vous avez signé ces deux lettres à Wolff, qui était officier de liaison, n'est-ce pas ?... Qui était Wolff ?

TÉMOIN MILCH. — Wolff n'était pas officier de liaison. Il était l'adjoint de Himmler ; il nous avait envoyé un télégramme probablement à l'attention de l'Inspection du service de santé ; l'inspecteur répondit, en passant par moi parce que pour une raison ou pour une autre il ne paraissait pas opportun que ce fût lui qui répondît directement. J'ai dit, lors de mes interrogatoires, que j'avais signé ces lettres, mais qu'elles n'émanaient pas de mes services, qu'elles n'avaient pas été dictées dans mon bureau et que l'on avait employé mon papier à lettres pour la réponse de l'Inspection du service de santé, ce qui arrivait fréquemment. Je n'avais rien à voir avec les expériences sur les hautes altitudes, ni avec l'Inspection du service de santé, et je n'avais aucun rapport avec les expériences des S.S.

M. ROBERTS. — Saviez-vous que ces expériences des chambres de pression furent réalisées avec des êtres humains, sur des êtres vivants fournis par Dachau ?

TÉMOIN MILCH. — Les sujets d'expériences sont indiqués dans la lettre présentée par l'Inspection du service de santé. Dans la Luftwaffe, nous tentions ces expériences sur nos propres officiers du service de santé qui étaient des volontaires, et comme nous les faisions avec notre propre personnel, nous considérions que cela n'intéressait que nous. Nous ne voulions pas collaborer dans ce domaine avec les S.S., car leurs résultats ne nous intéressaient pas. Ces expériences avaient déjà été tentées chez nous depuis longtemps sur nos propres hommes. Les S.S. s'occupaient de ce qui ne les regardait pas et nous n'avons jamais compris pourquoi ils s'étaient mêlés de cette question.

M. ROBERTS. — Mais Himmler ne vous a-t-il pas écrit une lettre en novembre 1942 ?, dans laquelle il dit que les expériences de résistance à l'eau froide et aux hautes pressions atmosphériques ont été exécutées et que lui, Himmler, a fourni à cet effet des criminels et des éléments asociaux provenant des camps de concentration. Vous souvenez-vous de cette lettre ?

TÉMOIN MILCH. — On m'a montré cette lettre, mais je ne m'en souviens pas. Je ne sais pas du tout pourquoi M. Himmler m'a écrit, alors que de mes services ces lettres allaient directement, sans que je les voie, à l'autorité compétente, l'Inspection du service de santé ; les réponses en revenaient par l'intermédiaire de mes services. Il m'était impossible de prendre position au sujet de ces questions, car je ne savais pas de quoi il s'agissait et je ne pouvais pas apprécier ce qui se passait au point de vue médical.

M. ROBERTS. — Si vous prétendez ne rien savoir de lettres que vous avez vous-même signées, il est inutile d'insister. Venons-en au dernier point.

TÉMOIN MILCH. — J'avais, chaque jour, plusieurs centaines de lettres à signer et je ne pouvais pas toujours savoir de quoi il s'agissait. Dans ce cas particulier, cela demandait des connaissances spéciales que je n'avais pas. J'ai simplement signé afin de dégager l'inspecteur du service de santé d'une responsabilité qu'il ne voulait pas assumer, pour les raisons que j'ai données ce matin.

M. ROBERTS. — Très bien, je laisse ce sujet.

— « J'accuse Gœring. Nouveau docteur Faust de la vivisection humaine. » Tel est le titre de l'article de Henri Danjou qui paraît dans *France-Soir* le 25 janvier 1946. « Aucune expérience satanique, dit le journaliste, n'égale en cruauté celle que Gœring, par l'entremise de son chef d'état-major de la Luftwaffe, le maréchal Milch, fit entreprendre par un certain Rascher pour orienter la construction nouvelle des cabines de ses chers pilotes et pour leur procurer des appareils de sauvetage lorsque la R.A.F. et l'aviation des Forces Françaises Libres les contraignaient à tomber en mer. Il fallait que Gœring et Milch connussent la limite de la résistance humaine à la compression et au refroidissement dans l'eau glacée. Nos victimes étaient plongées dans l'eau, revêtues d'un équipement d'aviateur. L'eau était refroidie progressivement jusqu'au moment où survenait presque toujours la mort des suppliciés. Keitel, Jodl et tous les chefs militaires fournissaient des otages. Aucun des sujets traités ne se souviendra du docteur Rascher. »

COMMANDANT ELWYN JONES. — Vous avez assisté à certaines expériences effectuées par Rascher, n'est-ce pas ?

TÉMOIN SIEVERS [1]. — Je suis allé plusieurs fois à Dachau, oui.

1. Wolfram Sievers, ancien secrétaire général de l'Ahnenerbe (Héritage des ancêtres).

COMMANDANT ELWYN JONES. — Et vous y avez été à plusieurs reprises avec Himmler lorsque Rascher effectuait ses expériences, n'est-ce pas ?

TÉMOIN SIEVERS. — Non, je ne me suis jamais trouvé en même temps que Himmler à Dachau, chez Rascher.

COMMANDANT ELWYN JONES. — Je voudrais que vous regardiez cette déclaration sous serment du Dr Pacholegg. Vous verrez cette question et la réponse, question posée à Pacholegg après qu'il avait décrit les expériences consistant à jeter les victimes dans l'eau froide, et les expériences faites avec des prostituées pour leur rendre vie par la chaleur humaine.

— « *Question.* — Qui assistait d'habitude à ces expériences ?

— « *Réponse.* — Heinrich Himmler et son État-Major, en général, assistaient à ces expériences importantes ici à Dachau, ou à toute nouvelle expérience. Le Standartenführer Sievers était toujours présent avec Himmler. »

TÉMOIN SIEVERS. — Ce n'est pas exact.

COMMANDANT ELWYN JONES. — Ces expériences étaient hideuses, n'est-ce pas témoin ?

TÉMOIN SIEVERS. — Vous parlez de ces expériences qui ont été faites là-bas, bien que je vienne de vous dire que je n'étais pas présent quand Himmler y était ?

COMMANDANT ELWYN JONES. — Étiez-vous toujours présent quand Himmler n'était pas là ?

TÉMOIN SIEVERS. — J'ai vu deux expériences. Il s'agit, comme je l'ai déjà dit, pour l'une d'elles, d'une expérience à laquelle j'ai assisté en partie, lorsque le Professeur Hirt était présent ; l'autre expérience était effectuée dans la chambre de basse pression.

COMMANDANT ELWYN JONES. — Pacholegg dit :

— « Là, j'ai observé personnellement, à travers la fenêtre d'observation de la chambre, qu'un prisonnier, à l'intérieur, subissait le vide jusqu'à ce que ses poumons éclatent. Certaines expériences ont provoqué chez les hommes une telle pression dans la tête, qu'ils devenaient fous, s'arrachaient les cheveux dans leur effort pour soulager la pression. Ils lacéraient leur tête et leur visage avec leurs ongles, dans un effort pour se mutiler eux-mêmes dans leur démence. Ils frappaient les murs avec leurs mains et leur tête et hurlaient afin de soulager la pression sur leurs tympans.

— « Ces cas de production de vide absolu se terminaient généralement par la mort du sujet. Une expérience extrême était tellement sûre de finir par la mort, que dans beaucoup de cas la chambre était ensuite utilisée plutôt comme méthode ordinaire d'exécution que pour des expériences.

— « J'ai connu des expériences de Rascher qui soumettaient le prisonnier à des conditions de vide ou de pression extrême, ou à des combinaisons des deux pour une durée allant jusqu'à 30 minutes. Les expériences étaient en général classées en deux groupes : l'un connu sous le nom “ d’expériences sur des êtres vivants ”, et l’autre sous le nom “ d’expériences X ”, qui équivalaient à des expériences d’exécution. »

— Voilà ce qu’étaient les expériences de Rascher pour le compte de la Luftwaffe, n’est-ce pas témoin ?

TÉMOIN SIEVERS. — Il s’agit des expériences des chambres de basse pression, et je n’ai entendu dire qu’ici qu’elles avaient été effectuées réellement.

— Dans les expériences auxquelles j’ai assisté...

COMMANDANT ELWYN JONES. — Répondez seulement à ma question : ces expériences de Rascher étaient effectuées pour la Luftwaffe, n’est-ce pas ?

TÉMOIN SIEVERS. — Oui.

COMMANDANT ELWYN JONES. — Quelle fut la participation de Gœring à ces expériences ?

TÉMOIN SIEVERS. — Je n’en sais rien, parce que les expériences en tant que telles ont commencé en 1941, et je n’ai appris quelque chose à leur sujet que lorsqu’elles avaient déjà commencé. La liaison avec la Luftwaffe a été assurée par le Service de santé de la Luftwaffe. Dans quelle mesure Gœring en était-il informé, je n’en sais rien.

COMMANDANT ELWYN JONES. — Par qui était maintenu le contact avec la Marine, en ce qui concerne ces expériences ?

TÉMOIN SIEVERS. — Je n’en sais rien.

COMMANDANT ELWYN JONES. — Et avec l’Armée ?

TÉMOIN SIEVERS. — Je ne le sais pas non plus.

COMMANDANT ELWYN JONES. — Et vous, en tant que directeur de cet Institut scientifique de recherche pour des buts de guerre, vous deviez certainement avoir une liaison avec les différentes parties de l’Armée, n’est-ce pas ?

TÉMOIN SIEVERS. — Les liaisons avec la Luftwaffe pour ces questions incombaient à l’Obergruppenführer Wolff et allaient au général Milch.

COMMANDANT ELWYN JONES. — Le chirurgien de la Luftwaffe travaillant à ces expériences était Weltz, n’est-ce pas ? Est-ce exact ? Weltz, chirurgien en chef de la Luftwaffe.

TÉMOIN SIEVERS. — C’est possible, mais il y a plusieurs noms qui ont été mentionnés et que je ne connais pas. Il y a eu des lettres écrites sur l’ordre de Rascher, des lettres de service adressées à des personnalités. Sans les documents, je ne peux dire exactement qui c’était, et je l’ai déjà déclaré l’année dernière devant la commission.

COMMANDANT ELWYN JONES. — Est-ce que le nom Dr Holzlöhner vous dit quelque chose ? Il a signé le rapport sur les expériences de Schilling relatives à la congélation. Il était professeur de physiologie à l’école de médecine de l’Université de Kiel, n’est-ce pas ?

TÉMOIN SIEVERS. — Oui, j’ai mentionné à la commission que le professeur Holzlöhner a collaboré aux expériences de Rascher à Dachau.

COMMANDANT ELWYN JONES. — Est-ce que c'est lui qui représentait la Marine au cours de ces expériences ?

TÉMOIN SIEVERS. — Non, il était médecin de la Luftwaffe.

COMMANDANT ELWYN JONES. — Vous souvenez-vous des expériences qui furent effectuées pour rendre potable l'eau de mer ?

TÉMOIN SIEVERS. — Oui, j'ai entendu parler de cela.

COMMANDANT ELWYN JONES. — Elles ont eu lieu... Elles commencèrent en mai 1944, est-ce exact ?

TÉMOIN SIEVERS. — Oui, c'est bien possible, en mai.

COMMANDANT ELWYN JONES. — Et vous vous souvenez que vous avez assisté à une conférence le 20 mai 1944, au ministère de l'Air, à laquelle des membres de la Marine et de la Luftwaffe avaient été invités ? Vous vous souvenez de cette conférence, n'est-ce pas ?

TÉMOIN SIEVERS. — Je ne me souviens pas d'une conférence au ministère de l'Air.

COMMANDANT ELWYN JONES. — Vous souvenez-vous d'une conférence sur ces expériences tendant à rendre potable l'eau de mer qui aurait eu lieu ailleurs ?

TÉMOIN SIEVERS. — Oui, il s'agit d'une conversation avec le Dr Grawitz, médecin du Reich S.S. Il faut que j'explique, à ce propos, qu'après l'emprisonnement de Rascher, son successeur, le Dr Plötner a refusé d'effectuer des expériences sur des êtres vivants. C'est seulement l'arrestation de Rascher qui a révélé la manière cruelle, et allant très au-delà de la mission qui lui avait été donnée, dont Rascher avait opéré. Et Himmler déclarait...

COMMANDANT ELWYN JONES. — Un moment, je vais vous interroger là-dessus dans un instant. Pour le moment, essayez de vous concentrer sur l'expérience tendant à rendre potable l'eau de mer.

— Vous vous souvenez qu'il y a eu une conférence au cours de laquelle les représentants de l'armée de l'Air et de la Marine étaient présents ? C'est tout ce que je veux savoir pour l'instant. Vous donnerez vos explications ensuite.

TÉMOIN SIEVERS. — Oui, j'ai dit que je me souviens que cette conversation a eu lieu chez Grawitz, et plus tard qu'une autre a eu lieu à Dachau avec des officiers de la Luftwaffe. Je ne me souviens plus s'il y avait des gens de la Marine.

COMMANDANT ELWYN JONES. — Je voudrais que vous essayiez de vous en souvenir, parce que c'est très important. Il s'agissait d'expériences avec de l'eau de mer. Il est bien permis de supposer que la Marine s'y intéressait. En fait, elle s'y est intéressée et elle a envoyé un représentant. Est-ce qu'il n'en était pas ainsi ?

TÉMOIN SIEVERS. — Je ne crois pas qu'il y ait eu un représentant de la Marine dans cette assemblée.

COMMANDANT ELWYN JONES. — Connaissez-vous le Dr Laurenz, qui s'occupait des sous-marins à Kiel ?

TÉMOIN SIEVERS. — Non, je ne le connais pas.

COMMANDANT ELWYN JONES. — Fut-il décidé, à propos de ces expériences sur l'eau de mer, que l'on utiliserait des tsiganes pour ces expériences ?

TÉMOIN SIEVERS. — Je suis obligé de continuer l'explication que j'avais entamée tout à l'heure à ce propos, car cela est très important. Le Dr Plötner a refusé de poursuivre des expériences sur des êtres humains. Himmler ne l'exigea pas de lui, et par conséquent Grawitz reçut mission de se charger de ces questions. Il apparaît donc que le consentement du médecin était la condition nécessaire pour qu'une expérience sur des êtres humains fût effectuée. Grawitz fit savoir que la Luftwaffe, en l'espèce un professeur de Vienne, avait demandé que des détenus... de mettre à sa disposition, dis-je, des détenus — à ce propos, il se peut que l'on ait parlé de tsiganes — pour les expériences sur la tolérance à l'absorption d'eau de mer. Je ne sais rien sur les détails de la mise en œuvre. Il avait seulement été prescrit à cette époque que les expériences chimiques et physiologiques devaient être effectuées et il a fallu mettre à la disposition de ces médecins de la Luftwaffe, pour une durée de trois semaines, deux pièces de l'institut du Dr May à l'institut d'entomologie où ils ont travaillé. En ce qui concerne ces expériences...

COMMANDANT ELWYN JONES. — Vous aviez du personnel travaillant à Dachau à ces expériences, constitué par : un médecin directeur, trois chimistes médicaux, une assistante et trois sous-officiers, n'est-ce pas, au moment de ces expériences de Grawitz sur l'eau de mer ?

TÉMOIN SIEVERS. — Oui, c'est possible, puisque ces expériences étaient sous la surveillance de Grawitz, et faites selon ses directives, mais je n'ai jamais rien su au sujet de leur exécution. On nous réquisitionnait simplement les salles, tout le reste était fait par Grawitz ; je ne sais pas qui y a travaillé, ou s'il y eut du personnel S.S. qui collabora avec les gens de la Luftwaffe de Vienne.

COMMANDANT ELWYN JONES. — Pourquoi ce personnel travaillait-il à Dachau ? N'est-ce pas parce que ce lieu avait été choisi pour la poursuite d'expériences scientifiques destinées à rendre potable l'eau de mer ? C'était uniquement parce que vous y aviez des cobayes humains, n'est-ce pas ?

TÉMOIN SIEVERS. — J'ai dit que la Luftwaffe avait demandé à Himmler des détenus à cet effet, et c'est pourquoi ces travaux ont été exécutés par l'intermédiaire de Grawitz à Dachau.

(L'accusé Gœring vient à la barre des témoins.)

LE PRÉSIDENT. — Il est bien entendu, accusé, que vous parlez toujours sous la foi de votre serment.

ACCUSÉ GŒRING. — Bien entendu.

Dr STAHMER. — Étiez-vous président du Conseil des recherches du Reich ?

ACCUSÉ GŒRING. — Oui.

Dr STAHMER. — Quand et par qui fut créée cette commission et quelles étaient ses attributions ?

ACCUSÉ GŒRING. — Si j'ai bonne mémoire, le Conseil des recherches du Reich fut créé par moi en 1942 ou au début de 1943. Cet organisme avait pour but de coordonner les recherches dans tous les domaines : physique, chimie, technique, médecine, psychologie, et d'assurer les liaisons entre les différents instituts d'État qui s'occupaient des mêmes recherches : Kaiser-Wilhelm-Institut, instituts d'Université, instituts de recherches économiques. Dans chaque domaine, une commission avait pour but d'assurer un travail d'ensemble et d'éviter que des recherches de même nature fussent poursuivies de façon parallèle.

— Deuxièmement, il avait pour tâche de veiller à la bonnc exécution des travaux en cours, qu'il s'agît de chimie ou d'autres recherches.

— A la tête de chacune de ces commissions il y avait un délégué. Les recherches dont les résultats s'appliquaient aux nécessités de guerre étaient, naturellement, au premier plan des préoccupations et étaient confiées à des personnes compétentes. Le Conseil de recherches assumait non seulement des centaines, mais des milliers de tâches de ce genre. Pour moi, étant donné que je n'étais pas spécialiste, je ne présidais les commissions que pour les appuyer de mon autorité et avant toutes choses, m'occuper de la question financière. Les ordres étaient donnés au nom du « Reichsmarschall président du Conseil de recherches du Reich ».

Dr STAHMER. — Quels étaient, au sein de la Luftwaffe, la position et les attributions du service de l'Inspection sanitaire ?

ACCUSÉ GŒRING. — Elle avait, comme dans tous les autres corps, à veiller au bon état sanitaire de la Luftwaffe et à s'acquitter de toutes les tâches dans ce domaine.

Dr STAHMER. — L'inspection sanitaire était-elle en rapport quelconque avec le Conseil de recherches du Reich ?

ACCUSÉ GŒRING. — Naturellement, elle était en liaison avec le Conseil de recherches du Reich, et ceci pour rester en contact au sujet des recherches et, le cas échéant, pour donner suite à ses désirs et accepter les demandes qui les intéressaient particulièrement.

Dr STAHMER. — Avez-vous, soit au Conseil de recherches, soit à l'Inspection sanitaire de la Luftwaffe, soit à un autre organisme, donné à un moment quelconque l'ordre de faire des expériences médicales sur des détenus des camps de concentration, celui de Dachau ou d'un autre ?

ACCUSÉ GŒRING. — Je tiens à déclarer ici d'une façon tout à fait nette que je n'ai signé aucun texte à ce sujet, qu'aucun homme ne peut dire ou prétendre avoir reçu de moi un tel ordre, à quelque époque que ce soit, ni même une indication pour agir de la sorte.

Dr STAHMER. — Avez-vous eu connaissance d'expériences médicales faites sur des détenus du camp de Dachau par un Dr Rascher ou un Dr Selz, médecin-chef de la Luftwaffe ?

ACCUSÉ GŒRING. — Le Dr Rascher, comme je l'ai appris ici et

d'après les documents que j'ai pu voir, était, dès le début, médecin de réserve dans la Luftwaffe. Il ressort de sa correspondance, qu'il n'a pas réussi dans ses expériences ; c'est alors qu'il quitta la Luftwaffe et devint médecin dans les S.S. Je n'ai jamais vu cet homme, je ne l'ai jamais connu ; je ne connais pas davantage le deuxième nom que vous venez de citer ; je ne sais même pas de qui il s'agit, si c'est d'un médecin de réserve ou d'un médecin de l'armée active.

Dr STAHMER. — Avez-vous donné ou fait donner à un service quelconque, l'ordre de procéder à des expériences sur des détenus de camps de concentration.

ACCUSÉ GŒRING. — Je vous ai déjà dit que je ne l'ai pas fait. Il est évident que si quelqu'un était venu me trouver — disons par exemple un membre de l'Inspection sanitaire ou bien du Conseil de recherches — en me disant qu'il était nécessaire de faire des recherches sur le typhus, sur le cancer ou sur toute autre maladie, il est évident que je l'y aurais encouragé, mais cela n'aurait pas voulu dire qu'on pût, à cette fin, traiter un homme, quel qu'il fût, de façon inhumaine. Et si quelqu'un m'avait dit : « On fait à l'heure actuelle des expériences de basse pression », je n'aurais pu en déduire que ces expériences étaient faites sur des détenus, cela d'autant moins que je savais que tout aviateur est soumis à des épreuves de basse pression pour que l'on puisse éprouver sa résistance à la haute altitude.

Dr STAHMER. — Avez-vous, au Conseil de recherches ou à l'Inspection sanitaire de la Luftwaffe, ou à tout autre service, donné l'ordre de faire des expériences dans le but de rendre l'eau de mer potable ?

ACCUSÉ GŒRING. — Je n'ai jamais entendu parler de cela. Cela m'aurait intéressé tout particulièrement ; nous en avons discuté à plusieurs reprises entre aviateurs ; non pas du moyen de rendre potable l'eau de mer, mais de la manière dont un aviateur, se trouvant sur un canot de sauvetage, peut se procurer de l'eau. Il n'y avait qu'une seule possibilité et je l'exposerai d'une manière succincte ; nous conseillions à tous les aviateurs qui se trouvaient dans ce cas d'essayer de prendre des poissons et, en les pressant entre des linges, d'en extraire le peu d'eau qu'ils contiennent. De cela, je me souviens particulièrement bien.

Dr STAHMER. — En mai 1944, il y aurait eu à ce sujet une discussion au ministère de l'Air. Cette discussion a-t-elle eu lieu à votre instigation, ou en avez-vous su quelque chose après coup ?

ACCUSÉ GŒRING. — Non. Au ministère de l'Air, il y avait tous les jours des discussions, soit dans les services, soit à l'Inspection, et il était impossible que je puisse prendre part à toutes, de même que j'en sois informé par l'État-Major.

Dr STAHMER. — Toujours au même sujet, il y aurait eu à Dachau des discussions avec la Luftwaffe. Les aviez-vous ordonnées, ou bien en avez-vous eu connaissance ?

ACCUSÉ GŒRING. — Non.

Dr STAHMER. — On dit que des locaux auraient été mis à la

disposition de la Luftwaffe au camp de Dachau pour faire des expériences. En avez-vous eu connaissance ?

ACCUSÉ GŒRING. — Je n'en avais pas la moindre idée.

Dr STAHMER. — Connaissiez-vous un certain Dr Denk ou Ding, médecin de réserve de la Luftwaffe ?

ACCUSÉ GŒRING. — Je ne le connais pas, ni sous le nom de Denk, ni sous le nom de Ding.

Dr STAHMER. — Avez-vous donné ou fait donner l'ordre de faire des expériences de réfrigération, qu'un prétendu professeur Wolfslöhner, médecin de réserve de la Luftwaffe, aurait faites sur des détenus du camp de Dachau ?

ACCUSÉ GŒRING. — Non. Autant que je me souvienne du contenu de ces documents, c'est Rascher qui s'est occupé des questions de réfrigération. Le nom de Wolfslöhner m'est aussi inconnu que les autres. Dans la Luftwaffe, il y avait des milliers de médecins de réserve.

Dr STAHMER. — Avez-vous jamais donné l'ordre au Dr Haagen, professeur à l'université de Strasbourg qui doit avoir été médecin-chef de la Luftwaffe et conseiller d'hygiène, de faire des recherches par tous les moyens pour lutter contre le typhus ?

ACCUSÉ GŒRING. — D'après les documents que j'ai vus, le Dr Haagen était médecin de réserve dans la Luftwaffe et conseiller d'hygiène non de la Luftwaffe mais d'une unité déterminée de la Luftwaffe. Je ne le connais pas, je ne lui ai jamais donné un ordre. Il pourrait toujours être entendu à ce sujet. Du reste, s'il avait été question de telles expériences, je m'en souviendrais, car cela m'aurait frappé. J'ai moi-même été vacciné trois fois contre le typhus, de la même manière, et je ne pensais pas que l'on pût faire de nouvelles découvertes dans ce domaine.

Dr STAHMER. — Comment expliquez-vous que le témoin Sievers, dans une lettre datée de mai 1944 adressée à l'Obergruppenführer Pohl, ait dit que le professeur Haagen avait été chargé de faire ces expériences par le Reichsmarschall président du Conseil des recherches du Reich ?

ACCUSÉ GŒRING. — Je vais vous expliquer.

— Premièrement, j'ai déjà dit que les ordres émanant du Conseil des recherches étaient rédigés sur papier du « Reichsmarschall des Grossdeutsches Reich » et signées du président du Conseil des recherches du Reich. C'était l'usage en Allemagne de mentionner le titre personnel et non le service. On disait par exemple : le ministre des Finances du Reich, et non pas : le ministère des Finances du Reich.

— Deuxièmement, le témoin Sievers a parlé ici-même — il a été très généreux pour les chiffres — de 10 000 ordres signés de mon nom, et cela sans que j'aie eu connaissance de ces ordres. Cela eût été absolument impossible.

— Troisièmement, il était de notoriété publique en Allemagne que peu de noms étaient utilisés autant que le mien. Quand quelqu'un voulait obtenir quelque chose, il écrivait joyeusement : « Le Reichsmarchall désire cela, commande cela, voudrait qu'on arrange ceci ou cela. »

— C'est pourquoi en 1944 j'ai protesté contre l'usage abusif de mon nom pour toutes sortes de choses.

Dr STAHMER. — Quelle était donc votre attitude vis-à-vis des expériences médicales sur des êtres humains ?

LE PRÉSIDENT. — Docteur Stahmer, je crois que l'accusé nous a déjà exposé son point de vue. Il a commencé par là.

Dr STAHMER. — Parfaitement. Je n'ai donc plus d'autres questions à poser sur ce sujet. Je me réserve de poser quelques autres questions au cas où le témoin Schreiber comparaîtrait. Ce témoin a fait des recherches qui n'ont pas été retenues comme preuve, ce qui m'empêche provisoirement de prendre position.

LE PRÉSIDENT. — Le Tribunal ne sait pas de quoi vous parlez, parce qu'il n'a pas encore fait convoquer le témoin Halder. Vous devez terminer maintenant l'interrogatoire de l'accusé.

Dr STAHMER. — Monsieur le Président, je crois que j'ai été mal compris. Il s'agit du témoin Schreiber. Schreiber a présenté une déclaration et le Tribunal avait décidé qu'il serait entendu ici en qualité de témoin. Je dois me réserver le droit...

LE PRÉSIDENT. — L'interprète a dit Halder.

Dr STAHMER. — Non, non, Schreiber, Professeur Schreiber. Il s'agit d'une déclaration russe.

LE PRÉSIDENT. — Oui. Si le Professeur Schreiber est amené ici sur l'ordre du Tribunal, vous pouvez être assuré que vous aurez toute possibilité de l'interroger.

— Docteur Stahmer, si vous avez d'autres questions à poser à l'accusé Gœring, vous devriez le faire maintenant ; le Tribunal n'a pas l'intention de faire appeler encore une fois l'accusé quand le témoin Schreiber comparaîtra. Donc, si vous avez des questions à poser sur un sujet que le Dr Schreiber pourrait être amené à traiter, vous devriez les poser maintenant.

Dr STAHMER *(au témoin)*. — Vous a-t-il jamais été donné d'ordre ou remis de pouvoir particulier pour préparer la guerre bactériologique ?

ACCUSÉ GŒRING. — Jamais je n'ai reçu un pouvoir semblable ou un pareil ordre, comme l'insinue la lettre du général Halder au Gouvernement Soviétique.

Dr STAHMER. — Avez-vous eu connaissance que vos médecins aient pris part à des préparatifs de cet ordre ?

ACCUSÉ GŒRING. — Non. Il n'y a rien dans cette lettre au sujet des médecins, mais uniquement d'un officier de la Luftwaffe...

LE PRÉSIDENT. — Un instant, s'il vous plaît !

— Continuez Docteur Stahmer. Tenez-vous-en strictement, je vous prie, aux points qui, dans votre déclaration écrite, se rapportent au Dr Schreiber.

Dr Stahmer. — Connaissez-vous l'existence d'une Société d'études pour « la guerre bactériologique » ?

Accusé Gœring. — J'ignorais qu'il existât une semblable Société d'études, mais je savais naturellement que des mesures de défense avaient été prises contre une guerre bactériologique et qu'on en avait discuté. Il ne faut pas oublier que dans une certaine mesure, on avait commencé de nous faire une telle guerre en nous envoyant, par exemple, des doryphores. Des mesures de défense avaient été prises et peut-être — je n'en ai pas eu connaissance, mais cela est possible — avait-on envisagé des préparatifs pour pouvoir riposter en cas d'une attaque de ce genre de la part de nos adversaires.

Dr Stahmer. — Connaissez-vous le Professeur Blohme ?

Accusé Gœring. — Non.

Dr Stahmer. — Donc, vous ne lui avez pas donné l'ordre de prendre ces mesures préventives ?

Accusé Gœring. — C'est impossible.

Dr Stahmer. — Je n'ai plus d'autre question à poser.

Le Président. — Le Ministère Public a-t-il des questions à poser ?

Sir David Maxwell-Fyfe. — Accusé, je voudrais tout d'abord savoir avec quels passages de la lettre du Dr Sievers vous êtes d'accord, et avec quels passages vous êtes en désaccord. Êtes-vous d'accord pour reconnaître que la direction des expériences sur le typhus était dans les mains du Professeur Dr Haagen, directeur de l'Institut d'hygiène de l'Université du Reich à Strasbourg, médecin et conseiller d'hygiène d'une unité de l'Air ? Sievers a-t-il raison quand il le prétend ?

Accusé Gœring. — Je ne puis le contrôler maintenant, c'est impossible.

Sir David Maxwell-Fyfe. — Bien. Contestez-vous que le Dr Haagen ait été — je cite — « chargé de cette tâche par le Reichsmarschall président du Conseil de recherches du Reich », ou répétez-vous encore une fois que vous n'avez aucun moyen de le vérifier ?

Accusé Gœring. — Je vous l'ai dit très clairement : je n'en ai rien su. Il est intéressant de voir qu'ici aussi on parle du Reichsmarschall et du président du Conseil de recherches, c'est-à-dire de la « raison sociale » qui couvrait des milliers de semblables ordres de recherches.

Sir David Maxwell-Fyfe. — En un mot, votre argument est celui du timbre de caoutchouc : votre signature était simplement un timbre de caoutchouc qui était l'équivalent de la signature du président du Conseil des recherches du Reich. Pouvez-vous expliquer cela au Tribunal ?

Accusé Gœring. — Non, je ne dis cela en aucun cas. Si ma signature avait été donnée, elle aurait eu toute sa valeur, mais elle n'a pas été donnée. J'ai déjà expliqué qu'il s'agissait d'un en-tête. Les signatures étaient celles de ceux de mes subordonnés qui avaient donné les ordres. Lorsque j'ai signé une lettre, j'en porte seul la responsabilité. Il serait facile pour le Ministère Public de me présenter un document ou d'interroger M. Haagen.

SIR DAVID MAXWELL-FYFE. — Alors vous dites que si des instructions émanaient du Conseil de recherches du Reich, vous n'en saviez rien ? Ai-je bien compris cette réponse ?

ACCUSÉ GŒRING. — Dans le détail, évidemment non ; premièrement, je n'en avais pas le temps. Pour moi aussi la journée n'avait que 24 heures. Deuxièmement, j'ai insisté sur le fait quc je n'étais pas spécialiste ; ma tâche consistait à donner des ordres généraux concernant les recherches et la coordination des recherches dans tous les domaines. Troisièmement, j'avais à assurer le financement des recherches.

SIR DAVID MAXWELL-FYFE. — Vous voyez, accusé, la lettre poursuit : « Conformément à ces instructions » — ce qui, d'après ce qu'on disait, provenaient du Reichsmarschall président du Conseil de recherches du Reich — « le Dr Haagen devra rendre compte de son travail au chef du service sanitaire de la Luftwaffe ».

ACCUSÉ GŒRING. — Il est possible qu'il ait été chargé de cette tâche. Il ne m'a pas fait de rapport, et le chef de l'Inspection sanitaire ne m'a pas non plus fait de rapport. C'est pourquoi mon défenseur a demandé que ce chef de l'Inspection sanitaire soit entendu comme témoin pour bien éclaircir la question.

SIR DAVID MAXWELL-FYFE. — Ainsi, ces deux organismes, dont vous étiez le chef : le Conseil de recherches du Reich et le Service sanitaire de la Luftwaffe, agissaient tous les deux sans que vous soyez au courant ? En ce qui concerne ces expériences qui se rapportaient à vos fonctions, vous dites que ces deux organismes agissaient sans que vous soyez au courant ? C'est bien là ce que vous avez dit ? C'est bien cela ? Êtes-vous bien sûr que c'est cela que vous avez voulu dire ?

ACCUSÉ GŒRING. — C'est absolument cela. Encore une courte explication : oui, voyez-vous, il est absolument...

SIR DAVID MAXWELL-FYFE. — Un instant, je voudrais que vous envisagiez un ou deux points avant de vous engager davantage. Savez-vous qu'en mai 1942 le Feldmarschall Milch exprimait vos remerciements tout à fait spéciaux aux S.S. pour leur collaboration dans les expériences relatives à l'altitude ?

— Votre Honneur, il s'agit de la lettre qui commence par « Cher petit Wolff ». Wolff faisait partie de l'entourage immédiat de Himmler, et il assurait la liaison entre Hitler et Himmler, à un moment donné. Et le second de ces hommes, accusé, le Feldmarschall Milch, a transmis aux S.S. les remerciements spéciaux du Chef suprême de l'Armée de l'air pour leur large collaboration dans les expériences relatives à l'altitude.

— Vous affirmez que le Feldmarschall Milch, lorsqu'il écrivait cette lettre, ou lorsqu'il signait au nom de votre Service sanitaire, ne faisait qu'exprimer une « chanson de malaise » et ne transmettait pas vos remerciements à Himmler ?

ACCUSÉ GŒRING. — Ce n'est pas seulement moi qui le dis : le Feldmarschall Milch en a témoigné ici même. Relisez le procès-verbal : il y est explicitement dit que je n'ai pas eu la moindre connaissance de ces détails. Du reste, Monsieur le Procureur, nous avions certaines méthodes de correspondances qui peuvent ne pas vous paraître convenables, mais elles étaient ce qu'elles étaient. Quand le délégué d'un ministère envoyait une lettre de remerciements, ce n'était pas en son nom personnel, mais il devait remercier au nom de son chef. Je crois qu'il en est de même partout.

SIR DAVID MAXWELL-FYFE. — Je voudrais simplement vous rappeler ce qu'a dit le témoin Milch : à savoir que ces lettres lui ont été remises par votre Service sanitaire. Ces expériences concernaient principalement la Luftwaffe. Pouvez-vous affirmer que les remerciements de la Luftwaffe et du Commandant suprême, c'est-à-dire les vôtres, ont été exprimés sans que vous ayez été le moins du monde consulté ?

ACCUSÉ GŒRING. — Le Feldmarschall Milch ne dit pas que les lettres m'ont été remises, mais qu'elles lui ont été remises.

SIR DAVID MAXWELL-FYFE. — J'ai dit « lui ont été remises », je n'ai pas du tout insinué qu'elles vous avaient été remises à vous.

ACCUSÉ GŒRING. — Sans doute cela m'aura-t-il été répété incorrectement. Et il a en outre remercié courtoisement parce que l'Inspection lui avait dit de ne pas s'intéresser davantage à cette affaire, ces expériences devant être exécutées volontairement par nos jeunes médecins. Il s'est étendu longuement sur cette question.

SIR DAVID MAXWELL-FYFE. — Vous savez cependant que les choses ne se sont pas arrêtées à la collaboration de vos jeunes officiers du Service de santé. Vos services ont fourni du matériel pour les expériences au camp de Dachau.

ACCUSÉ GŒRING. — Je ne comprends pas la traduction.

SIR DAVID MAXWELL-FYFE. — Je recommence : il ne s'est pas arrêté là : du matériel pour les expériences a été fourni par vos services au camp de Dachau.

— Monsieur le Président, il s'agit d'un affidavit du détenu Otto Pacholegg qui se trouvait à Dachau. Il précise que la Luftwaffe a livré au camp de Dachau une armoire en bois et métal large de 4 mètres, haute de 2. Il donne une description détaillé. *(A l'accusé.)* Dites-vous que ces fournitures de matériel pour les expériences à Dachau ont été effectuées sans que l'on vous ait consulté sur ces expériences qui intéressaient particulièrement la Luftwaffe ?

ACCUSÉ GŒRING. — Premièrement, ce n'est pas la Luftwaffe qui a fait des expériences à Dachau, mais le médecin de réserve de la Luftwaffe, le Dr Rascher. Comment et sous quelle forme il a reçu cet ordre de l'Inspection sanitaire, je n'en sais rien.

— Deuxièmement : ce ne sont pas du bois et différentes pièces qui ont été livrés, mais bien ce qu'on a appelé une grande armoire. J'ai déjà parlé de cela au moment opportun : tout aviateur a besoin d'éprouver sa résistance à l'altitude et à la pression. Il n'était pas difficile pour Rascher de s'adresser à l'Inspection, au service technique, pour demander une telle armoire, sans entrer dans le détail des expériences qu'il voulait tenter et sans préciser si elles devaient présenter des dangers.

— Troisièmement, je tiens à insister encore sur un point. Le Ministère Public a, à plusieurs reprises répété — et particulièrement M. Justice Jackson, dans la conclusion de son récent réquisitoire — que j'avais mis partout mes gros doigts gras. Étant donné toutes les charges qui m'incombaient, vous pouvez croire que je n'avais pas à m'occuper d'une armoire pour des expériences.

SIR DAVID MAXWELL-FYFE. — Mais ne vous êtes-vous pas intéressé aux expériences destinées à vérifier les vêtements de vol pour la Luftwaffe, lorsque les détenus des camps étaient revêtus de différents types de costume de vol, vestes, etc. ? Accusé ! Vous étiez vous-même aviateur, vous aviez de brillants états de service, à l'Armée de l'air, lors de la dernière guerre. Ce que je voulais vous dire c'est que ces expériences ne présentaient pas seulement pour vous un intérêt administratif : en tant qu'ancien officier, elles devaient vous intéresser. Vous deviez avoir de l'intérêt pour ces expériences et vous en aviez. Si vous y réfléchissez encore, êtes-vous bien sûr de n'avoir pas été mis au courant des expériences menées sur les détenus des camps et destinées à vérifier les vêtements de vol ?

ACCUSÉ GŒRING. — Sir David, non seulement je suis sûr que je ne m'en souviens pas, mais je suis sûr que cela n'était pas. Je précise : je ne dis pas que je ne m'en souviens pas, j'affirme, en toute certitude, qu'il n'en était pas ainsi.

— Deuxièmement, vous avez tout à fait raison de dire que je me suis beaucoup intéressé à mes aviateurs, à leur bien-être, à leurs vêtements. Nous discutions souvent entre aviateurs de la meilleure façon de les vêtir. Si l'on m'avait parlé des combinaisons chauffantes, je les aurais déconseillées, instruit que j'étais par ma propre expérience : en effet, à la fin de la dernière guerre, j'ai été gravement brûlé par un vêtement de cette sorte.

SIR DAVID MAXWELL-FYFE. — Passons à une autre expérience. Dans votre Armée de l'air comme dans la nôtre, un des problèmes les plus difficiles à résoudre était celui des pilotes qui tombaient à la mer ; que pouvait-on faire, et combien de temps pouvaient-ils survivre ? Affirmez-vous que vous n'étiez pas au courant des expériences de réfrigération ? Conformément à l'affidavit auquel je me suis référé tout à l'heure, le Dr Rascher a fait ces expériences de réfrigération et c'était bien pour la Luftwaffe puisqu'il s'agissait d'éprouver la résistance du corps humain à l'immersion prolongée dans l'eau froide. Affirmez-vous que vous n'avez rien su non plus de ces expériences ?

ACCUSÉ GŒRING. — Je ne connaissais ni le Dr Rascher ni une seule de ses expériences. Les effets du froid, lorsque les gens tombaient dans l'eau, étaient une chose connue. Contre le refroidissement, il existait une excellente poudre, ou quelque chose d'analogue. Je savais du reste qu'on avait fabriqué des vêtements de sauvetage conçus de manière à permettre de respirer malgré les vagues. Nous avons, de plus, observé et étudié les dispositions, les moyens de protection et l'équipement de nos adversaires dans ce domaine.

— Je me souviens d'avoir eu un jour entre les mains une brochure sur ce sujet, mais c'est tout. Du reste, les gens sont toujours tombés dans l'eau et ils ont fait pour se réchauffer ce que leur inspiraient les circonstances ; ils ont fait des mouvements, ils ont bu de l'alcool, etc.

— Pardonnez-moi, j'ai une déclaration importante à faire : les expériences dont vous avez parlé ici au sujet des femmes, etc., n'expriment absolument pas mon point de vue vis-à-vis de la femme. De telles expériences auraient provoqué de ma part la plus violente colère, non pas maintenant, ou après coup, mais sur le moment même.

SIR DAVID MAXWELL-FYFE. — Encore une autre expérience, et je passerai à la question de savoir si vous étiez au courant des expériences dans le temps où elles avaient lieu. Connaissiez-vous ou non les expériences poursuivies par le Service sanitaire de la Luftwaffe, en mai 1944, expériences destinées à rendre potable l'eau de mer et pour lesquelles on se servait de détenus de camps de concentration ?

ACCUSÉ GŒRING. — Non, je n'en savais rien et je vais vous expliquer comment cela a pu se produire. Même l'Inspection sanitaire aurait pu l'ignorer. Un ordre déterminé était donné par l'Inspection — et moi-même j'aurais pu donner cet ordre — mais il ne s'ensuivait pas que l'expérience dût avoir lieu sur des êtres humains et mît leur vie en danger. Un médecin de réserve de la Luftwaffe pouvait être en rapport par exemple avec Himmler, ou avec son institut d'expériences, et il pouvait en même temps faire partie des S.S. Il pouvait exister une connexion de rapports dont la Luftwaffe pouvait n'avoir pas la moindre idée. On n'était pas toujours averti en haut lieu de toutes les méthodes, de toutes les coutumes, de toutes les manières d'être.

SIR DAVID MAXWELL-FYFE. — La première lettre dont je vous ai parlé datait du 26 mai 1942. Vous y disiez — pour mettre les choses au point — que les remerciements exprimés par le Feldmarschall Milch constituaient uniquement une façon officielle d'exprimer les remerciements généraux.

— Vous souvenez-vous que, le 28 juillet 1942, un décret du Führer publié par Hitler, contresigné par l'accusé Keitel et par le témoin Lammers, créait un personnel de coordination pour les armées ? ... Le 28 juillet 1942... Cette mesure devait avoir pour effet de coordonner les tâches de la Wehrmacht, des Waffen S.S. et des organisations subalternes dans le domaine sanitaire. Je vais vous le rappeler, cela pourra vous aider à surveiller vos souvenirs :

— « En vue d'un travail d'ensemble, il lui sera adjoint » — « lui » désigne l'Inspecteur général du Service de santé de la Wehrmacht — « un officier sanitaire de la Marine et un officier sanitaire de l'Armée de l'air » — et maintenant, écoutez-moi bien — « celui-ci » — l'officier de l'Armée de l'air — « ayant les attributions d'un chef d'État-Major ».

— C'est à cette époque que le Feldmarschall écrivait à Wolff au sujet de ces expériences. Deux mois plus tard paraissait un décret du Führer et un de vos officiers devait devenir chef d'État-Major de ce Service de coordination. Voulez-vous faire croire au Tribunal que vous n'étiez pas au courant de ce décret, pas plus que de la nomination à ce poste d'un de vos officiers ?

ACCUSÉ GŒRING. — Avant de répondre au Tribunal, je demande la permission de consulter le décret.

SIR DAVID MAXWELL-FYFE. — Vous voulez le voir ?

ACCUSÉ GŒRING. — Oui, j'aimerais beaucoup le voir.

SIR DAVID MAXWELL-FYFE. — Je n'ai que l'exemplaire en anglais.

(Le document est remis au témoin.)

ACCUSÉ GŒRING. — Oui, je voulais simplement m'en assurer. Ce décret n'a rien à voir avec ces expériences, mais il commence par les mots... Je le traduis parce que je ne parle pas assez bien... « Les demandes de personnel et de matériel, en ce qui concerne le Service de santé, exigent une collaboration étroite. C'est pourquoi j'ordonne ce qui suit... »

— On nomma alors un chef du service sanitaire — je ne me rappelle plus le titre exact — de façon à pallier la diminution du personnel et du matériel sanitaires — les pertes étaient particulièrement sensibles dans ce domaine — et, naturellement, à poursuivre en commun les expériences, en cas de nécessité. Ce que nous avons fait dans le domaine de la recherche est absolument clair, surtout pendant la guerre. Bien que la majorité du personnel médical et la plus grande partie des médicaments et du matériel fussent fournis par l'Armée, le chef du service sanitaire fut placé à la tête de l'organisation. Et bien que la Luftwaffe fût la seconde en importance des différentes parties de la Wehrmacht, le chef de service fut pris dans la Luftwaffe. Cela est parfaitement compréhensible.

SIR DAVID MAXWELL-FYFE. — Le point sur lequel je désire attirer votre attention — je crois que vous m'avez compris — c'est cet intérêt nouveau pour les questions médicales et les recherches qui détermina Hitler à constituer cet organisme de coordination. Je voudrais que vous vous rappeliez comment cet intérêt pour les questions médicales se manifesta dans votre propre corps. Un mois plus tard, le 31 août 1942, votre adjoint Milch écrivait à Himmler :

— « Cher Monsieur Himmler, je vous remercie beaucoup de votre lettre du 25 août. J'ai lu avec le plus grand intérêt, les explications détaillées du Dr Rascher et du Dr Romberg. Je suis au courant des expériences en cours. Je demanderai prochainement à ces deux messieurs de faire une conférence avec projection de films devant mes hommes. »

— Je suppose que Milch dit la vérité en ce qui concerne cette demande et que cette lettre lui a été présentée par le chef de votre service médical aux fins de signature. Il n'y a aucune raison de supposer que le chef de votre service médical mentait dans la lettre qu'il a présentée à Milch. Il n'y a aucune raison de supposer que cette lettre est mensongère, et si, dans votre service, on traitait ce sujet des expériences devant les hommes, dans des conférences avec projection de films, pouvez-vous continuer à dire au Tribunal que vous, en qualité de chef de l'organisation, vous ne saviez rien de ces expériences ?

ACCUSÉ GŒRING. — Je n'ai dit que la vérité au Tribunal. Premièrement, cette lettre n'avait pas à être présentée à Milch, car c'est une lettre personnelle de Milch à Himmler. Deuxièmement, Milch, ici-même, à la barre des témoins...

SIR DAVID MAXWELL-FYFE. — Excusez-moi de vous interrompre. Je n'ai fait que citer le témoignage de Milch. Je vous demandais de supposer pour un instant que le témoignage de Milch était vrai. On m'a expliqué que Milch avait menti et vous affirmez que, dans sa lettre, il dit la vérité. Considérez, je vous prie, que Milch a dit la vérité et que cette lettre lui a été présentée par votre service sanitaire. Voilà ce que j'ai voulu dire. Continuez.

ACCUSÉ GŒRING. — Je n'ai pas très bien compris cela. M'avez-vous lu une lettre du Feldmarschall Milch ou m'avez-vous lu un extrait du témoignage de Milch ? Je n'ai pas bien compris.

SIR DAVID MAXWELL-FYFE. — Je vous ai lu un extrait d'une lettre du Feldmarschall Milch à Himmler, et je vous ai informé, pour le cas où vous ne vous en souviendriez pas, que le Feldmarschall Milch avait dit que cette lettre lui avait été présentée par votre section sanitaire et qu'il l'avait signée sans la relire. C'est ce que Milch a affirmé.

— Je vous demande de considérer qu'il a dit la vérité, mais je ne parle pas de cela pour le moment. Je voudrais que vous me disiez, en qualité de chef d'un service, si ces expériences étaient le thème des conférences et des projections de films faites devant les hommes placés sous vos ordres. Répétez-vous encore devant le Tribunal que vous n'en saviez rien ?

ACCUSÉ GŒRING. — Je vous ai dit clairement que je ne savais rien moi-même. Je ne dis pas que le Feldmarschall Milch a menti. Il doit savoir si cette lettre lui a été ou non présentée par l'inspection. Si je me souviens bien de son témoignage, il a éclairci la question très suffisamment et a bien spécifié qu'en aucun cas il ne m'avait tenu au courant des détails de ces expériences.

— Mais, Sir David, je voudrais une fois de plus attirer votre attention sur le décret que vous m'avez remis. Je l'ai parcouru, en attendant. Il n'a absolument rien à voir avec les expériences, ainsi que je l'ai déjà dit. Mais l'article premier parle des trois divisions de la Wehrmacht au point de vue sanitaire. L'article 2 parle des rapports entre l'Hygiène de la Wehrmacht et l'Hygiène de la population civile, uniquement du point de vue de l'organisation et de l'administration.

SIR DAVID MAXWELL-FYFE. — Témoin ! Vous savez que nous ne parlons pas du décret pour l'instant. Je veux que vous me répondiez. Dites-vous que vous n'étiez pas au courant des conférences avec projections de films ayant trait aux expériences et qui étaient faites devant les hommes servant sous votre commandement ? Je veux une réponse tout à fait nette. Oui ou non, saviez-vous ce qui se passait ?

ACCUSÉ GŒRING. — Non, je n'en savais rien. Je vous prie encore une fois de réfléchir et de penser que le ministère avait ses propres organisations et que moi, au Quartier Général, je m'occupais davantage des questions stratégiques et techniques. Je me serais élevé contre de telles expériences. Bien que le contraire ait été dit, par le Ministère Public russe je crois, je maintiens ma déclaration. Au cours de l'année 1934, j'ai interdit les expériences faites sur des animaux vivants. Ne pensez pas, je vous prie, que je les aurais fait faire sur des êtres humains.

SIR DAVID MAXWELL-FYFE. — Je ne suis pas là pour faire des commentaires. Beaucoup de gens ont des principes en ce qui concerne les animaux qu'ils n'appliquent pas à des hommes, surtout en temps de guerre. Mais cela est en dehors du sujet et je n'insisterai pas.

— En novembre 1942, vous y avez fait allusion dans votre déposition, le Dr Rascher fut muté de l'Armée de l'air dans les S.S. Avant ce changement, Himmler écrivit à Milch une lettre où il parlait des expériences faites pour éprouver la résistance de l'organisme humain à la haute altitude, au refroidissement prolongé, etc. Je cite les paroles de Himmler :

— « Ces expériences sur la résistance de l'organisme humain à la haute altitude et à l'immersion prolongée dans l'eau froide sont, pour la Luftwaffe, un problème vital... » Et plus loin :

— « Malheureusement, nous manquions de temps quand le Dr Rascher a voulu faire son rapport au ministère de l'Air. J'avais mis de grands espoirs dans ce rapport, car je comptais sur lui pour lever les objections de caractère religieux qu'on pouvait faire aux travaux du Dr Rascher.

— « Les difficultés restent les mêmes qu'auparavant : le point de vue de ces milieux médicaux chrétiens est qu'un jeune aviateur allemand a le droit de risquer sa vie, mais que la vie d'un criminel — qui n'est pas mobilisé — est sacrée et que nul ne doit se souiller de son sang. »

— Himmler poursuit en insistant sur l'importance pour l'Armée de l'air et les Waffen S.S. de ces expériences :

— « Toutefois, à cet égard, je propose que pour assurer la liaison entre vous et Wolff » — c'est-à-dire Milch et Wolff — « on choisisse un médecin athée qui pourrait en même temps être informé des résultats ».

— Expliquez-nous, accusé, comment vous n'ayez jamais entendu dire, bien que Hitler l'ait entendu dire, que les milieux médicaux chrétiens protestaient contre ces expériences ?

ACCUSÉ GŒRING. — Je crois que vous voulez dire Himmler et non Hitler ?

SIR DAVID MAXWELL-FYFE. — Oui, bien sûr, j'ai voulu dire Himmler. Vous dites que vous n'étiez pas au courant des protestations des milieux médicaux chrétiens au sujet des expériences ? D'après cette lettre, pourtant, ils protestaient de façon publique et avec insistance. Ne le saviez-vous pas ?

ACCUSÉ GŒRING. — Non. Ils n'ont, du reste, pas protesté publiquement. Je vous suis très reconnaissant de m'avoir communiqué cette lettre dont je ne me souviens pas plus que des nombreux documents qui m'ont été présentés ici. Elle éclaire de manière indiscutable ce que je viens de vous dire. Je suis heureux que, parmi ces médecins chrétiens, mon inspection de la Luftwaffe soit clairement désignée, car ceux-là seuls pouvaient protester. C'est la raison pour laquelle M. Rascher me paraît avoir été exclu de la Luftwaffe : sa collaboration avec l'inspection ne s'était pas effectuée à la satisfaction de Himmler, et c'est sans doute pour cela qu'il a été muté par Himmler dans les S.S. Cela confirme ce que je viens de vous déclarer.

SIR DAVID MAXWELL-FYFE. — Je voudrais que vous réfléchissiez encore une fois à ce que je vais vous demander : vous étiez encore en bons termes avec Himmler en 1942, n'est-ce pas ?

ACCUSÉ GŒRING. — Himmler a toujours été très poli avec moi, comme je l'étais avec lui.

SIR DAVID MAXWELL-FYFE. — Vos rapports n'étaient pas de simple politique : quelques jours après cette lettre, vous lui avez envoyé une serviette en crocodile, un coffret de cigares et un calepin pour Noël. Cela montre que vous étiez en très bons termes avec Himmler. Allez-vous encore soutenir que vous n'avez jamais rien entendu dire, que Himmler ne vous a jamais rien dit, ni Milch, ni vos officiers sanitaires, au sujet des expériences et des protestations qu'elles provoquaient dans les milieux médicaux chrétiens ? Tout le monde a donc conspiré, accusé, pour vous laisser dans l'ignorance de tout ce qui aurait pu vous mettre dans l'embarras ? Est-ce là ce que vous répondez ?

ACCUSÉ GŒRING. — Les expériences et la connaissance que j'aurais pu en avoir, n'ont rien à voir avec la serviette en crocodile et le calepin. Dans ce dernier cas, il s'agissait d'un cadeau de Noël en remerciement d'un cadeau que Himmler me faisait toujours à Noël au nom des S.S. Je voulais toujours le lui rendre.

— En second lieu, on n'a pas conspiré pour me laisser dans l'ignorance, mais les services étaient séparés. Il y avait des choses importantes, intéressantes, et d'autres qui étaient traitées par les services. Les questions sanitaires étaient du nombre. Il m'était impossible de tout savoir. Du reste, je tiens encore à spécifier que je n'ai jamais entendu parler d'une protestation officielle d'un milieu chrétien ou de médecins pendant la guerre, contre de telles expériences. De telles manifestations n'auraient d'ailleurs pas été possibles.

LE PRÉSIDENT. — Avez-vous encore des questions à poser, Docteur Stahmer ?

Dr STAHMER. — Je n'ai plus rien à dire, Monsieur le Président.

LE PRÉSIDENT. — L'accusé peut retourner s'asseoir à son banc.

LE « MÉCÈNE » DU IIIe REICH

— Je ne suis pas un amateur d'art. Je n'aime pas le mot amateur. Je suis un spécialiste de l'Art. Si vous voulez me poser des questions…

Albert Darwick, le journaliste britannique qui interviewait Hermann Gœring en 1935 ne jugea pas utile de faire subir au second personnage du nouveau Reich un examen de passage. C'est dommage !

Il est certain que ce goût pour la possession de chefs-d'œuvre reconnus — Gœring n'est pas un « découvreur » doué d'intuitions — remonte à sa jeunesse qu'il passa dans le château de son « parrain ». Ce dernier, nous l'avons vu se complaisait dans le « pompiérisme » spectaculaire. Avec la guerre et la mise en œuvre de l'Einsatzstab-Rosenberg — dont nous aurons à reparler dans le dossier du *Glaive et des Bourreaux* consacré aux différents problèmes économiques du Reich — Hermann Gœring allait devenir le pilleur des principales collections d'art de l'Europe. Publiques et privées. Une passion telle qu'il lui arrive de déclarer — même devant le Führer — qu'il attache autant d'importance à ses bijoux et tableaux qu'à la Luftwaffe. S'intitulant « mécène du IIIe Reich », Gœring n'est que traditionnaliste dans ses choix. Il admire Rubens et les maîtres hollandais du XVIIe siècle et méprise Renoir, Van Gogh, Picasso… jugés « décadents » et obscènes. A la fin de la Seconde Guerre mondiale, les services Rosenberg auront amassé le contenu de « 26 000 wagons de chemins de fer ». Le quart de ce pillage fut recueilli par Gœring.

ACCUSATION

— On a déjà fourni des preuves montrant le programme organisé et systématique établi par les conspirateurs nazis pour l'appauvrissement culturel de tous les pays d'Europe. La participation constante de l'accusé Gœring à ces activités a été établie.

— En octobre 1939, l'accusé Gœring ordonne au Dr Mühlmann d'entreprendre immédiatement la « mise en sécurité » de tous les objets d'art polonais. Dans son affidavit déjà déposé, le Dr Mühlmann déclare qu'il fut délégué spécial du Gouverneur Général de Pologne, l'accusé Frank, pour la sauvegarde des objets d'art dans le Gouvernement Général, d'octobre 1939 à septembre 1943, et que l'accusé Gœring, en sa qualité de Président du Conseil de Défense du Reich, lui avait attribué cette tâche.

— Mühlmann confirme aussi que la politique officielle de l'accusé Frank était de mettre sous séquestre tous les objets d'art d'importance, appartenant aux établissements publics polonais, à des collections privées et à l'Église ; ces objets d'art furent, en fait, confisqués.

— Il ressort aussi d'un rapport que le Dr Mühlmann rédigea le 16 juillet 1943 sur ses propres activités, qu'en une seule fois, trente et une esquisses de valeur d'Albrecht Dürer furent enlevées d'une collection polonaise et remises directement à l'accusé Gœring qui les emporta au Quartier Général du Führer.

— Le rôle joué par Gœring dans le pillage d'œuvres d'art effectué par l'Einsatzstab-Rosenberg a été démontré. Nous nous référons à l'ordre daté du 5 novembre 1940, qui a déjà été lu à l'audience, dans lequel Gœring charge le chef de l'administration militaire à Paris et l'Einsatzstab-Rosenberg de disposer des objets d'arts apportés au Louvre dans l'ordre de priorité suivant :

— « 1. Les objets d'art au sujet desquels le Führer s'est réservé la décision.

— « 2. Les objets d'art servant à compléter la collection du Maréchal du Reich.

— « 3. Les objets d'art et stocks de livres dont l'emploi semble utile à l'établissement de l'École Supérieure (Hohe Schule) et aux tâches de la compétence du Reichsleiter Rosenberg.

— « 4. Les objets d'art destinés aux musées allemands... »

— Étant donné la priorité accordée par l'ordre ci-dessus à la propre collection de l'accusé, il n'est pas surprenant de voir Gœring apporter son aide aux opérations de l'Einsatzstab-Rosenberg. Il a été établi que, le 1er mai 1941, Gœring émit un ordre suivi de sa propre signature et adressé à tous les services du Parti, de l'État et de la Wehrmacht, leur demandant de donner toute l'aide et l'assistance possible au chef d'État-Major du Reichsleiter Rosenberg.

— En mai 1942, l'accusé Gœring pouvait se vanter de l'aide qu'il avait apporté au travail de l'Einsatzstab-Rosenberg. Dans un document, qui a été lu à l'audience, il assure l'accusé Rosenberg qu'il soutiendra personnellement le travail de l'Einsatzstab partout où ce semble possible et attribue à l'assistance qu'il a pu donner à l'Einsatzstab la saisie d'un aussi grand nombre d'objets d'art.

— De ce fait, la responsabilité de l'accusé Gœring dans le pillage d'œuvres d'art effectué en fait par l'Einsatzstab-Rosenberg, semble clairement établie.

Dr THOMA. — Monsieur Rosenberg, vous savez que Hitler et Gœring se sont appropriés certaines des œuvres d'art qui avaient été confisquées en France. Quelle fut votre participation à cette action ?

ACCUSÉ ROSENBERG. — En principe, le Führer avait décidé — cela ressort clairement des communiqués rédigés sur ordre du Führer par le Generalfeldmarschall Keitel — qu'il se réservait de pouvoir décider de l'utilisation de ces œuvres d'art. Je ne veux nullement nier ici avoir eu l'espoir que tout au moins la grosse majorité de ces œuvres d'art resteraient en Allemagne, d'autant plus qu'avec le temps nombre d'œuvres d'art allemandes se trouvaient détruites du fait de bombardements à l'Ouest. Ces œuvres d'art constituaient en outre un gage précieux pour des négociations ultérieures. Lorsque le maréchal Gœring, qui, sur l'ordre personnel du Führer, soutenait tout particulièrement les travaux de l'État-Major spécial, eut détourné à son profit, c'est-à-dire pour ses collections, un certain nombre de ces œuvres d'art, je fus quelque peu inquiet, comme l'indique d'ailleurs le procès-verbal. En effet, j'étais personnellement responsable de la confiscation de toutes ces œuvres d'art et, en cette qualité, devais en dresser un catalogue complet que je devais tenir prêt pour toutes négociations ou décisions. J'ai donc donné l'ordre à mon représentant de faire si possible une liste complète des objets que le Reichsmarschall, à vrai dire avec l'approbation du Führer, choisissait pour sa collection particulière. Je savais que Gœring avait l'intention, non pas de la laisser à ses héritiers, mais de la léguer au Reich allemand. Dans le procès-verbal qui a été produit et lu ici par le Ministère Public français, je dois dire qu'il se trouve justement une erreur regrettable à ce sujet. Il y est dit que j'aurais été inquiet parce que le Reichsmarschall Gœring avait « détourné ces œuvres d'art » ; en allemand, ce terme signifie « pris illégalement ». En vérité, j'ai employé le terme « utilisé » et non « détourné », ce qui a un autre sens.

Dr THOMA. — Puis-je mentionner, Monsieur le Président, que le texte français porte « détourné » ?

LE PRÉSIDENT. — Le Tribunal suspend l'audience.

M. ROBERTS. — Vous avez dit, vendredi, qu'un général allemand avait été exécuté pour avoir volé des bijoux. Où, ce vol a-t-il eu lieu ?

TÉMOIN MILCH. — Je ne puis pas le dire. Il me semble que ces faits se sont passés à Belgrade. Il s'agit du général Wafer. Je m'en souviens encore.

M. ROBERTS. — Il s'agissait de bijoux volés à Belgrade ?

TÉMOIN MILCH. — Je ne puis le dire, je n'en sais pas plus.

M. ROBERTS. — Les autorités allemandes ont estimé que le vol méritait la peine de mort, n'est-ce pas ? C'est bien cela ?

TÉMOIN MILCH. — Je n'ai pas pu entendre la question.

M. ROBERTS. — C'était une remarque. Je passe à la question suivante : quelle était la valeur des bijoux volés ?

TÉMOIN MILCH. — Je ne sais pas. Je ne connais ni les conditions du vol, ni sa nature, ni son importance. Je sais seulement qu'on a volé des bijoux et que ce vol fut puni de mort.

M. ROBERTS. — Gœring ne vous a-t-il jamais parlé de la collection d'objets d'art qu'il était en train de se constituer dans les pays occupés ?

TÉMOIN MILCH. — Je ne sais rien là-dessus.

M. ROBERTS. — Puis-je vous lire un extrait de document ? C'est un ordre signé de Gœring, du 5 novembre 1940, et adressé au chef de l'administration militaire à Paris et à l'Einsatzstab-Rosenberg, disposition des objets d'art apportés au Louvre dans l'ordre suivant :

— 1° Tous les objets d'art...

LE PRÉSIDENT. — Monsieur Roberts, le témoin n'a jamais vu ce document et ne sait rien à ce sujet.

M. ROBERTS. — Bien, Monsieur le Président. *(Au témoin.)* Vous dites que Gœring n'a jamais parlé avec vous de sa collection d'objets d'art ?

TÉMOIN MILCH. — Non.

M. ROBERTS. — Ne saviez-vous pas que des objets d'art de grande valeur, au nombre de 21 000, avaient été pris dans les pays occupés à l'Ouest ?

TÉMOIN MILCH. — Non, je n'en savais rien.

M. ROBERTS. — Qu'aurait pu faire le général qui avait volé des bijoux à Belgrade ? Les offrir au Führer ou à Gœring ?

TÉMOIN MILCH. — Je vous prie de ne pas m'obliger à répondre à cette question.

M. JUSTICE JACKSON. — Arrivons-en maintenant à la question des œuvres d'art.

— Je vous prie de vous reporter au décret qui fixe l'ordre de saisie des biens artistiques juifs. Vous vous le rappelez ?

ACCUSÉ GŒRING. — On y a fait maintes fois allusion ici.

M. JUSTICE JACKSON. — Le paragraphe 5 parle des œuvres d'art destinées aux musées français, susceptibles d'être vendues aux enchères. Le bénéfice réalisé par l'opération devait être remis à l'État français au profit des veuves et orphelins de guerre. Vous dites que ce fait ne s'est jamais produit ?

ACCUSÉ GŒRING. — Je n'ai pas dit que cela n'a jamais eu lieu. Mais c'était l'intention que j'avais exprimée dans ce décret.

M. JUSTICE JACKSON. — Mais je vous demande maintenant si c'est arrivé une fois ?

ACCUSÉ GŒRING. — Autant qu'il s'agit du paragraphe 5, je ne puis le dire. Je ne puis émettre un avis que sur les comptes qui se rapportent au paragraphe 2 ; c'est une chose que j'ai déjà indiquée et que j'ai fixée après les évaluations. J'a déjà clairement déclaré que le montant était disponible et que j'avais, à plusieurs reprises, demandé sur quel compte il devait être inscrit. Et j'ai fait estimer chacun de ces objets qui étaient destinés à la collection que j'avais l'intention de rassembler.

M. JUSTICE JACKSON. — Où ce dépôt a-t-il été effectué ?

ACCUSÉ GŒRING. — A ma banque, sous la rubrique « Fonds artistiques ».

M. JUSTICE JACKSON. — Quelle était cette banque ?

ACCUSÉ GŒRING. — Je ne puis le préciser ; il y avait plusieurs banques qui possédaient un compte « Fonds artistiques ». Pour cela, il faudrait que j'aie les pièces bancaires ici.

M. JUSTICE JACKSON. — Au cours des différents interrogatoires, vous n'avez jamais pu dire à quelle banque ce montant avait été versé, n'est-ce pas ?

ACCUSÉ GŒRING. — Je ne puis le dire, mais il suffit d'interroger ma secrétaire ; comme c'était elle qui tenait ces comptes, elle pourra vous le dire exactement.

M. JUSTICE JACKSON. — Cette ordonnance, a été mise à exécution par l'Einsatzstab-Rosenberg, n'est-ce pas ?

ACCUSÉ GŒRING. — Oui.

M. JUSTICE JACKSON. — Saviez-vous qui l'a vraiment exécutée ? Connaissiez-vous Turner ?

ACCUSÉ GŒRING. — Je connais un Turner, mais qui n'avait rien à voir avec l'Einsatzstab-Rosenberg et qui, autant que je le sache, était en Yougoslavie.

M. JUSTICE JACKSON. — Le conseiller d'État Turner n'alla-t-il pas à Paris pour s'occuper des collections d'art ?

ACCUSÉ GŒRING. — Je ne sais pas s'il a eu affaire avec l'Einsatzstab-Rosenberg.

M. JUSTICE JACKSON. — Mais vous le connaissiez ? C'est exact ?

ACCUSÉ GŒRING. — Oui.

M. JUSTICE JACKSON. — Connaissiez-vous le Dr Bunjes ?

ACCUSÉ GŒRING. — Bunjes ! Oui.

M. JUSTICE JACKSON. — Il avait affaire avec le ramassage du butin de la confiscation des œuvres d'art juives, n'est-ce pas ?

ACCUSÉ GŒRING. — Je ne crois pas que le Dr Bunjes s'occupait de cela, il s'occupait d'un autre domaine artistique. Ce sont l'Einsatzstab-Rosenberg et certains services de l'administration militaire qui s'occupaient de ces questions.

M. JUSTICE JACKSON. — Afin que vous puissiez me suivre et afin de vous rafraîchir la mémoire, je vais vous montrer une lettre du Dr Bunjes et je vous demande si elle peut vous aider à vous rappeler certains événements ?

— « … Le mardi 4 février 1941, à 18 h 30, je fus, pour la première fois, convoqué au quai d'Orsay par M. le Reichsmarschall. A cette conférence était présent le Feldführer von Behr de l'Einsatzstab-Rosenberg. Les mots ne peuvent décrire le ton amical de cette conférence. »

— Vous souvenez-vous d'une telle réunion ?

ACCUSÉ GŒRING. — Non, elle n'est pas tellement importante pour que je m'en souvienne, mais je ne veux d'aucune façon nier qu'elle ait eu lieu.

M. JUSTICE JACKSON. — Le passage suivant vous aidera peut-être à retrouver vos souvenirs ?

— « M. le Reichsmarschall abandonna le sujet et demanda un rapport sur l'état actuel de la saisie des propriétés artistiques juives dans les territoires de l'Ouest. A cette occasion, j'ai remis à M. von Behr les photographies des œuvres d'art que le Führer désirait avoir en sa possession. De plus, je remis également à M. von Behr les photos de celles que M. le Reichsmarschall désirait acquérir. »

— Je veux attirer votre attention sur un autre paragraphe.

— « ... Mercredi 5 février 1941 je fus convoqué par M. le Reichsmarschall à la salle du Jeu de Paume. A 15 heures, M. le Reichsmarschall, accompagné du général Hanesse, de M. Angerer et de M. Hofer, a visité cette salle où les œuvres d'art juives venaient d'être exposées. »

ACCUSÉ GŒRING. — Oui, j'ai déjà précisé dans ma déposition que j'avais choisi les œuvres exposées dans la salle du Jeu de Paume. C'est exact.

M. JUSTICE JACKSON. — Maintenant, avançons un peu.

— Je continue :

— « Alors, M. le Reichsmarschall inspecta sous ma conduite les œuvres exposées et fit un choix de celles destinées au Führer et de celles qui devaient figurer dans sa propre collection. Au cours de cet entretien confidentiel, j'attirai à nouveau l'attention de M. le Reichsmarschall sur le fait que le Gouvernement français avait adressé une note de protestation contre l'activité de l'Einsatzstab-Rosenberg en se référant à la Convention de La Haye, comprise dans les clauses de l'armistice de Compiègne, et je l'informai que le général von Stulpnagel avait une opinion opposée à la sienne sur la façon de traiter la mise en sûreté des œuvres d'art juives.

— « M. le Reichsmarschall se fit donner des explications détaillées et donna les ordres suivants :

— « 1. Seuls mes ordres sont valables. Vous agissez directement sous mes ordres. Les objets d'art rassemblés au Jeu de Paume seront, sur l'ordre du Reichsmarschall, chargés dans un train spécial et envoyés en Allemagne. Ceux des objets d'art destinés au Führer et ceux que le Reichsmarschall se réserve, seront chargés dans deux wagons qui seront attachés au train spécial du Reichsmarschall à son retour en Allemagne, au début de la semaine prochaine. M. le Feldführer von Behr accompagnera le Reichsmarschall dans son train spécial à destination de Berlin.

— « A mon objection que les juristes seraient sans doute d'un autre avis et que des objections seraient soulevées par le commandant militaire en France, M. le Reichsmarschall répondit textuellement : " Mon cher Bunjes, c'est mon affaire. Le plus éminent juriste de l'État, c'est moi. "

— « M. le Reichsmarschall promit d'envoyer par courrier au commandant du centre d'administration de Paris, le jeudi 6 février, l'ordre écrit pour le transfert en Allemagne des œuvres d'art juives qui avaient été mises à l'abri. »

— Eh bien, cela vous a-t-il rafraîchi la mémoire ?

ACCUSÉ GŒRING. — Je ne m'en souviens pas du tout, mais ce n'est pas en contradiction avec l'exposé que j'ai fait sur les œuvres d'art. La seule absurdité qui s'y trouve et que je n'ai sûrement jamais dite, c'est que j'étais le plus éminent juriste de l'État, car Dieu merci, je ne l'étais pas. C'est une expression employée par le Dr Bunjes et je ne peux être ici tenu pour responsable des expressions employées par un autre sans que j'aie eu la possibilité de les rectifier. A part cela, le restant correspond à l'exposé que j'ai fait il y a peu de temps.

M. JUSTICE JACKSON. — Les œuvres d'art furent alors chargées sur des wagons et expédiées à Berlin ? Est-ce exact ?

ACCUSÉ GŒRING. — En partie, oui.

M. JUSTICE JACKSON. — J'attire votre attention sur le rapport au Führer :

— « Je rends compte que le transport... »

ACCUSÉ GŒRING. — Je désire préciser que ce rapport n'émanait pas de moi.

M. JUSTICE JACKSON. — Je sais. Je désire seulement savoir si son contenu est exact.

— « Je rends compte que le transport des objets d'art juifs sans propriétaires est arrivé à Bergungsort in Neuschwanstein, par train spécial, le samedi 15 du présent mois. Le train spécial mis à notre disposition par le Reichsmarschall Hermann Gœring comprenait 25 wagons de marchandises chargés d'objets précieux : tableaux, meubles, gobelins, bijoux, etc. Le transport comprenait les pièces les plus importantes des collections Rothschild, Seligmann... et une demi-douzaine d'autres noms. »

— Avez-vous trouvé le passage ? Est-ce exact ?

ACCUSÉ GŒRING. — Je ne sais pas si c'est exact car ce rapport n'émanait pas de moi. La seule chose dont je me souvienne, c'est que l'Einsatzstab m'a prié de fournir des wagons spéciaux pour le transport des objets d'art, car le Jeu de Paume n'était pas un lieu suffisamment sûr contre les bombardements. Neuschwanstein se trouve au sud de Munich. Il s'agissait des objets destinés au Führer.

— Je voudrais attirer l'attention sur la phrase suivante de ce document qui n'émane pas de moi et qui dit :

— « L'opération de réquisition opérée par mon Einsatzstab a été faite à Paris en exécution de votre ordre, mon Führer, d'octobre 1940. »

— Cela correspond donc avec ce que j'ai dit dans ma déposition précédente.

M. JUSTICE JACKSON. — Voudriez-vous lire plus loin ?

ACCUSÉ GŒRING. — Vous voulez dire :

— « Outre ce train spécial, d'autres chefs-d'œuvre choisis par le Reichsmarschall, principalement dans la collection Rothschild, sont déjà arrivés à Munich par wagons spéciaux et ont été déposés dans des abris de la maison du Führer. »

— Ce sont des œuvres d'art que j'avais désignées pour le Führer et qui, selon son désir, devaient être envoyées là-bas dans des abris. Elles n'ont donc rien à voir avec mes affaires ; mais je ne l'ai pas réfuté et je l'ai expliqué en détail.

M. JUSTICE JACKSON. — Autant que je me le rappelle, lors de votre déposition devant la commission américaine pour les biens étrangers, vous avez donné la valeur de vos trésors artistiques au moment de les remettre à l'État comme s'élevant à 50 000 000 de Reichsmarks. Est-ce exact ?

ACCUSÉ GŒRING. — Ce n'est pas exact. Cette commission voulait à tout prix une évaluation ; la discussion traîna longuement. J'ai dit nettement à la commission que je ne pouvais fixer cette valeur, n'ayant pas les objets devant moi, ni de liste, et qu'il ne m'était pas possible de les avoir en tête et que, de plus, il fallait tenir compte des différences d'expertises entre la valeur commerciale et la valeur de collection. Comme, malgré mes demandes, le texte de ce procès-verbal ne m'a jamais été montré et que justement ce procès-verbal a fait l'objet de nombreux malentendus, je ne peux reconnaître que les procès-verbaux que j'ai signés.

M. JUSTICE JACKSON. — Enfin, mettez-vous en doute le fait suivant :

— « Quand j'en ai fait part au ministre des Finances, j'en évaluai la valeur, à cette époque, à 50 000 000 de Reichsmarks. »

— L'avez-vous dit, oui ou non ?

ACCUSÉ GŒRING. — Je ne peux pas préciser la valeur ; j'ai seulement dit, en son temps, au ministre des Finances, que l'ensemble de mes collections, y compris mes collections personnelles, deviendrait propriété de l'État. Connaissant ma passion de collectionneur, je pensais qu'il était possible qu'il m'arrivât subitement quelque chose, que j'aurais englouti tout mon avoir, y compris mon avoir personnel, et qu'alors ma famille se trouverait dans le dénuement. C'est pourquoi j'avais demandé au ministre des Finances une pension ou une compensation quelconque pour les miens. C'était le but de mes entretiens avec le ministre des Finances, dont il peut faire foi.

M. JUSTICE JACKSON. — Quelle partie de votre collection a été acquise après 1933 ?

ACCUSÉ GŒRING. — Je ne peux le dire en détail ; toute une série de tableaux et statues.

M. JUSTICE JACKSON. — Vous avez prétendu avoir acheté une partie de votre collection ?

ACCUSÉ GŒRING. — Certainement.

M. JUSTICE JACKSON. — Et à ce sujet, des renseignements sur vos transactions financières ont été pris ? Est-ce exact ?

ACCUSÉ GŒRING. — Je ne sais pas qui a fait ces enquêtes.

M. JUSTICE JACKSON. — N'avez-vous pas été questionné sur un montant de 7 276 000 Reichsmarks provenant de la fabrique de cigarettes Reemtsma ?

ACCUSÉ GŒRING. — Non, je n'ai jamais été questionné sur ce point.

M. JUSTICE JACKSON. — On ne vous a jamais interrogé là-dessus ?

ACCUSÉ GŒRING. — Non, ni sur cette somme, ni sur la fabrique de cigarettes, ni sur n'importe quoi.

M. JUSTICE JACKSON. — Laissez-moi aider votre mémoire sur ce point. N'avez-vous pas déclaré à ces personnes ainsi qu'au colonel Amen, au cours d'un interrogatoire, que la fabrique de cigarettes vous avait remis cette somme pour la radiation d'un reliquat d'impôts ?

ACCUSÉ GŒRING. — Non. J'ai même contesté que ce reliquat d'impôts eût été rayé. Il me souvient, à présent, que cette question m'a été posée à une autre occasion. Une partie de cette somme avait été versée par l'administration économique à l'œuvre sociale « Adolf Hitler », et ce montant avait été mis à ma disposition par le Führer pour des dépenses relatives à des questions de culture générale.

M. JUSTICE JACKSON. — Par la fabrique de cigarettes ?

ACCUSÉ GŒRING. — Non, pas par la fabrique de cigarettes. Tout un groupe d'industriels et de manufacturiers s'était intéressé à l'œuvre « Adolf Hitler ». M. Reemtsma entre autres, d'accord avec le Führer, m'avait remis ce montant dans le courant de l'année. Une partie de cette somme a été versée au Théâtre national, une partie pour la création d'une collection d'art et pour d'autres buts d'ordre culturel.

M. JUSTICE JACKSON. — Bien. Le 22 décembre 1945 vous avez été entendu par la section des avoirs étrangers de la commission d'enquête américaine des cartels et avoirs à l'étranger.

ACCUSÉ GŒRING. — A ce propos je dois nettement faire remarquer qu'on m'a demandé si j'étais prêt à faire des déclarations à cet égard, et que ces déclarations n'auraient aucune relation avec le présent Procès. Pour cette raison, la présence de mon défenseur n'était pas nécessaire. Ce fait m'a bien été spécifié et confirmé par le surveillant chef de la prison et avant l'interrogatoire. En soi-même cela m'est égal, Vous pouvez en faire acte mais, en raison de la méthode employée, je désire le signaler.

Dr STAHMER. — Je proteste contre la production de ces déclarations pour les raisons que vient de donner le témoin. Il y a quelque temps, vers Noël, je crois, les autorités américaines de la Trésorerie m'ont demandé si l'accusé Gœring pouvait être interrogé sur la question des avoirs à l'étranger en précisant que ma présence ne serait pas nécessaire car cet interrogatoire n'avait rien à voir avec le Procès et ne devait pas être utilisé.

M. Justice Jackson. — Je ne suis pas en mesure de le nier ou de le confirmer ; c'est pourquoi je ne poursuivrai pas cette question pour l'instant. Je ne crois pas que nous nous soyons engagés à ne pas mentionner ces faits. Je n'en ai pas été avisé, mais si un tel arrangement a été conclu, c'est en dépit du bon sens.

— On vous a interrogé sur les objets d'art que vous avez reçus de Monte-Cassino ?

Accusé Gœring. — Oui.

M. Justice Jackson. — Je vous demande s'il est vrai qu'une statue d'autel de l'abbaye de Monte-Cassino sur laquelle vous avez porté une appréciation élogieuse vous a été remise ?

Accusé Gœring. — Je suis heureux de pouvoir m'expliquer sur cette question. Après la destruction complète par les bombardements du monastère de Monte-Cassino, et sa défense par une division de parachutistes, apparut un jour une délégation apportant une statue de saint, sans aucune valeur artistique, comme dernier souvenir du monastère détruit. J'ai remercié ces gens et j'ai montré la statue au conservateur de ma collection qui la considéra également comme sans valeur. Elle est restée dans sa caisse reléguée quelque part. Les autres objets d'art de Monte-Cassino ont été, à ma connaissance, transportés de la façon suivante. Une très grosse partie, particulièrement les objets appartenant directement au monastère, a été envoyée au Vatican. Je le déduis du fait que le Prieur du cloître lui-même m'a adressé une lettre ainsi qu'à ma division, exprimant sa profonde gratitude pour cette action. Deuxièmement, les trésors artistiques du musée de Naples qui se trouvaient à Monte-Cassino ont été, autant que je me souvienne de la situation, expédiés par nos soins, pour la plus grande partie, à Venise, et mis à la disposition du Gouvernement italien. Quelques tableaux et statues ont été emmenés à Berlin et là, m'ont été remis. Le même jour, j'en ai donné une liste au Führer et, quelque temps après, je lui ai remis les objets eux-mêmes qui étaient déposés dans mon abri, afin qu'il puisse en discuter avec Mussolini. Je n'ai conservé aucun de ces objets pour ma collection. Si mes troupes n'avaient pas attaqué, les trésors d'art sans prix, entreposés à Monte-Cassino et qui appartenaient au monastère, auraient été irrémédiablement détruits par le fait des bombardements ennemis, c'est-à-dire anglo-américains. De cette manière, ils ont été sauvés.

M. Justice Jackson. — Vous dites sans valeur, sans valeur véritable ?

Accusé Gœring. — J'en suis persuadé encore à l'heure actuelle. Je m'en remets avant tout à l'avis de mon expert. C'est pourquoi je n'ai jamais fait déballer cette statue. Elle n'avait pour moi aucun intérêt. D'autre part, je voulais dire quelques mots aimables aux gens qui me l'avaient apportée.

AVIATEURS TERRORISTES

Convention de La Haye. Convention de Genève. Chiffons de papier. Sûr de l'impunité le Reich accumule les crimes pour le « bonheur et la grandeur de l'Allemagne ». A Nuremberg, Gœring, en souriant, a sorti une citation de sa manche :

— Je voudrais reprendre les paroles prononcées par un de nos plus grands ennemis. Le plus important, le plus acharné, le Premier ministre britannique Winston Churchill : « Dans la lutte à la vie à la mort, il n'y a, en fin de compte, plus de légalité. »

Sur le livre journalier de l'escadre Richthofen, un aviateur écrivit, revenant d'un combat où il avait été victorieux : « Mon adversaire s'était bien battu, mais la chance était avec moi. Au lieu de l'abattre, je l'obligeai à atterrir en zone allemande. » Relisant la page, Hermann Gœring prit la plume à son tour et nota dans la marge « très bien ». Il souligna les deux mots de deux traits d'encre noire.

Extrait de l'acte d'accusation concernant les crimes imputés au Corps des Chefs du N.S.D.A.P. :

— On fit également appel à l'organisation du Corps des chefs pour essayer de priver les aviateurs alliés de la protection à laquelle la Convention de Genève leur donnait droit. Le 13 mars 1940, Hess fit parvenir, par l'intermédiaire du Corps des chefs, aux Blockleiter, des instructions destinées à la population civile au cas d'atterrissage éventuel d'avions ou de parachutistes ennemis. Ces instructions précisaient que les parachutistes ennemis devaient être immédiatement arrêtés ou « rendus inoffensifs ». Le 30 mai 1944, Bormann envoya une circulaire à tous les Gauleiter et Kreisleiter rapportant des cas où des aviateurs alliés avaient été lynchés sans que la Police intervînt. Il demandait que fût communiqué verbalement aux Ortsgruppenleiter, le contenu de cette lettre qui accompagnait une campagne de propagande lancée par Gœbbels pour provoquer ces lynchages. Elle équivalait nettement à des instructions dans ce sens, ou tout au moins à conduire à des violations de la Convention de Genève, en supprimant toute protection de la Police. Il y eut, certes, des lynchages à la suite de ce programme, mais il ne semble pas qu'on l'ait appliqué dans toute l'Allemagne. Quoi qu'il en soit l'existence même de cette lettre prouve que les dirigeants du Corps des chefs se servaient de cet organisme à une fin manifestement illégale, avec participation de ses membres jusqu'aux Ortsgruppenleiter.

COLONEL STOREY. — Je passe maintenant aux crimes commis contre les aviateurs alliés. Les membres du Corps des chefs du parti nazi partagèrent la responsabilité des assassinats d'aviateurs alliés, des sévices et mauvais traitements qui leur furent infligés lorsqu'ils atterrirent en territoire allemand ou contrôlé par les Allemands. De nombreux aviateurs alliés, qui descendirent en parachute d'avions en détresse au-dessus de l'Allemagne, n'ont pas été traités en prisonniers de guerre, mais furent frappés, assassinés par des civils allemands avec l'approbation, voire à l'instigation de certains membres du Corps des chefs du parti nazi. Une telle conduite de la part du Corps des chefs constitue une violation flagrante et délibérée, par le Gouvernement allemand, des obligations de la Convention de Genève sur la protection des prisonniers de guerre contre les actes de violence et les mauvais traitements.

— Je dépose comme preuve l'original d'un ordre signé par Himmler, daté du 10 août 1943. Je cite :

— « Il n'appartient pas à la Police d'intervenir dans les rixes entre les Allemands et les aviateurs terroristes anglais et américains descendus en parachute. »

— Cet ordre a été transmis par écrit à tous les officiers supérieurs des S.S. et de la Police, et verbalement à leurs subalternes et à tous les Gauleiter.

LE PRÉSIDENT. — Je pensais que la Police ne faisait pas partie du Corps des chefs ?

COLONEL STOREY. — Mais Himmler, Monsieur le Président, cumulait les fonctions de Reichsführer S.S. et de chef de la Police allemande. Il était fonctionnaire de l'État et fonctionnaire du Parti et il a donné cet ordre à des fonctionnaires du Corps des chefs.

M. BIDDLE. — Voulez-vous dire par-là que cet ordre de Himmler constitue une preuve contre les 600 000 membres dont vous avez parlé ?

COLONEL STOREY. — Non, pas contre les membres, mais contre une organisation à caractère criminel, puisqu'elle diffusait des ordres de cette nature par les voies hiérarchiques du Corps des chefs.

LE PRÉSIDENT. — Voilà précisément ce que je voulais vous faire remarquer : ces ordres n'ont pas suivi la voie hiérarchique du Corps des chefs, mais celle de la Police.

COLONEL STOREY. — Mais la Police, Monsieur le Président, était en relation avec le Corps des chefs et Himmler dirigeait l'une et l'autre. Dans le numéro du *Völkischer Beobachter* du 29 mai 1944, un article de Gœbbels, Reichsleiter du Parti pour la propagande, invitait ouvertement la population civile allemande à sévir contre les aviateurs alliés abattus au-dessus de l'Allemagne :

— « Ce n'est qu'à l'aide de la force armée qu'il est possible de protéger la vie des pilotes ennemis abattus au cours de ces attaques, car, autrement, ils seraient tués par la population si durement éprouvée. Qui a raison, des assassins qui, après leur lâche méfait, espèrent être l'objet d'un traitement humain de la part de leurs victimes, ou des victimes elles-mêmes qui veulent se défendre en vertu du principe : " Œil pour œil, dent pour dent " ? Il n'est pas difficile de répondre à cette question. »

— Le Reichsleiter Gœbbels s'applique alors à répondre à cette question dans les termes suivants :

— « Il nous paraît à peine possible et à peine tolérable d'avoir recours à la Police et aux soldats allemands contre le peuple allemand lui-même, lorsque celui-ci traite les assassins d'enfants comme ils le méritent. »

— Le 30 mai 1944, l'accusé Bormann, Reichsleiter et chef de la Chancellerie du Parti, diffusait à ce sujet une lettre circulaire qui constitue la preuve indiscutable du fait que des aviateurs américains et britanniques abattus furent lynchés par la population allemande. Je dépose comme preuve cette circulaire de l'accusé Bormann.

— Après avoir allégué qu'au cours des semaines précédentes, des aviateurs américains et anglais avaient à plusieurs reprises mitraillé des enfants, des femmes, des paysans et des véhicules sur les routes, Bormann déclare, au deuxième paragraphe de la traduction anglaise ; je cite :

— « Il est arrivé plusieurs fois que des membres de l'équipage de ces avions, qui étaient descendus en parachute ou qui avaient fait des atterrissages forcés, ont été lynchés sur place, immédiatement après leur capture, par la population qui était irritée au plus haut point. Aucune mesure de police n'a été prise ni aucune action judiciaire intentée contre les citoyens qui ont participé à ces incidents. »

— J'attire particulièrement l'attention du Tribunal sur le fait que cette lettre de l'accusé Bormann a été distribuée par la voie hiérarchique du parti nazi et mentionnait expressément parmi les destinataires les Reichsleiter, les Gauleiter, les Kreisleiter et les chefs des organisations incorporées ou affiliées au Parti. L'accusé Bormann demandait que les Ortsgruppenleiter fussent informés verbalement du contenu de sa circulaire et uniquement par communication verbale.

— Les conséquences de la circulaire du Reichsleiter Bormann apparaissent dans un ordre du 25 février 1945 que je dépose maintenant comme preuve. C'est un ordre d'Albert Hoffmann, membre important du Corps des chefs de par sa situation de Gauleiter et de commissaire à la Défense nationale pour le Gau Westphalie-Sud. Il est adressé à tous les Landräte (conseillers généraux), maires, fonctionnaires de la Police ainsi qu'aux Kreisleiter et aux chefs du Volkssturm à l'échelon du Kreis :

— « Les pilotes de bombardiers abattus ne doivent pas être protégés contre la fureur de la population. J'attends de tous les services de la Police qu'ils refusent leur protection à ces gangsters. Les autorités qui agiraient à l'encontre du sentiment populaire auront à me rendre compte de leurs actes. Tous les fonctionnaires de la Police et de la gendarmerie devront être immédiatement avisés de la position que je prends à ce sujet. »

— Les obligations...

LE PRÉSIDENT. — Qui est Hoffmann ?

COLONEL STOREY. — Albert Hoffmann était membre du Corps des chefs, en raison de ses fonctions de Gauleiter et de commissaire à la Défense nationale du Gau Westphalie-Sud. A ce sujet, je citerai les dispositions de l'article 2 de la Convention de Genève du 27 juillet 1929 sur les prisonniers de guerre qui stipule, et je demande simplement au Tribunal de prendre acte de cet article :

— « Les prisonniers de guerre sont au pouvoir de la Puissance ennemie, mais non des individus ou des corps de troupe qui les ont capturés. Ils doivent être traités en tout temps avec humanité et être protégés notamment contre les actes de violence, les insultes et la curiosité publique. Les mesures de représailles à leur égard sont interdites. »

LE PRÉSIDENT. — Est-ce la Convention de 1907 ?

COLONEL STOREY. — C'est l'article 2 de la Convention de Genève du 27 juillet 1929, qui a été ratifiée par l'Allemagne et par les États-Unis. Il ressort clairement des prescriptions précitées que la Convention relative aux prisonniers de guerre impose à ses signataires l'obligation stricte d'assurer la protection des prisonniers de guerre contre toute violence. Les preuves qui viennent d'être présentées montrent que l'État allemand a violé ces dispositions. Ces preuves établissent également que le Corps des chefs du parti nazi a participé au complot en vue d'inciter la population civile allemande à prendre part à ces atrocités.

LIEUTENANT LAMBERT. — Nous allons apporter maintenant une preuve que nous considérons comme très importante et qui constitue une charge très lourde contre l'accusé Bormann et ses acolytes, je veux dire la preuve de la responsabilité de l'accusé Bormann dans le massacre organisé d'aviateurs alliés. Je présente comme preuve un ordre de l'accusé Hess en date du 13 mars 1940, destiné aux Reichsleiter, Gauleiter et autres fonctionnaires ou organisations nazis. Dans ce décret, les fonctionnaires du Parti reçoivent de l'accusé Hess l'ordre d'inviter la population civile allemande à arrêter ou même à « liquider » tous les aviateurs alliés tombés en territoire allemand. J'attire l'attention du Tribunal sur le troisième paragraphe dans lequel Hess ordonne que ces instructions soient transmises oralement à tous les Kreisleiter, Ortsgruppenleiter, Zellenleiter et même Blockleiter, c'est-à-dire que cet ordre devait être transmis par tous les fonctionnaires du Corps des chefs aux Hoheitsträger, depuis les Reichsleiter jusqu'aux Blockleiter.

— Ces directives portent pour titre : « Conduite à observer en cas d'atterrissage d'avions ou de parachutistes ennemis. » Je passe sur les trois premières instructions qui ne sont pas importantes dans le cas présent. La quatrième est la suivante :

— « De même, les parachutistes ennemis seront immédiatement arrêtés ou liquidés. »

— Ce document est assez éloquent par lui-même et n'a pas besoin d'être commenté davantage par le Ministère Public.

— Afin d'assurer le succès de ce plan organisé par l'accusé Hess, Bormann adressa une lettre secrète, en date du 30 mai 1944, aux fonctionnaires du Corps des chefs du Parti — et j'aimerais que le Tribunal prît note de ce fait — défendant qu'aucune mesure de police ou poursuite criminelle ne soit entreprise contre des civils allemands qui auraient lynché ou assassiné des aviateurs alliés.

— Le fait, Messieurs, que ces assassinats autorisés, organisés et approuvés par l'accusé Bormann ont effectivement eu lieu, a été pleinement et indiscutablement démontré par les jugements des Commissions militaires américaines qui ont condamné des civils allemands pour avoir assassiné des aviateurs alliés. Je demande au Tribunal de prendre acte de l'ordonnance n° 2 de la Commission militaire de l'État-Major de la 15e armée américaine, en date du 23 juin 1945. Cette ordonnance condamnait à mort un civil allemand pour avoir violé les lois et usages de la guerre en assassinant un aviateur américain qui avait atterri, sans aucun moyen de défense, sur le sol allemand. Le Tribunal remarquera que cette ordonnance de la Commission militaire américaine indique le 15 août 1944 comme date du crime et que l'ordonnance de Bormann était datée de mai 1944.

— Je prie le Tribunal de prendre acte de l'ordonnance n° 5 de la Commission militaire de l'État-Major de la 3e armée américaine et du district militaire Est, en date du 18 octobre 1945. Elle condamnait à mort un citoyen allemand pour avoir violé les lois et usages de la guerre en assassinant, vers le 12 décembre 1944, un aviateur américain qui avait atterri en territoire allemand.

— Nous pourrions montrer d'autres ordonnances de Commissions militaires américaines ou alliées condamnant à mort des civils allemands pour avoir assassiné des aviateurs alliés qui avaient dû atterrir, sans aucun moyen de défense, sur le sol allemand. Je crois qu'il est suffisant de citer ces deux ordonnances.

PROFESSEUR Dr EXNER. — Nous passons maintenant à un autre problème : celui des attaques aériennes en rase-mottes. Divers services présentèrent des propositions sur le traitement à infliger aux aviateurs ennemis qui feraient un atterrissage forcé.

— Voulez-vous nous dire d'abord le motif de pareilles propositions et quelle fut votre attitude à leur égard ?

ACCUSÉ JODL. — Je serai aussi bref que possible. L'origine de ces propositions repose sur le fait que de nombreux rapports nous parvinrent sur des attaques individuelles effectuées par des avions ennemis, ce qui était absolument contraire au Droit international. Le Führer exigea des mesures de représailles. Ce n'est pas un projet d'ordre, et encore moins un ordre tout court. C'est une note qui contient les propositions de la Luftwaffe à ce sujet. Il n'était pas encore question de lynchage. Le fait que je m'occupai de ce problème s'explique par la responsabilité qui, ainsi que je l'ai déjà dit, semblait m'incomber depuis le 1er mai en ce qui concernait les questions de Droit international.

— La note que j'ai ajoutée à ce document a déjà été lue. Je me suis opposé à un passage, ou plus exactement à un cas que je considérais comme parfaitement admissible du point de vue du Droit international. Ce passage a été supprimé ultérieurement et remplacé par la mention qu'il faudrait aussi qualifier de meurtre le fait, pour l'un de nos propres pilotes descendant en parachute, d'être attaqué avec une arme à feu.

— C'est l'objection que j'ai élevée... Je fis l'annotation suivante : « Le ministère des Affaires étrangères est-il d'accord avec le point 3 *b)* ? », à savoir que le fait de tirer sur nos propres aviateurs, dont l'avion était atteint et qui descendaient en parachute, devait être considéré comme un acte de terrorisme infâme. Mais je voudrais ajouter que l'idée de lynchage fut lancée par Gœbbels dans un article qu'il publia dans le *Völkischer Beobachter*. Or, plus je m'occupais de ce problème, plus je me rendais compte clairement qu'aucun but ne serait atteint par de telles méthodes, car jamais on ne saisirait l'aviateur coupable volant en rase-mottes car, ou il parviendrait à s'évader, ou il s'écraserait au sol. Et finalement, il n'en résulterait qu'un assassinat généralisé d'aviateurs. C'est pourquoi je me décidai — et à cet égard j'étais entièrement d'accord avec le maréchal Keitel — à faire échouer d'emblée toutes ces mesures. Le Tribunal constatera qu'entre la parution du document, le 21 mai, et celle de l'autre document seize jours s'écoulèrent pendant lesquels aucune action ne fut entreprise. Lorsque, le 6 juin, je reçus un long rapport à ce sujet, j'y fis l'annotation suivante : « Cela ne suffit pas ; il faut tout reprendre dès le début ; comment peut-on s'assurer que l'on ne procédera pas de cette façon contre d'autres aviateurs ennemis ? Ne faudrait-il pas avoir recours à une procédure légale quelconque ? » Si j'ai écrit cela, Messieurs, compte tenu de ma méthode habituelle de travail, cela constitue une preuve absolue du fait que je n'avais pas d'autre but que celui de maintenir l'affaire en suspens jusqu'à ce qu'elle se réglât d'elle-même ; et j'y réussis. Aucune autorité militaire ne publia d'ordre ; on ne vit même pas de projet d'ordre. Il n'y eut que ces chiffons de papier. Il a été établi, et de nouvelles preuves se feront encore jour, que bien des mois plus tard le Führer porta contre nous et surtout contre la Luftwaffe, entre autres charges plus graves, celle d'avoir « torpillé » son ordre.

ACCUSATION

— L'accusé Ribbentrop a autorisé et ordonné des crimes de guerre, des crimes contre l'Humanité, et y a participé.

— Bien entendu, je ne considère cette qucstion que du point de vue de la préparation de ces crimes. La perpétration de ces crimes sera traitée par mes collègues et amis du Ministère Public soviétique, mais il est utile de montrer ici comment cet accusé a participé à la préparation de tels crimes. Je traiterai d'abord de l'exécution des aviateurs alliés.

— Avec la multiplication des raids de l'Aviation alliée sur les villes allemandes en 1944, le Gouvernement allemand proposa l'adoption d'un plan destiné à empêcher les aviateurs anglo-américains d'accomplir d'autres raids sur les villes du Reich. Dans le compte rendu d'une réunion au cours de laquelle devait être arrêtée une ligne de conduite définie, on trouve une indication sur le point de vue défendu par l'accusé Ribbentrop. C'est le compte rendu d'une réunion au Quartier Général du Führer, le 6 juin 1944. J'aimerais en lire le premier paragraphe :

— « Dans l'après-midi du 6 juin, l'Obergruppenführer Kaltenbrunner informa le chef adjoint de l'État-Major d'opérations à Klessheim qu'une conférence à ce sujet avait eu lieu peu de temps auparavant entre le Reichsmarschall » — c'est-à-dire l'accusé Goering — « le ministre des Affaires étrangères » — c'est-à-dire l'accusé Ribbentrop — « et le Reichsführer S.S. » — Himmler —. Contrairement à la proposition initiale faite par le ministre des Affaires étrangères du Reich qui désirait appliquer ces mesures à tous les moyens d'attaque terroriste employés à l'égard de la population civile allemande, c'est-à-dire également aux bombardements des villes, il fut décidé que seules les attaques au moyen d'armes de bord visant directement la population civile et ses biens pouvaient être considérées comme des actes criminels. La loi de lynch serait la règle en la matière, sans qu'il soit question de traduire les aviateurs devant des tribunaux militaires ni de les livrer à la Police. »

— L'accusé insistait donc pour qu'après une attaque sur une ville allemande, les aviateurs fussent livrés à la foule pour être lynchés. Les autres prétendaient que ce traitement devait être réservé aux auteurs d'attaques à la mitrailleuse ou armes similaires contre la population civile.

— Je ne crois pas avoir besoin de lire le paragraphe *a* de la déclaration du chef adjoint de l'État-Major d'opérations. Son importance se trouve réduite par la déclaration de Kaltenbrunner disant que les cas indiqués ne se produisaient pas.

— Le paragraphe *b* dit : « Le chef adjoint de l'État-Major d'opérations déclara qu'outre le lynchage, il fallait mettre au point une méthode permettant d'isoler les aviateurs ennemis soupçonnés d'actes criminels de cette sorte, au moment de leur arrivée au camp de réception des aviateurs prisonniers de guerre à Oberursel. Si les soupçons étaient confirmés, ils devaient être livrés au S.D. pour traitement spécial. »

— Si je comprends bien, si ces aviateurs n'étaient pas lynchés par la foule, selon le premier plan, ils étaient tenus séparés des prisonniers de guerre ordinaires qui pouvaient bénéficier d'une intervention de la puissance protectrice. Et si les soupçons se confirmaient, on les livrait au S.D. pour être exécutés.

— Puis, au paragraphe 3 apparaît la justification que l'on avait trouvée pour le lynchage :

— « Au cours d'une conférence avec le colonel von Brauchitsch, colonel d'aviation, le 6 juin, il fut décidé que les actions suivantes seraient considérées comme actes terroristes justifiant la loi de lynch :

— « *a)* Attaques à basse altitude, au moyen d'armes du bord, d'éléments isolés ou en groupe de la population civile.

— « *b)* Attaques contre les aviateurs allemands abattus descendant en parachute.

— « *c)* Attaques, au moyen d'armes du bord, des trains de voyageurs civils.

— « *d)* Attaques, au moyen d'armes du bord, contre les hôpitaux militaires ou civils, ainsi que les trains sanitaires portant une croix-rouge apparente. »

— Tels devaient être les motifs de lynchage, et non le bombardement d'une ville, comme cet accusé l'avait proposé.

— Puis, à la dernière page de ce document, apparaît une remarque assez curieuse de l'accusé Keitel : « Réflexions du chef de l'O.K.W. sur les notes de la conférence du 6 juin 1944. »

— « Très secret, officiers d'États-Majors seulements.

— Si l'on permet au peuple d'appliquer la loi de lynch, il est difficile d'établir des règles.

— « Le directeur ministériel Berndt est sorti et a tué des aviateurs dans la rue. Je suis contre la procédure légale. Elle ne rend pas ! Signé : « K. » (Keitel).

— Puis vient le commentaire de l'accusé Jodl :

« Cette conférence est insuffisante en ce qui concerne le point 3. Il faut prendre une décision très nette, en accord avec le ministère des Affaires étrangères, sur les points suivants :

— « 1. Que considérons-nous comme meurtre ? Le ministère des Affaires étrangères est-il d'accord sur le point 3 *b* ?

— « 2. Comment cette procédure doit-elle être appliquée : *a)* par le peuple ? *b)* par les autorités ?

— « 3. Comment pouvons-nous nous assurer que cette méthode ne sera pas également appliquée aux autres aviateurs ennemis ?

— « 4. Doit-on appliquer également une procédure légale ou non ? » Signé : « J » (Jodl).

— Je me permettrai de prétendre qu'il est important de remarquer que l'accusé, ainsi que le ministère des Affaires étrangères, étaient parfaitement au courant de ces violations des lois et usages de la guerre ; le document que je dépose montre clairement à quel point le ministère des Affaires étrangères comprenait qu'il y avait là violation des lois et usages de la guerre. C'est un document du ministère des Affaires étrangères, approuvé par l'accusé Ribbentrop et transmis par l'un de ses fonctionnaires nommé Ritter. Il commence ainsi :

— « Malgré des inconvénients évidents qui peuvent en résulter sur le plan du Droit international et de la politique étrangère, le ministère des Affaires étrangères est d'accord sur le principe des mesures proposées.

— « Dans l'examen des cas individuels, il y a lieu de distinguer entre le cas de lynchage et les cas de traitement spécial par le S.D.

— « I. Dans les cas de lynchage, il n'est pas indispensable d'établir avec précision les circonstances méritant un châtiment, selon les points 1 à 4 de la communication du 15 juin. D'abord, les autorités allemandes ne sont pas directement responsables, étant donné que la mort s'est produite avant qu'une autorité allemande se soit occupée de l'incident. Ensuite, les circonstances seront en général telles qu'il ne sera pas difficile de décrire l'affaire d'une façon appropriée au moment où elle sera rendue publique. Dans le cas de lynchage il sera donc important au premier chef de présenter correctement chaque affaire au moment de sa publication.

— « II. La méthode proposée pour les cas de traitement spécial appliqué par le S.D., avec publication ultérieure, ne serait acceptable que si l'Allemagne, à cette occasion, répudiait ouvertement les obligations du Droit international actuellement en vigueur et encore reconnues par l'Allemagne. Un aviateur ennemi capturé par l'Armée ou la Police et remis au camp des aviateurs prisonniers de guerre d'Oberursel aura acquis du même fait le statut légal de prisonnier de guerre. Or, l'accord sur les prisonniers de guerre du 27 juillet 1929 a établi des règles précises pour les poursuites contre les prisonniers de guerre et leur jugement ainsi que pour l'application de la peine de mort ; ainsi l'article 66, suivant lequel l'exécution d'une sentence de mort ne peut avoir lieu que trois mois après que la puissance protectrice aura été avisée de la sentence, et l'article 63 suivant lequel un prisonnier de guerre ne pourra être jugé que par les mêmes tribunaux et selon la même procédure que les membres de l'Armée allemande.

— Ces règles sont si précises qu'il serait vain de prétendre camoufler leur violation en présentant habilement des incidents isolés. D'un autre côté, le ministère des Affaires étrangères ne peut en l'occurrence se déclarer partisan d'une réfutation formelle de statut des prisonniers de guerre.

— « Une solution de fortune consisterait à empêcher les aviateurs ennemis suspects d'être jamais traités en prisonniers de guerre légaux, c'est-à-dire à leur déclarer immédiatement après leur capture qu'ils ne sont pas considérés comme des prisonniers de guerre, mais comme des criminels, et à les remettre, non pas aux autorités compétentes pour les prisonniers de guerre (camps de prisonniers de guerre), mais aux autorités chargées de poursuivre les actes criminels et à les soumettre à une procédure sommaire. Si, au cours de l'interrogatoire, il ressortait des circonstances que cette procédure spéciale n'est pas applicable à ce cas particulier, ces aviateurs en question pourraient par la suite et isolément recouvrer le statut de prisonniers de guerre et être transférés au camp de rassemblement des aviateurs prisonniers de guerre à Oberursel. Bien entendu, cette solution n'empêchera pas que l'on reproche à l'Allemagne d'avoir violé les accords en vigueur, ni que l'on exerce même des représailles sur les prisonniers de guerre allemands. En tout cas, cette solution nous permettrait de définir clairement notre attitude et nous dispenserait, d'une part, de dénoncer ouvertement les accords en vigueur et, d'autre part, de recourir à des prétextes auxquels personne ne croirait, au moment de la publication de chaque cas individuel. »

— Je n'ai pas l'intention d'entrer dans les détails, mais je demande au Tribunal de lire la première phrase du paragraphe III :

— « Il résulte de ce qui précède que tout le poids de l'opération devra porter sur les cas de lynchage. Si la campagne entreprise prenait des proportions telles que l'on arrivât réellement au résultat cherché, c'est-à-dire décourager les aviateurs ennemis, comme le désire le ministère des Affaires étrangères, les attaques de la population civile, au moyen d'armes du bord, par les aviateurs ennemis, devront être présentées par la propagande d'une manière différente de celle utilisée jusqu'à ce jour… »

— Je ne crois pas qu'il y ait lieu de continuer cette lecture, car le point de vue de l'accusé apparaît clairement. Si le Tribunal veut bien considérer maintenant le document suivant, il pourra lire au début du second paragraphe :

— « L'ambassadeur Ritter nous a fait connaître par téléphone, le 29 juin, que le ministre des Affaires étrangères avait approuvé ce projet… »

— Telle était donc la situation en ce qui concerne le traitement des aviateurs ennemis ; elle fait, à mon avis, la preuve de l'élaboration froide et préméditée d'une méthode permettant de tourner le Droit international.

Le 1er avril 1946, Von Ribbentrop répond aux questions posées sur le meurtre des aviateurs alliés :

Sir David Maxwell-Fyfe. — Vous souvenez-vous d'une conférence qui eut lieu en juin 1944 et sur laquelle nous avons déjà entendu des témoignages, conférence relative à l'exécution de ce qu'on a appelé les aviateurs terroristes. Maintenant, écoutez la question et essayez, je vous prie, d'y répondre directement. Est-il exact, comme il est dit dans le rapport, que vous désiriez inclure dans la notion d'aviateurs terroristes, toutes les sortes d'attaques terroristes contre la population civile allemande, c'est-à-dire l'attaque des villes au moyen de bombes ? Est-il exact que vous vouliez inclure dans les aviateurs terroristes les aviateurs qui participaient au bombardement des villes allemandes ?

ACCUSÉ VON RIBBENTROP. — Non, ce n'est pas exact.

SIR DAVID MAXWELL-FYFE. — Voulez-vous alors vous reporter au rapport signé par le général Warlimont sur la conférence du 6 juin.

— « L'Obergruppenführer Kaltenbrunner informa l'adjoint au chef du W.F.S.T., dans l'après-midi du 6 juin, à Klessheim, qu'une conférence sur cette question s'était tenue peu de temps auparavant entre le Reichsmarschall, le ministre des Affaires étrangères et le Reichsführer S.S. Au cours de cette conversation, il fut convenu qu'au contraire des propositions originales du ministre des Affaires étrangères qui voulait comprendre dans ces mesures toutes les attaques terroristes contre la population civile allemande, y compris les attaques par bombes, seules les attaques au moyen d'armes de bord seraient retenues comme constituant un acte criminel dans ce sens. »

— Prétendez-vous que Kaltenbrunner a eu tort lorsqu'il a dit que vous désiriez y inclure les attaques de toute nature ?

ACCUSÉ VON RIBBENTROP. — Non, cela n'est pas exact, de la façon dont vous le présentez.

SIR DAVID MAXWELL-FYFE. — Bien. Alors répondez à cette question. Approuviez-vous que ceux que vous appeliez des « aviateurs terroristes » fussent abandonnés à la population pour être lynchés ou bien remis aux S.S. ?

ACCUSÉ VON RIBBENTROP. — Non, ce n'était pas ma manière de voir.

SIR DAVID MAXWELL-FYFE. — Voudriez-vous alors passer au mémorandum du ministère des Affaires étrangères. On y lit à la page 396 que le général Warlimont déclare que l'ambassadeur Ritter l'a informé par téléphone que « ces projets avaient été approuvés par le ministre des Affaires étrangères ». Ces projets comprenaient deux parties ; au paragraphe 1, celui du lynchage, le projet indique : « Les autorités allemandes ne sont pas directement responsables si la mort survient avant qu'elles n'interviennent. » Approuvez-vous ce point de vue ? Était-ce là votre point de vue quant au lynchage des aviateurs ?

ACCUSÉ VON RIBBENTROP. — Non, ce n'était pas mon opinion. J'ai également pris position sur ce document. Il émane du ministère des Affaires étrangères ; je ne sais plus comment il a été élaboré, si c'est sur mon ordre ou d'après une déclaration des autorités militaires. Ce rapport, je ne l'ai pas approuvé sous sa forme présente mais je l'ai envoyé au Führer pour lui demander de décider de la question. Le Führer l'a qualifié de sottise — je crois — et c'est ainsi que ce rapport du ministère des Affaires étrangères a été enterré et n'a eu aucune suite.

SIR DAVID MAXWELL-FYFE. — Si bien qu'en l'occurrence, vous dites, lorsque Warlimont annonça que l'ambassadeur Ritter avisa la Wehrmacht par téléphone, le 29 juin, que vous aviez approuvé ce projet, que Warlimont ou Ritter ne disent pas la vérité ?

ACCUSÉ VON RIBBENTROP. — En tout cas, ce n'est pas exact car il ressort d'un autre document que j'ai vu également ici que ce document a été envoyé au Führer et que j'ai dit à ce moment-là qu'il devait donner son accord. J'ai d'ailleurs vu ici d'autres documents à ce sujet. Voilà également ce dont je me souviens.

SIR DAVID MAXWELL-FYFE. — Si nous revenons donc au point de vue du Führer, tâchons de nous en faire une idée. Prenons le compte rendu d'une réunion entre vous-même, Hitler et Oshima, le 27 mai 1944.

— Vous souvenez-vous qu'en votre présence, Hitler dit à Oshima que les Japonais devaient pendre tous les aviateurs terroristes américains et non pas les fusiller, et que cela ferait réfléchir les Américains avant d'entreprendre de telles attaques. Est-ce que vous étiez d'accord sur ce point ?

ACCUSÉ VON RIBBENTROP. — Non, je ne suis absolument pas d'accord sur ce point. Si cela y figure, ce n'est pas mon opinion. Je ne puis dire qu'une seule chose, c'est que toute l'attitude de Hitler, telle qu'elle apparaît dans ce document, provenait des terribles effets des attaques aériennes à cette époque.

SIR DAVID MAXWELL-FYFE. — J'ai déjà entendu cela. Je vous demande si vous étiez d'accord ou non ; vous dites : non. Maintenant, je voudrais passer à un autre point.

ACCUSÉ VON RIBBENTROP. — Je voudrais encore dire quelque chose à ce sujet parce que c'est très important.

SIR DAVID MAXWELL-FYFE. — Vous pourrez le dire tout à l'heure à votre éminent avocat, après avoir répondu à ma question. Je voudrais maintenant attirer votre attention sur le Stalag Luft III. Il se peut que vous m'ayez entendu poser un certain nombre de questions à des témoins à ce sujet. Il s'agit des 50 aviateurs anglais qui furent assassinés par les S.S. après leur évasion. Vous le savez ? Vous savez de quoi je veux parler ?

ACCUSÉ VON RIBBENTROP. — Je suis au courant [1].

SIR DAVID MAXWELL-FYFE. — Vous vous souvenez que mon collègue M. Eden fit à la Chambre des Communes une déclaration très ferme disant que ces aviateurs avaient été assassinés et que l'Angleterre demanderait justice. Vous vous en souvenez, en juin 1944 ?

ACCUSÉ VON RIBBENTROP. — J'ai appris cette affaire par le discours aux Communes de M. Eden.

SIR DAVID MAXWELL-FYFE. — Et vous souvenez-vous que le Gouvernement du Reich fit une déclaration selon laquelle, dans une communication faite à l'Angleterre par la Suisse, il réfutait cette allégation inqualifiable du ministre des Affaires étrangères britannique. Vous en souvenez-vous ?

ACCUSÉ VON RIBBENTROP. — Non, je ne m'en souviens pas. Je me souviens seulement de ceci : à cette époque, nous reçûmes une communi-

1. Cf. chapitre suivant.

cation sur ce qui s'était passé et cela par une note de la Puissance protectrice. C'est tout ce que je sais.

SIR DAVID MAXWELL-FYFE. — C'est ce que je voulais vous demander. Saviez-vous, au moment où cette déclaration fut faite, que ces officiers avaient été assassinés de sang-froid ?

ACCUSÉ VON RIBBENTROP. — Je ne le savais pas. J'avais appris que ces hommes avaient été tués lors d'une tentative d'évasion ; mais dès cette époque nous avions l'impression que cette affaire n'était pas tout à fait claire, je m'en souviens encore.

SIR DAVID MAXWELL-FYFE. — Laissez-moi traiter cela en deux phrases. Qui vous a raconté ce mensonge ? Qui vous a dit que ces hommes avaient été tués en essayant de s'évader ?

ACCUSÉ VON RIBBENTROP. — Je ne m'en souviens pas maintenant, mais à cette époque les autorités compétentes nous ont envoyé les documents et une note fut transmise au Gouvernement suisse.

SIR DAVID MAXWELL-FYFE. — De qui teniez-vous les documents qui contenaient ces mensonges ? De Himmler ou de Gœring ?

ACCUSÉ VON RIBBENTROP. — Je ne sais pas.

SIR DAVID MAXWELL-FYFE. — Vous nous avez dit également que vous aviez l'impression que cette affaire n'était pas claire, je crois ?

ACCUSÉ VON RIBBENTROP. — Oui.

M. JUSTICE JACKSON. — J'attire d'abord votre attention sur la signature apposée à la fin de ce document et je vous demande si vous la reconnaissez.

TÉMOIN VON BRAUCHITSCH. — La signature est celle de Warlimont.

M. JUSTICE JACKSON. — Qui était Warlimont ?

TÉMOIN VON BRAUCHITSCH. — Warlimont était l'adjoint du chef de l'État-Major d'opérations de la Wehrmacht.

M. JUSTICE JACKSON. — Et vous vous connaissiez bien, n'est-ce pas ?

TÉMOIN VON BRAUCHITSCH. — Je le connaissais de vue. C'est à cette occasion que je lui ai parlé pour la première fois.

M. JUSTICE JACKSON. — Cette réunion eut lieu le 6 juin 1944, n'est-ce pas ?

TÉMOIN VON BRAUCHITSCH. — D'après la lettre, oui.

M. JUSTICE JACKSON. — J'attire votre attention sur le paragraphe 1 du procès-verbal de cette réunion, qui semble indiquer que l'Obergruppenführer Kaltenbrunner ouvrit la séance en déclarant qu'une conférence venait de se tenir récemment avec le Reichsmarschall, le ministre des Affaires étrangères du Reich et le Reichsführer S.S. sur la question des aviateurs. C'est ainsi que la réunion a été ouverte, n'est-ce pas ?

TÉMOIN VON BRAUCHITSCH. — Je ne sais rien sur la matière de cette réunion et je ne sais même pas si elle a eu lieu.

M. JUSTICE JACKSON. — Qui était alors Reichsmarschall ?

TÉMOIN VON BRAUCHITSCH. — Je me souviens que le 6 juin, l'invasion ayant été déclenchée dans la nuit précédente, j'ai téléphoné au Reichsmarschall Gœring à 2 heures du matin pour le mettre au courant de l'événement. Il quitta Veldenstein dans la matinée et arriva dans l'après-midi à Klessheim où devait avoir lieu une réunion où l'on examinerait la situation.

M. JUSTICE JACKSON. — Et cette réunion a été tenue à Klessheim, dans l'après-midi du 6 juin 1944, n'est-ce pas ?

TÉMOIN VON BRAUCHITSCH. — J'ai déjà dit précédemment que je ne sais rien de la réunion elle-même, ni du sujet de la discussion.

M. JUSTICE JACKSON. — Oui, je comprends. Vous n'étiez pas présent. Gœring était Reichsmarschall ; n'est-ce pas exact ?

TÉMOIN VON BRAUCHITSCH. — Oui.

M. JUSTICE JACKSON. — Ribbentrop était alors ministre des Affaires étrangères, n'est-ce pas ?

TÉMOIN VON BRAUCHITSCH. — Oui.

M. JUSTICE JACKSON. — Et qui était le Reichsführer S.S. ?

TÉMOIN VON BRAUCHITSCH. — Himmler.

M. JUSTICE JACKSON. — C'est à la suite de cette réunion à laquelle le ministre des Affaires étrangères... Suivez bien la phrase suivante : « ... le ministre des Affaires étrangères désirait inclure toutes les formes d'attaques terroristes contre la population civile indigène ». Il fut convenu que cette réunion, à laquelle vous avez pris part, devait avoir lieu, n'est-ce pas ? Est-ce bien là le sens du premier paragraphe ?

TÉMOIN VON BRAUCHITSCH. — D'abord je n'ai pas participé à cette réunion et ensuite, je ne sais rien de tout cela.

M. JUSTICE JACKSON. — N'étiez-vous pas avec Kaltenbrunner à la réunion qu'il avait organisée ?

TÉMOIN VON BRAUCHITSCH. — Je n'ai pas assisté à cette réunion avec Kaltenbrunner dont il est question en ce moment.

M. JUSTICE JACKSON. — Malgré la signature de Warlimont apposée au procès-verbal qui déclare que vous y étiez ?

TÉMOIN VON BRAUCHITSCH. — En dépit de la signature... Puis-je d'abord lire le document intégralement avant de donner une réponse définitive ?

M. JUSTICE JACKSON. — Lisez la dernière phrase. Témoin, j'ai peut-être mal interprété ce texte. Il n'est pas dit que vous étiez présent, mais il est dit que vous avez donné ce renseignement. Je vous demande de regarder le dernier paragraphe et de me dire si c'est exact ?

TÉMOIN VON BRAUCHITSCH. — Le dernier paragraphe de ce document, avant la signature, ne peut se rapporter qu'à une conférence qui, si je me souviens bien, a eu lieu le 6 juin, vers la fin de l'après-midi, chez le général Warlimont ; j'ai fait allusion à cette conférence tout à l'heure.

M. JUSTICE JACKSON. — Je crois que j'ai confondu les deux réunions et que ce procès-verbal ne montre pas que vous étiez présent à cette réunion. Il y a donc eu une semblable conférence, comme le rapporte Warlimont, mais ce n'était pas la même que celle à laquelle assistait Kaltenbrunner ; est-ce exact ?

TÉMOIN VON BRAUCHITSCH. — Oui, c'est exact ; je ne connais que cette entrevue de la fin de l'après-midi du 6 juin qui eut lieu entre Warlimont et moi-même.

M. JUSTICE JACKSON. — Et c'est bien la conférence à laquelle il est fait allusion au premier paragraphe ?

TÉMOIN VON BRAUCHITSCH. — Non, la conférence de l'après-midi n'a rien à voir avec le premier paragraphe que je viens de lire. Il n'y a aucun rapport entre les deux.

M. JUSTICE JACKSON. — Le troisième paragraphe n'avait aucun rapport avec la première réunion, dites-vous ?

TÉMOIN VON BRAUCHITSCH. — Le troisième paragraphe n'a aucun rapport avec le paragraphe 1 ; je ne connaissais nullement ce paragraphe 1. J'ai déjà dit qu'on m'avait confié la mission de m'entretenir avec l'O.K.W. sur la définition des actes qui pouvaient être considérés comme des violations du Droit international.

M. JUSTICE JACKSON. — Je vais vous poser une autre question à ce sujet, pour dissiper tout malentendu. La conférence à laquelle il est fait allusion au paragraphe 3 du procès-verbal de Warlimont est bien une conférence qui a eu lieu entre vous et lui, tard dans l'après-midi, et n'avait rien à voir avec la conférence avec Kaltenbrunner qui a eu lieu, tôt dans la journée ?

TÉMOIN VON BRAUCHITSCH. — Oui.

Dr STAHMER. — Le témoin von Brauchitsch a dit l'autre jour, qu'en mai 1944, le Führer avait décrété des mesures très dures contre les aviateurs terroristes. Avez-vous, conformément à l'ordre du Führer, donné des instructions pour faire fusiller ou livrer au S.D. les aviateurs ennemis ?

ACCUSÉ GŒRING. — Le concept d'aviateurs terroristes était très confus. Une partie de la population et même de la presse appelait aviateurs terroristes à peu près tous ceux qui attaquaient des villes. Les bombardements continus des villes allemandes avaient provoqué dans le peuple allemand une grande agitation car la population y voyait souvent que les objectifs industriels importants étaient moins atteints que les locaux d'habitation et les objectifs non militaires. Ainsi, dans quelques villes allemandes, les quartiers résidentiels étaient déjà touchés sérieusement alors que les usines étaient intactes. Puis vinrent, avec l'avance des forces ennemies, les « Tiefflieger » ou avions opérant en rase-mottes qui attaquaient des objectifs militaires ou non. Des rapports de plus en plus nombreux parvenaient au Führer. J'en entendis quelques-uns suivant lesquels la population civile était attaquée avec des mitraillettes et des mitrailleuses. Des voitures, reconnaissables comme des voitures civiles et même des voitures portant la Croix-Rouge, avaient été attaquées. Un jour arriva un rapport — je m'en souviens nettement parce qu'il excita l'indignation du Führer — disant qu'on avait tiré sur un groupe d'enfants.

— Des gens furent tués devant les magasins ; tout était qualifié de bombardements terroristes. Le Führer était extrêmement indigné.

— Dans cet état d'excitation, la population lyncha des aviateurs ; on prit aussitôt des mesures contre de tels actes. Puis, j'entendis dire que l'ordre avait été donné à la Police et à Bormann de ne pas prendre de mesures contre le lynchage. Les rapports se multipliaient et le Führer décréta que ces aviateurs terroristes seraient fusillés sur place ; on fit une déclaration en ce sens. J'avais établi, au cours de l'interrogatoire de ces aviateurs, que leurs supérieurs leur interdisaient ces attaques et qu'ils ne devaient attaquer que des objectifs militaires caractérisés. Comme souvent en pareil cas, on ordonna une consultation de tous les services intéressés. Nous étions arrivés — comme Brauchitsch l'a déjà déclaré — et non seulement l'Aviation mais aussi l'O.K.W. et les autres bureaux militaires, à la conclusion qu'il était très difficile de formuler et de mettre en vigueur un ordre sur ce point.

— Il fallait d'abord définir de façon irrécusable le concept d'« aviateur terroriste ». On trouva quatre points, qui ont déjà été lus ici et qui furent longuement débattus.

— En gros, j'étais d'avis que ces aviateurs, qui avaient reçu de leurs propres chefs l'interdiction de faire de telles attaques, pourraient toujours être condamnés dans les formes légales par un tribunal militaire. Après beaucoup de discussions, nous ne sommes arrivés à rien de décisif. D'ailleurs, aucun service de l'Armée de l'air n'était habilité à entreprendre des démarches dans ce sens. D'après le document du 6 juin 1944, qui mentionne un entretien entre Himmler, Ribbentrop et moi à Klessheim et qui a été signé par Warlimont, Warlimont déclare que Kaltenbrunner lui avait dit avoir appris qu'une conférence avait eu lieu. Cela ne veut pas dire qu'elle ait eu lieu. Ce 6 juin 1944, comme Brauchitsch l'a déjà exposé, est une date très marquante, car c'était le jour de l'invasion de la France. Je ne sais pas exactement qui se trouvait à Klessheim. Klessheim était un château près de Berchtesgaden, aménagé pour recevoir les alliés ou les étrangers en visite. Depuis bien longtemps j'avais pris l'habitude, en ma qualité de Commandant en chef de l'Aviation, de m'absenter quand venaient ces visiteurs alliés. Car chacune de ces visites se transformait en demande de secours au cours des entretiens ; on me réclamait de plus en plus du matériel, en particulier des avions, qu'il s'agisse de la Bulgarie, de la Roumanie, de la Hongrie, de la Finlande, de l'Italie ou de n'importe qui.

— J'avais donc pour habitude d'être absent à ces moments-là pour donner au Führer la possibilité de se dérober en disant qu'il lui fallait d'abord en parler au Commandant en chef de l'Aviation. Si je me souviens bien, j'avais quitté Berchtesgaden le 4 ou même le 3 et je me trouvais dans ma propriété près de Nuremberg. L'officier d'État-Major qui m'accompagnait, le médecin et d'autres, pourront le certifier si c'est nécessaire. C'est là que j'ai appris la nouvelle de l'invasion dans les premières heures de la matinée. Brauchitsch se trompe pourtant lorsqu'il dit qu'on nous a annoncé l'invasion ; au contraire, quand je demandai des précisions, on me dit qu'on ne savait pas s'il s'agissait d'une manœuvre de diversion ou de l'invasion. Je suis rentré à Berchtesgaden dans la soirée ou dans l'après-midi, il faut quatre heures et demie pour aller d'ici à Berchtesgaden, et — je m'en souviens — je ne suis parti qu'après le déjeuner. Je n'ai donc pas pris part à un entretien sur ce sujet avec Himmler ou Ribbentrop à Klessheim ou ailleurs et je désire le souligner. Les conversations furent menées par mon adjoint von Brauchitsch ou mon chef d'État-Major ; c'est lui qui fit savoir à l'O.K.W., sans m'avoir consulté une dernière fois, que j'estimais qu'il fallait, dans ces cas, déférer les auteurs à un tribunal.

— L'important est qu'aucun ordre de ce genre, ordre du Führer ou de moi-même, n'a été donné à un service de l'Aviation, ni au camp de passage et de triage d'Oberursel, ni à aucune unité de l'Armée.

— Il existe un document concernant la XIe région aérienne qu'on a lu ici. Je crois qu'il y est question de l'exécution d'aviateurs américains ; ce fait y est rapporté parce qu'il s'agissait de la XIe région aérienne. J'ai parcouru ce document ; il y a deux appendices très détaillés. Il révèle très clairement que la XIe région aérienne rend compte que les membres d'un équipage qui avaient sauté en parachute ont été repêchés dans un lac par des éléments de troupes n'appartenant pas à l'aviation et exécutés par la police sur le chemin du camp d'aviation. On indique même de quelle unité de police il s'agit. Ils ne sont donc pas parvenus au camp, mais ont été abattus auparavant par la police. Comme il était de son devoir, la XIe région aérienne rend compte de ces faits. On rapporte dans l'appendice le nom exact des participants et ce qu'il est advenu de chacun d'eux. Les uns ont été admis à l'hôpital, les autres, comme je l'ai dit, ont été abattus.

— Ces comptes rendus généraux et particuliers s'expliquent du fait que les services des régions aériennes, tout comme les services au sol en Allemagne, devaient automatiquement rendre compte sur un formulaire imprimé de la chute ou de l'atterrissage forcé d'un appareil, sans distinction entre nos appareils et ceux de l'ennemi :

— « A telle heure, un avion ennemi ou ami touché, abattu à tel ou tel endroit, ou contraint d'atterrir. L'équipage a sauté en parachute. L'équipage a été tué. La moitié de l'équipage a péri. Le reste a été emmené au camp ou conduit à l'hôpital. »

— Et, ici, on rend compte en outre d'une façon réglementaire : « Tués par la police au cours d'une tentative de fuite. Enterrés à tel endroit. »

— Ces comptes rendus arrivaient par centaines. Je fais allusion aux comptes rendus sur les avions amis ou ennemis abattus et sur leurs équipages qui parvenaient, surtout au moment de la guerre aérienne intensive, aux régions aériennes qui les transmettaient à leur tour aux services compétents. La Luftwaffe n'avait elle-même rien à voir avec ces faits. Il ressort clairement de ce document original allemand qu'il ne s'agit là que d'un compte rendu.

— Il y eut sur ce sujet une discussion très animée. Toutes les personnes qui assistaient à l'exposé quotidien de la situation que faisait le Führer s'en souviennent ; le Führer me dit, à plusieurs reprises, d'un ton très hostile, qu'il désirait faire rechercher ces officiers qui avaient encore protégé contre la population des aviateurs tombés en parachute : il voulait connaître leurs noms et la sanction qui leur avait été infligée. Je n'ai jamais fait rechercher ces gens. Je ne les ai pas fait punir non plus.

— Je fis remarquer au Führer qu'il était déjà arrivé que nos propres aviateurs qui avaient sauté en parachute eussent été violemment maltraités par leurs concitoyens, qui en étaient ensuite fort confus. C'est pourquoi j'insistais au nom de l'Aviation pour qu'il mît fin à cet état de choses. Il y eut encore une dernière discussion acerbe lors de l'exposé de la situation en présence de beaucoup de personnes, au cours duquel, alors que je parlais encore de cette question, le Führer me coupa la parole en disant : « Je sais bien que les deux aviations ont conclu un accord mutuel de lâcheté. » Je lui répondis : « Nous n'avons pas conclu un accord de lâcheté, mais nous autres aviateurs nous sommes restés, même au combat, des camarades. » Tous ceux qui ont assisté à ces discussions doivent s'en souvenir.

M. JUSTICE JACKSON. — En mai 1944, vos pertes en avions de chasse et en pilotes de chasse étaient devenues sérieuses ?

ACCUSÉ GŒRING. — Oui.

M. JUSTICE JACKSON. — Le 19 mai 1944 vous avez bien eu une conversation dans vos services sur la question des avions de chasse et sur les pertes en pilotes de chasse ?

ACCUSÉ GŒRING. — Oui.

M. JUSTICE JACKSON. — Le procès-verbal de cette conférence vous a déjà été montré et vous l'avez reconnu comme tel au cours de votre interrogatoire.

ACCUSÉ GŒRING. — Ce n'est pas un compte rendu de cette réunion. C'est un court résumé établi par un officier qui, autant que je le sache, a concentré en quelques phrases une conférence qui a duré deux jours.

M. JUSTICE JACKSON. — Je vais vous faire montrer le document. Il porte la mention « Très secret ». C'est bien exact ?

ACCUSÉ GŒRING. — C'est exact.

M. JUSTICE JACKSON. — Ce document porte cependant le titre : « Compte rendu d'un entretien sur l'aviation de chasse avec le Reichsmarschall, les 15 et 16 mai 1944. » C'est bien exact, n'est-ce pas ?

ACCUSÉ GŒRING. — Non, il est écrit : « Notes de conférence sur entretien relatif à l'aviation de chasse chez le Reichsmarschall, les 15 et 16 mai 1944. »

M. JUSTICE JACKSON. — Vous traduisez notes de conférence ?

ACCUSÉ GŒRING. — Notes de Conférence, tel est le terme qui figure dans l'original.

M. JUSTICE JACKSON. — Notes sur un entretien à propos des appareils de chasse ?

ACCUSÉ GŒRING. — Qui a duré deux jours.

M. JUSTICE JACKSON. — Oui. Tout d'abord le général Galland décrivit en détail la situation du personnel de chasse, c'est bien cela n'est-ce pas et donna un aperçu sur les pertes ?

ACCUSÉ GŒRING. — Oui, c'est exact.

M. JUSTICE JACKSON. — Et il parla ensuite, en second lieu, des mesures qui s'imposaient pour remédier à cette situation ? Est-ce exact ?

ACCUSÉ GŒRING. — Oui, d'après ces notes de conférences, mais je ne puis véritablement dire si cela s'est passé en réalité.

M. JUSTICE JACKSON. — Cette conférence a bien eu lieu, n'est-ce pas ?

ACCUSÉ GŒRING. — Absolument ; elle a duré deux jours.

M. JUSTICE JACKSON. — Et à l'article 3, le général Galland a bien fait certaines propositions, n'est-ce pas ?

ACCUSÉ GŒRING. — Oui.

M. JUSTICE JACKSON. — Et c'est alors que vous avez décidé :

« ... Le Reichsmarschall décide que seuls les trois groupes des escadres de chasse resteront en Allemagne après mutation de leurs pilotes prêts à participer aux opérations. »

— Est-ce exact ?

ACCUSÉ GŒRING. — Oui.

M. JUSTICE JACKSON. — Et nous en arrivons à l'article 19 :

— « Le Reichsmarschall désire qu'au cours d'attaques de grande envergure sur les aérodromes, qui causeront des pertes considérables en personnel et en matériel, les mesures de défense et de dispersion soient examinées à nouveau par l'État-Major d'opérations de l'Aviation. »

— Est-ce exact ?

ACCUSÉ GŒRING. — Oui.

M. JUSTICE JACKSON. — L'article 20 est ainsi rédigé :

— « M. le Reichsmarschall désire proposer au Führer que des équipages américains et anglais qui, sans discrimination, tirent sur les villes, sur les trains civils en marche ou sur les soldats descendant en parachute, soient immédiatement abattus sur le lieu de ces actions. »

— Ai-je lu d'une façon correcte ?

ACCUSÉ GŒRING. — C'est bien ce qui figure ici, mais je n'ai pas manqué de protester autrefois en affirmant que ce n'était pas exact. Ce passage n'a rien à voir avec le contexte figurant aux articles 19 et 21 de ces notes de conférence. C'est ainsi que l'expression descendant en parachute est susceptible de créer des confusions et n'est pas courante. Je me suis longtemps demandé comment ces termes avaient pu figurer dans ces notes que je n'ai jamais vues et qui ont résumé des conversations qui se sont déroulées pendant deux jours. Et je n'en puis trouver l'explication que dans le fait que j'ai déjà rapporté et qui ressort des autres moyens de preuves : que le Führer, à ce moment, avait donné des directives en ce sens et qu'il ne peut s'agir ici, en toutes circonstances, que d'une erreur, non dans le sens que le Reichsmarschall aurait pu proposer de telles mesures au Führer, mais dans le sens que j'aurais pu indiquer que le Führer eût effectivement une telle intention. Mais, surtout, le rédacteur de ces notes de conférences pourrait être utilement entendu. Aucun autre article de ces notes de conférences ne fait allusion à ces faits. Le suivant, déjà, dit une chose tout à fait différente. Tandis que tout le reste se rapporte à l'objet de la conférence, seul ce point ne présente avec lui aucun rapport.

M. JUSTICE JACKSON. — De tous les points contenus dans ces notes qui portent sur deux jours, seul celui-ci vous paraît être faux ? Je vais maintenant vous montrer l'ordre :

— « Le Führer a décidé, dans les cas spéciaux, d'appliquer les mesures suivantes à l'égard des équipages anglo-américains :

— « Les aviateurs ennemis abattus seront fusillés sans procédure judiciaire dans les cas suivants... »

LE PRÉSIDENT. — Monsieur Justice Jackson, n'auriez-vous pas intérêt à lire le paragraphe qui se trouve quatre lignes plus haut après le « Rapport du Reichsmarschall ».

M. JUSTICE JACKSON. — Je ne l'avais pas présent à l'esprit, mais peut-être serait-il bon que je le lise en entier pour le procès-verbal :

— « Le chef de l'État-Major d'opérations de la Wehrmacht. Prière de bien vouloir rédiger un projet d'ordre. W (abréviation de Warlimont). K (abréviation de Keitel), [remarque au crayon de Keitel].

— « Doit aussi aller au Reichsführer S.S. (mention au crayon de Jodl).

— « Le général Korten a fait la déclaration suivante après l'exposé du Reichsmarschall (note au crayon de Keitel) :

— « Notes : Le Führer a décidé, dans des cas spéciaux, de prendre les mesures suivantes vis-à-vis des équipages anglo-américains ; les aviateurs ennemis abattus sont à fusiller sans procédure judiciaire dans les cas suivants :

— « 1. Lorsqu'ils ont fait feu sur des équipages allemands descendant en parachute.

— « 2. Lorsqu'ils ont attaqué avec des armes de bord les appareils allemands qui ont dû atterrir et à proximité desquels se trouvent des membres de l'équipage.

— « 3. Au cours d'attaques sur les trains civils assurant des trafics publics.

— « 4. Lorsqu'ils auront attaqué avec des armes de bord des personnes isolées : paysans, travailleurs, véhicules isolés, etc. »

A ce point figure une correction : « Lorsqu'ils auront attaqué avec les armes de bord des personnes isolées, des véhicules isolés, etc. »

— Est-ce exact ?

ACCUSÉ GŒRING. — Sur mon texte « Lorsqu'ils auront attaqué des personnes isolées... », le mot « isolé » est rayé et deux mots ont été rajoutés qu'il m'est impossible de lire. Devant « véhicules isolés », le mot « civil » a été rajouté et il est dit au point 2 :

— « Cela donne à réfléchir, car la destruction d'un avion contraint d'atterrir ne peut pas être considérée comme une méthode de gangster, mais comme une mesure qui rentre tout à fait dans le cadre étroit d'une conduite civilisée de la guerre. »

— Il s'agit là de toute la série de questions qui se sont posées au cours de ces journées ou de ces semaines et sur lesquelles le témoin Brauchitsch a récemment déposé.

PROFESSEUR DR JAHRREISS. — Témoin, avez-vous entendu dire qu'au cours de la dernière phase de la guerre, on aurait envisagé de livrer à la fureur populaire certains aviateurs ennemis que l'on avait fait prisonniers ?

TÉMOIN BÜCHS. [1] — Oui, je me souviens qu'au printemps de 1944, à Berchtesgaden, le Führer, très agité, avait demandé que les aviateurs alliés qui avaient fait des atterrissages forcés en Allemagne ne fussent plus protégés contre la fureur populaire par la Wehrmacht. Cette exigence du Führer avait pour origine des informations selon lesquelles un Kreisleiter du Parti et un officier d'aviation avaient protégé un aviateur allié. Le Führer, indigné, demanda avec violence que des ordres fussent donnés en conséquence et que ces agissements cessent une fois pour toutes.

PROFESSEUR DR JAHRREISS. — Cet ordre fut-il également adressé au général Jodl ?

TÉMOIN BÜCHS. — Oui, cette exigence fut posée au cours d'une conférence sur la situation générale, à laquelle assistait également le général Jodl ; mais, à mon avis, le général Jodl ne prit aucune part à la préparation de cet ordre qui ne touchait pas directement le domaine militaire.

PROFESSEUR DR JAHRREISS. — Le général Jodl n'a donc fait aucun commentaire ?

TÉMOIN BÜCHS. — Comme toutes les autres personnes présentes, le général Jodl était hostile à cette exigence, et il fit tout son possible pour en dissuader le Führer. Il adopta d'ailleurs aussitôt une attitude critique qui se traduisit par la suite par l'exposé de quatre cas de violation du Droit international de la part d'aviateurs alliés.

PROFESSEUR DR JAHRREISS. — Il est inutile que je vous interroge sur

1. Herbert Büchs, commandant de l'État-Major général. Second aide de camp de Jodl.

ce point : ces faits sont prouvés par des documents. Était-il donc possible, lorsque Hitler formulait une exigence avec la fureur que vous venez de dire, d'adopter vis-à-vis de lui une attitude temporisatrice ?

TÉMOIN BÜCHS. — Dans un cas de ce genre, quand le Führer présentait des exigences dans un tel état d'irritation, il était impossible aux personnes à qui s'adressaient ces exigences de s'y opposer sur le moment ou de refuser a priori d'exécuter un tel ordre. Il ne restait rien d'autre, et c'est ce que faisait souvent le général Jodl, que de tenter de rechercher des documents, de demander leur opinion et leur avis à tous les services compétents, de réunir tout ce matériel, et au cours d'un moment de tranquillité plus favorable, de revenir sur la question avec le Führer afin de le dissuader de ces exigences extravagantes. Cela se traduisait par un long échange de correspondance au cours duquel les dossiers étaient renvoyés d'un service à l'autre, tout cela en vue de tirer l'affaire en longueur le plus possible, et si possible, de l'enterrer définitivement. Dans cette affaire des aviateurs terroristes, j'ai précisément l'impression que cette tactique réussit parfaitement, bien que le Führer, dont l'attention était périodiquement attirée sur cette question par de nouveaux rapports, eût insisté pour que son ordre fût exécuté.

PROFESSEUR Dr JAHRREISS. — Cet ordre n'a donc pas été donné ?

TÉMOIN BÜCHS. — Je ne connais pas d'ordre de ce genre.

PROFESSEUR Dr JAHRREISS. — Pouvez-vous me mentionner un incident duquel on puisse déduire avec certitude qu'un tel ordre n'a pas été donné ?

TÉMOIN BÜCHS. — Le Führer m'a fait personnellement, au mois d'août 1944, de très vifs reproches : à la suite d'une attaque aérienne sur Munich, Fegelein avait décrit à Hitler de façon frappante les attaques en piqué effectuées par les aviateurs alliés et lui avait signalé que deux aviateurs abattus par la défense antiaérienne avaient sauté en parachute, avaient été faits prisonniers par un adjudant d'artillerie antiaérienne et emmenés. Fegelein avait convoqué l'adjudant pour lui demander pourquoi il n'avait pas fusillé ces aviateurs, et celui-ci lui aurait répondu : « Parce que je n'avais pas d'ordres pour le faire. » Je fis alors remarquer qu'il n'existait pas d'ordre de ce genre. Hitler me fit à nouveau de très vifs reproches parce que les chefs de l'Armée n'avaient pas donné cet ordre, et demanda une fois de plus que son ordre fût exécuté.

PROFESSEUR Dr JAHRREISS. — Cela fut-il fait ?

TÉMOIN BÜCHS. — Non. C'était au lendemain du 20 juillet ; il y avait la campagne de l'Ouest, et d'autres problèmes beaucoup plus urgents étaient à l'ordre du jour ; cela aidant, la question des aviateurs terroristes fut de nouveau enterrée.

PROFESSEUR Dr JAHRREISS. — Avez-vous connaissance, témoin, d'un incident qui se serait produit à Berlin, je crois en mars 1945, à la chancellerie ? Le Führer se serait à nouveau plaint que, malgré ses exigences, cet ordre n'eût pas été donné.

TÉMOIN BÜCHS. — Je me souviens qu'en mars 1945 le Führer avait à nouveau parlé, d'une façon très vive, de cette question au général Koller qui était, à cette époque, chef d'État-Major de l'Armée de l'air. Je n'étais pas présent au début de cette discussion, mais je fus appelé et j'entendis le Führer dire qu'étant donné l'attitude de la Wehrmacht, et notamment de la Luftwaffe, il ne lui avait pas été possible de faire cesser le terrorisme des aviateurs alliés au-dessus de l'Allemagne, en prenant des mesures de représailles correspondantes...

PROFESSEUR DR JAHRREISS. — Monsieur le Président, nous avons un questionnaire que nous désirons présenter au Tribunal. C'est la déclaration du général Koller, que le témoin vient de citer. Cette déclaration mentionne tous les détails de cette discussion extrêmement importante qui eut lieu à Berlin. Une partie de cette conversation seulement eut lieu dans le bureau du Führer, et pour le reste, dans d'autres pièces ; ainsi, la conversation avec Kaltenbrunner, celle avec Gœring, eut lieu au téléphone. Pour gagner du temps, je voudrais demander au Tribunal de m'autoriser à donner lecture de ce document dans sa totalité, bien que le témoin n'ait entendu qu'une partie de cette conversation.

— Je donnerai d'abord lecture de la première question posée au général Koller :

— « Depuis quand êtes-vous chef de l'État-Major de la Luftwaffe ? »

— « J'ai été chef de l'État-Major des opérations aériennes du 1er septembre 1943 au 3 septembre 1944, et à partir du 23 novembre 1944, chef de l'État-Major général de la Luftwaffe. »

— « Vous souvenez-vous que, vers le mois de mars 1945, dans l'abri de la Chancellerie du Reich, le Führer vous ait reproché, à vous-même et à la Luftwaffe, de ne pas avoir fait donner cet ordre ? »

— « Oui, je m'en souviens très exactement.

— « *a)* Vers le début ou le milieu de mars 1945, au cours du rapport sur la situation, Bormann présenta au Führer une note extraite du bulletin de presse alliée. Cette note disait à peu près ceci :

— " L'équipage d'un avion de combat américain abattu en Allema-
" gne quelque temps auparavant avait été délivré par les troupes
" américaines au cours de leur avance. Il déclara avoir été maltraité par les
" habitants indignés, menacé de mort, et aurait probablement été exécuté
" si des soldats allemands ne l'avait pas délivré et pris sous leur protec-
" tion. "

— « Bormann fit encore remarquer à Hitler, en quelques mots, que ceci confirmait qu'en pareil cas, les soldats intervenaient contre la population.

— « *b)* Hitler, assez irrité, se tourna vers moi et me dit avec vivacité :
" J'ai déjà ordonné une fois que ces équipages de bombardiers qui ont
" sauté en parachute ne soient pas protégés contre la population. Ces gens
" n'assassinent que les femmes et les enfants allemands. Il est incroyable
" que des soldats allemands prennent des mesures pour protéger des

“ assassins contre leur propre peuple, qui agit avec une haine justifiée.
“ Pourquoi mes ordres n’ont-ils pas été exécutés ? ”

— « Surpris par cette attaque, je répondis à peu près : “ Je ne connais “ aucun ordre de ce genre ; de plus, ce serait pratiquement impossi- “ ble. ”

— « Hitler se tourna vers moi et me dit avec violence, en élevant la voix : “ La raison pour laquelle mes ordres ne sont pas exécutés n’est pas “ autre que la lâcheté de la Luftwaffe ; parce que ces messieurs de la “ Luftwaffe sont lâches et ont peur qu’il puisse aussi leur arriver quelque “ chose. Tout cela n’est qu’un pacte de lâcheté entre la Luftwaffe et les “ aviateurs anglais et américains. ”

— « Hitler se tourna alors aussi vers Kaltenbrunner qui se trouvait être présent par hasard dans le fond de la pièce et, le regardant de temps à autre, il poursuivit : “ J’ordonne donc que tous les équipages de bombar- “ diers qui ont sauté en parachute au cours de ces derniers mois, ainsi que “ tous ceux qui se trouveront dans ce cas à l’avenir, soient immédiatement “ remis par la Luftwaffe au S.D. et liquidés par le S.D. Quiconque “ n’exécutera pas mes ordres ou interviendra contre la population sera “ puni de mort et devra être fusillé. ”

— « Hitler exprima encore d’une façon générale son indignation et son point de vue. Les officiers assemblés donnaient une impression générale de surprise et de réprobation.

— « *c)* Quand l’exposé de la situation devant le Führer fut terminé, je demandai un entretien à Kaltenbrunner dans le couloir.

— « Points essentiels :

— “ *Koller.* — Il est impossible d’exécuter ces ordres ; la Luftwaffe “ ne s’y associera pas, moi en aucun cas, et je puis dire la même chose du “ Reichsmarschall. Il est absolument hors de question que la Luftwaffe y “ prête la main en aucune façon. ”

— “ *Kaltenbrunner.* — Le Führer se fait une idée complètement “ fausse. Les fonctions du S.D. sont, elles aussi, mal comprises. Ces “ affaires ne regardent en rien le S.D. D’ailleurs, aucun soldat allemand ne “ voudra faire ce que le Führer demande. Cela ne convient pas au soldat “ allemand. Il ne tue pas les prisonniers. Si quelques partisans fanatiques “ de M. Bormann essayent de le faire, le soldat allemand interviendra. Le “ Führer se fait une idée complètement fausse de l’état d’esprit de nos “ soldats. D’ailleurs, je ne ferai personnellement rien non plus dans cette “ affaire. Je n’en ai absolument pas l’intention. Nous devrons seulement “ voir comment nous pouvons nous en sortir, sans quoi quelques-uns “ d’entre nous seront les premières victimes. Nous devons gagner du “ temps. En tout cas, je vais quitter Berlin pour un certain temps. »

— “ *Koller.* — Nous sommes donc d’accord sur l’essentiel. Le fait “ que vous quittiez Berlin est favorable. Mais nous devons trouver un “ autre prétexte vis-à-vis du Führer, car il est possible qu’il revienne à son “ ordre dès demain. Pour plus tard, si cela devait empirer, il faudrait “ envisager comment empêcher la chose ou ce qui peut nous arriver. ”

— « Sur ma proposition, on décida qu'aucun ordre ne serait donné par la Luftwaffe ou le S.D. dans le sens indiqué par le Führer. Personne ne serait livré au S.D. Au cas où le Führer reviendrait de nouveau à son ordre, il faudrait tout d'abord empêcher toute action ultérieure par des explications comme celles-ci : les membres des équipages faits prisonniers précédemment ne sont pas détenus par la Luftwaffe, mais dispersés et aux ordres du B.D.E. (commandant de l'armée de réserve). L'époque de la capture n'est pas connue du commandement central ; par conséquent, l'évaluation du nombre des prisonniers capturés au cours des derniers mois est difficile et demanderait beaucoup de temps. Les opérations destinées à en effectuer le tri sans attirer l'attention devraient également être longuement préparées. Les équipages nouvellement faits prisonniers vont directement aux centres d'interrogatoires ; ceux-ci sont en cours de transfert en raison des opérations, les liaisons sont mauvaises. Il est donc nécessaire de discuter dans les détails et de s'entendre avec le S.D. Afin de conserver l'apparence de discussions, l'officier I-c, de l'O.K.L., devrait rencontrer un délégué de Kaltenbrunner qu'il faudrait désigner au préalable.

— « *d)* Après l'exposé de la situation devant le Führer, j'adressai la parole au Feldmarschall Keitel à l'entrée de l'abri, et lui dis : " L'ordre du " Führer est aberrant. (« C'est le moins qu'on puisse dire », interrompit Keitel). " La Luftwaffe ne ternira pas son blason. Cet ordre ne peut pas " être exécuté. Je suis convaincu que le Reichsmarschall est entièrement " de mon avis. Donner verbalement un tel ordre, et sous la menace d'un tel " châtiment ! S'il donne un ordre de ce genre, qu'il le signe de son propre " nom ! Reste à savoir s'il sera exécuté ; en tout cas, pas par la Luftwaffe. " Par le S.D. non plus ; j'ai déjà parlé à Kaltenbrunner. "

— " *Le Feldmarschall Keitel.* — Alors il ne signera pas de tels ordres " et c'est toujours l'O.K.W. qui doit s'en charger. Mais que je sois damné " si je donne un tel ordre ! "

— " *Koller.* — La Luftwaffe ne peut marcher en aucune façon. Nous " n'assumerons jamais une telle responsabilité. "

— " *Le Feldmarschall Keitel.* — Vous avez raison. Moi non plus. Il " faut que je réfléchisse à ce que je peux faire, et comment. "

— « La conversation fut interrompue parce que Keitel fut appelé au téléphone. Keitel était très contrarié par l'ordre du Führer.

— « *e)* Après nous être rafraîchis dans un coin de l'abri, je dus, pour aller chercher mon vestiaire et sortir, traverser encore une fois l'antichambre de la salle de conférences. Par hasard, Hitler en sortait ; il donna un ordre à une ordonnance et m'appela au moment où je passais. La porte de la salle de conférence était ouverte, Ley était assis à la table. Hitler me dit : " Il faut que je revienne une fois de plus sur mon ordre. Vous devriez tous " m'aider. Cela ne peut plus continuer ainsi. La Luftwaffe, ou alors la " défense du Reich, a manqué à son devoir. Que vais-je faire contre ces " effroyables bombardements terroristes qui ne tuent que des femmes et " des enfants allemands ? "

— “ *Koller.* — La défense anti-aérienne et nos équipages font ce “ qu’ils peuvent et tout ce qui est humainement possible. L’insuffisance de “ notre armement aérien, la supériorité technique et numérique actuelle “ de l’ennemi ne peuvent être surmontées ou modifiées du jour au “ lendemain. Quand les unités de projecteurs seront enfin devenues plus “ puissantes, la situation aérienne en Allemagne nous sera plus favo-“ rable. ”

— “ *Hitler.* — Je ne peux pas attendre jusque-là. Je ne peux pas “ prendre plus longtemps vis-à-vis du peuple allemand la responsabilité du “ maintien de cette situation. Si ces aviateurs se rendent compte qu’ils “ seront exterminés comme terroristes, ils réfléchiront avant de recom-“ mencer à nous survoler. ”

— “ *Koller.* — Cela n’améliorerait certainement pas la situation “ aérienne, mais la ferait au contraire empirer. ”

— “ *Hitler.* — Non ; ce que les Japonais ont fait, voilà la vraie “ solution.

— « Contrairement à son attitude au cours de la conférence, Hitler était maintenant calme. Il se montrait affable. Par expérience, nous savions qu’il était plus facile de lui parler en tête-à-tête qu’en présence de nombreuses personnes. Je pensai donc que l’occasion était bonne pour attaquer l’ensemble du problème et je déclarai : “ Si je peux exprimer mon “ point de vue, je pense que cela n’est pas si simple. De telles mesures sont “ en contradiction si flagrante avec l’éducation, les sentiments, les idées de “ nos soldats, qu’elles ne peuvent pas être exécutées. On ne peut pas “ inculquer aux soldats les usages de la guerre et la correction, et leur “ ordonner ensuite de commettre des actes qui leur répugnent. Vous ne “ devez pas oublier, mon Führer, que les aviateurs ennemis exécutent des “ ordres et accomplissent leur devoir tout comme les nôtres. S’ils sont “ abattus ou font des atterrissages forcés, ils sont des prisonniers sans “ défense et sans armes. Quelle figure ferions-nous devant le monde ? Et “ les premières mesures de l’ennemi seraient de traiter nos équipages de la “ même façon. C’est une chose dont nous ne pouvons pas prendre la “ responsabilité vis-à-vis de nos hommes et de leurs familles. Toute la joie “ de servir et la discipline s’effondreraient d’un seul coup. ”

— « Jusque-là, le Führer ne m’avait pas interrompu. Après m’avoir regardé, il se tourna de côté et me donna l’impression d’être absent ; mais il m’avait écouté et il m’interrompit et me dit tranquillement, l’air sérieux : “ La Luftwaffe a donc peur. Tout cela est très bien, mais je suis “ responsable de la protection du peuple allemand et je n’ai pas d’autres “ moyens. ”

— « Hitler fit demi-tour et rentra dans la salle de conférences.

— « *f)* A mon arrivée au Quartier Général de la Luftwaffe (Kurfürst), je mis le colonel von Brauchitsch au courant des événements et lui ordonnai d’en informer le Reichsmarschall aussitôt que possible. Je ne pouvais pas toucher personnellement le Reichsmarschall à ce moment.

Au cours de notre conversation, Brauchitsch exprima également sa réprobation envers l'ordre du Führer.

— « *g)* Une ou deux heures plus tard environ, le Reichsmarschall me fit appeler et entama la conversation par ces mots : " Dites-moi, est-il " devenu complètement fou ? " On voyait clairement de qui il voulait parler. Je rapportais une fois de plus au Reichsmarschall les principaux événements et la conversation que j'avais eue avec Kaltenbrunner et j'ajoutai : " Je n'exécuterai pas cet ordre ni aucun travail s'y rapportant. Je " veillerai à agir de façon à gagner d'abord du temps et à éviter ensuite " autant que possible qu'aucun de nous n'en subisse les conséquences. " Peut-être, à la suite de la dernière conversation, le Führer ne reparlera-" t-il plus de l'ordre qu'il a donné. S'il le fait cependant, ce sera très dur et " il faudra que vous lui en parliez vous-même. Ce que le Führer a ordonné " ne doit se produire en aucun cas. "

— « Le Reichsmarschall exprima vivement son opposition à l'attitude de Hitler et m'approuva sur tous les points. Il m'ordonna d'agir comme je l'avais proposé, de l'informer sans délai le cas échéant, et termina la conversation par ces mots : " Tout cela est de la folie et ne peut pas être " exécuté. "

— « *h)* Les mesures contre les aviateurs alliés prévues par l'ordre du Führer cité plus haut, ne furent prises ni par la Luftwaffe ni par le S.D. A mon avis, cet ordre n'a jamais été connu complètement par le B.D.E. (commandant de l'armée de réserve), ni par ses services, car celui-ci n'assistait pas à la conférence du Führer, et l'ordre ne fut pas transmis par l'O.K.W.

— « Hitler, par la suite, ne reparla de son ordre ni au Reichsmarschall, ni à moi, ni à mon adjoint. Je crois qu'il n'en reparla pas non plus à Kaltenbrunner. Il est vrai que je ne lui ai jamais reparlé de cette affaire. Je ne puis juger si Hitler abandonna la question délibérément ou s'il l'oublia sous la pression des événements.

— « *i)* Peut-être deux ou trois semaines plus tard, j'eus connaissance d'une directive de l'O.K.W., un télétype je crois, dans lequel était mentionné, si je me souviens bien, le rapport qui avait provoqué l'incident. On y déclarait que le Führer avait exprimé son mécontentement de voir des soldats allemands intervenir contre leur propre peuple. Aucune mention n'était faite des points essentiels de l'ordre donné par Hitler. Si je me souviens bien, la directive était signée par Keitel et ne doit pas être considérée autrement que comme une couverture vis-à-vis du Führer.

— « A mon avis, le général Jodl n'avait rien à voir avec toute cette affaire. »

— Témoin, dans la mesure où vous avez assisté à cette conversation, le récit fait par le général Koller est-il exact ?

TÉMOIN BÜCHS. — Je me souviens personnellement d'avoir entendu le Führer dire ceci : « Cela provient du fait que, pour les aviateurs, la guerre est basée sur un système d'assurance mutuelle : ne me fais rien, je ne te ferai rien. » Telle est la formule qui m'a frappé le plus, pour souligner ce qui vient d'être dit.

PROFESSEUR Dr JAHRREISS. — Je vous remercie, je n'ai plus de question à poser sur ce point.

LE PRÉSIDENT. — Nous allons maintenant suspendre l'audience.

Dr STAHMER. — Savez-vous si le maréchal Gœring a donné aux troupes qui étaient sous son commandement l'ordre d'anéantir les troupes de sabotage ou de déférer sans jugement au S.D. les aviateurs terroristes ennemis qui étaient faits prisonniers ?

TÉMOIN MILCH. — Non, je n'ai jamais rien su à ce sujet.

Dr STAHMER. — N'avez-vous jamais entendu parler de rien dans ce sens ?

TÉMOIN MILCH. — Non.

Dr STAHMER. — Quelle était en général l'attitude du Reichsmarschall vis-à-vis de ces aviateurs prisonniers ?

TÉMOIN MILCH. — J'ai eu autrefois l'occasion de m'entretenir fréquemment de ce sujet avec le Reichsmarschall.

M. JUSTICE JACKSON. — Je voudrais présenter une objection. Je crois que nous avons été très larges en autorisant toutes ces déclarations, mais ceci me semble dépasser le cadre des moyens de preuve acceptables. Ce témoin a déclaré qu'il n'avait aucune connaissance du sujet, qu'il ne connaissait pas les ordres déposés comme preuve et il prétend expliquer l'attitude du Reichsmarschall. Je ne vois aucun inconvénient à ce qu'il fasse des déclarations sur des faits qui pourraient apprendre à ce Tribunal l'attitude du Reichsmarschall, mais j'estime que le fait pour un témoin d'exprimer l'état d'esprit d'une autre personne, dépasse vraiment les limites de ce que nous pouvons considérer ici comme moyens de preuves. Cela ne nous aide aucunement à résoudre les problèmes qui se posent à nous et, avec tout le respect que je dois au Tribunal, je proteste contre cette question et la réponse qui peut y être donnée, en raison du fait qu'elle ne constitue pas une preuve recevable.

LE PRÉSIDENT. — Docteur Stahmer, je crois que vous devez limiter vos questions à des faits, à des observations touchant directement l'accusé Gœring. Puisque le témoin vient de dire qu'il n'a jamais entendu parler d'activités dirigées contre les aviateurs terroristes, je ne vois pas comment il peut déposer sur l'attitude de l'accusé Gœring sur ce point.

Dr STAHMER. — Monsieur le Président, je formulerai donc ma question de cette manière : le maréchal Gœring a-t-il parlé avec le témoin du traitement réservé aux aviateurs ennemis abattus ?

TÉMOIN MILCH. — Non.

Dr STAHMER. — C'est bien là un fait, à mon avis ?

TÉMOIN MILCH. — Il ne m'en a jamais parlé.

Dr STAHMER. — J'ai encore une question à poser. Vous a-t-il dit qu'il désavouait toute cruauté dans le traitement de l'ennemi ?

TÉMOIN MILCH. — Je voulais justement en parler à l'instant. Il me l'a dit avant la guerre, alors que nous évoquions la Première Guerre mondiale.

Dr STAHMER. — Qu'en a-t-il dit ?

TÉMOIN MILCH. — Qu'une fois abattus, ils étaient pour nous des camarades. Tel a été le sens général de ses paroles.

Dr STAHMER. — Je n'ai pas d'autres questions à poser à ce témoin. Jc le mets à la disposition de la Défense et du Ministère Public.

Dr NELTE. — La question des aviateurs terroristes et du lynchage a été mentionnée pendant l'interrogatoire du maréchal du Reich Gœring. En conséquence, je me bornerai à quelques questions seulement qui vous concernent personnellement sur ce point. Savez-vous de quoi il s'agit quand on parle d'aviateurs terroristes et du traitement à leur infliger ? Quelle était votre attitude à cet égard ?

ACCUSÉ KEITEL. — Le fait que, à partir d'une certaine date au cours de l'été 1944, les attaques à la mitrailleuse menées par des avions ennemis contre la population — comme elles ont été décrites ici — augmentèrent sensiblement jusqu'à faire de trente à quarante victimes par jour, incita Hitler à réclamer catégoriquement une solution à cette question. Nous, soldats, étions d'avis que les règlements existants étaient suffisants et que de nouveaux règlements étaient inutiles. La question de lynchage fut introduite dans la discussion ainsi que celle de la définition du terme « aviateur terroriste ». Ces deux groupes de questions donnèrent lieu à toute cette liasse de documents, que je connais parfaitement et qui contiennent les procès-verbaux des discussions sur ces sujets.

Dr NELTE. — Je pense qu'il ne sera pas nécessaire de répéter les détails, qui ont déjà été discutés. Pour ce qui est de votre responsabilité, je suis vivement intéressé par les mots que vous avez écrits sur ce document. Voulez-vous nous les expliquer, je vous prie ?

ACCUSÉ KEITEL. — Tout d'abord je voulais encore indiquer simplement que j'avais suggéré, à l'exemple de l'avertissement que nous avions donné lors de l'entreprise de Dieppe au cours de laquelles des prisonniers de guerre allemands avaient été enchaînés, de lancer un avertissement semblable sous la forme d'une note officielle adéquate, menaçant de représailles si les autorités ennemies ne cessaient pas d'elles-mêmes cette pratique. Cette suggestion fut repoussée : elle n'était pas opportune en la matière.

— Et maintenant, voyons les documents, qui ont une grande importance pour moi.

Dr NELTE. — Le document PS-735.

ACCUSÉ KEITEL. — Quelques notes manuscrites sur le document émanent de Jodl et de moi-même. Le document porte en marge une remarque, écrite de ma main ; elle est ainsi rédigée : « Les tribunaux militaires ne feront pas l'affaire », du moins c'en était le sens. Ce commentaire fut écrit en marge, après une discussion sur la question des condamnations prononcées par les tribunaux militaires, car ce même document définissait, pour la première fois, en détail le terme « aviateur terroriste » et déclarait que les attaques terroristes étaient toujours faites à la mitrailleuse ou avec les armes de bord par des avions volant en rase-mottes. Je fus amené à penser que les équipages attaquant ainsi ne seraient pas, 99 fois sur 100, capturés vivants s'ils étaient abattus, car ils ne pouvaient se sauver en employant leur parachute à cette hauteur. C'est pourquoi j'écrivis cette remarque en marge. En outre, j'estimais que, en dehors du fait qu'on ne pouvait pas poursuivre de tels aviateurs, il était impossible de mener à bien un procès, ou même une enquête, dans le cas d'une attaque à très haute altitude, car, à mon avis, aucun tribunal ne pouvait prouver que tel aviateur avait l'intention d'attaquer les objectifs qui, en fait, avaient été atteints.

— Finalement, il y avait une autre considération : c'est que, selon la règle, les décisions prononcées contre des prisonniers de guerre par des tribunaux militaires devaient être communiqués à l'État ennemi par la Puissance protectrice, et trois mois de sursis devaient être accordés pour permettre à cet État d'élever ses objections contre cette décision. Il était donc absolument impossible d'obtenir par ce moyen, et rapidement, le résultat désiré.

— Voilà en fait ce que cela signifiait. Mais j'ai aussi écrit une autre remarque qui se réfère au lynchage : « Du moment que l'on permet le lynchage, il est difficile d'établir des règles à ce sujet. »

— A cet égard, je ne puis dire plus, car j'ai la conviction qu'il n'est pas possible de déterminer dans quelles circonstances de telles méthodes de justice du peuple peuvent être réglées ou considérées comme justes, et je suis encore d'avis qu'on ne peut établir de règles pour de tels procédés.

Dr NELTE. — Mais quelle était votre attitude au sujet de la question du lynchage ?

ACCUSÉ KEITEL. — Je considérais que c'était, pour nous, soldats, une méthode totalement inadmissible. Le Reichsmarschall nous avait communiqué un cas dans lequel on avait interdit toute poursuite contre un soldat qui avait arrêté de tels actes. Je ne connais aucun cas où des soldats, dans l'exécution de leur devoir de soldat, se soient comportés envers un prisonnier de guerre autrement que de la façon prescrite dans les règles générales. Cela m'est inconnu.

— J'aimerais aussi indiquer — et ceci n'a pas encore été mentionné — que j'eus une discussion avec le Reichsmarschall Gœring au Berghof sur cette question et il fut alors pleinement d'accord avec moi : nous devions, nous, soldats, rejeter la loi de lynch à tout prix. Je le priai, vu la situation délicate dans laquelle nous nous trouvions, d'aborder Hitler personnellement, à nouveau, afin de le persuader de ne pas nous obliger à donner ou à rédiger un ordre quelconque à ce sujet. Voilà la situation.

SIR DAVID MAXWELL-FYFE. — Je désire m'occuper maintenant très brièvement de la question du lynchage des aviateurs alliés.

— Accusé, je tiens à vous rappeler un rapport relatant une conférence du 6 juin : c'est le document qui a été produit contre l'accusé von Ribbentrop. C'est un rapport du général Warlimont, concernant les critériums à utiliser pour établir la définition du terme « aviateur terroriste ». Vous devez certainement vous souvenir de ce document car vous vous êtes occupé vous-même, vendredi, de cette notice...

ACCUSÉ KEITEL. — Oui.

SIR DAVID MAXWELL-FYFE. — ... en déclarant que vous étiez hostile à une procédure devant un tribunal, à propos de laquelle vous avez donné des explications.

ACCUSÉ KEITEL. — Oui.

SIR DAVID MAXWELL-FYFE. — Vous avez déclaré, lors de votre déposition, vous vous en souvenez, que vous ne vouliez pas de procédure, parce que c'était une question délicate pour les tribunaux militaires et qu'elle exigerait un sursis de plusieurs mois, car l'arrêt de mort devait être notifié à la Puissance protectrice.

ACCUSÉ KEITEL. — Oui. C'est ainsi que je me suis exprimé.

SIR DAVID MAXWELL-FYFE. — Vous avez dit ensuite que vous aviez eu une conversation avec Gœring et qu'il avait déclaré que le lynchage devait être repoussé. C'est bien ce que vous avez dit vendredi, n'est-ce pas ?

ACCUSÉ KEITEL. — Oui.

SIR DAVID MAXWELL-FYFE. — Ce n'était pourtant pas tout à fait exact, n'est-ce pas ? Car je vais vous préciser maintenant ce qui, en fait, s'est passé. Le document, sur lequel vous aviez fait des remarques, était du 6 juin. Et, le 14 juin, votre service a envoyé un projet au ministère des Affaires étrangères à l'attention de l'ambassadeur Ritter, relatif à la définition du terme « aviateur terroriste ». Ainsi que vous vous en rendez compte, cela signifie ici qu'une détermination non équivoque des faits est indispensable pour caractériser une action criminelle. Puis vient le document, adressé au Commandant en chef de la Luftwaffe, à l'attention du colonel von Brauchitsch et qui déclare :

— « En vertu des discussions préliminaires et d'accord avec le ministre des Affaires étrangères et le chef de la Police de sûreté et du S.D., doivent être regardés comme actes de terrorisme les faits suivants, à prendre en considération lors de la divulgation d'un cas de lynchage, ou qui justifient le transfert d'aviateurs ennemis prisonniers, du camp d'aviateurs d'Oberursel au S.D., en vue d'un traitement spécial. »

— Puis, vous faites l'énumération de ce qui fut établi d'un commun accord et vous ajoutez :

— « On est prié d'obtenir l'approbation de M. le Reichsmarschall pour la définition de ces actes et d'en informer oralement, pour la voie à suivre, les commandants du camp d'aviateurs d'Oberursel.

— « En outre, en ce qui concerne le procédé envisagé pour le mode de divulgation, il y aura lieu, ainsi qu'il ressort de la lettre ci-jointe en double exemplaire, adressée au ministre des Affaires étrangères, d'obtenir également l'approbation du maréchal du Reich. »

— Ensuite reportez-vous à votre lettre au ministère des Affaires étrangères, un brouillon, à l'attention de Ritter, du 15 juin, et qui vise le même but. Vous lui demandez confirmation avant le 18. Puis, vient le brouillon analogue adressé à Gœring, à l'attention du colonel von Brauchitsch, avec prière de répondre avant le 18. Puis, note sur un appel téléphonique de Ritter, disant que la décision du ministère des Affaires étrangères est retardée de quelques jours. Vous avez ensuite la première lettre de l'accusé Gœring du 19 juin.

— « Le Reichsmarschall a rédigé la note suivante à propos de la lettre ci-dessus :

— « De toute manière, la réaction de la population nous échappe. Mais on doit faire l'impossible pour éviter que la population ne se jette sur d'autres aviateurs ennemis...»

— Voulez-vous remarquer le mot « autres » qui s'applique à des aviateurs ennemis qui ne rentrent pas dans la catégorie des aviateurs terroristes ennemis. Votre service désirait tirer parfaitement au clair ce que pensait l'accusé Gœring ; vous lui avez écrit à nouveau, à l'attention du colonel von Brauchitsch :

— « Il n'est malheureusement pas possible de reconnaître dans cette lettre si le Reichsmarschall est d'accord sur les actes signalés qui, à l'occasion de la publication d'un cas de justice du lynch, peuvent être considérés comme des actes terroristes, et s'il est prêt à faire parvenir les instructions verbales nécessaires au commandant du camp d'aviateurs d'Oberursel.

— « Je demande à nouveau au Reichsmarschall de bien vouloir me faire parvenir son accord, et si possible avant le 27 de ce mois. »

— Le document du 26, que je dépose renferme la réponse : c'est une note sur appel téléphonique qui émane de l'officier d'ordonnance du Reichsmarschall, le capitaine Bräuner.

— « Le Reichsmarschall est d'accord avec la définition proposée du terme « aviateur terroriste » et avec les mesures envisagées. Lui rendre compte des mesures prises. »

— Il est donc inexact, accusé, que l'accusé Gœring n'était pas d'accord avec ces mesures. Nous avons là un appel de son officier d'ordonnance qui a été reçu par vos services et qui stipule qu'il est d'accord avec la définition proposée et avec les mesures envisagées. C'est bien exact n'est-ce pas ?

Accusé Keitel. — Oui. Je n'ai pas vu cette lettre, il est vrai, mais, par les mesures envisagées, je comprends le transfert au camp d'Oberursel, et non la justice par le lynchage. Vous me permettrez d'ajouter quelque chose, quant à la conversation que j'ai eue avec le maréchal du Reich...

SIR DAVID MAXWELL-FYFE. — C'est tout à fait clair. Je n'ai pas envie de reprendre encore une fois la correspondance tout entière. Je m'y suis déjà reporté, vos lettres mentionnent le lynchage et les mesures à prendre en vue de la publication du lynchage, comme aussi cet autre procédé, l'isolement des prisonniers entre les mains du S.D. jusqu'à confirmation du soupçon de terrorisme. C'est bien clair. Je vous ai lu des fragments d'une dizaine de lettres, soulignant très explicitement que l'attention du Reichsmarschall devait être portée sur les deux points, c'est-à-dire la publication du lynchage et la séparation des autres prisonniers. Il a dit qu'il approuvait les mesures proposées.

ACCUSÉ KEITEL. — Puis-je ajouter quelque chose ?

SIR DAVID MAXWELL-FYFE. — Je vous en prie.

ACCUSÉ KEITEL. — Je me rappelle très bien ma conversation avec le maréchal Gœring au Berghof. Nous attendions Hitler pour une allocution aux généraux. Ce doit être à cette époque. Deux points ont été discutés. Le premier concernait l'interprétation de la justice du lynch désirée ou, comment dirais-je, supposée ou envisagée. Et le deuxième était que, malgré toute mon influence sur Hitler, je n'avais pu réussir à aplanir cette affaire. Ce sont ces deux questions que j'ai discutées avec Gœring ce jour-là. Nous en avons conclu que toute cette façon de faire, discutée là, devait être la condition préliminaire d'une suppression du lynchage, que nous en convenions, que nous, soldats, le repoussions, et, deuxièmement, que je le priais instamment de faire valoir une fois de plus son influence sur Hitler pour l'en détourner. Cette conversation a eu lieu au Berghof, devant la salle où le Führer haranguait les généraux. Je m'en souviens très exactement.

— Je viens de parcourir la correspondance échangée dans l'intervalle. Je n'en connais que des fragments ; c'est un échange continuel d'idées exprimées çà et là au sujet d'une mesure souhaitée par Hitler et qui, Dieu merci, ne s'est pas réalisée, parce que les instructions nécessaires n'ont pas été transmises.

SIR DAVID MAXWELL-FYFE. — Veuillez, je vous prie, vous reporter à la note du général Warlimont qui vous était adressée. Au paragraphe 1, il est dit que le ministère des Affaires étrangères a donné son approbation ; que le 29 juin, l'ambassadeur Ritter avait annoncé par téléphone que le ministre des Affaires étrangères avait approuvé ce texte. Au paragraphe 2, il est dit ceci :

— « Le Reichsmarschall approuve la teneur de la définition du terme « aviateur terroriste », ainsi que la méthode proposée. »

— Cela vous fut envoyé et sur ce document se trouve une note au crayon, qui fut paraphée par Warlimont :

— « Il faut en venir enfin aux actes. Que faut-il faire d'autre ? » N'avez-vous pas alors agi ?

ACCUSÉ KEITEL. — Non, ce sont...

SIR DAVID MAXWELL-FYFE. — Si vous n'avez pas agi alors, pourquoi avez-vous demandé à la Luftwaffe, quatre jours plus tard, si le camp d'Oberursel avait été instruit ? Le document vous a été présenté, vous l'avez donc vu ? Vous saviez que le ministère des Affaires étrangères aussi bien que Gœring approuvaient cette procédure ?

ACCUSÉ KEITEL. — Je l'ai lu, et j'y ai mis un K.

SIR DAVID MAXWELL-FYFE. — Et quatre jours plus tard, votre bureau a fait demander chez Gœring par Brauchitsch si les ordres avaient été exécutés :

— « Prière de faire savoir si le commandant du camp d'aviateurs d'Oberursel a été, entre-temps, avisé des instructions de l'O.K.W., W.F. St. en date du 15 juin, ou quand on se propose de le faire. »

ACCUSÉ KEITEL. — Je n'ai certes pas vu ce papier, mais il m'apparaît comme devant confirmer la justesse de mon interprétation à savoir que, dans les demandes adressées au maréchal Gœring, il ne s'agissait toujours que de la question de savoir s'il désirait la justice du lynch, s'il la reconnaissait ou la tenait pour justifiée. Cela ressort de la question. Mais je ne connais pas la question même.

SIR DAVID MAXWELL-FYFE. — Examinez encore le document. Le lendemain, vous êtes allé encore plus loin. C'est une note du 5 juillet sur une entrevue du 4. Il y est dit :

— « Le Führer a ordonné ce qui suit :

— « Selon des nouvelles de presse, les Anglo-Américains, en représailles contre les V-1, ont l'intention d'attaquer par la voie des airs, à l'avenir, également de petites localités dépourvues de toute importance économique et militaire. Au cas où cette nouvelle se confirmerait, le Führer demande que soit communiqué par T.S.F. et par la presse que tout aviateur ennemi participant à une telle attaque, qui serait abattu, ne saurait aucunement prétendre être traité comme un prisonnier de guerre, mais au contraire, dès qu'il tombera aux mains des Allemands, qu'il sera considéré comme un meurtrier et exécuté. Cette mesure est valable pour toutes les attaques contre les petites localités qui ne constituent ni des objectifs militaires, ni des voies de communications, ni des usines d'armement et autres, et qui, par conséquent, ne présentent aucune importance militaire.

— « Il n'y a pour le moment rien d'autre à faire que de discuter simplement une telle mesure avec le W.R. et le ministère des Affaires étrangères. »

— Au lieu d'atténuer les mesures à prendre, vous les avez encore accentuées. Je ne veux pas dire : vous, mais Hitler.

ACCUSÉ KEITEL. — Je ne m'en souviens pas, mais si la note a été faite alors, quelque chose de semblable aura été dit par lui lors de l'examen de la situation ; mais je ne me rappelle pas le fait.

SIR DAVID MAXWELL-FYFE. — Je tiens à vous saisir du point suivant. Vous avez mentionné deux fois, vendredi et de nouveau aujourd'hui, qu'aucun ordre n'émanait de la Wehrmacht, qu'il n'était nullement besoin d'ordre de la Wehrmacht pour inciter la population à lyncher les aviateurs dont l'avion était abattu ; que pour atteindre ce but, il suffisait simplement d'empêcher la police d'arrêter les meurtriers, n'est-il pas vrai ? Un ordre de la Wehrmacht n'aurait pas été nécessaire pour encourager la population à massacrer les aviateurs abattus. Est-ce exact ?

ACCUSÉ KEITEL. — Non, seule la Wehrmacht entrait en ligne de compte. Elle était seule habilitée à s'assurer d'un aviateur descendu ou atterri, à le soustraire au lynchage et à empêcher toute tentative analogue.

SIR DAVID MAXWELL-FYFE. — Vous devez convenir avec moi qu'aussitôt qu'un aviateur américain ou anglais était livré au S.D., ses chances de survivre étaient, disons, d'une contre un million ! Il était abattu, n'est-ce pas ?

ACCUSÉ KEITEL. — Je ne le savais pas alors ; je l'ai su seulement ici.

SIR DAVID MAXWELL-FYFE. — Mais vous devez admettre avec moi que c'est ce qui, en fait, arrivait. Si un aviateur avait été remis au S.D., il était tué n'est-ce pas ?

ACCUSÉ KEITEL. — Je n'ai pas su qu'il en était ainsi, mais dans ce sens...

SIR DAVID MAXWELL-FYFE. — Je ne vous demande pas ce que vous croyez. Nous savons maintenant ce qui arrivait.

« LA GRANDE ÉVASION »

L'étude du « crime de Sagan » fut particulièrement approfondie à Nuremberg. Au printemps 1944, cinquante officiers de la R.A.F., repris après une tentative d'évasion, étaient passés par les armes au Stalag Luft III de Sagan. Si un film « La Grande Évasion » a choisi d'évoquer l'aventure de ces hommes, Nuremberg voulut comprendre le pourquoi de ce crime. Le lundi 4 mars 1946, le colonel Smirnov ouvre l'audience par la lecture des pincipaux passages du rapport officiel du gouvernement britannique.

Colonel Smirnov. — Dans la nuit du 24 au 25 mars 1944, 76 officiers de la Royal Air Force s'enfuirent du Stalag Luft III à Sagan en Silésie, où ils étaient détenus comme prisonniers de guerre. Quinze d'entre eux furent rattrapés et ramenés au camp, trois purent s'enfuir de façon définitive et huit furent détenus par la Gestapo après avoir été rattrapés. En ce qui concerne les 50 autres, l'information suivante fut donnée par les autorités allemandes :

— « *a)* Le 6 avril 1944, à Sagan, le lieutenant-colonel Cordes qui remplissait les fonctions de commandant du Stalag Luft III, lut au doyen des officiers britanniques, le Group Captain Massey, une communication officielle du Haut Commandement allemand d'après laquelle 41 officiers (dont les noms n'étaient pas indiqués) avaient été fusillés, quelques-uns d'entre eux ayant offert une résistance au moment de leur arrestation, d'autres, ayant essayé de s'enfuir pendant qu'on les ramenait à leur camp.

— « *b)* Le 15 avril 1944, à Sagan, un membre de l'État-Major allemand du camp, le capitaine Pieber, communiqua au nouveau doyen des officiers britanniques, le Group Captain Wilson, la liste des 47 officiers fusillés.

— « *c)* Le 18 mai 1944, à Sagan, le doyen des officiers britanniques reçut communication des noms de trois autres officiers, ce qui porte le total à 50.

— « *d)* Le 12 juin 1944, ou aux environs de cette date, le ministre de Suisse à Berlin reçut du ministère allemand des Affaires étrangères, en réponse à l'enquête qu'il effectuait à ce sujet, une note déclarant que 37 prisonniers de nationalité britannique et 13 prisonniers de nationalité non britannique avaient été fusillés à la suite de la résistance opposée au moment où ils avaient été rattrapés ou au moment d'une tentative d'évasion. Cette note mentionne également le retour à Sagan des urnes contenant leurs cendres, afin qu'il soit procédé à leur inhumation. »

— La note officielle allemande indique donc que ces officiers avaient été fusillés alors qu'ils tentaient de s'enfuir. En réalité, comme l'a montré la commission d'enquête britannique, ces officiers avaient été tués par la Gestapo sur l'ordre direct de Keitel, et Gœring le savait parfaitement. Je me permettrai, pour confirmer ceci, de citer deux paragraphes ou plutôt deux points de ce rapport officiel britannique. Je commence la citation :

— « Le Generalmajor Westhoff était, au moment de ces évasions, le chef de la section générale des prisonniers de guerre. Le 15 juin 1945, il fit une déclaration dans laquelle il disait que lui-même et le général von Grävenitz, inspecteur des camps de prisonniers de guerre, avaient été appelés à Berlin quelques jours après cette tentative d'évasion et avaient été interrogés par Keitel. Ce dernier leur dit qu'il avait été blâmé par Gœring, en présence de Himmler, parce qu'il avait laissé échapper des prisonniers de guerre. Keitel déclara : " Messieurs, ces évasions doivent " cesser. Nous devons faire un exemple, nous prendrons des mesures " extrêmement sévères. Je ne peux que vous dire que les officiers qui se " sont enfuis seront fusillés. Je pense que la plupart d'entre eux sont déjà " morts. " A une objection de von Grävenitz, Keitel répondit : " Ceci " m'est complètement égal. Nous en avons parlé devant le Führer et nous " n'y pouvons rien changer.

— Je continue ma citation du rapport officiel britannique :

— « Max Ernst Gustav Friedrich Wielen était à cette époque l'officier qui commandait la Police Criminelle à Breslau. Il a également fait une déclaration, datée du 26 août 1945, dans laquelle il déclarait que pratiquement tous les officiers de la Royal Air Force qui s'étaient enfuis avaient été repris et qu'aussitôt après, il avait été appelé à Berlin où il fut mis en présence d'Arthur Nebe, chef de la Police criminelle, qui lui montra un ordre télégraphique de Kaltenbrunner déclarant que, sur l'ordre exprès du Führer, plus de la moitié des officiers qui s'étaient enfuis de Sagan devaient être fusillés après avoir été repris. Il a été établi que Müller avait reçu des ordres correspondants et qu'il devait les transmettre à la Gestapo. D'après Wielen, la Police criminelle qui était responsable du regroupement de tous les prisonniers repris, remit à la Gestapo ceux qui devaient être fusillés ainsi qu'une liste des prisonniers de guerre que les autorités du camp considéraient comme des perturbateurs. »

— Je voudrais encore citer la partie du rapport officiel du Gouvernement britannique qui traite des méthodes d'enquête appliquées aux officiers individuellement.

LE PRÉSIDENT. — Colonel Smirnov, avez-vous l'intention de donner lecture des documents sur lesquels est basé ce rapport ?

COLONEL SMIRNOV. — Je voudrais seulement, Monsieur le Président, citer maintenant le texte du rapport, et notamment les parties qui témoignent des méthodes d'investigation appliquées aux officiers, individuellement. Je voudrais donner lecture du paragraphe de ce rapport, traitant des trois groupes d'officiers.

LE PRÉSIDENT. — Très bien.

COLONEL SMIRNOV. — Je cite :

— « Le 26 mars 1944 ou aux environs de cette date, ces officiers furent interrogés au commissariat de police de Hirschberg et furent transférés à la prison civile de cette ville. Au matin du 29 mars, Pawluk et Kiewnarski furent emmenés, et un peu plus tard Skanziklas et Wernham. Les deux groupes étaient sous escorte, mais leur destination était inconnue. On ne les a pas revus depuis et les urnes qui arrivèrent plus tard au Stalag avec leurs noms portaient la date du 30 mars 1944. »

— Et maintenant, le groupe des officiers aviateurs britanniques :

— « Le commandant Cross, les capitaines Casey, Wiley et Leigh et les lieutenants Pohe et Hake.

— « Entre le 26 et le 30 mars 1944, ces officiers furent interrogés au quartier général de la Police criminelle à Görlitz, puis ramenés à la prison, dans cette même ville. Pendant l'interrogatoire, Casey se vit déclarer qu'il perdrait sa tête, Wiley et Leigh qu'ils seraient fusillés. Hake avait de graves engelures et était incapable de marcher à pied, ne fût-ce que sur une courte distance. Le 30 mars, les officiers quittèrent Görlitz dans trois voitures, accompagnés par dix civils allemands du genre Gestapo. Les urnes qui furent envoyées ensuite au Stalag portaient leurs noms et prouvaient que leurs cadavres avaient été brûlés à Görlitz le 31 mars 1944.

— « Les capitaines Humphreys, McGill, Swain, Hall, Langford et Evans, les lieutenants d'aviation Valenta, Kolanowski, Stewart et Birkland.

— « Ces officiers furent interrogés au quartier général de la Police criminelle à Görlitz entre le 26 et le 30 mars. On dit à Swain qu'il serait fusillé, on menaça Valenta et on lui déclara qu'il ne s'enfuirait plus jamais. Kolanowski était extrêmement déprimé après cet interrogatoire. Le 31 mars, les officiers furent emmenés par un groupe de civils allemands dont l'un au moins appartenait au groupe qui était venu le jour précédent. Les urnes reçues plus tard au Stalag portaient leurs noms et montraient que leurs corps avaient été brûlés à Liegnitz, à une date qui n'a pas été définie. »

— Je désire attirer l'attention du Tribunal sur le fait qu'on dispose d'indications analogues au sujet d'autres officiers également abattus par les Allemands au Stalag Luft III.

— La page suivante du texte donne des indications concernant les capitaines Grisman, Gunn, Williams et Milford, le lieutenant Street et le sous-lieutenant McCarr. On a des renseignements analogues pour le capitaine Long, le commandant J. E. Williams, les capitaines Bull et

Mondschein, le lieutenant Kierath, le lieutenant Stower, le capitaine Tobolski, le lieutenant Krol, les capitaines Wallen, Marcinkus et Brettell, le lieutenant Picard ainsi que les lieutenants Gouws et Stevens, le commandant Bushell et le lieutenant Scheidhauer, le lieutenant Cochran, les lieutenants Espelid et Fugelsang, le commandant Kirby-Green, le lieutenant Kidder, le commandant Catanach, le lieutenant Christensen et le capitaine Hayter.

— Je me permettrai de citer encore un point de ce rapport :

— « Conformément à la déposition des survivants, aucun de ces officiers n'avaient résisté lors de son arrestation, ni n'avait, par la suite, essayé de s'enfuir. Tous étaient d'accord sur le fait que les conditions météorologiques étaient défavorables et que cette tentative aurait été une folie. Ils voulaient revenir au Stalag, accomplir leur temps de punition et ensuite tenter leur chance une nouvelle fois.

— « Le représentant suisse, M. Gabriel Naville, faisait remarquer, le 9 juin 1944, dans son rapport sur sa visite à Sagan, que la crémation des corps des prisonniers de guerre morts était absolument insolite — l'usage voulant qu'on enterrât les corps dans un cercueil et qu'on leur rendît les honneurs militaires — et que c'était la première fois, à sa connaissance, que les corps des prisonniers de guerre était incinérés. On peut remarquer ensuite que si, comme le prétendaient les Allemands, ces 50 officiers qui furent rattrapés dans des régions de l'Allemagne très diverses, avaient opposé une résistance quelconque au cours de leur arrestation, ou avaient essayé de s'enfuir par la suite, il est probable que quelques-uns d'entre eux auraient été blessés, et très improbable qu'ils aient tous été tués. A cet égard, il est extrêmement significatif que le ministère allemand des Affaires étrangères ait refusé de donner à la Puissance protectrice les détails habituels sur les circonstances dans lesquelles chacun de ces officiers avait perdu la vie. »

— Ce sont là les parties du rapport officiel du Gouvernement britannique que j'ai eu l'honneur d'exposer au Tribunal.

LE PRÉSIDENT. — Je crois qu'il serait peut-être préférable de lire également l'appendice afin de donner le résumé des preuves sur lesquelles s'appuie le rapport.

COLONEL SMIRNOV. — Je ne désirais pas à l'origine lire cet appendice, parce qu'il a déjà été cité en son temps par Sir David Maxwell-Fyfe. Je vais le relire avec plaisir.

— « Cet appendice donne la liste des preuves documentaires sur lesquelles est fondé ce rapport. Les documents auxquels il se rapporte y sont joints. Appendice :

— « Preuves documentaires sur lesquelles est basé le rapport ci-dessus :

— « 1° Procès-verbaux de la Commission d'enquête instituée à Sagan sur l'ordre du doyen des officiers britanniques, au Stalag Luft III et transmis par la Puissance protectrice.

— « 2° Déclarations des témoins alliés suivants :

— « *a)* lieutenant-colonel Day ;
— « *b)* capitaine Tonder ;
— « *c)* capitaine Dowse ;
— « *d)* capitaine Wymeersch ;
— « *e)* capitaine Green ;
— « *f)* capitaine Marshall ;
— « *g)* capitaine Nelson ;
— « *h)* capitaine Churchill ;
— « *i)* lieutenant Neely ;
— « *j)* adjudant-chef Hicks.
— « 3° Déclarations des Allemands suivants :
— « *a)* Generalmajor Westhoff ;
— « *b)* Oberregierungsrat und Kriminalrat Wielen (deux dépositions) ;
— « *c)* colonel von Lindeiner.

— « 4° Photocopie de la liste officielle des morts, remise par le ministère allemand des Affaires étrangères à la légation suisse à Berlin, le 15 juin 1944, ou aux environs de cette date.

— « 5° Rapport du représentant de la Puissance protectrice, sur sa visite au Stalag Luft III, le 5 juin 1944. »

LE PRÉSIDENT. — Colonel Smirnov, pour le procès-verbal, vous devriez peut-être aussi lire les signatures et l'inscription figurant à la fin du document.

COLONEL SMIRNOV. — Le document est signé par le général de brigade Shapcott, attaché militaire, et est certifié conforme par le ministère de la Guerre, bureau du Procureur Général militaire, Londres, 25 septembre 1945.

LE PRÉSIDENT. — Colonel Smirnov, dans la mesure où il s'agit du Procureur Général russe, est-ce que ceci constitue la fin de l'exposé du Ministère Public ?

COLONEL SMIRNOV. — Oui.

LE PRÉSIDENT. — Merci.

Sept dépositions pour ce dossier Sagan. Sept témoins que nous entendrons dans l'ordre exact où ils le furent à Nuremberg : Milch, Brauchitsch, Gœring, Keitel, Jodl, Westhoff et Wielen.

Témoignage n° 1 : Milch

M. ROBERTS. — Je veux maintenant parler d'une affaire concernant le Stalag Luft III à Sagan ? Savez-vous de quoi je veux parler ?

TÉMOIN MILCH. — Oui, maintenant je le sais.

M. ROBERTS. — Savez-vous que, les 24 et 25 mars 1944, environ 80 officiers de la R.A.F., originaires d'Angleterre et des Dominions, se sont évadés de ce Stalag Luft III avec quelques autres prisonniers ?

TÉMOIN MILCH. — Oui. J'ai appris ces faits au camp de triage anglais où je me trouvais et où toute cette affaire a été relatée par voie d'affiche.

M. ROBERTS. — Je vous demanderai comment vous l'avez su, tout à l'heure. Savez-vous que, sur ces 80 officiers, 50 ont été fusillés ?

TÉMOIN MILCH. — Oui.

M. ROBERTS. — Dans différentes régions d'Allemagne ou des pays occupés, de Dantzig jusqu'à Sarrebruck. Vous l'avez entendu dire ?

TÉMOIN MILCH. — Oui, j'ai entendu dire qu'environ 50 d'entre eux avaient été fusillés, mais je ne sais pas où.

M. ROBERTS. — Avez-vous entendu dire que leurs corps ne furent jamais retrouvés et que des urnes que l'on supposait contenir leurs cendres furent ramenées au camp ? Vous êtes au courant de ces faits ?

TÉMOIN MILCH. — Je l'ai appris par le discours de M. Eden aux Communes, que j'ai lu au camp où je me trouvais.

M. ROBERTS. — Bien que tous ces officiers aient été signalés par votre Gouvernement comme ayant été abattus au cours de leur tentative d'évasion ou pour avoir opposé une résistance, vous avez bien appris qu'aucun d'entre eux ne fut blessé, mais que tous les cinquante furent fusillés.

TÉMOIN MILCH. — J'ai appris en Allemagne la nouvelle officielle que ces officiers auraient été tués lors d'une tentative de résistance ou au moment d'une évasion. Nous ne l'avons pas crue sous cette forme : nous avons beaucoup discuté à ce sujet et, bien que nous n'ayons alors aucune connaissance particulière des faits, nous craignions qu'ils n'eussent été assassinés.

M. ROBERTS. — Vous aviez peur que ces hommes aient été assassinés ? C'est bien cela, n'est-ce pas ?

TÉMOIN MILCH. — Oui, nous en avons eu cette impression, après avoir entendu de nombreux détails qui ne concordaient pas.

M. ROBERTS. — Il est tout à fait clair que, si ce fut un assassinat, l'ordre de le commettre avait dû venir de haut, n'est-ce pas ?

TÉMOIN MILCH. — Certainement. J'ai entendu là-dessus les explications données par le général Westhoff, chef de la direction des prisonniers de guerre, lorsque j'étais avec lui en captivité en Angleterre.

M. ROBERTS. — Je voudrais vous poser une question à propos de l'organisation des prisonniers de guerre. L'organisation des prisonniers de guerre dépendait-elle de l'O.K.W. ?

TÉMOIN MILCH. — A mon avis, oui.

M. ROBERTS. — Cette organisation ne s'appelait-elle pas la K.G.W. (Kriegsgefangenenwesen) ou Direction des prisonniers de guerre ?

TÉMOIN MILCH. — Je ne peux pas le dire, car je l'ignore. Je savais seulement qu'il y avait un chef qui s'occupait des questions de prisonniers de guerre, à l'O.K.W.

M. ROBERTS. — Et le chef de ce service était-il, à ce moment-là, le Generalmayor von Graevenitz ?

TÉMOIN MILCH. — Von Graevenitz, oui.

M. ROBERTS. — Le Stalag Luft III était un camp d'aviateurs ?

TÉMOIN MILCH. — Oui, il portait ce nom, mais j'étais convaincu que tous les prisonniers dépendaient de l'O.K.W. C'était mon avis. Je ne puis toutefois l'affirmer puisque je ne savais rien de cette organisation.

M. ROBERTS. — La direction de la surveillance des camps d'aviateurs ou de leur inspection était-elle l'inspection 17 ?

TÉMOIN MILCH. — Il y avait une inspection qui, d'après son nom, était qualifiée pour s'occuper de ces questions, mais je ne sais pas quel était son rôle, quels étaient ses devoirs ; je ne sais pas s'il s'agissait seulement d'interrogatoires par exemple.

M. ROBERTS. — A sa tête se trouvait le Generalmajor Grosch ?

TÉMOIN MILCH. — C'est possible, mais je ne puis l'affirmer. Je connais ce nom, mais je ne sais pas s'il occupait ces fonctions.

M. ROBERTS. — Et son second était le colonel Waelde ?

TÉMOIN MILCH. — Je l'ignore.

M. ROBERTS. — Vous étiez le second au ministère de l'Air au mois de mars 1944, n'est-ce pas ?

TÉMOIN MILCH. — Il y avait plusieurs commandants en second. J'occupais le même rang que le chef de l'État-Major, que le chef du service du personnel et que le chef de l'armement technique, qui étaient indépendants de moi, mais au même niveau. J'étais, à l'ancienneté, le second officier de l'Aviation.

M. ROBERTS. — Y a-t-il eu une conférence à Berlin dans la matinée du samedi 25 mars au sujet de cette évasion ?

TÉMOIN MILCH. — Je ne m'en souviens pas.

M. ROBERTS. — Gœring ne vous a-t-il pas parlé de cette conférence ?

TÉMOIN MILCH. — Je ne m'en souviens pas.

M. ROBERTS. — Gœring ne vous a-t-il jamais dit qu'il y avait eu une conférence entre Hitler, Himmler, lui-même et Keitel ce samedi matin ?

TÉMOIN MILCH. — Non, je n'en sais rien, je ne m'en souviens pas.

M. ROBERTS. — A qui fut donné l'ordre d'assassiner ces prisonniers de guerre lorsqu'ils furent repris ?

TÉMOIN MILCH. — Je ne peux m'en souvenir. D'après ce que j'ai entendu ultérieurement, cela a dû se passer tout autrement. J'ai entendu là-dessus la communication du général Westhoff, qui a été cité tout à l'heure, et celle du général Bodenschatz.

M. ROBERTS. — Le général Westhoff va venir ici comme témoin. Il a fait une déclaration à ce propos disant...

TÉMOIN MILCH. — Je m'excuse, mais je n'ai rien entendu. L'allemand m'arrive très faiblement. Je vous entends, mais pas la traduction allemande.

M. ROBERTS. — Le général Westhoff...

TÉMOIN MILCH. — Oui.

M. ROBERTS. — A donné une explication...

TÉMOIN MILCH. — Oui.

M. ROBERTS. — Et nous allons l'entendre ici comme témoin.

TÉMOIN MILCH. — Oui.

M. ROBERTS. — C'est pourquoi il est peut-être préférable de ne pas vous interroger sur ce point. Ce sera plus courtois vis-à-vis de la Défense. Mais pensez-vous, si ces officiers ont été assassinés, pour employer vos propres paroles en essayant de s'échapper d'un camp de prisonniers de la R.A.F., que cela se soit passé sans que Gœring le sache ?

TÉMOIN MILCH. — Je crois que c'était parfaitement possible, surtout en raison de la grande confusion qui régnait dans les milieux officiels à l'époque.

M. ROBERTS. — Une grande confusion, au mois de mars 1944 ?

TÉMOIN MILCH. — Il a toujours régné une épouvantable confusion dans ces services.

M. ROBERTS. — Il est pourtant clair...

TÉMOIN MILCH. — Hitler s'occupait de tout et donnait des ordres directement en passant par-dessus les chefs de la Wehrmacht.

M. ROBERTS. — N'avez-vous jamais parlé de cette affaire avec Gœring ?

TÉMOIN MILCH. — Non, je ne me souviens pas en avoir parlé à Gœring.

M. ROBERTS. — Ne croyez-vous pas que cette affaire jette la honte sur les Forces armées allemandes ?

TÉMOIN MILCH. — Oui, c'est une grande honte.

M. ROBERTS. — Et pourtant Gœring ne vous en a jamais parlé ? En avez-vous parlé à Keitel ?

TÉMOIN MILCH. — Je ne saurais le dire. A cette époque, je ne voyais presque jamais Gœring.

M. ROBERTS. — En avez-vous parlé à Keitel ?

TÉMOIN MILCH. — Non, jamais. Je le voyais encore bien moins.

M. ROBERTS. — Y avait-il au ministère de l'Air un général Foster ou Förster ?

TÉMOIN MILCH. — Oui.

M. ROBERTS. — Le général Förster ?

TÉMOIN MILCH. — Oui.

M. ROBERTS. — Était-il chef de l'État-Major d'opérations ?

TÉMOIN MILCH. — Non, il était chef de la Luftwehr et il devait, à ce titre, s'occuper du remplacement du personnel et des équipages. Il s'occupait de questions de personnel avec l'État-Major général ou avec le Reichsmarschall. Pendant la guerre, il était aussi responsable de l'Aviation civile, domaine dans lequel il a collaboré avec moi, mais pendant la guerre c'était peu de chose.

M. ROBERTS. — Je voulais vous demander s'il vous a jamais parlé de ce massacre ?

TÉMOIN MILCH. — On m'a déjà posé cette question, mais je ne m'en souviens pas, avec la meilleure volonté. Il n'est pas impossible qu'au cours d'une conversation il m'ait dit que des officiers aient été fusillés ; comment et à la suite de quelles circonstances, je ne le sais plus. Il ne m'a pas fait de rapport de service et je n'avais pas à en demander.

M. ROBERTS. — Si Förster vous l'avait dit, l'auriez-vous jamais signalé à Gœring ?

TÉMOIN MILCH. — Je ne me souviens même pas d'une conversation avec Förster et je ne crois pas lui avoir parlé à ce sujet. Il ne m'a pas remis de compte rendu à transmettre à Gœring, mais il l'aurait fait plus directement et plus rapidement en le faisant parvenir à Gœring par ses soins.

M. ROBERTS. — Avez-vous pris des mesures pour empêcher ces fusillades ?

TÉMOIN MILCH. — Lorsque j'en ai entendu parler pour la première fois, je n'ai pas compris exactement ce qui s'était passé. Mais même si j'en avais eu une idée très nette, il était évident, d'après les paroles de M. Westhoff, qu'il aurait été beaucoup trop tard pour intervenir.

M. ROBERTS. — Pourquoi trop tard ?

TÉMOIN MILCH. — Parce que Westhoff fut le premier officier a en avoir connaissance et, lorsqu'il l'a su, l'ordre avait déjà été exécuté. Je signale que le général Westhoff me l'a dit et il pourra le confirmer.

M. ROBERTS. — Vous prétendez donc que vous n'êtes jamais allé voir Gœring à cette occasion ?

TÉMOIN MILCH. — Non, je ne m'en souviens pas.

Témoignage n° 2 : Brauchitsch

Dr STAHMER. — Je cite comme témoin suivant, le colonel de la Luftwaffe, Bernd von Brauchitsch.

(Le témoin Bernd von Brauchitsch se présente à la barre.)

LE PRÉSIDENT. — Quel est votre nom ?

TÉMOIN VON BRAUCHITSCH. — Bernd von Brauchitsch.

LE PRÉSIDENT. — Voulez-vous répéter après moi ce serment : Je jure devant Dieu tout puissant et omniscient...

Dr STAHMER. — Témoin, quelles étaient vos fonctions à l'État-Major du Commandant en chef de la Luftwaffe ?

TÉMOIN VON BRAUCHITSCH. — J'étais premier aide de camp du Commandant en chef de la Luftwaffe. J'avais le grade d'aide de camp en chef. J'étais chargé d'appliquer les mesures ordonnées par le Commandant en chef et de remplir, en plus, les fonctions ordinaires d'un aide de camp. J'avais à présenter un rapport quotidien sur la situation militaire, je devais rédiger des rapports militaires et des informations dans la mesure où les services eux-mêmes ne s'en étaient pas occupés. Je n'avais aucun pouvoir de décision.

Dr STAHMER. — Avez-vous appris, au cours de vos fonctions, que le

25 mars 1944, 75 officiers aviateurs britanniques s'étaient évadés du camp de Sagan, du Stalag Luft III ?

TÉMOIN VON BRAUCHITSCH. — Je suis au courant de ces événements car on en a beaucoup parlé à cette époque.

Dr STAHMER. — Pouvez-vous donner des indications sur ce qui est arrivé à ces officiers après leur évasion ?

TÉMOIN VON BRAUCHITSCH. — Je ne sais pas ce qu'il est advenu de ces officiers.

Dr STAHMER. — N'avez-vous donc pas su que 50 de ces officiers auraient été abattus alors qu'ils essayaient de s'évader ?

TÉMOIN VON BRAUCHITSCH. — Ce n'est que beaucoup plus tard que j'ai entendu parler de l'exécution d'un certain nombre de ces officiers.

Dr STAHMER. — Pouvez-vous nous indiquer dans quelles circonstances ont eu lieu ces exécutions ?

TÉMOIN VON BRAUCHITSCH. — Non. Je l'ignore complètement.

Dr STAHMER. — Le Reichsmarschall Gœring a-t-il donné l'ordre de procéder à ces exécutions ou a-t-il participé de quelque manière que ce fût aux mesures qui ont été prises ?

TÉMOIN VON BRAUCHITSCH. — Je ne sais absolument pas si le Reichsmarschall a participé à cette affaire ou s'il a donné des ordres à ce sujet.

Dr STAHMER. — Connaissez-vous l'attitude de Hitler vis-à-vis du traitement infligé aux soi-disant aviateurs terroristes tombés sur le territoire allemand ?

TÉMOIN VON BRAUCHITSCH. — Au printemps de l'année 1944, les pertes subies par la population civile à la suite des mitraillages par avion, augmentèrent brusquement. Ces attaques étaient dirigées dans tout le pays contre les civils travaillant dans les champs, contre des voies ferrées et des gares secondaires n'ayant aucun intérêt militaire, contre des piétons et des cyclistes. C'est ce qui a dû décider Hitler non seulement à donner des ordres de défense, mais aussi à décréter des mesures contre la personne de ces aviateurs. D'après ce que je sais, Hitler a fait prendre des mesures draconiennes. Le lynchage devait être toléré.

Dr STAHMER. — Quelle était l'attitude du Reichsmarschall de la Luftwaffe à l'égard de ces instructions ?

TÉMOIN VON BRAUCHITSCH. — Le Commandant en chef et le chef de l'État-Major général étaient d'avis que ces attaques dirigées uniquement contre la population civile devaient être réprimées de la manière la plus énergique. Cependant on ne devait pas prendre de mesures spéciales contre ces aviateurs. On ne pouvait accepter la proposition qui avait été faite de lyncher ceux qui étaient tombés ou de les laisser sans secours, proposition à laquelle, selon les instructions de Hitler, la Luftwaffe devait donner suite. On s'efforçait d'empêcher l'exécution des ordres de Hitler, avec lesquels personne n'était d'accord. On adopta le procédé qui consistait à faire croire que des mesures avaient été prises, alors qu'en réalité on ne les appliquait pas. On me donna alors la mission, qui dépassait ma compétence, de définir, en accord avec l'O.K.W., le sens du terme aviateur terroriste. Tous les cas qui constituaient des violations du Droit international et des lois pénales firent l'objet de discussions et d'échanges de lettres ultérieurs. Il s'agissait, en cherchant une définition, d'empêcher le lynchage.

— Cette longue correspondance montre également les efforts déployés par les services intéressés pour gagner du temps. A la fin du mois de juin 1944, nous étions enfin arrivés à une définition du terme aviateur terroriste. Le Stalag reçut l'ordre de faire des rapports sur les cas de violation, mais non de prendre des mesures. C'est ainsi que nous avons empêché l'exécution des mesures exigées par Hitler.

Dr STAHMER. — A votre avis, peut-on affirmer que les mesures ordonnées par Hitler n'ont pas été exécutées par la Luftwaffe ?

TÉMOIN VON BRAUCHITSCH. — Oui, on peut l'affirmer. Les commandants des unités aériennes ont confirmé que leurs hommes n'ont pas reçu l'ordre d'exécuter les aviateurs ennemis ni de les remettre au S.D.

Dr STAHMER. — Avez-vous eu connaissance du fait que l'Aviation aurait reçu l'ordre de prendre des otages ou de les exécuter ?

TÉMOIN VON BRAUCHITSCH. — Je ne connais aucune instruction ou ordre concernant les otages.

Dr STAHMER. — Une dernière question : pouvez-vous donner des indications sur le traitement qui fut infligé aux cinq aviateurs qui, au mois de mars 1945, sautèrent en parachute dans la Schorfheide et furent faits prisonniers ?

TÉMOIN VON BRAUCHITSCH. — En mars 1945, un bombardier quadrimoteur américain qui venait de participer à un raid fut abattu sur la Schorfheide. Une partie des membres de l'équipage eut la vie sauve en sautant en parachute ; quelques-uns d'entre eux furent blessés et envoyés à l'hopital. L'observateur, un capitaine de réserve américain qui était dans le civil directeur de production cinématographique à Hollywood, fut interrogé le lendemain par le Reichsmarschall en personne au sujet de sa mission et des circonstances dans lesquelles son appareil avait été abattu.

Dr STAHMER. — Je n'ai pas d'autres questions à poser au témoin.

Témoignage n° 3 : Gœring du 15 mars 1946

Dr STAHMER. — En mars 1944, 75 officiers aviateurs anglais se sont évadés du Stalag Luft III. Ainsi que vous avez dû le savoir, 50 de ces officiers, repris par des agents du S.D., ont été fusillés. L'ordre d'exécution est-il venu de vous ? Connaissiez-vous ce fait ?

ACCUSÉ GŒRING. — J'ai été mis au courant des événements, mais malheureusement trop tard. Au moment de l'évasion de ces 75 ou 80 officiers anglais, dans les derniers jours de mars, j'étais en permission ;

je puis le prouver. Je n'entendis parler qu'un ou deux jours plus tard de cette évasion. Mais comme il y avait déjà eu des évasions importantes et que chaque fois le gros des prisonniers évadés était ramené au camp quelques jours plus tard, je pensais que dans ce cas il en serait de même. A mon retour de permission, j'appris par mon chef d'État-Major que plusieurs des officiers évadés — mais il ne pouvait m'en donner le chiffre — avaient été fusillés.

— Cette mesure avait été très discutée dans l'Aviation et avait causé une certaine émotion ; on craignait aussi des représailles.

— Je lui demandai de qui il tenait ces renseignements et ce qui s'était réellement passé. Il me dit qu'il savait seulement qu'une partie des évadés avaient été repris dans les environs du camp par la garde ou par les services de police du voisinage et ramenés au camp. Ils étaient sains et saufs. Par contre, une partie de ceux qui avaient été repris plus loin du camp avaient été fusillés.

— Je m'adressai à Himmler pour demander des précisions. Il me confirma la chose sans pouvoir donner un chiffre certain et me dit qu'il avait reçu cet ordre du Führer. Je lui fis remarquer que c'était tout de même impossible et que les officiers anglais, en particulier, avaient le devoir de faire au moins une ou deux tentatives d'évasion et que nous le savions. Il me dit, je crois, qu'il s'était opposé à cet ordre, mais que le Führer avait absolument tenu à son idée, ces évasions représentant à son avis un grand danger pour la sécurité. Je lui dis alors que cette mesure provoquerait une sérieuse agitation dans l'Aviation où personne ne la comprendrait ; s'il avait reçu de tels ordres, il aurait pu au moins m'en informer avant de les exécuter pour me donner la possibilité d'y apporter des objections dans la mesure du possible. Après avoir obtenu ces renseignements, j'ai parlé personnellement avec le Führer. Le Führer me confirma qu'il avait donné cet ordre et me donna les motifs de sa décision, ceux que je viens de mentionner. Je lui exposai les raisons pour lesquelles cet ordre, à notre avis, était complètement impossible et les répercussions qu'il pourrait avoir sur mes aviateurs engagés contre notre adversaire de l'Ouest.

— Le Führer — nos relations étaient déjà extrêmement mauvaises et tendues — répondit assez violemment que nos aviateurs qui se battaient en Russie devaient aussi s'attendre à être mis à mort en cas d'atterrissage forcé et que les aviateurs allant vers l'Ouest n'avaient pas à revendiquer un privilège spécial. Je lui déclarai qu'il s'agissait là de deux questions tout à fait différentes.

— J'en parlai ensuite avec mon chef d'État-Major — je crois qu'il était Generalquartiermeister — et je lui dis d'écrire à l'O.K.W. pour demander que le contrôle des camps à l'armée de l'Air me fût retiré.

— Je voulais n'avoir plus rien à faire avec ces camps de prisonniers si de telles choses devaient s'y reproduire. Cette lettre est en rapport direct avec ces événements ; elle a été faite quelques semaines après. Voilà tout ce que je sais de cette affaire.

Gœring est à nouveau interrogé le 20 mars sur Sagan :

SIR DAVID MAXWELL-FYFE. — Je désirerais d'abord vous poser quelques questions sur les circonstances de l'évasion du Stalag Luft III d'officiers aviateurs anglais. Vous souvenez-vous avoir expliqué au cours de vos déclarations que vous aviez eu une connaissance parfaite et minutieuse de cet incident ? Vous souvenez-vous l'avoir dit ?

ACCUSÉ GŒRING. — Non, je n'ai pas dit que j'en avais eu une connaissance parfaite, mais que j'en avais été informé.

SIR DAVID MAXWELL-FYFE. — Je vais alors citer vos propres paroles, telles qu'elles ont été enregistrées :

— « Je connais très bien cet incident jusque dans ses moindres détails. Mais il m'a malheureusement été rapporté trop tard. » C'est bien ce que vous avez dit il y a quelques jours ?

ACCUSÉ GŒRING. — Oui. J'estimais que je connaissais très bien cet incident, mais que je l'avais appris deux jours plus tard.

SIR DAVID MAXWELL-FYFE. — Vous avez expliqué au Tribunal qu'à ce moment-là, à la fin mars 1944, vous vous trouviez en permission. Est-ce exact ?

ACCUSÉ GŒRING. — Oui, autant que mes souvenirs soient exacts, je me trouvais à la fin mars en permission ; j'y suis resté jusqu'à quelques jours avant Pâques.

SIR DAVID MAXWELL-FYFE. — Vous avez ajouté « comme je puis le prouver ». Je voudrais que vous donniez au Tribunal la date de votre permission.

ACCUSÉ GŒRING. — Je répète encore une fois que je me souviens très bien avoir passé en permission tout le mois de mars et je pourrais apporter le témoignage des personnes qui m'ont accompagné pendant cette période.

SIR DAVID MAXWELL-FYFE. — Je désirerais savoir où vous avez passé cette permission.

ACCUSÉ GŒRING. — Ici, aux environs de Nuremberg.

SIR DAVID MAXWELL-FYFE. — Si on l'avait désiré, on aurait pu vous atteindre facilement par téléphone, soit du ministère de l'Air, soit de Breslau ?

ACCUSÉ GŒRING. — Il était facile de m'atteindre au téléphone si on le désirait.

SIR DAVID MAXWELL-FYFE. — Je vous demande maintenant de m'aider à propos d'une ou deux dates dont vous avez parlé. Vous dites : « J'ai entendu parler de cette fuite un ou deux jours après. » Comprenez-moi bien, témoin. Je vous pose pour l'instant des questions sur l'évasion et non sur les exécutions. Je voudrais que cela soit très clair.

ACCUSÉ GŒRING. — C'est très clair pour moi.

SIR DAVID MAXWELL-FYFE. — Voulez-vous prétendre que vous avez entendu parler de la fuite elle-même, un ou deux jours après qu'elle fût survenue ?

ACCUSÉ GŒRING. — Oui.

SIR DAVID MAXWELL-FYFE. — En avez-vous entendu parler par votre aide de camp ou par votre chef d'État-Major ?

ACCUSÉ GŒRING. — J'ai toujours appris de tels faits de la bouche de mes aides de camp. De nombreuses évasions avaient déjà eu lieu.

SIR DAVID MAXWELL-FYFE. — C'est exact. Il y a eu dans ce camp toute une série d'évasions.

ACCUSÉ GŒRING. — Je ne puis dire si elles se sont produites dans ce camp. De fréquentes évasions massives avaient précédemment eu lieu que j'ai apprises par l'intermédiaire de mes aides de camp.

SIR DAVID MAXWELL-FYFE. — Et je voudrais maintenant que vous donniez au Tribunal une autre date. Vous dites qu'à votre retour de permission votre chef d'État-Major vous a fait un compte rendu. Qui était votre chef d'État-Major ?

ACCUSÉ GŒRING. — Le général Korten était à ce moment mon chef d'État-Major.

SIR DAVID MAXWELL-FYFE. — Pouvez-vous nous dire quel jour il vous a fait ce compte rendu ?

ACCUSÉ GŒRING. — Non, je ne puis pas le dire d'une façon exacte. Je crois que j'ai parlé ultérieurement de cet incident que j'avais appris d'une autre source.

SIR DAVID MAXWELL-FYFE. — Qui vous a, en premier, rendu compte de ces faits ? Votre chef d'État-Major vous a-t-il rendu compte de ces exécutions ? Pensez-vous que quelqu'un d'autre ait pu vous en rendre compte ?

ACCUSÉ GŒRING. — Je ne puis maintenant dire avec précision si j'ai appris ces exécutions du chef d'État-Major ou d'une autre source. Mais, en tout état de cause, j'ai parlé de ces événements avec le chef d'État-Major.

SIR DAVID MAXWELL-FYFE. — Quand en avez-vous parlé avec votre chef d'État-Major.

ACCUSÉ GŒRING. — Je ne puis de mémoire vous dire le jour et la date exacts, mais ce devait être aux environs de Pâques.

SIR DAVID MAXWELL-FYFE. — C'était environ à la fin mars n'est-ce pas ?

ACCUSÉ GŒRING. — Non ; c'était peut-être au début d'avril, pendant la première moitié d'avril.

SIR DAVID MAXWELL-FYFE. — Et vous avez eu ensuite un entretien avec Himmler, comme vous l'avez déclaré ?

ACCUSÉ GŒRING. — J'en ai parlé à Himmler.

SIR DAVID MAXWELL-FYFE. — Pouvez-vous le préciser ?

ACCUSÉ GŒRING. — Je ne puis naturellement préciser le jour. J'ai vu Himmler et lui en ai parlé, à la première occasion, après en avoir été moi-même informé.

Sir David Maxwell-Fyfe. — Vous ne pouvez donc préciser la date de votre retour de permission ou de l'entretien que vous avez eu avec votre chef d'État-Major, non plus une date quelconque ou une fête de Pâques ?

Accusé Gœring. — Sans aucun document, il m'est impossible aujourd'hui de préciser un jour, comme je l'ai dit. Je ne puis que vous fixer une période approximative et je l'ai fait.

Sir David Maxwell-Fyfe. — Vous avez expliqué il y a quelques jours que vous pourriez établir quand vous vous êtes trouvé en permission. Dois-je imaginer maintenant que vous ne vous êtes pas donné la peine de vérifier les dates de votre permission ?

Accusé Gœring. — Je viens de vous dire que je me trouvais en permission au mois de mars. Mais je ne puis vous dire si je suis revenu le 26, le 28 ou le 29 mars : on pourrait peut-être à ce sujet interroger mon entourage qui pourrait peut-être fixer plus exactement cette date. Je ne connais que le fait que j'étais là-bas en mars.

Sir David Maxwell-Fyfe. — Témoin, il ne serait pas incorrect selon vous de considérer cette date du 29 mars comme la fin de votre permission ?

Accusé Gœring. — Il serait plus indiqué que vous me disiez, car je ne l'ai plus en tête, la date de Pâques cette année-là. Tout sera plus facile si vous me précisez cette date car je sais que peu de jours avant Pâques je suis revenu à Berchtesgaden pour y passer les fêtes avec ma famille.

Sir David Maxwell-Fyfe. — Vous êtes revenu à Berchtesgaden quelques jours avant Pâques ?

Accusé Gœring. — Oui.

Sir David Maxwell-Fyfe. — Vous êtes donc rentré quelques jours auparavant de permission ? Vous êtes revenu de votre permission de mars avant de vous rendre à Berchtesgaden ?

Accusé Gœring. — Berchtesgaden était, à cette époque, également le Quartier Général du Führer. Je suis donc rentré de permission à Berchtesgaden : ma permission prenait fin ainsi puisque je retrouvais mon activité. Vous pouvez donc faire coïncider mon retour à Berchtesgaden avec la fin de ma permission.

Sir David Maxwell-Fyfe. — Je ne puis sans autre précision vous donner la date exacte de Pâques. Mais je me rappelle par hasard que Pentecôte était le 28 mai. Pâques, qui était plus tôt, devait donc se trouver aux environs du 5 avril. Votre permission a donc pu prendre fin aux environs de la fin mars, peut-être le 26 ou le 29. C'est bien exact, n'est-ce pas ? Et les exécutions de ces officiers ont eu lieu dans la période comprise entre le 25 mars et le 13 avril. Le savez-vous ?

Accusé Gœring. — Je ne le savais pas d'une manière aussi précise.

Sir David Maxwell-Fyfe. — Vous pouvez me croire, car il existe sur ces exécutions un rapport officiel et je tiens à être impartial à votre égard, 49 de ces officiers seulement ont été exécutés à ce moment-là, autant que nous avons pu le préciser, le 6 avril, et un autre le 13 avril ou quelque temps plus tard. La période critique correspond donc à la fin mars et nous pouvons supposer que vous êtes rentré de permission aux environs du 29 mars.

— Je voudrais que vous indiquiez au Tribunal qu'il s'agissait là d'une question d'importance primordiale. Vous la considériez comme de première importance ?

ACCUSÉ GŒRING. — C'était une question extraordinairement importante.

SIR DAVID MAXWELL-FYFE. — Le général Milch — je vous demande pardon — le Feldmarschall Milch a expliqué que c'était une question qui mettait en jeu les plus hautes autorités et je crois que vous avez déclaré que vous saviez que c'était sur l'ordre de Hitler que ces officiers devaient être exécutés. Est-ce exact ?

ACCUSÉ GŒRING. — C'est exact. J'ai appris ultérieurement que tel était son ordre.

SIR DAVID MAXWELL-FYFE. — Je voudrais maintenant que vous vous rappeliez autre chose. Après ces faits, M. Eden, ministre des Affaires étrangères, a immédiatement déclaré que la Grande-Bretagne demanderait que des poursuites soient intentées contre les auteurs de ces assassinats. Vous en souvenez-vous ?

ACCUSÉ GŒRING. — Je ne puis me souvenir des entretiens ou des paroles prononcées à la Chambre des Communes par M. Eden. J'en ai ignoré la substance jusqu'à ce jour. Je sais seulement qu'il a parlé de cet incident au Parlement.

SIR DAVID MAXWELL-FYFE. — Je vous demande maintenant de bien vouloir dire au Tribunal quelles ont été les personnalités de votre ministère qui ont été impliquées dans cette affaire. Je vais vous les nommer de façon à gagner du temps. Si vous n'êtes pas d'accord, vous pourrez me reprendre.

— Le commandant du Stalag Luft III était le colonel von Lindeiner de vos services. C'est bien exact ?

ACCUSÉ GŒRING. — C'est parfaitement possible. Je ne connaissais pas tous ces commandants en particulier. Il a été traduit devant un tribunal militaire du seul fait de ces évasions. Mais il n'a rien eu à voir avec les exécutions.

SIR DAVID MAXWELL-FYFE. — Non, mais il commandait le camp et je suppose que vous aviez la possibilité de réviser et de confirmer le jugement du tribunal militaire de l'Armée de l'air qui l'a condamné, du fait de négligence dans son service, à une année d'emprisonnement. Vous avez eu connaissance de cette décision, n'est-ce pas ? A-t-elle été soumise à votre examen ?

ACCUSÉ GŒRING. — Non, mais seulement lorsqu'il s'agissait des peines les plus sévères. Les condamnations à une année d'emprisonnement ne m'étaient pas soumises, mais je sais, et je puis le certifier, qu'une procédure a été suivie contre l'intéressé du fait de négligence de son service au moment des évasions.

SIR DAVID MAXWELL-FYFE. — En mai 1943, l'inspection 17 a été interposée entre l'Aviation et le service de l'O.K.W., qui s'occupait des prisonniers. Vous le rappelez-vous ?

ACCUSÉ GŒRING. — L'inspection ne m'a jamais fait part des détails des questions qui rentraient dans le cadre du problème des prisonniers à l'O.K.W. et de ce qui s'est passé à ce moment.

SIR DAVID MAXWELL-FYFE. — Je désire seulement faire allusion à vos propres officiers. Vous savez, témoin, que vos propres officiers ont pris part à ces faits. Je veux simplement vous rappeler quels sont ceux qui y ont été intéressés. Le chef de l'inspection 17 était le Generalmajor Grosch de l'Armée de l'air ?

ACCUSÉ GŒRING. — Le Generalmajor Grosch appartient à l'Armée de l'air.

SIR DAVID MAXWELL-FYFE. — Vous avez déclaré devant le Tribunal il y a quelques jours — je cite vos propres paroles — que vous aviez appris cet incident par des informations et que vous en aviez une connaissance complète et minutieuse. Vous me dites aujourd'hui que vous ignorez que le Generalmajor Grosch était chef de l'inspection 17 de l'Armée de l'air.

ACCUSÉ GŒRING. — Cela n'a rien à voir avec les faits. J'ai déclaré devant le Tribunal que j'avais appris ultérieurement, et en détail, ces exécutions, mais tout cela n'a rien à voir avec le général Grosch et son inspection, car il n'a en rien participé à ces exécutions.

SIR DAVID MAXWELL-FYFE. — Je vais vous démontrer dans une minute cette liaison si vous voulez bien répondre à mes questions.

— Grosch était-il directement subordonné au colonel Welder ? Pouvez-vous vous le rappeler ?

ACCUSÉ GŒRING. — J'ignore les détails de l'organisation de l'inspection des prisonniers de guerre ; je ne connais pas les chefs de services et les fonctions qu'ils occupaient. En tout cas, je ne les connais pas par cœur. Je désirerais préciser encore une fois qu'il ne subsiste aucune confusion lorsque je déclare que je connais très bien l'affaire : je veux dire par là que j'ai parfaitement appris ce qui s'était passé, que l'ordre avait été donné et que les gens ont été fusillés. Mais je ne fais pas allusion à ce qui a pu être rapporté aux diverses inspections, aux possibilités de vols, etc.

SIR DAVID MAXWELL-FYFE. — Le général Grosch avait-il, en sa qualité de chef de l'inspection 17, à rendre compte au général Förster, chef de l'État-Major d'opérations du ministère de l'Air ?

ACCUSÉ GŒRING. — Je ne puis vous le dire sans avoir sous les yeux le diagramme de l'articulation du service. Le général Förster était, à cette époque, je crois, chef de la Luftwehr au ministère, ou il portait un titre à peu près semblable. Je ne me suis pas préoccupé de ces choses pour lui car elles n'avaient aucun caractère direct se rapportant à la tactique, à la stratégie ou aux questions d'armements. Mais il est parfaitement possible ou certain qu'il dépendait de ce département ministériel.

SIR DAVID MAXWELL-FYFE. — Si vous l'ignorez, abandonnons cette question pour l'instant. Savez-vous que le Generalmajor von Graevenitz était chef du service des prisonniers de guerre de l'accusé Keitel ?

ACCUSÉ GŒRING. — J'ai ici, pour la première fois, entendu ce nom du général Graevenitz, car ce service n'avait aucune liaison directe avec moi. Il m'est impossible de connaître tous les sous-ordres militaires placés à la tête de cent ou mille services.

SIR DAVID MAXWELL-FYFE. — Je suppose aussi que vous ignorez le nom du colonel, actuellement général Westhoff, qui appartenait au service de von Graevenitz.

ACCUSÉ GŒRING. — Je n'ai jamais vu Westhoff et il n'appartenait pas à l'Armée de l'air.

SIR DAVID MAXWELL-FYFE. — Je ne prétends pas que Graevenitz et Westhoff aient appartenu à l'Armée de l'air ; je voulais simplement établir qu'à mon avis ils appartenaient à l'organisation du général Keitel.

ACCUSÉ GŒRING. — Je les ignorais, eux et leurs services.

SIR DAVID MAXWELL-FYFE. — Jusqu'à ce moment, vous aviez exercé une influence importante dans le Reich, n'est-ce pas ?

ACCUSÉ GŒRING. — Plus à ce moment. Il s'agit bien de 1944 ; je n'avais plus aucune influence.

SIR DAVID MAXWELL-FYFE. — Oui, mais vous étiez encore chef de l'Armée de l'air et du ministère de l'Air ?

ACCUSÉ GŒRING. — Je l'étais.

SIR DAVID MAXWELL-FYFE. — Et en votre qualité de chef de l'Armée de l'air et du ministère de l'Air vous êtes resté responsable, pendant toute la durée de la guerre, jusqu'à ce moment-là, de six camps de prisonniers de guerre ? Est-ce exact ?

ACCUSÉ GŒRING. — J'ignore le nombre de ces camps de prisonniers de guerre. Mais je porte naturellement la responsabilité de ceux qui appartenaient à mon ministère.

SIR DAVID MAXWELL-FYFE. — De ceux de l'Armée de l'air ?

ACCUSÉ GŒRING. — Oui, de ceux qui étaient sous l'autorité de l'Armée de l'air.

SIR DAVID MAXWELL-FYFE. — Vous connaissiez les directives générales sur le traitement des prisonniers de guerre qui ont été présentées ici sous le nom d'action Kugel [1] ?

ACCUSÉ GŒRING. — Non, j'ignorais tout de cette action, on ne m'en a pas fait part.

SIR DAVID MAXWELL-FYFE. — On ne vous a jamais entretenu de l'action Kugel ?

ACCUSÉ GŒRING. — J'ai entendu parler ici, pour la première fois, de

1. Il sera aussi question de l'action Kugel dans le volume consacré à la Kriegsmarine.

l'action Kugel ; j'ai vu le document pour la première fois et entendu l'expression pour la première fois. Jamais aucun officier de l'Armée de l'air ne m'a rendu compte, et je ne puis croire un tel fait, qu'un officier détenu dans un camp de l'Armée de l'air ait pu être emmené dans ce but. En tout cas, une nouvelle de ce genre ne m'est pas parvenue.

SIR DAVID MAXWELL-FYFE. — Vous savez pourtant ce qu'était l'action Kugel : des officiers et des sous-officiers évadés qui n'appartenaient pas à la nationalité anglaise ou américaine devaient être remis à la Police pour être emmenés à Mauthausen. Là, ils étaient abattus à l'aide d'un appareil se composant d'une toise dans laquelle était dissimulée une arme à feu, en leur faisant croire qu'on s'apprêtait à leur distribuer leurs vêtements de prisonniers [1].

— Vous savez bien ce qu'était l'action Kugel ?

ACCUSÉ GŒRING. — Je l'ai appris ici.

SIR DAVID MAXWELL-FYFE. — Prétendez-vous devant le Tribunal que vous ignoriez que les prisonniers de guerre évadés, qui étaient repris par la Police, étaient conservés par elle et emmenés à Mauthausen ?

ACCUSÉ GŒRING. — Non, je ne l'ai pas su. Au contraire, tous les évadés de mes camps qui ont été repris par la Police sont tous revenus dans leur camp et le cas auquel nous faisions allusion tout à l'heure fut le premier où, en partie, cela ne se produisit pas.

SIR DAVID MAXWELL-FYFE. — Ignoriez-vous que le colonel Welder, en sa qualité de chef adjoint de l'inspection de votre ministère, émit un ordre écrit un mois plus tôt, en février 1944, enjoignant de ramener dans leur camp tous les prisonniers de guerre repris par l'Armée de l'air et d'après lequel tous les prisonniers repris par la Police devaient être conservés par elle et ne devaient plus bénéficier de la protection de l'Armée de l'air. Vous ne le saviez pas ?

ACCUSÉ GŒRING. — Non. Je demande que l'on veuille bien entendre ce colonel afin de savoir s'il m'a jamais fait un compte rendu à ce sujet ou m'a adressé une lettre en ce sens.

SIR DAVID MAXWELL-FYFE. — Je ne puis naturellement pas dire si votre ministère était bien ou mal dirigé. Mais ce colonel a certainement publié un tel ordre, car il le dit lui-même.

ACCUSÉ GŒRING. — Il doit alors être en état de dire de qui il avait reçu cet ordre.

SIR DAVID MAXWELL-FYFE. — Il dit qu'il a donné cet ordre et vous savez aussi bien que moi que la question des prisonniers de guerre exige qu'on agisse avec prudence puisqu'une puissance protectrice peut enquêter sur les plaintes. Vous n'avez jamais dénoncé la convention et, pendant toute la guerre, la puissance protectrice s'est occupée de ces questions en Allemagne. C'est bien exact ?

ACCUSÉ GŒRING. — C'est exact. Mais je prends la liberté de demander qui lui a donné cet ordre ou s'il l'a reçu de moi.

2. Voir les *186 Marches*.

SIR DAVID MAXWELL-FYFE. — Il n'aura pas reçu cet ordre de vous. Je ne crois pas que vous en ayez jamais connu l'existence. Il l'a reçu du Generalmajor Grosch, n'est-ce pas ?

ACCUSÉ GŒRING. — Grosch devrait pouvoir dire s'il a reçu un tel ordre. Je n'ai jamais donné un ordre semblable.

SIR DAVID MAXWELL-FYFE. — Vous prétendez n'avoir jamais entendu dire — et cela trois ans et demi après le début de la guerre — que les prisonniers de guerre évadés devaient être remis à la Police. Vous voulez que le Tribunal vous croie ?

ACCUSÉ GŒRING. — Je crois qu'autant que les prisonniers de guerre évadés commettaient quelque crime ou délit, ils étaient naturellement remis à la Police. Mais, en tout cas, je tiens à établir devant le Tribunal que je n'ai pas su — et je n'ai pas donné d'ordre en ce sens — qu'ils pouvaient être remis à la Police ou conduits dans un camp de concentration en raison d'une seule tentative d'évasion ou de fuite.

SIR DAVID MAXWELL-FYFE. — Je désirerais absolument établir, témoin, que je fais allusion aux prisonniers de guerre évadés qui ont ultérieurement été repris par la Police. Ne saviez-vous pas qu'ils devaient être remis à la Police ?

ACCUSÉ GŒRING. — Non. Cela n'arrivait que s'ils avaient commis un crime au cours de leur fuite, un meurtre ou quoi que ce fût.

(L'audience sera reprise le 21 mars 1946 à 10 heures.)

QUATRE-VINGT-SEPTIÈME JOURNÉE.

Jeudi 21 mars 1946.

Audience du matin.

SIR DAVID MAXWELL-FYFE. — Témoin, vous souvenez-vous de m'avoir déclaré hier soir que seuls les prisonniers de guerre coupables de crimes ou délits étaient remis à la Police ?

ACCUSÉ GŒRING. — Je ne me suis pas exprimé ainsi. J'ai dit que, lorsque la Police arrêtait des prisonniers de guerre qui s'étaient rendus coupables de crimes ou délits lors de leur évasion, à ma connaissance, elle les conservait et ne les renvoyait pas dans des camps.

— Dans quelle mesure était-ce vrai pour d'autres prisonniers de guerre, c'est-à-dire pour des prisonniers de guerre qui n'auraient pas commis de délits au cours de leur évasion, je n'en ai entendu parler qu'ici au cours des interrogatoires et des débats.

SIR DAVID MAXWELL-FYFE. — Voudriez-vous examiner le document daté du 22 novembre 1941. L'avez-vous sous les yeux ?

ACCUSÉ GŒRING. — Oui, je l'ai.

SIR DAVID MAXWELL-FYFE. — Voudriez-vous regarder l'angle inférieur gauche du document et plus précisément la liste des destinataires ? Le deuxième service à qui ce document est destiné est le ministère de l'Air et le Commandant en chef de l'Aviation en fonction au 22 novembre 1941. C'était bien vous ?

ACCUSÉ GŒRING. — C'est exact. Et je voudrais vous donner les explications suivantes à ce sujet.

SIR DAVID MAXWELL-FYFE. — J'aimerais que vous commenciez par consacrer quelques instants à prendre connaissance du document. Vous pourrez ensuite vous livrer à toute explication que vous jugerez nécessaire. Je ne vous limiterai pas. Je voudrais que vous lisiez la troisième phrase du premier paragraphe. Elle se rapporte à la question des prisonniers de guerre soviétiques et déclare : « Conformément à cette ordonnance, tout prisonnier de guerre soviétique ramené au camp après une tentative d'évasion sera obligatoirement remis au service de la Gestapo le plus proche. »

— Puis, le paragraphe 2 traite de la procédure spéciale à appliquer aux prisonniers coupables de crimes ou délits : « Étant donnée la répétition actuellement fréquente des délits commis par les prisonniers de guerre soviétiques, dus, selon toute vraisemblance, à l'absence de réglementation de leurs conditions de vie, les dispositions suivantes entreront temporairement en vigueur, sous réserve de modifications ultérieures. » Tout prisonnier de guerre soviétique qui s'était rendu coupable d'un délit devait être remis par le commandant du camp au chef de la Sicherheitspolizei.

— Ce document signifie-t-il que celui qui se sera évadé doit être remis à la Police de sûreté ? Ou bien l'interprétez-vous ainsi : un homme qui aura cherché à s'enfuir sera remis à la Gestapo, mais celui qui aura commis un crime, comme vous l'avez dit, sera livré à la Police de sûreté. N'était-ce pas là d'ailleurs la réglementation qui fut appliquée entre 1941 et mars 1944, époque qui nous occupe présentement ?

ACCUSÉ GŒRING. — Permettez-moi de relire le paragraphe qui précède pour m'assurer qu'aucune phrase, arrachée de son contexte, n'a été dépouillée de son sens.

SIR DAVID MAXWELL-FYFE. — J'ai donc raison, n'est-ce pas, en disant que les prisonniers de guerre soviétiques évadés devaient être, après leur retour au camp, livrés à la Gestapo, et que s'ils s'étaient rendus coupables de quelque délit, ils devaient être livrés à la Police de sûreté !

ACCUSÉ GŒRING. — Ce n'est pas tout à fait exact. Permettez-moi d'attirer votre attention sur la troisième phrase du premier paragraphe. On y lit : « Lorsqu'il existe un camp de prisonniers à proximité immédiate, l'individu arrêté devra y être conduit. »

SIR DAVID MAXWELL-FYFE. — Voulez-vous cependant lire la phrase suivante : « Tout prisonnier de guerre soviétique reconduit au camp » — et ceci est en accord avec l'ordre que vous venez de lire — « devra être remis au service de la Gestapo le plus proche ». Votre propre phrase, n'est-ce pas ?

ACCUSÉ GŒRING. — Oui, mais le paragraphe suivant indique que ces mesures étaient nécessitées par le nombre particulièrement élevé des délits commis par les prisonniers de guerre soviétiques. Évidemment cet ordre a bien été donné, et cela, aux trois armes : Armée de terre, Marine, Aviation.

— Mais je voudrais expliquer la distribution des ordres. Pendant cette guerre, ce ne sont pas des centaines mais des milliers d'ordres qui, provenant de services subalternes, sont passés par les services supérieurs pour être ensuite transmis aux intéressés. Cela ne signifie pas pour autant que chacun de ces milliers d'ordres ait été soumis individuellement au Commandant en chef. Seuls l'étaient les plus importants, les plus décisifs ; les autres ne faisaient que passer de service à service. Et de fait cet ordre, bien qu'issu théoriquement du chef de l'O.K.W., ne porte pas sa signature mais celle d'un service subalterne.

SIR DAVID MAXWELL-FYFE. — Cet ordre, le département des prisonniers de guerre de votre ministère a-t-il eu à l'exécuter ?

ACCUSÉ GŒRING. — Dans le cas présent, l'ordre a bien été reçu par le département en question et lui seul l'a reçu, conformément aux voies empruntées par les ordres qui ne concernaient que lui.

SIR DAVID MAXWELL-FYFE. — Je crois que vous avez répondu affirmativement à ma question. L'ordre a bien été transmis du département « Prisonniers de guerre » de votre ministère ?

ACCUSÉ GŒRING. — Ma réponse est oui.

SIR DAVID MAXWELL-FYFE. — J'espère que vous vous rendez compte qu'il serait plus rapide de répondre oui tout de suite quand c'est le cas.

ACCUSÉ GŒRING. — Non, ce n'est pas le cas ici, car il s'agit de savoir si j'ai personnellement lu cet ordre ou non. Il est question ici de ma responsabilité personnelle.

LE PRÉSIDENT. — On ne vous a jamais parlé de votre responsabilité personnelle. On vous a demandé si votre département « Prisonniers de guerre » s'était occupé de l'exécution de cet ordre.

SIR DAVID MAXWELL-FYFE. — Je vais vous questionner maintenant sur l'affaire des évasions de la nuit du 24 au 25 mars. Je voudrais que vous reteniez cette date. La décision d'assassiner les jeunes officiers évadés a dû être prise très rapidement car, pratiquement, le premier assassinat eut lieu le 26 mars. Reconnaissez-vous que cette décision fut prise très rapidement ?

ACCUSÉ GŒRING. — Je suppose, je l'ai aussi entendu dire par la suite, que l'ordre en a été donné très rapidement. Mais cet ordre n'a aucun rapport avec le document présenté.

SIR DAVID MAXWELL-FYFE. — Mais nous en avons fini avec ce

document. Nous en sommes maintenant à l'assassinat des jeunes officiers. Après leur évasion, un mandat d'arrêt collectif fut aussitôt lancé contre ces hommes, n'est-ce pas ?

ACCUSÉ GŒRING. — C'est exact. Toutes les fois qu'une évasion aussi massive se produisait, on procédait automatiquement dans tout le Reich à des recherches de grande envergure et chaque service de recherche recevait la mission de faire ramener les prisonniers au camp.

SIR DAVID MAXWELL-FYFE. — Avant que l'ordre de rechercher et de fusiller ces hommes entre en vigueur, ne fallait-il pas attendre obligatoirement une entrevue entre Hitler et Himmler, ou Kaltenbrunner, qui décidaient de son application ?

ACCUSÉ GŒRING. — C'est exact. D'après ce que j'ai entendu dire, Himmler vint le premier annoncer ces évasions au Führer.

SIR DAVID MAXWELL-FYFE. — Le général Westhoff qui faisait partie du département « Prisonniers de guerre » dépendant de l'accusé Keitel a déclaré qu'à une date qui était vraisemblablement le 26, Keitel lui avait dit : « Gœring m'a reproché ce matin, devant Himmler, d'avoir encore laissé évader de nouveaux prisonniers de guerre. C'est inouï ! » Prétendez-vous que le général Westhoff ait menti ?

ACCUSÉ GŒRING. — Oui. Cela ne correspond pas à la réalité. D'après le général Westhoff, le Feldmarschall Keitel aurait prononcé ces paroles. Mais cette allégation est par elle-même tout à fait illogique. Je ne pouvais pas adresser de semblables reproches au Feldmarschall Keitel qui ne pouvait en rien attirer mon attention sur ces faits, puisque la garde de ces prisonniers était de sa compétence et non de la mienne.

SIR DAVID MAXWELL-FYFE. — L'un des officiers subordonnés de l'accusé Keitel qui s'occupait de la question était un inspecteur général, le général Röttich. Le connaissez-vous ?

ACCUSÉ GŒRING. — Non.

SIR DAVID MAXWELL-FYFE. — Et bien, le général Westhoff, comme on peut le comprendre, désire vivement faire admettre que son supérieur n'a jamais rien eu à voir avec cette question. Sur le général Röttich, il affirme donc ce qui suit :

— « Il ne fut en aucune façon mêlé à cette affaire, car ces questions n'étaient plus de sa compétence. De toute évidence, au cours de la conférence du matin avec le Führer, ou plus précisément au cours de l'entrevue qui réunit Himmler, le Feldmarschall Keitel et Gœring en présence du Führer, ce fut ce dernier qui, comme toujours lorsqu'il s'agissait d'évasion d'officiers, prit l'affaire en main. »

— Vous dites que ce n'est pas exact ? Que vous n'avez pas assisté à une telle conférence ?

ACCUSÉ GŒRING. — Je n'ai pas assisté à cette conférence ; le général Westhoff non plus d'ailleurs. Il n'exprime là qu'une opinion toute subjective et ne rapporte pas des faits.

SIR DAVID MAXWELL-FYFE. — En d'autres termes, vous pensez que Westhoff a tort. Je crois me souvenir que Westhoff n'était encore que colonel à l'époque. Puis il passa général. Il demande que certains officiers supérieurs soient interrogés sur l'affaire. Il prétend « qu'il devrait être possible de prouver, par Gœring qui était présent à la conférence, que c'est Himmler qui a fait cette proposition au Führer ». Westhoff, bien qu'il ne soit en fin de compte qu'un officier de grade relativement peu élevé, ne cesse de répéter que, sur ce point, ses supérieurs peuvent faire découvrir la vérité. Vous dites que ce n'est pas possible ?

ACCUSÉ GŒRING. — Ce n'est pas ce que je dis. Tout ce que je prétends c'est que le général Westhoff, n'ayant à aucun moment participé à la conférence, ne peut pas affirmer : « Je sais, car je l'y ai vu, que le Reichsmarschall Gœring était présent à cette conférence. » Il ne peut que le supposer ou bien l'avoir entendu dire.

SIR DAVID MAXWELL-FYFE. — Westhoff affirme que Keitel lui a fait des reproches, comme je vous l'ai lu, et qu'il lui aurait dit, chez le général von Graevenitz : « Messieurs, ces évasions doivent cesser. Nous devons faire un exemple et prendre des mesures d'une exceptionnelle rigueur. Je peux déjà vous annoncer que tous les hommes qui se sont échappés seront fusillés. La plupart d'entre eux sont, d'ailleurs, vraisemblablement déjà morts. »

— Vous n'avez jamais entendu cela ?

ACCUSÉ GŒRING. — Je n'ai assisté ni à l'entretien Keitel-Westhoff-Graevenitz, ni à la conférence entre le Führer et Himmler. D'ailleurs, à ma connaissance, le général Westhoff sera entendu ici comme témoin. De plus, le Feldmarschall Keitel est à même de déclarer si, oui ou non, j'ai participé à la conférence.

SIR DAVID MAXWELL-FYFE. — Oui. Mais je me vois maintenant obligé de vous placer devant certains faits. J'en viens à votre propre ministère. Je suppose qu'en général vous vous considériez comme responsable des actes des officiers de votre ministère, des officiers d'État-Major : colonels et généraux ?

ACCUSÉ GŒRING. — Oui, lorsqu'ils agissaient conformément à mes directives, à mes consignes. Sinon, je ne peux pas me tenir pour responsable.

SIR DAVID MAXWELL-FYFE. — Voyons maintenant ce qui s'est passé dans votre propre ministère. Saviez-vous que le colonel Walde alla faire au camp une enquête personnelle ?

ACCUSÉ GŒRING. — J'ai déjà dit hier que je ne connais pas les détails de ces enquêtes. Tout ce que je sais c'est qu'il y eut une enquête.

SIR DAVID MAXWELL-FYFE. — Avez-vous appris que le 27 mars, un lundi, une conférence avait eu lieu à Berlin sur l'affaire des évasions ? Je vais d'abord vous donner les noms de ceux qui y participaient. Il vous sera peut-être ainsi plus facile de rassembler vos souvenirs. Votre ministère était représenté à cette conférence par le colonel Walde. Le lieutenant général Grosch était en effet pris par une autre réunion et c'est par ce dernier qu'il se fit remplacer. L'organisation de l'accusé Keitel était représentée par le colonel von Reurmont ; la Gestapo l'était par le

Gruppenführer Müller ; la Kripo par le Gruppenführer Nebe. Ces officiers n'étaient pas, il est vrai, habilités à édicter les mesures à prendre, mais ne jouissaient-ils pas néanmoins de pouvoirs tels qu'ils eussent à s'occuper de l'application des mesures prises ?

ACCUSÉ GŒRING. — Ces officiers ne jouissaient pas de pouvoirs d'exécution. De telles prérogatives n'ont jamais été considérées comme accordées à des officiers. En ce qui concerne votre première question, je n'ai jamais eu connaissance de cette conférence. Je ne connais même pas personnellement le colonel Walde.

SIR DAVID MAXWELL-FYFE. — Vous déclarez au Tribunal que vous n'avez jamais été au courant de cette conférence ?

ACCUSÉ GŒRING. — Je l'affirme.

SIR DAVID MAXWELL-FYFE. — Je voudrais vous demander de considérer une déclaration du colonel Walde que je vais vous faire transmettre. Voulez-vous donc considérer les déclarations d'un officier de votre propre ministère sur la question, le colonel Ernst Walde ?

— « Ce lundi, une conférence eut lieu au Reichssicherheitshauptamt (Service central de la sécurité du Reich) à Berlin, Albrechtstrasse. Pour autant que je m'en souvienne, cette conférence avait été convoquée sur l'initiative du chef du département « Prisonniers de guerre » de l'O.K.W. et j'y assistais comme représentant de la Luftwaffeninspektion 17 puisque le général Grosch, pour des raisons dont je ne me souviens plus, ne pouvait s'y rendre en personne. C'est, je crois, le colonel von Reurmont qui représentait le chef du département « Prisonniers de guerre » de l'O.K.W. et le Reichssicherheitshauptamt était représenté par le Gruppenführer Müller et le Gruppenführer Nebe qui, à cette époque, était à la tête de la Kripo. Il m'est impossible de rapporter la discussion mot à mot ou de répéter le détail de ce qui fut dit par chacun. Mais je me souviens que l'on nous informa d'une conférence qui avait eu lieu la veille, c'est-à-dire le dimanche, au Quartier Général du Führer, après une évasion massive de prisonniers à Sagan. De sérieuses contestations avaient, paraît-il, eu lieu entre ses participants, parmi lesquels furent cités Himmler, Gœring et Keitel. Je ne me souviens pas si le nom de Ribbentrop fut mentionné ; le Führer, non plus, ne fut pas nommé. A cette conférence, des mesures appropriées durent être prises ou tout au moins discutées pour empêcher à l'avenir des évasions aussi massives. De quelle nature étaient ces mesures, cela n'a pas été révélé. A la fin de la séance, et plus ou moins en conclusion, le Gruppenführer Müller déclara que des ordres avaient été donnés, qui étaient entrés en vigueur la veille au matin. Sur les résultats des opérations de recherches de prisonniers, il prétendit ne rien pouvoir déclarer. Il ajouta seulement que, selon les rapports qu'il avait reçus jusqu'à présent, des hommes avaient été abattus en certains endroits au cours de tentatives d'évasion. Je crois qu'il avança le chiffre de dix ou quinze.

— « Après ces révélations du Gruppenführer Müller qui provoquèrent un effet de sensation indéniable, je compris qu'une décision avait été prise en haut lieu et que, par conséquent, toute intervention d'un service subalterne quelconque serait inutile et impossible. »

— On annonça donc, lors d'une réunion de personnages que je voudrais désigner sous le nom d'agents d'exécution, que les exécutions avaient commencé. Voulez-vous prétendre encore devant le Tribunal que vous ignoriez ces faits qui avaient été communiqués à des gens investis d'un pouvoir d'exécution parmi lesquels se trouvait l'un de vos propres officiers ? Le soutenez-vous toujours ?

ACCUSÉ GŒRING. — Je le maintiens. D'abord, je n'ai jamais entendu parler de cette conférence. En second lieu, l'officier en question n'a fait que des suppositions en ce qui concerne les noms cités. Il n'affirme rien catégoriquement. En dernier lieu, je vous prie de me laisser citer le début de cette déclaration. Elle commence ainsi :

— « A propos des évasions massives d'officiers aviateurs britanniques du camp n° 3 de Sagan, les 24 et 25 mars 1944, je vous communique ce qui suit, en attirant votre attention sur le fait que je suis obligé, en raison du manque de documents, de procéder de tête à la reconstitution d'événements qui remontent maintenant à près d'un an et neuf mois. Je vous demande donc de tenir compte des possibilités d'erreurs et d'être circonspect... »

SIR DAVID MAXWELL-FYFE. — Sur ce point, vous avez entièrement raison ; mais en réponse, je vais vous montrer ce dont cet officier rendait compte à l'époque à son général.

— Communiquez au témoin la déclaration du général Grosch.

(Le document est remis à l'accusé.)

— Vous pourrez constater que la mémoire du colonel Walde n'était pas si mauvaise que vous voulez bien le dire. Nous avons, sans contredit, maintenant affaire à un officier supérieur, le général Walter Grosch, qui signe : Generalleutnant. Peut-être voudrez-vous m'aider à trouver le passage de sa déposition qui nous intéresse. Récemment, vous m'avez été d'un grand secours. C'est la déposition du Generalleutnant Walter Grosch.

— « Quelques jours après les évasions — je ne me souviens plus de la date — le colonel Walde me fit savoir que l'O.K.W. avait convoqué une conférence à Berlin dans les locaux d'un service supérieur de Police et des S.S., je crois. L'inspection 17 de la Luftwaffe devait y envoyer ses représentants. J'aurais aimé y aller moi-même, mais je devais assister à une autre réunion à Berlin. Aussi je demandai au colonel Walde d'y aller pour représenter la Luftwaffe. A son retour, le colonel Walde m'informa que le représentant de l'O.K.W. avait annoncé que, conformément à une décision du Führer, les aviateurs britanniques évadés ne seraient pas remis à la Luftwaffe après leur capture, mais fusillés. »

— Nous sautons maintenant un paragraphe et passons à la dernière partie du paragraphe suivant : « A la vérité, il ne faisait pas de doute que nous courions le danger de voir fusiller ces aviateurs. Je demandai au colonel Walde si une décision aussi importante ne devait pas être communiquée par écrit à l'O.K.L. ou au ministère de l'Air, ou si on lui avait remis une note écrite. Le colonel Walde m'expliqua qu'on les avait informés, au cours de la réunion, qu'aucun document écrit ne devait être publié dans la circonstance. Aucune correspondance non plus n'en devait résulter ; le cercle des initiés devait être aussi restreint que possible. Je demandai au colonel Walde si le représentant de l'O.K.W. avait laissé entendre que le Reichsmarschall ou l'O.K.L. étaient au courant. Le colonel Walde m'assura qu'à en croire le représentant de l'O.K.W., le Reichsmarschall avait été mis au courant. »

— Pour le moment, je ne vous questionnerai pas à ce sujet. Je voudrais simplement vous faire remarquer ce qu'a fait votre général : « Jusqu'au rapport Walde, personne dans mon entourage n'avait jamais laissé entendre que les prisonniers évadés dussent être traités autrement que comme le prévoit la Convention de Genève.

— « Ce même jour, en fin de journée, je me mis en relation téléphonique avec le service dont je dépendais pour obtenir sans tarder du chef de la Luftwehr une entrevue avec le général d'aviation Förster. Cette entrevue fut fixée au lendemain matin.

— « Dès mon arrivée, je rencontrai le général Förster et son chef d'État-Major. Je demandai au général Förster de lui parler en particulier et lui présentai un exposé des faits. En conclusion, j'exprimai l'opinion que si des aviateurs britanniques étaient fusillés : *a)* Ce serait en violation de la Convention de Genève ; *b)* Des mesures de représailles seraient à escompter qui mettraient en danger la vie des aviateurs allemands prisonniers des Britanniques.

— « Je demandai au général Förster de porter l'affaire à la connaissance du Reichsmarschall, avant qu'il ne soit trop tard, et de souligner tout particulièrement les deux points précédents.

— « Le général Förster se déclara d'accord immédiatement. Nous abordâmes alors la question de savoir comment l'affaire serait portée à l'attention du Reichsmarschall. Il fut décidé de mettre à profit une conférence chez le secrétaire d'État, le Generalfeldmarschall Milch.

— « En ma présence, le général Förster téléphona donc au bureau du secrétaire d'État et, sur-le-champ, obtint l'entrevue. Le général Förster quitta la pièce en me disant d'attendre son retour dans le bureau. Après quelque temps, il revint en me déclarant qu'il avait soumis la question au secrétaire d'État et que le Feldmarschall Milch avait pris note des points importants. »

— Regardez maintenant, je vous prie, le dernier paragraphe :

— « En dépit de l'interdiction de l'O.K.W., je donnai au colonel Walde l'ordre d'établir officiellement un rapport détaillé sur la question. A ma connaissance, cela fut fait. »

Dr STAHMER. — Il a été présenté au Tribunal toute une série de dépositions sous serment émanant de témoins séjournant ici à Nuremberg. Ces témoins, à mon avis, pourraient aussi bien être entendus en personne. La question est d'importance, que ce soit pour Gœring ou tout autre accusé. Je m'élève donc contre la procédure employée. Je suppose, en effet, que les règles valables pour l'interrogatoire sont applicables ici dans le cas d'un contre-interrogatoire, c'est-à-dire que l'on ne peut pas raisonnablement s'en remettre à une simple déposition sous serment lorsque le Ministère Public peut sans difficultés faire comparaître le témoin en personne, donnant ainsi à la Défense la possibilité de lui faire subir un contre-interrogatoire.

LE PRÉSIDENT. — Docteur Stahmer, ce que vous dites est absolument faux. Les règles du contre-interrogatoire ne sont pas celles du simple interrogatoire. Et, pour l'instant, nous sommes bien en train de procéder à un contre-interrogatoire de l'accusé Gœring. Il a affirmé qu'il n'avait jamais rien su de cette affaire. Ce contre-interrogatoire n'a d'autre but que de prouver qu'il a menti en affirmant cela.

Dr STAHMER. — Monsieur le Président, à mon avis, on devrait faire comparaître les témoins en personne. Ce que vous venez de dire ne change rien au fait qu'il est plus sûr, d'après nous, de s'en remettre aux conclusions d'un témoignage devant le Tribunal, témoignage contrôlé par la Défense, que de se fier à une déposition sous serment.

LE PRÉSIDENT. — Docteur Stahmer, comme je viens de vous le faire remarquer, vous êtes dans l'erreur quand vous pensez que les règles du contre-interrogatoire sont les mêmes que celles de l'interrogatoire. Présentement, nous sommes en train de contre-interroger le témoin pour établir s'il a dit la vérité ou non.

— En ce qui concerne le témoin — le Generalleutnant Grosch — vous pouvez demander sa comparution ici, si vous le désirez. Mais cela n'a rien à voir avec la question.

Dr STAHMER. — Oui, je comprends bien, Monsieur le Président. Mais l'on devrait m'accorder la possibilité de recourir aux témoignages de toutes les personnes mentionnées dans la déposition en question, dans les cas où je considère que c'est nécessaire.

LE PRÉSIDENT. — Vous pouvez toujours présenter une requête dans ce sens.

SIR DAVID MAXWELL-FYFE. — Je voudrais que vous compreniez bien ce que je désire faire remarquer. L'affaire était connue non seulement de l'O.K.W., de la Gestapo et de la Kripo, mais encore du chef de votre bureau d'opérations, le général Förster, qui avait informé le général Grosch qu'il avait mis au courant le Feldmarschall Milch. Dans ces conditions, je prétends qu'il est absolument faux, qu'il est impossible que vous n'en ayez rien su.

ACCUSÉ GŒRING — Je voudrais d'abord fixer un point tout différent. La traduction allemande de la déclaration faite par le Tribunal en réponse à la première intervention du Dr Stahmer...

SIR DAVID MAXWELL-FYFE. — Le Tribunal ne désire pas que vous discutiez des points de droit.

LE PRÉSIDENT. — Voulez-vous, je vous prie, répondre à la question qui vous a été posée. Nous vous avons déjà dit que vous deviez d'abord répondre aux questions ; qu'ensuite vous pouviez fournir de plus amples explications à condition cependant de le faire rapidement.

Sir David Maxwell-Fyfe. — Soutenez-vous toujours, sur le vu de ces preuves et des déclarations d'officiers de votre propre ministère, que vous n'avez jamais rien su de l'affaire ?

Accusé Gœring — Ces déclarations confirment justement mes dires et j'aimerais donner une courte explication à ce sujet. En effet, vous avez précisé une date, celle du 27, alors que dans ses déclarations le général Grosch ne donne aucune précision de ce genre. Tout au contraire : « Quelques jours après les évasions, je ne me souviens plus de la date, le colonel Walde me fit savoir... »

— D'autre part, il est dit ici que le général Förster, qui d'ailleurs n'était pas chef de mon bureau d'opérations mais chef d'un autre service de mon ministère, communiqua l'affaire au secrétaire d'État, le Feldmarschall Milch, à une date qui, une fois de plus, n'est pas précisée. Le Generalfeldmarschall Milch est venu témoigner ici et, malheureusement, on ne lui a pas demandé s'il m'avait transmis personnellement cette information ni à quelle date il me l'aurait transmise.

Sir David Maxwell-Fyfe. — Mais si, on le lui a demandé. Mais le Generalfeldmarschall Milch a soutenu comme vous qu'il ne savait rien et que Förster ne lui avait jamais parlé de cette affaire. Mon collègue M. Roberts lui a même textuellement demandé : « Le général Förster ne vous a-t-il pas parlé de cette affaire ? »

— Je soutiens qu'aussi bien le Feldmarschall Milch que vous-même prétendez n'avoir jamais rien su de la question et que vous voulez rejeter la responsabilité de la chose sur des officiers subalternes. Voilà ce que je prétends et ce que je voudrais que vous compreniez.

Accusé Gœring — Non, je n'essaie pas d'échapper à mes responsabilités en chargeant mes subordonnés. Je constate simplement, et cela seul m'importe, que le Feldmarschall Milch n'a pas dit qu'il m'avait mis au courant de l'affaire. En second lieu, je constate que la date à laquelle Förster aurait transmis les renseignements à Milch n'est pas précisée. Il est tout à fait possible qu'à la date où ces événements ont eu lieu, le chef de l'État-Major général et de l'Aviation m'ait déjà entretenu de la question. De toute façon, ce qui importe, ce qui est décisif, et cela je le maintiens, c'est que je n'étais pas présent quand le Führer a donné cet ordre. Lorsque je l'ai appris, j'ai élevé une protestation formelle. Mais à ce moment-là, il était déjà trop tard. On ne savait pas encore que quelques hommes avaient été fusillés plus tard et je n'ai d'ailleurs jamais su exactement l'époque à laquelle ils le furent. La plupart des évadés avaient donc déjà été fusillés.

— En troisième lieu, les évadés repris à proximité immédiate du camp par les équipes de surveillance y furent ramenés et ne furent pas livrés à la Police. Ceux des prisonniers qui furent arrêtés à la suite des opérations de Police et ramenés au camp avant l'ordre du Führer ne furent pas livrés à la Police ni donc exécutés.

SIR DAVID MAXWELL-FYFE. — Selon une déclaration de Wieland, qui témoignera bientôt, une liste des officiers à fusiller avait été établie par la direction du camp à la requête du département nº 5, c'est-à-dire du département R.S.H.A.-Kripo, liste sur laquelle les officiers considérés comme éléments perturbateurs conspirateurs ou organisateurs d'évasions étaient tout spécialement mentionnés. Les noms étaient choisis, soit par le commandant, soit par un de ses officiers, après quoi l'exécution des officiers désignés était ordonnée par le service 4 du R.S.H.A., et des directives étaient envoyées à la Staatspolizei.

— Déclarez-vous toujours au Tribunal que vous ne saviez pas que vos propres officiers étaient en train de désigner les hommes à exécuter sous le prétexte qu'ils organisaient les évasions, qu'ils étaient des conspirateurs ? Dans le monde entier ne considère-t-on pas comme un devoir pour l'officier prisonnier de chercher à s'échapper ?

ACCUSÉ GŒRING — C'est exact. Et je l'ai moi-même fait remarquer. En ce qui concerne votre première question, je voudrais tout particulièrement souligner que nous avons affaire aux déclarations d'un homme qui doit être entendu comme témoin. Le fait qu'il ait demandé et vu une telle liste est d'ailleurs illogique, car les exécutions n'ont pas été faites suivant un choix : ont été fusillés, sans exception, ceux qui étaient détenus par la Police et qui n'avaient pas encore été ramenés au camp. On ne procéda donc à aucun tri des éléments qui auraient par exemple été considérés comme perturbateurs, mais ceux qui ont été ramenés au camp n'ont pas été fusillés et ceux qui étaient encore détenus par la Police au moment de l'ordre du Führer ont tous été fusillés sans exception. C'est pourquoi cette déclaration apparaît comme totalement illogique et ne correspond pas à la réalité.

— En ce qui me concerne, je n'ai jamais entendu parler de la moindre demande de liste, ni de l'établissement d'une telle liste. J'ai personnellement, et à plusieurs reprises, fait remarquer au Führer que ces officiers avaient pour devoir de s'évader et que lorsqu'ils rentreraient chez eux, après la guerre, ils seraient obligés de fournir la preuve de trois tentatives d'évasion, tout au moins pour les Anglais, si ma mémoire est bonne.

SIR DAVID MAXWELL-FYFE. — Vous souvenez-vous d'une note officielle publiée par le Gouvernement allemand sur la question, expliquant que les évadés avaient été abattus en tentant de résister lors de leur arrestation. Vous en souvenez-vous ?

ACCUSÉ GŒRING — Ce n'est qu'après réception de la réponse à cette note que j'en ai eu connaissance. Je n'ai pas participé à sa rédaction. Je ne connais son contenu que d'après la réponse qu'elle a reçue et parce qu'il s'est trouvé que j'étais présent lorsqu'on a apporté cette réponse.

SIR DAVID MAXWELL-FYFE. — Pour le moment, laissons de côté le fait maintenant admis par chacun, que cette note est un véritable tissu de mensonges. Je voudrais aborder la question du retentissement qu'eut cette affaire. Savez-vous que le général Westhoff dit dans sa déclaration :

« Lorsque nous lûmes, dans les journaux, cette note à l'Angleterre, nous fûmes tous complètement abasourdis. Nous nous prîmes la tête à deux mains, comme si nous étions devenus fous. » Toujours suivant les déclarations de M. Wieland, qui doit venir témoigner, ceci força le général Nebe de la Kripo à passer la nuit à travailler dans son bureau. Vous êtes donc d'accord, témoin, pour reconnaître que cette question était sérieuse et délicate. Tous les officiers qui y ont été mêlés ne la trouvaient-ils pas extrêmement grave ?

ACCUSÉ GŒRING — Il n'y avait pas que ces officiers pour trouver l'affaire sérieuse, grave. Moi-même je l'ai considérée comme la plus grave de toute cette guerre et je l'ai dit très clairement, sans équivoque possible, au moment où j'ai pris connaissance du contenu de la note et où je m'aperçus qu'elle ne correspondait pas à la vérité. Je manifestai alors mon indignation en demandant sur-le-champ à mon Generalquartiermeister d'adresser une lettre à l'O.K.W. pour dire que nous renoncions désormais à nous occuper des camps de prisonniers. Après ce qui venait de se passer, nous ne voulions plus assumer cette responsabilité.

SIR DAVID MAXWELL-FYFE. — Et, selon votre propre témoignage, vous vous êtes adressé à Himmler pour lui demander s'il avait reçu cet ordre. Puis vous déclarez : « Je l'ai prévenu de l'effervescence qui en résulterait dans la Luftwaffe. Je lui dis que nous ne pouvions pas accepter de telles mesures et que si, à l'avenir, il recevait des ordres semblables, il ait au moins l'amabilité de m'en informer pour que je puisse en empêcher l'exécution, si cela m'était possible. » Puis vous déclarez : « J'ai parlé au Führer, qui m'a confirmé avoir donné cet ordre et m'en a expliqué les raisons. » Selon votre propre témoignage, vous aviez à ce moment encore assez d'influence en Allemagne et même, auprès de Himmler pour empêcher que de tels ordres fussent donnés, je veux dire exécutés.

ACCUSÉ GŒRING — Vous interprétez mes déclarations d'une manière tout à fait inexacte. J'ai, sans ambages, déclaré à Himmler qu'il eût été de son devoir de me téléphoner avant de faire exécuter cet ordre. Il m'aurait ainsi réservé la possibilité, même à une époque où mon influence personnelle était bien entamée, de tout faire pour amener le Führer à ne pas faire exécuter l'ordre. Cela ne veut pas dire que j'étais certain du succès de ma démarche. Mais il va de soi qu'en tant que Commandant en chef de la Luftwaffe, je pouvais faire clairement comprendre à Himmler qu'il aurait été de son devoir de commencer par me prévenir, moi qui étais le premier intéressé à la chose, avant de rien entreprendre. C'est aussi en termes non équivoques que j'ai fait part au Führer de ma façon de penser. Mais sa réponse ne me laissa aucun doute : vraisemblablement je n'aurais pas pu empêcher l'exécution de l'ordre, même si j'en avais eu connaissance plus tôt. Il convient de souligner, pour plus de clarté, que l'exécution de l'ordre met en question deux administrations différentes. En effet, ce n'est pas à la Luftwaffe, mais à la Police qu'a été donné l'ordre de faire exécuter ces hommes par des hommes de la Luftwaffe. Si bien que même si le Führer m'avait déclaré : « Je persiste dans ma décision et l'ordre donné à la Police sera maintenu », je n'aurais pas pu dire à la Police : « Vous ne devez pas exécuter l'ordre du Führer. » Ce n'est que dans le cas où l'ordre aurait été à exécuter par mes gens que j'aurais peut-être pu faire surseoir à son exécution. C'est ce que je voulais vous faire remarquer.

SIR DAVID MAXWELL-FYFE. — C'est peut-être votre opinion personnelle que vous n'auriez rien pu obtenir du Führer. Mais je prétends que vous ne pouviez pas ne pas être au courant de l'affaire alors que tous ces officiers que j'ai mentionnés la connaissaient. Et, ceci étant, vous n'avez rien fait pour empêcher que les évadés soient fusillés. Au contraire, vous avez coopéré à cette effroyable tuerie.

LE PRÉSIDENT. — Sir David, abordez-vous maintenant un autre point ?

SIR DAVID MAXWELL-FYFE. — Oui, Monsieur le Président.

LE PRÉSIDENT. — Avez-vous déposé ces deux documents ?

SIR DAVID MAXWELL-FYFE. — Oui, je les ai présentés au témoin et déposés comme preuve.

LE PRÉSIDENT. — Peut-être feriez-vous bien de nous lire le deuxième paragraphe du premier document.

SIR DAVID MAXWELL-FYFE. — Oui.

LE PRÉSIDENT. — Ce passage précise qu'aux premières heures du 25 mars, l'affaire fut communiquée au bureau des aides de camp du Reichsmarschall. Il s'agit du paragraphe qui commence par : « La fuite… »

SIR DAVID MAXWELL-FYFE. — Oui.

— « La fuite de 20 à 30 prisonniers (le nombre exact des évadés ne put être établi que par un appel) fut signalée par téléphone du camp de Sagan à l'inspection, aux premières heures du 25 mars, un samedi. De là, toujours par la même voie, on avertit les services compétents de cette évasion en masse. A savoir :

« 1. Le bureau des aides de camp du Reichsmarschall ;

« 2. L'O.K.W. en la personne du chef du département des prisonniers de guerre (O.K.W. chef K.g.f.) ;

« 3. L'inspecteur général des prisonniers de guerre ;

« 4. Le chef de la circulation aérienne au ministère de l'Air. »

— Je vous remercie, Monsieur le Président. Le Tribunal se souviendra que le témoin n'a pas reconnu hier après-midi que la nouvelle des évasions avait été transmise au bureau de ses aides de camp.

LE PRÉSIDENT. — Parfaitement.

SIR DAVID MAXWELL-FYFE. — Merci, Monsieur le Président.

ACCUSÉ GOERING. — Les évasions nous étaient communiquées d'une manière relativement rapide. Mais en ce qui concerne vos assertions de tout à l'heure, je voudrais vous faire remarquer que vous ne les avez jamais démontrées.Et je maintiens mon point de vue, à savoir que je n'ai été informé de l'événement que trop tard.

SIR DAVID MAXWELL-FYFE. — Je vous ai posé toutes les questions que j'avais à vous poser à ce propos.

Témoignage n° 4 : Keitel

CENT DEUXIÈME JOURNÉE.

Lundi 8 avril 1946.

Audience du matin.

SIR DAVID MAXWELL-FYFE (Procureur Général adjoint britannique). — Je vais vous poser quelques questions à propos de l'exécution d'officiers qui s'étaient évadés du camp de Sagan. D'après ce que j'ai compris de votre témoignage, peu de temps après l'évasion, vous avez eu une entrevue avec Hitler, à laquelle Himmler devait être certainement présent. Est-ce exact ?

ACCUSÉ KEITEL. — Cette conversation a eu lieu le lendemain de l'évasion, chez le Führer, et avec Himmler.

SIR DAVID MAXWELL-FYFE. — Bien. Vous dites qu'au cours de cette conférence, Hitler a déclaré que les prisonniers ne devaient pas être remis à la Wehrmacht mais devaient rester sous la dépendance de la Police. Ce sont vos propres paroles, n'est-ce pas ?

ACCUSÉ KEITEL. — Oui.

SIR DAVID MAXWELL-FYFE. — C'est bien ce que vous avez dit. D'après vous, c'est ainsi que les choses se sont passées. A l'issue de cette conférence, vous vous étiez fait à l'idée que ces officiers allaient être fusillés, n'est-ce pas ?

ACCUSÉ KEITEL. — Non, cela non.

SIR DAVID MAXWELL-FYFE. — Voulez-vous reconnaître ceci : vous saviez pertinemment que ces officiers seraient très vraisemblablement fusillés ?

ACCUSÉ KEITEL. — Dans mon subconscient, j'avais, lorsque je suis rentré chez moi, un souci de ce genre. Mais, lors de la discussion, la chose n'a pas été exprimée.

SIR DAVID MAXWELL-FYFE. — Vous avez fait venir alors le général von Graevenitz et le général Westhoff, n'est-ce pas ?

ACCUSÉ KEITEL. — Oui, c'est exact.

SIR DAVID MAXWELL-FYFE. — Je ne sais pas si vous vous en souvenez, car le général Westhoff était, vis-à-vis de vous, un officier d'un rang inférieur, mais il a dit que c'était la première fois que vous l'aviez mandé. Est-ce que cela concorde avec vos souvenirs ?

ACCUSÉ KEITEL. — Non, je ne l'ai pas appelé. Il avait été amené pour m'être présenté. Je ne le connaissais pas. Je n'avais demandé que le général von Graevenitz.

SIR DAVID MAXWELL-FYFE. — Ainsi, vous ne l'aviez jamais vu auparavant ? Il est donc exact que, depuis que le général Westhoff avait assumé ces fonctions, vous ne vous étiez jamais rencontrés ?

ACCUSÉ KEITEL. — Je ne l'avais jamais vu auparavant.

SIR DAVID MAXWELL-FYFE. — C'est ce qu'il a dit aussi. Et, si j'ai bien compris votre témoignage, vous reconnaissez que vous étiez très nerveux, très excité ?

ACCUSÉ KEITEL. — Oui, j'ai exprimé de la façon la plus énergique ma colère et mon opinion.

SIR DAVID MAXWELL-FYFE. — Vous reconnaissez ainsi, d'accord avec le général Westhoff, que vous avez dit ceci : « Messieurs, c'est une mauvaise affaire » ou « C'est une affaire très grave », ou quelque chose de semblable ?

ACCUSÉ KEITEL. — Oui, j'ai dit que c'était une affaire démesurément grave.

SIR DAVID MAXWELL-FYFE. — Le général Westhoff a déclaré, dans la phrase suivante, que vous avez dit : « Ce matin, Gœring m'a reproché, en présence de Himmler, d'avoir encore laissé échapper des prisonniers de guerre. C'est inouï ! »

ACCUSÉ KEITEL. — Ce doit être une erreur de Westhoff. Ce fut un jour plus tard, car nous étions à Berchtesgaden et le général von Graevenitz et Westhoff ne sont arrivés que le jour suivant. Et c'est également une erreur de prétendre qu'à cette occasion j'ai cité le nom du maréchal Gœring.

SIR DAVID MAXWELL-FYFE. — Vous n'étiez donc pas très certain que le maréchal Gœring fût présent ou non ? Vous n'en étiez pas sûr, n'est-ce pas ?

ACCUSÉ KEITEL. — Je ne suis devenu hésitant que lors de l'instruction préliminaire, quand il me fut dit que des témoins avaient confirmé la présence de Gœring. A cela, j'ai répondu que ce n'était pas tout à fait impossible, mais que je ne me le rappelais pas.

SIR DAVID MAXWELL-FYFE. — Bien. Afin d'éviter toute équivoque, précisez. Lorsque vous avez été interrogé, un officier américain vous a présenté la même phrase que je vous montre maintenant, c'est-à-dire celle extraite de la déclaration du général Westhoff. Vous souvenez-vous qu'il vous a lu ceci : « Messieurs, c'est une très mauvaise affaire ; ce matin, Gœring m'a reproché d'avoir encore laissé échapper des prisonniers. C'était insensé. » Vous rappelez-vous que le greffier vous l'a présentée ?

ACCUSÉ KEITEL. — Quelque chose de semblable a eu lieu lors de l'interrogatoire, mais j'ai dit que je ne savais pas que Gœring fût là.

SIR DAVID MAXWELL-FYFE. — Je vais vous répéter exactement ce que vous avez dit. Écoutez bien. Si vous n'êtes pas d'accord sur quelque point, dites-le au Tribunal. Vous avez dit : « Je demande que vous interrogiez le général Jodl sur tout l'incident quant à l'attitude que j'ai eue pendant toute la conférence en présence de Gœring... Je ne suis pas absolument sûr que Gœring fût là, mais Himmler était présent. »

— C'était bien là votre opinion le 10 novembre ?

ACCUSÉ KEITEL. — Le procès-verbal doit contenir quelque malentendu. Je ne l'ai jamais lu. J'ai exprimé mon incertitude quant à la présence de Gœring et, en connexion avec cette question, exprimé le désir que fût entendu à ce sujet, une fois encore, le général Jodl ; car, à mon avis, je n'étais pas certain que Gœring ne fût pas présent.

SIR DAVID MAXWELL-FYFE. — Vous reconnaissez donc avoir demandé que le général Jodl soit interrogé ?

ACCUSÉ KEITEL. — J'en ai fait la proposition.

SIR DAVID MAXWELL-FYFE. — C'est bon. Que contestez-vous dans la phrase suivante : « Je ne suis pas certain de la présence de Gœring au cours de cette conférence. » Était-ce vraiment votre point de vue ?

ACCUSÉ KEITEL. — Oui, j'ai été surpris par l'interrogatoire et quand on m'exposa que des témoins avaient confirmé la présence de Gœring, je crois que je devins hésitant et demandai que le général Jodl fût entendu à nouveau. Entre temps, j'ai acquis la certitude que Gœring n'était pas présent et que, lors de mes premières déclarations, j'avais raison.

SIR DAVID MAXWELL-FYFE. — En avez-vous parlé avec Gœring pendant que vous attendiez les débats du Procès ?

ACCUSÉ KEITEL. — Après mon interrogatoire, j'ai eu l'occasion de parler au maréchal, et il m'a dit : « Vous devez pourtant bien savoir que je n'étais pas là. » C'est à ce moment que je me le suis rappelé tout à fait.

SIR DAVID MAXWELL-FYFE. — Oui, naturellement, le maréchal vous a dit qu'il n'était pas présent à la discussion. C'est juste, n'est-ce pas ?

ACCUSÉ KEITEL. — Le général Jodl m'a confirmé également que le maréchal Gœring n'était pas présent.

SIR DAVID MAXWELL-FYFE. — Bien. Avez-vous dit au général von Graevenitz et au général Westhoff que Himmler s'en était mêlé, qu'il s'était plaint et qu'il avait encore besoin de 60 000 à 70 000 hommes pour assurer la garde du territoire ? Leur avez-vous dit cela ?

ACCUSÉ KEITEL. — Non, cela aussi est un malentendu, je n'ai pas dit cela, ce n'est pas vrai.

SIR DAVID MAXWELL-FYFE. — Vous disiez que Himmler était intervenu ?

ACCUSÉ KEITEL. — J'ai seulement dit que Himmler avait rapporté le fait de l'évasion et que je n'avais nullement l'intention, ce jour-là, d'en faire mention à Hitler, car un certain nombre de prisonniers avaient été ramenés au camp. Je n'avais pas l'intention d'en rendre compte au Führer ce jour-là.

SIR DAVID MAXWELL-FYFE. — Eh bien, quoi que vous ayez dit au général von Graevenitz, vous n'en admettez pas moins que le général éleva des protestations et déclara : « L'évasion n'est pas une action déshonorante ; la Convention de Genève le souligne d'une façon suffisamment explicite. » N'a-t-il pas dit cela ?

ACCUSÉ KEITEL. — Oui, c'est bien clairement ce qu'il a dit. Mais je tiens à ajouter que l'exposé du général Westhoff remonte à plusieurs années.

SIR DAVID MAXWELL-FYFE. — Oui, mais vous reconnaissez, si je comprends bien votre assertion, que le général von Graevenitz a protesté contre le procédé, n'est-ce pas ?

ACCUSÉ KEITEL. — Oui, c'est ce qu'il a fait.

SIR DAVID MAXWELL-FYFE. — Et ensuite, lorsqu'il a protesté, n'avez-vous pas dit à peu près... Je cite les mots du témoignage du général Westhoff : « Sacré nom..., qu'est-ce que cela peut me faire. Nous avons discuté la chose en présence du Führer et rien ne peut y être changé. » N'avez-vous pas employé de tels mots ?

ACCUSÉ KEITEL. — Non, ce n'est pas le cas, mais j'aurais dit quelque chose de semblable.

SIR DAVID MAXWELL-FYFE. — De semblable ?

ACCUSÉ KEITEL. — Mais ce n'est pas de cela qu'il est question ici...

SIR DAVID MAXWELL-FYFE. — Quelque chose de semblable, dans le même sens ?

ACCUSÉ KEITEL. — J'aurais dit quelque chose de semblable.

SIR DAVID MAXWELL-FYFE. — Vous avez dit ensuite que votre organisation, le service des prisonniers de guerre, devait faire afficher une note dans les camps de prisonniers pour leur faire connaître les mesures prises en cas d'évasion en vue de les effrayer. Avez-vous donné des instructions à ces généraux, vos commandants de camps, en vue de l'affichage dans les camps des mesures décidées, à seule fin d'intimidation ?

ACCUSÉ KEITEL. — J'ai réfléchi mûrement à cela, après avoir eu connaissance du rapport du Gouvernement britannique, et je suis d'avis qu'il y a eu confusion quant à la date de cette publication. Je suis convaincu que, lors de cette discussion, je n'ai pas dit cela, mais seulement plus tard, et même quelques jours plus tard.

SIR DAVID MAXWELL-FYFE. — Bien. Vous trouverez cela dans le témoignage du général Westhoff. Le général déclare : « Le maréchal nous a donné des instructions détaillées en vue de publier dans les camps une liste des fusillés, en guise d'avertissement. Ce qui fut fait. C'était un ordre direct, que nous ne pouvions négliger. » Et dans la déclaration que votre avocat a déposé, le général Westhoff a dit : « Messieurs, il faut en finir. Nous ne pouvons tolérer que cela se reproduise. Les officiers évadés seront fusillés. Je peux vous apprendre que la plupart d'entre eux sont déjà morts, et vous afficherez dans les camps un avertissement informant tous les prisonniers de la décision prise dans ce cas, afin d'éviter toute autre tentative d'évasion. »

ACCUSÉ KEITEL. — Puis-je m'exprimer à ce sujet ?

Dr Otto Nelte (avocat de l'accusé Keitel). — Monsieur le Procureur s'est référé à un document que j'ai produit dans mon livre de documents. Je suppose que c'est ce que l'on veut dire. Et c'est justement le document que le Ministère Public français voulait présenter ici et contre lequel j'ai élevé une objection, car il s'agit d'un résumé d'interrogatoires rédigé par le colonel Williams.

— La production de ce document par mes soins est effectuée afin que, lors de l'interrogatoire du général Westhoff, il soit prouvé que ce document ne concorde pas sur vingt-trois points avec ce que le général Westhoff a déclaré. Il m'a, à ce sujet, donné les éclaircissements nécessaires. Mais ce n'est que demain que je pourrai l'entendre comme témoin devant le Tribunal. C'est pourquoi je demande, si M. le représentant du Ministère Public britannique veut se référer aux dires du témoin Westhoff, d'être autorisé à produire au moins la déclaration qu'il a affirmé sous serment à la demande du Ministère Public américain. Cet affidavit n'a pas été produit jusqu'ici et toutes les autres productions ne contiennent que des comptes rendus qui n'ont été ni présentés ni signés par Westhoff, ni affirmés sous serment.

Sir David Maxwell-Fyfe. — Monsieur le Président, je tiens à bien éclaircir ce point : je n'ai rien produit du premier témoignage qui ne fût pas contenu également dans le livre de documents de l'accusé. J'étais d'avis que la controverse se produirait du côté adverse car, si je n'avais pris que nos propres documents, cela aurait alors signifié des divergences, bien que ces différences, vis-à-vis de celles contenues dans la liste de documents de l'accusé, soient insignifiantes. J'ai déjà fait très soigneusement la comparaison et je n'ai vraiment relevé aucune différence. J'ai seulement jugé honnête de produire les deux versions.

Le Président. — Le Tribunal est d'avis que le contre-interrogatoire est tout à fait régulier. Bien entendu, si le Dr Nelte fait citer le général Westhoff comme témoin, il pourra obtenir de lui toutes les justifications qu'il tient pour indispensables, relatives à l'affidavit qu'il a remis.

Sir David Maxwell-Fyfe. — Oui, Votre Honneur. *(Au témoin.)* Ce que je voudrais savoir, c'est ceci : avez-vous donné l'ordre au général von Graevenitz et au général Westhoff de publier dans les camps les mesures prises contre ces officiers ?

Accusé Keitel. — Oui, mais plusieurs jours après, et non le jour où ces officiers étaient près de moi.

Sir David Maxwell-Fyfe. — Combien de temps après ?

Accusé Keitel. — Je crois que c'était trois ou quatre jours après. Je ne peux plus m'en souvenir exactement ; en tout cas, seulement après avoir appris que des exécutions avaient, en fait, eu lieu.

Sir David Maxwell-Fyfe. — Bien. Trois ou quatre jours plus tard, cela remonterait justement à l'époque à laquelle les exécutions venaient de commencer. Mais qu'est-ce qui fut publié, qu'avez-vous ordonné relativement aux mesures qui avaient été prises ?

Accusé Keitel. — On devait afficher un avertissement dans le camp.

A mon avis, il n'était pas question de fusiller, mais seulement d'avertir que les évadés ne reviendraient pas au camp. Je ne peux plus me souvenir exactement du texte. Cette mesure fut rapportée sur un ordre du Führer, à la suite d'un entretien que j'eus avec lui.

SIR DAVID MAXWELL-FYFE. — Serait-ce une reproduction honnête de vos souvenirs relatifs à l'ordre si, conformément à vos souvenirs, je dis qu'il était vraisemblable que ceux qui essayeraient de fuir seraient livrés au S.D. et qu'on aurait certainement recours à des mesures très rigoureuses ? Est-ce là une honnête interprétation de vos souvenirs ?

ACCUSÉ KEITEL. — D'après mes souvenirs, un avertissement, voire une menace devait être affichée, disant que les intéressés ne reviendraient pas au camp d'où ils s'étaient évadés. Telle était la teneur de l'indication que j'ai alors donnée. Ce n'est pas à moi qu'incombait la rédaction du texte, mais uniquement à l'administration du camp ou à la Luftwaffe.

SIR DAVID MAXWELL-FYFE. — Le général Westhoff ne s'est pas contenté d'un ordre verbal, et il est revenu vous voir avec un projet d'ordre écrit, n'est-ce pas ?

ACCUSÉ KEITEL. — Je ne crois pas qu'il soit revenu me voir ; il me l'a envoyé.

SIR DAVID MAXWELL-FYFE. — Pardon, mais en disant qu'il est revenu vous voir je parlais de façon générale. Vous avez raison ; mais il vous a proposé un ordre écrit pour que vous l'approuviez. C'est exact, n'est-ce pas ?

ACCUSÉ KEITEL. — Je ne crois pas que c'était un ordre, mais, autant que je m'en souvienne, simplement un avis, une notice et non un ordre. Je dois ajouter, cependant, que c'est seulement après l'interrogatoire auquel a procédé le colonel Williams que je m'en suis souvenu.

SIR DAVID MAXWELL-FYFE. — Bien. Le général Westhoff a dit ceci : « A l'encontre des ordres du maréchal Keitel, j'ai prétexté n'avoir pas compris exactement. J'ai couché cela sur papier et j'ai dit au lieutenant-colonel Krafft que je voulais voir mentionné le mot " fusiller ", de façon telle que Keitel pût le voir noir sur blanc. Il est possible qu'il adopte alors une attitude différente. » Puis, un peu plus bas : « Lorsque le papier m'a été retourné, il avait écrit en marge : " Je n'ai pas dit expressément " fusiller " j'ai dit " à livrer à la Police ou à la Gestapo ". » Là-dessus, le général Westhoff a ajouté : « C'est déjà une atténuation partielle. » Vous avez écrit cette notice : « Je n'ai pas dit expressément " fusiller " j'ai dit " à livrer à la Police ou à la Gestapo ". » Est-ce exact ?

ACCUSÉ KEITEL. — Je ne peux, pas plus que le général Westhoff, me rappeler la teneur exacte de cette notice, mais j'ai fait alors une annotation en marge dans ce sens ; je n'ai pas employé le mot « fusiller ».

SIR DAVID MAXWELL-FYFE. — Comprenez-vous où je veux en venir, accusé ? Je voudrais que vous vous en rendiez bien compte. Le général Westhoff, à tort ou à raison, croyait que vous aviez mentionné le mot « fusiller » et, pour se couvrir, le général vous l'a imputé, et maintenant vous alléguez avoir dit : « Je n'ai pas dit vraiment " fusiller ", j'ai dit : " à livrer au S.D. ou à la Gestapo. " »

ACCUSÉ KEITEL. — Non, je n'ai pas dit non plus « fusiller ». Mais le colonel Williams m'a dit textuellement que j'avais écrit en marge. Je n'ai pas employé le mot « fusiller ». Cela figure au procès-verbal de mon interrogatoire.

SIR DAVID MAXWELL-FYFE. — Bien. Ce que je veux savoir est clair : niez-vous que le document reproduit en substance ce que vous avez déclaré : « Je n'ai pas dit expressément " fusiller " j'ai dit " livrer à la Police ou à la Gestapo " » ? Vous êtes-vous, dans ce document, exprimé dans ce sens ?

ACCUSÉ KEITEL. — Il est possible que j'aie écrit quelque chose de semblable, parce que je voulais tirer au clair ce que j'avais dit à ces deux officiers. Ce que j'avais dit n'était rien de nouveau, seulement l'éclaircissement de ce que j'avais exprimé au préalable.

SIR DAVID MAXWELL-FYFE. — Je voudrais attirer votre attention sur un point : aviez-vous un colonel von Reurmont à votre État-Major du service des prisonniers de guerre ?

ACCUSÉ KEITEL. — Il n'a jamais fait partie de l'État-Major.

SIR DAVID MAXWELL-FYFE. — Quelle était sa situation à l'O.K.W. ?

ACCUSÉ KEITEL. — Je crois qu'il y avait un colonel Reurmont. Il était chef d'une section et n'avait nullement affaire au service des prisonniers de guerre. Il était simplement chef de section à la direction générale de la Wehrmacht.

SIR DAVID MAXWELL-FYFE. — Dans vos bureaux ?

ACCUSÉ KEITEL. — Oui, au service de la direction générale de la Wehrmacht, sous les ordres du général Reinecke.

SIR DAVID MAXWELL-FYFE. — Savez-vous que le 27 mars, c'est-à-dire un lundi, se tint une réunion présidée par le colonel Reurmont, à laquelle assistaient le Gruppenführer Müller de la Gestapo, le Gruppenführer Nebe et le colonel Wilde, du ministère de l'Air, et même de l'inspection 17 du service des prisonniers de guerre. Le savez-vous ?

ACCUSÉ KEITEL. — Non, je n'en ai jamais rien su et cela m'est resté inconnu.

SIR DAVID MAXWELL-FYFE. — Vous voulez prétendre devant le Tribunal que, ayant dans votre bureau ce colonel, un colonel du ministère de l'Air et deux hauts fonctionnaires de la Police, qui avaient une réunion pour discuter cette affaire, deux jours après votre première conférence, un jour après avoir vu von Graevenitz et Westhoff, vous n'en avez rien su ?

ACCUSÉ KEITEL. — Non, je n'ai rien su de cette réunion. Je ne m'en souviens pas.

SIR DAVID MAXWELL-FYFE. — Eh bien, la plupart d'entre nous connaissent les méthodes de travail des bureaux allemands. Je vous prie, en toute honnêteté, de réfléchir à la question suivante. Vous prétendez dire au Tribunal que jamais un rapport n'a été fait sur cette conférence entre des représentants de l'O.K.W., de hauts fonctionnaires de la Police et du ministère de l'Air, et que vous n'en avez jamais entendu parler ? Réfléchissez vraiment avant de répondre.

ACCUSÉ KEITEL. — Avec la meilleure volonté du monde, je ne peux pas m'en souvenir. J'ai été surpris par les révélations de ce procès-verbal et ne peux m'en souvenir.

SIR DAVID MAXWELL-FYFE. — Vous savez, je l'ai mentionné avec la déposition du colonel Welder [1] au cours de l'interrogatoire de Gœring, et il a dit qu'à cette conférence il avait été annoncé que ces officiers devaient être fusillés et que beaucoup d'entre eux l'avaient déjà été. Aucun compte rendu ne vous est-il jamais parvenu selon lequel ces officiers seraient fusillés ou devaient l'être ?

ACCUSÉ KEITEL. — Non, pas le 27. Nous en avons parlé déjà avant, quand j'ai reçu le premier rapport. Je n'en ai rien su ni le jour même, ni le lendemain de l'entrevue qui vient d'être mentionnée ici.

SIR DAVID MAXWELL-FYFE. — Si je vous comprends bien, vous reconnaissez avoir appris qu'ils devaient être fusillés le 29, c'est-à-dire un jeudi ?

ACCUSÉ KEITEL. — Je ne peux plus dire le jour exact. Mais, à ma souvenance... je sais que c'était plus tard ; je crois que c'était quelques jours plus tard.

SIR DAVID MAXWELL-FYFE. — C'est bon, accusé Keitel, admettons ce point en votre faveur ; admettons que c'était le samedi 31 ou même le lundi 2 avril, donc neuf jours après l'évasion. Vous saviez donc alors que ces officiers avaient été fusillés ?

ACCUSÉ KEITEL. — Je l'ai appris ces jours-là, peut-être vers le 31, et ce, par les officiers d'ordonnance du Führer, lorsque je suis revenu au Berghof pour le rapport. Mais là, on ne m'a pas dit que tous ces officiers avaient été fusillés, seulement que quelques-uns avaient été abattus lors de leur évasion. C'est ce qu'on m'a dit à peu près avant que la conférence ne commence.

SIR DAVID MAXWELL-FYFE. — Ils ne furent pas tous fusillés jusqu'au 13 avril, c'est-à-dire environ quinze jours plus tard. Avez-vous été informé du fait qu'ils étaient descendus des voitures pour se soulager et qu'alors quelqu'un les tua d'un coup de revolver dans la nuque ? En avez-vous été informé ?

ACCUSÉ KEITEL. — Non, j'ai simplement appris par l'aide de camp qu'un avis chez le Führer mentionnait que des officiers avaient été abattus pendant leur fuite.

SIR DAVID MAXWELL-FYFE. — Bon, passons à un autre point. Vous vous souvenez que mon collègue Eden, au nom du Gouvernement

1. Il s'agit du colonel Walde (ou Welder) cité par Sir David Maxwell-Fyfe dans les pages précédentes.

britannique, avait fait ultérieurement une déclaration à la Chambre des Communes à peu près à la fin de juin. Vous vous en souvenez ?

ACCUSÉ KEITEL. — Oui, je le sais.

SIR DAVID MAXWELL-FYFE. — Est-il exact, ainsi que le général Westhoff l'a dit, que vous avez prescrit à vos officiers de n'avoir aucune liaison avec le ministère des Affaires étrangères ou la Gestapo, de laisser les choses comme elles étaient et de ne pas chercher à en savoir davantage. Est-ce exact ?

ACCUSÉ KEITEL. — Je leur ai dit qu'après que la Wehrmacht eut épuisé tous les moyens de recherche et de reprise, je n'avais rien à y voir, non plus qu'avec les faits qui se sont alors produits ; que le bureau du service des prisonniers de guerre ne pouvait donner aucun renseignement à ce sujet, car lui-même n'était pas impliqué et ne savait nullement ce qui s'était passé. Voilà ce que j'ai dit.

SIR DAVID MAXWELL-FYFE. — Alors la réponse est oui. Vous avez positivement dit à vos officiers de laisser dormir cette affaire et de n'avoir aucune relation avec le ministère des Affaires étrangères ou avec la Gestapo, n'est-ce pas ?

ACCUSÉ KEITEL. — Non, ce n'est pas exact ainsi, mais le chef du service de l'Étranger était en relations avec le ministère des Affaires étrangères. J'ai simplement donné l'ordre que les officiers ne donnent pas de renseignements sur ces événements ou sur leurs suites, étant donné qu'ils n'étaient pas impliqués eux-mêmes et ne pouvaient savoir ce qui s'était passé que pour ouï-dire et par des bruits.

SIR DAVID MAXWELL-FYFE. — J'aurais cru que ma question précédente... vous avez justement répété ma question, d'après le sens... Mais je ne veux pas vous chercher querelle. J'en arrive à un nouveau point. Vous aviez un officier de votre État-Major qui s'appelait l'amiral Bürckner, n'est-ce pas ?

ACCUSÉ KEITEL. — Oui, il était chef du service Étranger.

SIR DAVID MAXWELL-FYFE. — Oui. Il était l'agent de liaison entre vous et le ministère des Affaires étrangères ?

ACCUSÉ KEITEL. — Oui.

SIR DAVID MAXWELL-FYFE. — Eh bien, l'avez-vous chargé de préparer une réponse à l'Angleterre au sujet de la déclaration d'Eden ?

ACCUSÉ KEITEL. — Il est possible que je le lui ai dit, bien qu'il n'ait pu avoir aucun élément de réponse de la part des bureaux de la Wehrmacht.

SIR DAVID MAXWELL-FYFE. — Je ne tiens pas à relire la réponse dont j'ai déjà donné lecture il y a deux ou trois jours. Finalement, la réponse fut préparée par le ministère des Affaires étrangères, en collaboration avec le lieutenant-colonel Krafft, de vos bureaux ?

ACCUSÉ KEITEL. — Non, j'ai alors donné l'ordre de préparer la réponse...

SIR DAVID MAXWELL-FYFE. — Ne vous souvenez-vous pas de Krafft ?

ACCUSÉ KEITEL. — Cette tâche incombait au R.S.H.A. et non au service des prisonniers de guerre. Je n'ai chargé le lieutenant-colonel Krafft d'aucune mission.

SIR DAVID MAXWELL-FYFE. — Mais n'est-il pas allé à Berchtesgaden pour aider le représentant du ministère des Affaires étrangères et Hitler à la rédaction de la réponse ?

ACCUSÉ KEITEL. — Je n'en sais rien, je ne l'ai pas vu et je ne lui ai pas parlé non plus.

SIR DAVID MAXWELL-FYFE. — Mais vous savez pourtant — c'est du moins ce que prétend le général Westhoff — que tous vos officiers se sont frappé le front en lisant la réponse et ont dit : « C'est fou ! » Vous avez lu cette déclaration, n'est-ce pas ? « Lorsque nous avons lu dans les journaux cette note à l'Angleterre, nous étions tous absolument stupéfaits ; nous nous sommes tous frappé le front et avons dit : " C'est fou ! " Nous ne pouvions rien y faire. » Tous vos officiers et vous-même saviez que la réponse était un vil mensonge, n'est-ce pas ?

ACCUSÉ KEITEL. — Ils le savaient tous. J'ai appris aussi la réponse et il était évident pour moi qu'elle ne correspondait nullement à la vérité.

SIR DAVID MAXWELL-FYFE. — Ce qui revient à dire, accusé, que vous êtes prêt à dire que vous étiez présent à la conférence avec Hitler et Himmler. Vous l'avez dit. Et, à cette conférence, Hitler a dit que les prisonniers qui seraient repris par la Police devaient rester entre ses mains. Vous reconnaissiez comme très vraisemblable que ces prisonniers seraient fusillés et vous avez profité de cet incident pour empêcher d'autres prisonniers de s'évader. Vous avez reconnu tout cela, autant que j'ai compris votre déposition de ce matin, n'est-ce pas ?

ACCUSÉ KEITEL. — Oui, je l'admets. Seulement, je n'ai pas encore été entendu sur la façon dont je me suis comporté vis-à-vis de Hitler ; je ne me suis pas encore prononcé ; l'avertissement non plus ne venait pas de moi, c'était un ordre de Hitler, à la suite d'une nouvelle et violente rencontre entre Hitler et moi au sujet des premières nouvelles des exécutions. C'est ainsi que cela s'est passé.

SIR DAVID MAXWELL-FYFE. — Je ne tiens pas à m'arrêter une fois de plus aux détails. Un autre point : quand avez-vous entendu parler des crémations et dire que des urnes avaient été envoyées dans le camp ?

ACCUSÉ KEITEL. — Je ne l'ai pas su ; je ne me souviens pas de l'avoir jamais su ; la question était purement du ressort de la Luftwaffe et je n'y ai été mêlé que plus tard par ma présence. Je ne sais pas si j'ai jamais vu ou lu quoi que ce soit à ce sujet.

SIR DAVID MAXWELL-FYFE. — Mais vous reconnaissez cependant avec moi que quiconque a eu affaire aux questions intéressant les prisonniers de guerre, serait horrifié à la pensée qu'on brûlait les corps des officiers fusillés. Cela signifie vouloir provoquer les plaintes des Puissances protectrices et de tous autres, pour m'exprimer très simplement. Vous êtes bien d'accord ? Vous avez eu affaire à des prisonniers de guerre bien plus que moi. N'admettez-vous pas que quiconque s'est occupé de prisonniers de guerre ne peut être qu'horrifié si les corps doivent être incinérés et ne croyez-vous pas que cela éveillerait sur l'heure une forte méfiance chez la Puissance protectrice ?

ACCUSÉ KEITEL. — Je suis absolument du même avis : c'est monstrueux.

SIR DAVID MAXWELL-FYFE. — Et si un service constate que ses camps reçoivent cinquante urnes contenant les cendres de prisonniers de guerre, c'est une très grave question qu'il importe de faire savoir, dans chaque service, aux autorités supérieures. Est-ce juste ?

ACCUSÉ KEITEL. — Oui, bien que je n'aie eu nullement affaire aux prisonniers de la Luftwaffe en dehors du droit d'inspection.

SIR DAVID MAXWELL-FYFE. — Je ne veux pas vous interroger davantage sur la Luftwaffe.

Témoignage n° 5 : Jodl

Dr STAHMER. — Mon général, étiez-vous présent lorsque, à la fin du mois de mars 1944, Himmler annonça à Hitler, au cours d'une discussion sur la situation, qu'environ quatre-vingts officiers aviateurs s'étaient échappés du Stalag Luft-III à Sagan ?

ACCUSÉ JODL. — Lorsque Himmler l'a annoncé, je ne me trouvais pas dans la grande salle du Berghof. Je me trouvais dans une pièce attenante où je téléphonais. Comme une discussion extrêmement bruyante s'était élevée, je me suis approché de la tenture pour me rendre compte de ce qui se passait, et j'ai alors entendu qu'il s'agissait de l'évasion des aviateurs anglais du camp de Sagan.

Dr STAHMER. — Le Reichsmarschall Gœring était-il présent lors de ce rapport ?

ACCUSÉ JODL. — Le Reichsmarschall Gœring n'était pas présent ; et je le dis avec une certitude absolue.

Dr STAHMER. — Est-ce qu'au cours de conversations ultérieures avec le Reichsmarschall vous avez eu connaissance de son attitude sur l'exécution d'une partie de ces officiers qui s'étaient échappés ?

ACCUSÉ JODL. — Je sais, par des conversations avec le chef de l'État-Major général de l'Aviation, que le Reichsmarschall était indigné de ces exécutions, et je sais aussi que c'est l'ancien officier qui parlait en lui et s'indignait devant des faits aussi inconcevables. Je dois à la vérité de le dire et j'ai vécu personnellement des discussions répétées qui se sont élevées entre le Führer et lui à ce sujet.

Dr STAHMER. — Je n'ai pas d'autres questions à poser.

Dr NELTE. — Hier, en réponse à une question du Dr Stahmer, vous avez parlé du conflit provoqué par l'évasion des quatre-vingts officiers de la R.A.F. Je voudrais tirer cette question au clair, car elle est très importante pour le maréchal Keitel, en vous demandant ceci : avez-vous entendu dire que le maréchal Keitel aurait violemment protesté contre le fait que ces officiers eussent été, après leur arrestation, livrés à Himmler, c'est-à-dire à la Gestapo ?

ACCUSÉ JODL. — Au cours de ces quelques minutes, j'ai entendu le Führer dire : « C'est inouï. C'est la deuxième fois que des douzaines d'officiers prisonniers s'échappent. Vous ne vous rendez pas compte » (il s'adressait à Keitel) « que vis-à-vis des 6 000 000 d'étrangers qui se trouvent en Allemagne en qualité de prisonniers ou de travailleurs, ils peuvent devenir les chefs d'une révolution éventuelle. Voilà le résultat de la grande négligence des commandants. Ces aviateurs évadés doivent être remis immédiatement à Himmler. »

— Puis j'ai entendu le maréchal Keitel répondre : « Mon Führer, quelques-uns d'entre eux ont été ramenés dans leur camp ; ils sont à nouveau prisonniers de guerre ; je ne peux pas les livrer à Himmler. » Le Führer a répondu : « Alors qu'ils y restent. »

— Voilà ce que j'ai entendu à ce moment-là de mes propres oreilles. Puis j'ai été appelé à nouveau par une communication téléphonique.

Dr NELTE. — Avez-vous reparlé plus tard de cet incident avec le maréchal Keitel ?

ACCUSÉ JODL. — Nous sommes repartis ensemble du Berghof à Berchtesgaden. Le maréchal Keitel était hors de lui, car il m'avait dit à l'aller qu'il ne toucherait mot au Führer de l'évasion de ces aviateurs. Il espérait qu'ils seraient tous repris rapidement. Il était furieux contre Himmler, qui en avait tout de suite averti Hitler. Je lui dis que si le Führer, étant donné la situation générale en Allemagne, considérait ces évasions comme un si grand danger, on devrait d'abord avertir l'Angleterre d'avoir à retirer son ordre prescrivant à tous les officiers prisonniers d'essayer de s'évader. Je dois dire franchement qu'à ce moment-là il ne vint à l'esprit d'aucun de nous que ces aviateurs pourraient être fusillés. Car ils n'avaient rien fait d'autre que de s'évader d'un camp, ce que des officiers allemands avaient fait des dizaines de fois. Je pensais qu'il voulait les soustraire au régime disciplinaire de l'Armée qui, selon lui, était beaucoup trop doux, et les faire travailler pendant quelque temps dans un camp de concentration de Himmler, à titre de punition.

Dr NELTE. — En tout cas, d'après ce que vous savez, Hitler n'a pas donné l'ordre à Himmler de fusiller ces officiers ?

ACCUSÉ JODL. — J'en suis absolument sûr, car je me souviens de l'impression que fit sur moi la nouvelle de leur exécution.

Témoignage n° 6 : Westhoff

LE PRÉSIDENT. — Votre nom complet.

TÉMOIN WESTHOFF. — Adolf Westhoff.

LE PRÉSIDENT. — Répétez ce serment après moi : « Je jure devant Dieu tout puissant et omniscient... »

— Général Westhoff, vous avez fait une déclaration devant le général Shapcott ou le capitaine J.-B. Parnell ?

TÉMOIN WESTHOFF. — Je ne connais pas le nom du capitaine. J'ai fait en effet une déclaration en Angleterre.

LE PRÉSIDENT. — Le 13 juin 1945, n'est-ce pas ?

TÉMOIN WESTHOFF. — C'est possible, oui.

LE PRÉSIDENT. — C'est un document assez long, je ne désire pas le lire en entier au témoin. Le Tribunal aimerait savoir, général Westhoff, si vous maintenez cette déclaration ou si vous désirez y apporter des modifications. Je vais vous la lire pour rafraîchir vos souvenirs. Je vais lire les passages essentiels de cette déclaration.

TÉMOIN WESTHOFF. — Oui.

LE PRÉSIDENT. — « Je dirigeais la section générale au moment de l'exécution des prisonniers de guerre de la R.A.F. du Stalag Luft III. C'était la première fois que le Feldmarschall Keitel me faisait appeler. J'y suis allé avec le général von Graevenitz. On l'avait appelé et je devais l'accompagner. Un certain nombre d'officiers s'étaient évadés du camp de Sagan. » — Je lis trop vite ? — « Je ne me souviens pas de leur nombre, mais ils étaient, je crois, 80 environ... »

Dr NELTE. — Monsieur le Président, j'ai reçu du Ministère Public une traduction allemande. Puis-je la remettre au témoin ?

LE PRÉSIDENT. — Oui, je vous remercie.

SIR DAVID MAXWELL-FYFE. — Je suis très reconnaissant au Dr Nelte. Témoin, vous avez lu le premier paragraphe de cette déclaration ?

TÉMOIN WESTHOFF. — Oui, je l'ai lu.

SIR DAVID MAXWELL-FYFE. — Est-il exact ?

TÉMOIN WESTHOFF. — Il y a différentes choses qui ne sont pas tout à fait exactes ; par exemple, à la première page...

SIR DAVID MAXWELL-FYFE. — Je vais vous lire le passage et vous me direz ce qui est inexact.

— « Je dirigeais le section générale au moment de l'exécution des prisonniers de guerre de la R.A.F. du Stalag Luft III. »

— C'est exact ?

TÉMOIN WESTHOFF. — Il manque « au moment de l'exécution ».

SIR DAVID MAXWELL-FYFE. — « ... C'était la première fois que le Feldmarschall Keitel me faisait appeler. J'y suis allé avec le général von Graevenitz. On l'avait appelé et je devais l'accompagner. »

— C'est exact ?

TÉMOIN WESTHOFF. — Oui.

SIR DAVID MAXWELL-FYFE. — « ... Un certain nombre d'officiers s'étaient évadés du camp de Sagan. Je ne me souviens pas de leur nombre, mais ils étaient, je crois, 80 environ. »

— C'est exact ?

TÉMOIN WESTHOFF. — Oui.

SIR DAVID MAXWELL-FYFE. — Je poursuis : « Lorsque nous sommes entrés, le Feldmarschall, très excité et nerveux, nous dit : « Messieurs, c'est une mauvaise affaire. »

— Est-ce exact ?

TÉMOIN WESTHOFF. — Oui.

SIR DAVID MAXWELL-FYFE. — « Nous avons toujours eu des ennuis quand des prisonniers de guerre se sont évadés. Nous nc pouvons tout de même pas les attacher. » C'est votre propre commentaire. Ensuite vous citez de nouveau le Feldmarschall : « Ce matin, Gœring m'a reproché en présence de Himmler d'avoir laissé s'évader de nouveaux prisonniers. C'est inouï. » Vous continuez vos commentaires : « Ils doivent ensuite s'être querellés, car le camp n'était pas sous notre contrôle, c'était un camp de la Luftwaffe. »

— Est-il vrai que le Feldmarschall ait dit : « Ce matin, Gœring m'a reproché en présence de Himmler d'avoir laissé s'évader de nouveaux prisonniers de guerre ? »

TÉMOIN WESTHOFF. — Non pas en présence de Himmler, mais de Hitler.

SIR DAVID MAXWELL-FYFE. — Il devrait y avoir « En présence de Hitler ».

TÉMOIN WESTHOFF. — Oui.

SIR DAVID MAXWELL-FYFE. — Bon. La phrase suivante : « Tous les camps d'aviateurs prisonniers étaient administrés directement par la Luftwaffe, mais l'inspecteur des camps de prisonniers de guerre était chargé de l'inspection de tous les camps. Je n'étais pas encore inspecteur à cette époque. »

— Nous avons déjà expliqué tout cela. Je ne pense pas que l'organisation soit un sujet de discussion. Nous avons déjà approfondi cette question devant le Tribunal et, à moins que le Tribunal ne le désire, je n'ai pas l'intention de revenir sur cette question. Vous poursuivez :

— « Je n'étais pas encore inspecteur. C'est le général von Graevenitz qui l'était et il exerçait un contrôle sur tous les camps. Gœring rendait Keitel responsable de l'évasion de ces hommes. Les fuites constantes faisaient mauvaise impression. Puis Himmler intervint. Tout ce que je puis dire c'est que le Feldmarschall se plaignit à nous de ce qu'il devait se procurer 60 000 à 70 000 hommes pour la surveillance du territoire, etc. »

— Est-ce exact ? Est-ce bien ce qu'a dit le Feldmarschall ?

TÉMOIN WESTHOFF. — Oui.

SIR DAVID MAXWELL-FYFE. — Voyons maintenant le second paragraphe :

— « Le Feldmarschall nous dit : “ Messieurs, ces évasions doivent “ cesser. Nous devons faire un exemple. Nous prendrons des mesures très “ sévères. Je peux seulement vous dire que les hommes qui se sont évadés “ seront fusillés. La plupart de ces hommes sont sans doute déjà morts. ” Ce sont là les paroles prononcées par Keitel au cours de la conférence. »

— Est-ce exact ?

TÉMOIN WESTHOFF. — Oui.

SIR DAVID MAXWELL-FYFE. — Vous continuez :

— « Nous étions stupéfaits de cette nouvelle conception dont nous n'avions jamais entendu parler. Cet événement a dû se produire au mois de mars. Nous avions été envoyés à Berlin chez le Feldmarschall quelques jours après l'évasion, non pour cette affaire mais pour d'autres questions. Nous savions évidemment que des prisonniers s'étaient évadés, mais nous fûmes surpris par cette déclaration. »

— Vous continuez votre rapport sur la conférence :

— « Le général von Graevenitz intervint immédiatement en disant : “ Mais, Monsieur le maréchal, l'évasion n'est pas un acte déshonorant. “ C'est ce que spécifie la Convention de Genève. ” »

— Est-il exact que le général von Graevenitz ait prononcé ces paroles ?

TÉMOIN WESTHOFF. — Le général von Graevenitz a élevé des objections basées sur la Convention de Genève, mais ce rapport omet de mentionner que le Feldmarschall avait déclaré au général von Graevenitz qu'il s'agissait d'un ordre du Führer. Ce passage manque ici.

SIR DAVID MAXWELL-FYFE. — Bien. Veuillez regarder la phrase suivante que j'ai l'intention de vous lire. Vous dites :

— « Il (Graevenitz) éleva des objections auxquelles Keitel répondit : “ Cela m'est égal, nous avons discuté cette question avec le Führer, on “ ne peut plus rien modifier. ” »

— Est-ce exact ?

TÉMOIN WESTHOFF. — Non, le Feldmarschall a dit : « Cela m'est indifférent. »

SIR DAVID MAXWELL-FYFE. — Je crois qu'il serait plus simple, général, que vous donniez vous-même au Tribunal la réponse du Feldmarschall aux objections du général von Graevenitz, telle qu'elle vous est restée en mémoire.

TÉMOIN WESTHOFF. — J'ai fait une déclaration sous la foi du serment ; si vous me le permettez, je vais la lire.

— « En raison de la présence du général von Graevenitz et de moi-même au Quartier Général, en mars 1944, le Feldmarschall Keitel fit... »

SIR DAVID MAXWELL-FYFE. — Général Westhoff, le Tribunal se servira peut-être plus tard de votre attestation. Voudriez-vous pour le moment vous en tenir à votre déclaration et nous dire si elle est exacte ou non. Nous verrons le reste plus tard. Voulez-vous vous concentrer sur le point suivant : que répondit le Feldmarschall Keitel aux objections que présentait le général von Gravenitz, se basant sur la Convention de Genève ? Que dit-il sur ce point précis ? Si vous pouvez répondre à cette question, cela nous aidera beaucoup.

TÉMOIN WESTHOFF. — Le Feldmarschall a dit : « Cela m'est indifférent ; nous devons faire un exemple. »

SIR DAVID MAXWELL-FYFE. — Je croyais que vous disiez qu'il avait parlé d'un décret du Führer ou d'un ordre du Führer ou de quelque chose de ce genre. En a-t-il fait mention ?

TÉMOIN WESTHOFF. — Il avait déjà dit, tout à fait au début, qu'il s'agissait d'un ordre du Führer.

SIR DAVID MAXWELL-FYFE. — Au paragraphe suivant de votre déclaration, vous faites remarquer... — mais il vaudrait mieux que vous le lisiez, c'est la seconde phrase — :

— « Mais, dans ce cas précis, aucun de nos hommes » — c'est-à-dire des soldats de la Wehrmacht — « n'avait fusillé un prisonnier de guerre. J'ai fait une enquête aussitôt. »

— Vous poursuivez :

— « Aucun de ces prisonniers n'a été fusillé par des soldats, mais par des hommes de la Gestapo et de la Police. Cela semble prouver que c'est Himmler qui aurait fait cette proposition au Führer, mais je ne sais pas comment ils ont arrangé l'affaire. Il doit être possible de le savoir par Gœring qui a assisté à la conférence. Je n'en sais naturellement rien. »

— Vous rappelez-vous avoir donné ces réponses ?

TÉMOIN WESTHOFF. — Oui.

SIR DAVID MAXWELL-FYFE. — Vous dites ensuite :

— « En tout cas, il est évident qu'aucun de nos hommes n'a tiré sur les prisonniers. Ils ont dû être fusillés par des hommes de la Police. »

— Puis vous remarquez dans la dernière phrase :

— « Dans ce cas particulier, seuls les prisonniers repris par nos hommes, c'est-à-dire par des soldats, furent ramenés au camp. »

— Dans le paragraphe suivant, vous dites que vous n'aviez pas qualité pour donner des ordres à la Police et vous répétez encore que les militaires n'ont tiré sur aucun des hommes en question. Enfin, dans la troisième phrase, vous dites :

— « J'ai immédiatement envoyé un rapport au général von Graevenitz en lui disant : " Général, tout ce que nous pouvons faire, c'est de " veiller à ce qu'il n'y ait pas de sordides affaires de ce genre tant que " nous serons en fonction. "

— C'est exact ? Ceci reproduit bien votre déclaration, général ?

TÉMOIN WESTHOFF. — Oui, c'est exact.

SIR DAVID MAXWELL-FYFE. — Une ou deux phrases plus loin vous dites que vous vous trouviez devant un fait accompli. Après avoir répété les termes de la protestation du général von Graevenitz qui avait déclaré au Feldmarschall Keitel : « C'est absolument impossible, nous ne pouvons pas fusiller ces hommes », vous poursuivez :

— « J'ai appris plus tard, par le représentant de la Puissance protectrice, M. Naville, un Suisse, comment ces hommes avaient été exécutés. »

— Est-ce exact ?

TÉMOIN WESTHOFF. — Non.

SIR DAVID MAXWELL-FYFE. — Comment avez-vous entendu parler des exécutions ?

TÉMOIN WESTHOFF. — Je m'étais adressé à la Gestapo pour obtenir pour le ministère des Affaires étrangères les documents relatifs à ces exécutions. Le représentant de la Suisse, M. Naville, que j'avais envoyé au camp, est revenu me donner l'unique renseignement que j'ai pu avoir sur cette affaire, à savoir que probablement un prisonnier de guerre qui était rentré dans ce camp aurait vu que les aviateurs qui s'étaient échappés avaient été emmenés dans un camion de la prison de Görlitz, menottes aux mains. C'est tout ce que j'ai pu savoir de cette affaire, et je n'ai pas su jusqu'à présent comment ils avaient été exécutés. La Gestapo s'est toujours refusée à me renseigner à ce sujet.

SIR DAVID MAXWELL-FYFE. — Il est exact qu'en général vous receviez vos informations du représentant de la Puissance protectrice, que son nom soit Naville ou non, c'est exact ?

TÉMOIN WESTHOFF. — Oui, c'est exact.

SIR DAVID MAXWELL-FYFE. — Je voudrais passer maintenant au paragraphe suivant de la déclaration où vous dites que vous avez essayé d'entrer en contact avec le ministère des Affaires étrangères. Voyez au bas du paragraphe, vous dites :

— « De toute manière, nous ne reçûmes aucune information et on fit dire au Feldmarschall qu'il était absolument impossible d'utiliser un tel procédé et que nous devions nous mettre en rapport avec le ministère des Affaires étrangères. Il déclara alors expressément qu'il était interdit de se mettre en rapport avec le ministère des Affaires étrangères. »

— Est-ce exact ?

TÉMOIN WESTHOFF. — Oui.

SIR DAVID MAXWELL-FYFE. — Je vais continuer la lecture des deux phrases suivantes :

— « La question fut ensuite portée devant la Chambre des Communes en Angleterre, puis une note fut envoyée de notre côté. J'ai ensuite été appelé à l'improviste par l'amiral Bürckner, de l'Amtsgruppe Ausland, de l'O.K.W., qui se trouvait en contact avec le ministère des Affaires étrangères. Il me téléphona le soir pour me dire : " Le Feldmarschall m'a " donné l'ordre de préparer immédiatement une réponse pour l'Angleter- " re. De quoi s'agit-il ? Je ne sais absolument rien de cette affaire. J'ai " répondu : Monsieur l'amiral, je suis désolé, mais le général von " Graevenitz a reçu des ordres très stricts de ne parler à personne de cette " affaire. D'autre part, on n'a pas permis de faire un rapport écrit sur cette " affaire. Nous-mêmes nous sommes trouvés devant un fait accompli. Cet " ordre a été vraisemblablement émis par Himmler et la situation était " telle que nous ne pouvions rien faire. " »

— Est-ce exact ?

TÉMOIN WESTHOFF. — Là encore le mot « Himmler » est à la place de celui de « Hitler ».

SIR DAVID MAXWELL-FYFE. — Il devrait y avoir « Hitler » ? A part cela, c'est exact ? C'est en substance un compte rendu exact de votre conversation avec l'amiral Bürckner ?

TÉMOIN WESTHOFF. — Oui.

SIR DAVID MAXWELL-FYFE. — Vous dites ensuite que l'amiral Bürckner voulait que vous lui fassiez un rapport sur cette affaire mais que vous ne saviez que ce que vous avait dit le représentant de la Suisse ; vous dites aussi que vous aviez fait différentes tentatives pour vous mettre en rapport avec la Gestapo. Puis, à la fin du paragraphe :

— « Ensuite, le ministère des Affaires étrangères lui-même est entré en rapport avec elle et s'est occupé de l'affaire. Un autre de mes subordonnés, le lieutenant-colonel Krafft, s'est rendu à Berchtesgaden en mon absence. On devait alors préparer une note pour l'Angleterre. Lorsque nous avons lu cette note, nous avons été absolument stupéfaits. Nous nous sommes tous frappés le front en disant : « C'est fou. » Mais nous ne pouvions absolument rien faire. »

— C'est exact ? C'est ce que vous avez dit ?

TÉMOIN WESTHOFF. — L'affaire a été transmise au ministère des Affaires étrangères et ce ministère a reçu l'ordre de rédiger une note pour l'Angleterre. Au cours de cette conférence, le lieutenant-colonel Krafft a dû être appelé pour dissiper les doutes qui existaient encore, parce qu'il connaissait l'affaire de Sagan, ce qui ne veut pas dire que le lieutenant-colonel ait collaboré à l'élaboration de cette note. C'était uniquement l'affaire du ministère des Affaires étrangères et il a simplement été appelé pour éclaircir sur place certains détails.

SIR DAVID MAXWELL-FYFE. — Maintenant, général je n'ai pas l'intention de lire la partie suivante de la déclaration, à moins que le Tribunal ne le désire. Vous expliquez clairement qu'à votre avis l'inspecteur général, le général Röttig, n'avait absolument rien à voir dans cette affaire. Si vous admettez que c'est bien la substance de ces deux paragraphes, je ne les examinerai pas en détail avec vous. Vous déclarez que le général Röttig n'avait rien à voir dans la question. Est-ce exact ?

TÉMOIN WESTHOFF. — Non.

SIR DAVID MAXWELL-FYFE. — Je suis désolé. Eh bien. Voulez-vous voir la première phrase, je crois que c'est clair. Prenez la première phrase :

— « L'inspecteur général Röttig n'avait rien à voir dans cette affaire. Il n'y a pris absolument aucune part. Il en fut absolument exclu parce que ces questions avaient été soustraites à sa compétence apparemment lors de la conférence qu'il avait eue le matin avec le Führer et à laquelle assistaient Himmler, le Feldmarschall Keitel et Gœring. »

— Est-ce exact ? Je voulais simplement résumer en disant que vous essayez, et si c'est exact, vous essayez à bon droit, d'exprimer votre opinion aux termes de laquelle le général Röttig n'avait rien à voir à l'affaire. C'est exact, je pense, pour cette première phrase ?

TÉMOIN WESTHOFF. — L'inspecteur général était responsable des mesures préventives contre les évasions mais, dans ce cas particulier, il n'y était pour rien.

SIR DAVID MAXWELL-FYFE. — Nous sommes d'accord sur ce point. C'est bien ce que j'avais dit. Maintenant, je voudrais que vous passiez au paragraphe suivant. Il s'agit encore du général Röttig ; puis vous parlez de la situation des officiers ; vous dites :

— « Je sais seulement qu'il existait un ordre selon lequel seuls les officiers — ceux, je crois, qui avaient été saisis par la Gestapo — devaient lui être remis. »

— Vous parlez ensuite du service de renseignements, mais je ne veux pas vous importuner avec cela. Voulez-vous passer au paragraphe suivant :

— « J'ai reçu un rapport du camp disant que tant d'hommes avaient été fusillés à la suite d'une tentative d'évasion. Je n'ai pas entendu parler de la Gestapo. Voilà comment cela se passait : les rapports étaient envoyés au camp. Puis le camp nous informait qu'un certain nombre d'hommes avaient été repris et un certain nombre fusillés. C'est ainsi que les choses ont été rapportées. La Gestapo ne m'a envoyé aucune information. Elle nous a seulement communiqué, quand nous avons fait des enquêtes, qu'elle avait repris un certain nombre de prisonniers. »

— Voulez-vous suivre attentivement la phrase suivante :

— « Le Feldmarschall nous a donné des instructions détaillées pour faire publier dans le camp, en guise d'avertissement, une liste donnant les noms des hommes fusillés. Ce qui fut fait. C'était un ordre direct auquel nous ne pouvions qu'obéir. » Est-ce exact ?

TÉMOIN WESTHOFF. — Nous avons reçu l'ordre, afin de faire un exemple, de dresser une liste portant les noms de tous les fusillés et de l'afficher dans le camp.

SIR DAVID MAXWELL-FYFE. — La phrase suivante :

— « Les corps durent être brûlés et les cendres mises dans des urnes et envoyées au camp. »

— Vous parlez ensuite d'un arrangement en vue de l'enterrement. Vous dites que cette question a soulevé de grandes difficultés. Une ou deux phrases plus loin, vous dites que des questions de cette sorte étaient toujours transmises à une autorité supérieure. Elles allaient à la chancellerie du Parti et là, c'était l'enfer. En effet, la crémation de prisonniers de guerre était interdite.

— Vous dites ensuite que vous aviez soulevé la question de la conformité de ces agissements avec la Convention de Genève ; vous vous exprimez ainsi :

— « Chaque fois que je me suis adressé au corps des officiers en disant : " Messieurs, nous devons agir conformément à la Convention ", quelqu'un d'une autorité supérieure de la chancellerie du Parti venait le lendemain nous dire : " Messieurs, la Convention est un chiffon de papier qui ne nous intéresse pas. " »

— C'est exactement cela ?

TÉMOIN WESTHOFF. — Ce n'est pas tout à fait exact. A l'O.K.W., on était d'avis que la Convention de Genève devait être respectée ; mais la direction des prisonniers de guerre en Allemagne ne se trouvait que théoriquement entre les mains de l'O.K.W. Les services qui s'occupaient réellement des affaires des prisonniers étaient les services du Parti et les services économiques. Par exemple, mon administration devait envoyer le texte de chaque ordonnance au représentant de la chancellerie du Parti et c'est lui, et non l'O.K.W., qui décidait comment cette ordonnance devait être promulguée.

SIR DAVID MAXWELL-FYFE. — Je ne veux pas entrer dans les détails. Vous parlez d'une entrevue avec l'adjoint de Bormann, Friedrich, à la chancellerie du Parti. Ensuite, dans le long paragraphe qui suit, commençant par : « Les camps de prisonniers de guerre de la Royal Air Force étaient administrés par les services de la Luftwaffe... » Nous avons étudié en détail, Votre Honneur, la question des prisonniers en ce qui concerne l'Armée de l'air. Je n'ai pas l'intention d'y revenir.

— *(Au témoin.)* Je voudrais que vous passiez maintenant au paragraphe suivant dans lequel vous parlez de la transmission de l'organisation des camps de prisonniers de guerre à Himmler. Vous trouvez le passage : « On nous a annoncé : " Tous les hommes qui tentent de s'évader doivent être fusillés. " « Le Feldmarschall a interdit de faire aucun rapport écrit sur cette question. Absolument rien d'écrit. Seul le camp devait être informé de l'ordre à titre d'exemple. J'ai discuté la question avec Graevenitz une fois de plus. Je ne peux plus vous donner tous les détails de cette discussion. Nous avons pris contact avec la Gestapo au sujet du retour des corps, il fallait que nous les ayons. Puis von Graevenitz est parti pour le front. »

— Je voudrais que vous examiniez attentivement le passage suivant :

— « J'ai dit ensuite au lieutenant-colonel Krafft : " Je ne veux pas " continuer ainsi. Je veux me couvrir à tout prix afin que nous ne soyons " pas impliqués dans cette affaire. Il est vrai que le Feldmarschall a interdit " d'en faire un rapport écrit, mais moi je veux l'avoir par écrit. Et il faut " que cela soit signé par le Führer. " »

— C'est donc ce que vous avez dit à Krafft ; c'est relativement peu important.

TÉMOIN WESTHOFF. — Ce n'est pas tout à fait exact.

SIR DAVID MAXWELL-FYFE. — Alors dites-nous quelle modification il faudrait y apporter ?

TÉMOIN WESTHOFF. — Je désirais quelque chose d'écrit, signé par le Feldmarschall, et c'est pour cette raison que j'ai fait un mémorandum relatant l'entretien et que j'ai eu ainsi une signature du Feldmarschall dans mon service pour avoir éventuellement un document sous la main. Ce qui se passa effectivement.

SIR DAVID MAXWELL-FYFE. — Voyez maintenant la phrase suivante, je crois que c'est tout à fait conforme à ce que vous avez dit :

— « Contrairement aux ordres du Feldmarschall Keitel — j'ai prétendu n'avoir pas bien compris —, j'ai tout couché sur le papier. J'ai dit au lieutenant-colonel Krafft. « Je veux que le mot “ fusiller ” soit « mentionné de façon que Keitel puisse le voir par écrit. Il peut alors « adopter une attitude différente. » Quand le document me fut retourné, Keitel avait écrit dans la marge la remarque suivante : « Je n'ai pas dit « expressément “ fusiller ”, j'ai dit “ remettre à la Police ou à la Gesta- « po. ” »

TÉMOIN WESTHOFF. — Ce n'est pas tout à fait exact.

SIR DAVID MAXWELL-FYFE. — Quelle modification voudriez-vous apporter, général ?

TÉMOIN WESTHOFF. — J'ai déclaré clairement dans une déposition sous la foi du serment, que le Feldmarschall avait écrit en marge : « Je n'ai « pas dit “ fusiller ”, mais « remettre à la Gestapo. »

SIR DAVID MAXWELL-FYFE. — N'est-ce pas la même chose que dans la déclaration, où il est dit : « Il a écrit dans la marge, je n'ai pas dit expressément « fusiller », j'ai dit « remettre à la Police ou à la Gestapo. »

TÉMOIN WESTHOFF. — C'est exact.

SIR DAVID MAXWELL-FYFE. — Je veux, général, que ce soit tout à fait clair. Le projet d'ordre ou le mémorandum que vous avez présenté au Feldmarschall contenait le mot « fusiller ».

TÉMOIN WESTHOFF. — Oui.

SIR DAVID MAXWELL-FYFE. — Il y a encore un dernier passage. Vous continuez : « Nous avons décidé avec le Feldmarschall que l'affaire serait soumise au Führer. Nous avions le sentiment que quelque chose n'était pas tout à fait en ordre. »

— Vous dites ensuite que vous avez dû vous mettre en contact avec les autorités de police des services subalternes et quelque dix lignes plus loin, vous déclarez :

— « Je n'ai pas pu finalement atteindre le but souhaité ; aussi suis-je allé à Berlin moi-même ; c'est l'unique fois que j'ai vu Kaltenbrunner et je lui ai dit : “ Cette question est restée pendante. Elle doit être soumise au Führer. Cela ne peut pas continuer ainsi. Il faudra prendre une décision un jour, mais à part cela je suis d'avis que toute l'affaire devrait être abandonnée. C'est une folie. Cela nous a déjà causé tant de désagréments et c'est si monstrueux que je suis d'avis que cette affaire soit arrêtée par n'importe quel moyen ou qu'il faille dissuader le Führer de la continuer. ”

— Est-ce en substance une interprétation correcte de ce que vous avez dit à l'accusé Kaltenbrunner ?

TÉMOIN WESTHOFF. — Mais il ne s'agit pas là directement de cette affaire, mais de l'ordre qui devait être donné par Wagner en liaison avec ces faits et qui devait être remis au Führer par deux voies différentes, par l'intermédiaire du chef de l'O.K.W. et en second lieu par Himmler. Cet ordre était en cours d'élaboration ; le projet avait été soumis à Keitel, puis envoyé à la Gestapo. La Gestapo prit connaissance de ce projet et on s'en tint là. Je n'ai jamais pu savoir pourquoi, et c'est la raison pour laquelle j'en ai alors parlé directement à M. Kaltenbrunner.

SIR DAVID MAXWELL-FYFE. — Était-ce la forme définitive de l'ordre selon lequel les prisonniers de guerre qui s'évadaient devaient être remis à la Gestapo ou à la Police ?

TÉMOIN WESTHOFF. — Oui.

SIR DAVID MAXWELL-FYFE. — Ainsi, général Westhoff, si vous voulez bien prêter attention, cela devait s'appliquer en fait à l'avenir, à ce qui devait être fait à l'avenir ?

TÉMOIN WESTHOFF. — Oui.

SIR DAVID MAXWELL-FYFE. — Monsieur le Président, je ne crois pas qu'il faille encore approfondir la question, à moins que le Tribunal le désire. Le reste de la déclaration est un rapport d'ordre général sur l'attitude des prisonniers de guerre britanniques ; et je n'ai rien à en dire. Votre Honneur, il s'est posé un autre problème et peut-être le Tribunal jugera-t-il opportun de le traiter maintenant. Mon collègue, le colonel Pokrovsky, aurait à présenter quelques questions tout à fait différentes, relatives au traitement des prisonniers de guerre soviétiques. Il voudrait interroger le témoin à ce sujet. Peut-être le Tribunal considérera-t-il que le moment est opportun pour étudier ces questions.

LE PRÉSIDENT. — Il vaudrait sans doute mieux que le Dr Nelte posât d'abord des questions au témoin, s'il estime devoir le faire.

SIR DAVID MAXWELL-FYFE. — Je crois en effet, Monsieur le Président, qu'il vaut mieux éclaircir d'abord ce dernier point.

LE PRÉSIDENT. — A moins que les questions du colonel Pokrovsky ne s'appliquent à l'accusé Keitel ?

SIR DAVID MAXWELL-FYFE. — Elles s'appliquent naturellement à l'attitude de l'O.K.W. vis-à-vis des prisonniers de guerre, mais elles ne concernent pas l'affaire de Sagan.

LE PRÉSIDENT. — Docteur Nelte, avez-vous des questions à poser au témoin ?

Dr NELTE. — Témoin, ce que l'on vient de vous lire a été considéré comme un « statement », une déclaration et remis au Tribunal comme tel. Avez-vous fait cette déclaration d'une façon continue, verbalement ou par écrit ?

TÉMOIN WESTHOFF. — J'ai été interrogé à plusieurs reprises et les notes qui m'ont été présentées sont la somme de mes déclarations ; il s'y trouve certaines erreurs, puisqu'on les a résumées en supprimant les questions.

Dr NELTE. — C'est un résumé des réponses que vous avez données au cours de plusieurs interrogatoires ?

TÉMOIN WESTHOFF. — Oui.

Dr NELTE. — Ce résumé vous a-t-il été montré ?

TÉMOIN WESTHOFF. — Non.

Dr NELTE. — J'avais l'impression que les paragraphes que l'on vient de vous lire étaient parfois bien longs et que votre réponse ne concernait que la fin de ces paragraphes. Je voudrais vous demander maintenant si, après ces interrogatoires de Londres, vous n'avez pas été interrogé à nouveau ?

TÉMOIN WESTHOFF. — J'ai été interrogé à Nuremberg.

Dr NELTE. — Par le colonel Williams ?

TÉMOIN WESTHOFF. — Oui.

Dr NELTE. — Que vous a dit le colonel Williams à la fin de cet interrogatoire ? Que vous a-t-il demandé ?

TÉMOIN WESTHOFF. — A la fin de l'interrogatoire, le colonel Williams m'a chargé de résumer en quelques traits, l'essentiel de cet interrogatoire et de le rédiger sous forme de déclaration sous serment.

Dr NELTE. — Cette déclaration sous la foi du serment a été faite devant le colonel Williams ?

TÉMOIN WESTHOFF. — Oui, j'ai prêté serment.

Dr NELTE. — Je voudrais tout d'abord examiner avec vous l'interrogatoire que vous a fait subir le colonel Williams. Je vais vous le remettre. Ce document porte le titre « Résumé de l'interrogatoire du général Adolf Westhoff par le colonel Curtis L. Williams, le 2 novembre 1945 ».

LE PRÉSIDENT. — Un instant, Docteur Nelte. Le Tribunal estime que vous pouvez poser au témoin la question suivante : « Avez-vous ou non fait une déclaration différente au cours d'un autre interrogatoire ? » Mais le document auquel vous vous référez maintenant est un document que le Tribunal a refusé d'admettre parce que vous-même y aviez fait opposition. Lorsque les Français ont présenté ce document, vous avez élevé des objections à son sujet et on n'a pas autorisé sa présentation. Vous ne pouvez donc maintenant poser la question que sous la forme suivante : « Avez-vous dit telle ou telle chose au colonel Williams ? »

Dr NELTE *(au témoin)*. — J'ai ici une liste des points qui, d'après vos indications, ne seraient pas exacts dans ce document ou dans le procès-verbal du colonel Williams. Je vous demande donc si vous avez, lors de l'interrogatoire du colonel Williams...

LE PRÉSIDENT. — Docteur Nelte, vous ne devez pas dire que ces documents sont différents. Vous devez poser des questions à ce sujet et non faire des déclarations vous-même.

Dr NELTE. — Qu'avez-vous répondu au colonel Williams quand il vous a demandé si les camps de prisonniers de guerre dépendaient intégralement de l'O.K.W. et du Feldmarschall Keitel ?

TÉMOIN WESTHOFF. — Les camps de prisonniers de guerre dépendaient dans une certaine mesure de l'O.K.W. qui avait droit de contrôle sur les camps et était chargé d'établir la liaison avec les Puissances protectrices, la Croix-Rouge internationale et l'I.M.C.E. Mais l'O.K.W. n'était pas habilité à donner des ordres ou à prendre des mesures disciplinaires dans les camps.

Dr NELTE. — Qu'avez-vous répondu au colonel Williams à sa question sur le droit de l'O.K.W. à inspecter les camps ?

TÉMOIN WESTHOFF. — L'O.K.W. était autorisé à inspecter les camps ; c'est ce qui ressort d'ailleurs de ma note de service qui indique clairement que l'inspecteur a le droit d'inspecter les camps.

Dr NELTE. — Qu'avez-vous répondu au colonel Williams quand il vous a demandé de qui dépendait le Stalag Luft III de Sagan ?

TÉMOIN WESTHOFF. — Le Stalag Luft III de Sagan dépendait du Commandant en chef de l'Armée de l'air, car celui-ci avait obtenu sur sa propre requête, dès le début de la guerre, le commandement de tous les camps de prisonniers de guerre de l'Aviation.

Dr NELTE. — Avez-vous répondu à la question du colonel Williams, que Gœring, Himmler, Keitel et Hitler avaient décidé l'exécution des officiers qui s'étaient évadés de Sagan ?

TÉMOIN WESTHOFF. — Non, c'est une erreur. Le colonel Williams m'a demandé ce que le Führer avait dit à Keitel. J'ai répondu clairement que je ne pouvais donner aucun renseignement sur ce point, puisque je n'avais pas participé à cette conférence. Je ne pouvais donner de renseignements que sur la conférence du Feldmarschall Keitel avec le général von Graevenitz.

Dr NELTE. — Avez-vous répondu au colonel Williams que le Feldmarschall Keitel, lors de cet entretien avec Graevenitz, aurait dit « C'est mon ordre » ?

TÉMOIN WESTHOFF. — Non. Le Feldmarschall ne pouvait pas donner d'ordre au sujet de ces exécutions car ces exécutions n'étaient pas du ressort de la Wehrmacht, mais de la Gestapo.

Dr NELTE. — Avez-vous, au cours de votre interrogatoire, notamment vis-à-vis du colonel Williams, exprimé clairement que jamais il ne s'était agi d'un ordre direct de Keitel ou d'un ordre que Keitel vous aurait transmis sur ordre supérieur ?

TÉMOIN WESTHOFF. — Il s'agissait d'une information à l'adresse du général von Graevenitz. C'est très clair dans ma déclaration.

Dr NELTE. — Si je vous comprends bien, vous déclarez que le Feldmarschall Keitel n'a jamais édicté un ordre personnel ou exprimé qu'il voulait vous donner l'ordre de fusiller ces officiers ?

TÉMOIN WESTHOFF. — Non, il ne pouvait pas le faire.

Dr NELTE. — Au cours de votre dernier interrogatoire par M. le représentant du Ministère Public, il a été question d'un rapport que le commandant du camp de Görlitz vous aurait adressé. C'est également noté dans le procès-verbal. Avez-vous demandé au commandant du camp de Görlitz, de vous faire un rapport ? En avez-vous reçu un ?

TÉMOIN WESTHOFF. — Je n'avais pas de relations personnelles avec le commandant du camp de Görlitz. Ce doit être une confusion avec le rapport de M. Naville, représentant de la Suisse.

Dr NELTE. — Est-il exact que lors de la conférence entre le Feldmarschall Keitel d'un côté, et vous-même et le général von Graevenitz de l'autre, on ait traité deux questions différentes : premièrement, l'affaire des officiers de la R.A.F. évadés, deuxièmement, des mesures à prendre pour empêcher de nouvelles évasions ?

TÉMOIN WESTHOFF. — Oui, c'est exact.

Dr NELTE. — J'ai maintenant quelques questions à vous poser pour lesquelles je vous prierai de ne répondre que par oui ou par non, si c'est possible. Est-il exact que, pour l'affaire des 50 officiers de la R.A.F., l'entretien n'avait qu'un caractère de pure information sur ce qui s'était passé dans les sphères supérieures ?

TÉMOIN WESTHOFF. — Oui.

Dr NELTE. — Le général von Graevenitz ne vous a-t-il pas dit, en revenant du Quartier Général : « Que faire si la Gestapo prend ces affaires en main ? »

TÉMOIN WESTHOFF. — Oui.

Dr NELTE. — Autrement dit, il était clair, d'après l'ensemble de votre conversation avec Keitel, qu'il s'agissait d'un ordre de Hitler à Himmler ?

TÉMOIN WESTHOFF. — Oui, en ce qui concerne les exécutions.

Dr NELTE. — Le professeur Naville, après sa visite au camp de Sagan, ne vous a-t-il pas dit que son impression personnelle était qu'il y avait à l'œuvre des forces supérieures contre lesquelles l'O.K.W. ne pouvait rien faire ?

TÉMOIN WESTHOFF. — Oui, c'est ce qu'il a dit.

Dr NELTE. — L'O.K.W. pouvait-il quelque chose pour les aviateurs évadés, en ce qui concerne leur arrestation ou leur traitement, ou bien l'affaire était-elle malheureusement réglée à l'encontre de l'O.K.W. ?

TÉMOIN WESTHOFF. — L'O.K.W. ne pouvait plus rien faire, car toute l'affaire lui avait été enlevée.

Dr NELTE. — Il n'est donc pas exact qu'après cet entretien Keitel-Graevenitz-Westhoff, l'O.K.W. aurait provoqué une nouvelle conférence ?

TÉMOIN WESTHOFF. — Non, il n'y a plus eu de conférence à l'O.K.W.

Dr NELTE. — On a produit un document dans lequel le colonel Walde affirme — il dit tout au début, pour être juste, qu'il a dû reconstituer tous ces événements de mémoire — que d'après ses souvenirs, il croit qu'il y aurait eu une conférence à l'O.K.W., Prinz Albrechstrasse. En savez-vous quelque chose ?

TÉMOIN WESTHOFF. — Je n'ai entendu parler de cette conférence que par vous-même. Ce ne peut être l'O.K.W. qui l'a réunie, sinon elle se serait tenue chez nous à Torgau. Comme elle a eu lieu à Berlin, d'après ce que vous me dites, ce n'était pas une conférence de l'O.K.W.

Dr NELTE. — Est-il exact que les prisonniers repris par la Wehrmacht furent renvoyés au camp de Sagan et y restèrent ?

TÉMOIN WESTHOFF. — Oui, c'est exact.

Dr NELTE. — Les prisonniers repris qui furent ramenés au camp ont-ils jamais été remis à quiconque ?

TÉMOIN WESTHOFF. — Non.

Dr NELTE. — Est-il exact par contre que vous, en tant que membre de l'O.K.W., ayez donné des instructions strictes aux commandants de camps pour que les prisonniers ramenés ne soient en aucun cas remis entre les mains d'autres organismes ?

TÉMOIN WESTHOFF. — Je n'ai pas envoyé ces instructions aux commandants de camps, mais aux chefs des services des prisonniers de guerre des différentes régions militaires.

Dr NELTE. — Mais aux camps, par leur intermédiaire.

TÉMOIN WESTHOFF. — Aux camps, oui.

Dr NELTE. — On a cité un ordre selon lequel les noms des prisonniers qui n'étaient pas revenus devaient être publiés. Vous avez dit tout à l'heure « à titre d'exemple ». Pour tirer au clair les motifs de cette ordonnance issue des autorités supérieures, je voudrais vous demander si le Feldmarschall Keitel n'a pas dit : « J'espère que les prisonniers recevront un tel choc qu'à l'avenir, ils n'essaieront plus de fuir ? »

TÉMOIN WESTHOFF. — Oui, c'est ce qu'a dit le Feldmarschall.

Dr NELTE. — Vous avez déclaré, on vient de vous le lire, que le Feldmarschall Keitel vous avait dit, à vous et au général von Graevenitz, qu'il ne fallait faire aucun rapport écrit sur cette affaire et qu'il ne fallait pas en parler à un autre service.

TÉMOIN WESTHOFF. — Oui.

Dr NELTE. — Est-il exact que vous ayez fait un mémorandum sur cette affaire ou plutôt sur cette conférence, et que vous l'ayez soumis à Keitel ?

TÉMOIN WESTHOFF. — Oui.

Dr NELTE. — Est-il exact que le Feldmarschall Keitel n'a pas fait de reproches à ce sujet, comme on aurait dû s'y attendre, mais qu'il a mis son initiale « K » dans le coin supérieur de ce mémorandum ?

TÉMOIN WESTHOFF. — Oui, c'est exact.

Dr NELTE. — Est-il vrai aussi qu'ayant à faire ce compte rendu, vous vous soyez mis en rapport avec le R.S.H.A. afin d'obtenir des renseignements sur le sort de ces officiers ?

TÉMOIN WESTHOFF. — Je ne me suis pas contenté de me mettre moi-même en rapport avec le R.S.H.A. ; n'ayant pas réussi dans ce sens, l'affaire a été confiée à la Direction de l'Administration générale de l'Armée qui n'est pas arrivée à un meilleur résultat.

Dr NELTE. — Est-il encore exact que vous ayez prié le représentant de la Croix-Rouge internationale, le Dr Naville, de visiter le camp de Sagan à cause de cette affaire ?

TÉMOIN WESTHOFF. — Oui, c'est moi qui ai provoqué cette visite.

Dr NELTE. — Est-il encore exact que le Feldmarschall Keitel vous ait téléphoné pour vous dire que le ministre des Affaires étrangères demandait des renseignements précis sur toute l'affaire pour rédiger une réponse ?

TÉMOIN WESTHOFF. — Oui, c'est exact.

Dr NELTE. — Vous deviez donc faire connaître l'affaire dans tous ses détails au ministère des Affaires étrangères ?

TÉMOIN WESTHOFF. — Oui.

Dr NELTE. — Keitel vous a-t-il dit, à cette occasion, que vous deviez taire ou camoufler certaines choses ?

TÉMOIN WESTHOFF. — Non.

Dr NELTE. — L'O.K.W. a-t-il collaboré à la rédaction définitive de cette note ?

TÉMOIN WESTHOFF. — Non.

Dr NELTE. — Est-il exact que votre représentant, le lieutenant-colonel Krafft, lors d'une conférence réunie par le ministère des Affaires étrangères à Berchtesgaden, n'ait été appelé que pour donner des renseignements que pouvait lui demander le représentant du ministère des Affaires étrangères ?

TÉMOIN WESTHOFF. — Oui.

Dr NELTE. — Est-il exact enfin que le lieutenant-colonel Krafft vous ait rapporté que le ministère des Affaires étrangères avait remis à Hitler une note que Hitler aurait rejetée et que ce dernier aurait lui-même rédigé le texte ?

TÉMOIN WESTHOFF. — Si mes souvenirs sont exacts, oui.

Dr NELTE. — La seconde partie de la conférence entre Keitel, Graevenitz et Westhoff portait sur la question des mesures à prendre à l'avenir. Vous avez déclaré à ce sujet qu'un ordre devait être élaboré et qu'il s'agissait de certaines questions de compétence qui devaient être discutées avec le R.S.H.A. Voulez-vous me dire à ce propos ce qu'avait à voir le R.S.H.A. ou Himmler, avec les services des prisonniers de guerre ?

TÉMOIN WESTHOFF. — Himmler était responsable de la sécurité du Reich, et à ce titre devait faire rechercher tous les prisonniers de guerre évadés.

Dr NELTE. — Est-il ainsi entré en conflit avec votre service des prisonniers de guerre de l'O.K.W. ?

TÉMOIN WESTHOFF. — Assez souvent, car lorsque nous avons demandé où étaient les prisonniers évadés, nous n'avons jamais reçu de réponse, ou bien des renseignements dont nous ne pouvions rien faire.

Dr NELTE. — Est-ce que cela veut dire qu'il était possible que Himmler ou ses organismes ne vous prévinssent pas lorsqu'ils reprenaient des prisonniers de guerre ?

TÉMOIN WESTHOFF. — C'est certainement possible, et nous le supposions.

Dr NELTE. — Lors de l'élaboration d'ordonnances relatives au traitement des prisonniers de guerre évadés, vous êtes-vous servi de l'expression « Stufe III » ?

TÉMOIN WESTHOFF. — Non.

Dr NELTE. — Savez-vous si ces mots qui équivalaient à une condamnation à mort étaient connus à l'O.K.W. ?

TÉMOIN WESTHOFF. — Pour moi, je ne les connaissais pas, on me l'a demandé pour la première fois à Londres, et j'ai dû répondre que je ne pouvais pas donner de renseignements à ce sujet.

Dr NELTE. — Lorsque vous parlez en votre nom personnel, croyez-vous également que ce soit vrai pour l'organisation à laquelle vous apparteniez ?

TÉMOIN WESTHOFF. — Oui.

Dr NELTE. — J'ai un document ; il s'agit d'un ordre général du commandant de la 6e région militaire, concernant le traitement des prisonniers de guerre évadés. Vous voyez dans cet ordre toute une série de références à des ordres antérieurs, jusqu'en 1942. Je vous demande si d'après ce que vous savez et ce que vous avez vu, un certain ordre du 4 mars 1944 ne devrait pas également figurer ici, si son contenu est très important.

TÉMOIN WESTHOFF. — S'il s'agissait d'un ordre secret, oui.

Dr NELTE. — C'est dans le...

LE PRÉSIDENT. — Docteur Nelte, est-ce que vous ne vous éloignez pas considérablement de la question sur laquelle on a interrogé le témoin ? Le témoin a été interrogé sur un entretien qu'il avait eu avec le Feldmarschall Keitel et en ce moment vous lui posez des questions sur quelque chose qui n'a apparemment rien à voir avec cela.

Dr NELTE. — Je crois devoir préciser que ce point se rapporte à la seconde partie de cet entretien, à savoir le traitement des officiers repris après évasion. Ce sont des questions préliminaires que je dois poser, afin d'éclaircir la question selon mon point de vue.

LE PRÉSIDENT. — C'est un très long contre-interrogatoire pour un témoin que vous n'aviez pas l'intention d'appeler. Le Tribunal désire que vous procédiez aussi rapidement que possible au contre-interrogatoire.

Dr NELTE. — Je le ferai aussi brièvement qu'il est possible en sauvegardant les intérêts de l'accusé. *(Au témoin.)* N'a-t-on pas l'habitude en Allemagne, en donnant des ordres, de se référer à un ordre supérieur en en citant la date et le numéro ?

TÉMOIN WESTHOFF. — Oui, toujours.

Dr NELTE. — Auriez-vous communiqué au représentant des Puissances protectrices et de la Croix-Rouge internationale que des prisonniers de guerre dont vous saviez qu'ils avaient été repris, n'avaient pas été repris ?

TÉMOIN WESTHOFF. — Non, jamais.

Dr NELTE. — Savez-vous quelque chose ?... et maintenant je vous fais remettre le dernier document...

(Le document est présenté au témoin.)

Dr NELTE. — Grâce à ce document, j'ai obtenu la confirmation par le témoin d'une réponse de l'accusé ; si le 4 mars 1944 on avait promulgué un ordre tel que celui qui a été produit ici, il devait être contenu dans ce document.

LE PRÉSIDENT. — Le Tribunal estime que c'est une perte de temps, Docteur Nelte.

Dr NELTE. — J'en aurai fini dans quelques minutes, Monsieur le Président. *(Au témoin.)* Voulez-vous regarder ce document :

— « L'O.K.W. est prié de faire connaître aux camps de prisonniers de guerre que, dans un but de camouflage, les officiers repris ne doivent pas être envoyés directement à Mauthausen, mais doivent être remis aux services locaux de la Gestapo. »

— Pendant votre activité à l'O.K.W., avez-vous eu connaissance d'un ordre ou d'une demande de ce genre ?

TÉMOIN WESTHOFF. — Non, je n'en sais rien. Cela s'est aussi passé à un moment où je n'assumais pas la direction.

Dr NELTE. — Mais lors de votre entrée en fonctions, le 1er avril 1944, vous avez dû être mis au courant de toutes les questions importantes ?

TÉMOIN WESTHOFF. — Oui.

Dr NELTE. — Avez-vous su alors qu'il existait un tel document ?

TÉMOIN WESTHOFF. — Non, je ne le connais pas.

Dr NELTE. — Et maintenant, la dernière question. Regardez à la page 1 de ce document. C'est un télétype du chef de la Sipo et du S.D., envoyé le 4 mars 1944, où nous trouvons dans la première partie :

— « L'O.K.W. a donné l'ordre suivant : « Tout officier repris après « évasion doit être remis au chef de la Sipo et du S.D., avec l'annotation « " Stufe III ". »

— L'accusé Keitel a déclaré ici qu'il ne connaissait pas cette ordonnance de l'O.K.W. Je vous demande si, parmi les textes modèles qui vous ont été présentés à votre entrée en fonctions, le 1er avril, vous avez trouvé un ordre ou une ordonnance de ce genre ?

TÉMOIN WESTHOFF. — Je n'ai pas trouvé d'ordonnance de ce genre, mais cet ordre existait sans aucun doute.

Dr NELTE. — Comment cela ?

TÉMOIN WESTHOFF. — Autant que je m'en souvienne, le général von Graevenitz avait reçu cet ordre du Quartier Général, ou de la Direction de l'Administration générale de la Wehrmacht.

Dr NELTE. — Comment est-il possible que cet ordre ne se soit pas trouvé dans vos dossiers, lorsque vous êtes entré en fonctions ?

TÉMOIN WESTHOFF. — Cet ordre ne devait être transmis que verbalement.

Dr NELTE. — Voulez-vous me dire comment se faisait la transmission verbale d'un ordre de ce genre ?

TÉMOIN WESTHOFF. — Ils étaient transmis verbalement.

Dr NELTE. — A votre service ?

TÉMOIN WESTHOFF. — Ils étaient transmis par le chef de service des prisonniers de guerre.

Dr NELTE. — Le chef ?

TÉMOIN WESTHOFF. — Oui.

Dr NELTE. — Et vous savez qu'un tel ordre a été transmis ?

TÉMOIN WESTHOFF. — Le général Graevenitz a reçu un tel ordre et je sais qu'il a été transmis.

Dr NELTE. — Alors, vous devez savoir ce que voulait dire « Stufe III » ?

TÉMOIN WESTHOFF. — Non, je ne le savais pas. J'ai dit tout simplement que je savais qu'il existait un ordre enjoignant de remettre à la Gestapo les prisonniers repris, mais je ne peux pas donner de détails, n'ayant jamais vu d'ordre écrit.

Dr NELTE. — Pouvez-vous alors me dire si l'ordre que vous voyez là émane de l'O.K.W. ?

TÉMOIN WESTHOFF. — Non, je ne peux pas le dire.

Dr NELTE. — Je vous remercie.

LE PRÉSIDENT. — L'audience est suspendue.

(L'audience est suspendue.)

Dr KURT KAUFFMANN (avocat de l'accusé Kaltenbrunner). — Monsieur le Président, voulez-vous me permettre de poser quelques questions intéressant l'accusé Kaltenbrunner. Témoin...

LE PRÉSIDENT. — Docteur Kauffmann, nous avons l'intention d'entendre le témoin Wielen. Vous le savez ?

Dr KAUFFMANN. — Oui.

LE PRÉSIDENT. — Vous désirez cependant interroger le témoin ?

Dr KAUFFMANN. — Le nom de Kaltenbrunner ayant été prononcé, je voudrais poser quelques questions.

— Témoin, vous avez dit que vous aviez eu des entretiens avec la Gestapo, mais que vous n'aviez obtenu aucun renseignement de cet organisme. Savez-vous avec qui vous avez parlé à la Gestapo ?

TÉMOIN WESTHOFF. — Non. Nous avions couramment des conversations avec la Gestapo, par exemple quand nous constations la disparition de prisonniers de guerre et que nous ne savions pas où ils se trouvaient, nous leur en parlions. Je suis allé une fois voir Kaltenbrunner à la suite d'une autre affaire qui n'avait rien à voir avec celle des prisonniers de guerre alliés. À cette occasion, j'ai eu la possibilité de parler à Kaltenbrunner personnellement ; aussi ai-je tout de suite amené le sujet dans la conversation et essayé de faire rapporter cet ordre. Il y avait là M. Kaltenbrunner et Müller.

Dr KAUFFMANN. — Vous avez donc vu Kaltenbrunner à Berlin après l'affaire de Sagan ?

TÉMOIN WESTHOFF. — Oui.

Dr KAUFFMANN. — Avez-vous parlé de l'affaire de Sagan ?

TÉMOIN WESTHOFF. — J'ai parlé avec Kaltenbrunner de cette affaire de Sagan, je lui ai dit expressément que c'était inadmissible.

Dr KAUFFMANN. — Combien de temps environ après l'affaire de Sagan ?

TÉMOIN WESTHOFF. — Je ne peux pas vous le dire, c'était peut-être quatre semaines plus tard.

Dr KAUFFMANN. — Quelle a été l'attitude de Kaltenbrunner dans cette affaire ? Que vous a-t-il dit ?

TÉMOIN WESTHOFF. — Il n'a à peu près rien dit, c'est Müller qui menait la conversation. Je suis reparti sans avoir reçu ni un oui, ni un non.

Dr KAUFFMANN. — Müller assistait-il à votre second entretien à Berlin.

TÉMOIN WESTHOFF. — Je n'ai été qu'une seule fois à Berlin.

Dr KAUFFMANN. — Cet entretien ne portait-il pas sur le traitement à appliquer aux prisonniers de guerre ?

TÉMOIN WESTHOFF. — Non.

Dr KAUFFMANN. — Vous avez donc parlé exclusivement de l'affaire de Sagan ?

TÉMOIN WESTHOFF. — Non, pas exclusivement de l'affaire de Sagan. Kaltenbrunner m'avait donné rendez-vous pour un autre motif, pour étudier la question des prisonniers de guerre allemands et j'ai profité de l'occasion pour lui parler de cette affaire. C'est l'unique fois que j'ai vu Kaltenbrunner.

Dr KAUFFMANN. — Lors de cette conversation, vous n'avez reçu aucune réponse positive ou négative ?

TÉMOIN WESTHOFF. — C'est exact.

Dr KAUFFMANN. — Quelle impression avez-vous emportée de l'entretien ?

TÉMOIN WESTHOFF. — J'ai eu l'impression qu'il n'y avait pas grand-chose à faire.

Dr KAUFFMANN. — Avez-vous rapporté cette conversation à vos supérieurs ?

TÉMOIN WESTHOFF. — J'ai adressé un rapport aux services de la Wehrmacht, à la Direction de l'administration générale.

Dr KAUFFMANN. — Que disait ce rapport ?

TÉMOIN WESTHOFF. — Que j'avais eu un nouvel entretien sur ce sujet avec Kaltenbrunner.

Dr KAUFFMANN. — Cette seule indication, n'a pas dû suffire, témoin ; vous avez dû rapporter la teneur de cette conversation et non pas seulement qu'elle avait eu lieu.

TÉMOIN WESTHOFF. — J'ai évidemment donné la teneur de la conversation. J'ai dit que j'avais parlé de cette affaire et que la Gestapo s'était tenue sur la réserve.

Dr KAUFFMANN. — Je n'ai plus de questions à poser, Monsieur le Président.

Dr OTTO STAHMER (avocat de l'accusé Gœring). — Témoin, vous avez dit que la conférence entre Hitler, Himmler et Kaltenbrunner au sujet de l'évasion des 80 aviateurs, dont vous venez de parler, s'était passée en présence du maréchal Gœring ? L'avez-vous su directement ou l'avez-vous appris par Keitel ?

TÉMOIN WESTHOFF. — Je ne l'ai appris que par Keitel.

Dr STAHMER. — Je n'ai pas d'autre question à poser.

Témoignage n° 7 : Wielen

LE PRÉSIDENT. — Votre nom complet ?

TÉMOIN WIELEN. — Max Wielen.

LE PRÉSIDENT. — Voulez-vous répéter ce serment après moi :

— « Je jure devant Dieu tout puissant et omniscient... »

M. G. D. ROBERTS (Avocat Général britannique). — Max Wielen, vous avez fait deux dépositions à Londres devant le colonel Hinchley Cook.

TÉMOIN WIELEN. — Oui.

M. ROBERTS. — Ces photocopies sont-elles bien celles de ces deux dépositions ? La première est datée du 26 août 1945, la seconde, du 6 septembre 1945. *(Les documents sont soumis au témoin.)* Ce sont les photographies de vos déclarations véridiques ? Pouvez-vous les identifier ? Reconnaissez-vous votre signature au bas de chacune ?

TÉMOIN WIELEN. — Oui.

M. ROBERTS. — Dans ces deux déclarations, avez-vous dit la vérité ?

TÉMOIN WIELEN. — Oui, j'ai dit la vérité.

M. ROBERTS. — Monsieur le Président, peut-être pourrais-je maintenant en lire quelques passages afin qu'ils figurent dans le procès-verbal. *(Au témoin.)* Prenez d'abord la première déclaration ; elle porte d'abord votre nom et l'énumération des fonctions que vous avez occupées dans les S.S. et la Police criminelle ; est-ce exact ?

TÉMOIN WIELEN. — Oui.

M. ROBERTS. — Bien, maintenant voulez-vous suivre le début de cette déclaration ?

TÉMOIN WIELEN. — Oberregierungsrat et Kriminalrat de la Police criminelle et non des S.S.

M. ROBERTS. — Je ne vous demande pas de lire mais de m'écouter.

— « ... ancien officier de la Police criminelle à Breslau.

— « En réponse à la question qui m'a été posée de savoir si j'avais quelque chose à dire sur l'exécution de prisonniers de guerre anglais, des officiers aviateurs du camp de prisonniers de Sagan, je déclare que j'ai connaissance de cette question et que je désire donner une attestation sans réserve.

— « L'exécution eut lieu sur l'ordre exprès de l'ex-Führer Adolf Hitler et fut faite par des fonctionnaires de la Gestapo.

— « Le chef du service de la Police d'État à Breslau était alors l'Oberregierungsrat S.S.-Obersturmbannführer Dr Scharpwinkel. Ses supérieurs immédiats étaient le chef de la Police de sûreté, le S.S.-Obergruppenführer Dr Kaltenbrunner et le chef de l'Amt IV du R.S.H.A., le S.S.-Gruppenführer Müller. Je suis incapable de donner le nom des autres chefs de service de la Gestapo qui commandèrent ces exécutions dans le domaine de leur compétence. Je joins à ma déposition un petit schéma montrant l'organisation de la Police de sûreté. »

— Je passe maintenant au bas de la page 2 :

— « Au cours de cette période », vous parlez du Stalag Luft III, « quatre-vingt-dix-neuf tunnels d'évasion furent creusés ; tous ont été découverts par les gardiens ; le centième tunnel, creusé en mars 1944, permit l'évasion de quatre-vingts officiers.

— « Sur un message téléphonique de l'État-Major du camp à la Police criminelle, j'ai ordonné, conformément aux ordres en vigueur, la « Kriegsfahndung » et même la poursuite des prisonniers d'après le plan d'alarme établi sur la suggestion du Dr Absalon, car on avait déjà perdu du temps, la « Grossfahndung » c'est-à-dire une minutieuse recherche. Il fallait, d'autre part, prévenir le chef responsable du service de la Police criminelle du Reich pour qu'il confirme et approuve l'ordre de grande alarme.

— « Les recherches poursuivies dans toute l'Allemagne amenèrent peu à peu l'arrestation de presque tous les officiers anglais qui s'étaient échappés, à l'exception de trois, je crois. La plupart d'entre eux ont été repris alors qu'ils étaient encore en Silésie ; quelques-uns étaient arrivés jusqu'à Kiel, Strasbourg et l'Allgäu.

— « Un jour, à midi, je reçus une instruction télégraphique du général Nebe me demandant de me rendre aussitôt à Berlin pour recevoir un ordre secret. En arrivant à Berlin le soir, j'allais voir le général Nebe à son bureau, Werderschen Markt 5/7. Je lui fis un rapport concis sur toute la question et sur l'état actuel de l'affaire, puis il me montra un ordre télétypé signé par le Dr Kaltenbrunner, où il était dit que, sur l'ordre exprès du Führer, plus de la moitié des officiers évadés de Sagan et repris devaient être fusillés. Le chef de l'Amt IV, le Gruppenführer Müller, avait reçu des ordres en conséquence et devait donner des instructions précises à la Police d'État. Les bureaux militaires étaient informés.

— « Le général Nebe lui-même parut frappé par cet ordre ; il était très éprouvé. On m'a raconté plus tard que, depuis des nuits, il ne rentrait plus se coucher, mais passait la nuit dans son bureau.

— « J'étais moi-même consterné de la cruauté des mesures prévues et je m'opposai à leur exécution ; je déclarai qu'elles étaient contraires aux lois de la guerre et que cela ne pouvait qu'amener des représailles contre nos propres officiers qui étaient prisonniers de guerre dans des camps anglais et que je refusais d'en prendre la responsabilité. Le général Nebe me répondit que dans ce cas particulier je n'avais aucune responsabilité à prendre, car la Police d'État agirait tout à fait indépendamment et qu'enfin, les ordres du Führer devaient être exécutés sans protestations. Je veux faire remarquer qu'en m'y opposant tout d'abord, j'agissais par impulsion et que je ne pouvais pas compter sur un succès, étant données les conditions qui régnaient à la Police de sûreté, surtout à la fin.

— « Nebe ajouta que je devais évidemment garder le secret absolu. On m'avait montré l'ordre original afin que je ne fasse aucune difficulté à la Police d'État. Ma propre compétence en ce qui concernait le transport de quelques-uns de ces prisonniers était transférée à la Police d'État. Je dois ici expliquer que la tâche de ramener les prisonniers dans le camp était, d'après les dispositions jusque-là en vigueur, du ressort de la Kripo ; elle devait, soit ramener elle-même le prisonnier au camp, soit le garder à la disposition de la Kommandantur du district pour le faire ramener. Pour répondre à une question, je déclare que l'Oberregierungsrat, Dr Schulze, assistait aussi à l'entretien avec le général Nebe ; il a secoué la tête en signe d'approbation lorsque j'ai élevé mon objection mais n'a pas pris d'autre part à la discussion.

— « A mon retour à Breslau, j'appris par le Dr Scharpwinkel que la Gestapo avait été dûment informée par le Gruppenführer Müller. On ne m'a pas communiqué le texte des instructions. Je ne sais pas non plus si des ordres similaires ont été donnés à tous les chefs des services de la Gestapo ou si les instructions étaient données, le cas échéant, à ceux dans les districts desquels avaient eu lieu des arrestations et où devaient avoir lieu les exécutions.

— « Conformément aux instructions, les services de police locaux intéressés devaient informer par télégramme ou par téléphone le Reichskriminalpolizeiamt (Kriegsfahndungszentrale) ainsi que la direction de la Kripo à Breslau, de l'arrestation d'officiers prisonniers de guerre.

— « Je n'ai pas su comment a été faite l'exécution, mais je pense que la Staatspolizei, après s'être fait remettre ces officiers, les a fait rassembler dans quelque endroit écarté, forêt ou autre, pour les abattre à coups de pistolet, avec les pistolets de la Gestapo.

— « On m'a demandé si les officiers avaient pu être frappés jusqu'à ce que mort s'ensuive. Je ne le crois pas, car l'ordre du Führer spécifiait qu'ils devaient être fusillés.

— « La Staatspolizei, comme me l'apprit le Dr Scharpwinkel, avait, conformément aux instructions du R.S.H.A., Amt IV, décrit que l'exécution s'était produite au cours du transfert, dans des cas de légitime défense ou pour empêcher de nouvelles évasions.

— « Par la suite, la direction de la Kripo de Breslau reçut une lettre du R.S.H.A., Amt V, à communiquer au commandant du camp ; on demandait que ce texte fût porté à la connaissance des officiers anglais prisonniers afin de les effrayer. La lettre expliquait que l'exécution avait été faite pour les raisons exposées ci-dessus. Le texte fut communiqué au colonel Lindeiner ou à l'un des officiers du camp.

— « Pour le choix des prisonniers à fusiller, une liste avait été préparée par les autorités du camp, sur la demande de l'Amt V ; cette liste mentionnait spécialement les officiers considérés comme éléments de troubles, provocateurs et meneurs de complots. Le choix avait été fait par le commandant ou l'un de ses officiers. Puis, l'exécution des officiers désignés fut ordonnée par l'Amt IV et des instructions correspondantes furent envoyées aux services de la Staatspolizei. »

— Je saute le paragraphe suivant et je continue au bas de la page 4 :

— « Environ 40 officiers anglais qui n'avaient pas été arrêtés par la Police d'État mais par la Police criminelle avaient été, entre-temps, ramenés dans le camp. »

— Voulez-vous répondre à la question suivante : vous parlez « d'environ 40 officiers » ; vous ne saviez donc pas le chiffre exact ?

TÉMOIN WIELEN. — Le chiffre n'est pas exact, il n'y en avait pas 40, je ne le savais pas alors.

M. ROBERTS. — En effet, ce n'est pas le chiffre exact. Ils étaient 50, je crois.

TÉMOIN WIELEN. — Je m'étais trompé.

M. ROBERTS. — Oui. « Il ne leur était arrivé aucun mal, je puis affirmer que… »

TÉMOIN WIELEN. — Quinze autres ont encore été ramenés.

M. ROBERTS. — Oui, oui, je voudrais seulement que vous ayez l'amabilité de m'écouter :

— « Je puis affirmer qu'ils ont été traités d'une façon parfaitement correcte. Il avait été impossible d'empêcher de les mettre dans des cellules de la Police, en raison des conditions générales régnant à ce moment-là.

— « Je ne sais pas qui a interrogé les officiers dans les prisons de la Police. Je pense que c'étaient les autorités de police locale, étant donné qu'un interrogatoire doit nécessairement suivre chaque arrestation. Je ne connais pas les noms des fonctionnaires de la Staatspolizei ou de la Gemeindepolizei qui ont participé à ces opérations, mais le Dr Absalon pourra donner une réponse à cette question. »

— Votre Honneur, je passe au paragraphe qui commence par : « Les urnes… »

— « Les urnes contenant les cendres des officiers fusillés furent remises par la Police d'État à la Police criminelle. Je ne sais pas quels fours crématoires de la Gestapo furent utilisés. Les urnes furent remises au commandant du camp sur l'ordre du R.S.H.A., en vue de funérailles militaires. Le retour des urnes étant effectué par la Kripo, la participation de la Gestapo se trouvait camouflée. »

— Je saute le paragraphe suivant et je vais lire seulement une phrase à la page suivante :

— « Je ne sais pas pourquoi cinq officiers furent interrogés à Berlin. »

— Et maintenant, Monsieur le Président, je vais passer à la page 6.

— « Il peut être intéressant de savoir que, avant même mon départ pour Berlin, le Kriminalkommissar, Dr Absalon, m'a raconté qu'il avait appris au camp de Sagan — on le lui avait dit très secrètement — que, comme mesure d'intimidation, on allait procéder à des exécutions. On peut déduire de ce fait que le camp avait déjà été informé par la voie militaire avant réception de l'ordre du Dr Kaltenbrunner.

— « Il serait utile de vérifier ce que Gœring sait de l'affaire, car le Führer l'a certainement informé de cet ordre, puisqu'il s'agissait d'un camp de la Luftwaffe. »

— Monsieur le Président, c'est tout ce que je vais lire de cette déclaration. Je voudrais éviter de faire trop de citations de la seconde déclaration, car il y a de nombreuses répétitions.

— Voulez-vous, témoin, prendre la deuxième déclaration.

— « Quant à savoir quand la Staatspolizei a commencé les exécutions, je ne puis pas le dire, mais c'est vraisemblablement à l'époque où il ne restait plus que très peu de prisonniers qu'on ne pouvait plus espérer reprendre.

— « Quant au temps qui s'est écoulé entre le moment où a été donné l'ordre de « Grossfahndung » et celui où l'on me montra l'ordre d'exécution, je peux seulement dire qu'il s'agit de quelques jours ; je ne me souviens plus des dates exactes. Mais je sais pertinemment qu'aucune exécution n'avait eu lieu au moment où l'ordre m'a été montré. »

— Je pourrais encore lire le dernier paragraphe de cette page :

— « Avant la dernière évasion massive, je n'ai pas entendu dire qu'on prévoyait des mesures plus sévères contre les prisonniers. J'en ai entendu parler seulement après la dernière évasion, toutefois avant d'avoir vu, à Berlin, l'ordre d'exécution. C'est Absalon qui m'avait déclaré avoir entendu dire au camp de Sagan — je ne sais pas par qui, je crois par le colonel Lindeiner — qu'il allait y avoir des exécutions. J'ai pensé, après avoir vu l'ordre en question à Berlin, que c'était là une preuve que les militaires étaient à l'origine de ces mesures cruelles ou, du moins, qu'ils en avaient été informés avant le R.S.H.A.

— « En ce qui concerne l'expression « plus de la moitié » dans l'ordre du Dr Kaltenbrunner, c'est sous cette forme que les mots sont fixés dans ma mémoire ; cependant, il est possible qu'on ait donné un chiffre précis et qu'en regardant rapidement cet ordre, j'aie pensé « c'est plus de la moitié », ce qui m'est resté en mémoire. »

— Monsieur le Président, je pourrais peut-être omettre les premiers paragraphes, qui ne sont que des répétitions, et passer au paragraphe qui figure un peu au-dessous de la moitié de la page :

— « Je ne sais pas comment la Gestapo fit extraire des prisons locales les officiers qui devaient être exécutés, mais il se peut, cependant, que la Gestapo soit entrée en contact avec la Police criminelle locale.

— « En Basse-Silésie, les pelotons d'exécution ont été constitués par le chef de la Gestapo, le Dr Scharpwinkel, ou sur ses ordres. Je n'ai jamais su qui en avait fait partie. »

— Puis, le dernier paragraphe de cette page :

— « En réponse à la question de savoir pourquoi la Kripo n'avait pas procédé aux exécutions, je déclare que la Kripo, dans l'exercice de ses fonctions, se sentait liée par les dispositions de la procédure pénale et du code pénal, et que le personnel était formé en conséquence. Par contre, pendant la guerre, la Staatspolizei — à l'instigation de Himmler — s'était formée une conception plus large. Elle procédait à des exécutions sur l'ordre du R.S.H.A. ou avec l'approbation de ce département. Ainsi s'explique que la répulsion que la Staatspolizei inspirait à tous les citoyens allemands ne s'étendait pas à la Police criminelle.

— « De toute évidence, les urnes furent remises à la Police criminelle pour la seule raison que l'intervention de la Police d'État devait rester ignorée, en d'autres termes qu'elle ne devait pas parvenir à la connaissance des officiers anglais du camp. »

— Je crois, Monsieur le Président, que c'est tout ce que je voulais lire.

LE PRÉSIDENT. — Un avocat désire-t-il poser des questions au témoin ?

Dr NELTE. — Témoin, avez-vous, lors de votre activité dans cette pénible affaire, eu des rapports quelconques avec l'O.K.W. ou le Generalfeldmarschall Keitel ?

TÉMOIN WIELEN. — Non, ni avec l'O.K.W. ni avec le Feldmarschall Keitel, ni avec aucun officier supérieur.

Dr NELTE. — Si je vous ai bien compris, vous avez dit que l'ordre dont il s'agit ici avait, d'après ce que vous savez, suivi la voie Hitler-Himmler-R.S.H.A. et les formations inférieures ?

TÉMOIN WIELEN. — Oui, c'est la voie hiérarchique.

Dr NELTE. — Par qui fut demandée la liste dont vous avez parlé, la liste des fauteurs de troubles ?

TÉMOIN WIELEN. — Elle avait été demandée par le R.S.H.A.

Dr NELTE. — Dans la deuxième partie de la déclaration qui vient d'être lue se trouve une phrase disant à peu près : « Le commandant du camp devra auparavant être informé par les bureaux militaires des exécutions prévues. » Voudriez-vous, pour cette phrase...

TÉMOIN WIELEN. — Je ne voudrais pas répéter cette phrase d'une façon aussi tranchante. Il est en effet possible que l'on ait discuté dans le camp la question d'exécutions éventuelles ou prévu, d'une façon plus générale, l'usage des armes contre les officiers anglais en cas d'évasions. Mais je ne sais rien de plus précis pour cette affaire, je veux dire les affaires dans lesquelles cette observation a joué un rôle.

Dr NELTE. — Vous ne voulez donc pas affirmer qu'il s'agit d'observations faites avant l'évasion ?

TÉMOIN WIELEN. — De toute façon, pas en ce qui concerne ces exécutions, pas forcément à propos de cette évasion.

Dr NELTE. — On ne peut pas savoir à l'avance si quelqu'un veut s'enfuir ; c'est pourquoi je vous demande si cette observation ne se rapporte pas à une discussion qui aurait eu lieu à la suite de l'évasion de ces

80 officiers et qui, peut-être, concernait les mesures à prendre pour empêcher de nouvelles évasions.

TÉMOIN WIELEN. — C'est fort possible, car les tentatives d'évasion étaient quotidiennes à Sagan.

Dr NELTE. — Alors, voulez-vous, s'il vous plaît, m'expliquer la déclaration d'après laquelle le colonel Lindeiner aurait dit que les militaires étaient à l'origine de ces mesures et en étaient informés à l'avance. C'est ce que disait…

TÉMOIN WIELEN. — Je ne crois pas m'être exprimé ainsi. Je demande qu'on veuille bien répéter.

Dr NELTE. — D'après mes notes, vous avez dit que le colonel Lindeiner pensait que les bureaux militaires étaient à l'origine de ces mesures et en étaient informés à l'avance.

TÉMOIN WIELEN. — Je ne crois pas avoir dit cela.

Dr NELTE. — Voulez-vous dire que vous ne pouvez pas affirmer que le colonel Lindeiner ait fait une telle déclaration ?

TÉMOIN WIELEN. — Je n'ai jamais eu l'impression que le colonel Lindeiner ait été informé personnellement de cette affaire ; je n'en ai pas la moindre preuve.

Dr NELTE. — Je vous remercie. Je n'ai plus d'autres questions à poser.

Dr STAHMER. — Témoin, d'après le procès-verbal, vous avez déclaré que le Kriminalkommissar Absalon, avant même votre départ pour Berlin, vous avait communiqué qu'il devait y avoir des exécutions au camp de Sagan.

TÉMOIN WIELEN. — Je me suis déjà expliqué à ce sujet.

Dr STAHMER. — Est-ce ce que vous venez…

TÉMOIN WIELEN. — C'est la même affaire.

Dr STAHMER. — Encore une question : au cours de votre entretien avec le général Nebe à Berlin, celui-ci doit vous avoir dit que les bureaux militaires étaient informés et vous avoir donné des détails plus précis sur les bureaux militaires dont il s'agissait.

TÉMOIN WIELEN. — Non, il ne me l'a pas dit. Je ne sais pas davantage si ces intentions ont été effectivement mises à exécution car, précisément, les bureaux militaires ne devaient pas en être informés, toute l'affaire devant être tenue secrète.

Dr STAHMER. — Vous avez mentionné le maréchal Gœring dans votre déclaration. Avez-vous des preuves que le maréchal Gœring fût au courant des exécutions ou bien est-ce seulement une supposition ?

TÉMOIN WIELEN. — Non, je vous prie de vous reporter au contexte où vous verrez que je voulais laisser la question ouverte. J'ai dit que je ne le savais pas positivement, que je n'en avais pas de preuves ; mais comme il s'agissait d'un camp de la Luftwaffe, je demande ou plutôt je propose qu'on veuille bien entendre à ce sujet le maréchal qui pourra vous donner des renseignements.

Dr STAHMER. — En somme, vous suggérez seulement de demander au Reichsmarschall Gœring s'il était au courant ?

TÉMOIN WIELEN. — Je voulais laisser la question pendante afin d'éclaircir ce détail.

Dr STAHMER. — C'est tout.

Dr KAUFFMANN. — Témoin, vous avez déclaré que l'ordre émanait de Kaltenbrunner et de Müller. Je vous demande si cet ordre a été émis sous forme de télégramme ou de télétype ou si vous avez vu l'ordre avec la signature originale.

TÉMOIN WIELEN. — Je crois me rappeler exactement qu'il s'agissait d'un télétype.

Dr KAUFFMANN. — Vous reconnaissez donc qu'il n'y avait pas de signature originale ?

TÉMOIN WIELEN. — Non, pas de signature originale. J'ai même eu des doutes plus tard. On peut bien penser que j'ai réfléchi cent fois à cette affaire et que je me suis demandé s'il était possible que la signature fût de Himmler, bien que pour des raisons administratives elle dût émaner de Kaltenbrunner.

Dr KAUFFMANN. — Si je comprends bien, vous ne pouvez même pas dire si c'était la signature de Kaltenbrunner qui figurait sur ce télétype, mais vous le supposez d'après ce que vous savez de l'organisation ?

TÉMOIN WIELEN. — J'ai été si impressionné par le contenu de la lettre et ses conséquences et par la préparation obligatoire de toute cette affaire que j'ai peu tenu compte des détails extérieurs, si bien qu'ils ne se seront pas imprimés dans ma mémoire et que je ne peux rien vous dire avec certitude maintenant.

Dr KAUFFMANN. — Je vous remercie.

M. ROBERTS. — Je n'ai plus de questions.

LE PRÉSIDENT. — Le témoin peut se retirer.

21 mars 1946 : Audience de l'après-midi.

SIR DAVID MAXWELL-FYFE. — Témoin, vous souvenez-vous encore de ce que vous avez déclaré sur vos relations avec le Führer ? Puis-je relire vos propres déclarations :

— « La personne qui eut le plus d'influence [1] sur le Führer, si l'on peut parler d'influence sur une telle personnalité, ce fut moi jusqu'à la fin de 1941, début 1942. Puis mon crédit peu à peu diminua pour décroître rapidement. Néanmoins, il me semble que personne, en dehors de moi, n'a jamais exercé une influence semblable sur le Führer. »

— Est-ce toujours là votre point de vue sur la question ?

ACCUSÉ GŒRING. — Oui.

SIR DAVID MAXWELL-FYFE. — Je crois que vous avez dit au Tribunal

1. Passage cité dans le chapitre précédent.

que, jusqu'à la fin, votre loyauté envers le Führer ne s'était jamais démentie. Est-ce exact ?

ACCUSÉ GŒRING. — C'est exact.

SIR DAVID MAXWELL-FYFE. — Cherchiez-vous toujours à justifier et à glorifier Hitler, après son ordre d'assassiner ces 50 jeunes officiers du Stalag Luft III ?

ACCUSÉ GŒRING. — Je n'ai ni à justifier ni à glorifier le Führer Adolf Hitler. Je ne suis ici que pour témoigner que je lui ai gardé ma fidélité, car je crois, en effet, qu'il ne faut pas tenir son serment seulement dans les bons jours, mais aussi lorsque viennent les mauvais jours et c'est beaucoup plus difficile. Quant à votre allusion aux 50 aviateurs, je n'ai jamais tenu tête au Führer aussi nettement et aussi fermement que pour cette affaire et je lui ai fait part de mon opinion. Après cela, pendant des mois, je n'eus plus aucun entretien avec le Führer.

Il sera à nouveau question du camp de sagan dans les dernières semaines de la guerre. Dix mille aviateurs alliés sont enfermés derrière les barbelés du Stufe III. Va-t-on les abandonner aux Soviétiques qui avancent irrésistiblement ? Le 27 janvier, alors que se tient à Berlin une conférence sur le sort réservé aux dix mille prisonniers, la situation militaire du Reich s'aggrave. « Le 27 janvier, déclare Guderian, quinze jours après le début de l'attaque, le raz-de-marée russe prenait pour nous les proportions d'un désastre complet. » En effet, la Prusse orientale et la Prusse occidentale sont déjà isolées du Grand Reich, Joukov traverse l'Oder près de Lueben après une percée fulgurante de 330 kilomètres en quinze jours. Berlin n'est plus qu'à 290 kilomètres. En Silésie, l'ensemble du bassin industriel est aux mains des Soviétiques. Dans trois jours, Hitler fêtera le 12e anniversaire de son accession au pouvoir.

M. JUSTICE JACKSON. — Je voudrais que l'on montre au témoin la conversation qui est rapportée dans ce procès-verbal.

ACCUSÉ GŒRING. — Il s'agit là vraisemblablement d'un rapport sur la situation tel qu'il s'en déroulait une ou deux fois par jour chez le Führer. Je ne puis, sans avoir lu ce document, me souvenir d'une façon exacte ou même approximative de ces événements du 27 janvier 1945, car cette situation se reproduisait une ou deux fois par jour ; j'ai, dans le courant de la guerre, participé à d'innombrables conversations de ce genre.

M. JUSTICE JACKSON. — J'attire votre attention sur un point particulier de ce procès-verbal. Il signale que le Führer, vous-même, Keitel et Jodl étaient présents. Est-ce exact ?

ACCUSÉ GŒRING. — C'est ce que montre la notice qui accompagne cet entretien.

M. JUSTICE JACKSON. — Je vous demande de parcourir avec moi ce compte rendu et de me dire s'il rafraîchit vos souvenirs. Il se rapporte à 10 000 officiers aviateurs prisonniers et je cite les passages qui vous sont attribués :

— « *Gœring*. — 10 000 officiers aviateurs prisonniers se trouvent à Sagan. La garde est assurée par le Commandant en chef de l'armée de réserve. Le personnel de garde et le personnel destiné au transport font défaut. On s'est demandé si l'on ne devait pas laisser ces prisonniers aux alliés russes. Ils récupéreraient 10 000 aviateurs.

— « *Le Führer.* — Pourquoi ne les avez-vous pas transportés plus tôt ? C'est une ignominie sans précédent.

— « *Gœring.* — C'est la tâche du commandant de l'armée de réserve. Nous n'avons rien à voir avec cela. Je ne puis qu'en rendre compte.

— « *Le Führer.* — Ils doivent partir, dussent-ils aller à pied. Le Volkssturm y veillera. Quiconque tentera de fuir sera abattu. Il faut y arriver par tous les moyens.

— « *Gœring.* — Il faut les emmener de Sagan où se trouvent 10 000 hommes.

— « *Guderian.* — Suivant le processus du transfert, la quatrième division blindée a complètement fait mouvement ainsi que la 227e division ; le reste de la 32e division fait actuellement mouvement. Le Quartier Général du 3e corps blindé S.S. arrivera dans la nuit d'aujourd'hui à demain, et de demain à après-demain la division Hollande qui vient d'être retirée. Des éléments de cette division Hollande viennent d'être retirés du front.

— « *Le Führer.* — Est-ce que vous recevez maintenant des éléments de remplacement ? L'opération est-elle en cours ?

— « *Guderian.* — Fegelein s'en occupe. Il vient d'ordonner que ces éléments soient immédiatement relevés.

— « *Le Führer.* — Il est parfaitement clair que le groupe d'armées de la Vistule n'a plus rien en dehors du corps Nehring, et de ce qu'il a sur la Vistule. Cela doit être organisé. Une partie viendra d'ici, le reste d'Allemagne. Cela doit être fait. En dépit de tout.

— « *Gœring.* — Combien faut-il de wagons à bestiaux pour transporter 10 000 hommes ?

— « *Le Führer.* — Si nous les transportons selon le point de vue allemand, nous avons besoin d'au moins vingt trains pour 10 000 hommes. Si nous faisons appel au point de vue russe, nous en avons besoin de cinq ou de trois.

— « *Gœring.* — Retirez les pantalons et les chaussures afin qu'ils ne puissent s'enfuir dans la neige. »

— Vous souvenez-vous de cet incident ?

ACCUSÉ GŒRING. — Je ne puis me souvenir que très faiblement de cet incident. Après avoir répondu à votre question, je voudrais donner une courte explication sur la valeur de ce document.

— J'ai cru comprendre que ce document venait de vous parvenir. Mais longtemps avant le début de ce Procès j'ai été interrogé sur ce document et j'ai déjà, à maintes reprises, attiré l'attention sur le fait que, au cours de l'enregistrement des paroles, deux sténographes travaillaient en même temps et que cette situation s'est souvent prolongée pendant quatre ou cinq heures. C'est pourquoi ces sténogrammes devaient toujours être repris ultérieurement, ce qui explique qu'en raison de la présence de nombreuses personnes, des erreurs particulièrement nombreuses et graves se sont glissées dans ces relations qui font que les déclarations faites par une personne sont souvent rapportées dans ces procès-verbaux comme émanant d'autres personnes. À ce moment-là j'ai déjà déclaré que je ne pouvais me souvenir de ces déclarations et que j'étais convaincu que je n'en avais fait aucune de cette sorte. Il ne s'agissait là que de la préparation des moyens qui devaient être utilisés pour le transport.

M. JUSTICE JACKSON. — Je dois préciser que vous avez déjà été interrogé sur cet incident, mais non pas sur ce procès-verbal.

ACCUSÉ GŒRING. — En ce qui concerne ce procès-verbal et cet incident, il a été spécialement spécifié qu'il s'agit d'une copie à la machine d'un communiqué sur la situation et je me suis déjà, à l'époque, exprimé dans des termes semblables. Il est exact qu'il ne m'a pas été présenté à ce moment-là.

M. JUSTICE JACKSON. — Il ne s'agit pas d'une copie, à la machine, mais d'un sténogramme ordinaire.

— Vous êtes également mentionné à une autre page. Je vous prie de vous reporter à ce passage et vous demande si les paroles suivantes vous sont encore attribuées à tort :

— « *Gœring.* — L'Obergruppenführer Jüttner assurera le transport des 10 000 prisonniers de Sagan. » Je n'ai peut-être pas prononcé le nom correctement.

— « *Le Führer.* — Ils doivent être transportés par tous les moyens et on lèvera le Volkssturm pour répondre des gens les plus énergiques. Tirer lors de toute tentative de fuite.

— « *Fegelein.* — Nous avons un homme pour cela qui s'occupe de la garde des camps de concentration. C'est le Gruppenführer Glücks. Il fera le travail. »

— Les faits se sont-ils passés ainsi ?

ACCUSÉ GŒRING. — Je l'ignore. J'ai déjà expliqué que c'était le Commandant en chef de l'armée de réserve qui devait endosser la responsabilité du transport, car nous n'avions rien à voir avec ces questions. Je ne puis rapporter complètement ou certifier les explications particulières que les gens ont données çà et là au cours de ces entretiens. Il était question de savoir si ces 10 000 prisonniers devaient être livrés ou transportés.

Dr STAHMER. — Commandant Büchs, quand vous exerciez votre commandement au Quartier Général du Führer, assistiez-vous régulièrement aux discussions quotidiennes sur la situation ?

TÉMOIN BÜCHS. — Oui, j'ai toujours pris part aux discussions sur la situation militaire, qui avaient lieu tous les jours.

Dr STAHMER. — Vous souvenez-vous si vous assistiez à la discussion du 27 janvier 1945, au cours de laquelle on examina ce qu'il fallait faire des 10 000 aviateurs prisonniers au camp de Sagan ?

TÉMOIN BÜCHS. — Je me rappelle à peu près ce qui suit : Fegelein doit avoir traité de la question de l'évacuation de ce camp de prisonniers devant l'avance des troupes russes. On demanda aux officiers prisonniers s'ils voulaient rester dans le camp pour être remis à l'Armée russe, ou bien s'ils voulaient faire partie des convois d'évacuation de Silésie. Autant que je me souvienne, ils choisirent cette dernière solution, et je crois que la seule question qui fut discutée fut de savoir sous quelle forme ce transport serait réalisé.

Dr STAHMER. — Vous rappelez-vous quelles furent les propositions faites pour ce transport et par qui elles furent faites ?

TÉMOIN BÜCHS. — Non. Je crois que le Führer déclara simplement que ces officiers prisonniers ne pouvaient pas être mieux traités que notre propre peuple. C'était à l'époque de l'évacuation de la Silésie et la situation de nos transports ne permettait pas l'évacuation de notre propre population par chemin de fer ou en grandes colonnes ; la population devait marcher sur les routes en plein hiver, et je crois me souvenir que le Führer dit alors : « Si ces officiers veulent être transportés, ils le seront exactement comme la population allemande, en marchant sur les routes. »

Dr STAHMER. — Au sujet de ces déclarations, Monsieur le Président, puis-je faire remarquer une erreur dans le procès-verbal. Au cours du contre-interrogatoire de l'accusé Gœring, le 20 mars 1946, a été déposé un document. Dans le texte allemand, on lit, après une discussion relative à la manière dont ils devaient être transportés, que le Führer aurait dit : « Il faut qu'ils partent, même s'ils doivent marcher dans la boue (Dreck) » ; en fait, dans l'original, on dit : « Il faut qu'ils partent, même s'ils doivent marcher en colonne (im Treck) », ce qui est très différent. Je ne sais pas comment cette réflexion a été traduite dans le texte anglais, mais le sens en serait tout différent. Comme l'a dit le témoin, le Führer a déclaré : « Il faut qu'ils partent, même s'ils devaient marcher en colonne. »

LE PRÉSIDENT. — Le Tribunal estime que le mieux serait de signaler ces erreurs de traduction au Secrétaire général et de les soumettre à la section de traduction.

Dr STAHMER. — Je voulais simplement signaler le fait.

— Témoin, au cours de cette discussion sur la question de l'évacuation, la réflexion suivante aurait été faite : « Il faut leur enlever leurs chaussures et leur pantalon, afin qu'ils ne puissent pas courir dans la neige. » Vous souvenez-vous qui aurait fait cette remarque ?

TÉMOIN BÜCHS. — Non, je ne me souviens pas. Cela me paraît d'ailleurs impossible.

Dr STAHMER. — Vous ne vous souvenez pas qu'une réflexion semblable ait été faite et par qui ?

TÉMOIN BÜCHS. — Il est possible que Fegelein ait proposé une chose pareille, mais je ne me souviens pas.

Dr STAHMER. — D'après le procès-verbal, ce serait le Maréchal Gœring qui aurait fait cette réflexion.

TÉMOIN BÜCHS. — Je considère que c'est impossible. Je dois dire ici que la prise de notes sténographiques présentait de grandes difficultés. Il arrivait à quatre ou six personnes de parler à la fois et très rapidement, de sorte que les sténographes ne pouvaient noter que ce qu'ils entendaient. Ils n'avaient pas le temps de regarder qui parlait, ni de s'assurer si c'était telle ou telle personne qui disait telle chose à tel moment. Il y avait une table autour de laquelle se tenaient parfois trente personnes, ce qui gênait le travail des sténographes.

Dr STAHMER. — Je n'ai pas d'autre question à poser.

M. ROBERTS. — Je n'ai que peu de questions à poser, Monsieur le Président. *(Au témoin.)* Vous ne semblez pas vous souvenir très bien de cette conférence.

TÉMOIN BÜCHS. — De quelle conférence ?

M. ROBERTS. — De la conférence dont vous venez de parler, au sujet de l'évacuation des prisonniers de Sagan.

TÉMOIN BÜCHS. — Je ne vois pas sur quel point mes souvenirs n'auraient pas été corrects.

M. ROBERTS. — Vous dites que vous ne vous souvenez pas qu'on ait dit que les prisonniers devaient marcher dans la neige sans chaussures.

TÉMOIN BÜCHS. — Oui, c'est ce que j'ai dit.

M. ROBERTS. — Vous savez pourtant — je ne trouve pas l'endroit exact, je ne savais pas qu'on allait mentionner ce document — vous savez pourtant que cela figure au compte rendu sténographique.

TÉMOIN BÜCHS. — C'est ce qu'on a dit.

M. ROBERTS. — Oui, et vous êtes d'accord avec moi sur le fait qu'il est peu probable que les sténographes eussent transcrit cette remarque si elle n'avait pas été faite ?

TÉMOIN BÜCHS. — Oui.

M. ROBERTS. — Vous n'avez pas entendu cette réflexion ? Donc, vous ne savez pas qui l'a faite ?

TÉMOIN BÜCHS. — C'est exact.

M. ROBERTS. — C'est tout ce que je voulais vous demander sur ce point.

— Une autre question : au mois d'avril 1945, Fegelein, après le mariage de Hitler, devint son beau-frère ?

TÉMOIN BÜCHS. — Oui.

M. ROBERTS. — Et deux jours après, Fegelein fut fusillé sur l'ordre de son nouveau beau-frère ?

TÉMOIN BÜCHS. — Oui.

M. ROBERTS. — C'est tout.

PROFESSEUR Dr JAHRREISS. — Je n'ai plus de question à poser au témoin.

LE PRÉSIDENT. — Le témoin peut se retirer.

(Le témoin quitte la barre.)

LE DERNIER SECRET DE WOTAN

Dans la grande salle de conférence d'État-Major, seul Gœring s'agite. Régulièrement il éponge la sueur de son front et de sa nuque d'une délicate pochette en soie et dentelles brodée de ses initiales. Hitler pénètre dans la pièce, s'arrête devant Gœring :

— Pensez-vous que les Anglais voient avec enthousiasme ce qui se déroule en ce moment sur le front de l'Est ?

— Ils n'ont certainement pas prévu que nous les tiendrions en respect pendant que les Russes envahissent la totalité de notre territoire, mon Führer ! Ils n'ont pas compté non plus sur la folie de notre part qui consisterait à les repousser, eux, et à laisser les Russes nous écraser complètement. Ils tiennent pratiquement tout le pays à présent.

— Et vous Jodl, qu'en pensez-vous ?

— Je pense, mon Führer, que les Américains ont toujours considéré les Russes avec méfiance.

— Vous avez raison, surenchérit Gœring avec un léger rire dans la voix, si cela continue, nous recevrons un télégramme des Anglais dans quelques jours !

Le Reich est rentré en agonie. Alors que ses généraux et Hitler devisent sur la situation militaire, Speer établit le même jour un état des biens d'armements. « Après la perte de la Haute Silésie, écrit-il dans son mémoire, la production d'armements allemande ne sera même plus en mesure de couvrir les besoins élémentaires du front en munitions, armes et blindés. Il n'est pas possible de faire échec à la supériorité en équipements de l'ennemi grâce à la seule bravoure de nos soldats. » Hitler reçoit les conclusions de Speer le 30. Il soupèse le dossier et, sans l'avoir ouvert, demande à Bormann de l'enfermer dans son coffre-fort : « Nos hôtes nous attendent. »

Pendant que la « Fête du 12e anniversaire » se déroule, les divisions de Panzers, faute de carburant, sont immobilisées, comme les chasseurs, les bombardiers, les avions d'observation de la Luftwaffe qui, cloués au sol, sont des cibles faciles. L'asphyxie orchestrée par les Alliés paralyse les dernières forces du Reich. Hitler, seul contre tous, veut ignorer la réalité de la situation. Lorsque Von Ribbentrop répète devant lui le jugement de Guderian : « La guerre est perdue », le Führer laisse éclater sa colère :

— Avec nos V1, V2, nous rétablirons la situation.

Mais la plupart des rampes de V1 et V2 ont été détruites.

Dr Flächsner. — Monsieur Speer, jusqu'à quelle époque avez-vous employé toutes vos forces à obtenir un armement aussi puissant que possible et, par conséquent, à la poursuite de la guerre ?

Accusé Speer. — Environ jusqu'à la mi-janvier 1945.

Dr Flächsner. — La guerre n'était-elle pas perdue dès avant ?

Accusé Speer. — Militairement et au point de vue de la situation générale, elle était certainement perdue depuis un certain temps. Mais il est difficile de considérer une guerre comme perdue et d'en tirer les dernières conséquences quand on ne peut envisager qu'une capitulation sans condition.

Dr Flächsner. — L'examen de la situation de la production, que vous connaissiez, ne vous aurait-elle pas permis de considérer plus tôt que la guerre était déjà perdue ?

Accusé Speer. — Du point de vue de l'armement, pas jusqu'à l'automne 1944 car jusqu'à cette époque je réussis, malgré les bombardements aériens, à obtenir une augmentation constante de la production. Cette augmentation était si importante que, pour donner un chiffre, je pus, en 1944, équiper entièrement à neuf 130 divisions d'infanterie et 40 divisions blindées. Cela revenait à équiper à neuf 2 000 000 d'hommes. Ce chiffre aurait été de 30 % plus élevé s'il n'y avait pas eu les bombardements aériens. Le maximum de production de toute la guerre fut atteint en août 1944 pour les munitions, en septembre 1944 pour les avions et en décembre 1944 pour les armes et les nouveaux sous-marins. Les armes nouvelles devaient sortir en février ou mars 1945. Je ne mentionne que ce qui a été dit dans la presse : les avions à réaction, les nouveaux moyens de défense anti-aérienne, les nouveaux sous-marins, etc. Les bombardements aériens retardèrent si considérablement la production en grande quantité de ces armes nouvelles, qui auraient peut-être pu modifier l'aspect de la dernière phase de cette guerre, qu'elles ne purent plus être engagées en nombre suffisant. Mais tous ces efforts restèrent vains, car à partir du 12 mai 1944 nos fabriques de carburant subirent des attaques concentrées de la part des avions ennemis. Cela amena une catastrophe : 90 % de notre production de carburant était perdue. Le succès de ces attaques signifiait que la guerre était perdue pour nous du point de vue de la production car les nouveaux avions et les nouveaux chars ne nous servaient à rien sans carburant.

Dr Flächsner. — Avez-vous fait remarquer à Hitler les conséquences qu'avaient sur la production ces attaques aériennes ?

Accusé Speer. — Oui, je lui en ai fait des rapports précis aussi bien verbalement que par écrit. De juin à décembre 1944, je lui ai adressé douze mémoires qui tous lui annonçaient des catastrophes.

Dr FLÄCHSNER. — Vous avez dit tout à l'heure que jusqu'en janvier 1945 vous avez tenté d'atteindre un maximum dans l'armement. Pour quels motifs y avez-vous renoncé à partir de janvier 1945 ?

ACCUSÉ SPEER. — C'est en janvier 1945 que commence un chapitre très pénible : la dernière phase de cette guerre et la constatation que Hitler identifiait le destin du peuple allemand avec le sien propre, et à partir de mars 1945 la constatation que Hitler cherchait sciemment à détruire les possibilités d'existence du peuple allemand dans le cas où la guerre serait perdue. Je n'ai pas l'intention de faire valoir en ma faveur l'activité que j'ai déployée au cours de cette période. Mais il y a là une question d'honneur à défendre et c'est pourquoi je voudrais m'expliquer brièvement au sujet de cette époque.

Dr FLÄCHSNER. — Monsieur Speer, quelle était la situation de la production dans les différents départements qui se trouvaient sous vos ordres, à la fin de janvier 1945 ?

ACCUSÉ SPEER. — La production en carburants était, depuis le début des attaques sur les usines de carburants, en mai 1944, devenue absolument insuffisante et ne put jamais être rétablie. Les bombardements aériens sur les moyens de transport avaient, à partir de novembre 1944, complètement éliminé la région de la Ruhr qui constituait pour l'Allemagne le centre le plus important d'approvisionnement en matières premières. A la suite du succès de l'offensive des armées soviétiques sur le bassin houiller de Haute-Silésie, nous fûmes, à partir du milieu de janvier 1945, également privés de la plus grande partie de notre approvisionnement en charbon. On pouvait donc prévoir avec précision l'époque jusqu'à laquelle l'économie tiendrait. Nous avions atteint une situation dans laquelle, même si les opérations militaires de l'adversaire étaient arrêtées, la guerre était perdue pour nous à bref délai, puisque le Reich manquait de charbon à l'intérieur et devait nécessairement subir un effondrement économique.

Dr FLÄCHSNER. — Je voudrais déposer comme preuve un mémoire adressé par Speer à Hitler le 11 novembre 1944. Il y est dit, et je cite :

— « Si l'on considère l'ensemble de la structure économique du Reich, il est évident que la perte de la région industrielle rhénowestphalienne serait, à la longue, fatale pour l'économie allemande tout entière et la poursuite de la guerre avec quelque chance de succès. En fait, toute la production de la région de la Ruhr serait entièrement perdue pour l'économie allemande, à l'exception de la production interne de quelques produits. Il est superflu de discuter des suites qu'aurait pour le Reich tout entier la perte de la Ruhr. »

— Le 15 décembre 1944, devant l'offensive imminente sur les Ardennes, Speer fit remarquer à Hitler le détail des conséquences d'une perte éventuelle de la Haute-Silésie.

— Je dépose comme preuve un extrait d'un mémoire adressé au chef de l'État-Major de l'Armée de terre le 15 décembre 1944.

ACCUSÉ SPEER. — Ce mémoire a aussi été adressé à Hitler.

Dr FLÄCHSNER. — Il est inutile de citer des extraits de ce mémoire. On y montre qu'une perte éventuelle de la Haute-Silésie aurait pour conséquences, quelques semaines plus tard, de mettre les troupes dans l'impossibilité de combattre, et que dans ce cas la Wehrmacht ne pourrait plus être approvisionnée en armements. Puis une grande partie de la Haute-Silésie fut perdue. Le 30 janvier 1945, Speer adressa à Hitler un nouveau mémoire.

— « Après la perte de la Haute-Silésie, la production d'armement allemande ne sera plus en mesure de couvrir, même de très loin, les besoins du front en munitions, en armes et en matériel blindé, non plus que les pertes subies au front et les besoins des nouvelles installations. »

— Ensuite, il est particulièrement spécifié, je cite :

— « La supériorité matérielle de l'adversaire ne saurait plus être compensée par la bravoure de nos troupes. »

— Monsieur Speer, que vouliez-vous dire par cette dernière phrase que je viens de citer ?

ACCUSÉ SPEER. — Hitler avait alors déclaré que, pour la défense de notre patrie, la bravoure de nos soldats ne ferait qu'augmenter et que, au contraire, les troupes alliées, après avoir libéré les régions occupées, perdraient de leur ardeur combative. C'était l'argument principal de Gœbbels et de Bormann qui en concluaient que le combat devait être continué avec tous les moyens disponibles.

ACCUSÉ GŒRING. — Le 12 janvier 1945, lorsque l'offensive russe arriva sur l'Oder et qu'à cette époque celle des Ardennes n'avait pas abouti à une percée, c'est alors que je fus forcé de me rendre compte que la défaite arriverait probablement lentement, mais sûrement. Jusqu'à ce moment, j'avais toujours espéré que, d'un côté, nos positions sur la Vistule et, de l'autre côté, sur le mur de l'Ouest, pourraient être maintenues jusqu'au moment où la sortie en série des nouvelles armes amènerait un ralentissement de la guerre aérienne anglo-américaine.

M. JUSTICE JACKSON. — Voulez-vous maintenant nous indiquer la date ; vous nous avez indiqué les événements.

ACCUSÉ GŒRING. — Je viens de dire janvier 1945, au milieu ou à la fin de janvier 1945. Après cela, il n'y eut plus d'espoir.

M. JUSTICE JACKSON. — Vous voulez donc que l'on admette qu'en tant qu'homme militaire vous ne vous êtes rendu compte qu'en janvier 1945 que l'Allemagne ne pouvait gagner la guerre ?

ACCUSÉ GŒRING. — Comme je l'ai déjà fait remarquer, nous devons établir une distinction nette entre deux possibilités : premièrement, la conclusion heureuse de la guerre et, deuxièmement, la fin d'une guerre, sans que l'un des adversaires en soit le vainqueur. Il y a longtemps que nous avions eu conscience qu'il nous était impossible de remporter la victoire. Tandis que la réalité de la défaite n'apparut qu'au moment dont je viens de parler.

M. JUSTICE JACKSON. — Il y a donc longtemps que vous saviez qu'une issue heureuse de la guerre ne pouvait être trouvée que si vous arriviez à un accord quelconque avec l'ennemi, n'est-ce pas ?

ACCUSÉ GŒRING. — Évidemment, l'issue heureuse d'une guerre ne peut être considérée comme réellement heureuse que si je terrasse l'ennemi, ou bien si, par des négociations avec lui, j'arrive à une conclusion qui me garantit le succès. C'est ce que j'appelle une fin heureuse. Mais je suis dans une impasse lorsque je suis obligé de conclure un accord avec l'ennemi. Cela ne me procure pas le succès que m'aurait apporté la victoire mais, d'un autre côté, la défaite est évitée. C'est une fin sans vainqueurs ni vaincus.

M. JUSTICE JACKSON. — Mais vous saviez qu'il était de la politique de Hitler de ne jamais négocier et vous saviez que, aussi longtemps que ce dernier serait à la tête du Gouvernement, l'ennemi ne négocierait pas avec l'Allemagne, n'est-ce pas ?

ACCUSÉ GŒRING. — Je savais que la propagande ennemie insistait sur le point qu'il n'y aurait, en quelque circonstance que ce soit, de négociations avec Hitler. Je savais aussi que Hitler lui-même ne voulait négocier à aucun prix, mais pas sous ce rapport. Hitler aurait désiré négocier s'il avait eu en vue la perspective de résultats, mais il était absolument contraire aux négociations désespérées et vaines.

— Après le débarquement en Afrique, l'ennemi de l'Ouest déclara, autant que je m'en souvienne, qu'en aucune circonstance il ne négocierait avec l'Allemagne, mais la forcerait à la reddition sans conditions. C'est alors que la résistance de l'Allemagne se renforça au plus haut point et que des mesures furent prises en conséquence. Si je n'ai aucune chance de conclure une guerre par des négociations, alors il est inutile de tenter de négocier et il faut déployer tous ses efforts pour essayer de forcer le destin en faisant appel aux armes.

M. JUSTICE JACKSON. — A partir de janvier 1945, vous saviez aussi que vous étiez incapable de protéger les villes allemandes contre les attaques aériennes des alliés, n'est-ce pas ?

ACCUSÉ GŒRING. — En ce qui concerne la défense des villes allemandes contre les attaques aériennes alliées, j'aimerais décrire ainsi la possibilité de la faire : en elle-même…

M. JUSTICE JACKSON. — Pouvez-vous répondre à ma question ? Le temps n'a peut-être pas la même importance pour vous que pour nous. Voulez-vous répondre par « oui » ou par « non » ? Vous rendiez-vous compte que la guerre était perdue, que les villes allemandes ne pouvaient être protégées efficacement contre les attaques aériennes ennemies ? Veuillez nous répondre par l'affirmative ou par la négative.

ACCUSÉ GŒRING. — Je puis dire que je me rendais compte alors que c'était impossible.

M. JUSTICE JACKSON. — Et, après cette période, vous saviez parfaitement que les attaques aériennes poursuivies contre l'Angleterre ne pourraient pas changer le cours de la guerre et étaient poursuivies dans le but unique de prolonger ce que vous saviez être alors un conflit désespéré ?

ACCUSÉ GŒRING. — Je crois que vous faites erreur. Après le mois de janvier 1945, il n'y eut plus d'attaques sur l'Angleterre, à l'exception peut-être de quelques avions isolés, parce qu'à ce moment-là, j'avais besoin de toute l'essence pour les avions de chasse destinés à la défense. Si j'avais disposé de bombardiers et de carburant, j'aurais, bien entendu, continué jusqu'à la dernière minute, quelles qu'eussent été nos chances, les attaques de ce genre comme mesures de représailles contre les attaques qui étaient dirigées sur les villes allemandes.

M. JUSTICE JACKSON. — En ce qui concerne les attaques par avions robots, y eut-il encore des avions robots après le mois de janvier 1945 ?

ACCUSÉ GŒRING. — Grâce à Dieu, nous avions encore une arme dont nous pouvions nous servir ! Je viens de dire qu'aussi longtemps que durerait le combat, nous devrions riposter. En tant que soldat, je puis seulement regretter que nous n'ayons pas eu suffisamment de ces bombes V1 et V2, car une diminution des attaques sur les villes allemandes ne pouvait s'obtenir qu'en infligeant à l'ennemi des pertes aussi lourdes que les nôtres.

M. JUSTICE JACKSON. — Et il n'y avait aucun moyen d'empêcher la guerre de continuer, aussi longtemps que Hitler restait à la tête du Gouvernement allemand, n'est-ce pas ?

ACCUSÉ GŒRING. — Aussi longtemps que Hitler était le Führer du peuple allemand, lui seul décidait de la poursuite de la guerre. Aussi longtemps que mes ennemis me menacent et exigent une reddition sans conditions, je me bats jusqu'à mon dernier souffle, car il ne reste rien, à l'exception peut-être de la chance de voir changer la destinée, d'une manière quelconque, bien que la situation semble désespérée.

M. JUSTICE JACKSON. — Si le peuple allemand avait cru qu'il était temps d'arrêter ce massacre, n'avait-il d'autre moyen de le faire que la révolution ou l'assassinat de Hitler ?

ACCUSÉ GŒRING. — Une révolution, si elle réussit, change toujours la situation, c'est certain. L'assassinat de Hitler à cette époque, disons en janvier 1945, aurait amené ma succession. Or, si l'ennemi m'avait donné la même réponse, c'est-à-dire la reddition sans conditions ou aux conditions terriblement lourdes dont on faisait état, j'aurais continué le combat en dépit de toutes les circonstances.

M. JUSTICE JACKSON. — Un attentat a eu lieu sur la personne de Hitler le 20 juillet 1944, n'est-ce pas ?

ACCUSÉ GŒRING. — Oui, malheureusement.

Dans la longue chasse que livrèrent les alliés au lendemain de la victoire aux « savants nazis », les États-Unis marquèrent « un point qui compte double » en s'emparant de Wernher von Braun le « Père », avec Walter Dornberger, des armes V. (V.1, V.2 et, s'ils en avaient eu le temps, V.3 et V.4 dont les plans étaient terminés).

J'ai toujours pensé que si Wernher von Braun avait été jugé par l'un ou l'autre des tribunaux de Nuremberg, il aurait été condamné à une très lourde peine d'emprisonnement, peut-être même à perpétuité et que l'homme ne se serait probablement pas posé sur la lune au XXe siècle. La raison d'état, c'est-à-dire la compétition militaire entre l'ouest et l'est, voulut que von Braun et de nombreux autres scientifiques ne soient ni accusés ni témoins. Connaissant parfaitement les conditions de vie et de mort des déportés — ses employés — dans le Tunnel de Dora-Ellrich, Wernher Von Braun aurait dû comparaître comme criminel de guerre. La conquête américaine de l'espace y aurait sûrement perdu mais la justice, elle, y aurait gagné.

Le premier lancement d'une fusée sans pilote, entièrement téléguidée, eut lieu le 13 juin 1942 du centre d'expérimentation de Peenemünde, implanté en bordure de la Baltique, à 150 kilomètres au nord de Berlin. Le commissaire spécial pour l'ensemble des armes secrètes était Hans Kammler. Sa phrase favorite a été rapportée par de nombreux officiers allemands :

— Qu'importent les victimes humaines ; le travail doit être exécuté et fini dans le temps le plus court possible.

« Depuis l'hiver 1939, raconte Albert Speer, j'étais en contact étroit avec la station expérimentale de Peenemünde, ayant été dans un premier temps chargé d'en réaliser les constructions. J'aimais me trouver au milieu de ce cercle de jeunes savants et inventeurs, étrangers à la politique, que dirigeait un jeune homme de 27 ans, conscient du but à atteindre et vivant déjà en réaliste dans l'avenir : Wernher von Braun. Il était extraordinaire de voir une si jeune équipe, qui n'avait pas encore fait ses preuves, avoir la possibilité, en disposant de centaines de millions de marks, de poursuivre un projet dont la réalisation n'interviendrait que dans un avenir lointain. Sous la direction paternelle du colonel Walter Dornberger, ils pouvaient travailler à l'abri des tracasseries bureaucratiques et développer des idées qui pouvaient, à l'occasion, paraître utopiques. »

Cette description idyllique ne peut que glacer les survivants de Peenemünde et de Dora qui savent le prix payé pour la mise au point et la fabrication des fusées.

— « Ma nomination au poste de ministre de l'Armement, continue Speer, me poussa naturellement à m'intéresser davantage à ce grand projet. Hitler pourtant continuait à se montrer extrêmement sceptique : il éprouvait une profonde méfiance vis-à-vis de toutes les innovations qui dépassaient l'horizon des générations de la Première Guerre mondiale et l'introduisait dans un monde qui lui était inconnu. »

Malgré le succès encourageant des premiers essais en vol, Adolf Hitler ne croit pas à l'avenir de ces « armes incontrôlables ». Lors d'une conférence d'état-major le 23 juin 1942 il exprime ses « doutes de la plus grande gravité » et se refuse à croire que l'on puisse, sur la durée, arriver à guider une fusée autonome.

— Une fois sur deux si tout va bien, vous perdez le contrôle de l'arme...

Au mois d'octobre, nouvelles expérimentations. Nouveaux succès. Cette fois, le Führer est convaincu et comme toujours imprévisible :

— Je veux 5 000 de ces fusées afin de pouvoir en disposer pour une intervention massive.

Speer est aussitôt chargé de la mise en production. Le 7 juillet 1943, Wernher von Braun présente à Hitler le film couleur d'un essai. Hitler est fasciné par la projection.

— Ne pensez-vous pas, demande Speer, qu'il serait bien et encourageant de décerner à von Braun le titre de professeur ?

— Bien sûr. Réglez cette question tout de suite avec Meisner [1]. Dans le cas présent, je signerai même personnellement l'arrêté de nomination.

Il se lève et applaudit.

— Je vous félicite von Braun, et vous aussi Dornberger. La A4 [2] représente une mesure décisive pour la guerre. Cruel soulagement pour la terre allemande lorsque nous attaquerons les Anglais avec cette fusée ! Voilà l'arme qui décidera du sort de la guerre !

Le lendemain, 8 juillet, lors de la conférence d'état-major, Hitler s'adresse à Speer :

— Vous, Speer, vous devez mettre tout en œuvre pour accélérer la

1. Dr Otto Meisner, chef de la Chancellerie Présidentielle.
2. Première appellation de la V2.

réalisation de la A4 ! Tout le matériel et tous les travailleurs indispensables doivent être mis à sa disposition immédiatement. Je voulais signer dès maintenant le décret établissant le programme des chars d'assaut. Mais j'ai changé d'avis. Modifiez donc le projet de telle sorte que la mise au point de la A4 se voie attribuer la même importance que la production des chars d'assaut. Mais je tiens à ajouter que nous ne pouvons employer que des Allemands pour ce travail. Que Dieu nous soit en aide si l'ennemi vient à avoir vent de cette affaire !

Quand la conférence s'acheva, le Führer prit Speer à l'écart :

— Ne vous êtes-vous pas trompé ? Ce jeune homme a-t-il bien 28 ans ? Je l'aurais cru plus jeune encore...

— « Hitler [1] trouvait étonnant qu'un homme aussi jeune ait pu contribuer à l'éclosion d'une idée technique qui changeait la face de l'avenir, raconte Speer. Lorsqu'il lui arriva plus tard d'exposer sa thèse selon laquelle, à notre époque, les gens gaspillaient leurs meilleures années à des choses inutiles (...) il évoquait Wernher von Braun qui avait, à Peenemünde créé une merveille technique à un âge précoce. »

Dans la nuit du 17 août 1944, les postes allemands de détection anti-aérienne signalent le comportement étonnant de huit Mosquitos qui survolent le Danemark... et prennent la direction de Berlin. L'alerte est générale, Gœring tiré du lit. Après la Ruhr et Hambourg, les Alliés vont frapper au cœur du Reich et détruire Berlin. Tout ce qui ressemble à un chasseur, probablement huit cent à mille appareils, vont prendre l'air en moins d'une heure et couper toutes les routes aériennes de Berlin car il ne fait aucun doute pour l'État-Major de la Luftwaffe que les Mosquitos ne sont que l'élément précurseur, les « éclaireurs » des bombardiers alliés.

Pendant ce temps, six cent sept bombardiers du Bomber Command vident leurs soutes sur Peenemünde privé de couverture aérienne. Le centre d'essais est rasé. L'opération « Hydre » est un succès total.

Mais le Reich ne saurait se passer des armes V. En trois jours, la décision de reconstruire un nouveau Peenemünde, mieux protégé des services d'espionnage et des attaques aériennes, est prise. Et, lorsqu'il s'agit de protection et de secret, Himmler a son mot à dire. Pour lui, habitué à immiscer sa chère S.S. dans tous les secteurs clés de l'économie de guerre, il était inadmissible de voir se construire « les armes de Wotan » hors des emprises de la S.S. Au cours de deux conférences, Himmler persuade Hitler : la nouvelle usine ne peut qu'être souterraine et les ouvriers des prisonniers des camps de concentration. L'administration S.S. possède dans ses fichiers plusieurs milliers de spécialistes et même des centaines d'ingénieurs.

Et Speer note :

— « Himmler avait ainsi, en quelque sorte, mis le pied chez nous et nous lui avions nous-mêmes ouvert notre porte. »

Neuf jours après le bombardement de Pennemünde, Himmler soumet

1. Mémoires d'Albert Speer (déjà cité).

son plan à Dornberger et von Braun. La nouvelle usine sera implantée dans le massif du Harz au centre du Reich et plus particulièrement dans le réseau de galeries et de tunnels d'une ancienne exploitation de sulfate de sodium. Sur le plan, l'usine s'appelle Mittelwerk. Pour 60 000 déportés, elle sera Dora.

Le 10 décembre, Speer visite le « Mittelwerk » :

— « Dans de vastes salles, des détenus étaient occupés à mettre des machines en place et à transférer des installations. Le visage dépourvu de toute expression, ils me regardèrent sans me voir et ils enlevèrent mécaniquement leur casquette de détenu en treillis bleu jusqu'à ce que notre groupe fût passé. Je ne puis oublier un professeur de l'Institut Pasteur à Paris qui témoigna au procès de Nuremberg. Lui aussi avait été employé dans ce " Mittelwerk " que j'avais inspecté ce jour-là. Sur un ton neutre, objectif, dépourvu de toute passion, il expliqua les conditions inhumaines qui avaient été celles de cette usine inhumaine : jamais je n'oublierai cet homme triste et brisé, étonné par une telle barbarie, dont l'accusation dénuée de toute haine, continue à me poursuivre. »

(On introduit le Dr Alfred Balachowsky.)

LE PRÉSIDENT. — Quel est votre nom ?

Dr ALFRED BALACHOWSKY. — Balachowsky, Alfred.

LE PRÉSIDENT. — Êtes-vous Français ?

Dr BALACHOWSKY. — Français.

LE PRÉSIDENT. — Voulez-vous répéter le serment après moi : « Je jure de parler sans haine et sans crainte, de dire la vérité, toute la vérité, rien que la vérité. *(Le témoin prête serment.)* Levez la main droite et dites : « Je le jure. »

Dr BALACHOWSKY. — Je le jure.

LE PRÉSIDENT. — Vous pouvez vous asseoir, si vous le désirez.

M. DUBOST. — Vous vous appelez Balachowsky Alfred, votre nom s'écrit B-A-L-A-C-H-O-W-S-K-Y.

Dr BALACHOWSKY. — C'est exact.

M. DUBOST. — Vous êtes chef de laboratoire à l'Institut Pasteur à Paris ?

Dr BALACHOWSKY. — C'est exact.

M. DUBOST. — Vous êtes domicilié à Viroflay ? Vous êtes né le 15 août 1909 à Korotcha, en Russie ?

Dr BALACHOWSKY. — C'est exact.

M. DUBOST. — Vous êtes français ?

Dr BALACHOWSKY. — Français.

M. DUBOST. — De naissance ?

Dr BALACHOWSKY. — Russe de naissance, Français par naturalisation.

M. DUBOST. — Vous avez été naturalisé en quelle année ?

Dr BALACHOWSKY. — En 1932.

M. DUBOST. — Vous avez été déporté le 16 janvier 1944, après avoir été arrêté, le 2 juillet 1943, et avoir fait six mois de prison à Fresnes, puis à Compiègne ? Vous êtes passé ensuite au camp de Dora ?

Dr BALACHOWSKY. — C'est exact.

M. DUBOST. — Pouvez-vous rapidement nous dire ce que vous savez du camp de Dora ?

Dr BALACHOWSKY. — Le camp de Dora est situé à 5 kilomètres au nord de la ville de Nordhausen, dans le sud de l'Allemagne. Ce camp était considéré par les Allemands comme un commando secret, c'est-à-dire un « Geheimkommando », où les prisonniers par conséquent étaient internés et ne pouvaient plus sortir.

— Ce « Geheimkommando » avait pour but la fabrication des « V.1 » et des « V.2 », les « Vergeltungswaffen », les torpilles que les Allemands lançaient sur l'Angleterre ; c'est la raison pour laquelle Dora était un commando secret. Ce camp se divisait en deux parties : une partie extérieure comprenait un tiers des effectifs totaux qui se trouvaient dans le camp et deux tiers des effectifs étaient concentrés dans l'usine souterraine. Dora était, par conséquent, une usine souterraine pour la fabrication du « V.1 » et du « V.2 ». Je suis arrivé à Dora le 10 février 1944, venant de Buchenwald.

M. DUBOST. — Parlez moins vite s'il vous plaît. Vous êtes arrivé au camp de Dora venant de Buchenwald, le...

Dr BALACHOWSKY. — Le 10 février 1944, c'est-à-dire à la période où la vie dans le camp de Dora était particulièrement pénible. Nous avons été embarqués le 10 février, dans un camion, à 76 hommes dans un grand camion allemand. On nous obligeait à rester accroupis, ayant devant le camion, à l'endroit du siège, 4 gardes S.S. Comme il nous était impossible de nous accroupir tous à l'intérieur du camion, étant donné que nous étions trop nombreux, chaque fois qu'un homme levait la tête, il recevait un coup de crosse, c'est ainsi qu'au cours de ce transport qui dura 4 heures, nous eûmes plusieurs blessés.

— Arrivés au camp même de Dora, nous avons passé environ toute une journée et une nuit sans nourriture, dans le froid, dans la neige, pour toutes les formalités d'enregistrement dans le camp : remplissage de fiches, noms, prénoms, etc. Par rapport à Buchenwald, nous trouvions un changement considérable à Dora, car la direction générale du camp de Dora était confiée à des prisonniers d'une catégorie spéciale, qui étaient des criminels. Ce sont ces criminels qui étaient nos chefs de blocs, c'étaient des criminels qui distribuaient notre soupe, qui prenaient soin de nous. Ces criminels se distinguaient par un triangle vert en opposition au triangle rouge des politiques, triangle vert sur lequel s'inscrivait en noir la lettre S. C'est ainsi que nous les appelions les S, Sicherheitsverband, c'est-à-dire criminels condamnés par des tribunaux allemands, bien avant la guerre, pour crimes ; mais au lieu, une fois leur peine terminée, d'être renvoyés dans leur foyer, ces criminels étaient relégués à vie dans les camps de concentration, précisément pour encadrer les autres prisonniers. Inutile de vous dire que cette catégorie de prisonniers, ces criminels au triangle vert, étaient des éléments tarés qui avaient fait 5, 10, quelquefois 20 ans de prison, avant d'avoir fait 5 ou 10 ans de camp de concentration ; des éléments tarés qui n'avaient aucun espoir de jamais sortir des camps de concentration. Ces criminels avaient donc, grâce à l'appui, à la collaboration que leur offrait la direction S.S. du camp, la possibilité, si on peut dire, de faire leur carrière. Cette carrière consistait à voler, à piller les autres prisonniers et à obtenir d'eux le rendement de travail maximum, rendement qui était exigé des S.S. Ils nous battaient du matin jusqu'au soir. Lever le matin à 4 heures, lever qui devait s'effectuer en cinq minutes dans des dortoirs souterrains où nous étions entassés sans air, dans une atmosphère viciée, dans des blocs à peu près grands comme cette salle, où s'entassaient trois mille à trois mille cinq cents détenus, sur cinq étages de paillasses pourries qui n'étaient jamais renouvelées. En cinq minutes, nous avions à nous lever, car nous couchions tout habillés. D'autre part, le sommeil n'était guère possible car, la nuit, c'était un va-et-vient continu ; également, des vols de toutes sortes se faisaient la nuit entre prisonniers ; de plus, il n'était pas possible de dormir, parce que nous étions couverts de poux : dans tout le camp de Dora la vermine pullulait. Il y avait pratiquement impossibilité de se débarrasser des poux. En cinq minutes, nous avions à nous mettre en rang dans le tunnel et nous rendre vers un endroit qui nous était indiqué.

Dr STAHMER. — Quelle importance avait pour l'aviation le camp de travail de Dora ?

ACCUSÉ GŒRING. — Je dois d'abord déclarer que l'accusation portée contre nous, selon laquelle nous avions détruit partout, les installations industrielles, est inexacte ; au contraire, nous avons dû, dans notre propre intérêt, reconstruire une grande partie des installations industrielles. Ainsi, je me souviens du fameux barrage de Dniepropetrovsk qui avait été détruit et qui était d'une importance décisive pour l'alimentation en électricité de l'Ukraine entière et même du bassin du Donetz.

— J'ai déjà parlé de l'industrie et de l'agriculture ; nous trouvions partout la « terre brûlée », parfaitement réalisée selon l'ordre donné par les Russes. La situation créée par la politique de la terre brûlée, la destruction de tous les stocks de denrées et autres, causaient de grandes difficultés. C'est pourquoi nous avons entrepris également de grandes constructions d'intérêt économique.

— En ce qui concerne la destruction des villes, je voudrais ajouter qu'en dehors de celles qui ont été bombardées pendant le combat, au cours de manœuvres d'attaque ou de retraite, des parties considérables et des bâtiments importants de grandes villes avaient été minés et ont sauté au moment voulu en ensevelissant beaucoup de victimes allemandes. Je peux citer deux exemples principaux : Odessa et Kiev.

— J'en viens maintenant au camp de Dora. C'est ici que j'ai entendu parler pour la première fois de ce camp de Dora. Bien entendu, je savais qu'il y avait des usines souterraines aux environs de Nordhausen ; je n'y étais jamais allé moi-même. Mais celles-ci avaient été installées très tôt. On y fabriquait surtout des V.1 et des V.2. Je ne connais pas les conditions de vie du camp de Dora telles qu'on les a décrites. Je crois, d'ailleurs, qu'elles sont exagérées. Naturellement, je savais qu'on construisait des usines souterraines. J'avais intérêt à ce qu'on en construisît encore d'autres pour la Luftwaffe. Je ne vois pas d'ailleurs en quoi l'installation d'usines souterraines constituerait un travail particulièrement dur et épuisant.

Au lendemain de la visite de Speer à Dora, un officier présent note dans la chronique quotidienne de son ministre :

— Le matin du 10 décembre, le ministre est allé visiter une nouvelle usine dans le Harz. Pour s'acquitter de cette terrible mission, les dirigeants ont dû faire appel à toute leur énergie. Quelques-uns étaient si éprouvés qu'il a fallu les contraindre à prendre quelques jours de congé pour aller soigner leurs nerfs...

Et « Nuremberg » qui se contente du bref témoignage du professeur Balachowsky accepte que Gœring dise : « Je ne connais pas les conditions de vie du camp de Dora telles qu'on les a décrites. Je crois d'ailleurs qu'elles sont exagérées. »

Dora. Dora l'enfer.

— Est-ce un chien, est-ce un chat, un nom de fleurs ou d'animal ? Que ce soit ce que cela voudra, on sera drôlement content quand on quittera Dora [1].

Wernher von Braun et son frère Magnus, responsable à Dora de la fabrication des gyroscopes, négocieront « leurs conditions de séjour aux États-Unis » six jours avant la fin de la guerre, par l'intermédiaire des officiers de la 44e Division d'Infanterie des U.S.A. En dehors de leur personne et de leur expérience, la monnaie d'échange consiste en quatorze tonnes d'archives que Wernher von Braun a eu le temps de dissimuler dans une galerie souterraine. Le 14 mars 1946, le premier V.2 de la nouvelle génération s'élèvera dans le ciel de Fort Bliss au Texas. Pour réaliser cette prouesse technique, les services américains du Génie ont récupéré l'ensemble de l'équipement de Dora... « jusqu'au plus petit boulon ». Seize navires seront nécessaires au transport de cette prise de guerre. L'un des adjoints de von Braun, Helmut Gröttrup, « retrouvé » par les Soviétiques, deviendra le responsable du programme spatial de Baïkonour. Ni von Braun ni Gröttrup ne témoigneront à Nuremberg. Leur nom (comme celui d'ailleurs de Dornberger qui deviendra l'un des ingénieurs les plus choyés de l'industrie aéronautique américaine) ne sera

1. Daniel Primet. Déporté à Dora.

jamais prononcé au cours des débats. Quant à Albert Speer, il traitera ces fusées dont il fut le partisan enthousiaste de « fantaisies ».

M. JUSTICE JACKSON. — Une fois la guerre visiblement perdue, pourquoi a-t-on tous les jours envoyé des bombes sur l'Angleterre. Qui était en faveur de cela ?

ACCUSÉ SPEER. — Vous voulez parler des fusées ?

M. JUSTICE JACKSON. — Oui.

ACCUSÉ SPEER. — Les fusées étaient pour nous, au point de vue de la technique de la production, une fantaisie très coûteuse, et le résultat, en comparaison des frais qu'elles entraînaient, était infiniment réduit. Par conséquent, nous n'avions pas un grand intérêt à fabriquer sur une vaste échelle. Celui qui l'exigeait le plus était Himmler, qui avait chargé un certain Obergruppenführer Kammler des tirs de fusées sur l'Angleterre. Dans les cercles de l'Armée, on était du même avis que moi : ces fusées coûtaient trop cher. De même dans les milieux de l'aviation on était du même avis, car une fusée revenait au même prix qu'un avion de chasse. Il était donc évident qu'il eût été préférable pour nous de nous éviter cette folie.

TABLE DES MATIÈRES

Comme un chœur de vengeance 9
Mai 1945 19
« Le plus fidèle paladin de notre Führer » 27
Une aviation de secours 32
Celui qui possède une épée aiguisée possède la paix 37
Démissionner était impossible, il ne restait à envisager que le suicide 45
Le jeu des peuples et du sang 61
Accusation 64
La Luftwaffe et la Rhénanie 68
L'Autriche 70
Munich 75
La Norvège 82
La Hollande, la Belgique, la France 84
La Yougoslavie 95
La Russie 103
Les chars du ciel 119
Galons de sang 142
La roue du destin 164
Alfred Jodl 203
Hermann Gœring 216
Le « mécène » du IIIe Reich 269
Aviateurs terroristes 279
« La grande évasion » 314
Le dernier secret de Wotan 391

ACHEVÉ D'IMPRIMER
LE 24 JANVIER 1983
SUR LES PRESSES
DE L'IMPRIMERIE HÉRISSEY
À ÉVREUX (EURE)

N° d'imprimeur : 31220
Dépôt légal : 1er trimestre 1983
Imprimé en France